15   20   55

O   s   t   s   e   e

Memel

Hztm.

Litauen

o *Königsberg*

Preußen

o *Stralsund*

Danzig o

◆ *Peenemünde*

ck

o *Stettin*

Weichsel

Landsbg.

andenburg

o **Berlin**

o *Warschau*

Warthe

◆ *Frankfurt/O.*

Kgr. Polen

dt

auer Brücke

enfeld

n

Elbe

◆ *Steinau*

Breslau o

Dresden o

Neisse

Schlesien

Oder

Weichsel

mnitz

50

r

◆ *Prag*

Olmütz

◆ *Jankau*

o
Pilsen

Böhmen

Mähren

Tisza

Brünn o

Moldau

Bm.
Passau

Österreich

March

Ungarn

Fm.

Linz o

Wien o

Preßburg

◆

◆ *Neuhäusel*

Sieben-

o *Salzburg*

◆

Donau

bürgen

Raab o

zb.
zburg

Steiermark

Ofen o

o *Graz*

Mur

Kärnten

Drau

Habsburgisch-

Türkisch - Ungarn

15   20

Jörg-Peter Findeisen
Der Dreißigjährige Krieg

Jörg-Peter Findeisen

Der Dreißigjährige Krieg

Eine Epoche in Lebensbildern

Verlag Styria

Bildnachweis:

Archiv für Kunst und Geschichte, Berlin: SS. 81 (links), 84, 92, 105, 131, 136, 138, 147, 151, 153, 201, 203, 216, 226, 238, 268, 274, 303, 309, 317, 379, 394, 437. Bildarchiv der Österreichischen Nationalbibliothek, Wien: 14 (beide), 21 (beide), 37, 42, 48, 50, 53, 56, 57, 81 (rechts), 101, 124, 168, 184 (beide), 279, 291, 294, 374, 405, 413. Ullstein Bilderdienst, Berlin: 159, 348 (Mitte und rechts), 385 (links und rechts). Die restlichen Abbildungen entstammen aus dem Archiv des Autors und des Verlags.

Die Deutsche Bibliothek – CIP-Einheitsaufnahme

Findeisen, Jörg-Peter:
Der Dreißigjährige Krieg: eine Epoche in Lebensbildern /
Jörg-Peter Findeisen. – Graz; Wien; Köln: Verl. Styria, 1998
ISBN 3-222-12643-7

Satz: WVP Pannemann GmbH, Köln
Druck und Bindung: Pustet, Regensburg
ISBN 3-222-12643-7

INHALTSVERZEICHNIS

Das Scheitern des Universalkaisertums Karls V. (11) – Das Ringen zwischen Spanien, den Niederlanden, Frankreich und England nach 1556 (18) – Neue konfessionelle Parteibildungen auf deutschem Boden (22) – Vom Weißen Berg zum Restitutionsedikt (31)

Kurzbiographien zum fürstlichen Lager: Kurfürst Ferdinand von Köln (112), Kurfürst Georg Friedrich von Greiffenclau zu Vollrads von Mainz (113), Kurfürst Philipp Christoph von Sötern von Trier (113), Herzog Georg von Braunschweig-Wolfenbüttel (115), Herzog Bogislaw XIV. von Pommern (117), Markgraf Georg Friedrich von Baden-Durlach (118), König Jakob I. von England (119), König Philipp III. von Spanien (120), König Sigismund III. Vasa von Polen und Schweden (121)

Kurzbiographien von Politikern: Karl Fürst von Liechtenstein (144), P. Wilhelm Germain Lamormaini (145)

EINLEITUNG

Gleich zweimal feierten Tausende auf Münsters Straßen den so lange ersehnten Frieden, der die vielen Heerzüge und Schlachten nach jenem schicksalhaften Prager Fenstersturz des 23. Mai 1618 endlich beenden sollte. Sie hatten im übrigen auch gut jubeln, die Bürger dieser westfälischen Stadt, war Münster doch während all der vielen Kriegsjahre nie ernsthaft bedroht gewesen, und wußte mancher dort von Plünderungen und Brandschatzungen eigentlich nur vom Hörensagen. So waren die Keller und Scheunen voll guten Weins und Biers, fand sich genug westfälischer Schinken, Brot und Wurst. Schilderungen von Krieg und Not allerdings kannten sie alle, die Münsteraner und ihre Gäste, die Gesandten und deren vielköpfige Helferschar, unter ihnen mancher, der früher selbst Soldat gewesen war. Zu lange und fast überall war gezündelt und gemordet worden. Kaum ein Landstrich auf deutschem Boden blieb ausgespart, galt es Werbeplätze, Verpflegungsbasen und Aufmarschgebiete zu finden. Und nahezu überall waren auch größere oder kleinere Heere aufeinandergeprallt. Nun am Ende des vierten Jahrzehnts des 17. Jahrhunderts konnte sich der Krieg kaum noch ernähren, und es waren wohl auch jene Regionen gefährdet, die bisher profitierten, wenigstens aber weitgehend verschont geblieben waren. Daher war die Sehnsucht nach Frieden nun auch für nahezu alle zur beherrschenden Wunschvorstellung gewachsen.

Es war ein Sonntag gewesen, der 25. Oktober 1648, an welchem wohl wirklich alle hier innerhalb der Mauern und Wälle Münsters glücklich erleben konnten, daß am vorhergehenden Tag gegen 9 Uhr abends die letzten der Gesandten die Friedensdokumente unterschrieben hatten und der dreimalige Kanonensalut das erfreuliche Ereignis allen hörbar kundtat. Und wiederum an einem Sonntag, dem 21. Februar 1649, feierten die Menschenmassen erneut. Nun war der Westfälische Frieden durch den Austausch der Vertragspapiere rechtskräftig und bindend geworden. Die Zustimmung der Regierenden in Paris, Stockholm, Wien und in den vielen deutschen Residenzen krönte die Arbeit der Delegierten. Nun kämpfte man nur noch an wenigen Stellen, und es würde auch dort bald Friede sein, das wußten alle...

Nun sind seit diesem Frieden 350 Jahre vergangen, ein Menschenalter nach dem letzten großen Krieg, und es gab wissenschaftliche Konferenzen und Ausstellungen. Die feierliche Verleihung eines »Westfälischen Friedenspreises« in unseren Tagen ist Ausdruck dessen, was heute mit dem Namen Münster und Osnabrück verbunden werden soll. Und natürlich erschienen zahlreiche Bücher zum Ende des ersten großen europäischen Krieges auf deutschem Boden und ehrten auch viele Publizisten auf ihre Weise dieses Jubiläum.

In unserer schnellebigen Zeit blieben den meisten Historikern für ihre Vorbereitungen kaum jene fünf Jahre Zeit, die der Kongreß in den beiden westfälischen Städten über Krieg und Frieden sinnen konnte. Der Verlag Styria Graz-Wien-Köln in der Person seines deutschen Niederlassungsleiters Dr. Gerhard Hartmann hatte die Idee, den Kriegs- und Friedensprozeß in Lebensbildern und Biographien der damals involvierten Persönlichkeiten darzustellen, ein Wagnis, das wir seinerzeit vor einigen Jahren kaum wirklich absehen konnten. Was ihm und mir wegen der einzubringenden Kenntnisse der schwedischen Geschichtsperiode und deren Persönlichkeiten weniger schwierig erschien, weitete sich unter der Hand zu zahlreichen quellenkritischen »Gefechten und Schlachten« mit mehr oder weniger verläßlichen traditionellen Dokumentationen aus. So weiß ich insbesondere auch Herrn Dr. Gerhard Hartmann herzlichen Dank für helfende Fragestellungen und erfreulich genaue Prüfungen des gefundenen Zahlenmaterials. Er verfaßte auch die Zeittafel und die Register. Ohne seine aktive Hilfe und Mitarbeit wäre diese kühn gestellte Aufgabe nicht rechtzeitig gelöst worden. Besonderen Dank weiß ich auch schwedischen Archiven und Museen, hier besonders Dr. Peter Johansson, Schwedens Torstensson-Kenner, von Älvsborgs Länsmuseum, und Bibliotekarie Örjan Bergman, dem Kustos der Finspangsammlung, die mir viele wertvolle Hinweise übermitteln konnten. Nicht zuletzt will ich auch Dr. Franz Egger vom Historischen Museum Basel noch gesondert erwähnen, der mir aus einem noch unveröffentlichten Manuskript zu Basels großem Sohn Wettstein freundlichst wichtige Daten sandte und dem ich auch andere Anregungen verdanke.

Leicht war es dennoch nicht, weil auch die einschlägigen biographischen Werke manche Widersprüchlichkeiten verzeichnen und nicht sein kann, was laut mancher Datierung sein sollte. Einige wichtige Persönlichkeiten konnten bisher nicht genauer ermittelt werden. So verstehe ich heute besser, daß es auch früher die Fachhistoriker kaum befriedigt haben dürfte, daß beispielsweise ein so gewichtiger Handlungsträger wie der Graf Oñate lediglich mit seinem Sterbedatum erfaßbar bleibt...

Natürlich ist eine Auswahl immer auch durch den Platz begrenzt, man provoziert selbstverständlich Fragen und Proteste, und es gilt, Auswahlkriterien zu finden und zu verteidigen. Solche durchaus nicht unbedeutenden Heerführer wie Dampierre und der Herzog von Savelli beispielsweise wurden nicht aufgenommen, weil die Quellenbasis zu dünn erschien. Andere lagen in ihrem Aktionsradius zu weit außerhalb des Kriegsgeschehens auf deutschem Boden. Daher war Kritik schon vorgezeichnet, bevor dieses Manuskript überhaupt gedruckt war. Verlag und Autor trösten sich dennoch in der Überzeugung, daß eine solche Sammlung zahlreicher beteiligter Fürsten, Politiker und Feldherren bisher nicht vorgelegt wurde und in einigen Fällen Defizite ausdrücklich benannt und folglich Quellenforschungen angeregt werden.

Geschichte ist, was Menschen versuchten und taten. Geschehenes zu dieser äußerst wichtigen Epoche europäischer und deutscher Geschichte in Lebensläufen einzelner faßbarer werden zu lassen, war das wichtigste Anliegen dieser Arbeit. Es liegt in der Natur einer Sammlung von Persönlichkeitsbiographien, daß Ereignisse aus der Sicht jener reflektiert werden, die an hervorragender Stelle wirkten. Der Blick der einfachen Soldaten und subalternen Offiziere wie natürlich überhaupt der übergroßen Mehrheit der beteiligten Völker und Nationen konnte solcherart schlechterdings nicht berücksichtigt werden. In manchen Fällen sind selbst bei jenen Heerführern, die Geschichtsabläufe durch ihre Aktionen prägten, frühe Daten nicht mehr zu ermitteln bzw. konnten nur Überlieferungen und zweifelhafte Legenden gefunden werden. Man notierte in jenen bewegten Zeiten eben häufig nicht einmal die genaue Geburtstage, manchmal nicht einmal das entsprechende Jahr und schrieb des öfteren den Entwicklungsgang nach einen allgemein anerkannten Kanon, der fleißiges Studium, eifrig frömmelndes Dasein und edle Gefühlswelten wiedergab und vor allem den Fürstenpersönlichkeiten ihren besonderen Platz als »Landesvater« zuerkannte. Wie die Pharaonen in ihrer bildlichen Darstellung austauschbar sind, so »malten« die zeitgenössischen Beobachter gerade hier idealisierte »uniforme« Gestalten und verzerrten andererseits wunschgemäß die Bilder solcher umstrittener Persönlichkeiten wie Wallenstein und Pappenheim, um nur einige zu nennen.

Häufig erwuchsen auch besondere Datierungsschwierigkeiten, weil bei mancher Quelle die Fixierungen des Geschehens nach dem Julianischen oder Gregorianischen Kalender vermischt werden, eine Schwierigkeit, die jedem Historiker zur Periode des Dreißigjährigen Krieges unangenehm vertraut ist. Relativ einfach war es, die schwedischen Persönlichkeiten zu datieren, weil hier durchgängig nach dem »alten Stil« gerechnet und noch heute beispielsweise der 6. November als Schlachttag von Lützen begangen wird. In einigen kritischen Fällen wurde daher die Doppeldatierung gewählt, im allgemeinen aber versucht, das Geschehen nach dem modernen Gregorianischen Kalender auch dann aufzurechnen, wenn von protestantischen Zeitgenossen die julianische Zählung gewählt wurde. Richtig zufrieden bin ich dennoch nicht, denn zu viele Fragen mußten offen bleiben. Wahrscheinlich wird in zahlreichen Fällen auch nach intensiver Suche die bekannte Stecknadel im Heuhaufen nicht gefunden werden können. Das hilft ein wenig über jenes Gefühl der Unzulänglichkeit hinweg, mag auch ein bißchen täuschen und soll dennoch keine Selbsttäuschung sein. So feiere ich denn auch persönlich dieses Jubliäum in der Erkenntnis, die eigenen Kämpfe vorerst abgeschlossen zu haben. Vielleicht wird das nur ein »Waffenstillstand« sein können, werden angekündigte umfassende Biographien in den nächsten Jahren wertvolle Ergänzungen bringen... dann wird eben neuerlich gejubelt, wie damals in Münster.

Trier im Juli 1998   Jörg-Peter Findeisen

EUROPA IN DER EPOCHE
DER HEGEMONIALKRIEGE HABSBURGS
1544 UND 1630

Das Scheitern des Universalkaisertums Karls V.

Nicht wenige Historiker datieren die Jahre zwischen dem Augsburger Religionsfrieden 1555 und dem »Pyrenäenfrieden« Frankreichs und Spaniens 1659 als »Zeitalter der Glaubenskämpfe«. In der Tat läßt sich nicht leugnen, daß damals bedeutende Zeitgenossen lautstark verkündeten, sie kämpften um die rechte Konfession. Und eben so sicher ist, daß einige von ihnen es aufrichtig glaubten, andere es hin und wieder wähnten. Merkwürdig berührt aber doch, daß sie sich häufig wechselseitig vorwarfen, die Religion nur als Vorwand für die Durchsetzung eigener Interessen zu gebrauchen. Das nährt natürlich Zweifel an den tiefen religiösen Bindungen mancher Eiferer, auch solcher, die es leidenschaftlich vorgaben. Vorsicht scheint geboten, denn offensichtlich schieden schon die Zeitgenossen Heuchler von jenen, denen es ernst war mit ihrem Bekenntnis. Auch läßt sich unzählige Male belegen, daß viele unter ihnen tiefer loteten und über das religiöse Moment hinaus machtpolitische Motive, ständische Ziele, nationalstaatliche Interessen und Gegensätze registrierten. Daneben bezeugten allerdings selbst sie des öfteren konfessionelle Bindungen zahlreicher Persönlichkeiten, werteten religiöse Überzeugungen als Leitgedanken auch für wesentliche Aktivitäten sowohl auf deutschem Boden wie sonst auch in Europa.

Martin Luthers Reformation hatte Folgen gezeitigt und tiefe Gräben ausgehoben zwischen den Christen überall in Europa. Um die Mitte des 16. Jahrhunderts schien fast der gesamte Kontinent konfessionell gespalten. Katholiken, Lutheraner und Kalvinisten, neben ihnen noch weitere religiöse Sonderentwicklungen, stritten um das echte gottgefällige Bekenntnis. Gewöhnlich sahen alle Glaubensstreiter die Opponenten auf dem Sündenweg in die ewige Verdammnis. Die meisten von ihnen waren wohl ehrlich besorgt, ohne den entschiedenen bewaffneten Widerstand das ewige Heil zu gefährden. Und doch ließ sich schon damals kaum übersehen, daß klingender Sold auch konfessionell anders Gebundene im gegensätzlichen »Glaubensheer« immer wieder auch gegen Glaubensbrüder des für richtig befundenen Bekenntnisses kämpfen und morden ließ. Aristokraten ebenso wie einfache Kriegsleute wechselten die Fahnen, Lutheraner dienten katholischen Herren und umgekehrt. Fast überall standen katholisch gebundenen Landesfürsten protestantische Oppositionelle in den Ständen gegenüber. Widerstand gegen habsburgische Ansprüche wurde zunehmend vor allem von steuerunwilligen kalvinistischen Elementen in den einzelnen Regionen des europäischen Riesenreiches getragen. In manchen Ländern – so beispielsweise in Dänemark und Schweden – sammelte sich die ständisch-aristokratische Gegnerschaft absolutistisch-landesherrlicher Bestrebungen im Zeichen des Katholizismus.

Auf deutschem Boden fanden die territorialstaatlichen Verweigerungen protestantischer Fürsten mehr oder weniger offenkundig heimliche Unterstützung auch jener Landesfürsten, die sich dem traditionellen Bekenntnis zur römisch-katholischen Kirche verpflichtet fühlten. Mitte der vierziger Jahre hatte Karl V. (1500-1558) – Kaiser seit 1519 – geglaubt, die Idee einer römisch-katholisch fundierten Universalherrschaft des Kaisertums in Europa verwirklichen zu können. Frankreichs König, der stärkste Gegner, katholisch wie die Habsburger, war in mehreren großen Kriegen in Italien und den Niederlanden trotz zeitweiliger Bündnisse mit den Osmanen niedergerungen oder doch erheblich geschwächt worden. Auf dem Reichstag in Speyer 1544 behaupteten auch die deutschen Protestanten – einige einflußreiche Reichsfürsten und Reichsstädte –, zu einem weitreichenden Kompromiß in der Frage der Kirchenreform bereit zu sein. Die Mehrheit von ihnen schien ähnlich wie der Kaiser an einer einheitlich reformierten Kirche interessiert.

Die Dinge hatten sich tatsächlich glücklich für Karl V. entwickelt. Im September 1544 hatte Franz I. von Frankreich (1494-1547) – König seit 1515 – mit dem Frieden von Crépy einem scheinbar tragfähigen Kompromiß zugestimmt. Der Kaiser und der »allerchristlichste König« – wie sich Frankreichs Herrscher seit längerer Zeit titulieren ließen – dachten nun ernsthaft an eine eheliche Verbindung zwischen beiden Dynastien mit sicher geregelten Erbfolgen. Zur gleichen Zeit war es Ferdinand (1503-1564), dem österreichischen Habsburger und »Römischen König« seit Januar 1531, Herrscher in Böhmen und Ungarn seit 1526, Karls V. jüngerer Bruder, gelungen, die Osmanen gegen gutes Geld für einen Waffenstillstand an der südosteuropäischen Grenze des Kaiserreiches zu gewinnen. Da konnte die schließliche Einigung zwischen einigen kampfstarken Protestanten und dem Kaiser auf dem folgenden Reichstag zu Regensburg am 6. Juni 1546 wahrlich als eine Sternstunde habsburgischer »Monarchia universalis« gelten. Moritz von Sachsen (1521-1553), einer der lutherischen Fürsten, war zum Bündnis gegen den ungeliebten »Wittenberger« Verwandten, den Kurfürsten von Sachsen, und dessen »uneinsichtige« protestantische Freunde bereit. Der Meißener Sachse gab sich habsburgisch-europäisch. Mehr noch überzeugte ihn die durch den Kaiser versprochene Belohnung mit dem »Kurhut«.

Für den Kampf an der Seite Karls V. sollte Herzog Moritz Kurfürst werden, die »sächsische Kur« von der Wittenberger Linie der »Ernestiner Sachsen« auf die in Dresden und Meißen residierenden albertinischen Wettiner wechseln. Für den jungen Herzog bedeutete das den Aufstieg in das Gremium der mächtigsten deutschen Landesfürsten, jener sieben Stimmen, die den Kaiser wählten. Karl V. hatte richtig kalkuliert. Die Schlacht bei Mühlberg nahe des kurfürstlichen Schlosses zu Torgau am 24. August 1547 entschied scheinbar alles. Wenig später stand der katholische Kaiser als Sieger am Grabe Martin Luthers (1483-1546). Die konfessionellen Widersacher waren gefangen, übergeben die protestantische Hochburg Wittenberg.

Einige Monate vorher waren mit Englands Heinrich VIII. (1491-1547) – König seit 1509 – und Frankreichs Franz I. zwei mächtige europäische Widersacher der habsburgischen Universalherrschaft verstorben. Und selbst Sultan Suleimann II. (1494-1566) – osmanischer Herrscher seit 1520 – war ob solcher Machtfülle des Kaisers verschreckt, verwarf alle Gedanken baldiger neuerlicher Feldzüge in Ungarn. Aber der »Judas von Meißen«, wie man fortan in lutherischen Kreisen Moritz verachtete, hatte ganz eigene Vorstellungen von der künftigen deutschen und europäischen Entwicklung. Hinzu kam, daß Papst Paul III. (1534-1549) seinerseits alles tat, den »Höhenflug« habsburgischer Politik zu bremsen. Der »Heilige Vater« wollte keinen siegreichen »gegenreformatorischen« Kaiser in Europa. Tiara und Krummstab hinderten ihn nicht, zuerst und vor allem auch als italienischer Territorialfürst zu denken. So ließ er trotz jahrelangen Drängens Karls V. wenig Bereitschaft erkennen, den Forderungen der reformwilligen deutschen Kräfte zu entsprechen.

Der Kaiser aber benötigte einen tragfähigen Kompromiß auf jeden Fall, mußte die konfessionell Verfeindeten in Deutschland und anderswo in den habsburgischen Territorien hinter sich einigen. Nur dann ließ sich der Gedanke verwirklichen, im Reich die aus dem Mittelalter gewachsenen Strukturen einer geteilten Herrschaft zwischen habsburgischem Kaisertum und reichsständischen Gewalten zugunsten erhöhter Macht des Reichsoberhauptes zu verschieben. Genau hier aber sammelte sich die Opposition, ob katholisch oder protestantisch, gegen den Kaiser auf dem Reichstag zu Augsburg unmittelbar nach dem Erfolg gegen das protestantische Lager. Da mochte sich Karls V. Triumph 1548, ein alleiniges ausschließliches Ernennungsrecht für die Mitglieder des Reichskammergerichts durchzusetzen und die Einsammlung eines Reichskriegsschatzes in beachtlicher Höhe vereinbaren zu können, letztlich eher gering ausnehmen. Manche Reichsstände erkannten Urteile des als parteiisch geschmähten obersten Reichsgerichts nicht an, und die Kriegssteuern mußten erst einmal eingezahlt werden. Im übrigen deuteten sich selbst in der eigenen Habsburger Großfamilie künftige Zwistigkeiten an. Karls V. Idee, die Kaiserwürde solle zwischen der österreichischen und der spanischen Linie wechseln, die italienischen Besitzungen Habsburgs und die reichen Niederlande den »Spaniern« anheimfallen, fand wenig Zustimmung in Innsbruck und Wien. Ferdinand, vor allem aber dessen Sohn Maximilian (1527-1576), konnten sich für derartige Überlegungen nicht so recht erwärmen. So zogen sich entsprechende Verhandlungen zwischen 1548 und 1551 nur zögerlich hin, schienen selbst die ausgeklügelten wechselseitigen Ehepläne beider dynastischer Linien vorerst wenig geeignet, die unmittelbaren Verärgerungen zwischen Karls V. Bruder und dem Sohn des Kaisers – dem »Spanier« Philipp (1527-1598) – zu überbrücken. Als schließlich im März 1551 ein »Familienvertrag« zwischen den Habsburgern signiert wurde, blieb Ferdinands Sohn Maximilian von nun an ein entschiedener Gegner des Kaisers, wo dessen Pläne die

Links: Kaiser Maximilian II. Ihm werden geheime Sympathien für die Protestanten nachgesagt.
Rechts: Kaiser Karl V. Unter seiner Regierung begann die Reformation und die Glaubensspaltung
in Deutschland

eigenen Wünsche kreuzten. Karl V. hatte durchgesetzt, daß Bruder Ferdinand ihm
als Kaiser folgen sollte. Danach aber würde sein Sohn Philipp wie Karl selbst neben
der spanischen Krone auch den Kaisertitel erben.

Für Ferdinands Sohn Maximilian sollte nur der Titel des »römischen Königs«
bleiben, eine Art Stellvertreter des Kaisers in Deutschland. Das war nicht, was Maximilian erstrebte. Und so kritisierte er den Vater als »blauäugig«, von Karl V. betro-
gen. Bald hörte sich der junge Erzherzog unter der Fürstenopposition um, knüpfte
sogar vorsichtige Verbindungen zu Frankreich. Da allerdings hatte sich das Verhältnis zwischen Karl V. und den mächtigen deutschen Reichsständen bereits wieder
entscheidend verschlechtert. Schon hatten Moritz von Sachsen und Bayerns macht-
bewußter Kanzler Leonhard von Eck (1480-1550) gemeinsam für eine Minderung
der kaiserlichen Macht gewirkt. Jetzt standen ständische Oppositionelle der beiden
großen konfessionellen Lager unter der Losung einer notwendigen Kompromißfin-
dung zwischen Lutheranern und »Papisten« zusammen gegen Karls V. Universal-
herrschaftspläne. Und Maximilian, wahrscheinlich auch Ferdinand wie natürlich vor
allem Heinrich II. von Frankreich (1519-1559) – König seit 1547 – unterstützten
mehr oder weniger offenkundig das antikaiserliche Lager. Karls V. Plänen war wenig
förderlich, daß man in Rom jahrzehntelang jeden Gedanken an ein allgemeines

Reformkonzil, vom Kaiser wieder und wieder gefordert, ablehnte. Schließlich bekannte sich die Kurie widerwillig dazu, wünschte nun aber nur eine reine »innerkatholische Erneuerung«.

Das schloß die Protestanten als Ketzer aus, gefährdete im übrigen alles, was jene in den letzten Jahrzehnten aus dem reichen kirchlichen Besitz für sich erworben hatten. Da eben zeigten sich allerorten tiefe Gräben zwischen Reformwilligen und Kompromißlosen beider großer Lager. Immerhin reisten noch zahlreiche Delegierte und Vertreter der protestantischen Reichsstände zum Konzil der römischen Kirche nach Trient. Wenigstens wollten sie dort eine Einigung diskutieren, ermuntert auch durch viele traditionell Gläubige, setzten auf signalisiertes Entgegenkommen Karls V. Ihre Hoffnungen, besonders aber die große Idee des Kaisers, scheiterten vor allem an den italienischen und spanischen Legaten, deren Reformabsichten nicht die der Deutschen sein konnten. Gegen alle Bitten, selbst Drohungen des Kaisers, widersetzte sich der Papst auch nahezu öffentlich jedem Ausgleich der Konfessionsstreitigkeiten. Im Verborgenen wirkten auch die Franzosen. An ihnen allen mußte Karls V. Konzept einer ideologisch geeinten christlichen »Monarchia universalis« scheitern, wie lautstark auch immer die Habsburger diese als Grundlage einer erfolgreichen Türkenabwehr beschworen.

An warnenden Signalen hatte es kaum gemangelt. Hatte doch 1519 auch Franz I. von Frankreich für sich selbst auf das römisch-deutsche Kaisertum gehofft, belegte ebenso die Kandidatur Heinrichs VIII. von England jenen Zug selbst solcher nationalstaatlicher Herrscher zu einem universalen europäischen Kaisertum. Der Rechtsanspruch für imperiale Politik und die Rechtfertigung eigener universalherrschaftlicher Pläne lenkte die Zielvorstellungen aller machtbewußten Könige jener Periode. Und so prallte dann in den folgenden Jahrzehnten eigenes nationalherrschaftliches Regen der enttäuschten Kaiserkandidaten auf den alten ererbten universalkaiserlichen Anspruch, waren die Kriege des glücklichen Gewinners der Kaiserwahl 1519 – Karls V. – bereits vorgeprägt. Und auch der Widerstand der eigenen deutschen Territorialfürsten, ob nun katholisch oder evangelisch. Karls V. Reich war keine feste Einheit. Es war in seinen Grundelementen durch den Kaiser und dessen Familie dynastisch ererbt, umfaßte Burgund und Spanien mit seinen Besitzungen, bedeutende Regionen Italiens und das Deutsche Reich neben Böhmen und Teilen Ungarns als kaiserliche Lande mit seinen starken reichsständischen Gewalten. Es existierte keine Reichsinstitution. Allein der Familienverband der Habsburger Dynastie blieb der Zusammenhalt und die ständige Berufung Karls V. auf die erforderliche christliche Einheit im Kampf gegen die Osmanengefahr.

Auf die Dauer war das keine Basis für die Unterordnung der anderen europäischen und deutschen Fürsten. Spätestens auf der Flucht durch Tirol vor den »fürstlichen Rebellen« unter Moritz von Sachsen begriff der spanische Habsburger seine Fehleinschätzungen. Damals, im Sommer 1552, waren die europäischen und deutschen Pläne Karls V. offenkundig endgültig gescheitert. Da kritisierten längst viele deutsche Fürsten und Vertreter der Reichsstädte offen die Reichsacht und Gefangenensetzung des bisherigen sächsischen Kurfürsten und des Landgrafen von Hessen, den Köpfen der Schmalkalder Vereinigung, als kaiserlichen Machtmißbrauch. Nun kursierte auch unter den katholischen Fürsten das Schlagwort von der »viehischen spanischen Servitut«. Und Moritz von Sachsen wollte nun alles so nicht gewollt haben, warf Karl V. Unmäßigkeit und Ungerechtigkeiten vor, beschimpfte dessen Siegerjustiz des Jahres 1547.

Er war in der Tat wenig gnädig gestimmt gewesen, der Kaiser, als man ihm an jenem schicksalsträchtigen Tag von Mühlberg den gefangenen sächsischen Kurfürsten Johann Friedrich (1532-1554) vorführte. Hohnvoll lächelnd hatte der Sieger den Gruß des Wittenbergers negiert und dem Sachsen eine Behandlung »nach Gelegenheit und Euren Verdiensten« angedroht (Brandi, 474). Karl V. war in diesem Augenblick offensichtlich überzeugt, alles für sich und sein Kaisertum entschieden zu haben. Damals hatte er möglicherweise auch jene Enttäuschung über den bitter empfundenen Verrat des Papstes verdrängt. Als jener ein Vierteljahr vorher seine Hilfstruppen abzog, mußte sich der Nuntius den mehr als doppeldeutigen Vorwurf anhören, man verzeihe jungen Leuten die »Franzosenkrankheit«. Bei Greisen – ein unverkennbarer Bezug auf den hochbetagten Heiligen Vater – sei sie unerträglich (ebd., 472). Unmißverständlich bekundete Karl V. seinen Mißmut über die Haltung der römischen Kurie gegen das habsburgische Kaisertum zugunsten Frankreichs. Richtig verstand der Kaiser den Truppenentzug als Ausdruck eigenständiger päpstlicher Opposition gegen eine weitere Machtausdehnung des katholischen Universalkaisertums. So gefährdete Paul III. sogar die Niederzwingung der Protestanten in der deutschen Hochburg der Reformation. Es habe so »welthistorisch etwas Erschütterndes« gehabt, »daß der Papst den Kaiser in Stich ließ in dem Augenblicke, da dieser zum letzten entscheidenden Schlage gegen die Führer des Protestantismus ausholte« (ebd., 472). Nun ja, es ging eben doch vor allem um sehr weltliche Interessen des Kaisertums und der Kurie. Die konfessionelle Frage war hier nur von höchst untergeordneter Bedeutung – auch wenn das der Kaiser selbst als unlösliche Einheit verstand.

Das Oberhaupt der Katholiken sah hier möglicherweise klarer. Auf dem Schlachtfeld von Mühlberg mag Karl V. dann umso größere Genugtuung empfunden haben. Er hatte gesiegt auch ohne den Papst, ja sogar gegen diesen. Ganz diesem Gefühl ergeben, hat er sich dann auch malen lassen durch Tizian: der Sieger hoch zu Roß auf der Walstatt tief im protestantischen Kernland, mit der Lanze in der Hand, ein Feldherr, der soeben Weltgeschichte diktiert hatte! Als die Farben trocken waren, konnte wohl auch der Kaiser kaum noch zweifeln, daß selbst die Wittenberger Kapitulation am 19. Mai 1547 keinen wirklichen Schlußstrich bedeutete. Schon im erfolgreichen Widerstand des lutherischen Magdeburgs und Bremens erwies sich, an welchen Grenzen sich nun auch ein so starker Kaiser stieß. Eine schwere Niederlage seiner Truppen in Norddeutschland am 23. Mai war wohl ein zweites unübersehbares Menetekel. Daran hatte dann auch letztendlich die Unterwerfung und Gefangensetzung des Landgrafen von Hessen als zweitem Führer der Schmalkalder wenig geändert, zumal hier bereits unverhohlener Widerspruch durch Moritz von Sachsen – dem neuen Kurfürsten – laut wurde. Schon auf dem Reichstag zu Augsburg zwischen dem Herbst 1547 und dem folgenden Frühjahr mußte Karl V. verstehen, daß seine Vorstellungen zur Änderung der Reichsverfassung kaum umzusetzen waren. Der zu seiner Machterweiterung nötige »Reichsbund« mit eigenen kaiserlichen Reichstruppen jedenfalls konnte nicht vereinbart werden. Dafür hörte er umso mehr über gegnerische Umtriebe einiger Fürsten um Moritz von Sachsen.

Wenig später, Anfang Oktober 1551, vereinbarten dieser, einige seiner deutschen Verbündeten und ein Abgesandter des französischen Königs gerade auf jener Lochauer Heide im dortigen Jagdschloß nahe des großen kaiserlichen Triumphes vier Jahre zuvor ein Kriegsbündnis gegen Karl V. Das katholische Frankreich verband sich hier, monatliche Subsidien in Höhe von 80.000 Kronen beizusteuern für Truppen der deutschen Protestanten gegen den katholischen Kaiser. Und alle wußten, daß auch die deutschen katholischen Landesherren nicht für den Kaiser marschieren würden. Moritz von Sachsen lohnte die französische Hilfe mit der Pfandherrschaft von Cambrai, Metz, Verdun und Toul, vergab Reichsterritorien, die ihm nicht gehörten.

Es wirkt fast tragikomisch, daß sich Karl V. bis zuletzt weigerte, die »Rebellion« der deutschen Fürsten zur Kenntnis zu nehmen. Trotz früher Warnungen durch König Ferdinand zeigte sich der Kaiser im Frühjahr 1552 völlig überrascht, wollte nicht fassen, was sich zur Realität verdichtete. Er stürzte auf dem Höhepunkt kaiserlicher Machtfülle in Europa in die tiefste Krise, politisch und wohl auch religiös. So blieb ihm im Mai 1552 nur die überstürzte schmähliche Flucht über den Brenner nach Italien vor Moritz von Sachsen. Als auch ein letztes verzweifeltes Aufbäumen im Kampf gegen Frankreich zur Wiedereroberung des besetzten Metz mißlang, gab der Kaiser auf, enttäuscht, gebrochen. Sein Versuch, Europa durch ein konfessionell getragenes habsburgisches Universalkaisertum zu einigen, war mißlungen. Im Herbst 1555 und im Januar 1556 übergab er in mehreren Schritten die Regierungsgewalt an den Sohn und den Bruder. Mit seinem Schreiben vom 12. September 1556 verfügte der auch körperlich verfallende Karl V. das Kaisertum an Ferdinand. Er selbst zog sich ins Kloster San Jeronimo de Yste bei Jaradillas zurück, griff nur noch gelegentlich von hier aus in das große europäische Geschehen ein, nun aber doch nur noch als Ratgeber.

In Deutschland einigten sich derweil König Ferdinand, die protestantischen und katholischen Reichsstände auf einen Kompromiß auch in der Konfessionsfrage. Das gegenseitige Sicherheitsbedürfnis aller einschließlich König Ferdinands erzwang die allgemeine Zustimmung zu einem »ewigen Religionsfrieden« im Reich. Damit wurde gleichzeitig die föderative Reichsverfassung konserviert und Habsburgs Machtstellung geschwächt. Unter Ferdinand I. – Kaiser zwischen 1558 und 1564 – und Maximilians Herrschaft (1564-1576) wurden von kaiserlicher Seite keine neuen universalpolitischen Ansprüche formuliert. Beide distanzierten sich im Gegenteil von der militärisch-gegenreformatorischen Universalkonzeption Philipps II., verneinten ausdrücklich habsburgische Herrschaftsansprüche über Europa.

Das Ringen zwischen Spanien, den Niederlanden, Frankreich und England nach 1556

Während der Augsburger Religionsfrieden 1555 die blutigen Auseinandersetzungen zwischen dem Kaiser als Hort des katholischen Universalkirchentums und den widerstrebenden, eigene territorialstaatliche Souveränität verteidigenden evangelischen deutschen Landesfürsten vorläufig beendete, zündelten die Feuer jetzt in Frankreich und den Niederlanden umso höher. Nun verbanden sich dort und bald überall in Europa politische und religiöse Momente, häufig auch für den gebildeten Zeitgenossen nur schwer durchschaubar. In Trient hatte endlich, Jahrzehnte nach Martin Luthers weltveränderndem ersten öffentlichen Auftreten, das Konzil der katholischen Kirche im Dezember 1563 eine schlüssige Antwort auf die Reformation formuliert. Die Gegenreformation bzw. eine innere Erneuerung der römisch-katholischen Kirche begann. Ihre Repräsentanten waren gewöhnlich nicht weniger militant als deren protestantische Widersacher. Noch in der Endphase des Konzils hatten einflußreiche deutsche Katholiken bestimmte Kompromisse zum sogenannten Laienkelch und der Priesterehe gefordert. Mit der Zurückweisung solcher spezifisch deutscher Wünsche wuchs auch in den katholisch verbliebenen deutschen Territorien nun bald eine neue Generation katholischer Geistlicher heran. An römischen Kollegien im Geiste Trients gebildet, orientierte sie auf die Zwangsbekehrung und Vertreibung der Protestanten in katholisch verbleibenden Herrschaften. Gleichzeitig setzte eine neue aggressive Phase der Reformation ein.

Mit Jean Calvins (1509-1564) kompromißlosem antikatholischen Eiferertum bahnten sich neue, ungleich blutigere konfessionelle Auseinandersetzungen zwischen den Parteien an. Der Kampf wogte zwischen Altem und Neuem, Verteidigung und Rückgewinnung verlorener Positionen. Bald mordeten überall in Europa Ja-Sager und Gegner der neuen reformatorischen Welle Andersdenkende. In Spanien verstand sich König Philipp II. ebenso wie sein großer Vater als Wahrer der katholischen Kirche in seinem weltumspannenden Reich, aufgemuntert durch das nun hoffnungsvoll nach Madrid blickende Papsttum. In der zweiten Hälfte des 16. Jahrhunderts ermüdete die Kurie nie, dem Spanier ein um das andere Mal zu bedeuten, die politischen Interessen seines Thrones entsprächen voll und ganz denen des Papstes. Verteidigung der katholischen Doktrin sei gleichbedeutend mit der Sicherung des spanischen Weltreiches. Philipp II. nahm diese Ermahnung so ernst, daß er seinerseits den Kirchenstaat als eine weitere spanische Provinz deutete, in Madrid auch römische Politik gedacht wurde. Schüchterne Versuche einiger Päpste, mit Hilfe Frankreichs einer allzu weitreichenden Vereinnahmung des Papsttums durch Spanien entgegenzuwirken, durchkreuzten die militärischen Erfolge der Truppen Philipps II. über das zunehmend durch innere Kämpfe erschütterte Valois-Königtum. Die Siege des Lamoral Graf von Egmont (1522-1568) erzwangen Frankreichs vorläufigen Verzicht auf territoriale Positionen in Italien. Sie sicherten das europäische Dominat Spaniens und drückten Rom in die nahezu völlige Abhängigkeit von den Madrider Habsburgern.

Im »Heiligen Reich«, wie die Zeitgenossen gewöhnlich die deutschen Territorien einschließlich ihrer italienischen Reichsteile benannten, bauten derweil die Landesfürsten – evangelische wie katholische – ihre Territorialherrschaft weitestgehend unangefochten aus. Gleichzeitig integrierten sie die jeweiligen Kirchenstrukturen in das Landesfürstentum. Trotz gelegentlicher Streitereien über Bestimmungen des Augsburger Religionsfriedens herrschte doch insgesamt Übereinstimmung, man habe das Machbare vereinbart. Im übrigen waren die meisten froh über den dauerhaften Frieden im Reich, sahen höchst verstört auf die Metzeleien der »Bartholomäus-Nacht« in Frankreich und die Machtkämpfe im Zeichen der unterschiedlichen Bekenntnisse. Der Kaiser in Wien hatte in der Abwehr einer neuerlichen gefährlichen Türkeninvasion zunächst anderes durchzusetzen und zu sichern, als erneut einer Illusion der religiösen Reichseinheit nachzuleben. Er konnte höchstens neidvoll auf Philipps II. scheinbare Erfolge in Spanien blicken. Die deutschen Habsburger konzentrierten sich fortan – wenigstens während der nächsten Jahrzehnte nach dem Augsburger Kompromiß – auf die Sicherung der eigenen Landesherrschaft. Hier sahen sie sich allerdings primär durch eine ständische Opposition des eigenen Adels unter lutherischen bzw. kalvinistischen Losungen bedroht. Böhmens, Mährens, Österreichs und Ungarns Aristokratie verwarf in ihrer Mehrheit die Sakramente der »alleinseligmachenden« Römischen Kirche und betete evangelisch. Sie meinte damit gewöhnlich auch und in erster Linie die Unabhängigkeit von kaiserlichen Weisungen. Politik und Glauben flossen auch hier ineinander.

Die großen europäischen Entscheidungen fielen aber nicht mehr auf deutschem Boden. Die spanische Krone – Europas mächtigstes Zentrum – verband den Kampf um die Erweiterung des spanischen Einflusses in Westeuropa und Italien mit der inneren katholischen Reformation und Gegenreformation. Philipp II. fühlte sich auch innerlich als der wahre Verteidiger des alten rechten Glaubens berufen, mit Feuer und Schwert die Ketzer auszurotten. Und er versuchte es, wo immer er sie zu erkennen glaubte: in Spanien die Morisken – getaufte Araber –, deren heimliches islamisches Bekenntnis den frommen Habsburger in Madrid nicht ruhig schlafen ließ, in den niederländischen Landesteilen Spaniens, wo der Kalvinismus wie eine Woge über das Land schwappte. Als Gemahl der Tudorkönigin Maria der Blutigen (1553-1558) unterstützte er eifrig die gegenreformatorischen Tendenzen in England. Gar zu gerne hätte Philipp II. später hier die ketzerfreundliche Elisabeth (1533-1603), Königin seit 1558, durch die katholische Maria Stuart (1547-1587) ersetzt gesehen. In Frankreich billigte er ausdrücklich die berüchtigte »Bartholomäus-Nacht«.

Die Höfe in England und Frankreich sahen dagegen mit wachsender Sorge auf jeden Machtzuwachs Spaniens. Der spektakuläre Seesieg einer spanisch-venezianischen Flotte 1571 unter Philipps II. Halbbruder Don Juan d' Austria (1547-1578) über die Osmanen mochte vielen ehrlichen Christen in ganz Europa ein wenig Sorge vor der latenten Türkenbedrohung nehmen. Die Mächtigen in Paris, London, in Nordeuropa und wohl auch an manchen deutschen und italienischen Fürstenhöfen sahen das weniger euphorisch. Spaniens Aktivitäten mußten, das war jedem nüchtern kalkulierenden Politiker klar, nun nach Europas Nordwesten zielen. Das gedemütigte Frankreich – nach wie vor der natürliche Gegner Spaniens –, das aufstrebende England, das protestantische Schottland und vor allem die eigenen, Spaniens rebellische niederländische Provinzen, würden künftig Ziel gesteigerter neuerlicher spanischer Machtdemonstrationen werden. Schon deshalb, weil die sogenannten siebzehn Provinzen – die nördlichen und südlichen Niederlande – als Nachbarn Frankreichs, Englands und der deutschen Staaten weit entfernt der spanischen »Mutterlande« lagen, mußte jedes spanische militärische Eingreifen dort zu einer alle europäischen Mächte bewegenden Angelegenheit ausufern.

Wer eine weitere Stärkung Spaniens verhindern, wenigstens aber erschweren wollte, stellte sich – offen oder verdeckt – auf die Seite der aufrührerischen Generalstaaten, der niederländischen Ständeopposition. Was ursprünglich als Kampf zwischen absolutistischen Machtansprüchen Philipps II. und ständischer Opposition vor allem des niederländischen Hochadels um die Grafen Wilhelm von Oranien (1533-1584), Egmont und Philipp van Horn (1518-1568) begann, wuchs schnell zu einer allgemeinen Auseinandersetzung der Niederländer mit der spanischen Hegemonie. Steuerdruck und Benachteiligung des reichen holländischen Besitzbürgertums auf den spanischen Märkten vereinte nun alle Klassen und Schichten, traf den Katholiken ebenso wie den evangelischen Christen. Der Widerstand versteifte sich im konfessionellen Streit zwischen spanischem unduldsamen Katholizismus und ähnlich aggressivem Kalvinismus.

Weder die grausamen Vergeltungsaktionen des Hernando Alvarez de Toledo, Herzog von Alba (1507-1582) noch die besser fundierten diplomatischen und militärischen Maßnahmen der späteren Oberbefehlshaber Alessandro Farnese, Herzog von Parma und Piacenza, (1545-1592) und Ambrogio di Spinola (1569-1630) konnten die stolzen »Geusen« wirklich besiegen. Auch die Ermordung Wilhelms von Oranien 1584 rettete Spanien die Provinzen nicht mehr. Obwohl Philipp II. und sein Nachfolger schließlich die südlichen Niederlande – das heutige Belgien – verteidigen konnten, schwelte der Krieg mit den Nordprovinzen, der kalvinistisch dominierten »Republik der Vereinigten Provinzen« weiter. Die Niederländer erzwangen endlich mit französischer und englischer Hilfe 1609 einen vorläufigen Waffenstillstand. Die spanischen Habsburger willigten zähneknirschend bis auf weiteres in das Unvermeidliche und akzeptierten die Republik der Kaufleute und Aristokraten. Dennoch war auch dies nur eine Atempause. Erzherzog Albrecht von Österreich (1559-1621) und Isabella (1566-1633), die Tochter Philipps II. und Regentin der »Spanischen Niederlande«, entsagten lediglich ihres Anspruchs auf die Territorien der »Generalstaaten«. Sie ließen offen, ob dieser Verzicht auch den künftigen Erben der kinderlosen Ehe, den Herrscher in Madrid einschloß, bewußt, wie sich später erweisen sollte. Da aber war in Frankreich der blutigste aller europäischen »Glaubenskriege« bereits weitgehend entschieden.

Im machtpolitischen Gerangel der verschiedenen französischen Hochadelsgeschlechter unter konfessionellem Banner eines religiösen Fanatismus hatte das Haus Bourbon die Krone und die Macht gewonnen. Das Haupt der dortigen Kalvinisten

Links: König Heinrich IV. von Frankreich. Für den ursprünglichen Hugenotten war »Paris eine Messe wert«. Rechts: Kaiser Rudolf II. Er zog sich auf den Prager Hradschin zurück. Durch seine Passivität wurde der Konflikt gefördert

– der Hugenotten –, Heinrich von Navarra (1553-1610), zunächst nur eine Minderheit der Franzosen repräsentierend, war als künftiger König Heinrich IV. (1597-1610) 1593 demonstrativ zum Katholizismus gewechselt. Das brachte ihm die Unterstützung der einflußreichen Partei der »Politiker« und sammelte die nationalen Kräfte im katholischen Lager schnell hinter dem klugen, weitsichtigen neuen Herrscher. Heinrich IV. hatte andererseits seiner früheren Partei, den Hugenotten, weitgehende konfessionelle Zugeständnisse eingeräumt. Damit konnte er selbst diese – Verständnisvolle, Enttäuschte, offene religiöse Gegner – vorübergehend unter dem französischen Königsbanner einigen, auch hier Symptom einer neuen Zeit. Das »Zeitalter konfessioneller Kriege« versank auch in Frankreich in allgemeiner Kriegsmüdigkeit, in wachsender Ablehnung religiösen Fanatismus, aufkommender nationaler Sammlung gegen die im Lande operierenden spanischen Truppen.

Der Weg war geebnet, daß das katholische Frankreich dem katholischen Spanien an der Seite der protestantischen Engländer und Niederländer künftig besser gewappnet als zu Zeiten Karls V. im Kampf um die Hegemonie in Europa entgegentreten konnte und würde. Wo es opportun schien, geschah das im Namen des rechten Glaubens, ansonsten eben unter dem Titel einer Verteidigung legitimer französischer Interessen. Aber selbst da formulierten die französischen Diplomaten ihren Anspruch noch immer weitgehend konfessionell gefärbt, nutzten zumindest konfessionelle Widersprüche. Noch 1597 hatte der frühere Hugenottenführer und

umstrittene König von Frankreich, Heinrich IV., spanische Truppen aus den niederländischen Provinzen auf französischem Boden ganz im Geiste solidarischer Übereinkunft mit den niederländischen Kalvinisten bekämpft. Dabei wußte er sich einig
mit der »Protestantin« Elisabeth I. von England. Später führte der »Katholik« Heinrich IV. von Frankreich als akzeptierter König aller Franzosen den dortigen Bürgerkrieg in seiner Schlußphase als europäischen Widerstandskampf gegen Spaniens
Dominanz in Europa.

Papst Clemens' VIII. (1592-1605) geistige Hilfeleistung für den »Konvertiten« in
Paris empfand der alte Philipp II. als politischen Verrat an sich und Spanien. Der Vorkämpfer des europäischen Katholizismus, Freund und Beherrscher des Papsttums,
erschien als wütender Gegner der Konversion Heinrichs IV. zur Römischen Kirche.
Erbittert agierte der Spanier gegen den Heiligen Stuhl als Parteigänger Frankreichs,
wahrlich ein merkwürdiger Glaubenskrieg! Als schließlich der Kampf der spanischen
Krone gegen Frankreich in einem Erschöpfungsfrieden 1598 endete, deutete sich
auch für die zeitgenössischen Politiker eine neue Epoche an. Spaniens große Zeit in
Europa neigte sich langsam ihrem Ende entgegen. Neue Kräfte waren gewachsen, der
Habsburger Dynastie am Ebro Paroli zu bieten. Das alte, feudale universalherrschaft-
lich orientierte Spanien – noch immer eine Macht, ein europäischer Riese – focht mit
dem Rücken zur Wand. Es verfügte kaum noch über die notwendigen Ressourcen
und sah sich zu einem Politikwechsel gezwungen. Fortan galt es für die Herrschenden
im Escorial, dem Machtzentrum Madrids, Bestehendes zu bewahren, ein kurzes Ver-
schnaufen für alle im europäischen Mächteringen. Spanien hatte, oberflächlich betrachtet, nur die nördlichen Provinzen seiner Niederlande eingebüßt.

Dagegen waren Portugal und dessen Kolonialreich hinzugewonnen. Philipp III.
(1578-1621), König seit 1598, konnte sich in der Verteidigung spanischer Habsbur-
gerinteressen auch im deutschen Reichsverband auf ein erstarktes katholisches Lager
stützen. Doch hatte sein Vater wie der Großvater Karl V. das große Ziel einer Rekatholisierung Europas nicht verwirklichen können. Der Katholizismus war keineswegs wieder als einigendes europäisches religiös-ideologisches Band geknüpft. Im
Gegenteil, im Schatten reformierter protestantischer Bekenntnisse sammelten sich
vielerorts die Nichtkatholiken, beherrschten ganze Regionen Europas. Vor allem
behinderten sie noch immer jeden wirklichen Machtzuwachs der österreichischen
Habsburger.

Neue konfessionelle Parteibildungen auf deutschem Boden

Gegen Ende des 16. Jahrhunderts verstarb die Fürstengeneration allmählich, deren
Wollen und Wünschen den Augsburger Religionsfrieden ermöglicht und gesichert
hatte. Immer neue Belastungen einiger vieldeutiger Bestimmungen des Friedensab-
kommens deuteten die Brüchigkeit des Kompromisses an. Besonders umstritten blieb
der sogenannte »Geistliche Vorbehalt«. Nach heftigen Streitgesprächen hatten sich

schließlich die katholischen Reichsstände und König Ferdinand unter anderem darauf geeinigt, daß das sogenannte »Cuius-regio-eius-et-religio-Prinzip« nur für die weltlichen Fürstentümer und Reichsherrschaften gelten sollte. Danach bestimmte der jeweilige Territorialfürst souverän die Religion seiner Untertanen. Auch wurde alles legitimiert, was bis 1552 als vollendete Tatsachen durch die Reformation geschaffen war. Doch war ebenso klar umrissen – so wenigstens deuteten die Katholiken den Vertrag –, daß von nun ab kein Besitz der katholischen Kirche weiterhin zu den jeweiligen evangelischen Herrschaften geschlagen werden durfte. Entschied sich ein kirchlicher Fürst zum Glaubenswechsel, dann sollte das Cuius-regio-eius-et-religio-Prinzip nicht gelten. Der jeweilige Abt, Bischof oder Erzbischof mußte sein Amt aufgeben, das Dom- oder Stiftskapital »eine Person der alten Religion verwandt«, zum neuen landesherrlichen Oberhaupt bestimmen. Sie zweifelten nicht, die katholischen Reichsstände, daß die Mehrheit der geistlichen Gremien am katholischen Bekenntnis festhalten würde. Bald zeigte sich des öfteren, daß dieses eine höchst unsichere Vermutung war. In Territorien Norddeutschlands beispielsweise, wo rings herum evangelische Herrschaften existierten, schien das Bedürfnis der Dom- und Stiftsherren, katholisch zu bleiben, offenbar gewöhnlich weitaus geringer ausgeprägt als die katholischen Schöpfer des Paragraphen im Religionsfrieden vorausgesetzt hatten. Es sei der unzulässige Druck der protestantischen Umgebung, Gesetzesbrüche der dortigen Landesfürsten, die weiterhin geistliches Territorium ihren Fürstentümern angliederten, protestierten nicht ganz unberechtigt die Katholiken. Es war dennoch so einfach nicht. Karls V. Bruder – der spätere Kaiser Ferdinand I. – hatte seinerzeit als Beauftragter des demonstrativ nicht nach Augsburg gereisten Herrschers den »Geistlichen Vorbehalt« ausdrücklich schriftlich erläutern müssen.

Um dem Murren der Protestanten begegnen zu können, erklärte er, die Ritterschaft und die Städte im geistlichen Territorium seien vom Grundsatz des »Cuius regio-eius-et-religio« ausgenommen. Sie könnten das lutherische Bekenntnis frei und unbehelligt ausüben. Für die Reichsstädte hatte man sogar festgelegt, beiden Konfessionen seien gleiche Rechte einzuräumen, niemand dürfe dort »des andern Teils Religion, Kirchengebrauch oder Zeremonien« behindern, habe ihn gewähren zu lassen. Das war eine kluge Entscheidung, gefährlich aber dann, wenn ein Bekenntnis das andere provozieren sollte und mächtige Nachbarn sich als Schutzherren einmischen könnten. Im übrigen hatten nur die katholischen Reichsstände den »Vorbehalt« bestätigt, die evangelischen Repräsentanten energisch protestiert. Sie billigten auch die Entscheidung des Kaisers nicht, als »Reichsoberhaupt« diese Einschränkung des »Cuius-regio-eius-et-religio« erlassen zu können.

Das sei eine Anmaßung und Bruch des Reichsrechts, so das Urteil der evangelischen Stände. Aber auch die Rekatholisierung bestimmter protestantischer Räume durch katholische Landesherren rief Unruhe und Proteste der protestantischen Reichsstände hervor. Für den bayrischen Herzog war ebenso wie für die Habsburger in ihren Erblanden unumstritten das Recht fixiert, die eigene teilweise bereits evangelische Bevölkerung zum neuerlichen Bekenntniswechsel zwingen zu dürfen. So schieden sich, mehr oder weniger verärgert, katholische und lutherische Reichsstände immer dann als Gegner, wenn die andere Seite die Friedensbestimmungen zum eigenen Vorteil nutzen konnte. Dennoch war auch diese Grenze keineswegs klar und eindeutig als politische Trennlinie entwickelt. Kursachsen als evangelische Vormacht im Reich suchte politische Anlehnung an den Kaiser und bremste Eiferer unter den evangelischen Landesherren. Der Wechsel einiger lutherischer Reichsstände mit dem Kurfürsten von der Pfalz an der Spitze zum kalvinistischen Bekenntnis belastete das Kompromißverhältnis nach den Augsburger Bestimmungen weiter. Offiziell war das Dokument seinerzeit nur für Katholiken und Lutheraner gedacht, Calvins welthistorischer Erfolg datierte erst später. Nun standen sich Kalvinisten und Lutheraner gewöhnlich ebenfalls mißtrauisch, oft feindselig gegenüber. Dennoch reagierten die evangelischen Reichsstände auf einen Gewaltakt der Katholiken 1608 relativ geschlossen. Es war eingetreten, was im Augsburger Friedensabkommen vorprogrammiert war. Die wirkliche Religionsfreiheit in den Reichsstädten mit gemischter Konfession war einer späteren Epoche vorbehalten. Im Zeitalter tief empfundener religiöser Differenzen mußten Demütigungen und Behinderungen des anderen Bekenntnisses Eiferern als gottgefälliges Tun erscheinen, jedes Bekenntnis mit Lust das andere reizen. So geschah es in der primär lutherischen Reichsstadt Donauwörth, einer protestantischen Enklave an Bayerns Grenze, unter den stets wachsamen Augen Herzog Maximilians I. (1595-1651) Dieser registrierte hier hocherfreut die Behinderung einer katholischen Prozession. Das verstieß eindeutig gegen die Friedensbestimmungen. In Wien und München bedachte man frohgestimmt schnelle Vergeltungsmaßnahmen. Prompt beauftragte der Kaiser dann auch den sehr bereitwilligen Bayernherzog mit der fälligen Exekution der Reichsacht gegen Donauwörth. Und Maximilian ließ sich nicht lange nötigen. Er besetzte die Stadt, gliederte sie Bayern an und begann die Rekatholisierung. Und das war nun zweifelsfrei mehr als das religiöse Grundgesetz nach einhelliger Auffassung aller evangelischen Reichsstände zuließ.

Die Protestanten machten berechtigt geltend, Donauwörth wäre überwiegend lutherisch gewesen. Dort hätte man auf eindeutige Provokationen der katholischen Minderheit reagiert. Vergebens, die Katholiken wünschten keinen Ausgleich, waren am Frieden offenbar weniger interessiert als die Generation ein halbes Jahrhundert früher. Das galt wohl auch für die Protestanten! Die nun geschaffene »Union« der evangelischen Reichsstände unter Vorsitz des sich martialisch gebenden Kurfürsten von der Pfalz verstand sich als Verband einer militärischen Abwehr weiterer militanter Absichten des katholischen Lagers. Das jedenfalls verkündeten die Organisatoren unüberhörbar, meinten aber wohl auch gelegentliche »Präventivmaßnahmen«, ahnten dabei doch dunkel die Grenzen eigener Macht. Die Katholiken ihrerseits reagierten mit der Gründung der »Liga« ein Jahr später, 1609. Unter Führung des erzkatholischen, jedem Kompromiß in Glaubensfragen abholden Bayernherzogs verfügte dieses Bündnis zweifellos über die größeren finanziellen und militärischen Ressourcen.

Und Maximilian war höchst geneigt, die Allianz zu weiteren territorialen Gewinnen Bayern einzusetzen, natürlich zuerst und vor allem im Sinne einer gottgefälligen Rekatholisierung, erst dann auch zur wohlgefälligen eigenen territorialen Abrun-

dung. Vielleicht sah er es wirklich so. Zweifel scheinen aber angebracht. Einer, der es
wissen sollte, Kenner der bayrischen Geschichte und auch der Spannungen zwischen
Wallenstein und Maximilian, hat erst kürzlich den späteren Kurfürsten wohl als
gläubig, dennoch als »großen Heuchler« skizziert (Diwald, 168). Das läßt aufhor-
chen und zwingt, mögliche Klischees zu überdenken. Allerdings vermeinte bisher
die Mehrheit jener, denen die bayrische Entwicklung dieser Periode vertraut ist,
Maximilians Überzeugungen anzuzweifeln, sei wenig gegründet. Territorialer und
religiöser Gewinn war ihm wohl eine festgefügte Einheit, mag er gelegentlich in der
Wertung der Prioritäten auch geschwankt haben, so er überhaupt unterschied. Heuchelei hätte er entrüstet als bösartige Unterstellung zurückgewiesen. In der Tat eine
der interessantesten Persönlichkeiten der Epoche, so recht geeignet für eine Auseinandersetzung!

Ähnlich wie in den großen europäischen Nationalstaaten am Beginn der frühen
Neuzeit eine Tendenz zu absolutistischen Herrschaftsstrukturen nachweisbar ist, ver-
suchten auch die größeren Landesfürsten im Reich, die eigenen landesständischen
Gewalten zu entmachten. Man wird das als eine Reaktion auf die Krise der feudalen
Gesellschaft oder als Ausdruck persönlicher Machtgelüste einzelner Fürsten, als
Nachahmung solcher Beispiele durch andere werten können. Der Fakt als solcher
bleibt unabhängig von Erklärungsmodellen. Während sie im eigenen Territorialstaat
ebenso unduldsam verfuhren wie es der Habsburger in Madrid tat, die Könige in
Paris versucht hatten und der Kaiser in seinen Erblanden und den anderen Staaten
Österreichs vorging, verteidigten sie energisch ihre Souveränität als Reichsstand
gegenüber kaiserlichen Herrschaftsbestrebungen.

Die deutschen Landesfürsten – ob Katholiken, Lutheraner oder Kalvinisten –
versuchten gleichzeitig, die städtischen Selbstverwaltungen ihrer Landstände einzuschränken bzw. völlig aufzuheben und ihnen genehme Personen in die Ratsorgane
zu lancieren. Gewöhnlich wünschte der Landesherr auch, den Ständen das Steuer-
recht zu nehmen, wenigstens aber selbst berechtigt Sondersteuern erheben zu können. Dieser Vorgang ist überall in Europa zu beobachten. Häufig waren die Fürsten
erfolgreich, manchmal endete die Auseinandersetzung mit einer Niederlage, ja sogar
der Katastrophe des Landesherrn. In Deutschland wirkte sich auch hier das landesherrliche Recht, über die Konfession souverän bestimmen zu dürfen, förderlich,
manchmal sogar entscheidend aus. Die Oberaufsicht über die Kirche als oberster
Kirchenfürst bedeutete gewöhnlich für den protestantischen Landesherrn auch die
freie Verfügung über den geistlichen Grundbesitz und die Ämtervergabe. Solcherart
konnte wesentlich beeinflußt werden, was von der Kanzel herunter verkündet, den
Menschen jener Tage als Gottes Wille dargelegt wurde.

Und auch der katholische Territorialfürst verfügte als Schutzherr seiner Kirche
über ähnliche Möglichkeiten, begann seinerseits, die einst autonomen geistlichen
Einrichtungen als Staatskirche umzubilden. Dabei beriefen sich alle, katholische wie
protestantische Fürsten, auf ihre Verantwortung vor Gott. Sie betonten die göttliche
Legitimierung ihrer Herrschaft und straften Kritiker ihrer fürstlichen Willkür wie
Ketzer oder Gotteslästerer, glaubten wohl selbst auch rasch, was ihnen nützlich

erschien. Nicht wenige bedeutende Herrscher dieser Periode notierten in Tagebü-
chern und geheimen Notizen Lobpreisungen der eigenen Person, bewunderten sich
selbst als Gottes Auserwählte. Gegenüber deutschen Nachbarstaaten und größeren
europäischen Nationalstaaten traten die einzelnen Territorien des Reiches mehr und
mehr souverän auf. Die Herrschenden fragten kaum noch nach kaiserlichem Einverständnis oder Zustimmung durch den Reichstag, die Versammlung der deutschen
Reichsstände. Ein Bürgerkrieg der Reichsstände als Neuauflage jener Auseinandersetzungen zwischen Kaiser Karl V. und der fürstlichen Opposition vor 1555 reifte
allmählich heran, mußte auch in den Kampf der Landesfürstentümer gegeneinander
wuchern. Würden anfangs primär konfessionelle Verpflichtungen die Gegner scheiden, mußten die Glaubensunterschiede bald in den Hintergrund rücken, Fragen des
territorialen Machtzuwachses bestimmend werden, über konfessionelle Grenzen
hinweg. Und es war vorauszusehen, daß ein solcher Krieg in europäische Dimensionen wachsen würde.

Dennoch war es den meisten Landesfürsten wahrscheinlich ernst, diskutierte
man Glaubensfragen. Manche von ihnen entschieden sich nur schwer, galt es, Kon-
fessionsbindungen aufzugeben, notwendige gemeinsame Aktionen mit Glaubens-
gegnern zu vereinbaren. Doch heiligte der Zweck – der Zuwachs an staatlicher
Macht – gewöhnlich die Allianz, verband über alle persönlichen Skrupel und Zweifel hinweg. Man blieb sich und seinem Bekenntnis treu, besonders in der heimischen Kapelle. Den Gewinn aus einer nichtkonfessionellen Allianz buchte man dennoch, wenn auch mit Gewissensbissen, manchmal auch als notwendigen Schritt, um
später auf dem gewonnenen Territorium die rechte Lehre durchzusetzen.

Schon 1582 deutete sich erstmalig nach Jahrzehnten eine schwere Belastung des
Religionsfriedens auf deutschem Boden an, drohten europäische Verwicklungen.
Kölns Erzbischof und Kurfürst Gebhard Truchseß von Waldburg (1577-1583)
wünschte zu heiraten, eine an und für sich bereits normale Erscheinung auch in dieser Hochburg des Katholizismus. Immerhin waren seit 1546 bereits mehrere Kurfürsten deshalb aus ihrem hohen geistlichen Amt ausgeschieden, hatten gehen müssen.
Der Waldburger aber wollte schließlich das eine und das andere dennoch nicht lassen. Und so wurde er Weihnachten 1582 evangelisch. Er und jene, die ihn ermutigt
hatten, verschätzten sich gründlich. Die Mehrheit der Kölner Domstiftsherren trieb
derartige Gelüste nicht. Ermutigt durch Papst und Kaiser, nahmen sie einen Glaubenswechsel ihres obersten Hirten nicht hin. Papst Gregor XIII. (1572-1583) bann-
te den Ketzer. Der Kaiser nahm ihm den Kurhut, wußte sich eins mit den katholischen Kurfürsten. Das Domkapitel wählte einen der Brüder des glaubensstarken
Wilhelms V. von Bayern, Ernst von Freising (1554-1612). Dieser fühlte sich zeitweilig wenig zum Geistlichen berufen, wehrte sich sogar gegen die Würden und ordnete sich schließlich doch dynastischen Interessen unter. Noch mehr empörte sich
Gebhard Truchseß von Waldburg. Ermuntert durch andere protestantische Reichsstände nahm er es nicht kampflos hin, scheiterte dennoch. Eine Kurpfälzer Armee
an seiner Seite konnte den Streitkräften Bayerns und den spanischen Truppen Alexander Farneses von Parma (1545-1592) nicht Paroli bieten. Die anderen protestan-

tischen Kurfürsten, August I. von Sachsen (1553-1586) und Johann Georg von Brandenburg (1571-1598), verweigerten dem neuen Glaubensgenossen jede Hilfe. Beide stellten eigene Interessen über den Konfessionsstreit. Und auch das Hoffen auf Hilfe der Hugenotten erwies sich als illusionär.

Ein Menschenalter später drohte erneut ein schwerer innerdeutscher Konflikt, der sich rasch zu einem ersten gesamteuropäischen Zusammenstoß auszuweiten schien. Auch das war eine Folge der weiteren Militarisierung der Konfessionsparteien in Deutschland und der Gegensätze zwischen den Habsburgern und ihren europäischen Kontrahenten. Damals suchten England und Spanien schon seit geraumer Zeit einen Ausgleich. Auch fanden sich niederländische und spanische Diplomaten gerade zu jenem bedeutsamen Waffenstillstand des Jahres 1609 am Verhandlungstisch zusammen. Doch war Frankreich nun entschlossen, erneut zu den Waffen zu greifen. Heinrich IV. wähnte sich inzwischen stark genug, den Habsburgern entgegenzutreten. Der Schlag sollte empfindlich treffen. Vor allem aber wollte ihn der agile Franzose nicht alleine führen. Die Gelegenheit schien günstig. Der erwartete künftige Erbfolgestreit am Niederrhein um die Territorien des Herzogs von Kleve-Jülich-Berg garantierte den erhofften großen Krieg, ganz im Sinne Heinrichs IV. Es war vorauszusehen, daß verschiedene Erbnehmer und Möchtegerne-Erben aneinanderstoßen würden.

Ein kaiserlicher Erlaß hatte noch gegen Ende des 16. Jahrhunderts festgeschrieben, daß die Herzogtümer nicht geteilt werden dürften, erbende Töchter die Herrschaft an ihre männlichen Nachkommen zu delegieren hätten. Nun wollte es das Leben, daß Johann Wilhelm IV. (1562-1609), der seit 1592 regierende Herzog, vier Schwestern, selbst aber keine Kinder hatte. Drei der Damen nominierten ihre Söhne, die vierte konnte nur einen Schwiegersohn benennen. Kurfürst Johann Sigismund von Brandenburg (1608-1619), der solcherart glücklich »Nominierte«, sah den auch keinen Grund, die Mutter seiner Ehefrau zu tadeln. Umso verärgerter reagierten dagegen die anderen, die Schwestern und deren Anhang. Zahlreiche Ansprüche wurden erhoben, ein rechtes Erbengewühl, noch vergrößert durch den Anspruch des sächsischen Kurfürsten. Ihn unterstützte trotz seines evangelischen Glaubens der streng katholische Kaiser Rudolf II. (1576-1612) kräftig. Interessanterweise glaubte die Bevölkerung der Herzogtümer teils katholisch, teils evangelisch. Das war ein Grund mehr, daß die angrenzenden nördlichen kalvinistischen Niederlande einen Protestanten wünschten, der Regent der spanischen Niederlande ebenso nachdrücklich für einen Katholiken plädierte. Offiziell ließ auch der Kaiser nach einem solchen suchen. Während man noch diskutierte, verstarb Herzog Johann Wilhelm. Sofort reagierten der Brandenburger und der älteste Sohn der Prinzessin Anna, Wolfgang Wilhelm (1578-1653), seit 1614 Pfalzgraf zu Neuburg. Und beide konnten starke Bundesgenossen vorweisen. Der lutherische Johann Sigismund wußte die kalvinistische Kurpfalz und die Generalstaaten hinter sich, der lutherische Neuburger stützte sich auf die Habsburger beider Linien.

Geschickt einigten sich beide vorerst auf eine gemeinschaftliche Regierung, schnell begreifend, das einer dem anderen nichts wesentliches voraus hatte, beide aber alles verlieren könnten. Sie garantierten die Freiheit aller drei Bekenntnisse. Das wiederum hatte sich Kaiser Rudolf dann doch anders gedacht. Er sandte seinerseits Truppen ins Land, zwang dadurch beide Erbgänger zu neuerlicher Bündnissuche. Und halb Europa glaubte sich verpflichtet, den kaiserlichen Habsburger in seine Schranken zu weisen. England und die nördlichen Niederlande versprachen Hilfe. Auch die protestantische Union und das katholische Frankreich erklärten sich für den Brandenburger und seinen Neuburger Partner. Als die Liga und Spanien dem Kaiser militärischen Schutz zusagten, handelte Heinrich IV. schnell und entschlossen. Frankreichs König verband sich in einer Angriffsallianz mit Savoyen und der Union, vereinbarte Aggressionshandlungen der beiden in Italien bzw. den Niederlanden. Der europäische Großkonflikt schien unabwendbar, Frankreichs Kriegspartei frohlockte. Unmittelbar vor dem Auszug aus Paris, gewissermaßen auf dem Wege zum beabsichtigten Kriegsschauplatz am Rhein, stoppte jedoch ein katholischer Fanatiker – der Mönch und Schulmeister François Ravaillac (1578-1610) – durch zwei Dolchstiche Heinrich IV. Der 14. Mai 1610 wurde so noch einmal zum Friedenstag. Der große Einiger Frankreichs starb in jener Stadt, die dem einstigen Hugenotten »eine Messe wert war«, ein Katholik durch einen Katholiken. Seine Gemahlin, Maria von Medici (1573-1642), trat die Regentschaft an. Und sie wünschte als gläubige Katholikin keinen Kampf gegen die glaubensverwandten Habsburger. Jedenfalls verkündeten sie und ihr Anhang solches, und tatsächlich besserte sich vorübergehend auch das französisch-spanische Verhältnis.

Der inneren Entwicklung in Frankreich tat es weniger gut, was die neue Herrschaft verordnete. Wenig später schon glänzte Heinrichs IV. Bild im Glorienschein des guten Königs. Sehr zum Mißfallen der Witwe und ihrer Günstlinge fragten in den zahllosen französischen Gasthäusern ebenso wie in den Bürgerhäusern und Adelsschlössern bald viele, ob es wirklich Zufall gewesen sei, daß der Herrscher unmittelbar nach der königlichen Erhöhung Marias sterben mußte. Tatsächlich hatte Heinrich IV. vor seinem Auszug ihr alle Macht daheim übergeben. Andere sahen hinter Ravaillac streng geheime Institutionen Madrids. Obwohl es sich in der Tat nicht leugnen ließ, daß die Habsburger von der Bluttat unmittelbar profitierten, läßt sich bis heute nicht sicher sagen, ob der katholisch-schwärmerische Schulmeister nicht aus eigener tiefer Überzeugung heraus den König hindern wollte, sein Heer an die Seite der deutschen Ketzer zu führen, gegen die Truppen der katkolischen Mächte. War dem so, erreichte Ravaillac sein Ziel. Wahrscheinlich starb er auf dem Schafott in der Überzeugung, seinerseits ein gottgefälliges Werk vollbracht zu haben. Auch das ein Beleg, wie ernst mancher damals das Bekenntnis nahm. Maria von Medici, die ihrerseits gelegentlich von einer großen katholischen Allianz gegen die Reformierten und anderen Ketzer träumte, abgesehen davon, daß sie auch in wachem Zustand nicht sonderlich klug dachte, konnte die Gegensätze zwischen Spanien und Frankreich nicht tatsächlich entschärfen.

Der große Zusammenstoß war durch Heinrichs IV. Tod nur hinausgeschoben. Eine Einigung im Zeichen des Katholizismus zwischen Spanien und Frankreich als gleichrangigen Mächten war nicht möglich. Inzwischen taten Brandenburger und

Neuburger mit Fleiß alles, um von Parteigängern zu Kontrahenten zu werden, den Erbstreit doch noch einseitig militärisch zu entscheiden. Wolfgang Wilhelm wurde katholisch, Johann Sigismund Kalvinist. Und wieder standen sich die Vereinigten Provinzen als Parteigänger Brandenburgs, der Kaiser, Spanien, die südlichen Niederlande und die Liga als Helfer des Neuburgers gegenüber. Im Jahre 1614 lagerte eine holländische kalvinistische Armee unter dem Feldherrn Moritz von Oranien (1567-1625) auf deutschem Territorium, ihr gegenüber eine spanische unter dem genialen Ambrogio di Spinola. Damals konnten nur England und Frankreich den Zusammenprall verhindern. Eine internationale Schiedskommission sprach schließlich am 12. November 1614 in Xanten dem Brandenburger Kleve, Mark und Ravensburg zu, dem Pfalzgrafen Jülich und Berg. Zu recht werten die Historiker diesen Territorialstreit als eine europäische Auseinandersetzung, als Vorspiel zum künftigen großen europäischen Krieg auf deutschem Boden. Es war ein politischer Streit unter konfessionellen Parolen. Ein solcher Krieg mußte auch den Ratgebern der österreichischen Habsburger zunehmend die einzige Alternative zur Lösung eigener innerer Probleme scheinen, als sich mit dem Frieden von Zsitva-Torok 1606 das Türkenproblem scheinbar auf lange Sicht gelöst hatte.

Umso drückender blieb für den Kaiser die Opposition der Stände in den eigenen Staaten, mußte ihn und seine Brüder der konfessionell verklärte Widerstand reizen. Die wieder und wieder postulierte Forderung nach Religionsfreiheit stieß sich mit den Rekatholisierungsabsichten der Habsburger. Für deren Rechtfertigung führten diese die entsprechenden Bestimmungen des Augsburger Religionsfriedens an, artikulierten ihren Wunsch, die Konfession ihrer Territorien ebenso wie die anderen deutschen Landesfürsten souverän entscheiden zu können. Adlige Unabhängigkeit maß sich mit landesherrlichem Streben nach Machterweiterung und Domestizierung des widerspenstigen Adels. Ein Aufstand in Ungarn, beständiges Murren in Böhmen und Mähren, Drohgebärden überall, so erlebten die Habsburger die Realität jener Jahre. Unruhen selbst in den österreichischen Kernlanden zwangen die dortigen Habsburger zu weitreichenden politischen Zugeständnissen, zur Akzeptanz auch der konfessionellen Forderungen ihrer Stände.

Darüber entzweiten sich die Erzherzöge der österreichischen Linie bis zum offenen Streit, folgte schließlich die Entmachtung Rudolf II. und die Einsetzung des Bruders – Matthias (1557-1619) – als Regenten. Nach Rudolfs Tod 1612 versuchte der neue Kaiser, durch weiteres Nachgeben die landesherrschaftlichen Positionen wieder zu stabilisieren. Vergeblich! Der Konflikt zwischen dem nach erweiterten Herrschaftsrechten strebenden kaiserlichen Landesfürsten – vor allem aber dem neuen machtbewußten böhmischen König Ferdinand II. – und seinem ebenso entschlossen die althergebrachten Privilegien verteidigenden Adel ließ sich nicht beilegen. Er mußte schnell in einer Adelsrevolte kulminieren, sich in einem großen europäischen Machtkampf entladen. An jenem weltbekannten 23. Mai 1618 war es vollbracht. Drei hochgestellte Herren, kaiserliche Amtsträger, wurden gedemütigt, auf schmerzhaft reale Weise erniedrigt. Wie jeder weiß, mußten sie die Prager Burg auf recht ungewöhnlichem Wege, viele Meter tief mehr als hastig verlassen. Sie taten das

Der Prager Fenstersturz am 23. Mai 1618, bei dem die kaiserlichen Räte Martinitz und Slava-
ta »unsanft« im Burggraben des Hradschin landeten, wird als Beginn des Dreißigjährigen Krie-
ges angesehen

keineswegs freiwillig und erst recht nicht fröhlich. Es war nicht einmal so orginell
wie manchmal geglaubt. Die poltrigen Böhmen hatten bereits Kenntnisse im Fen-
sterstürzen. Schon die Hussiten warfen 1419 einige ihrer Gegner aus den oberen
Räumen des Neustädter Rathauses in Prag hinunter in die Spieße der tobenden
Menge auf dem Platz.

Die evangelischen Radikalen kopierten 1618 den Akt, wollten hier anknüpfen,
eine ähnliche Entschlossenheit der Adligen, Bürger und Bauern Böhmens auslösen.
Diesmal hielt sich die Begeisterung der meisten in Grenzen. Vor allem die Bauern
zeigten sich wenig geneigt, den Adelsaufstand zu unterstützen. Die Stände, und hier
besonders die Herren des opponierenden böhmischen Adels, erzwangen dennoch
die lange gesuchte »Revolution«. Alle Interessierten am großen Kriege konnten
berechtigt hoffen. Und so sah man nicht nur in Wien, auch in Madrid geneigt der
weiteren Entwicklung entgegen. Beide Habsburger Familien hatten sich schon
längst gesagt, was zu erklären war. Mit dem Tode Philipps III., dem Sturz seines
Ministers, des Herzogs Franzisko de Lerma (1553-1625), der den status quo in
Europa zu sichern suchte, vereinte sich die Kriegspartei im Escorial hinter dem Grafen Gaspar de Guzman Olivares (1587-1645).

Sie einte die Hoffnung, mit neuverspürter Kraft wiederum die Universalherrschaft des Hauses Habsburg in Europa anzugehen. Rasch ließen sich auch die Wiener Vettern überzeugen. Spaniens Gesandter in der Hofburg in den Jahren 1617 bis 1624, Graf Iñigo Velez de Oñate († 1658), entwarf ein Geheimpapier, auf dessen Vereinbarungen sich Wien und Madrid im Sommer 1617 einigen konnten. Die österreichische Linie beglich die Anerkennung der Kaiserwürde, vor allem aber Ferdinands II. Krone in Böhmen und Ungarn, auf die plötzlich auch Philipp IV. (1605-1665), König von Spanien und Portugal seit 1621, Ansprüche zu haben glaubte, mit der geheim gehaltenen Abtretung österreichischer Besitzungen in Italien und dem Elsaß an Spanien. Madrids Mächtige verabredeten so eine glückliche territoriale Verbindung ihrer italienischen Besitzungen, der südlichen Grenze des spanischen Imperiums, mit den spanischen Niederlanden, dem nördlichsten Punkt ihrer Einflußsphäre.

Die Zusage dieses breiten Streifens Landes längs der Ostgrenze Frankreichs war so recht geeignet, in Bälde erneut sehr fordernd auf die nördlichen – durch innere Spannungen zerrissenen – Niederlande blicken zu können. Das war gefährlich für die Herren im Haag, schlimmer noch für Paris, schien doch die Einheit der Habsburger wieder geknüpft, drohte die Epoche Karls V. zurückzukehren. Die politischen Auseinandersetzungen in den Vereinigten Provinzen, die Rivalitäten zwischen Holländern und norddeutschen Hansestädten, die deutlich artikulierten Gegensätze im Norden und Nordosten Europas einschließlich der nun schon Jahrzehnte währenden Kämpfe zwischen Polen und Schweden boten den spanischen Habsburgern die Gewähr einer nahezu risikolosen Invasion in den nördlichen Niederlanden. Krieg war also angesagt, unvermeidlich, unwiderruflich. Eine solche Auseinandersetzung mußte alle bisherigen Dimensionen sprengen, konnte nicht auf die traditionellen europäischen Räume beschränkt bleiben. Früher oder später würden auch die Staaten im Norden und Nordosten Europas hineingezogen werden.

Vom Weißen Berg zum Restitutionsedikt

Ein wenig befremdet jene Behauptung, die kürzlich ein Historiker über den Dreißigjährigen Krieg äußerte. Es sei »nicht vorhersehbar« gewesen, daß sich aus dem Prager Fenstersturz »ein dreißigjähriger Krieg in Mitteleuropa entwickeln würde« (Schmidt, 28). Abgesehen davon, daß mit dem Kölner Kurfürsten Ferdinand schon unmittelbar nach Bekanntwerden des böhmischen Aufbegehrens ein Zeitgenosse einen Krieg über zwei, drei oder vier Jahrzehnte prophezeite, konnte keiner der entscheidenden Akteure jener Jahre die europäischen Dimensionen übersehen. Die Erfahrungen des Ringens zwischen Spanien und den Generalstaaten wie auch Schwedens und Polens Auseinandersetzungen ebenso wie die Jahrzehnte der Hugenottenkriege Frankreichs belegen, daß solcherart begonnene Konflikte in jener Zeit äußerst langlebig verliefen. Sicher, die Dauer der kommenden Auseinandersetzung mochten manche unterschiedlich beurteilen. Kaum jemand konnte aber zweifeln, daß die Prager Ereignisse in einen großen europäischen Krieg wachsen würden. Einige Jahre später äußerten auch Schwedens König Gustav II. Adolf (1611-1632) und dessen Reichskanzler Axel Oxenstierna (1583-1654) entsprechende Überzeugungen. Im Bewußtsein, daß der große Krieg gerade erst begonnen habe, bereiteten sie zielstrebig Schwedens Eingreifen in den nächsten Jahren vor. Ebenso klar sahen die Radikalen unter den böhmischen Rebellen. Von Beginn an vertrauten sie auf Hilfe durch England und die Vereinigten Provinzen, rechneten wohl auch mit Paris als natürlichem Feind der Habsburger. Daher lehnten sie jeden friedlichen Ausgleich mit Wien ab, beurteilten die Entschlossenheit König Ferdinands ganz sicher richtig. Sie bildeten ein Direktorium als Regierung und beschlossen sofort Werbungen für ein böhmisches Heer. Obwohl die protestantische Union wenig Bereitschaft zu entschiedener Waffenhilfe bekundete, half der Herzog von Savoyen – der »erklärte Feind der österreichischen und auch der spanischen Habsburger« (Wedgwood, 10) – sofort. Er glaubte die österreichischen Habsburger schwach, deren italienische Besitzungen kaum gesichert. Einige tausend Söldner unter dem erfahrenen Condottiere Peter Ernst von Mansfeld (1580-1626) marschierten wenig später nach Prag.

Inzwischen warben die spanischen Habsburger ihrerseits für die Wiener Vettern in Flandern Truppen. Eile tat not, denn schon rückten die entschlossenen böhmischen Adelsfrondeure mit einer eigenen Armee unter dem Grafen Heinrich Matthias Thurn (1567-1640) vor Wien. König Ferdinand konnte trotzdem aufatmen, denn Mansfeld wurde in Böhmen geschlagen. So zog sich Thurn wieder in die »Ständerepublik« zurück. Keineswegs sorgenfrei aber ein wenig beruhigter konnte Ferdinand nun nach Frankfurt zur erhofften Kaiserkrönung reisen. Verbittert hörte der Habsburger unterwegs, daß ihn die böhmischen Stände am 19. August 1619 als König abgesetzt hatten. Da war ihm die Wahl zum Kaiser wenige Tage später – am 28. August – mehr als nur Trost.

Zu diesem Zeitpunkt konnte niemand in Frankfurt sicher wissen, daß Kurfürst Friedrich V. einen Tag vorher, am 27. August, in Prag zum neuen böhmischen König gewählt worden war. Immerhin hatten die Rebellen in Böhmen mehr als eifrig suchen müssen, bevor sie mit dem Pfälzer schließlich einen risikobereiten Fürsten gefunden hatten. Auch bedachte sich Friedrich noch längere Zeit. Der Heidelberger stimmte erst am 28. September zu, als er sichere Kunde vom Einmarsch des Bethlen Gábor (1580-1629) – des Fürsten von Siebenbürgen – in Ungarn hatte, wußte, das dieser nun auf Wien marschierte. In Frankfurt jedenfalls zählte weder die Absetzung, noch die Benennung des Pfälzers. König Ferdinand wählte sich selbst mit der böhmischen Kurstimme, erhielt schließlich sogar das Ja des Pfälzer Delegierten. In der Tat eine merkwürdige Wahl! Kann man noch erklären, warum der Pfälzer die böhmische Kurstimme nicht für sich reklamierte, bleibt dennoch offen, weshalb Kurpfalz eine Stimmabgabe Ferdinands als »böhmischer König« hier in Frankfurt noch akzeptierte. Neun Tage nach dem spektakulären Absetzungsakt mußte Friedrichs V. Delegierter eigentlich den Wahlakt in der Mainmetropole unter Protest verlassen, so die gefährliche Erhöhung des Habsburgers wenigstens verzögern. Er tat es nicht, und die Dinge nahmen ihren Lauf. Schon im Frühjahr 1619 hatten sich die bayri-

schen Wittelsbacher und Ferdinands Vertraute auf rasche militärische Gegenmaßnahmen verständigt. Das hinderte Herzog Maximilian allerdings nicht, noch bis in
die Septembertage hinein auf eine friedliche Beilegung des Konflikts zwischen Ferdinand und den böhmischen Ständen hinzuarbeiten. Möglicherweise war es ihm
ernst, wollte er zunächst in weiser Voraussicht der Gefahren keinen Konflikt zwischen der Liga und Friedrich V. bzw. der Union. Wenigstens folgern dies viele Kenner der bayrischen Geschichte.

Ganz sicher waren ihm aber die deutlich ablehnenden Reaktionen der Mehrheit
der Unionsverbündeten auf die böhmische Rebellion nicht verborgen geblieben. Sie
waren kaum zu bewegen, sich für die Böhmen zu schlagen, auch nicht, wenn Kurfürst Friedrich sie darum bat, als Böhmenkönig gekrönt oder nicht. So gesehen
mögen Maximilians frühe militante Gesten wohlüberlegten Plänen entsprochen
haben, die vorübergehende Friedensorientierung mehr Schein als wirkliches Wollen
gewesen sein. Als Friedrich V. die angebotene böhmische Krone annahm, stellte sich
der Bayernherzog als Führer der stärksten Militärpotenz im Reich jedenfalls endgültig auf Ferdinands II. Seite. Auf der Rückreise von Frankfurt nach Wien vereinbarten der neue Kaiser und Maximilian in München eine Allianz gegen die Rebellen.
Der tief beunruhigte Habsburger sicherte dem Bayernherzog territoriale Gewinne
zu, versprach auch die Übertragung der pfälzischen Kurwürde auf Maximilian.
Wenig später konnte das lutherische Kursachsen durch die Aussicht auf territorialen
Zuwachs in den beiden Lausitzen und Schlesien für einen Schulterschluß an der
Seite der katholischen Gegenreformatoren gewonnen werden. Johann Georg, den
sächsischen Kurfürsten (1611-1656), mag tatsächlich auch noch beruhigt haben,
daß Ferdinand ihm die Freiheit des evangelischen Bekenntnisses in Böhmen zusi-
cherte. Er glaubte wohl gerne, was sein Gewissen verlangte.

Inzwischen war Friedrich V. von der Pfalz triumphierend in Prag eingeritten, sonn-
te sich im Glanz der neuen Würden, nannte sich stolz »König«. Viel mehr tat er nicht.
Die dunklen Wolken am politischen Horizont kümmerten ihn wenig. Ausgelassen gab
er sich ganz den Prager Festlichkeiten hin, enttäuschte rasch auch sein »Wahlvolk«. Als
am 3. Juli 1620 Liga und Union unter französischer Vermittlung in Ulm ein Neutrali-
sierungsabkommen signierten, war die baldige Katastrophe seines Königtums besiegelt. Der Ulmer Vertrag verbot Kampfhandlungen im Reich, sicherte Bayern vor
einem Einfall protestantischer Streitkräfte. Dagegen durften die Liga-Truppen in Böhmen einmarschieren. Am 8. November 1620 unterlagen die Böhmen vor den Toren
Prags in der Schlacht am Weißen Berg dem überlegenen kaiserlich-ligistischen Heer
unter dem kriegserfahrenen Johann Tserclaes Tilly (1559-1632) vollständig. Die böhmische Fronde war niedergeworfen. Dieser Sieg begründete »das Zeitalter des Absolutismus im Habsburger Reich« (Holborn, I, 298). Der »Winterkönig«, wie man den
Pfälzer nun überall verhöhnte, mußte mehr als überstürzt fliehen, ließ sogar ihn bela-
stende Archivmaterialien in der Prager Burg zurück. Und die siegreichen Gegner vergaßen auch nicht, besondere Abscheu über die aufgefundenen sogenannten galanten
Bücher der Königin zu bekunden, solcherart auch jene zu verschrecken, denen die
Reformierten schon immer ein besonders verderbtes »Sodom und Gomorra« waren.

Habsburger Machtstreben nach unumschränkter Herrschaft wie auch gegenreformatorischen Maßnahmen in Böhmen, Mähren und den Erblanden stand nun
kein nennenswerter Widerstand mehr entgegen. Am 21. Juni 1621 büßten zahlreiche einflußreiche Böhmen – Tschechen und Deutsche – auf dem Prager Altmarkt
für den Fenstersturz und die kriegerischen Unternehmen mit dem Leben. Zahllosen
anderen blieb nur die Flucht ins Ausland.

Enteignungen und Umverteilungen des Güterbesitzes schufen eine neue, an
Habsburg gebundene böhmische Oberschicht, durch die Gegenreformation auch
konfessionell mit dem Wiener Herrscherhaus vereint. Sie wußten im übrigen genau,
die jetzigen Herren, daß alles Neuerworbene, wahrscheinlich sogar das Leben verloren war, unterlagen die Habsburger, kamen die alten Eigentümer zurück. Das allerdings schien wenig wahrscheinlich. Mit der Auflösung der Union als militärischer
Gegenkraft zur Liga im Mai 1621 war bereits vorher die reichsständische Opposition weitgehend entmachtet worden. Der Krieg aber weitete sich aus, fraß sich weiter
über die habsburgischen Randstaaten hinaus ins Reich. Vor allem Maximilian von
Bayern forderte seinen Lohn. Das eroberte Oberösterreich wollte er Ferdinand II.
nur gegen Erstattung seiner Kriegskosten zurückgeben.

Die ebenfalls besetzte Oberpfalz gedachte er überhaupt nicht mehr zu räumen.
Die Weigerung des machtlosen entthronten »Winterkönigs«, dem Bayern hier entgegenzukommen und sich mit den verbleibenden pfälzischen Territorien am Mittel-
und Oberrhein zu bescheiden, nutzte der Bayernherzog zum Einfall in die rechtsrheinische Pfalz. Die linksrheinischen Landesteile hatten schon im September 1620
spanische Truppen unter Spinola besetzt. Die nun erfolgte bayrische Offensive sanktionierte Ferdinand II. durch die Verhängung der Reichsacht über Friedrich V. im
Januar 1621. Da der Kaiser weder die notwendige Zustimmung der Kurfürsten einholte, sie nicht einmal vorher informierte, war auch dies ein Bruch der Reichsverfassung. Immerhin hatte Ferdinand II. keine zwei Jahre vorher in Frankfurt beschworen, daß er »ohne Bewilligung des Reichstages nicht über deutsche Länder verfügen«
würde (Lünig, III, 57-58).

Der nach Holland geflohene Pfälzer ermunterte seinerseits die geschlagenen
Heerführer seiner kurzen böhmischen Herrlichkeit, den Krieg zur Verteidigung der
Pfalz gegen die Liga-Truppen fortzusetzen. Auch das dürfte Maximilian eher Freude
bereitet haben. Sein großzügiges Geschenk an den Papst, die kostbare Heidelberger
Bibliothek, sofort nach Eroberung der pfälzischen Residenz nach Rom gesandt, war
wohl kaum eine versöhnliche Geste gegenüber dem vertriebenen Vetter.

Der berechnende Maximilian versprach sich zu recht, wie sich bald zeigte, davon
die päpstliche Anerkennung seiner Eroberungen und des Anspruchs auf die erstrebte Kurwürde im deutschen Reich. Es läßt sich wohl kaum bestreiten, daß so gesehen
Maximilian und Kaiser Ferdinand II. – »engherzige und beschränkte Männer«
(Wedgwood, 7) – die Hauptschuld an der Verlängerung des Krieges tragen. Natürlich kamen ihren Wünschen die Intensionen der europäischen Gegner Habsburgs
entgegen. Die nun unmittelbar durch eine neue spanische Invasion bedrohten Vereinigten Provinzen wie auch das durch die spanische Besetzung der linksrheinischen

Pfalz verschreckte Frankreich mußten ihrerseits das Kriegsfeuer schüren. Auch Ludwig XIII. sah sich jetzt genötigt, seine ehrlich empfundene Abneigung der böhmischen Rebellen und Verachtung für den Thronursupator zu verleugnen. Frankreich und die nördlichen Niederlande waren gezwungen, den Habsburgern beider Linien entgegenzuwirken. Durch fortgesetzte Kampfhandlungen auf deutschem Boden mußten Madrid und Wien beunruhigt werden. Es galt, die Habsburger zu schwächen, durch eigene Heere, wo es möglich wurde auch durch »Stellvertreter«. Und selbst Englands König, Friedrichs V. Schwiegervater, bisher auf gutes Einvernehmen mit den noch immer mächtigen Spaniern bedacht, mußte schon wegen des Wohls seiner Tochter und Enkel in den Streit um die Pfalz eingreifen. Zwei englische Regimenter und geringfügige Subsidien waren allerdings zu wenig, die Hoffnungen von Tochter und Schwiegersohn zu stützen.

Und auch die Geldzahlungen der niederländischen Kalvinisten an Friedrichs V. mehr oder weniger autonome »Kriegsunternehmer« reichten nicht. Für alle, die Augen hatten zu sehen, signalisierten diese Maßnahmen aber den wachsenden europäischen Widerstand gegen die Pläne der Habsburger und ihrer Parteigänger, weckten Erinnerungen an Karls V. Scheitern. In München und Wien konnte man dennoch nicht widerstehen, gab sich nach den großen und leichten Anfangserfolgen Illusionen hin. Noch einmal träumte ein katholischer Habsburger Kaiser von einem konfessionell geeinten Großreich im Herzen Europas, verstand damals vielleicht nicht einmal, daß diese Version früher oder später ihn auch seinem Bundesgenossen Maximilian entfremden mußte. Zunächst feierte man weitere Erfolge.

Im pfälzischen Krieg besiegte Tilly nach einer anfänglichen Schlappe gegen Mansfeld bei Wiesloch den Markgrafen von Baden-Durlach bei Wimpfen am 5. Mai 1622. Wenig später unterlag ein weiterer »Anhänger« des Pfälzers, der »tolle Halberstädter«, Christian von Braunschweig-Wolfenbüttel (1599-1625), bei Höchst am Main dem Liga-Heer. Die geschwächten vereinten Reste der Truppen Mansfelds und Christians wichen ins Elsaß zurück, trugen den Krieg nun auch dorthin. Brennende Dörfer und Städte markierten eine blutige Spur beider bis in die Provinzen der nördlichen Niederlande. Wie in der Pfalz wußten auch dort die Menschen wenig Gutes über ihre Helfer im Kampf gegen die Spanier zu berichten.

Derweil verlieh Ferdinand II. am 25. Februar 1623 dem Bayernherzog die pfälzische Kurwürde. Maximilian erhielt gleichzeitig die Oberpfalz. In der Rheinpfalz verblieben seine und die spanischen Truppen. Und so viel war auch schon gewiß: In Bälde würde spanisches Geld über die italienischen Besitzungen gekarrt werden können, den spanischen Krieg in den Vereinigten Provinzen ebenso finanzieren wie weitere Aktionen der Liga auf deutschem Boden. Gerade hatten die Spanier das Schweizer Veltin besetzt, so die Verbindungen aus Italien über die Rheinterritorien nach den Niederlanden gesichert. Venedigs Bestürzung achteten die derzeitigen Sieger gering. Auch Frankreichs und des Papstes Proteste zählten wenig für sie. Vollends unberücksichtigt blieben die Ängste der norddeutschen Fürsten und die Reaktionen der Könige im Norden. Unter der Losung, man schütze nur die geistlichen Fürstentümer Norddeutschlands, sandte Maximilian mit Billigung des Kaisers nun seinen

Feldherrn Tilly nach Niedersachsen. Sah man von Hildesheim ab, bestimmten dort bereits seit längerem protestantische Administratoren aus den norddeutschen Fürstenhäusern, regierte in Verden gar ein Sohn des dänischen Königs als evangelischer Bischof. Auch war bekannt, daß Christian IV. von Dänemark gerade damals sehr eifrig die »Investitur« Osnabrücks als weitere Versorgungsbasis für seine zahlreiche Familie begehrte. Mit Tillys neuerlichem Sieg über die Armee des Halberstädters am 6. August 1623 bei Stadtlohn wurde aber eine katholische »Restitution« der säkularisierten geistlichen Territorien immer aktueller. In dem er seinem erfolgreichen Feldherrn ausdrücklich verbot, die holländische Grenze zu überschreiten, hoffte Maximilian, einer gefährlichen europäischen Ausweitung seines böhmisch-pfälzischen Krieges vorbeugen zu können.

Vielleicht glaubte er damals wirklich noch an eine mögliche Konfliktbegrenzung, doch hätte dieser gewöhnlich kühl kalkulierende Fürst die Folgen einer so sichtbaren Allianz an der Seite Spaniens in der Pfalz, am Oberrhein und Niedersachsen voraussehen müssen. Tatsächlich wurden die französischen Diplomaten nun spürbar aktiver. Natürlich konnten weder Maximilian noch Ferdinand II. voraussehen, daß jetzt mit Armand Jean du Plessis (1585-1642) in Paris jener katholische Staatsmann die Politik bestimmte, der konsequenter als alle anderen Habsburger Machtgelüste bekämpfte. Kardinal Richelieu interessierte wenig, welche Auswirkungen seine Vorstellungen eines mächtigen Frankreichs auf die europäische katholische Gegenreformation haben würden. Richtig verstand er französische Stützpunkte in Oberitalien als Schlüssel künftiger französischer Siege über Spanien. Ebenso klar sah er eine notwendige Schwächung der österreichischen Habsburger als Voraussetzung für eine Niederlage der spanischen Linie. Mehr noch ahnte er die Sorgen und Nöte der bedrohten deutschen protestantischen und der um ihre Souveränität fürchtenden katholischen Fürsten.

Sogleich begann er, eine Allianz Englands, Frankreichs und der Vereinigten Provinzen zu knüpfen, nutzte gleichermaßen die englischen und holländischen Verbindungen zu den nordeuropäischen Mächten. Sein Ziel war eine gesamteuropäische Front gegen Habsburg. Während französische Soldaten im Veltin kämpften, schürte er den Widerstand aller Gegner der Liga, des Kaisers und Spaniens auf deutschem Boden. Schon frühzeitig bedachte er eine Allianz der deutschen Fürsten, katholisch oder evangelisch, gegen den Kaiser.

Solche Gedanken hatten schon Tradition, beunruhigten die Wiener Politiker. Ohne starke eigene Streitkräfte hing man nahezu völlig vom Wohlwollen der Liga-Fürsten ab. Daher nahm Ferdinand II. nach reiflicher Überlegung das Angebot des Böhmen Albrecht von Wallenstein (1583-1634) an, eine neue kampfstarke Armee an der Seite der Liga-Truppen zu rekrutieren. Derweil stießen in Niedersachsen die neuen, durch niederländisches und englisches Geld finanzierten Kontingente Mansfelds und Christians von Halberstadt mit den Liga-Truppen zusammen. Seit dem Juli 1625 wurde nun auch diese Landschaft verwüstet.

Ab Oktober verschlimmerten sich die Leiden der dortigen Bevölkerung noch, als die neue kaiserliche Armee unter Wallenstein einmarschierte, nun auch dessen

Szene aus dem Dreißigjährigen Krieg. Der unbekannte Stich vermittelt einen Eindruck von den Verwüstungen und dem Leiden der Bevölkerung

Furiere Verpflegung und Geld erpreßten. In Wien und München sah man beruhigt in die Zukunft. Ein Aufstand der Bauern Oberösterreichs war relativ schnell durch den fähigen Gottfried Heinrich Graf zu Pappenheim (1594-1632) niedergeschlagen worden. Neuerliche Kämpfe der königlichen Truppen gegen die Hugenotten erschütterten Frankreich. Das durch die Heirat des neuen, seit 1625 regierenden englischen Herrschers, Karls I. (1600-1649), mit Ludwigs XIII. Schwester Henriette Marie befürchtete englisch-französische Bündnis erwies sich bald als papierne Drohung. Ein wirkliches Bündnis gegen die Habsburger brachte Richelieu nicht zuwege. Der englische Hof unterstützte sogar die Hugenotten. In den Vereinigten Provinzen eroberten inzwischen die Spanier die Festung Breda, wähnten die nördlichen Niederlande nach dem Tode des Moritz von Oranien bereits besiegt. Wallensteins »Feuertaufe« als Heerführer an der Dessauer Elbbrücke gegen Mansfeld am 25. August 1626 und Tillys großer Sieg über König Christian IV. von Dänemark bei Lutter am Barrenberg zerschlugen auch diese Hoffnungen Richelieus und des »Winterkönigs«, steigerten die Furcht der norddeutschen Protestanten. Und selbst Bethlen Gábor vereinbarte im Dezember 1626 mit Ferdinand II. Frieden, meinte es diesmal auch ernst. Wenig später signierte auch die Pforte einen 25jährigen Frieden mit dem Kaiser. Erneut eröffneten sich Möglichkeiten, den verzehrenden Krieg zu beenden. Und wieder waren offenbar Ferdinand II. und seine Ratgeber nicht interessiert, setzte man in Wien auf Vernichtung der Gegner, träumte der Kaiser nun noch hoffnungsvoller von unbeschränkter Herrschaft in einem konfessionell geeinten Reich.

Die kaiserlichen Überlegungen für 1627 orientierten auf neuerliche Offensiven in
Norddeutschland, gegen Dänemark, kalkulierten bereits einen Feldzug in Polen
gegen den schwedischen Vasa, König Gustav II. Adolf. Tatsächlich besetzten die kaiserlich-ligistischen Truppen 1627 alle festen Plätze Brandenburgs und Mecklenburgs, sicherten die Elbe- und Weserlinien. Wallenstein marschierte in Holstein ein.
Wenig später standen seine Truppen im Norden Jütlands. Ferdinand II. belehnte seinen erfolgreichen Feldherrn mit dem Herzogtum Mecklenburg, demonstrierte solcherart erneut kaiserliche Machtvollkommenheit. Da allerdings hatte sich auch
Maximilian bereits entschieden. Gemeinsam mit den anderen bedeutenden Reichsfürsten, katholischen wie evangelischen, wertete er Ferdinands Maßnahmen als Ausdruck eines gefährlichen »Monarchismus«, beklagte eine besorgniserregende Zerstörung alter reichsständischer Strukturen.

Wieder sprach man überall von der »spanischen Servitut«, ermunterte sich
gegenseitig zum Widerstand. Die »spanischen Ängste« waren so unbegründet nicht.
Immerhin unterstützte Madrid die kaiserlichen Pläne in Norddeutschland. Spanien
erhoffte sich von einer kaiserlichen Ostseeflotte einen entscheidenden Rückhalt
gegen die holländischen Kriegsschiffe, wollte dort auch den niederländischen Handel unterbinden. Wallenstein erschien König Philipp IV. und seinem Kriegsrat der
geeignete »Admiral des Baltischen Meeres«. Sie, wohl auch der Kaiser und selbst
Wallenstein unterschätzten aber den Widerstand der deutschen Hansestädte.

Wie die Reichsfürsten befürchteten diese eine Beschränkung eigener Souveränität, wünschten die Holländer geschwächt, aber keinesfalls durch die Spanier ersetzt.
Im übrigen erwartete man von Bremen bis Stralsund auch bald »böhmische Zustände«, wenn kaiserliche Garnisonen in ihren Mauern ständen, ahnte wohl auch hier
Ferdinands katholischen Rigorismus. Stralsund schloß schließlich sogar ein Bündnis
mit Schweden gegen kaiserliche Aktivitäten an der Ostsee, widerstand Wallensteins
eher vorsichtigen Versuchen, dort einzudringen. Der neuerliche Triumph über Christian IV. und dessen endgültige Vertreibung von deutschem Territorium förderte
dennoch in Wien Illusionen über eigene Machtvollkommenheit und Dominanz in
Europa. Ferdinands II. Hoffnungen uferten ins Unermeßliche, er übersah alle Zeichen einer bevorstehenden gefährlichen Veränderung.

Der Verlust der spanischen Silberflotte vor Kuba 1628 an die Holländer beschnitt die spanischen Finanzen drastisch. Nun mangelte es an Geld, die siegreichen
Söldnerheere in den Vereinigten Provinzen zu entlohnen. Meutereien waren die
Folge. Die Holländer antworteten mit einer gefährlichen Gegenoffensive. Und auch
in Oberitalien entwickelte sich alles gegen die Habsburger. Die Kurie formierte sich
mit Frankreich zu gefährlicher Opposition gegen die Pläne Wiens und Madrids.
Erneut wandte sich der Papst als italienischer Fürst gegen die drohende Unterordnung Roms unter eine katholische Universalherrschaft Habsburgs, sehr lebendig
waren der Kurie noch jene Jahrzehnte des spanischen Diktats unter Philipp II. Wie
einst auf dem Höhepunkt Habsburger Macht Karls V. während des Schmalkaldi-
schen Krieges opponierte das Papsttum wieder »in eben dem Augenblick... als der
Kaiser versuchte, dem Katholizismus seine alte Stellung zurückzugeben« (Holbach,

313). Wahrscheinlich war Ferdinand II. persönlich überzeugt, das rechte Bekenntnis, den Katholizismus, überall in Europa durchsetzen zu müssen, einem göttlichen Auftrag zu entsprechen.

Für die anderen katholischen Gewalten, vor allem für Frankreich und Rom, blieb die konfessionelle Frage dennoch nur zweitrangig. Eigenes Souveränitätsdenken stieß sich an spanischem und österreichischen Streben nach weltlicher und Religionshoheit. Für Ferdinands Zielstellungen wurde verhängnisvoll, daß er auf Gedeih und Verderb an die spanischen Vettern gebunden war. So wurde er in Spaniens Krieg mit Frankreich um das Herzogtum Mantua hineingezogen. Dort war Ende 1627 der letzte Gonzaga verstorben. Nun drängte der Frankreich nahestehende Karl I. Gonzaga, Herzog von Nevers-Rethel, auf den freien Thron.

Da Mantua formal Lehensterritorium des Reiches war, bat König Philipp den Kaiser um Besetzung des Herzogtums. Gegen Wallensteins Rat befahl Ferdinand II. nach längerem Zögern schließlich die Entsendung von Truppen. Richelieu ließ daraufhin ein starkes französisches Korps in Oberitalien einmarschieren. Venedig, Savoyen und der Papst vereinbarten eine Allianz gegen Spanien bzw. die kaiserlichen Truppen. Anfang 1629 eroberten die Franzosen die wichtige Festung Casale. Von einem Konfessionskrieg konnte nur insofern die Rede sein, als Olivares, katholisch wie Richelieu und seine Bundesgenossen, nun seinerseits versuchte, die gerade durch den Fall von La Rochelle stark geschwächten Hugenotten zu aktivieren. Und auch das berühmte Restitutionsedikt Ferdinands II. gegen die deutschen Protestanten war nur bedingt konfessionell zu nennen. Auch hier »verbanden sich mit der katholischen Gewissenpflicht« der Sieger »handfeste Machtinteressen« (Lutz, 431)

In völliger Verkennung seiner Möglichkeiten hatte Ferdinand II. im Reich am 6. März 1629 das »Restitutionsedikt« erlassen, wähnte sich am Ziel aller Kämpfe seit 1618. Er negierte bestimmte Einwände des Katholiken Maximilians von Bayern ebenso wie die Warnungen Johann Georgs, des sächsischen protestantischen Kurfürsten. Beide wie auch andere Reichsfürsten werteten das Edikt als deutliche Ausweitung kaiserlicher Macht. Tatsächlich hatten schon 1623 die niedersächsischen Stände mit der offen geäußerten Sorge um Unterstützung auch der Katholiken geworben, der Kaiser erhalte durch die Rückgewinnung des Bistümer für sich und seine Familie »den Schlüssel zur Ost- und Westsee« in die Hand. Dadurch gewönne er Macht über die »deutsche Kur- und Fürstenlibertät«. Das hatte zwar einige Zeit später Maximilian nicht von Restitutionsforderungen abhalten können. Nun aber hatten sich die Zeiten geändert. Im Reich stand eine nahezu unbesiegbare kaiserliche Armee unter einem ebenso entschlossenen Feldherrn. Für Maximilians Unabhängigkeitsstreben bekundete dieser wenig Verständnis und Bereitschaft. Da fruchtete auch Ferdinands Angebot wenig, Maximilians Familie bei der Vergabe einiger niedersächsischer Bistümer zu berücksichtigen. Aber Ferdinands II. Sohn Leopold Wilhelm wurde mit Magdeburg, Bremen und Halberstadt beschenkt, der Wittelsbacher erhielt Osnabrück und Verden. Noch mehr wog für Maximilian und andere, daß der Kaiser ein alleiniges Interpretationsrecht des Augsburger Religionsfriedens beanspruchte. Der Bayer registrierte natürlich auch, wie wenig Widerstand die Betroffenen wegen der Armee Wallensteins wagten. So war ihm die Entlassung Wallensteins und eine spürbare Reduzierung der Truppen bald die wichtigste Tagesaufgabe. Auf dem Regensburger Kurfürstentag zwangen Maximilian, die übrigen katholischen und protestantischen Reichsfürsten Ferdinand II. zum Einlenken. Für den Preis, seinen Sohn Ferdinand zum Römischen König gewählt zu sehen, entließ der Kaiser seinen Feldherrn, schwächte seine Machtpositionen durch eine drastische Reduzierung der Soldatenzahl. Die Königswahl erreichte er dennoch nicht, getäuscht sah er sich ähnlich wie seinerzeit Karl V. vom Gipfel scheinbaren Erfolgs gestoßen.

Der legendäre Einzug der Dampierre'schen Kürassiere in die Wiener Hofburg am 5. Juni 1619, die sg. »Sturmpetition«. Als Privileg erhielt dieses Regiment von Kaiser Ferdinand II. unter anderem das Recht, »unter Trompetenschall und fliegenden Estantarten durch die Hofburg zu marschieren«. Die Tradition der Dampierre'schen Kürassiere, des ältesten österreichischen Reiterregiments, führte bis 1918 das Dragoner-Regiment Nr. 8 weiter, zuletzt mit dem Traditionsnamen »Raimund Graf Montecuccoli«, das sich aus dem Gebiet Pardubitz (Böhmen) ergänzte

LEBENSBILDER DER EPOCHE VON 1618 BIS 1630

Das fürstliche Lager

Kaiser Matthias
Kaiser Ferdinand II.
Kurfürst Maximilian I. von Bayern
Kurfürst Johann Georg I. von Sachsen
Kurfürst Friedrich V. von der Pfalz (»Winterkönig«)
Kurfürst Georg Wilhelm von Brandenburg
König Christian IV. von Dänemark
Fürst Bethlen Gábor von Siebenbürgen
Herzog Christian von Braunschweig-Wolfenbüttel bzw. Halberstadt

Kurzbiographien:

Kurfürst Ferdinand von Köln
Kurfürst Georg Friedrich von Greiffenclau zu Vollrads von Mainz
Kurfürst Philipp Christoph von Sötern von Trier
Herzog Georg von Braunschweig-Wolfenbüttel
Herzog Bogislaw XIV. von Pommern
Markgraf Georg Friedrich von Baden-Durlach
König Jakob I. von England
König Philipp III. von Spanien
König Sigismund III. Vasa von Polen und Schweden

Die Politiker

Melchior Kardinal Klesl
Christian I. Fürst von Anhalt
Heinrich Matthias Graf von Thurn-Valsassina

Kurzbiographien:

Karl Fürst von Liechtenstein
P. Wilhelm Germain Lamormaini

Die Feldherren

Johann Tserclaes Graf von Tilly
Peter Ernst Graf von Mansfeld
Karl Bonaventura Graf von Bouquoy

Kurzbiographien:

Rambalto Graf Collalto
Rudolf Frhr. von Tiefenbach auf Mayerhoffen
Don Baltasar Graf Marradas
Adam Graf von Herbstorff

Kaiser Matthias

Kaiser Matthias

* 24. Februar 1557 in Wien
† 20. März 1619 in Wien
Grabstätte: Kaisergruft Wien – Gründergruft
Eltern: Kaiser Maximilian II. und Maria von Spanien

Eheschließung am 4. Dezember 1611 in Wien
ANNA, Erzherzogin von Österreich-Tirol
* 4. Dezember 1585 in Innsbruck
† 15. Dezember 1618 in Wien
Grabstätte: Kaisergruft Wien – Gründergruft
Eltern: Ferdinand II., Erzherzog von Österreich-Tirol, und Anna Katharina, Herzogin von Mantua aus dem Hause Gonzaga, Tochter Wilhelms III., Herzog von Mantua-Montferrat

Oktober 1577	Huldigung als Regent der Niederlande
1580	Rückkehr nach Österreich
25. April 1606	Förmliche Ernennung zum Haupt des österreichischen Hauses Habsburg durch die Erzherzöge von Österreich
25. Juni 1608	Übergabe der Herrscherrechte in Österreich, Ungarn und Mähren durch Kaiser Rudolf II. im Vertrag von Lieben an Matthias
19. November 1608	Krönung zum König von Ungarn in der St.-Martins-Kirche zu Preßburg
23. Mai 1611	Krönung zum König von Böhmen im St.-Veits-Dom zu Prag
13. Juni 1612	Wahl und Krönung zum römisch-deutschen Kaiser in Frankfurt a. M.

Prägen »große Zeiten« gewöhnlich auch »große Männer«, so war es um 1600 die
Tragik der deutschen Entwicklung, daß dem Hause Habsburg keine solche Persönlichkeit erwuchs. Kaiser Rudolf II. (1576-1612) war wenig geeignet, den Stürmen
der Zeit zu trotzen. Und auch sein Bruder Matthias, der nächste in der Reihe der
Erzherzöge aus der direkten Nachfolge Kaiser Maximilians II. in der österreichischen Linie war weder besonders begabt noch vorbereitet für ein Herrscheramt in
jener Krisenzeit des habsburgischen Kaisertums. Als Oberbefehlshaber der kaiserlichen Armeen gegen die Türken 1594-1595 und 1598-1601 erwarb er wenig Ruhm,
war weder ein Karl V. noch hatte er ähnlich gute Heerführer. Selbst der seit 1598
zunehmend in zeitweiliger geistiger Verwirrung lebende kaiserliche Bruder gefiel
sich gewöhnlich in der Prager Burg in höhnischen Bemerkungen über Matthias und
dessen geringe geistige Gaben.

    Der Jüngere schien ihm bestenfalls geeignet, den Kaiser als »Gesandten« bei der
Hochzeit des Erzherzogs Ferdinand von Innerösterreich – Steiermark, Kärnten,
Krain, Görz, Triest und Istrien – zu vertreten. Zeit seines Lebens vergaß Rudolf dem
Bruder dessen überraschendes Eingreifen in den Aufstand der niederländischen
Generalstaaten 1577 nicht. Mag sein, daß der Einwand gegründet ist, der Kaiser
habe bis 1587 Matthias den Fehlschlag in den Niederlanden weniger verübelt als
gewöhnlich durch die Historiker angemerkt wird. Vielleicht haben damals tatsäch-
lich erst neuerliche ungenehmigte Aktivitäten des jüngeren Bruders Rudolf II. alar-
miert, dessen Ehrgeiz als Gefahr für sein Kaisertum wahrzunehmen. Ohne eigenes
Fürstentum, nur mit geringen und oft nicht ausgezahlten Geldern apanagiert, war
Matthias gezwungen, so oder so für sich eine akzeptable Lösung zu suchen, nach
jeder angebotenen Krone zu greifen.

    Auf jeden Fall wertete der Kaiser die Reise des Matthias in die aufrührerischen
Generalstaaten später als Akt ebenso ausgeprägten verderblichen Ehrgeizes wie
besonderer Dummheit. Mitten im Widerstand der hochadligen ständischen Opposition in den Niederlanden gegen König Philipps II. absolutistische Bestrebungen
hatte sich Erzherzog Matthias einer Wilhelm von Oranien nahestehenden Parteiung
der niederländischen Aristokraten angedient, glaubte solcherart die katholische Religion und damit dort auch die Herrschaft Habsburgs retten zu müssen. Ganz diesen
mehr oder weniger hehren Gefühlen hingegeben, als Generalstatthalter gehuldigt,
wollte der junge Österreicher nicht begreifen, daß ihm weder Philipp II. noch der
wenig vorher zum Kaiser gewählte Bruder Dank wußten. Er habe Juan d' Austrias
Positionen als Statthalter Philipps II. gefährdet und die Bestrebungen Madrids auf
Weiterung königlicher Souveränität in den abtrünnigen Provinzen aufs höchste
gestört, klagten die spanischen Habsburger. Ebenso sahen sich jene enttäuscht, die

von Matthias' »Politik« stärkere kaiserliche Positionen in den Niederlanden erhofften. Die »Undankbarkeit« der Niederländer, die ihrerseits bald darauf den Herzog von Anjou herbeiriefen, die Hoffnungen Erzherzog Matthias auf einen Ausgleich zwischen Aristokratie und Königtum roh zerschlugen, ließen ihn 1581 desillusioniert und tief verletzt nach Österreich zurückkehren.

Immerhin half Rudolf II., die Gläubiger seines Bruders zu befriedigen. Doch waren das »Exil« im Stadtschloß in Linz und die Verweigerung jeglicher Ämter durch den erzürnten Kaiser – ob nun lediglich als beruhigendes Zeichen für Madrid gedacht oder aus tatsächlicher Verärgerung erwachsen – kaum sonderlich förderlich, brüderliche Neigungen zwischen dem Kaiser und Matthias keimen zu lassen. Das traf den nahezu mittellosen Erzherzog umso härter als seit der Erb-Ordnung von 1554 durch den Großvater, den späteren Kaiser Ferdinand I., der österreichische Besitz unter die drei Söhne aufgeteilt war. Damals hatte Erzherzog Ferdinand (1529-1595) Tirol und die österreichischen Vorlande (Besitzungen in Schwaben und im Elsaß) erhalten. Erzherzog Karl (1540-1590) war mit Innerösterreich abgefunden worden. Ferdinands ältester Sohn, Erzherzog Maximilian, der künftigen Kaiser, hatte die österreichischen Länder und die Königreiche Böhmen und Ungarn geerbt. Glücklich für Matthias, den Nachgeborenen der österreichischen »Hauptlinie«, war höchstens der Umstand, daß sein Onkel Ferdinand die schöne Augsburgerin Philippine Welser geheiratet hatte. Deren Nachkommen, die Kinder einer Liaison eines Habsburgers mit einer Patriziertochter, besaßen keine Erbrechte. Auch fügte es sich, daß Erzherzog Karl von Innerösterreich relativ früh 1590 verstarb. Seine unmündigen Kinder bedurften den Gesetzen der Zeit nach eines angesehenen Vormundes aus fürstlichem Hause. Und wieder hatte es sich erfreulich für Matthias ergeben, daß Erzherzog Ernst, ein älterer Bruder, der diese Verantwortung übernommen hatte, 1594 auf Bitten König Philipps II. als Statthalter in die Niederlande wechselte. Er verstarb im übrigen im folgenden Jahr.

Es bedurfte dennoch zahlreicher Fürsprecher, bis der Kaiser den höchstmißliebigen Bruder wenigstens als Statthalter in Ober- und Niederösterreich für Erzherzog Ernst benannte. Das mochte Rudolf II. schon deshalb noch angehen lassen, weil an der Seite des Matthias der auch vom Kaiser geschätzte glaubenseifrige Bischof von Wien, Melchior Klesl, stand und einen zügigen Fortgang der durch Erzherzog Ernst in den österreichischen Ländern begonnenen Gegenreformation erhoffen ließ. Die Mißerfolge des Jüngeren in Ungarn gegen die Türken bestätigten die kaiserlichen Befürchtungen. So zeigte sich Rudolf II. nun noch uneinsichtiger, brachten Matthias oder dessen Vertraute die Rede auf eine rechtzeitige Regelung der Nachfolge im Römischen Reich. Abgesehen davon, daß Rudolf wahrscheinlich niemanden für ausreichend befähigt wähnte, nach ihm die Krone eines römischen Königs und Kaisers zu tragen, erschien ihm Matthias sicherlich der ungeeignetste Kandidat.

Zwar vermerkte man in der Prager Burg befriedigt die konsequente gegenreformatorische Haltung des erzhäuslichen Statthalters, mehr aber erwartete der Kaiser nicht. Er hatte in der Tat auch andere Sorgen, Rudolf II., als sich sonderlich viel mit dem ihm mehr und mehr verhaßten Bruder zu befassen. Immer wieder fehlte es ihm an Geld, seinen Neigungen nachzugehen, die zahlreichen Astrologen und Alchimisten zu bezahlen – und dann war da auch noch zu allem Überfluß der störende Krieg gegen die Türken bzw. der Streit mit den Ständen in nahezu allen Landesteilen und im Reich. Dem seltsam inaktiven Kaiser kam eigentlich nur entgegen, daß die Türkenabwehr gleichzeitig das Reich konsolidierte, Katholiken und Protestanten trotz allen Ungemachs sich aus Sorge um den eigenen Besitzstand letztendlich zusammenfanden. Sie zahlten unwillig, die deutschen Stände, aber sie brachten schließlich doch mehr als 12 Millionen Gulden »Türkengelder« auf, finanzierten so den Kampf der Habsburger im Südosten des Reiches zwischen 1593 und 1606. Andererseits forderten sie und selbstverständlich auch vor allem die Ständevertreter der verheerten Landstriche Österreichs und Ungarns immer entschiedener ein Ende der Auseinandersetzungen mit den Türken.

Habsburgs Erbländer litten besonders unter dem »Bruderkrieg« Österreichs mit den ungarischen Magnaten um dessen Wortführer Stephan Bocskai. Hier hatte Matthias, der nach Rudolfs zunehmender Krankheit die südosteuropäischen Entscheidungen leitete, allmählich verstanden, daß die kaiserliche Gegenreformation auch die letzten habsburgtreuen Ungarn ins gegnerische Lager trieb. So versteifte sich der Widerstand der protestantischen Stände Ungarns vor allem spürbar nach Rudolfs II. Erklärung 1604, er wolle die katholische Religion in Ungarn als alleinige Konfession entsprechend der Prinzipien des Augsburger Religionsfriedens durchsetzen. Damals hatte sich Bocskai, bis dahin Wien ergeben, der Pforte genähert und den Kampf begonnen. 1605 nahm er Siebenbürgen als Lehen Konstantinopels, verweigerte aber klug die Wahl zum ungarischen König. Nun siegte bei einigen Habsburgern die Einsicht, retten zu müssen, was sonst unweigerlich verlorenging.

So neigte auch Erzherzog Matthias schließlich zu Kompromissen. Nach militärischen Niederlagen seiner Truppen und Bocskais Einfällen in die Markgrafschaft Mähren ließ er sich am 25. April 1606 von seinen Brüdern und den Erzherzögen der steirischen Linie in Linz als Bevollmächtigter für den als »zu unterschiedlichen Zeiten« wegen seiner »gefährlichen Gemüthsblödigkeiten« regierungsunfähigen Rudolf II. bestätigen. Nicht ungeschickt hatte er die Erzherzöge unterscheiben lassen, daß sie ihn, Matthias, »sich und ihrem Haus zum Haupt... nach Anleitung natürlicher Ordnung und weiland Kaiser Ferdinanden ihres geliebten Ahnherrn sonderbaren Disposition« erwählen, glaubte solcherart die Nachfolge entschieden (Michael Ignaz Schmidt; 157). Später hatte sich dann auch Erzherzog Albrecht. von Österreich, Matthias jüngster Bruder, der seit März 1598 in den spanischen Niederlanden regierende Souverän, dem Übereinkommen angeschlossen. Im Vollgefühl seiner neuen Autorität und wohl auch in echter Sorge um den Bestand der Habsburger Hausmacht konnte Matthias am 23. Juni 1606 in Wien mit den Aufständischen Frieden schließen. Er hatte den protestantischen Stände Religionsfreiheit zugestehen müssen, eigene Verwaltungsorgane und einen sogenannten Palatin als »Mittler zwischen König und Ständen« (Zeeden, 66) akzeptiert. Natürlich verstand auch Matthias diesen Vertrag als Schwächung der habsburgischen Landesherrschaft, fürchtete die Beispielwirkung in den übrigen österreichischen Staaten.

Doch erhoffte er sich aus dem wenig später vereinbarten Übereinkommen von Zsitva-Torok zwischen dem Reich und den Osmanen vom 11. November 1606 künftige Veränderungen zugunsten der königlichen Souveränität. So konnte er die zögerliche Ratifizierung durch den Kaiser und die gehässigen Nörgeleien gegen ihn nur als dringliche Mahnung verstehen, die Entmachtung Rudolfs II. beschleunigt voranzutreiben. Zu Jahresbeginn 1608 vereinbarte Matthias mit der Preßburger Konföderation die militärische Hilfe der österreichischen und ungarischen Stände gegen mögliche kaiserliche »Abenteuer« an der türkischen Grenze.

Entschlossen marschierte der neue Regent mit Truppen nach Böhmen, als Rudolf II. die Eigenmächtigkeiten des Erzherzogs verwarf. Der erschrockene Rudolf sicherte sich durch den »Majestätsbrief« die Hilfe der böhmischen Stände. Kampflos kamen der Kaiser und Matthias im Vertrag zu Lieben vom 25. Juni 1608 überein, daß Rudolf die böhmischen Krone verbleiben sollte. Doch mußte der schwer erschütterte Monarch die Nachfolge des Matthias in Böhmen und sogar dessen Herrschaft über Ungarn, Mähren und Österreich bestätigen. Vielleicht mag es ihn getröstet haben, daß der Jüngere wenig Souveränitätsrechte besaß. War dem so, wird ihm auch bewußt gewesen sein, daß sein »Majestätsbrief« sein böhmisches Königtum gleichermaßen beschnitt, die Religionshoheit nahezu völlig aufhob.

Zeitgenössischen Quellen ist zu entnehmen, daß Rudolf II. in jenen Jahren in oft panischer Angst einen neuen Angriff des Bruders erwartete, über geeignete Gegenmaßnahmen grübelte. Die endlich beschlossene Lösung beschleunigte das tragische Ende nur. Überraschend erlaubte der Kaiser dem Bischof von Passau, Erzherzog Leopold, Bruder des in Innerösterreich herrschenden Erzherzog Ferdinand, das ursprünglich für den Krieg um die Herzogtümer Kleve-Jülich gesammelte kaiserliche Söldnerheer gegen Matthias zu führen. Die undisziplinierte Soldateska, das sogenannte »Passauische Kriegsvolk«, tyrannisierte Österreichs und Böhmens Bevölkerung, verbitterte die böhmischen Stände. Matthias nutzte die Gunst der Stunde, marschierte ebenfalls, vertrieb Leopolds Scharen und zwang den kaiserlichen Bruder, am 11. April 1611 auch die böhmische Krone niederzulegen, Schlesien und die beiden Lausitzen abzutreten. Als Kaiser ohne Land starb der mehr oder weniger auf dem Hradschin arrestierte Rudolf am 20. Januar 1612. Wahrscheinlich hat er nicht mehr wirklich registriert, daß die Kurfürsten sich ohne seine Zustimmung entschlossen hatten, seinen Nachfolger im kommenden Mai zu wählen.

Vielleicht hätte er dennoch im einem klaren Moment dem neuen König von Böhmen und Ungarn, Matthias, prophezeit, daß auch er die Krise Habsburgs und des Heiligen Römischen Reiches nicht lösen würde, weder durch weitere Kompromisse noch durch entschiedene kaiserliche Machtsprüche. Der »Bruderzwist« der Habsburger hatte reiche Früchte getragen, die Stände von Ungarn über Böhmen bis in das deutsche Reich waren die eigentlichen Sieger gewesen. Schon im Spätherbst 1613 demonstrierten die ungarischen Stände ihre Hoheitsrechte. Gegen den Willen Kaiser Matthias bestätigten sie auf einem allgemeinen Landtag die Wahl des Gabriel Bethlen – bekannter als Bethlen Gábor – zum Fürsten von Siebenbürgen, wohl wissend, das dieser ein erklärter Feind der Habsburger war. Da zählte wenig, daß sich der neue Herrscher Siebenbürgens in einem Geheimvertrag zu einer Defensivallianz gegen die Türken verpflichtete. Die Pforte war ohnehin bereit, das Stillhalteabkommen von Zsitva-Torok zu verlängern. Im übrigen tat sich der neue Kaiser nun ähnlich schwer wie Bruder Rudolf, galt es die Nachfolge zu regeln.

Im Dezember 1611 hatte er Anna, die Erzherzogin aus Tirol geehelicht, hoffte wohl längere Zeit noch auf eigene Erben. Durch die Erzherzöge gedrängt, ließ er kurioserweise sogar eine zeitlang von einer Schwangerschaft Annas reden, suchte Zeit zu gewinnen. Täuschen konnte er wohl niemanden. Als die Stände Böhmens und der Erblande in Prag laut über einen Wechsel der Dynastie beim Tode des Kaisers nachdachten, adoptierte Matthias schließlich Ferdinand von Innerösterreich, nominierte in Übereinstimmung mit seinen Brüdern den Neffen als künftigen Herrscher in den österreichischen Staaten, Böhmen, Mähren, Schlesien und Ungarn. Er erlebte noch dessen Wahl und Krönung zum König von Böhmen, wußte wohl, daß der tiefkatholische Grazer den »Majestätsbrief« nur widerwillig beschworen hatte, ihn bei nächstbester Gelegenheit brechen würde. Matthias ahnte künftige heftige Auseinandersetzungen zwischen dem neuen Herrscher – der sich vorerst bei Lebzeiten des Kaisers mit dem Namen eines böhmischen Königs bescheiden sollte – und den Ständen. Fürchterliches werde sich nach seinem Tode ereignen, prophezeite er

Große Stadtansicht von Prag um 1606. Aus einer böhmischen Ständerevolution gegen die Habsburger entstand ein dreißigjähriges blutiges Ringen in Mitteleuropa

damals, schon ein hilfloser alter Mann, der doch selbst das Seinige getan hatte, den Widerstand der Böhmen zu provozieren. Schon bald nach der eigenen Krönung zum König in Prag hatte Matthias bewußt Maßnahmen veranlaßt, die den auch von ihm beschworenen »Majestätsbrief« der Stände unterhöhlen mußten.

Seinerzeit hatte er in Prag vor allem katholische Statthalter berufen, die einflußreichen protestantischen Wortführer der Stände nicht berücksichtigt, als er nach Wien zurückkehrte. Durch großzügige Schenkungen von Königsland vermehrte er das Eigentum der katholischen Kirche, unterstellte zahlreiche evangelische Pfarrgemeinden solcherart wieder dem Erzbischof von Prag. Das mußte bald neuerliche religiöse Unruhen auslösen, die protestantischen Stände erregen, wenn König Ferdinand II. nach seinem Tode die Rekatholisierung intensivieren würde.

Der Kaiser irrte tragisch. Der befürchtete Konflikt überraschte ihn noch auf dem Thron, die böhmischen Unzufriedenen warteten »pietätlos« nicht seinen Heimgang ab. Und auch die unterschiedlichen religiösen Gruppierungen Deutschland kümmerten sich wenig oder nicht um Äußerungen des alten todkranken Habsburgers. Ein kaiserliches Gebot, Liga und Union aufzulösen, verhallte ungehört. Mit dem böhmischen Aufstand loderte das europäische Kriegsfeuer auf. Als Matthias und sein »Vizekaiser«, der Kardinal Klesl, durch neuerliche Kompromisse »löschen« wollten, griffen König Ferdinand II. und Erzherzog Maximilian – der jüngere Bruder des Kaisers und Herrscher Tirols – in Absprache mit dem spanischen Gesandten ein. Sie wollten eine militärische Lösung aller Konflikte, wähnten sich stark genug, mit dem Sieg über die Stände auch die Konfessionsfrage in ihrem Sinne zu beantworten. Matthias erlebte ein letzte schwere Demütigung. Sein Vertrauter und eigentlicher Lenker der kaiserlichen Entscheidungen dieser Jahre, der »Friedenspolitiker«, wurde gegen den Willen des Kaisers verhaftet. Matthias wagte nicht einmal mehr Widerstand, soll nur – gerade bettlägrig – verzweifelt in sein Bettuch gebissen haben.

Dem »losen Lecker« sei wohl »Recht widerfahren«, äußerte er kurze Zeit danach (M. Ritter, ADB 20, 653), sich solcherart der Intrige der Erzherzöge unterwerfend. Wenn er jemals regierte, nun jedenfalls herrschte der Kaiser nicht mehr, nicht einmal durch den Mund und die Feder seines Ratgebers. Wenig später traf ihn ein neuer schwerer Schlag. Kaiserin Anna verstarb wenige Tage vor Weihnachten 1618, der letzte Mensch, dem Matthias noch zu trauen wagte. Der 20. März 1619 erlöste endlich auch ihn, da aber stürzte schon zusammen, was er verzweifelt konservieren wollte. Man habe diesen Herrscher bisher »eher unterschätzt«, »seine politische Begabung und Urteilskraft« sei »bedeutend« gewesen (B. Hamann, 355), »sein intellektueller Horizont blieb weiter hinter dem des verdrängten Bruders Rudolf zurück« (Press, 123), lauten zwei besonders konträre moderne Wertungen.

Sicher, die Probleme seiner Zeit hat er nicht lösen können, dieser Habsburger. Insofern blieb alles, was er versuchte, nur Stückwerk. Im übrigen ist schwer zu entscheiden, was er selber dachte, was ihn Klesl denken ließ. So viel nur scheint sicher: Rudolf II., den er stürzte, beschleunigte die Talfahrt des Kaisertums, gefährdete den Besitzstand der österreichischen Habsburger. Ferdinand von Steiermark, der ihn entmachtete, schürte das helloderne Feuer, das alles verbrennen konnte.

Kaiser Ferdinand II.

Kaiser Ferdinand II.

* 9. Juli 1578 in Graz
† 15. Februar 1637 in Wien
Grabstätte: Habsburger Mausoleum in Graz
Eltern: Erzherzog Karl II. von Innerösterreich und Maria Anna von Bayern

1. Eheschließung am 23. April 1600 in Graz
MARIA ANNA, Prinzessin von Bayern
* 18. Dezember 1574 in München
† 8. März 1616 in Graz
Grabstätte: Habsburger Mausoleum in Graz
Eltern: Wilhelm V., Herzog von Bayern, und Renata, Prinzessin von Lothringen, Tochter Franz' I., Herzogs von Lothringen

2. Eheschließung am 2. Februar 1622 in Innsbruck
ELEONORE, Prinzessin von Mantua aus dem Hause Gonzaga
* 23. September 1598 in Mantua
† 27. Juni 1655 in Wien
Grabstätte: Karmelitinnenkirche in Wien, seit 1782 Stephansdom in Wien – Herzogsgruft, Herzurne im Habsburger Mausoleum in Graz
Eltern: Vinzenz I., Herzog von Mantua, und Eleonore von Medici, Prinzessin von Toskana, Tochter Franz' I., Großherzog von Toskana

29. Juni 1617	Krönung zum König von Böhmen im St.-Veits-Dom zu Prag
1. Juli 1618	Krönung zum König von Ungarn in der St.-Martins-Kirche zu Preßburg
19. August 1619	Absetzung als böhmischer König durch die Stände Böhmens
28. August 1619	Wahl zum römisch-deutschen Kaiser in Frankfurt durch die Kurfürsten
9. September 1619	Krönung zum römisch-deutschen Kaiser in Frankfurt durch den Erzbischof von Mainz, Johann Schweikard von Kronberg

Nur wenige historische Persönlichkeiten werden von den Historikern so einhellig beurteilt wie dieser Habsburger. Er sei »äußerst fromm, ja bigott« gewesen (B. Hamann, 112), »finster-fanatisch« (Franzl, 214); »ausgeprägte Religiosität« war der prägende Zug seines Lebens (Albrecht, Kaiser, 125), so drei aktuelle Wertungen. In den »Frömmigkeitsformen seiner Zeit suchte er sein Seelenheil«, litt wohl beständig unter dem »Zwiespalt von herrscherlichem Selbstgefühl und Bewußtsein menschlicher Sündhaftigkeit« (ebd.). Insbesondere lenkte dieser tiefempfundene Katholizismus den Herrscher in seinem Kampf mit den Ständen Innerösterreichs, den österreichischen Erblanden und Böhmens, Mährens, Schlesiens, später auch den deutschen Reichsständen. Ablehnung des »ketzerischen« Protestantismus verband sich mit selbstherrlicher Überzeugung göttlicher Legitimierung im Zeichen eines »katholischen Kreuzes«. So gesehen war er zweifellos eher der rechte Mann zur rechten Zeit als seine Vettern Rudolf II. und Matthias aus der österreichischen Hauptlinie.

Die gebührende Anerkennung der Historiker fand er dennoch selten. Mit seiner kaiserlichen »Laufbahn« verbindet sich die allgemein akzeptierte These, er habe durch seine Bindungen an einen orthodoxen Katholizismus letztendlich mehr zerstört als gewonnen. Dem soll nicht widersprochen werden. Und doch scheint es nur bedingt richtig zu behaupten, daß er »Religion und Kirche« primären Rang in seiner Politik einräumte (ebd.). Sicher, er selbst hat es so empfunden und sich und seine Zeitgenossen wie auch viele Historiker bis heute »getäuscht«. Manche laut geäußerte Erklärung, lieber wolle er verarmen, als sein Seelenheil gefährden, auch in kritischen Momenten standhaft formuliert, verliert dennoch an Priorität, sucht man das eigentliche Ziel solcher konsequenten Haltung. Für die Krone Böhmens beschwor er unter großen Gewissensbissen sogar den »Majestätsbrief«, gelobte somit Bekenntnisfreiheit für die verhaßten Protestanten, die ständischen Querulanten. Auch wenn kein Zweifel besteht, daß er seine Untertanen bewußt täuschte und das Gelöbnis nicht halten wollte, blieb ihm hier die Krone doch das wichtigste. Und auch das scheint sicher: Zeitlebens verstand er die Protestanten als politische Gegner seiner absolutistischen Bestrebungen. Auch das »Restitutionsedikt« war ihm immer vor allem wichtige Voraussetzung für die Erweiterung des eigenen Familienbesitzes. Schließt das Nützliche auch keineswegs eine wirkliche ideelle Bindung an die gleichzeitig propagierte Berechtigung der katholischen Ansprüche aus, muß Ferdinands II. beständige Betonung frömmelnden Eifers nicht ebenso Vorrangigkeit des Religiösen bedeuten. Kürzlich bemerkte einer der modernen Biographen des Kaisers, dessen Frömmigkeit »entpuppt sich bei näherem Hinsehen als starre Erfüllung äußerer Formen und Regeln« (Franzl, 232).

Ernst war es ihm allerdings mit seinem Glauben. Und zweifellos fühlte er sich auch bestärkt und belohnt als wahrhaft gläubiger Mensch. Gott war mit ihm in

»Sturmpetition« der österreichischen protestantischen Stände am 5. Juni 1619 vor Ferdinand II. in der Wiener Hofburg. Gerettet wurde er von den Dampierre'schen Kürassieren. Historisierendes Aquarall von Eduard von Steinl, 1838

allem, was seinen Hoffnungen und Wünschen entsprach, mußte das schon deshalb sein, weil hier ein »guter Katholik« handelte. So wurde Besitzstreben schon deshalb geheiligt, weil es gleichzeitig aus dem rechten Bekenntnis erwuchs. Die Treue zur römisch-katholischen Kirche war die Voraussetzung, aber eigentlich ging es doch um neue Bistümer für die nachgeborenen Söhne und Vettern, immer ganz zuletzt um das Wohl der eigenen Dynastie. Und auch das ist wohl gewiß: Die Bitten Ferdinands II. um theologische Wertungen seiner beabsichtigten politischen Entscheidungen bedeuten nur, daß er allseitiger Überlegungen und Ratschläge bedurfte, sie wenigstens für nötig hielt. Politik und Religion war ihm eine Einheit. Gute Politik diente der Rekatholisierung, nützte Habsburg und half Gott zu seinem Recht, also konnte nicht schädlich sein, was im Namen des alleinseligmachenden Bekenntnisses beabsichtigt war. So war das Urteil der Theologen eher Bestätigung denn Fragestellung. Im übrigen fragten auch jene formal nach der Ansicht ihrer Theologen, die in der Realität ihrem Glaubensbekenntnis weniger verpflichtet blieben als Ferdinand. Man argumentierte nun einmal auch in Sachen der Staatsraison konfessionell gebunden. Es waren ja auch in der Regel hochgebildete »Akademiker«, die führenden Jesuiten oder jene, die als Kapuziner das Ohr beispielsweise des französischen Königs und seines Kardinals fanden. So scheint der Schluß vertretbar, das Primäre sei auch diesem Kaiser die Sicherung monarchischer Herrschaft gewesen. Glücklich

für seinen inneren Frieden war dabei, daß er sich gewöhnlich eins wußte mit seinen
konfessionspolitischen Zielstellungen. Die ständische Opposition glaubte bzw. gab
vor, evangelisch zu sein. So mußte er ihr auch als Katholik entgegentreten, wollte er
dem Zeitgeist entsprechen. Immerhin hatte er schon als Erzherzog in der Steiermark
den ständischen Widerstand mit der stolzen Behauptung gebrochen, er sei »princeps
absolutus« (Albrecht, ebd., 126).

In diesem Sinne handelte Ferdinand als König von Böhmen auch 1618 entschlossen, als die »Lärmglocke« der militanten Kalvinisten Europas im Böhmischen
»geläutet« wurde, sich die dortige ständische Opposition mit der reichsständischen
antihabsburgischen Gegnerschaft bzw. dem niederländischen Widerstand gegen die
Habsburger Universalherrschaft und Ferdinands absolutistische Bestrebungen verband. Ständisches protestantisches Denken stieß sich mit katholischem Souveräni-
tätsanspruch. So jedenfalls hatte er es gelernt, Ferdinand von Innerösterreich, Sohn
der strengkatholischen Maria Anna von Bayern. Zeitlebens beherrschte die Mutter
den Sohn, lenkte noch die Schritte des regierenden Erzherzogs. Sie hatte Sorge getragen, daß der kleine Ferdinand dem konfessionellen Grazer Wirrwarr Ende des 16.
Jahrhunderts entzogen und in Ingolstadt unter der Oberaufsicht des bayrischen
Hofes und durch die Jesuiten gebildet und geprägt wurde. Von hier aus hatte die
katholische Erneuerung und Gegenreformation auf deutschem Boden ihren Siegeszug angetreten. Dort gewann Ferdinand jene Überzeugung, die ihn später kompromißlos für die Zerschlagung des Protestantismus kämpfen ließ, überall dort, wo es
möglich schien. In Ungarn wagte es selbst dieser entschiedene Kämpfer der Gegenreformation nicht. Wichtiger als das rechte Bekenntnis blieb hier die Sicherung der
Habsburger Herrschaft.

Er habe während der gemeinsamen Studienzeit in Ingolstadt das besondere
freundschaftliche Verhältnis zu dem künftigen bayrischen Regenten Maximilian
geknüpft, das beide dann während des böhmisch-pfälzischen Krieges verbunden
hätte, meinen einige Historiker. Andere betonen berechtigt, beide hätten sich wenig
zu sagen gewußt. Rangstreitigkeiten zwischen Ferdinands und Maximilians Gefolge
sei sogar erst durch höchste Intervention der Maria Anna bzw. des bayrischen Hofes
mühselig beigelegt worden. Tatsächlich entschied sich später Maximilian gewöhnlich
nur dann für eine Partnerschaft mit Ferdinand, wenn vorher der höchstmögliche
Nutzen für Bayern gesichert war. Freundschaft jedenfalls war es nie, was beide trieb.

Ist Ingolstadt der Schlüssel zu der strengkatholischen Bindung Ferdinands, so
festigte eine Italienreise im Frühjahr 1598 die Überzeugung, als Werkzeug Gottes
die Gegenreformation in den Ländern der österreichischen Habsburger vorantrei-
ben zu müssen. Dort traf der damalige Erzherzog von Innerösterreich auch Papst
Clemens VIII. und zeigte sich besonders willig, dessen konfessionspolitische Beschwörungen umzusetzen, koste es auch einen hohen Preis.

Tatsächlich wurden in den nächsten Jahren kompromißlos selbst wirtschaftsstar-
ke Bevölkerungsteile als bekehrungsunwillig außer Landes getrieben, ein Aderlaß,
den der Erzherzog offenbar bewußt in Kauf nahm. Bis heute argumentieren jene
Historiker, denen damit das religiöse Primat aller Aktivitäten Ferdinands erwiesen

scheint, mit dieser, dem Herzogtum Steiermark schädlichen Konsequenz. Doch war sich der junge Regent bereits damals klar, daß die protestantischen Oppositionellen vor allem eigene politische Mitspracherechte meinten, wenn sie auf die »Religionspazifikationen« der Jahre 1572 und 1578 verwiesen. Damals hatten die innerösterreichischen Stände Ferdinands Vater Karl II. diese Zugeständnisse für finanzielle Hilfe gegen die Türken abgerungen. Nun revidierte der selbstbewußte »Fürst von Gottes Gnaden« solche Schwächen Habsburgs aus den Tagen der akuten Türkengefahr und kalkulierte dafür auch vorübergehende Leere in den Kassen ein. Immerhin gewann er auf diese Weise schließlich die Sympathien Madrids und konnte damit auf amerikanisches Silber hoffen. Schließlich hatte man im Escorial eingedenk eigener bitterer niederländischer Erfahrungen lange gezweifelt, ob der kompromißlose Kurs des Erzherzogs in Innerösterreich von Böhmens und Ungarns Magnaten akzeptiert werden könnte. Dort und am Hofe Albrechts VII. in den spanischen Niederlanden fürchtete man den Verlust der Wenzels- und der Stephanskrone für künftige Habsburgergenerationen durch die dreiste, unflexible gegenreformatorische Politik des Grazers. Man wollte die Rekatholisierung, aber behutsamer!

Die überraschend unkomplizierte und nahezu widerstandslos hingenommene Entmachtung der steirischen Stände ließ offenbar alle ultrakatholischen Kräfte Europas aufatmen. Jetzt verzichtete auch der Bruder des Matthias, Erzherzog Albrecht VII., der letzte aus der Hauptlinie, auf Ober- und Niederösterreich. Da hatten sich Ferdinand und König Philipp III. von Spanien im sogenannten Oñate-Vertrag bereits auf eine gemeinsame neuerliche Linie des Kampfes aller Habsburger um die Universalherrschaft in Europa geeinigt, floß bereits spanisches Geld zur Finanzierung der militärischen Gegenschläge in Böhmen und Ungarn. Und auch der Papst zeigte sich einsichtig und versprach finanzielle Hilfe. In Rom wünschte man selbstverständlich auch jetzt keinen weltlichen katholischen Universalherrscher, wollte aber ebenso wenig ein Desaster der Wiener Habsburger, schon gar keinen protestantischen Kaiser im Reich. Im übrigen wirkte dieser Österreicher zwar sehr entschlossen, war aber wohl doch ausnehmend schwach, wenigstens glaubte man zeitweilig solches in Rom. Die Belagerung Wiens und die Drohungen der protestantischen Stände vor König Ferdinand II. am 5. Juni 1619 taten ein übriges. Erneut erwies sich der neue Hoffnungsträger der Habsburger als standhaft, wich nicht vor der Gefahr. Dafür zogen sich die Rebellen beunruhigt zurück. Wahrscheinlich waren es hauptsächlich die zahlreichen Lutheraner unter den Protestanten, die Ferdinands Königtum retteten. Der bekannte Grundsatz Martin Luthers, die Obrigkeit sei von Gott, den Untertanen gebühre kein Widerstandsrecht, ließ die Unzufriedenen vor Tätlichkeiten zurückschrecken. Die andersdenkenden Kalvinisten blieben auch in Wien eine Minderheit. Jene oft benannte Forderung »Gib Dich Nanderl« ist nur eine Legende. Niemand zupfte, packte gar den Gekrönten am Ärmel.

Mit der Wahl am 28. August 1619 und der Krönung zum Kaiser im Frankfurter Dom am 9. September gewann der abgesetzte König von Böhmen die reichsrechtlichen Voraussetzungen zur Abwehr pfälzischer Ansprüche auf die Wenzelskrone. Nun entschied der kaiserliche Lehnsherr über verräterische Umtriebe seines Vasallen,

9. September 1619: Krönung Ferdinands II. zum römisch-deutschen Kaiser in Frankfurt am Main

konnte Friedrich V. »auch wegen Majestätsverletzung angeklagt werden« (Albrecht, Kaiser, 131). Und der Habsburger handelte, war in der Tat kein Rudolf II.

Ferdinand II. – dem neuen Kaiser – und Maximilian von Bayern ging es allerdings weniger um Rechtsdiskussionen und formale Prozesse vor Reichsinstitutionen, die ohnehin kaum noch einer anerkannte. Mit dem Vertrag vom 8. Oktober 1619 vereinbarten die beiden Vorkämpfer einer militanten katholischen Gegenreformation die militärische Exekution Böhmens und der Pfalz.

Nach der Katastrophe vom Weißen Berg eröffneten sich Ferdinand II. neue Möglichkeiten, auch in Böhmen, Mähren, Schlesien und den eigenen störrischen Territorien Österreichs die konfessionelle Frage im Verband mit der Zerschlagung der Ständeopposition zu klären. Ein Reich, eine Religion, ein über allem stehender Herrscher blieb die Devise des steirischen Habsburgers.

Ferdinand II. betete an jenem 21. Juni 1621 in Mariazell vor dem Bild der Madonna, als das Blut der böhmischen Rebellen auf dem Prager Altmarkt floß. Dem Prior des Klosters hatte er geklagt, er müsse es geschehen lassen. Doch wolle er den Schuldigen wenigstens durch seine Gebete helfen, »für meine Feinde bitten, daß sie glücklich sterben« (Franzl, 189). Das mag sehr beglückend für Ferdinands Gewissen gewesen sein, den Unglücklichen in Prag half es weniger. Es ist wohl kaum zu vermuten, daß sie die »katholischen Bitten« des Kaisers um Vergebung vor dem höchsten göttlichen Gerichtsstuhl sonderlich getröstet hätten. Einige von ihnen glaubten sich als Protestanten im Recht gegen katholische Übergriffe, sahen solcherart ihr Aufbegehren entschuldigt, ja berechtigt. Ferdinand II. war gleichermaßen auch recht nützlich, was er in Prag und Mariazell zelebrierte. Den so – wie er vorzugeben glaubte – glücklicher Sterbenden nahm er gleichzeitig die nunmehr unnützen irdischen Güter, in der Tat ein mindest ebenso seligmachender Lohn für bekundete kaiserliche Skrupel und Anteilnahme.

Es bleibt wahrlich schwer nachvollziehbar, muß auch damals schon als »Verwechselung« von Wein und Wasser verstanden sein. Sie waren keineswegs dumm, die Großen jener Zeit, wußten schon, wo Heuchelei begann, Selbstbetrug vor allem der eigenen Rechtfertigung vor den anderen dienen sollte. Der oft gehörte Hinweis, man müsse die Persönlichkeiten aus dem Denken ihrer Zeit heraus verstehen, hilft nur bedingt. Auch damals verstand man wohl, daß ein »katholisches Urteil« einem »protestantischen Ketzer« weniger gerecht erscheinen mußte als dem »überzeugten Richter«. Da man gleichzeitig begann, das »nützliche« der Hexenprozesse zugunsten

Während Ferdinand II. in Mariazell betete, wurden am 21. Juni 1621 die böhmischen aufständischen Adligen in Prag hingerichtet

der »Richter« abzulehnen, die Konfiskationen des Eigentums der durch das Feuer »Geläuterten« häufig als die wahren Hintergründe zu verstehen, müssen auch hier ähnliche Fragestellungen erlaubt sein. War es wirklich eine so naive Denkweise oder sollte nicht auch ein Mann wie Ferdinand II. sehr wohl verstanden haben, wie erfreulich sich die Hinrichtungen und Konfiskationen für die habsburgischen Schuldenlasten auswirkten? Im übrigen sind solche salbungsvollen Worte gewöhnlich so überdacht adressatenspezifisch formuliert erhalten, das nicht bezweifelt werden kann: Hier wurde gezielt am Bild des gottesfürchtigen Herrschers gewerkelt!

Mit der Rekatholisierung setzte Ferdinand II. 1627 auch die »Verneuerte Landesordung« in Böhmen durch. Das befriedete Land wurde Teil der Erblande, das Wahlrecht der Stände endgültig annulliert. Ferdinand nutzte »seinen Sieg zur Befestigung des landesfürstlichen Absolutismus in Böhmen und den Erblanden, konfessionelle und politische Gleichschaltung gingen Hand in Hand« (ebd., 132).

Aber auch er zahlte einen hohen Preis! Bayerns Herzog, Vetter Maximilian, hatte keineswegs aus Idealismus gehandelt und selbst die Rekatholisierung nur dann fördern wollen, nachdem ihm bestimmte, zu »reformierende« Territorien auch als Eigentum zugesagt waren. Es spricht für Ferdinands II. politische Weitsicht bzw. die seiner Berater, daß der Herrscher zögerte, weitreichende Folgen kalkulierte. Wie stets mit leeren Kassen »gesegnet«, mußte er dennoch nachgeben, dem Vetter die pfälzische Kur übertragen. Die reichsständische Opposition – ob katholisch oder protestantisch – verstand diesen Souveränitätsakt des Kaisers nur zu gut, ahnte künftige Folgen solcher kaiserlicher Machtdemonstrationen.

Auch dürften der Kaiser und seine Ratgeber sehr wohl verstanden haben, welche Gefahren aus der engen Verflechtung spanischer und österreichischer Politik am Rhein erwuchsen. Die antihabsburgische Allianz mit dem Dänenkönig an der Spitze und der Krieg in Norddeutschland und auf dänischem Boden gefährdeten Ferdinands neugewonnene Positionen. Nur dem ungewöhnlichen Talent Albrecht von Wallensteins ist es wohl zu danken, daß Ende 1628 das Liga-Heer und die kaiserlichen Verbände überall im Reich triumphiert hatten. Sicherlich sah Ferdinand II. die Verpflichtung Christians IV. im Frieden zu Lübeck vom 5. Juni 1629, sich künftig nicht mehr in Deutschland zu etablieren, mit der Rolle als Reichsfürst von Holstein zu bescheiden, als göttliche Bekräftigung seines Tuns und Handelns. Er verstand die Erfolge als neuerliche Bestätigung seiner politischen Entscheidungen. Und wahrscheinlich wertete er die offensichtlichen »Wunder«, sieht man auf jene Szenen in der Wiener Hofburg und die eingedrungenen Protestanten zurück, als Ausdruck göttlicher Zufriedenheit mit der konsequenten Rekatholisierung. Das hat ihn sicherlich ermuntert, seine eigenen machtpolitischen Zielsetzungen an die konsequente Rekatholisierung zu binden.

Dieser Überzeugung verpflichtet, wünschte Ferdinand II. nun die Früchte »der von Gott Uns bishero verliehenen Victorien« zu ernten, für sich und sein Haus »hinfort gedeihliche Wohlfahrt ersprießlich zu genießen« (Albrecht, ebd., 134; Franzl, 239; Stiewe, 142). Das in diesem Sinne erlassene – immer wieder von Historikergenerationen heftig diskutierte – Restitutionsedikt vom 6. März 1629 war zweifellos die »fundamentalste politische Fehlentscheidung« des Kaisers (Franzl, 238). Sieht man – wie sie gewöhnlich verstanden wird – diese Verordnung in erster Linie als Ausdruck des tiefen, ja fanatischen Katholizismus Ferdinands II., dann überrascht die gleichermaßen ebenso häufig bezeugte Folgerung vieler Historiker, der Kaiser habe damit aber die »prinzipielle konfessionelle Biparität im Reich« (Albrecht, ebd., 135) nicht beseitigen wollen. Eine solche These gewinnt nur, bescheinigt man dem Habsburger in erster Linie hausmachtpolitische Interessen und nicht konfessionspolitische Überzeugungen. Ging des dem Kaiser primär um die Abrundung des Pfründenbesitzes seines Sohnes Leopold Wilhelm, dann leuchtet ein, daß es ihm ernst war mit den beruhigenden Versicherungen an die sächsischen und brandenburgischen Kurfürsten. War aber die Restaurierung des Katholizismus das eigentliche Ziel, hatten »Religion und Kirche« tatsächlich primären Rang in seiner Politik, dann wird man dieses Edikt in der Tat als Axtschlag gegen die Wurzel des Protestantismus werten müssen. In diesem Fall versuchte Ferdinand II., die Frucht seiner bisherigen Siege in den endgültigen Triumph des Katholizismus auszuweiten. Dann stand der deutsche Protestantismus doch »vor der Gefahr seiner Vernichtung«, um hier geäußerten entsprechenden Zweifel zu widersprechen (Albrecht, 134). So dumm aber waren zumindest die entscheidenden Berater des Kaisers nicht. Bekanntlich verstanden selbst die katholischen Reichsstände 1629 die kaiserlichen Maßnahmen im Reich als Schritt zu absolutistischen Strukturen gegen die fürstliche Souveränität und werteten wohl auch die Einvernahme wichtiger »restriktierter« Bistümer durch Habsburg als entsprechende Maßnahme. Selbst ein so streng katholischer Fürst wie Maximilian von Bayern erwärmte sich trotz eigener dynastischer Vorteile aus diesem Grunde nicht mehr wirklich für das Restitutionsedikt und lehnte natürlich vor allem den Beginn der Restitution im Hinblick auf Magdeburg ab. Daran änderte wohl auch wenig, daß die Liga dem Kaiser Unterstützung bei der Realisierung des Edikts versprach.

Es ging in der Tat weder Ferdinand II. noch Maximilian von Bayern um eine ernsthafte Zerschlagung des Protestantismus, jedenfalls nicht 1629. Und später bei den deutlich veränderten Machtverhältnissen schon gar nicht mehr. Keiner von beiden war so einfältig, schon gar nicht der weitsichtige Bayer.

Auf dem Regensburger Reichstag zwischen Juli und November 1630 erzwangen katholische und protestantische Reichsfürsten, unterstützt durch Frankreichs Abgesandte, die Entlassung Wallensteins und die Reduzierung der kaiserlichen Armee. Ferdinand II. hat sich trotz kräftiger Einflüsterungen seines Beichtvaters Wilhelm Lamormaini, des päpstlichen Nuntius, der geistlichen Kurfürsten und Maximilians von Bayern lange energisch widersetzt. In der Hoffnung, solcherart schließlich die Wahl seines Sohnes, Erzherzog Ferdinand, zum römischen König und Nachfolger durchsetzen zu können, hat er schließlich eingewilligt. Es ist müßig zu streiten, ob Ferdinand II. mit Wallensteins Armee die absolutistische Herrschaft im Reich gegen den Willen Frankreichs, der Niederlande, Dänemarks und Schwedens hätte durchsetzen können. Letztendlich wagte er diesen Schritt nicht und hoffte auf das Entgegenkommen der Reichsstände. Dabei war er höchst hoffnungsvoll mit großem

Gefolge und Gepränge in Regensburg eingeritten und fühlte sich nahezu am Ziel seiner Wünsche. Die Kapitulation vor der reichsständischen katholischen und protestantischen Opposition, offensichtlich unvermeidlich, brachte dem Habsburger weder Reichshilfe im Krieg um Mantua noch das fürstliche Ja zur Thronfolge des Sohnes. Am 13. Oktober versprach ein nahezu entmachteter Kaiser der Fürstenopposition, »daß kein neuer Krieg anderst als mit Rath des Heil. Reichs Churfürsten vorgenommen werden solle« (Albrecht, ebd., 136). Andererseits war er hier noch nicht bereit, den Forderungen der protestantischen Reichsstände nach Rücknahme des Restitutionsedikts zu entsprechen. Das hätte allerdings neben der konfessionspolitischen Niederlage auch den Verzicht auf die geistlichen Pfründen für Leopold Wilhelm bedeutet.

Diese entschiedene Beharrung auf dem Restitutionsedikt und die scheinbare Gelassenheit angesichts der schweren Niederlage Tillys bei Breitenfeld am 17. September 1631 hat viele Biographen Ferdinands II. in der Auffassung bestärkt, ihn vor allem als unbeugsamen Katholiken zu charakterisieren. Das war er sicher auch aus innerer Überzeugung, doch blieb ihm jetzt wohl auch keine andere Wahl. In dieser Situation hätte ein Nachgeben ganz sicherlich selbst die Erfolge über die ständische Opposition in den österreichischen Erblanden, Böhmen und Mähren aufgehoben. Nur in der auch von Spanien gewünschten neuerlichen Berufung Wallensteins konnte die Alternative liegen.

Wie jeder weiß, erhandelte Wallenstein außerordentliche Freiheiten als neuerlicher Organisator und Feldherr der kaiserlichen Kriegsmacht. Der Rückzug des Friedländers nach der unentschiedenen Schlacht bei Lützen und das offenkundige Bestreben, den aussichtslosen Krieg auch gegen den Willen des Wiener Hofes zu beenden, trieben den Kaiser am 24. Januar 1634 zur neuerlichen Absetzung seines Feldherrn. Am 18. Februar verurteilte Ferdinand II. Wallenstein als Hochverräter und verlangte gegebenfalls seine Beseitigung. Die Tatsache, daß auch später nie ein ordentlicher Prozeß gegen den ermordeten Feldherrn durch den Kaiser angeordnet wurde, erlaubt den Schluß, Ferdinand II. habe wenigstens eine Mitschuld erahnt und Vorwürfe gefürchtet. Den Sieg der vereinigten spanisch-kaiserlichen Truppen bei Nördlingen am 6. September 1634 über das schwedische Heer hat ihm vorübergehend wieder jene Siegeszuversicht zurückgegeben, die zweifellos aus der Überzeugung göttlicher Bestätigung seines kompromißlosen Katholizismus erwuchs. Andererseits dürfte selbst Ferdinand II. nicht verborgen geblieben sein, daß erst die ernsthaften Verhandlungen mit Kurfürst Johann Georg von Sachsen die Verlagerung der benötigten Truppen aus Mitteldeutschland nach Franken ermöglichten. Andeutungen, den Vollzug des Restitutionsediktes aussetzen zu wollen – der kaiserliche Verzicht auf die erstrebte kompromißlose Rekatholisierung der nach 1552 säkularisierten geistlichen Ländereien also, die Unterordnung der religiösen unter die politische Frage –, hatten den neuerlichen Triumph der kaiserlichen Waffen ermöglicht. Tatsächlich wurden der Abwehr schwedischer und französischer Zielsetzungen »auch von Ferdinand selbst bisherige konfessionspolitische Gesichtspunkte und Prinzi-

pien« untergeordnet (Albrecht, ebd., 139). Das aber hatte der Erzherzog von Innerösterreich ja bereits so gehalten, als es die ungarische Krone galt, sollte eigentlich nur
überraschen, hält man an jener traditionellen Überbewertung des Katholizismus als
dominanter Richtschnur politischen Handelns des Kaisers fest. In diesem Geiste
eines bestimmten konfessionspolitischen Ausgleichs wurde auch der Prager Frieden
vom 30. Mai 1635 ganz im Sinne einer entschiedenen Zustimmung Ferdinands II.
vereinbart. Im übrigen sicherte dieser Friede als Preis für die Aufgabe scheinbar
unverrückbarer Glaubensprämissen sogar die kaiserliche militärpolitische Oberhoheit im Reich. Darüber kann auch nicht hinwegtäuschen, daß die folgenden Jahre
und die militärischen Potenzen Frankreichs und Schwedens so weitreichende reichsständische Zugeständnisse aufhoben und der Kaiser die zugebilligten Rechte nicht
wirklich nutzen konnte. Ferdinand II. jedenfalls sah sich offensichtlich Ende des
Jahres 1636 auf dem richtigen Weg, auch im Reich die Herrschaft Habsburgs aus-
weiten zu können. Er sterbe beruhigt, wüßte er doch die Regentschaft in guten
Händen, verriet der todkranke Kaiser Ende Dezember 1636 unmittelbar nach der
nun endlich erreichten Wahl des Sohnes zum Römischen König und Nachfolger.

Als er am 15. Februar 1637 in Wien der Wassersucht erlag, konnten seine Vertrauten tatsächlich bedeutende Erfolge bilanzieren. Berechtigt würdigen heute die
Historiker die Konsolidierung der habsburgischen Hausmacht. Selbst im Reich
hatte er mehr erreichen können als vor ihm Karl V. Der Preis allerdings, den vor
allem die Millionen einfacher Bauern und Bürger, auch die Soldaten selbst bezahlen
mußten, rechtfertigte kaum eine solche Lobpreisung, wie sie beispielsweise Khevenhüller und Lamormaini, die ersten Biographen des Kaisers versuchten. So wird eine
Würdigung dieser Persönlichkeit immer umstritten bleiben müssen.

Kurfürst Maximilian I. von Bayern

Kurfürst Maximilian I. von Bayern

* 17. April 1753 in München
† 27. September 1651 in Ingolstadt
Grabstätte: Fürstengruft in der St. Michaels-Kirche in München
Eltern: Herzog Wilhelm V. von Bayern und Renata von Lothringen, Tochter Franz'
I. von Lothringen und Prinzessin Christina von Dänemark

1. Eheschließung am 6. Februar 1595 in Nancy
ELISABETH RENATE, Prinzessin von Lothringen
* 9. Oktober 1574 in Nancy
† 4. Januar 1635 in Ranshofen
Grabstätte: Fürstengruft in der St. Michaels-Kirche in München
Eltern: Karl II. von Lothringen und Claudia, Prinzessin von Frankreich

2. Eheschließung am 15. Juli 1635 in Wien
MARIA ANNA, Erzherzogin von Österreich
* 13. Januar 1610 in Graz
† 25. September 1665 in München
Grabstätte: Fürstengruft in der St.-Michaels-Kirche in München
Eltern: Kaiser Ferdinand II. und Maria Anna, Tochter Herzog Wilhelms V. von Bayern

15. Oktober 1597	Abdankung Herzog Wilhelms V.
4. Februar 1598	Herzog von Bayern
25. Februar 1623	Kurwürde für Maximilian
22. Februar 1628	Erbliche Übertragung der Kurwürde an Maximilian

Er war wohl die dominierende Persönlichkeit des Kurfürstentages zu Regensburg in jenen bedeutsamen Sommermonaten 1630, Maximilian I. von Bayern, der damals mächtigste Kurfürst des Reiches. Der pfälzische Gesandte in Regensburg, Johann Joachim Rusdorff, berichtete tief beeindruckt, der bayrische Herzog sei »so mächtig und gefürchtet, daß der Kaiser, dessen Räte und die Kurfürsten zu ihm aufblicken und sich von seiner Autorität und Entscheidung abhängig fühlen« (Stiewe, ADB, 14). Maximilian I. war es vor allem, der den gefürchteten Wallenstein stürzte; seinen diesbezüglichen Forderungen beugte sich schließlich widerstrebend der Kaiser.

Die Pfälzer Klage war jedoch kaum abgesandt, da begann bereits der Niedergang bayrischer Macht, und Gustav II. Adolf marschierte schon auf deutschem Boden. Der Bayer hatte ungewollt das Seinige getan, den Schweden zu erhöhen, sich selbst geschwächt. Er konnte aber im eigenen territorialstaatlichen Interesse kaum anders handeln, mußte eine Schwächung der kaiserlichen Macht durchsetzen, auf die Kraft seines Staates vertrauen.

Es war ein nahezu beispielloser Aufstieg eines deutschen Territorialstaates gewesen, den Herzog Maximilian seit seiner Machtübernahme 1598 bewirkte. Bayern schien seinerzeit hoffnungslos verschuldet. Während des erfolgreichen Kölner Krieges 1583 betrug die Gesamtverschuldung des Staates bereits 4,8 Millionen Gulden. Obwohl die Stände schließlich die Tilgung von 3,2 Millionen übernahmen, steigerte Maximilians Vater – Herzog Wilhelm V. – die Schuldensumme 1593 auf neuerliche 1,4 Millionen. Damals standen Einnahmen von ca. 300.000 Gulden Ausgaben von rund 635.000 gegenüber. Trotz aller Gegenmaßnahmen erreichte die Verschuldung 1597 erneut die Millionengrenze. Jetzt drohte der Staatsbankrott. Zuweilen fanden sich nicht einmal mehr 1.000 Gulden in der Staatskasse. So hatte Herzog Wilhelm V. seit dem 1. Januar 1595 den Sohn in die innere Administration Bayerns eingebunden und wünschte eine Art Doppelregierung. Zufrieden war dennoch niemand. Was der junge Maximilian als Mitregent sparte, verschwendete der Vater. Die Staatseinnahmen stiegen zwar auf jährlich mehr als 900.000 Gulden, doch griff der alte Herzog immer wieder in die Verwaltung des Sohnes ein und wünschte größere Summen für die von ihm begonnenen Prachtbauten. Die Hofkammer bilanzierte 1598 wiederum einen Schuldenberg von 5,8 Millionen Gulden. Ganze 1.220 Gulden Bargeld fanden sich in der herzoglichen Schatulle. Da inzwischen kaum noch jemand bereit war, die benötigten Gelder zu kreditieren, mußte der standesbewußte Wilhelm V. schließlich abdanken und die alleinige Regierungsgewalt an den Sohn übergeben.

Die enorme Verschuldung zwang den jungen Maximilian im folgenden Jahrzehnt zu »strikter Konzentration auf innenpolitische Probleme« (Albrecht, NDB,

477). Obgleich traditionellen Methoden verhaftet, rationalisierte er die Verwaltung, führte strenge Kontrollen ein und überprüfte persönlich nahezu alles. Den Widerstand der Stände schaltete Maximilian »durch seine hohen finanzpolitischen Fähigkeiten« aus (Kraus, 50). Geschickt erzwang er Zugeständnisse des Adels und der Prälaten auf dem Landtag des Jahres 1605, als er eine mögliche Prüfung der Rechte der Bauernschaft andeutete. Schleunigst willigten die erschreckten privilegierten Stände ein, die Schuldenreste in Höhe von 1,6 Millionen Gulden zu übernehmen. Sie stellten auch einen Beitrag von 500.000 Gulden aus der Landschaftkasse für notwendige Rüstungsausgaben bereit.

Der Zusammenhang zwischen Geld und Macht war Maximilian sehr früh bewußt geworden. Schon 1598 hatte er dem Vater geschrieben, er wolle auf die »Geldsachen äußerst acht« geben (Kraus, 54). Fortan tat er alles, den bayrischen Staatsschatz konsequent zu vermehren. Noch mitten in den Kriegsläuften 1630 konnte Maximilian mit einem Geldvorrat von mehr als zwei Millionen Gulden rechnen. Bei Ende des Krieges soll der Kurfürst noch immer ca. 1,6 Millionen Gulden als Reserve gesichert haben, zweifellos eine Leistung, die für das staatsmännische Geschick dieses Fürsten spricht.

Schon 1612 hatte er durchgesetzt, daß die Finanzverwaltung der Landschaft durch ihn kontrolliert wurde. Das war entscheidend für den Erfolg seiner Finanzreform, wie einer der gegenwärtigen Kenner der bayrischen Geschichte kürzlich ausdrücklich resümierte.

Es war wohl auch das Resultat einer gezielten Unterweisung durch eine Reihe hochgebildeter Jesuiten in München und später in Ingolstadt. Der Jurist Johann B. Fickler lenkte schon in den Kinder- und Jugendjahren die historischen und juristischen Neigungen des Prinzen, prägte jene sprichwörtliche Hinwendung Maximilians zu »Recht und Ordnung« im Herzogtum. So rühmte schon die ältere bayrische Historiographie vor allem dessen Sinn für »Ordnung« und Pflichtbewußtsein im Beamtenapparat, die »straffe Zucht«, die strenge Sparsamkeit, die Zeitgenossen und spätere Biographen gewöhnlich »als Geiz verschrieen« (Stiewe, ADB, 2). Höhepunkt der inneren Reformtätigkeit war zweifellos der Codex Maximilianeus, das Gesetzbuch von 1616. Damit löste der Herzog ein, was er den Ständen 1605 auf deren Klagen über »den mangelhaften Zustand der Justiz und des Polizeiwesens« und die »Rechtsunsicherheit« in Bayern versprochen hatte (Kraus, 59). Eine besondere Stärke des Fürsten war wohl, daß er fähige bürgerliche Juristen gewann, deren Vorschläge und Gutachten gewissenhaft prüfte, bevor er eigene Entscheidungen fällte.

Maximilian konnte der Loyalität seiner Beamten schon deshalb sicher sein, weil er ihnen pünktliche Löhne zahlte. Pensionen sicherten den Lebensabend verdienter Mitarbeiter, halfen aber auch dessen Witwen und Kindern. Seine besten Beamten – so Dr. Wilhelm Jocher, Dr. Bartholomäus Richel, den Kanzler Dr. Joachim Donnersberg – nobilitierte er und band sie solcherart an seine frühabsolutistische Politik.

Seinem Sohn Ferdinand Maria (1636-1679) hinterließ er 1651 in seinem »Testament« die Maxime seiner Herrschaft. Er habe die Stände »in die Schranken der Billigkeit, gebührenden Respekts und Gehorsam gebracht und darin erhalten, welches als ein sonderbares secretum gubernationis eines Landesfürsten vor allem wohl zu beachten« sei (Kraus, 53). Berechtigt hat schon einer der früheren Biographen Maximilians die Steuerpolitik des Herzogs gegenüber den Ständen als Schlüssel zu dessen Machtbefugnissen benannt.

Der Fürst nutzte die »Mentalität der Landschaft«, so eine aktuelle Erkenntnis (Kraus, 50). Der landständische Adel litt persönlich unter der Finanzmisere und verabscheute kostenaufwendige Landtage und ständische Debatten. Die Geistlichkeit fürchtete gefährliche Reformationstendenzen und suchte den Schutz des Landesfürsten. Der Einfluß des Bürgertum der Mediatstädte Bayerns in der Ständerepräsentation war relativ schwach. So erwuchs Maximilians Auffassung, die Geldmittel der Stände seien »Staatsgut« (Stiewe, ADB, 2), kaum ernsthafte Opposition. Gemäß des zeitgenössischen Verständnisses über »Verträge zwischen Fürsten und Ständen« wertete der Herzog die Privilegien und Rechte der Stände »als Übertragungen der fürstlichen Gewalt, welche wegen Mißbrauchs widerrufen werden könnten« (ebd., 2-3). Diese kluge Umkehrung der naturrechtlichen Diskussionen der niederländischen Generalstände Ende des 16. Jahrhunderts mochte wenig überzeugen, wenn die Stände zum Widerstand bereit waren. Die arg gebeutelten bayrischen Stände aber protestierten nicht und spürten offenbar die ordnende Hand ihres Landesherrn. Sie folgten mehr oder weniger willig seinem Argument, sie »dürften sich ihrer Rechte nur zum Besten des Staates bedienen« (ebd., 3). Es ließ sich nicht leugnen, daß hier ein Landesfürst regierte, der seinerseits zu ihrem Besten beitrug, den Wohlstand im Lande hob – wenigstens fühlten der Adel, die Geistlichkeit und wohl auch die einkommensstärkeren Städtebürger das so. Tatsächlich wuchs auch die bäuerliche Leistungskraft. So folgten die biederen Stände Maximilian auch in der Erklärung, der Landesherr wüßte im wohlverstandenen eigenen Interesse am besten, was als allgemeines Wohl und Bestes zu definieren sei. Vielleicht hat man schon damals in den bayrischen Territorien empfunden, was seinerzeit die ältere Historiographie artikulierte und kürzlich in Anlehnung neuerlich formuliert wurde. Nur wenige Fürsten hätten so hohe Forderungen an sich selbst gestellt, »keiner ist wohl in seinem Wirken dem eigenen Ideal so nahe gekommen wie er« (Kraus, 335).

Obgleich Maximilian die Zollsätze ständig erhöhte und solcherart die freie gewerbliche Entwicklung hinderte, förderte er doch zielgerichtet die Verarbeitung einheimischer Rohstoffe in Bayern. Durch Steuerbefreiungen bzw. Reduzierungen stützte er den Bergbau und die Salzgewinnung. Die Magistrate der Städte und Märkte hatte der Herzog schon 1602 aufgefordert, Vorschläge zur Besserung der Gewerbestrukturen einzusenden und auch seine Beamten zur Kontrolle und Förderung der gewinnträchtigen Unternehmen angehalten. Sehr erfolgreich war Maximilian mit dieser Politik nicht. Wahrscheinlich sahen viele Bürger das weniger als Schuld des Landesherrn. Er hatte ein wachsames, väterliches Auge auf ihre Entwicklung, so mochten sie es beurteilen. Die Zeiten waren nicht so, und böse Nachbarn hinderten den Herzog, das »Beste« durchzusetzen. Wenige nur dürften erkannt haben, daß die fürstlichen Fördermaßnahmen in erster Linie nur durch die Erfordernisse der Hof- und Rent-Kammer gelenkt wurden und fiskalische Interessen dominierten. Krieg kostete Geld, und Maximilian unterließ nicht, den eigenen Friedenswillen laut zu verkünden und seine Rüstungen und bald auch seine Feldzüge als Reaktionen auf Agressionen anderer, der Protestanten darzustellen.

So galt noch Ende des vorigen Jahrhunderts Maximilians Exekution gegen Donauwörth bayrischen Historikern auch als Beweis geduldiger friedvoller Bemühungen des Herzogs, den evangelischen Provokationen der Reichsstadt durch eine Kompromißpolitik zu entgegnen. »Der Gedanke an einen künftigen Krieg mit der protestantischen Bewegungspartei aber lag ihm in jenen Jahren so fern«, daß er sich wieder und wieder bei den Reichsständen für den friedlichen Ausgleich verwendete. Erst die seinen Räten angetane »Schmach« und »ein sehr starkes und empfindliches Gefühl seiner fürstlichen Hoheit« hätten ihn zu dem Waffengange veranlaßt (Stiewe, ADB, 4). Im übrigen ist selbst manchen heutigen bayrischen Historikern der »Vorgang« um Donauwörth noch immer »juristisch eindeutig«. Maximilian soll sich an die »Reichsverfassung« gehalten und sich vor allem »aus religiösen Gründen« der Exekution angenommen haben (Kraus, 74-5). Auch zweifeln manche, »daß Maximilian die Entwicklung der Dinge von langer Hand vorbereitet oder gar den Anlaß zum großen Religionskonflikt gesucht habe« (ebd., 75). So viel aber ist sicher, juristisch war der schwäbische Reichskreis für die Exekution zuständig. Maximilian hatte weder vorher als Beistand der Donauwörther Katholiken noch als Vollstrecker der kaiserlichen Acht dort zu wirken. Der historisch gebildete Maximilian dürfte allerdings gewußt haben, daß sich schon Herzog Ludwig der Reiche (regierte 1450-1479) erfolglos bemüht hatte, Donauwörth für Bayern zu erwerben. Nun steigerte Maximilian die »Forderungen zugunsten der Katholiken, die die protestantischen Ratsmitglieder unmöglich gewähren konnten« (ebd.), auch das kaum ein besonders überzeugender Beleg für eine spontane Handlungsweise. Immerhin verfügte der Bayernherzog Ende 1608 bereits über ein »Exekutionsheer« von 6.000 Fußknechten, 600 Reiter und 12 Geschütze, Ausdruck für die gezielte längere Vorbereitung Maximilians, unter katholischem Banner in die Auseinandersetzungen der Zeit einzugreifen.

Es sei Maximilians ausgeprägter Katholizismus gewesen, der ihn hier und später zum Handeln trieb, meinen nahezu alle Biographen. Immer wieder summieren jene die »religiös bestimmte Lebensführung und zahlreichen frommen und milden Stiftungen« (Albrecht, NDB, 479). Tatsächlich verfügte Maximilian unter Strafandrohungen, daß seine Beamten und die übrigen Untertanen an den üblichen religiösen Übungen und Prozessionen teilnahmen. Es kann nicht bezweifelt werden, daß es ihm ernst war mit diesem Glaubensbekenntnis. Ging es aber »um den Krieg, um den Staat«, dann urteilte Maximilian mit »geradezu erschreckender Rationalität«, so drängt sich die Frage auf, ob er »die Religion als Vorwand für politische Ziele mißbraucht« (Kraus, 324). Obgleich selbst kritische Analytiker seiner Politik in der Regel solches verneinen, haben ihm doch manche zeitgenössische katholische Politiker und selbst die Kurie vorgeworfen, nur so lange konsequent katholisch gewirkt zu haben, wie sich »die Interessen seines Staates und die Interessen seiner Konfession« deckten (Kraus, 326). Im Besitz der Oberpfalz und der Kurwürde hat er, gewiß nicht weniger gläubiger Katholik als 1608, »die Interessen der Religion« der »Staatsräson geopfert« (ebd., 324). Wahrscheinlicher ist es zu modern formuliert, nennt man ihn deshalb einen Heuchler. Offensichtlich hat er noch stärker als Kaiser Ferdinand II. zwischen dem persönlichen Bekenntnis und der Staatsräson getrennt. In der Politik jedenfalls verstieß er oft und offenbar auch keineswegs unter fürchterlichen Gewissensqualen gegen religiöse Normen und galt seinen Bündnispartnern und protestantischen Gegnern als besonders unberechenbar, verschlagen und unzuverlässig. Das steht in seltsamem Gegensatz zu den teilweise asketischen Lebensformen und der Überbetonung »kirchlicher Übungen und guter Werke« (Stiewe, ADB, 19) oder erklärt sie nachgerade aus einem Schuldgefühl heraus. Wenn dem so war, verleitete ihn dieses jedoch nie zur Preisgabe seiner politischen Maximen. Ohne Zweifel wertete er die Auseinandersetzungen zwischen den konfessionellen Lagern weitaus realistischer, teilte Ferdinands II. überschwengliches Vertrauen in den schließlichen Erfolg der gottgefälligen Sache nicht, erzwang gerade deshalb endlich auch den Westfälischen Kompromiß. Hält man sich an die äußerlichen Formen der Religiosität Maximilians und stützt sich auf seine Briefe und auch die persönlichen Weisungen an den Sohn, wird man die Ehrlichkeit des katholischen Bekenntnisses kaum bezweifeln können. Mit letzter Gewißheit ist aber auch dieses »wohl nie zu klären« (Kraus, 325). Seine Bedeutung als Bayerns großer Kurfürst können solche Überlegungen nicht mindern. Mit den »Mitteln eines konfessionellen Frühabsolutismus« formte er sein Land zu einem der bedeutendsten deutschen Territorialstaaten in der frühen Neuzeit und sicherte seiner Dynastie europäische Bedeutung. Die geringen territorialen Ressourcen setzten seiner Tätigkeit enge Grenzen und erlaubten zu keiner Zeit eine wirkliche Großmachtpolitik zwischen den Habsburgern, Frankreich und Schweden. Selbst als Führer der Liga konnte er nur zeitweilig eine Kraft organisieren, durch die er die reichsständische Souveränität gegen den Machtanspruch des Kaisers und der europäischen Großmächte verteidigen konnte. Für die nationalstaatliche Entwicklung Deutschlands mußte sich seine Politik verheerend auswirken, insbesondere das Verhalten auf dem Kurfürstentag 1630 in Regensburg. Wenn er fehlte, dann damals, als ein einheitliches Zusammenwirken der kaiserlichen und der Liga-Streitkräfte vielleicht sogar ein konfessionell geeintes Deutschland sichern konnten. Das ist jedoch angesichts der Entschlossenheit der europäischen Nationalstaaten und des zu erwartenden Widerstandes der deutschen protestantischen Reichsstände höchst zweifelhaft.

Kurfürst Johann Georg I. von Sachsen

Kurfürst Johann Georg I. von Sachsen

* 5. März 1585 in Dresden
† 8. Oktober 1656 in Dresden
Grabstätte: Dom zu Freiberg
Eltern: Kurfürst Christian I. von Sachsen und Sophie, Prinzessin von Brandenburg, Tochter des Kurfürsten Johann Georg von Brandenburg

1. Eheschließung am 16. September 1604 in Dresden
SIBYLLE ELISABETH, Prinzessin von Württemberg
* 10. April 1584 in Mömpelgard
† 20. Januar 1606 in Dresden
Grabstätte: Dom zu Freiberg
Eltern: Herzog Friedrich I. von Württemberg und Sybille von Anhalt

2. Eheschließung am 19. Juli 1607 in Torgau
MAGDALENA SIBYLLE, Prinzessin in Preußen
* 30. Dezember 1586 in Königsberg
† 22. Februar 1659
Grabstätte: Dom zu Freiberg
Eltern: Albrecht Friedrich, Herzog in Preußen und Markgraf von Ansbach-Bayreuth, und Eleonore von Kleve

1592   Administrator von Merseburg
1611   Kurfürst von Sachsen
1619   Ablehnung der angebotenen böhmischen Krone
1635   Belehnung mit den beiden Lausitzen als erblicher Besitz
1653   Führer des Corpus Evangelicorum im Reichstag

Der sächsische Kurfürst galt den Zeitgenossen unter den deutschen Fürsten als begnadeter Jäger. Man ehrte ihn als den größten Weidmann unter ihnen, war er doch auch deshalb »des Reiches Oberjägermeister«. Auch wußte man ihn als gewaltigen Zecher bei ausschweifenden Festlichkeiten zu rühmen, konnten Freunde und Gegner ansonsten weniger Maximen aufrechnen. Zu Beginn des vorigen Jahrhunderts nannte ihn einer der ersten namhaften deutschen Historiker einen Trunkenbold »nach der gewöhnlichen Weise von Männern, in deren großen Leibern ein schwacher Geist wohne« (Gefrörer, II, 777-8), und bedeutete, daß man selbst zu Johann Georgs Zeiten in beißenden Nachreden die Trunksucht des Kurfürsten geißelte. So schrieb beispielsweise einmal der Pfälzer Rat und schwedische Diplomat Ludwig Camerarius ironisch aus den Niederlanden an den schwedischen Reichskanzler Axel Oxenstierna, auf eine Festlichkeit in Dresden verweisend, er habe »bis jetzt nichts gewisses erfahren können, als daß Niemand dabei vor Durst gestorben« sei. Es wäre schon ein »wahres Wunder«, könne man den Kurfürsten »aus der ewigen Trunkenheit herausreißen« (ebd.), eine durch andere zeitgenössische Urteile belegte, kaum übertriebene Wertung. Wollte der Dresdener Hof eine Äußerung Johann Georgs widerrufen, so pflegten schon die damaligen ausländischen Gesandten spöttisch zu lachen, man wüßte schon, »Bierjörge« habe es wieder einmal »im Suff« gelobt. Man richtete sich im übrigen mit seinen Anliegen nach dem Grundsatz, Johann Georg im Laufe des Nachmittags und des frühen Abends zu Entschlüssen zu bewegen. Alle glaubten zu wissen, in den Morgenstunden entschied der zögerliche Fürst nichts, benötigte wohl erst einige Kannen Bier, nicht zu kleine, um seiner Sinne richtig mächtig zu werden, Mut zu fassen.

Einig waren sich insbesondere die schwedischen Diplomaten, daß Johann Georg sich in militärischen Fragen von Hans Georg von Arnim, in allen politischen Entscheidungen durch seinen Hofprediger Matthias Hoë von Hoënegg, einen österreichischen Lutheraner, leiten lasse. Beide Herren galten den sparsüchtigen Schweden als geldgierige, schon deshalb schlechte Protestanten. Man bedauerte, über weniger klingende Argumente zu verfügen als offenbar die Habsburger und ihre jesuitischen Verführer. Die schwedischen Beobachter klagten über »Goldkörner aus Peru«, die der Hofprediger liebe, die »die Bitterkeit seines lutherischen Hasses in Süßigkeit« verwandelten (ebd.).

Moderne Geschichtsbetrachtungen charakterisieren Johann Georg als »Objekt«, »nicht Träger der geschichtlichen Wandlungen« (Blaschke, NDB, X, 525), als ebenso bedeutungslose Persönlichkeit wie Georg Wilhelm von Brandenburg. Mit diesem Kalvinisten harmonisierte der Sachse offenbar mehr als mit Friedrich, dem Pfälzer. Auch das ist ein Beleg, wie wenig wirkliche Trennlinien damals durch das Bekenntnis gezogen wurden.

Gewichtiger als solche persönlichen Neigungen und Bindungen, die den Zeitge-
nossen entscheidend schienen, blieb dem keineswegs selbstlosen deutschen Patrioten
Johann Georg in seiner Ablehnung fremder Mächte auf deutschem Boden der Besitz
der beiden Lausitzen. Er hatte sie seinerseits für den Kampf an der Seite des Kaisers
gegen die Thronursupation Friedrichs V. von der Pfalz in Böhmen aus der dortigen
»Erbmasse« gewonnen. Die Belehnung wurde ein starkes Argument für jene, die
Johann Georg überzeugten, der kalvinistische »Winterkönig« sei ärger noch als die
Katholiken. Das bremste den Sachsen vor übereilter Zustimmung zu Gustavs II.
Adolf Friedenskonzepten noch im Sommer und Herbst des Jahres 1630.

Eine Gemeinsamkeit mit dem Pfälzer mußte Johann Georg in der Tat mißfallen,
fast so bedrückend wie das kaiserliche Festhalten am Restitutionsedikt. Hatte ihn
der Wiener Hof durch jenes Dekret erst in das Lager des Schweden gezwungen,
beeilte er sich doch trotzdem nie sonderlich, war diesen Weg an der Seite Gustavs II.
Adolf nur sehr zögerlich geschritten. Wieder und wieder blickte der Sachse hoffnungsvoll zurück, sah nach Wien. Johann Georg prüfte alle Berichte seines Feldherrn gründlich, keineswegs immer in Bierstimmung. Er suchte zu ergründen, ob
sich die Dinge für Sachsen zum besseren wandten, das Land aus der ungeliebten
Allianz mit Schweden ausbrechen durfte. Beständig hoffte er, der Kaiser würde die
Hindernisse zwischen evangelischen und katholischen deutschen Reichsständen,
zwischen Dresden und Wien ausräumen und Sachsen möglichst einen glücklichen
Frieden mit ungeschmälertem Besitzstand gewähren. Dieser gewünschte Vertrag
sollte dem Lande erhalten, was es gewonnen hatte: die geistlichen Pfründen, den
Besitz der beiden Lausitzen, Breslau und das umliegende Land.

Sachsen galt trotz aller Aktivitäten der Kurpfalz als Haupt der Union der protestantischen Staaten traditionell als bedeutendste Macht des evangelischen Lagers auf
deutschem Boden. Schon deshalb hatte eine böhmische aristokratische Fraktion
unter dem einflußreichen Grafen Andreas von Schlick im Sommer 1619 zunächst
Johann Georg die Wenzelskrone angeboten. Erst nach dessen kategorischem »Nein«
berücksichtigten die Böhmen die Werbungen der Pfälzer Räte. Nach der Ächtung des
»Winterkönigs« und der Niederlage seiner Truppen blickten folgerichtig alle Protestanten erneut erwartungsvoll nach Dresden und erhofften sich energische Reaktionen Johann Georgs gegen die bedrohlich demonstrierte kaiserliche Machtfülle.

Der Wiener Hof ließ seinerseits kaum etwas unversucht, den Sachsen zu brüskie-
ren. Johann Georg war trotz seiner offen bekundeten Kaisertreue in Frankfurt und
später als bewaffneter Helfer Ferdinands II. wenig oder gar nicht gehört worden, als
es die Verkündung der Reichsacht gegen Friedrich V. und die Übertragung der Kurwürde auf Herzog Maximilian von Bayern galt. Auch hatte sich der Kaiser nicht an
seine, dem Sachsen gegebenen Versprechungen gehalten, in Böhmen und Schlesien
das lutherische Bekenntnis zu dulden. War schon demütigend, daß Ferdinand II.
das Erzbistum Magdeburg seinem fünfzehnjährigen Sohn Leopold Wilhelm sicherte, den schon zum Administrator postulierten kursächsischen Prinzen August
(1614-1680) benachteiligte, schmerzte Johann Georg die drohende Restituierung
zahlreicher sächsischer Stifte besonders empfindlich. Die aus der schwedischen Lan-

dung in Pommern in neue Dimensionen wachsenden Gefahren für den Reichsfrie-
den und somit auch für Sachsens Territorium zwangen den sächsischen Kurfürsten
schließlich zu eigenen habsburgfeindlichen Aktivitäten. Am 24. August 1630 informierte Johann Georg den Kaiser, er wäre »durch die schrecklichen gegen die Protestanten geübte Bedrückungen« zu Gegenmaßnahmen gezwungen. Nach dem Vor-
bilde seines Vorfahren Moritz von Sachsen müsse er handeln und »die evangelischen
Stände zu einem Convent nach Leipzig« berufen. Interessanterweise billigte die englische Historikerin Wedgwood dem sächsischen Kurfürsten in dieser Phase besondere Weitsicht zu. Nur er – vielleicht doch wohl seine Berater, möchte man hinzufügen
– »sah durch den Nebel der Leidenschaften und die Trugbilder der Diplomatie, welche Europa verblendeten, die Gefahr und ließ sich in seiner Politik von seiner Überzeugung leiten« (Wedgwood, 245), wünschte Deutschland nicht als Spielball ausländischer Mächte zerstört.

Beunruhigte die Ankündigung möglicherweise die Wiener Räte zunächst, erwies
sich Johann Georg auch diesmal schnell als Zauderer, als vorsichtig zögerlicher
Gegenpart des Kaisers. Der Gedanke einer »bewaffneten Neutralität« auf deutschem
Boden zwischen dem kaiserlich-ligistischen Lager und Gustav II. Adolf blieb Papier,
wurde in Wien bald nur noch spöttisch kommentiert. Sachsens Kurfürst selbst verhinderte energische Beschlüsse der versammelten evangelischen Stände im Frühjahr
1631 in Leipzig. Noch immer blieb Johann Georg »grundsätzlich an einem guten
Verhältnis zum Kaiser interessiert« (Zeeden, Hegemonialkriege, 273), wollte eher
warnen, ein bißchen drohen, jedenfalls nicht wirklich handeln. Immerhin hatte er
noch angekündigt, er wolle »zur Verteidigung seiner Länder und der Rechte der
deutschen Protestanten« rüsten. Obwohl die Repräsentanten der evangelischen
Mächte auf dem Leipziger Konvent am 28. März 1631 erklärten, sie könnten ihrerseits die kaiserlichen Mißgriffe mit Restitutionsedikt und Kriegshandlungen nicht
länger ohne Gegenschläge ertragen, konnten sie sich nicht wirklich einigen. Das
abschließende Manifest galt schon den Zeitgenossen nur als »lahme Kundgebung
gegen das Restitutionsedikt« (Voigt, IV, 315). Wer wollte und konnte, rüstete.
Johann Georg verfügte über die nötigen Gelder und schuf ein eigenes Heer, wünschte aber dennoch keine »Konventarmee« unter seiner Führung. So viel Widerstand
gegen den Kaiser mochte der Sachse nicht.

Als Tillys hungernde Soldateska im August 1631 in Sachsen einbrach, hatte der
Kurfürst verärgert den Anschluß an den Schwedenkönig vereinbart und mußte nach
dem großen Erfolg von Breitenfeld als dessen Alliierter weiter marschieren.

Gern hätte Johann Georg die fränkischen geistlichen Grundherrschaften
besetzt. Gleich nach der beschämenden Flucht vom Schlachtfeld vor den Toren
Leipzigs nach Eilenburg, war der Dresdener auf die unerwartete Siegesnachricht
ängstlich nach Halle geritten und fürchtete Vorwürfe seines siegreichen Verbündeten. Von Gustav II. Adolf leutselig empfangen, soll Sachsens Kurfürst höchst
erleichtert dem Schweden zugetrunken und weinselig oder nicht angeboten haben,
er wolle mithelfen, »daß ihm die römische Krone auf das Haupt gesetzt werde«
(Öhqvist, 172). Zumindest hat es Schwedens bedeutender Diplomat Johan Adler

Salvius so notiert und es wenig später auch dem Kurfürsten von Brandenburg genüßlich geschildert.

War das möglicherweise nur eine vorsichtige Anbiederung des Sachsen in der Hoffnung, den mächtigen Alliierten eigenen sächsischen Kriegszielen geneigter zu machen, sah sich »Bierjörge« dennoch in die Defensive gedrängt. Wohl dankte ihm der glücksstrahlende Gustav II. Adolf überschwenglich für den Mut, die Schlacht gegen den sieggewohnten Tilly zu wagen. Auch erwähnte er mit keinem Wort den mehr als hastigen Fortritt Johann Georgs von der Walstatt. Doch half dem Sachsen das heftige Bechern wenig. Schwedens Monarch hatte schon vorher bestimmt, wie er den Krieg weiterführen wollte, und ließ sich auch nach einigen Kannen Wein nicht umstimmen. Als Johann Georg empfahl, Gustav II. Adolf solle über Schlesien direkt gegen die kaiserlichen Erblande vorstoßen, bremste der König seinen Redefluß. Freundlich gutmütig ließ er den Kurfürsten wissen, die sächsische Armee sei für einen Feldzug nach Franken längs der »Pfaffengasse« zu unerfahren. Dort treffe man auf die Liga-Reserven, müsse mit Tilly und den sieggewohnten Generälen Wallensteins rechnen. Die sächsische Armee könne besser in Schlesien wichtige Aufgaben wahrnehmen, dort den Kaiser beunruhigen.

Das war es, was der Sachse liebend gerne vermieden hätte. Immer bemüht, den offenen Bruch mit Wien zu vermeiden, reagierte er nur auf Tillys Einfall verärgert. Trotz scheinbarer Entschlossenheit hoffte er dennoch heimlich weiterhin auf eine kaiserliche Eingebung und glaubte sich besser beraten, Ferdinand II. nicht weiter zu provozieren. Er wußte aber, Gustav II. Adolf war der Sieger und bestimmte die künftige Marschrichtung so lange, wie man in Wien nicht lernen wollte.

Er hatte sein Möglichstes getan, dem Kaiser Brücken zu bauen, Johann Georg, der manches vermögende sächsische Kurfürst. Befriedigt hatte er verstanden, daß auch der Katholik Richelieu seinen Einsatz würdigte. Natürlich wußte man in Dresden wohl, daß es den Franzosen um die antikaiserliche Stoßrichtung ging. Auch der Sachse begriff sich als Hort »fürstlicher Libertät« und war durchaus bereit, gegebenenfalls mit Maximilian von Bayern zu paktieren, konnte man so die ausländischen Nutznießer der deutschen Zwistigkeiten verdrängen. Johann Georg sah noch immer seine Aufgabe in der Führung eines dritten Lagers auf deutschem Boden und wollte die protestantischen Reichsstände um sich sammeln. Nein, an mangelndem Selbstwertgefühl litt er in der Tat nicht. Daher empfand es wenig Freude, daß ihm der erfolgreiche Schwede nun die Möglichkeiten beschränkte, zukünftig als gewichtiger Sachwalter der deutschen Protestanten vor dem Kaiser zu brillieren, in Wien auf seine Weise präsent zu sein und der unabhängige neutrale Dritte zu scheinen. Der Kaiser lasse ihm keine Wahl, so mag er sich getröstet und betrübt Gustavs II. Adolf Wunsch entsprochen haben. Solcherart genötigt dirigierte er seine Armee in südöstlicher Richtung und gab dem schwedischen König den Weg frei zu weiterer Macht, eine Bahn, die Johann Georg nicht verstellen konnte.

In Prag war auch durch den sächsischen Feldherrn Hans Georg von Arnim kaum zu verhindern, daß die böhmischen Exulanten stimmgewaltig die Rückgabe ihrer Besitzungen wünschten. Es war nicht aber trotzdem nicht nur die Rücksicht des säch-

sischen Kriegsobristen auf den einstigen kaiserlichen Generalissimus, das den Hoffnungen der protestantischen Böhmen wenig oder gar nicht entsprochen wurde. Auch
Johann Georg mochte keinen wirklichen Gegensatz zu Ferdinand II. provozieren.
Die Prager Okkupation der sächsischen Armee blieb so eine fast friedvolle Episode
und währte ohnehin nicht sonderlich lange. Wallensteins neuformierte Armee drängte Arnim schon im Frühsommer 1632 zurück. Enttäuschend für Johann Georg war
auch diesmal, daß der wiederberufene kaiserliche Oberbefehlshaber alle wichtigen
Festungen Sachsens besetzen ließ, nur Dresden und Freiberg unbezwungen blieben.

Der Generalissimus hatte Heinrich Holk, den »Dänen«, in die »Meissener
Lande« gesandt und verheerte nun die Gebiete nahe Dresdens. Kroatische Reitervöl-
ker brannten am 9. September mehrere Dörfer vor den Toren der Residenz nieder
und ließen Johann Georg übermitteln, sie hätten gehört, er bewirte gerade einige
Diplomaten. Daher wollten sie »ihm dazu so viel Lichter anzünden, daß er gar wohl
sollte sehen können« (Harte, II, 425).

Johann Georg sah und verstand auch, was er sehen sollte und was ihm die Kaiserlichen zeigen wollten. Doch ließ er sich nicht sonderlich beeindrucken. Schon seinerzeit verrechnete sich Tilly bei seinem Einmarsch in Sachsen. Der trotzige selbstbewußte Sachse ließ sich nicht verschrecken. Dies galt nicht seinem Kurhut, und
brennende Bauernhütten waren keine rückgeführte Klöster und Bistümer. Jedenfalls
vermochte auch Wallenstein nicht, den Kurfürsten auf diese Weise an die kaiserliche
Seite zu pressen. »Botschaften« dieser Art überzeugten Johann Georg weniger. Holk
blieb ebenso wie Matthias Graf von Gallas, den Wallenstein noch nachsandte, das
»Werben« um den Dresdener Frontwechsel eindringlicher zu artikulieren, der Erfolg
versagt. Der sächsische Kurfürst entsandte Gustav II. Adolf nun seinerseits Truppen
zur Hilfe.

Erst mit dem Tod des Schwedenkönigs bei Lützen änderte sich auch für Johann
Georg alles. Nun intensivierte sein Feldherr von Arnim die Gespräche und Bündnis-
verhandlungen mit Wallenstein, wünschte der Kurfürst den Schulterschluß mit dem
Kaiser vollzogen. Nach der schwedischen Katastrophe von Nördlingen schien der
Übergang in das kaiserliche Lager problemlos. Bald zeigte sich aber, wie sehr Johann
Georg irrte. Wohl war Ferdinand II. nun bereit, das Restitutionsedikt zu vergessen.
Er hob es nicht direkt auf, setzte es aber auf seine Weise bestimmt und für immer
aus. Der Prager Frieden vom 30. Mai 1635 markierte so einen lang ersehnten Wendepunkt in der sächsischen Kriegspolitik. Er brachte Johann Georg wieder zurück
auf jenen Platz, von dem er 1631 nur sehr widerwillig gewichen war. Und scheinbar
hatte der Kaiser nun wirklich gelernt.

Sachsens Kurfürst konnte die Friedensbestimmungen um so zufriedener ratifizieren, als ihm Ferdinand II. für weitere vierzig Jahre den Besitz der einstigen katholischen Bistümer Meißen, Merseburg und Naumburg-Zeitz garantierte, die beiden
Lausitzen als erblichen Besitz übertrug. Als deutscher Patriot verstand er sich fortan
im Reichskrieg an der Seite des Kaisers gegen Schweden und Frankreich, kämpfte
mit wechselndem Erfolg gegen die nun besonders verärgerten Schweden. Doch zeigte sich rasch, daß es für Johann Georg und seine Sachsen nahezu bedeutungslos war,

wer im Kurfürstentum hauste. Kaiserliche Verbündete plünderten ebenso eifrig wie die immer wieder einbrechenden Schweden. Am 6. September 1645 signierten Schweden und Sachsen in der Kirche zu Kötzschenbroda nahe Dresdens endlich einen Waffenstillstand. Johann Georg mußte sich verpflichten, an Schweden eine monatliche Kontribution von 11.000 Reichstaler zu zahlen. »Bierjörge« traf auch das nicht sonderlich. Er selbst litt weiterhin keine Not, und im endlich vereinbarten Frieden zu Münster und Osnabrück wurde ihm der Besitz beider Lausitzen erneut bestätigt. Für eine bestimmte Frist überließen ihm die Sieger und der Kaiser sogar das Erzstift Magdeburg.

Wie der Vater nahm jedoch auch Kaiser Ferdinand III. wenig Rücksicht auf sächsische Gefühle, galt es die Glaubensfreiheit in den kaiserlichen Landen. Proteste Johann Georgs waren nun jedoch weniger kräftig artikuliert. Der Strom neuerlicher ostböhmischer Protestanten nach Sachsen wurden jetzt mit spürbarer Erleichterung auch in Dresden zur Kenntnis genommen. Nicht zuletzt deshalb erholte sich Sachsen sehr rasch von den Kriegsfolgen. Johann Georg wertete auch das als Erfolg seiner Politik. Als die evangelischen Reichsstände ihn 1653 zum Haupt des Corpus Evangelicorum im Reichstag bestellten, war ihm, der das Amt nur widerwillig annahm, auch diese Erhöhung persönliche Genugtuung. Wahrscheinlich starb er in dem Bewußtsein, Großes geleistet zu haben. Die im allgemeinen höchst kritischen Wertungen durch die Jahrhunderte hätte Johann Georg kaum verstehen können.

Kurfürst Friedrich V. von der Pfalz

Kurfürst Friedrich V. von der Pfalz
(»Winterkönig« von Böhmen)

* 26. August 1596 auf dem Jagdschloß Deinschwang bei Amberg, Oberpfalz
† 29. November 1632 in Mainz (?)
Grabstätte: unbekannt (Sedan?)
Eltern: Friedrich IV. von der Pfalz und Prinzessin Luise Juliana von Nassau-Oranien

Eheschließung am 24. Februar 1613 in Whitehall (London)
ELISABETH, Prinzessin von England und Schottland aus dem Hause Stuart
* 19. August 1596 auf Falkland Castle in Fifeshire nahe Perths
† 23. Februar 1662 in London
Grabstätte: Westminster Abbey in London
Eltern: Jakob I., König von England und Schottland, und Anna, Tochter König Friedrichs II. von Dänemark

19. September 1610	Kurfürst von der Pfalz unter Vormundschaft des Herzogs Johann von Zweibrücken
26. August 1619	Wahl zum böhmischen König durch die böhmischen Stände
4. November 1619	Krönung zum König von Böhmen in der Wenzelskapelle zu Prag
9. November 1620	Flucht aus Prag nach der Niederlage am Weißen Berg
22. Januar 1621	Verhängung der Reichsacht über Friedrich V. durch Kaiser Ferdinand II.
25. Februar 1623	Aberkennung der Kurwürde durch Kaiser Ferdinand II.

Kein anderer der bedeutenden Herrscherpersönlichkeiten des Dreißigjährigen Krieges stieg so hoch und stürzte so tief, starb nahezu unbemerkt und in grenzenloser Armut. Nicht einmal seine letzte Ruhestätte ist überliefert, unklar auch der Ort, wo er verschied. Lange beriefen sich die Historiker auf verschwommene letzte verbriefte Informationen aus Metz, wo der schwerkranke Pfälzer im Keller eines Weinhändlers fiebergeschüttelt gelegen haben soll. Heute gilt das damals schwedisch besetzte Mainz als Sterbeort, wenigstens verzeichnen die meisten modernen Biographien diese Stadt. Vorsichtiger erwähnen andere Untersuchungen allgemein die pfälzische Heimat als letzte Reisestation des auf die Todesnachrichten von Lützen verzweifelt resignierenden Fürsten. Friedrich V. hatte sich wahrscheinlich von der Pest anstecken lassen. Er war wohl trotzdem nicht eigentlich wirklich gefährdet, hatte dennoch nichts mehr entgegenzusetzen, glaubte sich erstmalig von allen verlassen, bar jeder Hoffnung auf eine Zukunft. Gustav II. Adolf, der Schwedenkönig, war seine letzte Zuversicht gewesen. Mit dessen Tod verlor er auch diesen Strohhalm. Jahrelang konnte nahezu nichts seinen Glauben an eine Revision des »Schicksals« erschüttern. Selbst als im fürstlichen Exil im Haag vor seinem Palast die Gläubiger lärmten, sogar die Milchrechnungen nicht mehr beglichen werden konnten, hatte er zuversichtlich auf bessere Tage gehofft. In den letzten Novembertagen 1632 konnte er nicht mehr.

Dabei begann seine fürstliche Laufbahn vielversprechend, erhielt er eine zeitgemäße herrschaftliche Ausbildung. Seine niederländische Mutter Luise Juliana wünschte, den Sohn und künftigen Landesherrn der Pfalz zu einem zielstrebigen landesväterlichen kalvinistischen Herrscher formen zu lassen. Die Ausbildung an der hugenottischen Ritterakademie in Sedan unter Aufsicht des Herzogs von Bouillon sollte die klassische humanistische Grundlage sichern. Offenbar treffend urteilte der langjährige Führer der Hugenotten, der junge Friedrich sei wenig begabt. Das »höchste, was man erwarten könne, sei, daß er gutem Rat« folge. Er würde kaum eigene Entscheidungen wagen »oder etwas Bedeutendes unternehmen« (Joestel, 153). Daran änderte wohl auch die ingenieurtechnische Ausbildung wenig, die Friedrich dann in Heidelberg ab 1610 erfuhr. Er wurde weder ein trefflicher Artillerist und Feldherr, wie beispielsweise Gustav II. Adolf von Schweden, noch änderten sich seine bisherigen Verhaltensformen. Er blieb auffallend unentschlossen und faßte gewöhnlich keine selbständigen Beschlüsse. Betroffen beobachteten Fürsten und Politiker der Union auf wichtigen Treffen, daß er Worte seiner Räte wiedergab und hilflos deren Äußerungen selbst dann erfragte, wenn seine fürstlichen Verbündeten Friedrichs ureigene Auffassung erbaten.

Er galt als freundlich, seiner aristokratischen Umgebung beinahe als gutmütiger

Kamerad, konnte zürnen und ebenso schnell vergeben. Im übrigen lebte er nahezu unbekümmert in den Tag hinein, überzeugt, Gott habe ihm sein Amt verliehen, er sei auserwählt, könne folglich nicht eigentlich fehlen.

Es lag wohl im Denken der Zeit, daß viele der gläubigen Herrscher jener Periode hofften, Gottes Zorn vermeiden zu können, überließen sie sich erfolgversprechenden Ratgebern. Friedrichs V. böser Genius wurde der geschäftige, sich selbst hochschätzende Christian I. von Anhalt-Bernburg, allgegenwärtiger Leiter und Lenker der pfälzischen Politik. Zielstrebig drängte er seinen jungen, an tagespolitischen Entwicklungen merkwürdig desinteressierten Fürsten auf den Weg kriegerischer Verwicklungen.

Christian von Anhalt konnte das wohl auch um so leichter, als die Niederlande ebenso wie französische Regierungskreise bzw. die Hugenotten Drohgebärden der Union bestärkten. Der Ehevertrag des Pfälzers mit der Tochter König Jakobs I. von England erschien nicht nur ihm sichtbares Zeugnis der Wertigkeit der pfälzischen antihabsburgischen Politik. Wahrscheinlich überschätzte Englands Monarch damals die Festigkeit und Entschlossenheit des protestantischen Lagers im Reich. Während des Jülich-Klevischen Erbfolgestreites sah sich auch England veranlaßt, Partei zu ergreifen. Im übrigen glaubte man in London zu wissen, daß die ungarischen, österreichischen und böhmischen Magnaten streitbare Lutheraner und Kalvinisten waren, und rechnete auch hier mit wachsendem Einfluß der Pfalz. Und die Heidelberger Räte nutzten ihrerseits solche Erwartungen. Glück für beide, Elisabeth Stuart und Friedrich V., war, daß die solcherart politisch vereinbarte Ehe glücklich wurde, wenigstens behaupteten es seinerzeit die Zeitgenossen. Und spätere Historikergenerationen übernahmen dieses Wissen, deuteten die zahllosen erhaltenen Liebesbriefe der beiden und die Zeugnisse der Höflinge in Heidelberg so. Vielleicht war es diese höchst erfolgreiche Beschäftigung, die Friedrich V. abhielt, sich intensiver dem zuzuwenden, was Christian von Anhalt, Ludwig Camerarius und Christian von Dohna, die Häupter der kalvinistischen Kriegspartei der Pfalz, in den Jahren von 1613 bis 1618 vorbereiteten. Während die Union 1617 nahezu auseinanderbrach, schrieb Friedrich V. seiner jungen, offenbar höchst lebenslustigen Frau glückliche Liebeszeilen. Derweil bahnte sich Ferdinand II. mit Hilfe Spaniens, der Liga und sogar Kursachsens den Weg zum künftigen Kaisertum, wurde böhmischer König.

Als die Böhmen mit dem »Fenstersturz« ihrerseits nach mächtigen Alliierten gegen Ferdinand II. und dessen Anhang suchten, war es wiederum vor allem die Heidelberger Kriegspartei, die nach kurzer unergiebiger Kandidatensuche höchst aktiv für die Krönung ihres Kurfürsten wirkte. Zweifellos beherrschte einige der Räte die Sorge, der europäische Protestantismus sei bedroht, es gelte, Habsburgs offenkundiger Gegenreformation entschlossen entgegenzuwirken. So bekundete der Pfälzer Gesandte in Prag, Graf Albrecht von Solms, lautstark Heidelberger Sympathien für böhmisches Säbelrasseln, ermutigte die dortigen Aktivisten in ihrem Widerstand gegen Wien. Nicht zuletzt deshalb wuchs schließlich der Gedanke bei den Prager Defensoren, König Ferdinand abzusetzen und statt dessen Friedrich V. von der Pfalz zu erwählen.

Zwei Gegenspieler im böhmisch-pfälzischen Krieg in der für die damaligen Darstellungen typi-schen Reiterpose. Links der Feldherr der katholischen Liga, Johann Tserclaes Graf von Tilly, im Hintergrund ein fiktives Schlachtgeschehen. Rechts Kurfürst Friedrich V. von der Pfalz, im Hin-tergrund Heidelberg mit Neckar und Schloß

Erst jetzt scheint der junge pfälzische Kurfürst die Gefahren geahnt zu haben, wirkte sich jene schon frühzeitig erkannte Unentschlossenheit und politische Hilflo-sigkeit Friedrichs V. entscheidend aus. Aus London kam ein deutliches »Nein«. Der Schwiegervater riet entschieden ab. Es warnten auch viele Unionsmitglieder, selbst der Herzog von Bouillon versuchte, seinen einstigen Zögling zu bremsen.

Es war wohl nicht nur die Furcht vor weitreichenden Verwicklungen, die den Pfälzer Kurfürsten erschrocken um Bedenkzeit bitten ließ. Friedrich V. ahnte die Konsequenzen eines großen europäischen Krieges und folgte tatsächlich höchst unsicher dem Drängen Christians von Anhalt. Er tat das vor allem erst, als ihm der Herzog von Savoyen und der Fürst von Siebenbürgen militärischen Beistand zugesi-chert hatten. Die entschlossenen Gebärden der Böhmen, Mährer, Schlesier, der Österreicher und Ungarn bestärkten ihn weiter. Wie König Jakob I. zweifelte er anfangs, »ob er moralisch berechtigt sei, Rebellen, selbst in einer guten Sache zu unterstützen«. Es sei Gottes Ruf, »dem ich mich nicht verschließen darf«, schrieb Friedrich V. dem Herzog von Bouillon. Vielleicht empfand er so. Möglich aber auch, daß man ihn gelehrt hatte, weitreichende Entscheidungen religiös zu begrün-den. Die Behauptung des jungen Pfälzers, es sei sein einziges Ziel, so »Gott und sei-ner Kirche zu dienen«, dürfte seinen »Ziehvater« kaum sonderlich überzeugt haben (Wedgwood, 89). Der erfahrene Hugenott wußte mehr, prahlte höchst unpassend mit seinem Wissen vor König Ludwig XIII. und verstärkte solcherart dessen Ableh-nung des »Thronursurpenten« Bouillons. So kam ein Fürst zu einer Krone, die er nur tragen, nicht aber verteidigen konnte. Darüber konnten weder die anfänglichen

Freudendemonstrationen der Prager Bürger noch die kurzzeitigen militärischen
Erfolge der böhmischen Truppen und ihrer Verbündeten täuschen. Bald witzelten
manche Böhmen über ihren »Winterkönig«. Andere verfluchten ihn gar, nachdem
er zugelassen hatte, daß eifernde reformierte Prediger seines Hofstaates als Bilder-
stürmer die Prager Kirchen »aufräumten«. Obwohl die Böhmen keineswegs Asketen
waren, verübelten sie ihrem König einige frivole Gesten dennoch. Es schien vielen
keineswegs herrschaftlich, daß Friedrich V. vor der Königin und den Hofdamen
nackt in der Moldau badete. Auch erregte Elisabeth die Gemüter durch mehr als
gewagte Kleider, unschicklich, wie man in Prag entrüstet urteilte. Mehr noch verabscheute der Adel bald den selbstgewählten Regenten, als er sich für die Aufhebung
der Leibeigenschaft aussprach. Da er es nicht durchsetzen konnte, half es weder den
Bauern, noch besserte seinen Ruf bei diesen.

Inzwischen ging die Pfalz verloren. Spinola besetzte im September 1619 Kreuznach und Oppenheim, die Liga-Truppen marschierten auf Prag. Und wieder versagte der König. Vorübergehende wilde Gesten als »Roi connetable« an der Spitze seines
Heeres änderten schon deshalb wenig, weil Friedrich V. auch jetzt der Sinn mehr
nach Liebe, Tanz und Jagdabenteuern stand. Die Schlacht am Weißen Berg wurde
ohne ihn verloren. Er speiste derweil mit englischen Gesandten, hatte dem Feldlager
das wesentlich weichere Bett bei seiner Gemahlin vorgezogen. Immerhin war er nun
keineswegs zögerlich, als es galt, die hochschwangere Elisabeth und die Kinder in
Sicherheit zu bringen. Daß er bei ihnen blieb, sie gemeinsam nach Breslau flohen,
bedurfte für ihn diesmal auch keiner längeren Überlegungen. Im übrigen hatte ihm
auch dazu sein Feldherr Christian von Anhalt geraten, als dieser zutiefst erschüttert
als Geschlagener den Hradschin erreichte, höchst eilig fortgaloppierte, sich erst in
Schweden sicher wähnte.

Im Exil in Norddeutschland ohne Christian von Anhalt wagte Friedrich V. eigene
Entscheidungen. Standhaft – vielleicht vor allem aus dem Bewußtsein der Auser-
wähltheit erwachsen, legitimistischen Überzeugungen als »Fürst von Gottes Gnaden«
geschuldet – verweigerte der »Winterkönig« das Eingeständnis des Landfriedensbru-
ches. Er habe nicht den Kaiser und damit das Reich bekriegt. Sein Gegner sei ein Erzherzog von Österreich gewesen, Reichsfürst wie er. Wolle er Verzeihung, müsse der
Pfälzer seinen Sohn zur katholischen Erziehung nach Wien senden, erklärte der Kaiser und bedeute auf diese Weise, wie höchst willkommen ihm jeder Widerstand
Friedrichs V. blieb. Ferdinand II. wünschte einen unbelehrbaren Feind, konnte nur
dann die Reichsacht verhängen, die Kurwürde an Maximilian übertragen.

Friedrichs V. Hoffnungen zerschlugen sich. Als er am 22. April 1622 in Germers-
heim zu Mansfeld stieß, mochte er sich noch Illusionen hingeben. Abgesehen von
den wenig später erlebten neuerlichen Niederlagen gegen Tilly litt er schnell zunehmend unter der Söldnermentalität seiner Helfer. »Es sollte ein Unterschied zwischen
Freund und Feind gemacht werden«, resümierte er verbittert. Mansfelds und Christian von Halberstadts Soldateska ruinierte »beide in gleicher Weise« (Wedgwood,
136). Er verstand wohl, daß diese Form der Kriegführung ihm und seinen Zielen
weder dienlich noch zu verantworten war. Er »werde froh sein«, die Truppen verlas-

sen zu können (ebd.). Er fühlte sich zweifellos erleichtert, als er am 13. Juli 1622 Mansfeld aus seinen Diensten entlassen konnte. Es ging ihm andererseits nicht so nahe, daß er nicht in Sedan wenig später beim Tennisspielen Entspannung finden, die bösen Wochen vergessen konnte. Friedrich V. war in der Tat alles andere als ein verantwortungsbewußter Landesvater. Leid und Elend anderer berührte ihn, aber nie sonderlich lange. Jetzt setzte er auf Spanien und England. In Madrid und Brüssel wünschte man damals ein Bündnis mit König Jakob I. von England, wollte wenigstens Angriffe der englischen Flotte im Kanal vermeiden. Daher drängten die Spanier Ferdinand II., Friedrich V. wieder in der Pfalz mit allen Würden einzusetzen, ein Wunsch auch König Jakobs. Der Kaiser und sein bayerischer »Gläubiger« widersetzten sich dem ebenso entschieden. Die Proteste Spaniens, Isabellas in Brüssel, der Widerspruch der Kurfürsten von Sachsen und Brandenburg half nicht. Am 25. Februar 1623 – zwei Tage nach der Absetzung Friedrichs V. – übertrug der Kaiser die Kurwürde auf Maximilian von Bayern.

In den folgenden Jahren scheiterten alle Aktivitäten des Exilanten im Haag. Erst mit dem Siegeszug Gustavs II. Adolf von Schweden schöpfte Friedrich V. ein letztes Mal Zuversicht. Immerhin hatte der Schwede gelobt, ihn bei passender Gelegenheit wieder in Heidelberg einzusetzen. Zwar empfing der siegreiche »Löwe aus Mitternacht« den Pfälzer im Februar 1632 in Frankfurt wie seinesgleichen und summierte peinlich genau alle Titel des Königs von Böhmen und Kurfürsten von der Pfalz. Seine Reiche aber erhielt Friedrich nicht wieder, weder Böhmen, das auch Gustav II. Adolf nicht dauerhaft sichern konnte, noch die Pfalz, die schwedische Truppen besetzten. Der schwedische König formulierte Forderungen, die für den Entthronten inakzeptabel sein mußten. Vielleicht meinte er seine Weigerung, das lutherische Bekenntnis für die Pfalz zuzulassen, weniger ernst als es das kategorische Nein an Gustav II. Adolf vermuten ließ. Gab es möglicherweise auch da noch einiges zu verhandeln, nahm der Tod des Schweden bei Lützen Friedrich V. die letzten Chancen. »Selten hat in der Geschichte Europas die Bedeutungslosigkeit eines einzigen Mannes eine so nachhaltige Wirkung auf seine Zeit ausgeübt« (Wedgwood, 91-2), eine Wertung, der es wenig hinzuzufügen gibt. Friedrich V. war tatsächlich so bedeutungslos, daß nur seine Geburt und das hohe Amt ihn zur historischen Persönlichkeit in den Geschichtsbüchern erhoben. Am Ende blieb ihm nicht einmal die tragische Größe.

Kurfürst Georg Wilhelm von Brandenburg

Kurfürst Georg Wilhelm von Brandenburg

* 3. November 1597 in Kölln an der Spree
† 1. Dezember 1640 in Königsberg
Grabstätte: Königsberger Dom
Eltern: Johann Sigismund, Kurfürst von Brandenburg und Herzog von Preußen und Anna, Prinzessin von Preußen

Eheschließung am 24. Juli 1616 in Heidelberg
ELISABETH CHARLOTTE, Prinzessin von der Pfalz
* 7. November 1597 in Neumarkt in der Oberpfalz
† 26. April 1660 in Crossen an der Oder in Schlesien
Grabstätte: Berliner Dom
Eltern: Friedrich IV., Kurfürst von der Pfalz, und Luise Juliana, Prinzessin von Nassau-Oranien

23. Dezember 1619	Kurfürst von Brandenburg
30. Oktober 1620	Huldigung des preußischen Landtages zu Königsberg als Herzog von Preußen
September 1621	Belehnung mit dem Herzogtum Preußen durch König Sigismund III. Vasa von Polen
9. März 1632	Belehnung als Herzog von Preußen durch König Wladislaw IV. von Polen
Jánuar 1639	Übersiedlung nach Preußen mit dauernder Residenz in Königsberg

Wunschdenken und Realität klafften selten soweit auseinander wie im Leben dieses
Fürsten. Es war sein »sehnlicher Wunsch«, daß »die Historienschreiber Rühmliches
von ihm zu melden hätten«. Davon träumte er, und manchmal versuchte er wohl
auch, einiges dafür zu tun. Erfolgreich war Georg Wilhelm nicht. Unter allen Brandenburger Kurfürsten sei er »die am wenigsten ansprechende« Persönlichkeit. »Nicht
eine einzige positive Leistung für die Mark Brandenburg ist von ihm zu verzeichnen«,
so das Urteil eines Kenners vor einigen Jahrzehnten (Schultze, IV, 276). Dieser Kurfürst »und das Staatswesen, das er vorfand, waren den Stürmen der Zeit... nicht
gewachsen«, wertete schon Leopold von Ranke (Preußische Geschichte, 209). Er sei
der »harmloseste Fürst Deutschlands« in jenen Jahren gewesen, habe nur versucht,
»zeitlebens Kurfürst zu bleiben«, das auch seinem einzigen Sohn sichern wollen
(Wedgwood, 193), so ein weiteres modernes Urteil. Dabei war er »weder ein verstän-
diger noch ein entschlossener Mann«, gefährdete seine Positionen immer dann, wenn
»er gegen seinen Willen zu einer Entscheidung gedrängt wurde« (ebd., 139 u. 193).

Hatte Friedrich V. von der Pfalz in Christian von Anhalt einen unzulänglichen
Berater, wenig glücklich für den »Winterkönig«, so stützte sich Georg Wilhelm seinerseits auf den Grafen Adam von Schwarzenberg, den »Urheber allen Unheils und
Elends in der Mark«, wie die Zeitgenossen glaubten. Erfolgreich war dessen Politik
weder für die Mark noch für das historische Bild des Brandenburger Kurfürsten.
Das verstanden schon früh auch die Historiker, wollten und konnten den Erwartungen Georg Wilhelms nicht entsprechen.

Gewöhnlich benennen Kenner die besondere geopolitische Situation Brandenburg-Preußens und der rheinischen Erwerbungen, den »Flickenteppich« im Reich,
als eine wesentliche Ursache der Probleme Georg Wilhelms. Manche bedeuten auf
diese Weise, daß auch ein energischer und weitsichtiger Herrscher dieses Staatswesen
kaum besser durch die Zeitläufte geführt hätte. Dem kann man beipflichten, aber
auch entgegnen, daß es Georg Wilhelms großer Sohn war, der Brandenburg-Preußen einige Jahrzehnte später zu einer territorialen Macht Deutschlands formte. Da
allerdings war der große europäische Krieg auf deutschem Boden bereits Geschichte.

Relativ früh übernahm Georg Wilhelm als Kurprinz am Rhein Regierungsver-
antwortung. Als Statthalter seines Vaters Johann Sigismund reiste er unmittelbar
nach Beilegung des Streites um Jülich-Kleve durch den Frieden von Xanten vom 2.
November 1614 nach Kleve und lernte hier Adam von Schwarzenberg schätzen. Es
bleibe rätselhaft, wie der junge gläubige Kalvinist dem ebenso seinem katholischen
Bekenntnis verpflichteten Grafen verfiel, resümierten immer wieder die Historiker.
Tatsächlich läßt sich belegen, daß Georg Wilhelm hin und wieder zweifelte und
andere politische Lösungen suchte. Doch gewann Schwarzenberg jedesmal verlorene

Vertrauenspositionen zurück und verpflichtete den Kurfürsten neuerlich auf kaiser-
treues Verhalten. Jahrhunderte später – in einer Zeit, in der evangelische deutsche
Historiker Gustav II. Adolf als mehr oder weniger konfessionell geleiteten Retter des
Protestantismus verstanden – galt Georg Wilhelms Mißtrauen gegenüber dem
schwedischen Schwager als besonders verwerflich und sahen manche gerade in jenen
Bindungen an den Katholiken Schwarzenberg eine Erklärung für Brandenburgs
Misere. Und doch waren es wohl berechtigte Zweifel gegenüber den schwedischen
Absichten, daß der Kurfürst seinerseits nahezu beständig Neutralität wahren wollte.
Da bewirkte wenig, daß Gustav II. Adolf dem Gesandten Georg Wilhelms in Stettin
unmittelbar nach der schwedischen Landung bedeutete, er sei als Freund und Helfer
auch seines brandenburgischen Schwagers gekommen. So einfältig war dieser Kurfürst nicht. Ihn überzeugte der schon sprichwörtliche Appell kaum, er solle »nicht
länger nur ein Statthalter des Kaisers« bleiben. Die französisch hinzugefügte Warnung, »wer sich wie ein Schaf benimmt, den frißt der Wolf«, warnte mehr vor dem
selbsternannten nahen Retter als dem fernen Kaiser. Immerhin war bei dem für
Georg Wilhelm wenig schmeichelhaften Vergleich offen geblieben, wer der freßgie-
rige Wolf sein sollte. Der Brandenburger jedenfalls hatte da so seine eigenen Gedanken und zögerte lange. Zu gefährlich schien ihm für seinen Staat die Vereinbarung,
die Gustav II. Adolf gerade dem ältlichen Pommernherzog aufgedrungen hatte. Sie
legte dem kleinen Land gewaltige finanzielle Belastungen auf, verkündete die Kon-
förderation Pommerns und Schwedens erschreckend offen als »ewig«. Die, die niemand rief, würde möglicherweise auch niemand wieder wegschicken können!
Gustav II. Adolf war bisher nirgendwo gelandet, ohne nicht schließlich gewinnträchtigen Frieden oder Waffenstillstand zu vereinbaren. Auch den Russen hatte
Schweden helfen wollen. Am Ende bezahlte Moskau wahrlich keinen Freundschafts-
preis. Dabei galt es da doch vor allem Gustavs II. Adolf gefährlichstem Feind und
mußte Sigismunds Kronanspruch abgewehrt werden. So war es kaum denkbar für
den Märker, daß der energische Schwager diesmal nahezu selbstlos helfen würde. Da
blieb Vorsicht geboten. Ein Schaf jedenfalls wollte Georg Wilhelm nicht sein, weder
für den Kaiser noch den schwedischen König.

Im übrigen blieb Brandenburgs Kurfürst als »Preuße« weiterhin Vasall des
Königs von Polen. Das mochte derzeit nicht sonderlich problematisch scheinen,
und Sigismund kaum mächtig genug, das Lehen gewaltsam einzuziehen und ander-
weitig zu vergeben. Aber die Zeiten konnten sich ändern. Die Wege zwischen Warschau und Wien waren soweit denn auch wieder nicht und König Sigismund durch
seine Frau den Habsburgern nahe verbunden. Er und Ferdinand II. waren verschwä-
gert, Brüder auch im Glauben. Bedeutsamer noch, bedenklich sogar, schienen dem
brandenburgischen Kurfürsten jüngste eigene Erfahrungen mit dem Stockholmer
Schwager. Ihm klangen derbe Erklärungen noch im Ohr, galten den jüngsten schwedischen Waffengängen in seinen östlichen Provinzen. Die Schröpfungen seiner preußischen Landschaften durch Axel Oxenstiernas Behörden waren sehr gegenwärtig.
So hielt sich Georg Wilhelm klug zurück, verwies auf Lehnsverpflichtungen gegenüber König Sigismund. Treu wollte er bleiben, mochte und könne nicht Spielball im

Ringen Polens und Schwedens sein. Und auch dem Kaiser bliebe er als dessen Kurfürst verpflichtet.

Schon einige Jahre vorher konnte Georg Wilhelm nur mit Mühe spürbare polnische Verärgerungen vermeiden. Im September 1620 hatte Schwedens Reichskanzler
Axel Oxenstierna in Berlin einen Ehekontrakt zwischen seinem König und Branden-
burgs Prinzessin Marie Eleonore ausgehandelt. Das war nun keineswegs das, was der
Warschauer Hof, nicht einmal Georg Wilhelm wollte. Auch hier mußte der Kurfürst
ängstlich lavieren, sich hinter Protesten und Vorwürfen an die Adresse seiner eigenen
Mutter Anna von Preußen verstecken. Sicher, sehr fürstlich war das kaum, dennoch
keineswegs ungeschickt, was solcherart erfolgreich ausgehandelt wurde. Gustav II.
Adolf bekam Marie Eleonore, und Georg Wilhelm blieb scheinbar ein guter Vasall
König Sigismunds von Polen, des Todfeinds des schwedischen Königs. Immerhin
glaubte Oxenstierna, im Herbst 1620 in Berlin bemerken zu können, daß Georg
Wilhelm die »heurat nicht ungern sähe« (Schultze, IV, 207). In Stockholm jedenfalls
belächelte man verständnisvoll die Ankündigung des empörten Brandenburgers, er
wolle die in seiner Abwesenheit und gegen seine Weisungen vereinbarte Ehe annullieren. Georg Wilhelm klagte laut – und tat nichts dergleichen. Glücklicherweise
registrierte er wenig später, daß auch Warschau außer Vorwürfen nichts bösartiges
wagte. Gewöhnlich urteilen die Historiker bei solchen Gelegenheiten über geniale
diplomatische Lösungen. Dem Brandenburger in seiner schwierigen Stellung zwischen zwei gefährlichen Rivalen lastet man dagegen bis heute die Haltung als kläglich an und nennt sein Verhalten Ausdruck persönlicher Unentschlossenheit und
Charakterschwäche.

Dabei war er hier eher Fuchs denn Schaf, sicherte sein fürstliches Überleben,
wenigstens seine Grenzen. Und er erhielt sich die erstrebte Ruhe. Das mag man ihm
ankreiden. Ein Leben in Überfluß und Genuß ging dem nach einem Reitunfall stark
behinderten Kurfürsten offenbar über alles. Bereits Ranke deutete die Quellen so,
daß »ein gutes Reitpferd, ein behendes Windspiel« Georg Wilhelm »die Sorgen der
Regierung vergessen« ließen (ebd., 203). So kann man herrschaftliches Versagen
freundlich umschreiben. Berichtete dieser Historiker auch so nicht eben »rühmliches« von diesem Fürsten, verurteilte er ihn doch auch nicht eben sonderlich hart. Im
übrigen konnte Georg Wilhelm als Taktierer zwischen den Großen seiner Zeit auch
manche Erfolge tätigen. Die Verheiratung seiner Schwester Katharina mit Siebenbürgens gefürchtetem Fürsten Bethlen Gábor 1626 sicherte Brandenburg immerhin
einen mächtigen »Fürsprecher« in Wien, hinter dem die Türken standen. Der neue
Schwager ließ denn auch unmittelbar nach Wallensteins Sieg an der Dessauer Elbbrücke in einem Brief vom 15./25. April 1626 Kaiser Ferdinand II. wissen, er würde
Georg Wilhelm mit seinen Truppen helfen, sollten kaiserliche Heere in Brandenburg
einmarschieren. In Wien beeilte man sich, Bethlen Gábor kaiserliche Zuneigung für
den Brandenburger zu vermelden. Georg Wilhelms Unglück war wohl auch diesmal,
daß auch dieser Schwager sehr eigene Ziele verfolgte und einem Wallenstein ohnehin
nicht gewachsen war. So schützten Bethlen Gábors Warnungen Brandenburg nicht
auf Dauer vor Durchzügen und Einquartierungen kaiserlicher Kontingente.

Georg Wilhelm hatte schon frühzeitig für sich entschieden, daß der kaiserliche
Machtzuwachs nach der Niederlage Christians IV. von Dänemark eigenständige
brandenburgische Politik kaum noch zuließ. Ohne größeres eigenes Heer konnte
man in Berlin und Königsberg nicht einmal »sächsische Positionen« beziehen.
»Bleibt der Kaiser Kaiser, so bleibe ich und mein Sohn wohl Kurfürst«, so er sich an
die Seite Wiens stelle, soll Georg Wilhelm dem Grafen von Schwarzenberg seine
Entscheidung verkündet haben (Schultze, IV, 216). Möglich, daß der politische
Intimus des Kurfürsten solche Ansichten bei Georg Wilhelm förderte, vielleicht
sogar entscheidend anregte. In dieser Situation nach 1626 war es tatsächlich Brandenburgs einzig reale Alternative. Die mächtigen brandenburgischen und preußischen Stände verweigerten dem Kurfürsten die notwendigen Mittel für erfolgver-
sprechende Werbungen. Ein schlagkräftiges Heer zur Verteidigung der Territorien
Georg Wilhelms war so nicht zu formieren, erlaubte nicht einmal bewaffnete Neutralität. Wie Johann Georg von Sachsen mußte auch Brandenburgs Kurfürst hoffen,
daß jene Vernunft sich in Wien durchsetzte, die mehr als ein Menschenalter Frieden
im Reich garantiert hatte. Im Sommer 1627 war nicht wirklich vorauszusehen, daß
Ferdinands Generalissimus Wallenstein sich um kaiserliche Versprechungen wenig
kümmern, der Kaiser selbst mit dem Restitutionsedikt 1629 alles verschlimmern,
Deutschlands friedenswillige Fürsten in die Arme ausländischer Gewinner der
innerdeutschen Zwistigkeiten treiben würde. Und selbst nach der schwedischen
Landung bewies Brandenburgs Herrscher insofern staatsmännische Einsichten, als
er sich nicht für die Ausweitung des Krieges auf deutschem Boden gewinnen lassen
wollte. Da war sicher die Angst, möglicherweise gegen einen siegreichen Habsburger
alles zu verlieren, wie Friedrich V. von der Pfalz. Aber es blieb auch jene Ablehnung
der schnell wachsenden europäischen Pläne Gustavs II. Adolf bestimmend. Georg
Wilhelm verstand, daß dies nicht die seinigen Ziele und Absichten sein konnten. Da
half nicht einmal das Angebot, Christina, Gustavs II. Adolf Tochter, mit dem Sohn
Friedrich Wilhelm zu verehelichen, Brandenburg-Preußen im Verbund mit Schweden zur europäischen Großmacht wachsen zu lassen. Georg Wilhelm bestand auf
Brandenburger Neutralität. Daß diese Politik durch den Schwedenkönig an jenem
schicksalsschweren 11./21. Juli 1630 in Stettin verworfen wurde, Georg Wilhelms
Sondergesandter am Ende nur die prägende »tierische« Charakteristik des Kurfürsten heimbrachte, ist tatsächlich der militärischen Schwäche Brandenburg-Preußens
geschuldet. Der Märker wollte keinen Krieg, weder den des Kaisers noch den
Gustavs II. Adolf. Er konnte ihn nicht führen, höchstens als bedeutungsloser Unterführer für den einen oder den anderen. Obwohl er sich gerne im Harnisch und in
kriegerischen Posen darstellen ließ, wünschte er nicht eigentlich militärische Ehren,
wollte sie schon gar nicht auf brandenburgischer Erde erstreiten. So weigerte er sich
mehr oder weniger standhaft lange. Schließlich wich er vor den auf Berlin gerichteten schwedischen Kanonen zurück und verstand, daß sein Schwager nicht länger
zögern würde. Man kann ihm vorhalten, daß er nun nahezu kriecherisch sich unterwarf, sich dem überlegenen Gustav II. Adolf bei etlichen Kannen Bier und üppigem
Essen in beschämender Weise anbiederte. Sein Mut war begrenzt an diesem 21. Juni

1631, war es wohl auch schon vorher und natürlich auch später. Aber der Schwede hatte ihm unverhüllt mit der Plünderung seiner Hauptstadt gedroht, und Georg Wilhelm wußte von Frankfurt, wie wenig selbst dieser König steuern konnte, begann das mörderische Treiben erst einmal. Und außerdem rauchten die Trümmer Magdeburgs noch, war es nahezu bedeutungslos, ob kaiserliche oder schwedische Truppen raubten, mordeten und schändeten. Gustav II. Adolf hatte seinem Schwager »Schlaffheit« vorgeworfen und drohend bemerkt, Georg Wilhelm »wolle nur gute Tage haben und wohl leben« (ebd., 243). Das stimmte zweifellos und war so schrecklich nicht als Alternative zu dem, was sein Eidam beabsichtigte. Mit seiner endlichen Unterwerfung rettete der Kurfürst neben den eigenen Fleischtöpfen wohl auch die seiner Berliner Untertanen, verhalf seinen Landen trotz gewaltiger finanzieller Belastungen für einige Jahre doch zu relativer Ruhe. Gemordet und gebrannt wurde nun vor allem in Süddeutschland.

Nach dem gescheiterten Leipziger Konvent hatte Brandenburg keine andere Alternative mehr. Beklagt man Georg Wilhelms Inkonsequenzen und nennt ihn feige, dann muß man auch Johann Georg von Sachsen und die meisten anderen protestantischen Fürsten so benennen. Sie wollten keinen Krieg ausländischer Potentaten auf deutschem Boden und konnten ihre Friedenswünsche aber gegen den Kaiser und das Ligaheer nicht bewaffnet artikulieren. Entschlossen blieben sie alle, nur galt es, Vorsicht und Zögern zu demonstrieren. Georg Wilhelm hat aber nicht einmal zu Zeiten der größten Machtausdehnung Gustavs II. Adolf ein »Corpus Evangelicorum« nach schwedischen Vorstellungen unterstützt. Der Brandenburger war auch diesmal nicht bereit, sich scheren zu lassen. Schwedens Absichten waren nicht die seinigen, schon deshalb nicht, weil Gustav II. Adolf und Schwedens Reichsrat Pommern beanspruchten.

So wechselte Georg Wilhelm nach der schwedischen Niederlage bei Nördlingen zweifellos zufrieden, wenn auch mit schnell wachsenden Sorgen, wieder ins kaiserliche Lager und schloß sich an der Seite Sachsens dem Prager Frieden an. Immerhin konnte Georg Wilhelm hoffen, auf diese Weise die berechtigten pommerschen Ansprüche verteidigen und die Souveränität über die brandenburgischen und preußischen Festungen zurückgewinnen zu können. Es spricht neuerlich für den Weitblick des so sehr unkriegerischen brandenburgischen Kurfürsten und seiner Berater, daß sie Schweden in den Prager Frieden einbinden wollten. Daß am Ende die siegreichen Schweden Brandenburgs »Verrat« bestraften, schlimmer denn je die fast schutzlosen Dörfer und Städte verheerten, war der Schwäche der deutschen Koalition geschuldet. Der Allianz Schwedens, Frankreichs und einiger deutscher Territorialstaaten waren die »Reichstruppen« mit und ohne Brandenburger Konsens nicht mehr oder nur noch bedingt gewachsen. So war »Pommern... dahin, Jülich ist dahin, Preußen haben wir wie einen Aal beim Schwanze und die Marken wollen wir auch vermarquetendiren«, wie der einstige Geheime Rat Samuel von Winterfeld ein treffendes Fazit der Politik Georg Wilhelms unmittelbar nach dessen Ableben am 1. Dezember 1640 zog (NDB, VI, 204). Es bleibt offen, ob ein anderer Herrscher wirklich mehr hätte retten können. Dennoch gilt heute zu recht diese Periode als

»Tiefpunkt der Geschichte des entstehenden brandenburg-preußischen Staates« (ebd., 203). Kurfürst Georg Wilhelm sicherte – auf Kosten der Menschen Brandenburgs und Kleves – auf seine Weise die Existenz seines Kurfürstentums und ebnete so den Weg für die schnelle Reorganisation seines Staates unter seinem Sohn und Nachfolger. Das beschönigt kaum die persönliche Schwäche Georg Wilhelms, zwingt aber zur Relativierung der Wertungen dieses Fürsten.

Typische Szene aus dem Landsknechtsleben des Dreißigjährigen Krieges. Kunstfertigkeit der Spielleute nach Lorenz Strauch

König Christian IV. von Dänemark

König Christian IV. von Dänemark

* 12. April 1577 auf Schloß Frederiksborg bei Hilleröd
† 28. Februar 1648 auf Schloß Rosenborg in Kopenhagen
Grabstätte: Dom zu Roskilde
Eltern: Friedrich II. von Dänemark und Sophie, Prinzessin von Mecklenburg

1. Eheschließung am 7. Dezember 1597 in Hadersleben
ANNA KATHARINA von Brandenburg
* 26. Juni 1575 in Halle an der Saale
† 8. April 1612 in Kopenhagen
Grabstätte: Dom zu Roskilde
Eltern: Joachim Friedrich, Markgraf von Brandenburg und Administrator Magdeburgs, später Kurfürst von Brandenburg, und Katharina von Brandenburg-Küstrin

2. Eheschließung (morganatische) am 31. Dezember 1615
KIRSTEN MUNK
* 6. Juli 1598 auf Boller
† 19. April 1658 auf Boller (nach Scheidung im Januar 1630)
Grabstätte: Stadtkirche zu Odense
Eltern: Ludvig Munk zu Norlund und Ellen Marsvin

4. April 1588	Tod König Friedrichs II. und Ausrufung als König
April 1593	Mündigkeitserklärung als Herzog von Holstein durch Kaiser Rudolf II.
8. Juni 1591	Huldigung als König in Norwegen
29. August 1596	Krönung in Kopenhagen
20. März 1625	Wahl Christians IV. zum niedersächsischen Kreisobersten
27. August 1626	Niederlage Christians IV. bei Lutter am Barrenberg
5. Juni 1629	Frieden von Lübeck
1. Juli 1644	Verwundung in der Seeschlacht auf der »Kolberger Heide«
23. August 1645	Verzichtfrieden zu Brömsebro

Kein anderer König ist in Dänemark so populär wie er. Kaum eines der prächtigen Gebäude des alten Kopenhagen, wo nicht sein Signum prangt, jenes berühmte große »C« mit der kleinen »4 «. Und auch an Bildern ist kein Mangel. Mal reitet er in schwerem Harnisch, ein andermal stützt sich der mächtige, schwere Mann auf seinen riesigen Degen, unverwechselbar durch die starke fleischige Nase und den bekannten Knebelbart. Die berühmteste aller Darstellungen dieses Herrschers zeigt Christian IV. blutverschmiert mit einer Augenbinde am Hauptmast des Admiralsschiffes in der berühmten Seeschlacht auf der »Kolberger Heide« nahe der Kieler Fjörde, Sinnbild heroischer Kampfkraft und Unbesiegbarkeit.

Er ist in der Tat Dänemarks »großer nationaler König« für die dänische »Nachwelt« (Heiberg, 453). Ausländern mag das merkwürdig scheinen. Schließlich fällt die Gesamtbilanz seiner Regentschaft eher negativ aus. Als junger König herrschte Christian IV. über ein »wohlverwaltetes Reich mit einer bedeutenden europäischen Position«. Bei seinem Tode hinterließ er 1648 ein kaum zu leugnendes »politisches und ökonomisches Chaos«. Dänemarks Rolle »als europäischer Machtfaktor war für alle Zeiten« ausgespielt. Das Land war verarmt durch Heeresdurchmärsche, Plünderungen und Steuerplagen. Wüstungen breiteten sich aus. Selbst »die früher so wohlhabenden Kaufmannsstädte waren bis auf wenige Ausnahmen« ausgedünnt; die dortige Handelsschicht klagte über Kapitalmangel (ebd.).

Obwohl sich hier internationale Verwicklungen auswirkten, die europäische Absatzkrise mit der fehlenden Nachfrage nach Korn und Ochsen gerade auch die dänische Landwirtschaft traf, Reichsrat und adlige Kreisräte nahezu alle Reformansätze des Königs boykottierten, hatte Christian IV. durch eigene hochfliegende abenteuerliche Pläne die dänische Katastrophe wesentlich mitverschuldet. Aber während Bauern und Städter die Flucht der meisten lokalen adligen Herren mit Sorge und wohl auch Verachtung registrierten, war König Christian IV. überall, scheute weder Mühe noch fürchtete er Schlachtengetümmel. Und er betonte immer und an jedem Ort, daß er für das Reich und die Wohlfahrt seiner Untertanen stritt. Das mochte er gewöhnlich tatsächlich so fühlen. Den Dänen half jedoch kaum, was er für deren Glück versuchte. Geglaubt wurde ihm die ehrliche Absicht dennoch, jedenfalls besonders in Städten und Dörfern von jenen, die wenig privilegiert waren. So galt der König schon zu Lebzeiten vielen als treusorgender, wenn auch strenger Landesvater, ein Patriarch, der sich um aller Wohlbefinden sorgte.

Es scheint, als sei auch Christian IV. ehrlich überzeugt gewesen, daß er als Herrscher verpflichtet war, sich über den oft empfundenen, manchmal unstrittigen Eigennutz seiner Reichsräte hinweg zu setzen. Nur so glaubte er, seinen »Verpflichtungen gegenüber Gott und dem Vaterland« gerecht werden zu können. Streben nach absolutistischer Herrschaft aus Verantwortungsgefühl, so kann man wohl viele politische Überlegungen des Königs umschreiben. Und ebenso sicher ist, daß der mächtige dänische Reichsrat jeden Erfolg Christians IV. immer auch mit Sorgen sah. Hier verstand man erweiterte Souveränität des Herrschers als Beschneidung eigener Positionen. So wünschten manche der Aristokraten dem König eher Dämpfer, ja Mißerfolge, bremsten seine Aktivitäten. Gefördert wurde solche Haltung auch durch persönliche Charakterschwächen Christians IV. Er hatte immer Recht, wußte alles besser, ließ sich kaum beraten, schon gar nicht dann, wenn er bereits entschieden hatte, was ihm und Dänemark zu Nutz und Ehren gereichte. Wollte er etwas gegen den Willen der Herren durchsetzen, scheute er nichts, war »auch grob unehrlich«, so eine moderne Wertung (ebd.).

Anfangs verfügte der Herrscher auch über ausreichende finanzielle Mittel, den nörgelnden Räten auszuweichen. Bedeutende Einnahmen aus dem Öresundzoll – einer Abgabe aller Handelsschiffe, die zwischen Ostsee und Nordsee segelten, seit 1429 in die königliche Kasse gezahlt – ermöglichten Christian IV. unabhängige Entscheidungen. So konnte er gegen den Willen des Reichsrates Schweden angreifen und im sogenannten »Kalmarkrieg« schwächen. Der Friede zu Knäröd im Januar 1613 sah Christian IV. auf der Höhe europäischer Macht Dänemarks. Durch die Zahlung außerordentlich hoher »Ablösesummen« für die eroberte und besetzte Festung Älvsborg am Kattegat konnte der Däne die eigenen Kassen weiter fühlen. Im übrigen fühlte er sich bestätigt und wertete den Erfolg gegen Schweden auch als Ermutigung zu weiter ausholenden Großmachtplänen. Und Dänemarks Reichsräte konnten wenig oder gar nichts einwenden, entwickelte der König neue kriegerische Absichten. Wahrscheinlich sahen einige von ihnen dennoch weiter als der siegestrunkene, erfolgheischende Regent. Sie verweigerten sich, als Christian IV. als »Degen« einer großen antihabsburgischen Koalition Frankreichs, der Niederlande, Englands und einiger deutscher Territorialstaaten den Siegeszug der Liga und des Kaisers 1626 stoppen wollte. Er dürfe nicht im Namen Dänemarks marschieren, ließen sie Christian IV. wissen, konnten Werbungen des Königs dennoch nicht verhindern. Die Zahlungen der »Koalition« kamen unregelmäßig und ungenügend, die Kassen des Herrschers waren anfangs jedoch ausreichend gefüllt. Unglücklicherweise für den »Kriegerkönig« aus Kopenhagen erwuchs ihm in Albrecht von Wallenstein ein kaum zu bezwingender Gegner. Da half schließlich auch wenig, daß Christian IV. nur als Kreisoberster Niedersachsens kämpfte, als deutscher Fürst, Herzog von Holstein, den kaiserlichen und Ligatruppen entgegentrat. Bald schanzten die Gegner im Norden Jütlands, sahen in Christian IV. sehr wohl den König von Dänemark, fragten nicht, ob die Reichsräte in Kopenhagen das »deutsche Abenteuer« des »Obristen« verurteilten. Bald galt es sogar die Existenz Dänemarks, wenigstens wollten einige Herren in Wien und München eine strenge Bestrafung des dänischen Königs durchsetzen, dachten dabei vor allem an größere territoriale Gewinne. Glück für Christian IV. war, daß Albrecht von Wallenstein auch ein bedeutender Politiker war. Schlecht für das dänische Reich blieb dennoch, daß dessen König sich nur schwer mit dem plötzlichen Prestigeverlust der entscheidenden Niederlage abfinden

wollte. Ihm fehlte es in der Tat an dem »Vermögen, seine Politik nach den wechseln-
den Umständen zu richten« (ebd., 454). Längere Zeit kämpfte er weiter und stand
auf verlorenem Posten. Nun zürnte er allen, den Reichsräten, den Heerführern und
seinen Verbündeten, vergaß nur sich selbst. Bestenfalls neigte er dazu, sein Versagen
gegen Tilly bei Lutter als Strafe Gottes für eigene Verfehlungen zu verstehen.

Krieg er kaum der Staatsmann und Heerführer, für den er sich selber hielt, so war
er doch ein König und Däne im wahrsten Sinne des Wortes, fleischlichen und geisti-
gen Genüssen wahrlich sehr zugetan. Seine Affären werden noch heute ebenso verklärt berichtet wie die des liebes- und leibesstarken August von Sachsen. Und auch
das läßt sich kaum leugnen: Mit 23 Kindern steht Christian IV. dem Dresdener als
Vater kaum nach, sieht man einmal von den legendären Überlieferungen um den
Sachsen ab. Auch ließ er selten eine volle Kanne zurückgehen. Im Spätherbst 1632
notierte der damalige englische Sondergesandte am Hofe König Christians IV., dort
sei es »Brauch, drei Tage in Folge voll zu sein« (Scocozza, 220). Einige Jahre vorher
hatte auch ein enttäuschter Gustav II. Adolf seinem Kanzler Axel Oxenstierna verbittert nach einem Treffen im schwedischen Kirchspiel Makaryd mit dem Dänenkönig berichtet, Christian müsse »betrunken gewesen sein«.

An jenen berühmten 22. Februar 1629 hatte der Kopenhagener gewiß nicht zum
Vergnügen getrunken. Es ist nicht einmal sicher, ob er berauscht war. Aber er
wünschte offenbar, so zu wirken. Und Gustav II. Adolf tappte wohl in die Falle.
Damals war der alte »Jüte« – wie man die Dänen boshaft in Schweden diffamierte –
nur noch Herr über die dänische Inselwelt und suchte nach einem Helfer in der
Not, wandte sich an den schwedischen Rivalen. Erfreut hatte Schwedens Monarch
die günstige Gelegenheit genutzt und Christian IV. ein Bündnis unter schwedischer
Führung vorgeschlagen. Um so befremdlicher schien ihm die ablehnende Haltung,
unerklärlich, da Christian IV. doch das Gespräch gesucht hatte. Nur Senilität und
Trunkenheit blieben eine überzeugende Erklärung, waren schon deshalb einleuch-
tend, weil man in Kopenhagen tatsächlich gar zu oft und ausgiebig becherte. Der
Schwede irrte diesmal aber gewaltig. Christian IV. – während der Verhandlungen
merkwürdig abwesend und desinteressiert wirkend – wußte wohl, was er wollte. Er
war noch immer der alte Fuchs, den man in Stockholm zu recht fürchtete. Und er
konnte höchstwahrscheinlich nach wie vor mehr vertragen als mancher seiner Gegner an der Tafel. Zwar war der Wein durch die knirschende Februarkälte gefroren im
Pfarrhaus in Ulvsbäck eingetroffen und mußte aufgetaut werden. Aber auch das war
es nicht. Der Däne wußte schon, warum er Schwedens Monarchen scheinbar ein
Bündnis anbot und dann bei der Zusammenkunft seiner Sinne so wenig mächtig
schien. Unflexibel, hilflos, ein schlechter Politiker war er hier keineswegs. Wien reagierte sofort und schloß am 5. Juni 1629 in Lübeck mit Dänemark Frieden. Christian IV. sicherte sich so äußerst vorteilhafte Bedingungen. Gustav II. Adolf sah seine
Pläne gefährdet. Der Däne hielt sich in der Folge – ob trunken oder nüchtern –
sichtlich zurück und bot sich nunmehr als Friedensmittler an, auch das kein direkter
Beleg für politisches Versagen. Letztendlich half auch dieses nicht sonderlich und
schützte nicht vor Schweden. Dessen Reichskanzler Axel Oxenstierna hatte schon in

den dreißiger Jahren einen notwendigen schwedischen Revanchekrieg gegen Dänemark vorausgesehen. Schwedische und dänische »Gesinnung ist soweit auseinander«, daß man sie nicht vereinigen könne. Das gehe einfach nicht »ohne Blutvergie-
ßen« und »dem Untergang einer der beiden Nationen« (Scocozza, 267). Wahrscheinlich war es die Niederlage 1643 gegen die plötzlich einmarschierten Schweden, die Christians IV. Ruf als vorausschauender Staatsmann endgültig schadeten.
Alles was er versucht hatte, war ihm schließlich mißlungen. Am 23. November 1647
mußte er sogar eine Erklärung unterzeichnen, daß er keine Änderungen der Grund-
gesetze Dänemarks mehr versuchen würde, »signierte... seine eigene vollständige
Niederlage« im Kampf mit dem nun übermächtigen Reichsrat.

Das mochte schon als Strafe Gottes gedeutet werden und zermürbte Christian
IV. Im übrigen blieb er trotzdem fast bis zuletzt, was er immer gewesen war. Als der
französische Gesandtschaftssekretär Charles Ogier die Hochzeit des dänischen Erbprinzen 1634 erlebte, schilderte er Trinkwettkämpfe der ausgelassenen Gesellschaft
und berichtete, daß König Christian IV. gewöhnlich über alle Konkurrenten triumphierte. Er sei dennoch bereits in den frühen Morgenstunden nach solchen Nächten
sicher zur Jagd ausgeritten. Auch wurden keine Klagen der Konkubinen über nega-
tive Auswirkungen solcher Gelage bekannt. Christian IV. stand überall seinen
Mann, strotzte vor Kraft und Gesundheit. So liebte man ihn schon damals im Volk,
galt er vielen als echter Däne. Dabei zeigte er sich äußerst kleinlich, fühlten sich
seine Untertanen entsprechend angeregt. Selbst Adligen verzieh er »Unzucht« und
außereheliche Liebesspiele kaum, verschärfte die Gesetzespatente, bestrafte »Unsitt-
lichkeit« besonders streng. Merkwürdig bleibt nur, daß man im Volk offenbar gar
nicht oder nur sehr zurückhaltend auf die offenkundigen Sonderrechte des Herrschers reagierte. Christian IV. war wohl selbst überzeugt, daß für ihn derartige Ein-
schränkungen nicht galten. Es ist dennoch schwer verständlich, daß er andere verurteilte für das, was er sich selbst regelmäßig einräumte.

Vielleicht glaubte die Mehrheit der Zeitgenossen ernsthaft, daß Fürsten und
Könige als Auserwählte Gottes andere Rechte als gewöhnliche Menschen beanspru-
chen durften. Wahrscheinlich verziehen ihm die kritischen unter seinen Dänen solches Verhalten auch deshalb, weil er während seiner langen Regierungsperiode
beständig versuchte, Landwirtschaft, Gewerbe und Handel zu fördern.

Als größter privater Landbesitzer Dänemarks legte der König zu Beginn der
zwanziger Jahre die verstreuten Domänendörfer nahe Kopenhagens zu großen
Eigenwirtschaften zusammen. Dabei unterschied er sich nicht von jenen adligen
Landeigentümern, die ebenfalls nach großen zusammenhängenden Gutskomplexen
strebten. Christian IV. bewirtschaftete seine Ländereien durch unentgeltliche Bau-
erndienste, war und blieb feudaler »Landwirt«. Unbefriedigt registrierte er stete
Ertragsrückgänge. Am 21. April 1624 wandelte er die Arbeitsleistungen eines Teils
der Bauern in Geldrente um. Als Arbeitskräfte behielt er nur jene Bauern, deren
Dörfer in unmittelbarer Nähe der Domänen lagen. Und wieder entsprach der
Gewinn nicht seinen Erwartungen. So begann er um 1644 zu überlegen, ob die
Domänen nicht parzelliert und an bäuerliche Pächter vergeben werden sollten.

Doch zeigte sich schnell, daß ihm auch die solcherart befreiten Bauern nur zögernd folgten. Häufig mußten sie zahlen, wurden dennoch immer wieder zu Arbeits-, vor allem zu Fuhrdiensten herangezogen. Andererseits beobachteten viele Bauern auch, daß ihre adligen Gutsherren das königliche Modell verwarfen, der Reichsrat entschieden die Umwandlung der bäuerlichen Arbeitsrenten in Geldzahlungen polemisierte. Dem Bild des »guten Königs« nützte insgesamt, daß Christian IV. seit 1620 immer wieder die Aufhebung der Leibeigenschaft überdachte, den Widerstand des Adels aber nicht brechen konnte. Zwar verstanden viele die schließliche Verfügung vom 30. Mai 1646 als unbefriedigend, lasteten den »Kompromiß« aber dem Adel an. Tatsächlich konnten sich nur die Domänenbauern freikaufen. Doch galt das auch nur für diese selbst, mußten deren Kinder bezahlen. Da sich der Adels selbst zu solchen profitablen Zugeständnissen nicht bewegen ließ, wog Christians IV. Angebot um so mehr, übersahen viele den eindeutig fiskalischen Sinn. Und der König sorgte dafür, daß die Prediger, Lehrer, Historiker, Lobsänger und politischen Dichter solches auch rühmend erwähnten. Er war ein Herrscher, »der sich in alles einmischte und alles bestimmen wollte« (ebd., 179).

Das beabsichtigte er auch zugunsten einer profitablen Gewerbeentwicklung zu tun, hob 1613 alle Zunftbeschränkungen auf. Künftig sollten sich Handwerk und Manufakturen ohne Behinderungen durch mittelalterliche Festlegungen der Meisterzahlen, der Preis- und Produktionsdiktate entwickeln. Das klang gut in den Ohren jener, die an gewinnträchtige Großprojekte dachten, war günstig vor allem für königliche Gewerbepläne. Als sich zeigte, daß Christians IV. eigene Manufakturen besonderer Privilegien und Schutz vor Konkurrenz bedurften, hob er 1621 seine eigenen Zunfterlasse wieder auf. Bestehen blieb nur die Verfügung, die Zünfte und gewerblichen Vereinigungen dürfen neue Handwerker nicht behindern. Immerhin war das mehr, als deutsche Fürsten in ihren Territorien verordneten. Auch das lobten seine Propagandisten und fanden vor allem im kapitalkräftigen Großbürgertum eifrige Zustimmung. Neben einheimischen Neureichen waren es insbesondere holländische Einwanderer, die den König zu Investitionen in Manufakturen und Handelsvereinigungen ermunterten.

Der Gedanke eines Handels nach Ostindien mit den erwarteten märchenhaften Profiten begeisterte auch Christian IV. Am 17. März 1616 hatte die königliche Kanzlei einen offenen Brief an alle Interessenten versandt und die Einrichtung einer Ostindien-Kompanie angekündigt. Hauptinvestor wurde Christian IV. selbst. Andere reagierten wesentlich zurückhaltender. Wiederholt appellierte der König an vermögende Adlige und Kaufleute, ihrerseits größere Kapitalien bereitzustellen. Durch großzügige Privilegien wurde die Kompanie gefördert. An Indiens Südwestspitze gründeten dänische Seeleute im königlichen Auftrag eine Niederlassung, Trankebar, die erste überseeische Kolonie Dänemarks. Eine beabsichtigte Allianz mit dem Herrscher von Ceylon konnte dagegen nicht vereinbart werden. Dennoch kehrten 1622 die ersten Schiffe mit Pfefferladungen nach Kopenhagen zurück. Die Ausbeute war magerer als Christian IV. erwartet hatte. Durch Zwangsmaßnahmen wie auch durch neuerliche Appelle und Gewinnversprechungen suchte der König hartnäckig, die

Kompanie auszuweiten. Bis 1643 hatte er selbst nahezu 500.000 Taler investiert. Beständig wartete und hoffte Christian IV. »jedesmal auf das nächste Schiff«, dessen Ladung realen Gewinn bringen sollte. Wichtiger war wohl aber für ihn das Prestige, die Tatsache, daß dänische Schiffe über die Weltmeere segelten. Deshalb widerstand er bis zuletzt allen Versuchen, das geldverschlingende Unternehmen aufzulösen. Erst nach seinem Tode wurden 1650 die Geschäftsbücher geschlossen.

Im gleichen Jahr endete auch ein weiteres königliches Experiment, die dänische Wirtschaft zu fördern. Nach englischem und holländischen Vorbild war in Kopenhagen ein »Zucht- und Kinderhaus« eingerichtet worden. 1609 beschäftigte das königliche Arbeits- und Ausbildungs-Institut bereits 26 Handwerksmeister, die sowohl Strafgefangene anleiteten als auch Kinder zu Manufakturarbeitern ausbilden sollten. Auf Wunsch Christians IV. wurde hier 1620 eine privilegierte Fachschule für Textilgewerbe eingerichtet. Insgesamt dürften ca. 5.000 Kinder dort gearbeitet, etwa 600 als Gesellen die Ausbildung beendet haben. Doch war auch diese Produktion zu teuer, ließen sich die Gewebe kaum absetzen. Trotz dieser Erfahrungen begann der Herrscher im Frühjahr 1620 die Produktion von Seide. In Holland wurden erfahrene Meister angeworben, die skeptischen Einwände der Reichsräte und einiger erfahrener Großkaufleute nicht berücksichtigt. Christian IV. wußte wieder einmal am besten, was gut für sein Reich sei. Erneut scheiterte er. Auch der Verkauf der dezentralisierten Manufaktur in Kopenhagen an einen erfahrenen holländischen Unternehmer 1624 rettete die investierten Kapitalien nicht. Wenig später wurde die Arbeit endgültig eingestellt. Nach dem mißlungenen »deutschen Abenteuer« fehlten Christian IV. dann auch die finanziellen Mittel, weitere merkantilistische Experimente zu versuchen. Im öffentlichen Bewußtsein blieb er so der Herrscher, der vieles wagte, sich und sein eigenes Geld nicht schonte. Und viele glaubten zu wissen, warum er seine Absichten nicht verwirklichen konnte. Am 19. Oktober 1629 versammelten sich unzufriedene Delegierte der jütländischen Kaufmannsstädte. In einem Schreiben an den König beschuldigten sie die einheimischen Adel, immer und überall die Sanierung der dänischen Wirtschaft zu behindern. Sie zählten Übergriffe der Lokalgewalten gegen kaufmännische Initiativen auf und klagten über die ungehemmte Beanspruchung der bäuerlichen Arbeitsleistungen durch die adligen Grundherrn. Klug hielt sich Christian IV. zurück und erlaubte erst im Mai 1636 die offizielle Zurückweisung der bürgerlichen Klagen durch den Reichsrat. Der König suchte keine wirkliche Allianz mit seinem Bürgertum. Das aber begriffen wohl nur wenige Repräsentanten der Städte. Obgleich er bestimmten frühabsolutistischen Tendenzen nachlebte, blieb Christian IV. doch der spätmittelalterlichen Ständeherrschaft verbunden. Das aber konnte wohl kaum einer der Zeitgenossen verstehen. Der König blieb lebendig als Gegner des Adels. Dieser verschuldete im Verständnis der nichtadligen Bevölkerungsgruppen die Niederlagen auf deutschem Boden und später die Katastrophe während des schwedischen Siegeszuges. So reifte in den Jahrzehnten nach seinem Tode – und dann vor allem nach dem Triumph des Absolutismus in Dänemark – »eine bürgerliche Auffassung«, die Christian IV. als Kämpfer »für das Interesse des Reiches« wertete, »dessen richtige Absichten beständig von

einem Adel sabotiert wurden, der eigene niedrige Standesinteressen über die Wohlfahrt der Nation« stellte (Scocozza, 457). Vor allem die kapitalstarke Kopenhagener
Kaufmannschaft förderte diesen Mythos. Später lebte Christian IV. als Dänemarks
»großer guter König« vor allem durch die dortigen Romantiker weiter und wurde
die Legende vom »nationalen Herrscher« »Teil unseres Kulturerbes« (ebd.). Selbst
selbst die heutige Historiographie steht vor einer nahezu unlösbaren Aufgabe, ob die
eigentliche historische Wahrheit über Christian IV. verbreitet werden soll, so einer
der bedeutendsten gegenwärtigen dänischen Kenner dieser Periode.

Fürst Bethlen Gábor von Siebenbürgen

Bethlen von Iktar, Gabriel (Bethlen Gábor), Fürst von Siebenbürgen

* 1580 in Marosillye
† 15. November 1629 in Karlsburg
Eltern: Farkas (Wolfgang) Bethlen und Druzsina Lázar aus Székl

1. Eheschließung 1605
ZSUZSANNA KÁROLYI
† 1622

2. Eheschließung am 2. März 1626 in Kaschau
KATHARINA, Prinzessin von Brandenburg
* 28. Mai 1602 in Königsberg
† 9. Februar 1644 in Schöningen
Eltern: Johann Sigismund, Kurfürst von Brandenburg und Herzog von Preußen, und Anna, Prinzessin von Preußen
(In 2. Ehe mit Franz Karl von Sachsen-Lauenburg verheiratet)

30. Oktober 1613	Wahl zum Fürsten von Siebenbürgen durch den Landtag zu Klausenburg
20. August 1619	Abschluß einer Angriffsallianz mit den böhmischen Ständen
25. August 1619	Wahl zum König von Ungarn durch den Landtag von Neusohl (heute Banská Bystrica in der Slowakei, ungar. Beszterczebánya)
6. Januar 1622	Verzicht auf die Stephanskrone im Frieden von Nikolsburg und Ernennung zum Reichsfürsten mit Belehnung der Herzogtümer Oppeln und Ratibor
20. Dezember 1626	Frieden von Preßburg

Auffallenderweise werten ungarische Biographen den Fürsten von Siebenbürgen, Bethlen von Iktar – Bethlen Gábor -, positiver als deutsche Historiker. Dort gilt der kriegerische Fürst als Repräsentant eines »frühen aufgeklärten Absolutismus«, Förderer der einheimischen Volkswirtschaft und kluger Bevölkerungspolitiker (Tajai-Szabó, 200). Abgesehen davon, daß eine solche Periodisierung des aufgeklärten Absolutismus mehr als ungewöhnlich ist, berührt auch die Behauptung merkwürdig, er »schonte die Bevölkerung und förderte das finanzielle Wachstum bei allen Bevölkerungsschichten« (ebd.). Jenseits der ungarischen Grenzen gab sich Bethlen Gábor weniger volksfreundlich, befremdlich, daß er folglich der einzige kriegführende Fürst und Führer eines brutalen Söldneraufgebotes gewesen sein soll, der seine Untertanen schützen konnte. Sicher ist es nicht auszuschließen, daß sich die britische Historikerin Wedgwood von Vorurteilen leiten ließ, als sie Bethlen Gábors Wirken beurteilte. Die Quellen zeichnen jedenfalls das Bild eines grausamen, beutegierigen Eroberers und Plünderers in den Habsburger Ländern, und so schlußfolgerte sie wohl deshalb, daß er auch sonst kaum zartbeseitet war. Er habe den Thron als Intrigant und Mörder erkämpft, sei ein roher, verschlagener Herrscher gewesen, aber auch »ein sehr frommer Calvinist« (Wedgwood, 85). Kaum schmeichelhafter lauten die Wertungen anderer Kenner der Epoche. In deren Werken steht er als Verräter seines Lehnsherrn, des Fürsten von Siebenbürgern, Gabriel Báthory. Auf eine türkische Armee gestützt, habe er das siebenbürgische Fürstentum seinem Wohltäter entrissen. Gewöhnlich benennen alle Biographen Bethlen Gábors Unzuverlässigkeit und Unberechenbarkeit. Er wäre »nie ein sicherer Faktor diplomatischer Absprachen« gewesen (Diwald, 137).

Leider finden sich relativ wenig gesicherte Daten, will man den Lebensweg dieses bedeutsamen südosteuropäischen Gegners der Habsburger verläßlich nachzeichnen. Keine Quelle weist das genaue Datum seiner Geburt aus, sicherer ist dagegen der Sterbeort, das damalige Weißenburg, die Residenz der Siebenbürger Fürsten, dem heutigen Alba Iulia (Karlsburg bzw. Gyulaféhervár).

Als verbürgt gilt auch, daß Bethlen Gábor ein hervorragender Reitergeneral war. Er verheerte höchst wirkungsvoll feindliche Landstriche, verbeitete Angst und Schrecken durch blitzschnelle Einfälle, verschwand ebenso schnell wie er auftauchte. Schon als Zwanzigjähriger kämpfte er – Kind ungarischer, in Siebenbürgen begüterter Aristokraten – als General des Fürsten von Siebenbürgen gegen die kaiserliche Armee. Nach dessen Niederlage bei Kronstadt 1603 floh Bethlen Gábor in die Türkei. Im Auftrag der Pforte bewog er ein Jahr später den ungarischen Rebellen Stephan Bocskai zur Annahme der siebenbürgischen Fürstenkrone. Als dessen Vasall wurde er 1605 mit der Burg Hunyad und umfangreichem Landbesitz belehnt. 1608 wirkte Bethlen Gábor erneut als »Königsmacher«, verhalf nun Gabriel Báthory zur Herrschaft. Als sich dieser den Habsburgern näherte, blieb Bethlen Gábor nur die neuerliche Flucht zu den Osmanen. Es bleibt schwer zu entscheiden, ob man ihm solches tatsächlich als Verrat und Intrige anlasten kann.

Als er zurückkehrte, führte er ein türkisches Heer gegen Báthory, siegte und wurde am 30. Oktober 1613 zum Fürsten von Siebenbürgen gewählt. Damals hatte er bereits in 34 Schlachten gekämpft, wenigstens will es die Legende so wissen, ließ Bethlen Gábor selbst diese Behauptungen verbreiten. Spöttisch vermerkte allerdings einer der deutschen Spezialisten südosteuropäischer Geschichtsschreibung zum beginnenden 17. Jahrhundert, er habe »niemals eine offene Feldschlacht geschlagen«, konnte solche Unternehmungen mit seiner schnellen leichten Reiterei auch niemals wagen (Diwald, 366).

Es waren selbstverständlich keine bedeutsamen Treffen, die der Fürst von Siebenbürgen aufrechnen konnte. Ein Meister schneller Überfälle war er dennoch, stand sogar bei Szégelypalánk nahe Neograds an der Eipel Wallenstein Ende September 1626 mit großer Heeresmacht gegenüber. Die Bitte um Waffenstillstand, um »das fernere Vergießen christlichen Blutes zu verhüten«, muß allerdings den damals schon sehr erfolgreichen kaiserlichen Generalissimus sonderlich belustigt haben. So zartfühlend zeigte sich der fromme siebenbürgische Christ beispielsweise Ende 1623 bei Göding nicht. Hier hinderte nur die Meuterei seiner türkischen Elitetruppen diesen Heerführer einer gar nicht »christlichen Armee« daran, christliches Blut Habsburger Söldner literweise zu vergießen. Diesmal jedenfalls war es wieder so – und doch auch gleichzeitig anders. Wallenstein konnte am 1. Oktober 1626 nicht mehr hoffen, christliches ungarisches Rebellenblut in der Eipel zu waschen. Bethlen Gábor hatte sich in der vorhergehenden Nacht hastig zurückgezogen, ließ sogar einen Teil seiner Bagage zurück und floh bis Széchény. Von hier aus bat er am 10. Oktober den Kaiser um Friedensverhandlungen. Nach Unterzeichnung des Friedens zu Preßburg am 20. Dezember 1626 rückte Bethlen Gábor nicht mehr gegen Ferdinand II. und dessen Feldherren aus. Fortan lebte er in Frieden, offenbar ein früh vergreister Mann. Möglich, daß ihn der Tod 1629 hinderte, neuerlich – nun als Bundesgenosse der Schweden und Russen – zu marschieren. Manches spricht dafür, daß er nun die Krone Polens erstrebte und hier erneut den Habsburgern gefährlich werden wollte. Er war zweifellos eine »wichtige Figur im Generalstab des politischen Kalvinismus« (Diwald, 137), aber wohl auch eine der tragikomischen Persönlichkeiten dieses großen europäischen Krieges, kaum ein wirklich ernstzunehmender Gegner der waffengeübten, kanonenbestückten Heere der europäischen Großmächte. Er konnte kleinere Feldzüge leiten, die Zivilbevölkerung terrorisieren, aber die Geschichte Europas nicht umschreiben. So mag der Tod ihn bewahrt haben vor neuerlichen Rückschlägen und hastigen, wenig ehrenvollen Friedensschlüssen. Seine Witwe, Katharina von Brandenburg, allerdings hinterließ er keineswegs mittellos. Er ging in die Geschichte des Dreißigjährigen Krieges und in die Legende vor allem als genialer Beutemacher ein.

Christian von Halberstadt

Natus Anno 1599. Sebt. 10

Christian der Jüngere von Braunschweig-Wolfenbüttel, Bischof von Halberstadt

* 10. September 1599 in Gröningen
† 6. Juni 1626 in Wolfenbüttel
Grabstätte: Wolfenbüttel
Eltern: Heinrich Julius, Herzog von Braunschweig-Lüneburg-Wolfenbüttel, und Elisabeth, Prinzessin von Dänemark

1616	Wahl zum Administrator von Halberstadt
1. Mai 1617	Einführung in das Amt des Bischofs von Halberstadt
1619	Dragonerhauptmann im Heer des Moritz von Nassau-Oranien
18. September 1621	Patent des Pfalzgrafen als Werbeoffizier und pfälzischer Heerführer
16. November 1621	Abmarsch Christians mit eigenem Heer aus Hameln
2. Dezember 1621	Eroberung des Mainzer Ortes Amöneburg
20. Dezember 1621	Niederlage bei Kirtorf gegen Liga-Truppen
2. Januar 1622	Erstürmung von Lippstadt
21. Januar 1622	Besetzung von Soest
16. Mai 1622	Abmarsch aus Paderborn
20. Juni 1622	Niederlage bei Höchst gegen Tilly
13. Juli 1622	Entlassung aus dem Dienst Friedrichs V.
29. August 1622	Sieg bei Fleurus über den Spanier Córdoba
24. Februar 1623	Feldherr seines Bruders Friedrich Ulrich, des regierenden Herzogs von Braunschweig-Wolfenbüttel
6. Juli 1623	Sieg über den kaiserlichen Feldherrn Franz Albrecht von Sachsen-Lauenburg bei Keiffenhausen
28. Juli 1623	Überschreibung des Bistums Halberstadt an Prinz Frederik (der spätere König Friedrich III. von Dänemark in) Lemgo
6. August 1623	Niederlage bei Stadtlohn gegen Tilly
24. September 1623	Feldherr im Dienste Mansfelds und der europäischen Koalition gegen Habsburg
31. Januar 1626	Übernahme der Regierungsgewalt von Friedrich Ulrich in Wolfenbüttel
Frühjahr 1626	Feldherr an der Seite Christians IV. von Dänemark

Er ging in die Geschichte als der »tolle Halberstädter« ein, galt den Historikern jahrhundertelang als Verkörperung des ungestümen, furchtlosen, aber auch sträflich unbekümmerten, nahezu »tollwütigen« Kriegers. Nur langsam setzte sich die Erkenntnis durch, daß dieser junge Feldherr dennoch einige Aktionen überlegter plante und abschloß, als man gemeinhin urteilte.

Als dritter Sohn eines deutschen Duodezfürstens blieb ihm nur die geistliche Pfründe oder der Kriegsdienst, wollte er nicht nahezu mittellos im elterlichen Schloß verbleiben. Obgleich evangelischer Bischof von Halberstadt, fühlte sich Christian schon früh dem Militärleben verbunden. Als deutscher Fürstensohn fand er bereitwillig Aufnahme im niederländischen Heer, diente und lernte unter Moritz von Nassau-Oranien. Anders als die vorsichtige, mehr noch – umständliche – spanische Militärschule, die sogenannte »mediterrane« Kriegsführung, prägte der große niederländische Heerführer Christians strategische und taktische Vorstellungen. Da sich seine Hoffnungen, dort zum Heerführer zu wachsen, durch einen Waffenstillstand zerschlugen, wandte er sich nach der Schlacht am Weißen Berg Friedrich V. von der Pfalz zu. Die Legende weiß zu berichten, der Halberstädter sei von der jungen englischen Gemahlin derart angetan gewesen, daß er in »jugendlicher warmer Liebe zu der schönen Tochter Jakobs I. von England« kämpfen wollte. Er habe geschworen, »das Schwert nicht eher in die Scheide zu stecken, als bis er der Vertriebenen die böhmische Krone wieder auf das Haupt gesetzt« habe (ADB, IV, 678). Er war tatsächlich ein Romantiker auf dem Schlachtfeld, suchte, den Drang zu kämpfen, sich zu raufen, durch höhere Motivierungen zu verteidigen. So gesehen dürfte er »tolle Christian« wirklich den Handschuh der böhmischen Königin am Hut »geführt« und seine Devise, »Für Gott und die Königin« verkündet haben.

Martialische Verkündungen und die scheinbar blutrünstige Drohung mit Tod, Brand und Folter an alle zahlungsunwilligen Gegner während seiner Feldzüge zur Beschaffung der notwendigen Kriegsgelder förderten schon früh den Verruf Christians von Halberstadt, rücksichtslos, grausam und lasterhaft zu sein. Der offenkundig eher »halbstarke« Draufgänger tat in jugendlicher Unbekümmertheit alles, als bösartiger Mordbrenner und Frauenschänder zu gelten und genoß wahrscheinlich die Furcht der Zeitgenossen. Doch fanden spätere Historiker bei Quellenbearbeitungen schon frühzeitig heraus, daß er tatsächlich »rücksichtsvoll gegen seine Gefangenen und höflich gegen seine Feinde« war (Wedgwood, 131), laute Verkündungen, Paderborn sei durch ihn mit vielen kleinen Prinzen gefüllt, waren wohl eher jugendliche Kraftmeierei.

Allerdings wurde auch von Moritz von Nassau-Oranien eigentlich nur bekannt, daß er Christians Draufgängertum und Fechtkünste besonders hervorhob, den künftigen Feldherrn in dem Braunschweiger nicht voraussagte. Doch wertete ihn die Britin Wedgwood wohl berechtigt als großes Militärtalent und schränkte nur ein, er wäre sicher ein bedeutender Heerführer geworden, hätte er »auch die Geduld gehabt«, das Kriegshandwerk richtig zu erlernen. Schließlich könne man kaum leugnen, daß er nahezu mittellos in seinem Herzogtum mehr als 10.000 Mann werben konnte. Auch sei der Übergang über den Main bei Höchst trotz der Angriffe Tillys und Córdobas eine bemerkenswerte Leistung gewesen.

Seine »Tollheiten hatten etwas von höherer Inspiration« (Wedgwood, 131). Daß die Zeitgenossen Christians schnellen Übergang verurteilten, beruhte wahrscheinlich auf jener zeittypischen Glorifizierung der würdevollen »spanischen« Gelassenheit und Souveränität ausstrahlenden Ruhe. Schließlich konnten weder die kaiserlichen und spanischen, noch die bayrischen Beamten und kriegsgewohnten Aristokraten Pappenheims ähnlich rasche Feldzüge angemessen werten. Hier galt die zögerliche spanische mediterrane Kriegsführung als Ausdruck höchster Vollendung feldherrlicher Eigenschaften. Ein »Hitzkopf« wie Christian konnte nur mit Unverständnis rechnen.

Es scheint, als habe er sich dem Kampf gegen den Kaiser als souveräner Reichsfürst überzeugt verpflichtet gefühlt, ganz im Geiste seines Zeitalters durch laute Beschwörungen protestantischer Überzeugungen geheiligt.

Da Christians Hoffnungen auf eine souveräne eigene Herrschaft durch zwei ältere Brüder illusionär schienen, ließen ihm die Eltern eine akademische Bildung angedeihen. Er studierte an der evangelischen Universität in Helmstedt, bereiste später verschiedene europäische Staaten auf der üblichen »Kavalierstour«. Die Zeitgenossen bewunderten, daß Christian fließend Französisch und Italienisch sprach, neben Deutsch auch Lateinisch und Holländisch beherrschte. Von seinem älteren Bruder Rudolf erbte er nach dessen Tod am 13. Juni 1616 den Anspruch auf das Bistum Halberstadt, wenig später nach dem Ableben des Bruders Julius August die Pfründen eines Abtes des Klosters Michaelstein bei Blankenburg und die Propstei des Blasisus-Stiftes zu Braunschweig. Den Achtzehnjährigen aber zog es ins Feld. Er träumte, sich durch das Schwert eine größere weltliche Herrschaft zu erringen. Herrschen wollte er, der leidenschaftliche Krieger und hemdsärmelige Führer einer lärmenden Offiziersgemeinschaft, ohne daß ihn Kapitel und Stift einengten.

Nach der Katastrophe des Pfälzers kam auch für Christian die große Stunde, heiligte der angeblich konfessionelle Kampf auch sein Streben nach Macht und Reichtum. Am 18. September 1621 erhielt der Dragonerhauptmann Oraniens ein Patent als Oberst Friedrichs V. und den Auftrag, ein Regiment zu werben. Bereits im November verfügte Christian über ein kleines Heer, an dessen Spitze er am 2. Januar 1622 in Lippstadt einmarschierte, 20 Tage darauf sogar Soest einnehmen konnte. Nach einigen kleineren Scharmützeln fiel er in das reiche Bistum Paderborn ein. Hier und bei Beutezügen in das benachbarte Stift Münster gewann er bedeutende finanzielle Mittel für seine Condottierelaufbahn, galt aber fortan als gewissenloser Kirchenschänder. Bald erzählten sich Feinde und Freunde, er habe sich und seine Offiziere bei Festmählern von Nonnen bedienen lassen, diese gezwungen, die Herren nackt zu bedienen. War das auch zweifellos eine Lüge, ausgestreut, ihn für alle Zeiten auch im protestantischen Lager zu diskreditieren, bediente er sich nichts desto trotz doch höchst ungewöhnlicher Mittel. Seine Forderungen nach Kontributionen an Städte und Klöster pflegte er mit schwarz gesengten Ecken zu zieren und schloß gewöhnlich mit dem unzweideutigen »Blut, Blut, Blut!«. Wahrscheinlich hoffte Christian, durch solche Drohungen auf Brennen und Morden verzichten zu können.

»Seltsamerweise war sein Verhalten in Wirklichkeit sanft genug«, hatte selbst das geplünderte Domkapitel zu Paderborn wenig Kritisches über Christians Auftreten anzumerken (Wedgwood, 133). Ihn interessierte das Kirchensilber, die Reliquien gab er bereitwillig zurück. Obwohl Christian sich als streitbarer Protestant gebärdete, belästigte er die katholischen Geistlichen nicht wirklich. Daß er aus dem erbeuteten Edelmetall Taler prägen ließ mit der Aufschrift, »Gottes Freund, der Pfaffen Feind«, trug ihm jedoch den Ruf »gotteslästerlicher Barbarei« ein (ebd.). Den Grafen von Mansfeld, nicht einmal Friedrich V. von der Pfalz, erschütterte solches allerdings kaum sonderlich. Als Christian am 16. Mai 1622 aufbrach, sich mit dem Mansfelder und dem Grafen von Baden-Durlach gegen Tilly und Córdoba zu vereinigen, erwartete ihn jedenfalls Mansfeld gerade wegen der gefüllten Kriegskasse mehr als hoffnungsvoll.

Die Zeitgenossen und manche späteren Historiker verurteilten zu Unrecht, daß der Halberstädter am 20. Juni 1622 bei Höchst einen Teil seiner Regimenter und die untaugliche Artillerie gegen Tilly einbüßte. Der ligistische Oberbefehlshaber konnte nicht verhindern, daß ein selbstzufriedener militärischer Neuling dem Mansfelder wenig später die Silberschätze zuführte. Noch Ende des vorigen Jahrhunderts klagte Christians damaliger Biograph, er habe in einem sechsstündigen unnötigen Kampf nur einen kleinen Rest Truppen gerettet, sich »nur mit Mühe bei Mannheim« mit Mansfeld vereinigen können (ADB, IV, 679). So wollte es auch Mansfeld sehen, der es vorgezogen hatte, Christian alleine kämpfen zu lassen. Berechtigt wertet man heute, daß der »Bischof« bei Höchst »sein militärisches Talent und seine Kühnheit« bewiesen habe (NDB, III, 226). Erst jetzt, gemeinsam mit Ernst von Mansfeld, als General Friedrichs V. von der Pfalz, wurde der »Halberstädter« zum Mordbrenner in der Pfalz und im Elsaß. Vom gänzlich unbemittelten Pfälzer entlassen, marschierte er an der Seite Mansfelds durch Frankreichs Westprovinzen nach Breda, die Holländer gegen Spinola zu entlasten. Der Tag von Fleurus am 29. August 1622 war vielleicht der bedeutendste Moment im Kämpferleben des jungen Braunschweiger Prinzen. Seinem persönlichen Einsatz und Draufgängertum, kaum der vorsichtigen Kampfführung durch Mansfeld war es zu danken, daß der Spanier Córdoba aus einer vorteilhaften Stellung geworfen wurde und mehr als 4.000 seiner Soldaten auf der Walstatt blieben. Christian selbst wurde verwundet und verlor wenige Tage danach in einer spektakulären öffentlichen Operation im Lager vor Breda den linken Arm. Natürlich belächelten schon die Zeitgenossen das Schauspiel mit Trommelwirbel vor dem aufmarschierten Heer als Ausdruck der Unzurechenbarkeit Christians, sahen sich in ihrer Beurteilung des »tollen Halberstädters« bestärkt. Wer allerdings im katholischen Lager gehofft hatte, der nun doch stark behinderte Draufgänger würde sich zukünftig wieder als friedfertiger Administrator seinen Pfründen zuwenden, sah sich schnell getäuscht. Nach Bredas Entsatz und der Auszahlung der vereinbarten Prämien durch die Niederländer wandte sich Christian zurück nach Niedersachsen und warb sofort ein neues Heer. Die zögernden, die kaiserliche Rache fürchtenden niedersächsischen Stände ernannten ihn zum Kreisgeneral und registrierten erleichtert, daß Friedrich Ulrich, der regierende Herzog von Braunschweig-Wolfenbüttel, den Bruder am 24. Februar 1623 zum Wolfenbüttler Kriegsobersten patentierte, Christian sich nun dem Herzog Georg von Lüneburg als Kreisobersten unterstellte. Der Lüneburger galt als kaiserfreundlich, überzeugte denn auch Christian bald, Ferdinand II. zu schreiben, den Kaiser der gebührenden Devotion zu versichern. Er wolle sogar seine Armee abdanken, wenn der Kaiser und die katholischen Staaten seinem Bruder »genugsam Assecuration« vor künftigen Ausschreitungen garantierten. Stolz schloß Christian aber, er sei nicht gewillt, »auf bloße Versicherung... des Kaisers und der katholischen Mächte selbst eigene Person sowie seine getreuen Offiziere, Diener und Soldaten, ja das Stift und seine Eingesessenen selbst zu prostituiren« (ADB, ebd., 680).

Weder der einen noch der anderen Seite war solches ernst. Tilly marschierte in Hessen ein, und Christian wandte sich gegen dessen Vorhut. Bei Göttingen erwartete er Tillys Hauptarmee. Als ihm die niedersächsischen Stände besorgt das Patent als Kreisgeneral entzogen, entschied sich der Unverwüstliche, sein Glück erneut im Ausland zu suchen. Er wolle »sich in fremde Kriegsdienste« begeben, schrieb er den Ständen (ebd., 681). Tatsächlich verzichtete er am 28. Juli in Lemgo feierlich zugunsten des dänischen Prinzen Fredrik, des Herzogs von Holsteins und Koadjutors zu Bremen und Verden, auf sein Bistum Halberstadt, ein Phase, so recht geeignet, die frühabsolutistischen Auffassungen deutscher Territorialherrscher über ihre angeblichen Rechte auf geistliche Apanagen zu illustrieren. Am 6. August 1623 vernichtete Tilly das Gros seiner Truppen nahe der niederländischen Grenze bei Stadtlohn. Glaubt man Tillys Berichten, rettete der Söldnerführer etwa 2.000 Mann und verlor zwischen 6-7.000 Mann. Diesmal büßte er wirklich einen Artilleriepark ein, schmerzte ihn der Verlust zweier Wagen mit der Kriegskasse.

Obwohl Moritz von Nassau-Oranien Christian als Heerführer übernahm, konnte der zeitweise schwer kranke Fürst wenig verrichten. Seine völlig unzureichend entlohnten Söldner rebellierten. Schließlich erhielt er von seinem Onkel Christian IV. von Dänemark bzw. den Niederlanden die notwendigen Mittel, die Truppen zu verabschieden. Eine auch vom Kaiser angebotene Amnestie nach seiner Unterwerfung lehnte er aber trotzig ab. Nur den »schuldigen Gehorsam eines freien Reichsstandes« wollte er Ferdinand II. zubilligen, eine Unterwerfung gereiche dem fürstlichen Hause Braunschweig nur »zu Schimpf und Spott« (ebd., 682). Wahrscheinlich war es diese ständische Souveränität, der er sich vor allem verpflichtet fühlte. Wenn er auch seine Treue und »unauslöschliche Verehrung für die Königin von Böhmen« anführte, erwuchs solches wohl eher aus der Gewißheit, künftig mit englischen Subsidien rechnen zu dürfen. Als er nach der schweren Niederlage von Stadtlohn in London als »Glaubensheld« und Verteidiger Elisabeths gefeiert worden war, hatte ihm König Jakob I. bedeutet, wie wichtig ihm künftig die Wiedererwerbung der Pfalz für seine Tochter und Enkelkinder sei. Im übrigen wußte Christian längst auch von seinem dänischen Onkel, König Christian IV., daß ihn und Mansfeld bald neue größere Aufgaben in Norddeutschland erwarteten. Er hat weder Jakobs noch Christians Hoffnungen erfüllen können. Schon bald schüttelten ihn fiebrige Erkrankungen. Sein früher Tod – noch nicht 27 Jahre alt – versagten ihm den Ruhm als erfolgreichen Feldherrn. So blieb er der Nachwelt vor allem als Condottiere an Mansfelds Seite bekannt, obwohl seine Leistungen »ihm einen besseren Namen als den eines bloßen Freibeuters eintragen« sollten (Wedgwood, 131).

Ferdinand von Bayern, Kurfürst und Erzbischof von Köln, Fürstbischof von Lüttich, Münster, Hildesheim und Paderborn

* 7. Oktober 1577 in München
† 13. September 1649 in Arnsberg
Grabstätte: Kölner Dom
Eltern: Wilhelm V., Herzog von Bayern, und Renata, Prinzessin von Lothringen

1591	Wahl zum Koadjutor des Fürstpropstes von Berchtesgaden
1595	Fürstpropst von Berchtesgaden
19. April 1595	Wahl zum Koadjutor des Erzstiftes Köln
1599	Wahl zum Koadjutor der Fürstabtei Stablo-Malmedy
1601	Wahl zum Koadjutor des Fürstbistums Lüttich
2. Januar 1611	Wahl zum Koadjutor des Fürstbistums Hildesheim
5. August 1611	Wahl zum Koadjutor des Fürstbistums Münster
10. Februar 1612	Wahl zum Koadjutor des Fürstbistums Paderborn
17. Februar 1612	Tod des Kölner Kurfürsten Ernst von Bayern und damit offizielle Übernahme der Regierungsgewalt in Köln, Lüttich, Münster und Hildesheim
11. Oktober 1615	Brief Ferdinands an seinen Bruder Maximilian I. von Bayern, durch Militäraktionen den Protestantismus zu vernichten
28. August 1618	Aktive Mitwirkung bei der Wahl Ferdinands II. zum röm. dt. Kaiser
13. Dezember 1618	Fürstbischof von Paderborn
1622	Wirken Ferdinands für die Kurwürde seines Bruders Maximilian auf dem Reichstag in Regensburg
1623	Austreibung der Protestanten aus dem Bistum Münster
1624	Entscheid Ferdinands, alle Kleriker im Kölner Kurfürstentum eidlich auf das Tridentinum festzulegen
1625	Flucht Ferdinands in die Stadt Köln
15. August 1633	Geheimes Angebot an Richelieu, Kurköln unter französischen Schutz zu stellen
Juni 1635	Beitritt Ferdinands zum Prager Frieden
1649	Blutige Niederwerfung einer Rebellion im Bistum Lüttich

Obgleich dieser Wittelsbacher zunächst militärische Zwangsmaßnahmen gegen die Protestanten befürwortete und die Liga als Angriffsverband verstand, hielt er sich bis zum Eingreifen der Schweden aus dem »Kriegstheater« heraus. Als entschiedener Gegner des Protestantismus wirkte er für die Gegenreformation in Norddeutschland und befürwortete erst in enger Anlehnung an Bayern während des Friedenskongresses die notwendigen Zugeständnisse an die Protestanten.

Georg Friedrich von Greiffenclau zu Vollrads
Kurfürst und Erzbischof von Mainz, Fürstbischof von Worms

* 8. September 1573 auf Schloß Vollrads bei Winkel
† 6. Juli 1629 in Mainz
Grabstätte: Mainzer Dom
Eltern: Dietrich von Greiffenclau zu Vollrads, Amtmann zu Stromberg, und Appolonia von Reiffenberg

1580	Pfründe in Bleichenstadt, später 1582 in Speyer
1587	Pfründe in Mainz
1590-1594	Studien in Trier, Würzburg, Rom, Siena und Frankreich
1600	Mainzer Gesandter beim Fürstentag in Speyer
1601	Dompropst zu Mainz, später auch zu Worms
1602	Statthalter in Mainz
15. September 1616	Wahl zum Bischof von Worms
1625	Dompropst zu Speyer
20. Oktober 1626	Wahl zum Erzbischof und Kurfürsten von Mainz
15. August 1627	Bischofsweihe
1629	Kaiserlicher Kommissar zur Durchsetzung des Restitutionsediktes im Kurrheinischen Kreis

Kurfürst Georg Friedrich war einer der entschiedensten Gegner Wallensteins. Als »Kanzler des Reiches« organisierte er seit dem Frühjahr 1627 die Opposition gegen die militärische Macht der Wiener Habsburger, fürchtete Nachteile für die reichsständische Souveränität. Ebenso zählte Greiffenclau zu den Initiatoren des Restitutionsedikts, das er ausdrücklich billigte. Er forderte die Rückgabe der seit dem Passauer Vertrag von 1552 säkularisierten Kirchengüter und beabsichtigte selbst, im rheinischen Kreis als Kommissar die Realisierung auch gewaltsam durchzusetzen.

Philipp Christoph von Sötern
Kurfürst und Erzbischof von Trier, Bischof von Speyer

* 11. Dezember 1567 in Zweibrücken
† 7. Februar 1652 in Trier
Grabstätte: Trierer Dom, Herz im Dom zu Speyer
Eltern: Georg Wilhelm, Reichsritter von Sötern, Beamter des Herzogtums Pfalz-Zweibrücken, und Barbara von Püttlingen

1583	Domherr in Trier
1584	Kanonikat in Bruchsal
1585	Domherr zu Speyer und Berater des Kurfürsten Johann von Schönenberg auf dem Reichstag zu Regensburg
1595	Domherr in Mainz
2. Oktober 1600	Achidiakon in Trier
1603	Sonderdelegierter des Trierer Kurfürsten Lothar von Metternich auf dem Reichstag zu Regensburg zur Bestätigung der kurtrierischen Privilegien Propst in Bruchsal
16. September 1604	Dompropst in Trier
1604	Reise nach Prag an den Kaiserhof im Auftrag des Kurfürsten von Mainz, Johann Schweikhard, wegen der Regalien des Mainzer Erzstiftes
1605	Sondergesandter des Mainzer Kurfürsten in Fulda
1606	Mainzer Gesandter zum Regensburger Reichstag
1607	Kaiserlicher Vermittler während der Zwistigkeiten zwischen Rat und Bürgerschaft zu Köln, später Delegierter der drei geistlichen Kurfürsten zur Beilegung des Erbstreits um Jülich-Kleve;
1609-1610	Delegierter der geistlichen Kurfürsten zu den Liga-Konferenzen in Rom und Prag
30. Mai 1609	Wahl zum Koadjutor von Speyer
10. Oktober 1610	Fürstbischof von Speyer infolge Tod von Fürstbischof Eberhard von Dienheim
1611	Kaiserlicher Rat und Richter am Reichskammergericht
15. August 1612	Bischofsweihe
1616	Sondierungsgespräche Söterns im kaiserlichen Auftrag wegen der Erbfolge bei den geistlichen Kurfürsten
25. Juni 1618	Zerstörung der bischöflichen Wehrbauten in Uderheim durch pfälzische und badische Truppen
1622	Rückgewinnung der Stadt Limburg von Hessen
1623	Rückgewinnung der Herrschaft Freusberg durch Entscheidung des Reichskammergerichts
25. September 1623	Wahl zum Erzbischof und Kurfürsten von Trier
11. März 1624	Päpstliche Bestätigung der Erzbischofwahl Söterns
7. August 1627	Konflikt des Kurfürsten mit dem Domkapitel wegen steuerlicher Belastungen der Stifte
13. Februar 1628	Auseinandersetzung Söterns mit der Ritterschaft
1630	Militärische Zusammenstöße zwischen der Stadt Trier und dem Kurfürsten, Besetzung Triers durch spanische Truppen aus Luxemburg in Absprache mit der Stadt
31. Dezember 1631	Geheimer Vertrag Söterns mit Frankreich auf Übergabe des Ehrenbreitsteins

9. April 1632	Besetzung des Ehrenbreitsteins durch französische Truppen auf Drängen Söterns, nachdem Koblenz ein kaiserliches Heer aufgenommen hatte
20. August 1632	Besetzung Triers durch französische Truppen
Mai 1634	Ernennung Richelieus zum Koadjutor Speyers durch Sötern gegen den Willen des dortigen Domkapitels
3. Juni 1634	Eroberung Philippsburgs durch die Schweden
24. Januar 1635	Rückeroberung Philippsburgs durch kaiserliche Truppen
26. März 1635	Eroberung Triers durch die Spanier und Gefangennahme Söterns
Februar 1637	Sötern wird auf päpstliches Drängen in Wien dem päpstlichen Nuntius als Gefangener übergeben
12. April 1645	Aufnahme Söterns in den Prager Frieden
1. September 1645	Rückkehr Söterns nach Koblenz
19. Juni 1646	Bündnis Söterns mit Frankreich und Übergabe Philippsburgs an die Franzosen zu dauernder Besetzung
28. Februar 1651	Angebot Söterns an Frankreich, Kurtrier vom Reich zu lösen

Philipp Christoph von Sötern galt schon den Zeitgenossen als ungewöhnlich ehrgeizig, herrsch- und rachsüchtig. Zweifellos begabt, aber rücksichtslos seine Ziele verfolgend, verglichen ihn damals manche Chronisten mit Richelieu und Mazarin, deren Schutz er suchte. Tatsächlich war ihm die politische Macht als souveräner Reichsfürst wichtiger als die konfessionelle Problematik. Während er absolutistische Bestrebungen der Habsburger kompromißlos bekämpfte, unterdrückte er ständische Mitsprache in seinem Kurfürstentum ebenso entschlossen. Möglicherweise verhinderte nur der Tod seinen Bestrebungen, Kurtrier vom Reich zu lösen und Frankreich anzuschließen. Seine Politik gilt als gescheitert.

Georg, Herzog von Braunschweig-Lüneburg

* 17. Februar 1582 in Celle
† 2. April 1641 in Hildesheim
Grabstätte: Celle, Kirche Unsere Liebe Frau (ab 1643)
Eltern: Wilhelm der Junge, Herzog von Braunschweig und Lüneburg, und Dorothea, Prinzessin von Dänemark, Tochter König Christians III.

Eheschließung am 14. Dezember 1617 in Darmstadt
ANNA ELEONORE von Hessen-Darmstadt
* 30. Juli 1601 in Darmstadt
† 6. Mai 1659 in Herzberg
Grabstätte: Celle, Kirche Unsere Liebe Frau

Eltern: Ludwig V, Landgraf von Hessen-Darmstadt, und Magdalena, Prinzessin von Brandenburg

1591-1596	Studien an der Universität in Jena
1603	Beginn einer Militärkarriere in den Niederlanden im Heer des Prinzen von Oranien
3. Dezember 1610	Entscheidung der Landstände über Unteilbarkeit des Fürstentums Lüneburg und der zugehörigen Grafschaften
1611	Rückkehr Georgs nach Lüneburg von Reisen durch Frankreich, England und Italien wegen des Todes seines Bruders, Ernst II. von Celle
	Eintritt in dänische Kriegsdienste als Heerführer
1614	Patent als Oberst der dänischen Armee durch Christian IV. von Dänemark für Herzog Georg
9. Februar 1626	Ausscheiden Georgs aus dem dänischen Kriegsdienst
April 1626	Kaiserlicher Obrist unter Wallenstein
1627	Feldherr des Kaisers im italienischen Feldzug
1628	Verhandlungen Georgs mit Gustav II. Adolf von Schweden über schwedische Kriegsdienste
25. Juli 1630	Ausscheiden Georgs aus dem kaiserlichen Kriegsdienst
26. Oktober 1630	Schwedisches Patent über Bündnis mit Georg
21. April 1631	Feldherr der schwedischen Armee
14. März 1633	Belagerung Hamelns durch Georg von Braunschweig-Lüneburg
28. Juni 1633	Sieg Georgs und Knyphausens über die Kaiserlichen bei Hessisch-Oldendorf
27. Januar 1634	General des niedersächsischen Kreises
31. Juli 1635	Anschluß Georgs an den Frieden von Prag
27. Januar 1636	Georg von Braunschweig-Lüneburg erhält das Fürstentum Calenberg mit Hannover als Residenzstadt
1639	Bündnis Georgs mit Amalia Elisabeth von Hessen-Kassel

Georg von Lüneburg-Braunschweig war einer jener vielen Condottiere, die ihre Dienste meistbietend verkauften. Zweifellos war er ein begabter Feldherr und Mehrer seiner Dynastie, fragte wenig nach Konfessionen, schon gar nicht nach nationalen Zielsetzungen. So wechselte er die Partei, wenn der neue Alliierte ihm größere Vorteile bot. Seine zögerliche Kriegsführung im November 1632 ermöglichte Wallenstein einen geordneten Abzug aus Sachsen.

Bogislaw XIV., Herzog von Pommern

* 31. März 1580 in Barth
† 10. März 1637 in Stettin
Grabstätte: Schloßkirche St. Otten in Stettin
Eltern: Bogislaw XIII., Herzog von Pommern, und Klara, Prinzessin von Braunschweig-Lüneburg, verwitwete Fürstin von Anhalt

Eheschließung am 19. Februar 1615 zu Rügenwalde
ELISABETH, Prinzessin von Schleswig-Holstein-Sonderburg
* 1580
† 1653
Eltern: Johann, Herzog von Schleswig-Holstein-Sonderburg, und Elisabeth von Braunschweig-Grubenhagen

1622	Nach Ableben seiner Brüder und eines Vetters Herrschaft über das Herzogtum Pommern mit den Landesteilen Wolgast, Stettin und Cammin
10. November 1627	Schutzvertrag Bogislaws XIV. mit Hans Georg von Arnim als kaiserlichem Feldherrn zu Franzburg und Aufnahme von zehn kaiserlichen Regimentern in Pommern
13. August 1628	Plünderung des Wolgaster Schlosses durch dänische Truppen der Stralsunder Garnison
10. /20. Juli 1630	Besetzung Stettins durch Gustav II. Adolf von Schweden
25. August 1630	Bündnisvertrag Bogislaws XIV. mit Gustav II. Adolf
21. April/ 1. Mai 1631	Sequestervertrag Schwedens mit den pommerschen Ständen
29. November 1634	Bestätigung einer neuen ständischen Regierungsverfassung durch Bogislaw XIV. zum Schutze der brandenburgischen Erbansprüche
25. Februar 1634	Schenkung des Amtes Eldena an die Universität Greifswald durch Bogislaw XIV. als finanzielle Basis der Besoldung des Lehrkörpers

Herzog Bogislaw XIV. war einer der unfähigsten Fürsten Deutschlands in seiner Zeit. Körperlich und geistig wenig rege, beständig in Geldnöten, suchte er verzweifelt, sich und seinen Staat aus dem Krieg herauszuhalten. Von dem Schwedenkönig in eine Allianz gezwungen, mühte er sich in der Folge redlich, das Bündnis aufzukündigen, Pommern als neutrale Macht zu etablieren.

Georg Friedrich, Markgraf von Baden-Durlach

* 30. Januar 1573 auf der Karlsburg in Durlach
† 14. September 1638 in Straßburg
Grabstätte: Südgruft der Schloß- und Stiftskirche St. Michael, Pforzheim
Eltern: Karl II., Markgraf von Baden-Durlach, und Anna, Prinzessin von Pfalz-Veldenz

1. Eheschließung am 2. Juli 1592
JULIANA URSULA zu Salm-Neufville
* 1573
† 1614
Vater: Friedrich Wild- und Rheingraf zu Salm-Neufville

2. Eheschließung am 23. Oktober 1614
AGATHA Gräfin zu Erbach
* 1581
† 1621
Eltern: Georg Graf zu Erbach und Anna Gräfin von Solms

3. Eheschließung (morganatisch) am 29. Juli 1621
ELISABETH STOLZ
† 1652
Eltern: Johann Thomas Stolz, Amtmann in Staufenberg, und Elisabeth Molinger

1604	Regierungsantritt nach dem Tode des älteren Bruders Ernst Friedrich
5. Februar 1605	Präliminäre Belehnung Georg Friedrichs mit Oberbaden durch Kaiser Rudolf II.
9. Mai 1605	Allianz mit Pfalz-Neuburg und Württemberg
30. August 1621	Ablehnung der Appellation Georg Friedrichs im Rechtsstreit um Oberbaden durch den Reichshofrat
22. April 1622	Abdankung Georg Friedrichs als Markgraf zugunsten seines Sohnes Friedrich
6. Mai 1622	Niederlage Georg Friedrichs gegen Tilly bei Wimpfen
26. August 1622	Belehnung der Eduardiner mit Oberbaden
24. September 1627	Niederlage Georg Friedrichs als dänischer General bei Heiligenhafen in Holstein
Juni 1634	Teilnahme an der Tagung der evangelischen Stände Oberdeutschlands unter Axel Oxenstiernas Leitung in Heilbronn

Der Markgraf gilt als eine der profiliertesten Persönlichkeiten des militanten Protestantismus in Deutschland. Dabei empfand er als unversöhnlicher Konkordienlutheraner, der die Herrschaft in seinem Fürstentum testamentarisch an das Augsburger Bekenntnis binden wollte. Früh schon suchte er eine Angriffsallianz der lutherisschen Staaten zu formen, bekannte sich später unter dem Einfluß des pfälzischen Kanzlers für ein Bündnisaller Protestanten gegen die Katholiken. Sein Kampf um das bestrittene Oberbaden ließ Georg Friedrich schon frühzeitig kaum eine Alternative. Daher warb er eine relativ starke eigene Armee, bewaffnete auch seine Untertanen. Einige Historiker werten ihn als verantwortungsbewußten Landesfürsten, der sich dem Wohl seiner Untertanen verpflichtet fühlte. Er reformierte Verwaltung und Justiz, entmachtete die Landstände. Obgleich er sich bemühte, als Feldherr notwendige Kenntnisse zu erwerben, blieb er doch auf diesem Sektor hinter den eigenen Erwartungen zurück.

Jakob I., König von England, Irland und Schottland (als Jakob VI.)

* 19. Juni 1566 auf Schloß Edinburgh
† 27. März 1625 in Theobalds Park bei Herfordshire
Grabstätte: Westminster Abbey
Eltern: Maria Stuart, Königin von Schottland, und Henry Stuart, Lord Darnley

Eheschließung am 23. November 1589 in Oslo
ANNA, Prinzessin von Dänemark
* 12. Dezember 1574
† 2. März 1619
Grabstätte: Westminster Abbey
Eltern: Frederik II., König von Dänemark, und Sophie, Prinzessin von Mecklenburg

10. Februar 1567	Ermordung Lord Darnleys, des Vaters
24. Juli 1567	Könung zum König von Schottland auf Stirling Castle nach Thronverzicht Maria Stuarts
Juli 1586	Allianzvertrag Jakobs VI. mit Elisabeth I. von England
8. Februar 1587	Hinrichtung Maria Stuarts, der Mutter Jakob VI. von Schottland, auf Schloß Fotheringay in der Grafschaft Northampton
24. März 1603	König von England und Irland nach dem Tode Elisabeths I.
5. November 1605	»Gunpowder Plot« mit dem Versuch einer katholischen Vrschwörergruppe, Jakob I. und das Parlament in die Luft zu sprengen
30. Juni 1621	Thronrede Jakobs I. mit dem Bekenntnis zum Erbrecht seiner pfälzischen Enkel
Dezember 1623	Pläne Jakobs I. über eine Allianz mit Dänemark und Siebenbürgen zur Wiedereroberung der Kurpfalz

Januar 1624   Mansfeld wirbt 12.000 Engländer auf Kosten Jakobs I. für
                       einen Feldzug zur Wiedererwerbung der Pfalz für Friedrich V.
                       von der Pfalz, den »Winterkönig«
15. Juni 1624   Jakob I. schließt sich dem Bündnis Frankreichs und der Verei-
                       nigten Niederlande gegen die Habsburger an
10. November 1624   Hochzeit Karls, des Prinzen von Wales und Thronfolgers, mit
                       Henriette, Prinzessin von Frankreich

Vor allem die britischen Zeitgenossen verwarfen Jakobs I. Kompromißbereitschaft,
mit Spanien in gutem Einvernehmen die Pfälzer Problematik - den Verlust der Kurpfalz und die Vertreibung seines Schwiegersohnes ins holländische Exil - zu regeln.
Als er sich schließlich unter dem Druck der englischen protestantisch gesinnten
Kaufleute und Reeder, der Bemühungen der Niederlande, Frankreichs und deutscher protestantischer Staaten nach dem Scheitern eines Eheprojektes zwischen dem
Prinzen von Wales und einer Tochter Philipps III. von Spanien zum Krieg gegen
Spanien entschloß, war auch das nur eine halbherzige Maßnahme. Die nach Holland entsandten Truppen entsprachen nicht den Vorstellungen seiner Alliierten und
seines Schwiegersohnes, des »Winterkönigs«.

     Hochgebildet, formulierte er seinerzeit den Anspruch göttlicher Legitimität der
Monarchie und verwarf jede Verantwortung des Herrschers für sein Tun vor seinen
Untertanen. Als »Stellvertreter Gottes auf Erden« sei der Monarch nur diesem
rechenschaftspflichtig, formulierte er die Theorie der unbeschränkten absolutistischen Königsmacht. Obgleich äußerst selbstbewußt, wurde Jakob I. weder in England, Schottland und Irland noch in den europäischen Staaten sonderlich geschätzt.

Philipp III., König von Spanien

* 14. April 1578 in Madrid
† 31. März 1621 in Madrid
Grabstätte: Escorial
Eltern: Philipp II., König von Spanien, und Anna, Erzhezogin Österreich

Eheschließung am 18. April 1599 in Valencia
MARGARETE, Erzherzogin von Österreich
* 25. Dezember 1584 in Graz
† 3. Oktober 1611 in Madrid
Grabstätte: Escorial
Eltern: Erzherzog Karl II. von Innerösterreich und Maria Anna von Bayern

13. September 1598   König von Spanien
1604   Frieden mit England

1605	Waffenstillstand mit den Niederlanden
30. April 1611	Vertrag von Fontainbleau über Doppelhochzeit zwischen dem spanischen und dem französischen Thronfolger und deren Schwestern
21. November 1615	Doppelhochzeit des Sohnes, des späteren Philipp IV., mit Isabella von Bourbon und der Tochter Anna mit dem Dauphin Ludwig von Frankreich, dem späteren Ludwig XIII.
1617	Verzicht Philipps III. auf Erbansprüche in Ungarn und Böhmen im sogenannten Oñate-Vertrag

Nach seinem kraftvollen Vater gilt Philipp III. als schwächlicher und unfähiger Herrscher, Spaniens Größe zu verteidigen. Es wird ihm insbesondere angelastet, die Wirtschaft des Landes durch die kompromißlose Vertreibung der Mauren ruiniert zu haben. Doch hatte bereits Philipp II. wenig versucht, die strukturellen Schwächen des spanischen Wirtschaftslebens zu überwinden. Auch ermöglichte gerade der Sohn Spanien zwischen 1609 und 1621 eine lebensnotwendige Atempause. Obwohl Philipp III. den Ausgleich mit England, den Niederlanden und Frankreich suchte, Jakob I. entgegenkam, versuchten er und seine Minister nicht, die Finanzen Spaniens zu sanieren. In dem Bestreben, Spaniens Weltmachtpositionen zu verteidigen, lebenswichtige Verbindungslinien zwischen den italienischen Besitzungen und den südlichen Niederlanden zu sichern, führte Philipp III. das Land nach 1618 in die beginnende Katastrophe. Durch die entschiedene Orientierung auf die »Rheinlinie« zwang Spaniens König die Franzosen in den Krieg.

Sigismund III. Vasa, König von Polen und Schweden

* 20. Juni 1566 auf Schloß Gripsholm bei Mariefred
† 20. April 1632 in Warschau
Grabstätte: Vasa-Kapelle im Dom zu Krakau
Eltern: Johan III., König von Schweden, und Katharina Jagellonica, Prinzessin von Polen-Litauen

1. Eheschließung am 31. Mai 1592 in Danzig
ANNA, Erzherzogin von Österreich
* 16. August 1573 in Graz
† 10. Februar 1598 in Warschau
Grabstätte: Dom zu Krakau
Eltern: Karl II., Erzherzog von Innerösterreich, und Maria Anna von Bayern

2. Eheschließung am 11. Dezember 1605 mit
KONSTANZE, Erzherzogin von Österreich

* 24. Dezember 1588 in Graz
† 10. Juli 1631 in Warschau
Grabstätte: Dom zu Krakau
Eltern: Karl II., Erzherzog von Innerösterreich, und Maria Anna von Bayern

1569	Erbprinz in Schweden
19. April 1587	Wahl zum König von Polen auf dem Wahlfeld bei Warschau
27. Dezember 1587	Krönung Sigismunds in Krakau
5. März 1593	Beschluß der Kirchenversammlung zu Uppsala über die verpflichtende Annahme des Augsburger Bekenntnisses
19. Februar 1594	Krönung Sigismunds im Dom zu Uppsala als König von Schweden
25. September 1598	Niederlage des polnischen Heeres unter König Sigismund bei Stångebro nahe Linköpings gegen Herzog Karl von Södermanland
Neujahr 1599	Karl von Södermanland wird als »Erbfürst« Regent Schwedens
März 1600	Der Reichstag zu Linköping beschließt, König Johans III. Linie mit Sigismund von der Thronfolge in Schweden auszuschließen
17. März 1605	Sieg der polnischen Truppen über Karl von Södermanland bei Kirkholm in Livland
1607	Adelsaufstand in Polen gegen absolutistische Versuche König Sigismunds
17. August 1610	Sieg der »polnischen Partei« in Moskau und Wahl des Sohnes König Sigismunds, Wladislaw, zum Zaren
3. Juni 1611	Einnahme von Smolensk durch Sigismunds Truppen im Streit um das russische Zarentum
Februar 1617	Der Reichstag in Örebro beschließt die Todesstrafe für Verbindungen schwedischer Untertanen mit König Sigismund
November 1617	Waffenstillstand zwischen Polen und Schweden
15./ 25. Sept. 1621	Gustav II. Adolf erobert das polnische Riga
7./ 17. Januar 1626	Niederlage der polnischen Truppen gegen Schweden bei Wallhof
17./27. Juni 1629	Sieg der kaiserlich-polnischen Truppen über Gustav II. Adolf bei Stuhm
16./ 26. Sept. 1629	Waffenstillstand zwischen Polen und Schweden bei Altmark und Ausscheiden Sigismunds aus den europäischen kriegerischen Auseinandersetzungen zwischen den Habsburgern und ihren Gegnern

Sigismund gilt auch der modernen polnischen Historiographie als unglückliche Wahl. Er sei »in der Politik nicht sonderlich geschickt« gewesen (Polen, 75). Wie in

Schweden war er auch als polnischer König eigentlich nur eifrig in der Verfolgung
der Protestanten, urteilten auch schwedische Historiker in unserem Jahrhundert.
Obwohl sein fanatischer Katholizismus unbestreitbar ist, scheiterte er aber vor allem
an der Unvereinbarkeit der ökonomischen und politischen Ziele der Herrschenden
in beiden Reichen. In Schwedens König Gustav II. Adolf erwuchs seinem Königtum
und dem Anspruch als rechtmäßiger Herrscher über Schweden ein überlegener Gegner. Dessen Siege verhinderten ein gezieltes Eingreifen König Sigismunds in die
Kämpfe an der Seite der Wiener Habsburger, ermöglichten erst Frankreichs Aktivitäten sowohl in Polen als Vermittler wie auch im Reich als Aggressor. Eigene, ost-
wärts gerichtete Interessen der polnischen Aristokratie unterbanden die hoffnungsvoll begonnene Allianz kaiserlicher und polnischer Heere. So blieb Sigismund nur
der Waffenstillstand und die Hoffnung, später an der Seite siegreicher kaiserlicher
Armeen doch noch den Machtkampf mit den schwedischen Vasa zu gewinnen.

Melchior Kardinal Klesl

Melchior Kardinal Klesl
Bischof von Wien, Administrator von Wiener Neustadt

* 19. Februar 1552 in Wien
† 18. September 1630 in Wiener Neustadt
Grabstätte: Frauenchor des Stephansdom in Wien, Herz vor dem Hochaltar des Doms von Wiener Neustadt
Eltern: Melchior Klesl, Bäckermeister in Wien, und Margarethe Barbara, beides Lutheraner

19. Februar 1568	Wahrscheinliche Konversion zum Katholizismus unter dem Einfluß des Jesuiten Georg Scherer
30. September 1570	Beginn eines Philosophiestudiums in Wien
17. August 1574	Beendigung der Studien und Entscheidung für den Priesterberuf mit Wechsel an das Wiener Jesuitenkolleg
Pfingsten 1576	Niedere Weihen durch den Bischof von Wien und Kanonikat in Brünn
17. September	Kanonikat an der Domkirche zu Breslau
21. März 1579	Subdiakon
Mai 1579	Reise nach Ingolstadt zur Fortsetzung seiner Theologiestudien
29. Mai 1579	Doktor der Philosophie
1. Juni 1579	Lizentiat der Theologie
30. August 1579	Priesterweihe in Wien
4. September 1579	Dompropst zu St. Stephan und Kanzler der Universität Wien
2. Februar 1580	Passauer Offizial für Österreich (bis 2. Februar 1600)
16. Februar 1585	Kaiserlicher Rat
5. April 1588	Kaiserlicher Hofprediger
4. Oktober 1588	Administrator des Bistums Wiener Neustadt
20. Februar 1598	Wahl bzw. Ernennung zum Bischof von Wien
Anfang 1611	Direktor des Geheimen Rates
20. März 1614	Bischofsweihe
2. Dezember 1615	Ernennung »in petto« zum Kardinal auf Betreiben Kaiser Matthias'
11. April 1616	Offizielle Bekanntgabe der Ernennung zum Kardinal
20. Juli 1618	Verhaftung Klesls durch die Erzherzöge und Inhaftierung auf Schloß Ambras in Tirol

Oktober 1622	Klesls Übersendung nach Rom und Hausarrest in der Engelsburg
18. Juni 1623	Entlassung Klesls und Wohnung im Vatikan
8. Juli 1623	Mitwirkung Klesls am Konklave nach Gregors XV. Tod
18. Dezember 1627	Rückkehr nach Wiener Neustadt
25. Januar 1627	Rückkehr nach Wien

Zulauf zu einer lutherischen Predigt Anfang des Dreißigjährigen Krieges in einem Vorort Wiens (Hernals)

Klesl wirkte als »weitblickender Staatsmann« und energischer Verteidiger der kaiserlichen Rechte. Als Vertrauter zweier Kaiser sei er »über sich hinaus« gewachsen und habe sich vor einer kritischen Nachwelt als großer Politiker seiner Zeit bewährt, so lautet ein zeitgenössisches österreichisches Urteil (Krones, 156 u. 143). Ursprünglich energischer Verfechter einer kompromißlosen Rekatholisierung habe er »angesichts der gefährlichen Entwicklung im Reich... auf Ausgleich mit der Union« gedrungen, ein Realpolitiker, der den Konfessionsstreit verhindern wollte, so ein anderes gängiges Urteil (Biogr., II, 1486). Klesl habe den »Majestätsbrief« garantieren, den böhmischen Unzufriedenen solcherart entgegenkommen wollen. Später habe Kaiser Matthias, von seinem Kardinal und Vertrauten beraten, den Rebellen eine Amnestie gewähren wollen. Da sich der Kardinal den Eiferern eines katholischen »Kreuzzuges« nicht beugte, hätten die Erzherzöge Maximilian und Ferdinand Klesl verhaftet, den großen Krieg durchgesetzt, so die Wertung der Britin Wedgwood (69 u. 73-74). Klesl sei ein »agil-intriganter Ratgeber« Kaiser Matthias' gewesen, habe die Gegenreformation in Österreich »rücksichtslos... und voll heiligen Eifers« durchgeführt, so eine andere Aussage (Heckel, II, 238), die kein Wort über Klesls Bemühungen verliert, den Zusammenstoß zwischen böhmischen Ständerebellen und Kaisertum doch noch zu verhindern. Golo Mann seinerseits bescheinigte dem Kardinal eine Politik, die »auf Anpassung, Aufschiebung und Entspannung« gerichtet war, unfruchtbar dadurch, daß »sie unehrlich« war (Wallenstein, I, 156). Doch bestätigte dieser Historiker Klesl dennoch eine weitsichtige Politik und die Erkenntnis, »daß jetziges böhmisches Unwesen dasjenige nicht betrifft, was zum äußersten Schein eingegeben würdt« (ebd., 156), er jedenfalls einen Religionskrieg unbedingt unterbinden wollte. Man habe ihn leben lassen, den »politischen Toren und nach langen Jahren sogar um einiges entschädigt« (162), so der Spottgesang dieses Kenners gegen einen, der trotz aller politischen Weitsicht töricht genug war, seinen Gegnern wehrlos zu unterliegen. Kaum die rechte Art, dem Kardinal Klesl wirklich zu entsprechen. Urteile man vom Resultat seiner Politik, könne man Klesl nicht hoch einschätzen, so ein weiterer Versuch, dem Kardinal gerecht zu werden. Er habe sich wohl vor allem einer Schwächung der Macht des Kaisers widersetzt, weil er die eigene Bedeutungslosigkeit fürchtete. Das wird stimmen und wird dem Politiker Klesl dennoch nicht näher kommen.

Es läßt sich kaum leugnen, daß dieser Kleriker auch eine Intrigant war, vielleicht nicht einmal ein überzeugter Eiferer in seiner gegenreformatorischen Aktivzeit. Wollte der Konvertit solcherart die Karriereleiter hochklimmen, dann hat er jedenfalls auf der Höhe der Macht zu wirklicher Realpolitik gefunden. Als »Saulus zu Paulus« werdend, wirkte Klesl auf seine Weise für die bestmöglichste Lösung, wuchs zum Staatsmann.

Der Sohn eines evangelischen begüterten Wiener Bäckermeisters hatte während seiner Studien an der Wiener Universität den Jesuiten Georg Scherer schätzen gelernt und war konvertiert. Nach einigen Jahren theologischer Ausbildung am Wiener Jesuitenkolleg erhielt Klesl Pfingsten 1576 die niederen Weihen. Schnell öffnete sich ihm eine klerikale Karriere, zunächst als Kanoniker zu Breslau, bald auch die Weihe zum Subdiakon. Im Mai 1579 reiste er nach Ingolstadt, um seine Ausbildung abzuschließen. Schon am 29. Mai erwarb er den Doktorhut der Philosophie und verteidigte hier wenige Tage später, am 1. Juni, das Lizentiat der Theologie.

Nach Wien zurückgekehrt, wird Klesl in rascher Folge befördert. Am 30. Juni 1579 ist er Diakon in St. Peter, bereits am 4. September des Jahres Dompropst zu St. Stephan. Damit war er gleichzeitig Kanzler der Wiener Universität, deren Ausbildung er in der Folge als religiöser Eiferer prägte. Kurze Zeit danach konnte nur noch promovieren, wer sich vorher zu Trient bekannt hatte. Und der neue Kanzler setzte auch durch, daß Berufungen nicht mehr an Protestanten ergingen.

Als ihn wenig später – am 2. Februar 1580 – der Bischof von Passau als Offizial für die Diözese gewann, begannen unangenehme Zeiten für jene Mönche und Priester, die mehr oder weniger zufrieden mit Haushälterinnen und Konkubinen lebten. Ihm sei es zu danken, daß nun an sämtlichen Pfarren glaubenstreue, pflichtbesessene »katholische Priester« wirkten, lobte sich Klesl elf Jahre später selbst. Da galt er schon als bedeutender Gegenreformator und Interessenvertreter der kirchlichen Hierarchie auch gegen die österreichische Landesherrschaft und ihr staatliches Organ, den »Klosterrat«. Klesl erzwang selbst im Streit zwischen Kaiser und Passauer Bischof einen vorteilhaften Kompromiß für die Kirche. Beeindruckt hatte Kaiser Rudolf II. ihn 1590 zum »Generalreformator« erhöht, nutzte den Geistlichen auch 1597 zu geheimer diplomatischer Mission in Rom.

Er hätte sich in ehrlicher Überzeugung der Ausrottung des Protestantismus in Österreich verschrieben, meinten jene katholischen Zeitgenossen, die mit Genugtuung die Rekatholisierung auch der Städte Niederösterreichs verfolgten. Er habe nicht einmal den Einsatz von Waffen gescheut, um besonders verstockte Ketzer auszutreiben. Bei Rudolf II. erwirkte er am 22. Dezember 1585 ein Dekret, in Wien das Bürgerrecht fortan nur denen zuzuerkennen, die sich der Obrigkeit »in geistlichen und weltlichen Dingen« unterordneten (Krones, 145). Auch hier wurden nun widerspenstige Priester entfernt, der Besuch des Gottesdienstes am Sonntag obligatorisch, die Beichte gefordert. Zwei Wochen Gefängnis als Warnung und Landesverweis bei wiederholten Versäumnissen wurden Klesls »überzeugende Argumentation«. Am 4. Oktober 1588 ward ihm erfreulicher Lohn, wurde er Administrator auch des Bistums Wiener Neustadt.

Im Kreise der Erzherzöge war Klesl bald ein gefragter Berater, diente seit 1593 Matthias, dem Statthalter von Österreich, und auf ausdrückliche Empfehlung Clemens' VIII. auch Rudolf ab 1597 als Ratgeber. Betrüblich für Klesls wachsende Gegnerschaft blieb damals, daß die Ernennung zum Bischof von Wien den unangenehmen Kirchenreformator seinen Pflichten als Generalvikar der Passauer Diözese und Administrator des Bistums Wiener Neustadt keineswegs entfremdete. Ausdrücklich band er die Bischofswürde bei einer entsprechenden Regierungsanfrage am 10. Juni 1595 an die weiterbestehenden Pfründen und Funktionen. Am 20. Februar 1598 weist Erzherzog Maximilian das Wiener Domkapitel an, Klesl zum Bischof zu wählen. Obgleich er sich erst am 20. März 1614 wirklich zum Bischof weihen ließ, beherrschte er zu Beginn des 17. Jahrhunderts das gegenreformatorische Leben Österreichs. Hier lernte er allmählich verstehen, wie gefährlich der konfessionell verstandene ständische Widerstand des österreichischen Adels Kaiser und Erzherzögen wurde. Noch 1604 hatte er als Gutachter des Erzherzogs Matthias dem Kaiser geraten, die Religionsforderungen der lutherischen Nobilität abzuweisen. Der Aufstand in Ungarn und Siebenbürgen änderte alles. Und aus dem katholischen »Priester« wurde der habsburgische Staatsmann Klesl, ein Wandel, bei dem der Wiener Konvertit von Zeit zu Zeit wieder den unnachgiebigen Kirchenpolitiker herauskehrte. So warnte er Matthias während der Auseinandersetzungen mit dem kaiserlichen Bruder scheinbar nachdrücklich, der protestantischen Opposition keine konfessionellen Zugeständnisse einzuräumen. Im übrigen hielt sich Bischof Klesl, der Verfasser des sogenannten »Wiener Familienvertrages«, während der bewaffneten Konflikte zwischen Rudolf II. und Matthias spürbar zurück, verschwand plötzlich aus dem Umfeld der Macht. Schnell war er zurück an der Seite des frondierenden Erzherzogs, als Rudolf II. entmachtet war.

Noch 1609 hatte er Matthias' Zugeständnisse mit einer Annäherung an die verärgerte katholische Kampffront der Erblande beantwortet, um wenig später zu erklären, er wolle gemeinsam mit Matthias, dem Thronkandidaten, das menschenmögliche versuchen, die Kompromisse schnellstens auszuhöhlen.

Es fällt schwer, in den damals verkündeten Positionen mehr als machtpolitische Zielsetzungen zu sehen. Klesl suchte weniger, religiöse Haltungen zu behaupten als sich auf der richtigen, der siegreichen Seite zu positionieren. Erfolgreich blieb sein Lavieren jedenfalls. Der Kaiser Matthias ernannte Klesl zum »Direktor des Geheimen Rates« (Krones, 150), überantwortete ihm die Entscheidung aller bedeutenden politischen Fragen. Er versuchte, aus was für Motiven auch immer, nun wahrlich sein bestes, die drohende Auseinandersetzung zwischen ständischen und reichsständischen Kräften und den Habsburgern zu vermeiden, entwickelte auf dem Regensburger Reichstag 1613 den Plan, katholische und evangelische Gruppierungen hinter dem Kaiser zu einigen, über die umstrittendsten Fragen des Augsburger Religionsfriedens zu einem friedlichen Ausgleich zu kommen. Klesls Größe erwächst aus der Bereitschaft, den Protestanten entgegenzukommen. Der Konflikt um das Erzbistum Magdeburg um Sitz und Stimme beim Reichstag für dessen protestantischen Administrator erschien dem bisher eher unzugänglichen Gegenreformator lösbar. Die Ernennung zum Kardinal, zunächst am 2. Dezember 1615 noch geheim, ab 11. April 1616 dann auch öffentlich bekanntgegeben, dürfte Klesl kaum wirklich getäuscht haben. Der Widerstand der orthodoxen katholischen Front mit den Erzherzögen Maximilian und Ferdinand, dem künftigen Kaiser, ließ kaum Zweifel zu, welche Gefahren mit dem Tode des amtierenden, ihn stützenden Reichsoberhaupts für Klesl erwuchsen. Wahrscheinlich täuschte er sich über den Zeitpunkt des Angriffs seiner Gegner. Auch erwies sich, daß Matthias seinen wichtigsten Berater und Vertrauten nicht schützen konnte. Der kranke, ältliche Kaiser wagte keine Gegenbefehle, als Klesl am 20. Juli 1618 verhaftet und nach Schloß Ambras in Tirol verbracht wurde. Und selbst die römische Kurie konnte wenig helfen. Der päpstliche Protest bewahrte Klesl nicht vor Verleumdungen und ergebnislosen Prozessen, mäßigte lediglich die Haftbedingungen, sicherte die Überstellung an den päpstlichen Nuntius. Als dessen Gefangener lebte der Kardinal zunächst im Kloster St. Georgenberg bei Schwaz, sicher in nahezu gemütlichem Arrest. Papst Paul V. wagte nicht, Erzherzog Ferdinand zu bannen, in vorreformatorischen Zeiten eine scharfe Waffe der Kurie. Schon 1619 wurde Ferdinand II. Absolution erteilt.

Es ist wohl heute nicht mehr mit Gewißheit zu entscheiden, ob Kaiser Ferdinands Furcht, die konfiszierten bedeutenden Reichtümer Klesls zurückgeben zu sollen oder die Ablehnung des Verständigungskurses entscheidend waren. Jedenfalls erlaubte der Kaiser 1621 nur die Überstellung des Kardinals nach Rom. Klesl mußte im Oktober 1622 einen Hausarrest in der Engelsburg akzeptieren, aus dem er erst am 18. Juni 1623 entlassen wurde.

Anders als Philipp Christoph von Sötern bot sich der Kardinal dem Wiener Hof immer wieder an, war auch insofern erfolgreich, als Ferdinand II. schon zu Jahresbeginn 1623 eine Rückkehr genehmigte. Unangenehm für Klesl blieb aber, daß der Wiener Habsburger forderte, der Kardinal möge auf die Bistümer und sein Vermögen verzichten. Den Preis wollte er nicht zahlen. Immerhin bat ihn der Kaiser bereits kurze Zeit nach dem Tode Gregors XV. im Juli 1623 schriftlich, im Konklave für einen Papst zu stimmen, der die Gegenreformation energisch fördern würde. Klesl erwirkte damals tatsächlich auch päpstliche Subsidien für den Kaiser. Ferdinand II. hat es ihm schließlich gedankt. Für den Verzicht auf politische Aktivitäten erhielt der Prälat auf kaiserlichen Befehl nach seiner Rückkehr eine jährliche Pension von 48.000 Gulden, behielt die Bistümer und blieb Kardinal. Solcherart hielt sich Ferdinand II. den ungewünschten Mahner fern, der noch aus Rom gegen die Ausweisung der evangelischen Prediger und Lehrer protestierte, als der Kaiser am 17. September 1627 diese Entscheidung verkündet hatte. In der Tat war sein Vorschlag, durch Toleranz die evangelischen Christen zurückzuführen, auch ein Fazit seiner eigenen gewaltsamen gegenreformatorischen Bemühungen und Ausdruck gewachsenen staatsmännischen Bewußtseins. Die Tragik der habsburgischen Geschichte und natürlich auch der des machtlosen Klesls erwächst aus der Unbelehrbarkeit Ferdinands II. und der radikalen katholischen Gegenreformation, die wenig später mit dem Restitutionsedikt gerade das Gegenteil versuchten.

Christian I. von Anhalt

Christian I., Fürst von Anhalt-Bernburg

* 11. Mai 1568 zu Bernburg
† 17. April 1630 zu Bernburg
Grabstätte: Schloßkirche zu Bernburg
Eltern: Joachim II. Ernst, Fürst von Anhalt, und Agnes, Gräfin von Barby

Eheschließung in Lorbach am 2. Juli 1595
ANNA, Gräfin von Bentheim-Tecklenburg
* 1579
† 1626
Vater: Arnold III. Graf von Bentheim-Tecklenburg

1577	Reise nach Breslau zur Huldigung der schlesischen Stände vor Kaiser Rudolf II.
1578	Reise nach Wien und Anschluß an eine Gesandtschaft zum Sultan
18. Oktober 1583	Rückkehr Christians nach Dessau
1587	Italienreise
1591	Führer eines Hilfskorps zur Unterstützung Heinrichs von Navarra
1592	Bekenntnis zum Kalvinismus und Befehlshaber eines protestantischen Heeres in der Straßburger Bischofsfehde
1594	Statthalter in der Oberpfalz mit Amberg als Kanzlei
1595	Geheimverhandlungen mit Heinrich IV. in Paris über eine antihabsburgische protestantische »Union«
1603	Durch Teilung mit seinen Brüdern Fürst von Anhalt-Bernburg
11. Mai 1608	Gründungskonferenz der »Union«
15. Mai 1608	Unterzeichnung des »Unions«-Vertrages
1607	Christian reist zum Kaiser und droht mit der Fürstenrebellion
1608	Konflikt um Jülich-Kleve und Reise Christians nach Paris zu Heinrich IV.
8. November 1620	Niederlage Christians am Weißen Berg bei Prag
22. Januar 1621	Ächtung Christians durch den Kaiser und Flucht über Schweden nach Dänemark
16. Juni 1624	Kniefall vor Kaiser Ferdinand II.
1629	Kammerherrenstelle beim Kaiser durch Wallenstein

Nur wenige deutsche Kleinfürsten prägten die europäische und deutsche Geschichte so nachhaltig wie diese schillernde Persönlichkeit der Vorgeschichte und frühen Phase des Dreißigjährigen Krieges. Durch und durch ein Abenteurer und Pläneschmied, war er seit Ende des 16. Jahrhunderts rastlos tätig, eine große antihabsburgische Koalition zusammenzufügen.

Erstaunlicherweise steht bis heute eine größere umfangreiche Biographie dieses Politikers und Heerführers noch aus, mangelt es an einer detaillierten Einschätzung der Motivationen und Zielstellungen des Bernburgers. So kann auch kaum mit Sicherheit gesagt werden, ob diesem konfliktorientierten Kopf der protestantischen »Union« machtpolitischer Gewinn höher wog als die Verteidigung der Religion. Wilde kriegerische Gesten gegen die Katholiken wechselten auch bei ihm mit höchst entgegenkommenden Auftritten am Kaiserhof und in katholischen Residenzen. Einschätzungen, er sei »lebenslang von tiefer Gläubigkeit erfüllt« gewesen (NDB, III, 221), mögen zutreffen, überzeugend sind sie nicht.

Sicher ist allerdings, daß Christian im Elternhaus im Geiste eines relativ offenen Luthertums erzogen wurde, Melanchthons Auffassungen gegenüber dem orthodoxen Luthertum dominierten. Zweifellos war der Junge begabt, lernbegierig und seiner Umgebung hin offen und aufgeschlossen. Seine geistvollen Bemerkungen, eine ungewöhnliche sprachliche Begabung und auffallende Fähigkeiten im Umgang mit Gleichgesinnten imponierten bereits Kaiser Rudolf II., nahmen ihn früh für den halbwüchsigen mittellosen Fürsten am Prager Hof ein. Als Mitglied einer kaiserlichen Gesandtschaft nach Konstantinopel 1583 reisend, öffnete sich dem jungen Christian die Welt jenseits des konservativen Gepränges um den Kaiser, mehr noch verblaßte die provinzielle Enge Anhalts mit den Residenzen Bernburg und Dessau. Geschickt »vermarktete« der junge Herr auch die offenkundige Sympathie des Sultans für ihn, ließ auch später gerne alle wissen, Murat III. (1546-1595) – es bleibt unklar, warum einige Biographen von Soliman schreiben – habe ihn persönlich durch die Gärten geführt, ihm die Schätze gezeigt. Ist solches auch kaum wahrscheinlich, steigerten Anekdoten und Berichte dieser Art doch das Ansehen des Anhaltiners. So führte ihn der Weg über Dessau schon 1586 an den sächsischen Hof nach Dresden. Hier lernte Christian den dortigen starken Mann, den reformierten Kanzler Nicolaus Crell (um 1550-1601), als Parteigänger einer konfessionell bestimmten reichsständischen Opposition gegen Habsburg kennen, erwarb erste militärtechnische Kenntnisse. Crell und die Dresdener Aktionspartei überzeugten den jungen Anhaltiner von der Notwendigkeit, mit der Waffe eine grundsätzliche Revision des Augsburger Religionsfriedens erkämpfen zu müssen.

Im letzten Drittel des 16. Jahrhunderts hatten einige deutsche reformierte Für-

sten wiederholt Truppen für die Hugenotten geworben. Seit 1575 finanzierte auch
König Elisabeth von England (1558-1603) die innerfranzösischen Auseinandersetzungen. Nachdem schon 1587 Pfalzgraf Johann Kasimir (1543-1592) eine Armee
im Solde Englands, Dänemarks und Navarras an die Seite der Hugenotten geführt
hatte, war 1590 auch der sächsische Kurfürst gewonnen worden. Als Befehlshaber
eines größeren Kontingentes sandte er seinen Verwandten, Christian von Anhalt,
König Heinrich IV. zur Hilfe. Wohl errang Christian die Zuneigung des französischen Herrschers und Noch-Hugenotten; den Krieg entschieden die deutschen Verstärkungen aber nicht. Da bot sich im Konflikt um das Bistum Straßburg für den
Anhalter Fürsten eine neue Möglichkeit.

Der päpstliche Nuntius hatte im Juni 1583 drei hochadligen protestantischen
Domherren des Straßburger Domkapitels wegen ihres Konfessionswechsels gemäß
des »Geistlichen Vorbehalts« die Benefizien aberkannt. Das gefiel den doch höchst-
weltlichen Kapitularen weniger. Sie protestierten beim Kaiser, beließen es keineswegs beim schriftlich geäußerten Unmut. Mit bewaffneter Hand erzwangen sie, was
ihnen gemäß bisheriger Rechte zustand. Als 1591 gar ein evangelischer brandenburgischer Prinz zum neuen Administrator des Bistums gewählt wurde, rückte ein
katholisches Heer aus Lothringen gegen die Stadt und die protestantischen »Rebellen«. Nun endlich schlug dem Heerführer Christian von Anhalt die große Stunde.
Er führte die Reste der Truppen des Torgauer Bundes nach Straßburg, bewährte sich
im Ringen um das dortige Bistum. Christian erzwang einen Waffenstillstand und
die Teilung des Stiftes unter Protestanten und Katholiken. Als 1604 die katholische
Partei schließlich triumphierte, der Brandenburger sich mit einer Geldzahlung
abfand, war Christian von Anhalt längst mit Größerem beschäftigt.

Nachdem er sich 1592 zum Kalvinismus bekannt hatte, wechselte er drei Jahre
später nach Amberg in den Dienst des Kurfürsten Friedrichs IV. von der Pfalz und
wurde Statthalter der Oberpfalz. Da hatten die Reformierten bereits wohlwollend
zur Kenntnis genommen, daß Christian 1594 bei einem weiteren Pragbesuch
Rudolfs II. Anerbieten abgelehnt hatte, als kaiserlicher Heerführer gegen die Türken
zu kämpfen. Nach dem Tode des kriegerischen Pfalzgrafen Johann Kasimir schien er
vielen als mutiger und fähiger Politiker und Heerführer berufen, die pfälzische anti-
habsburgische Orientierung zielstrebig fortzuführen. Als »Freund« Heinrichs IV.
von Frankreich schien Christian Garant eines starken Schutzbundes gegen das
katholische Lager von Madrid bis Wien.

Mit der ihm eigenen Energie widmete sich der neue Statthalter der Oberpfalz
dem Aufbau einer protestantischen Allianz, wurde schnell zum politischen Kopf der
deutschen evangelischen Fürstenopposition. In Dresden und in Frankreich hatte er
gelernt, welche Möglichkeiten erwuchsen, konnte man die »konfessionelle Idee zum
beherrschenden Moment der Politik« formen (NDB, III, 222). Dabei konnte er sich
auf einige beherzte Räte der obersten Regierungsbehörde des Kurfürstentums stützen, die ähnlich entschlossen auf einen großen Konflikt orientierten. Von Amberg
aus steuerte Christian Agenten in Wien, Prag, Venedig, Turin und Paris, baute ein
entsprechendes Informantennetz auf, kannte bald die Hoffnungen und Wünsche

Gleichgesinnter in einigen anderen deutschen Territorialstaaten. Obgleich ihm 1603 durch brüderliche Teilung das Fürstentum Anhalt-Bernburg als Erbe zufiel, blieb er weiterhin in pfälzischen Diensten in der Oberpfalz und beherrschte zunehmend den alten Kurfürsten.

Damals hatte er bereits Darlehen der Niederlande erwirken können, vereinbarte 1605 einen Allianzvertrag mit dem Haag, kassierte entsprechende Subsidien für notwendige Rüstungen. Zuversichtlich brach er 1606 wieder einmal nach Frankreich auf und wollte Heinrich IV. für eine Angriffsallianz gewinnen. In Paris ließ sich Frankreichs Herrscher wahrlich nicht lange nötigen. Schnell einigten sich beide auf die Schaffung einer protestantischen »Union« mit der Pfalz, Brandenburg, Württemberg, Hessen und kleineren gräflichen Territorien an der Seite des katholischen Frankreichs. Sicher, Heinrich IV. mag Christian bedeutet haben, daß ihm die Konversion nicht sonderlich hinderlich war, er noch immer im Herzen Kalvinist geblieben sei. Auch dürfte dem Pfälzer Politiker genehm gewesen sein, sich als erfolgreichen Politiker darstellen zu können. So hat er vor seinesgleichen den religiösen Trutzverbund laut gelobt. Doch war er keinesfalls so naiv zu glauben, Heinrich IV. biete die Zahlung von zwei Dritteln der Gelder des Bundes aus purer Selbstlosigkeit und Freundschaft für ihn an. Christian von Anhalt wünschte den Krieg gegen den Kaiser und seine Verbündeten ebenso wie der Franzose, er wollte ihn so bald wie möglich.

Die Informanten des »Pfälzers« hatten aus den habsburgischen Erblanden den zugespitzten Konflikt der Erzherzöge mit dem Kaiser und die Hoffnungen der kampfbereiten ständischen Opposition ebenso gemeldet wie die Erfolge der ungarischen und siebenbürgischen Rebellen und die Drohungen der Türken an der südöstlichen Grenze der Habsburger Besitzungen... Am Ende waren sie beide gleichermaßen enttäuscht, Heinrich IV. und Christian von Anhalt. Nur die Württemberger bedeuteten größeres Interesse. Damit war der Bund nicht zu schmieden.

Nach Maximilians »Exekution« und sofort eingeleiteter Rekatholisierung Donauwörths konnte Christian wieder befreiter atmen. Nun waren auch jene zu Aktionen bereit, die wenig vorher noch zögerten. Am 11. Mai 1608 versammelte der Vertraute Friedrichs IV. von der Pfalz im Dorf Ahausen bei Nördlingen illustre Gäste, legte ihnen den Entwurf einer Bundesverfassung vor, notierte zufrieden die Unterschriften des Herzogs von Württemberg, der Pfalzgrafen Philipp Ludwig und Wolfgang Wilhelm von Neuburg, der Markgrafen von Ansbach, Kulmbach und Baden unter das Gründungspapier der langerstrebten »Union«. Siegessicher und auch entschlossen, den Kaiser zu provozieren, drohte er ein Jahr später Rudolf II., erfülle er »seine Pflichten gegen das Reich nicht besser«, würde »ohne weitere Umstände« gefochten werden (ADB, IV, 148). Das war der Auftakt zu den bald erfolgenden Zusammenstößen während des Jülich-Kleve'schen Krieges und bereitete den großen Konflikt der »Union« und Frankreichs vor. Und kühn kalkulierte Christian von Anhalt auch das Eingreifen der Niederlande, der Engländer und Savoyens als Helfer ein.

Anhalts hochfliegende Pläne lösten sich auf, als Heinrich IV. in Paris verblutete. Glück im Unglück für Christian war, daß Friedrich IV. kurze Zeit danach, am 9.

Die Schlacht am Weißen Berg bei Prag am 8. November 1620 entschied über das Schicksal des Winterkönigs. Christian von Anhalt erlitt eine schicksalhafte Niederlage gegen kaiserliche und bayerische Truppen unter Johann Tserclaes von Tilly

September 1610, verstarb und sein junger Nachfolger schon gar nicht fragte, was der Vertraute des Vaters beabsichtigte. Der wirkte nun weiter im Verborgenen, beklagte die vertane Gelegenheit, verhandelte eifrig weiter, die nächste Chance zum Kriege sollte besser genutzt werden. Der »Agitator des europäischen Umsturzes« vereinbarte zunächst 1613 eine neue Defensivallianz mit den Niederlanden und verheiratete erfolgreich Friedrich V. mit der Stuart-Tochter Elisabeth als Garanten des 1612 geschlossenen Verteidigungsbündnisses mit Jakob I. Solcherart gerüstet und auch in den Augen seiner deutschen Verbündeten gesichert, konnte er alle vorsichtigen Friedensregungen Melchior Klesls ausschlagen, stolz auf einer militärischen Lösung bestehen. Leichtfertig sprengte Christian auch den Reichstag 1613 sowie Kardinal Klesls und Kaiser Matthias ernsthaften Versuch, einen Kompromiß zu finden.

Und wieder arbeitete der Wahlpfälzer fieberhaft, die Opposition in Böhmen und Ungarn zu bestärken, den Habsburger Ferdinand von Steiermark nicht zum König zu wählen. Am Ende scheiterte Christian auch hier und inszenierte nun ebenso unverdrossen seinen letzten großen diplomatischen Erfolg. Als die Böhmen auf ihre

Weise reagierten und Ferdinand II. absetzten, schob er den zögerlichen Friedrich V. auf den böhmischen Thron, wohl wissend, daß nun der große europäische Krieg unvermeidlich war. Es scheint tatsächlich, als habe allein das Spiel mit der Macht, die Ungewißheit des Ausgangs, Christian von Anhalt stimuliert, wie viele Historiker glauben. Muß solches auch eher Vermutung bleiben und läßt sich quellenmäßig kaum überzeugend belegen, so kann doch konstatiert werden, daß der »Winterkönig« und sein Erster Berater in diesem Kampf hoffnungslos allein standen. »Fenstersturz« und Marsch auf Wien waren nun einmal nicht gerade »Defensionshandlungen« in den Augen der eher vorsichtigen Engländer und Holländer. Und auch die polternden Böhmen revolutierten lieber im Saal des Hradschins, mochten nicht eigentlich Leben und Gut für die Ziele Christians von Anhalt riskieren. Die Niederlage am Weißen Berg wuchs erst zur verheerenden Katastrophe, als sich »Heerführer« Christian von Anhalt höchst eilig über Stade nach Schweden begab, die hehren Worte von Kampf und wieder Kampf vergessen wollte. In Stockholm hörte man jedenfalls nicht mehr sehr aufmerksam zu, als der am 22. Januar 1621 durch Ferdinand II. geächtete Fürst von Anhalt hier nach Verbündeten suchte. Und auch im dänischen Flensburg, in dem er seit April 1622 wartete, fand sich niemand ein, der seine Freundschaft suchte, die militärischen Fähigkeiten Christians schätzte. Nach dem Versagen bei Prag gab es keine Angebote mehr. Da war es am Ende nur erfreulich, daß Christians Sohn am Weißen Berg nach mutiger Gegenwehr den Spaniern in die Hände fiel und nun am kaiserlichen Hofe für den Vater warb. Anfang des Jahres 1624 durfte Christian-Vater nach Wien reisen, den Kniefall und die Bitte um Verzeihung vorbereiten. Er tat es ebenso überzeugend wie vorher, als er die Allianzen gegen Ferdinand II. knüpfte. Am 16. Juni 1624, so vermelden es die Chroniken, söhnten sich Kaiser und Fürst miteinander aus. Er hatte nun offenbar gelernt, der Mann, der maßgeblich das große Feuer in Europa mitentfachte, daß sich an diesen Flammen nicht gut wärmte, wer sich überschätzte. Nach Bernburg zurückgekehrt, erlebte er die Schrecknisse dessen, was er leichtsinnig gefördert hatte. Die Heere verwüsteten auch das kleine Anhalt. Da half wenig, daß ihm der Generalissimus Wallenstein freundlich begegnete. Es brachte Christian von Anhalt aber wenigstens eine großzügig dotierte Kammerherrenstelle beim Kaiser ein, nicht eben ein sonderliches Zeugnis eines ungebrochenen konfessionellen Kämpfers.

Als er am 17. April 1630 verstarb, war von seinen Plänen nicht mehr viel geblieben und hatte das Restitutionsedikt sogar in Frage gestellt, was Christian von Anhalt vor 1620 unveräußerlich schien. Der einstige »Glaubenssoldat« wagte nicht, seine Stimme gegen Ferdinand II. zu erheben.

Christian I. von Anhalt zählt in der Tat zu jener tragischen Persönlichkeiten, die Geschichte schrieben. Es war nicht die seine, die vollendet wurde, nachdem er die ersten Zeichen gesetzt hatte. Es war nicht einmal sonderlich bedeutend, was Christian erstrebte, auch darin täuschen sich manche seiner Biographen.

Heinrich Matthias Graf von Thurn

Heinrich Matthias Graf von Thurn-Valsassina

* 24. Februar 1567 auf Schloß Lipnitz in Böhmen
† 28. Januar 1640 in Pernau (Livland)
Grabstätte: Dom zu Reval
Vater: Franz Graf zu Thurn-Valsassina

1584	Rückkehr von einer Reise durch Südosteuropa, die Türkei, Persien, Syrien, Palästina, Ägypten, Äthiopien, Libyen, Marokkos und Italiens
1585	Kriegsdienst bei den österreichischen Habsburgern
1592	Brautführer der Erzherzogin Anna bei der Eheschließung mit Sigismund III. von Polen
17. April 1601	Patent als Oberst
1604	Brautführer der Erzherzogin Konstanze auf der Reise zu König Sigismund III. von Polen
	Ständevertreter in Böhmen durch den Kauf der Herrschaft Welisch
9. März 1612	Erbschaft der Güter des Onkels Hieronymus Graf Schlick
Juni 1617	Opposition bei der Wahl König Ferdinands II. zum böhmischen König
22. Mai 1618	Vorschlag Thurns, die kaiserlichen Statthalter zu töten
23. Mai	Persönliche Mitwirkung beim »Fenstersturz«
25. Mai	Oberbefehlshaber des böhmischen Ständeheeres
16. Juni	Marsch mit dem Ständeheer an die österreichische Grenze
6. Juni 1619	Thurn mit einem Ständeheer vor Wien
23. Oktober	Vereinigung mit Bethlen Gábors Heer bei Wülfersdorf
26. November	Beginn einer neuerliche Belagerung Wiens
8. November 1620	Regimentskommandant in der Schlacht bei Prag
August 1622	Diplomatische Mission in Konstantinopel
22. August 1627	Dänisches Patent als Feldmarschall
Anfang 1629	Generalleutnant in schwedischen Diensten
11. Oktober 1633	Niederlage Thurns bei Steinau und Gefangennahme durch Wallenstein
15. August 1636	Ankunft in Pernau und Rückzug ins Privatleben

Als dem aktivsten »Fensterstürzler« bescheinigten ihm früher manche Historiker den zweifelhaften Ruhm, der »Urheber« des Dreißigjährigen Krieges zu sein, und verwechselten Ursache und Anlaß. Und doch bleibt er eine der interessantesten Persönlichkeiten des Krieges, äußerst widersprüchlich und trotz umfangreicher Quellen und eigener Darstellungen bis heute schwer zu werten. Das dürfte auch eine wichtige Erklärung sein, warum es noch immer an einer Biographie dieses Politikers und Heerführers mangelt.

Der kleine Heinrich Matthias wuchs zunächst bei einem Onkel, dem Landeshauptmann von Krain, Hans Ambrosius Graf von Thurn, auf. Im Hause dieses strenggläubigen Katholiken erhielt er eine gediegene Ausbildung und soll sehr viel gelesen haben. Die Reisebeschreibungen hätten ihn angeregt, bemerkte der Graf später gerne, schon mit 17 Jahren eine Bildungsfahrt zu wagen. Über Ungarn, Siebenbürgen, die Walachei und Griechenland reiste er in die Türkei. Er weilte längere Zeit in Konstantinopel. War schon das ungewöhnlich, überraschte er die Zeitgenossen damit, dann sogar die Tatarenregionen, Armenien, Syrien, Persien und die arabische Halbinsel aufgesucht zu haben, und weilte ebenso an den biblischen Stätten in Palästina. Später bereiste er auch noch Ägypten, Äthiopien und kehrte über Tripolis und Tunis nach Italien zurück. Hier blieb er längere Zeit in Venedig und verließ die Lagunenstadt erst im Herbst 1586. So jedenfalls hat es Graf Thurn bis ins hohe Alter allen berichtet. Eigentlich höchst unwahrscheinlich, auch zeitlich kaum glaubhaft und natürlich nicht durch eindeutige Quellen zu belegen. Vielleicht war er, der immer gerne im Mittelpunkt stehen wollte, eher äußerst phantasiebegabt.

Merkwürdigerweise förderte die Fahrt durch so unterschiedliche Regionen und Religionskreise kaum nachhaltige Neigungen zu religiöser Toleranz bei dem jungen Aristokraten, wenigstens gab er sich später immer als unerschütterlicher protestantischer Glaubenskämpfer. Auch hier kann kaum eindeutig entschieden werden, ob Graf Thurn das immer wieder beschworene Studium der Bibel als Lieblingslektüre im Zusammenhang mit der Palästinareise beschwor, um sich als strenggläubiger Protestant für Führungsaufgaben im böhmischen Ständewiderstand zu empfehlen. Immerhin hat der Wallenstein-Kenner Hallwich dem Grafen jedenfalls »schwärmerische Begeisterung« für die »evangelische Sache« bescheinigt (ADB, 39, 72). Dabei glaubte auch dieser Historiker erkennen zu können, Thurn hätte sich aber mehr für allgemeine Glaubensfreiheit engagiert als sich »akatholisch« verhalten. Vielleicht verstand sich der Graf doch in erster Linie als ständisch privilegierter Aristokrat im Kampf gegen seinen katholischen Landesherrn und verband laute protestantische Bekenntnisse und Forderungen nach Glaubensfreiheit mit Überzeugungen ständischer Rechte. Jedenfalls stieß er erst mit den österreichischen Habsburgern zusammen, als diese die ständischen Privilegien unterhöhlen wollten. Logischerweise war dieser Konflikt konfessionell gefärbt.

Zunächst jedenfalls diente Thurn erfolgreich als Militär in der Armee Österreichs. Bereits 1588 schwor er bei Christoph von Tiefenbach auf den Kaiser den Fahneneid und wird schon bei der Eroberung von Gran als Hauptmann geführt. Vor Raab kommandierte der Graf als Oberstleutnant ein kaiserliches Regiment und schlägt zwei Jahre später die Meuterei von Pápa nieder. Am 17. April ernannte Kaiser Rudolf den bewährten Offizier wegen »der redlichen. tapferen Dienste, die er bisher wider den Erbfeind, den Türken« leistete, zum Oberst (ebd., 72). Damals empfahlen ihn bedeutende kaiserliche Militärs als tapfer und zuverlässig. Das blieb er in der Tat sein Leben lang.

Bemerkenswerterweise diente damals der 20jährige Albrecht von Wallenstein unter Heinrich Matthias als Hauptmann, später erlebte auch Graf Heinrich von Schlick in seinem Regiment die Feuertaufe. In jener Zeit war Thurn den Habsburgern ein williger Gefolgsmann. Sowohl 1592 als auch 1605 begleitete er jeweils die Erzherzoginnen auf der Brautfahrt zu den Hochzeitsfeierlichkeiten mit Polens König Sigismund III. Vasa und wurde von Ferdinands II. Mutter ausdrücklich besonders lobend erwähnt. Erst während der Auseinandersetzungen um den »Majestätsbrief« 1609 entfremdete sich der böhmische Aristokrat dem Kaiser, näherte sich aber Erzherzog Matthias. Die Vorgänge in Braunau und Klostergrab mit dem Kirchenstreit zwischen Protestanten und dem katholischen Bischof belasteten aber das künftige Verhältnis zwischen Thurn und Matthias. Der Graf verband sich nun entschlossen mit der konfessionellen Opposition und galt bald als Haupt des böhmischen ständischen Widerstandes. 1614 reichte er gemeinsam mit Colonna von Fels, einem böhmischen Aristokraten, eine Denkschrift gegen die kaiserliche Militärpolitik gegenüber Böhmen ein.

In seiner in Schweden verfaßten »Defensionsschrift« verteidigte Thurn die Ereignisse von 1618 als religiös bedingtes Ringen und verantwortungsbewußte Glaubensverteidigung. Man habe auf Knien mit »aufgehobenen Händen, seufzigen Herzen« einhellig »Gott zugleich angerufen«, seinen Beistand erfleht. Zu dieser Zeit betonten auch Schwedens Reichsräte und Generäle wiederholt, es ginge nicht um religiöse Fragen. Axel Oxenstierna hatte sogar im Reichsrat laut verkündet, Gustav II. Adolf hätten andere Gründe als die Religion auf deutschen Boden geführt. Längst kannte wohl auch der einflußreiche Diplomat der schwedischen Krone, Thurn, die Satisfaktionsforderungen Schwedens. Berücksichtigt man, daß der Graf in diesem Papier den »Fenstersturz« als spontane Handlung darstellte, obwohl die Dokumente anderes beweisen, sind wohl Zweifel am Wahrheitsgehalt erlaubt. Die auffallend pathetische Sprache drängt die Vermutung auf, Thurn habe einem breiten Publikum eigene Haltungen idealisierend darlegen wollen. Das große Kriegsfeuer mit den fruchtbaren Verheerungen weiter Teile Deutschlands ließ sich wohl besser als konfessionell geheiligte Aktion denn als egoistische ständische Rebellion verteidigen.

Heinrich Matthias Thurn war tatsächlich der Kopf jener Verschwörung, die Böhmen veränderte, wenngleich auch auf andere Weise wirkend, als sich das die »ständischen Revolutionäre« dachten. Überall in Böhmen feierten ihn die Evangelischen als Helden und Hauptakteur. Natürlich zweifelte auch am Kaiserhof niemand an seiner Rolle. Und es blieb den Wienern nicht verborgen, daß der Graf nun energisch ein ständisches Heer warb, die Truppen sofort gegen die kleinen kaiserlichen Kontingente führte. In mehreren Gefechten unterlagen die kaiserlichen Heerführer Dampierre und Buquoy dem böhmischen Oberbefehlshaber, dem Grafen Thurn.

Am 5. Mai 1619 überzeugten Thurns wartende Truppen auch die weniger kriegerischen Delegierten der mährischen Stände, sich der böhmischen Erhebung anzuschließen. Erst mit der Wahl Friedrichs V. von der Pfalz reduzierte sich Thurns Bedeutung. Nun bestimmte Christian von Anhalt die weitere Entwicklung, und der bisherige böhmische Befehlshaber kämpfte unter dem Vertrauten des »Winterkönigs« in der Schlacht am Weißen Berge nur als Regimentskommandant. Das rettete ihn aber nicht, selbst von seinen Mitgenossen vor dem Prager Untersuchungsausschuß als »alles Uebels und Unheils Autor und Anfäger allein« geschmäht zu werden. Das sah Kaiser Ferdinand II. wohl ebenso und hatte ihn schon im Februar 1621 ächten lassen. Heimatlos und ohne seine böhmischen Besitztümer wirkte der Graf nun um so eifriger, durch eine große Allianz die Habsburger doch noch zu besiegen. In Konstantinopel erwirkte er gemeinsam mit Bethlen Gábor die türkische Kriegserklärung, scheiterte aber wenig später an Wallenstein. Nach dem neuerlichen Ausscheiden Gábors aus der Kampffront wechselte der Ruhelose in venezianische Dienste. Einige Jahre später enttäuschte er König Christian IV. von Dänemark, der sich offensichtlich mehr von den militärischen Fähigkeiten Thurns versprochen hatte. Als der unermüdliche böhmische Konspirateur zu Jahresbeginn 1629 in schwedische Dienste trat, schätzte Gustav II. Adolf Thurns diplomatischen Eifer offenbar auch höher als die kriegerische Begabung. Im Frühjahr 1631 sandte der König den Grafen als Botschafter zum Kurfürsten von Brandenburg. Berlin wurde nun auf einige Jahre das Emigrantenzentrum Böhmens und Ort zahlreicher Versuche, von hier aus die Verhältnisse Böhmens neu zu ordnen und das Verlorene zumindest konzeptionell zurückzugewinnen. Vor allem konzentrierte sich Thurn in Absprache mit Gustav II. Adolf darauf, den damals brüsk entlassenen Wallenstein für die böhmische Restaurierung zu interessieren, ein erfolgloser Versuch.

In der Schlacht bei Breitenfeld kommandierte Matthias Heinrich eine schwedische Brigade des zweiten Treffens, wohl eher ein Beleg dafür, daß der Schwedenkönig in Thurn den Politiker über den Heerführer stellte. Mit der Organisierung eines bäuerlichen böhmischen Aufgebots beauftragt, scheiterte der Böhme am sächsischen Widerstand, da Kurfürst Johann Georg und Feldmarschall von Arnim den »Bauernaufwiegler« nicht wünschten und seine Maßnahmen behinderten. In Prag jedenfalls weitete sich die Kluft zwischen dem sächsischen Befehlshaber und den böhmischen Emigranten um Heinrich Matthias von Thurn zu offener Feinschaft.

Ins schwedische Hauptquartier zurückgekehrt, beauftragte Gustav II. Adolf den weiterhin rührigen Böhmen, eine Konföderation mit Siebenbürgens neuem Fürsten und den ungarischen Ständen zu vereinbaren. Axel Oxenstierna bestätigte diesen Auftrag auch nach der Schlacht bei Lützen, in der Thurn als Brigadekomman-

dant focht und verwundet ausscheiden mußte. Auch deshalb reiste er zu Feldmarschall von Arnim nach Schlesien, sollte von hieraus die Verbindungen nach Siebenbürgen suchen und gleichzeitig die beunruhigenden sächsisch-kaiserlichen Verhandlungen kontrollieren. Als Kommandant des schwedischen Kontingents in
Schlesien unterlag der Graf aber am 11. Oktober 1633 einem überraschenden Vorstoß Wallensteins bei Steinau und wurde gefangengenommen. Es verstörte nicht
nur Freund und Feind des nach wie vor eifrig erheischten »Hauptrebellen«, daß
Wallenstein den »Schweden« freigab. Thurn lohnte es, indem er sich nun besonders
energisch für einen Wechsel des kaiserlichen Generalissimus in das schwedisch-
sächsische Lager verwendete und in leidenschaftlichen Botschaften Bernhard von
Weimar nach Eger bat.

Mit Wallensteins Ermordung verlor Thurn offensichtlich die letzten Hoffnungen, in nächster Zeit den Krieg um Böhmen für die Emigranten entscheiden zu können. Ein übriges bewirkte die Niederlage Horns und Weimars bei Nördlingen. Am
15. August 1636 traf Graf Thurn in Pernau in Livland ein und lebte die letzten Jahre
zurückgezogen bei der Witwe seines Sohnes.

Heinrich Matthias Graf von Thurn war eine bedeutende Persönlichkeit seiner
Zeit und wurde berechtigt von vielen Zeitgenossen gerühmt. Auch der Venetianer
Pietro Gritt, Resident am Wiener Hof, feierte ihn überschwenglich. Ebenso lobte
Gustav II. Adolf Thurns politische Aktivitäten wiederholt und brachte ihm wirkliches Vertrauen entgegen. Während Fürst Hans Ulrich von Eggenberg ihn nur einen
»guten und tapferen Soldaten« nannte, merkte Khevenhüller in seinen berühmten
Annalen an, Thurn sei »vom Volke sehr geliebt« worden, eine überraschende Notiz,
die neue Fragen zum Wirken des Grafen aufwirft. Der Historiker Hallwich charak-
terisierte ihn seinerzeit treffend, seine Leidenschaft sei die Diplomatie gewesen,
»doch fehlte ihm zum Diplomaten so ziemlich alles« (ebd., 91). Als Heerführer
kämpfte er einige Male erfolgreich, wirkliche strategische Fähigkeiten wird man ihm
aber kaum bescheinigen dürfen. Auch darf Hallwichs Auffassung angezweifelt werden, daß Thurn der »Krieg, den er führte... ein Religionskrieg« war. Er verteidigte
unter konfessioneller Berufung von der ersten Stunde an ständische Privilegien. Das
mag zeitweilig für ihn zusammengefallen sein, aber er blieb beständig bereit, für
seine Ziele mit Katholischen, ja sogar den Türken zusammenzuwirken. Das erlaubt
wohl nicht, ihn als »Idealisten« zu bezeichnen.

Karl Fürst von Liechtenstein

* 30. Juli 1569 in Feldberg
† 12. Februar 1627 in Karlsbad
Grabstätte: Familiengruft zu Wranau bei Brünn
Eltern: Hartmann II. von Liechtenstein-Nikolsburg und Anna, Gräfin von Ortenburg

Eheschließung ca. 1592 (1596), bereits am 7. 12. 1597 Geburt eines Sohnes
ANNA MARIA SCHEMBERA AUF BOSKOWITZ
† 1624
Eltern: Jan Schembera Czenrokorsky von Boskowitz und Anna von Krajk

1589	Abschließende Studien an der Universität Wien
1591	Erbe der Herrschaften Feldsberg und Baumgarten in Österreich und Eisgrub in Mähren
1592	Kämmerer bei Erzherzog Matthias
1593	Hauptmann des Kreises Hradisch
1594 (1596)	Beisitzer am mährischen Landgericht
1599	Konversion zum katholischen Glauben
	Ernennung zum Oberstlandrichter Mährens
	Belobigungsschreiben Clemens VIII. wegen Liechtensteins Glaubenseifers
1600	Kaiserlicher Geheimrat, Vorsitzender des Geheimen Rates und Verwalter des Obersthofmeisteramtes
1601	Landeshauptmann in Mähren
1602	Kaiser verleiht Titel »Hoch- und Wohlgeboren«
23. Juni 1606	Wiener Friedensvertrag mit den ungarischen Ständen unter Federführung Liechtensteins im Auftrag des Erzherzogs Matthias
29. Oktober 1606	»Erbeinigung« der Familie Liechtenstein mit Festlegung der Primogenitur
20. Dezember 1608	Erhebung in den Reichsfürstenstand durch Erzherzog Matthias
1612	Belehnung mit dem schlesischen Herzogtum Troppau
8. November 1620	Teilnahme an der Schlacht am Weißen Berg im kaiserlichen Heer nach Flucht aus Mähren
17. November 1620	Ernennung zum Landesverweser Böhmens
17. Januar 1621	Statthalter und Vizekönig in Böhmen
1622	Belehnung mit dem schlesischen Herzogtum Jägerndorf
	Ritter des Ordens vom Goldenen Vlies
1623	Nutznießer der böhmischen Konfiskationen

Zunächst war Karl von Liechtenstein nach einer Ausbildung an der Akademie der Mährischen Brüder in Eibenschütz bei Brünn und dem Studium an der Genfer (vielleicht auch der Baseler) Universität eine führende Persönlichkeit des protestantischen Adels in Mähren. Nachdem er aber wahrscheinlich aus politischen Erwägungen konvertierte, verband er sich mit den Habsburgern. Während des »Bruderzwistes« im Hause Habsburg schloß sich Liechtenstein der Partei des Erzherzogs Matthias an, der ihn Ende 1608 in den Reichsfürstenstand erhob. Fortan wirkte der Fürst noch entschiedener für die habsburgische Machtentfaltung und galt den Ständen Mährens bald als Feind. Als Folge der böhmischen Erhebung und des Anschlusses der mährischen Stände floh Liechtenstein nach Wien und verlor seine mährischen Besitzungen. Nach der Niederlage des Ständeheers in der Schlacht am Weißen Berg übertrug Ferdinand II. dem erprobten Liechtenstein die Reorganisation der kaiserlichen Macht in Böhmen und Mähren. Obgleich gemäßigter als einige andere kaiserliche Funktionäre leitete er die Konfiskationen der Rebellengüter und erwarb selbst umfangreichen Bodenbesitz.

Wilhelm Germain Lamormaini

* 29. Dezember 1570 in La Moire Mannie bei Dochamps (heute belgische Provinz Luxemburg)
† 22. Februar 1649 in Wien
Eltern: Eberhard Germain und Anna (?)

	Besuch des Jesuitengymnasiums in Trier
1584	Wechsel nach Prag
1585	Abschluß der Studien am Jesuitenkolleg zu Prag als Doktor der Philosophie
5. Februar 1590	Novize der Jesuiten in Brünn
1592-96	Studium der Theologie am Jesuitenkolleg in Wien
31. März 1596	Priesterweihe in Preßburg
1598	Nach zweijähriger Tätigkeit als Lehrer für Syntax im ungarischen Sillein Übersiedlung nach Graz
1598-1604	Professor für Philosophie an der Jesuitenuniversität
1605-1606	Lehrer für Humaniora und Rethorik zu Prag Ablegung des vierten Gelübdes
1606-1612	Professor für Theologie am Grazer Jesuitenkollegs
1613-1621	Rektor des Grazer Jesuitenkollegs
Herbst 1623	Ankunft in Wien nach mehrjähriger Tätigkeit in Rom
Ende 1623	Rektor der Jesuitenkollegs in Wien (andere Quellen: 1622-1625)
2. Februar 1624	Beichtvater Ferdinands II.

Die Zeitgenossen – selbst Wallenstein – fürchteten den Einfluß Lamormainis auf
Ferdinand II. und nannten ihn den »Herrn des kaiserlichen Willens«. Angeblich kritisierte sogar der General des Jesuitenordens Lamormaini kurz vor dem Tod des Kaisers, er habe sich zu sehr weltlichen Angelegenheiten gewidmet. Tatsächlich blieb er
zeitlebens von der göttlichen Sendung der Habsburger überzeugt und verstand insbesondere Ferdinand II. als Werkzeug Gottes zur Rekatholisierung Deutschlands
und Europas. Er zählte zu den Hauptakteuren der katholischen Gegenreformation
in Mitteleuropa.

Lamormaini widersetzte sich entschieden jedem Versuch, das Restitutionsedikt
zugunsten einer Annäherung der protestantischen und katholischen Fürsten zu
modifizieren. Nuntius Caraffa lobte ihn als »sehr glaubenseifrig« und betonte seinen
Einsatz für die Ausbreitung der Jesuiten. Allerdings war er auch in der katholischen
Theologie seiner Zeit höchst umstritten. Als Ferdinand II. dem Prager Frieden
zustimmte, entfremdete er sich seinem Beichtvater und dessen kompromißlosem
Kampf für die Machtentfaltung der katholischen Kirche.

Johann Tserclaes Graf von Tilly

Johann Tserclaes Graf von Tilly

* Februar 1559 auf Schloß Tilly bei Genappe
† 30. April 1632 in Ingolstadt
Grabstätte: »Tilly-Kapelle« zu Altötting
Eltern: Martin Tserclaes von Tilly und Dorothe von Schierstädt

1569	Erziehung Johanns durch die Jesuiten im Kolleg zu Chatelet im Hochstift Lüttich
1570	Teilnahme am Kölner Krieg gegen Kurfürst Gebhard Truchseß von Waldburg
7. Mai 1602	Oberstpatent Rudolfs II. zur Werbung eines wallonischen Infanterieregiments
1603	Ernennung zum General der Artillerie durch Rudolf II.
Frühjahr 1610	Feldherr Maximilians I. von Bayern
1618	Beförderung zum Generalleutnant der bayrischen Armee
8. November 1620	Sieger am Weißen Berg bei Prag
6. Mai 1622	Tilly besiegt gemeinsam mit dem Spanier Córdoba bei Wimpfen den Markgrafen von Baden-Durlach
20. Juni 1622	Sieg über Christian von Halberstadt bei Höchst
Juli 1622	Erhebung in den Reichsgrafenstand
6. August 1623	Sieg bei Stadtlohn über den »tollen Halberstädter«
27. August 1626	Tilly gewinnt die Schlacht bei Lutter am Barrenberg gegen Christian IV. von Dänemark
November 1630	Tilly wird Oberbefehlshaber auch der kaiserlichen Truppen
20. Mai 1631	Eroberung Magdeburgs
17. September 1631	Niederlage gegen Gustav II. Adolf von Schweden bei Breitenfeld
9. März 1632	Sieg Tillys über den schwedischen Feldherrn Gustav Horn bei Bamberg
15. April 1632	Tödliche Verletzung im Treffen bei Rain am Lech

Der »geharnischte Mönch«, der »Heilige im Harnisch«, »General der Mutter Gottes«, so lauten nur einige zeitgenössische Benennungen für den eifrigsten militärischen Degen der Rekatholisierung Deutschlands. Wie kein zweiter galt Tilly Freund
und Feind als frommer katholischer Glaubenskämpfer. Doch war er keineswegs
uneigennützig, wie ihn selbst heute noch manche Historiker verstehen wollen. Er
ließ sich fürstlich honorieren und forderte auch die entsprechenden Prämien und
Dodationen, tat das aber kaum lauter und gieriger wie andere berühmte Heerführer.
Sicher war er bescheidener als einige schwedische Generäle.

   Von seinen großen Gegenspielern Wallenstein und Gustav II. Adolf von Schweden unterschied er sich dennoch vorteilhaft, weil er aus innerer Überzeugung eiferte
und das katholische Bekenntnis ihm zu keiner Zeit vor allem Propaganda war. Es
scheint berechtigt zu behaupten, daß Tilly niemals für persönliche Vorteile religiöse
Kompromisse akzeptierte. Obgleich er die evangelische Lehre zeitlebens als Ketzerei
verurteilte, blieb ihm der Türke der eigentliche Todfeind der Christenheit. Immer
wieder hoffte er, ein gemeinsames christliches Heer zum Abwehrkampf gegen den
Islam führen zu dürfen. Für dieses Ziel opferte er während der Lübecker Friedensgespräche sogar eherne Überzeugungen, die Vergehen des »Ketzers« Christians IV. von
Dänemark gegen Katholizismus, Kaiser und Reich streng bestrafen zu müssen.

   Tilly sei ein »guter Soldat« gewesen, ein »geschickter Heerführer«, »ein ehrlicher
und überzeugter Katholik«, wertet auch die schwedische Historiographie Gustavs II.
Adolf Gegner 1631 und 1632. Der schwedische König selbst widmete unmittelbar
nach dessen Ableben in Ingolstadt einen bemerkenswerten Nachruf. Man mag ihn
loben, den Schweden, daß er dem auf den Tod niederliegenden Tilly einen berühmten Arzt sandte. Das sei erwähnenswert, groß, menschlich, wie manche Biographen
meinten, Analogien zu Saladin und Richard Löwenherz, Erinnerungen an ritter-
liches Kreuzzugsgepräge. Vielleicht! Die Wirklichkeit draußen, auch vor den Mauern
von Ingolstadt, sah anders aus. Achtung, Anerkennung, Lob sogar, zollte Schwedens
Kriegerkönig hier nur dem feindlichen Feldherrn. Der schottische Oberst Monro
berichtete, Gustav II. Adolf habe rührende, zu Herzen gehende Worte für den Verstorbenen gefunden, »den ehrenwerten alten Tilly, dessen Taten zu seinen Lebzeiten
so ruhmvoll gewesen seien, daß sie nach seinem Tode zu unvergänglichen Monu-
menten seines Ruhms würden und ihm ein ewiges Gedenken sicherten, so daß die
Zeit seinen Namen nicht verblassen lassen werde«. Der König bemerkte, so Monro
weiter, »es sei sein Wunsch, ebenso tapfer nach dem Gottesreich zu streben. Dann sei
sein Tod ohne Bitternis für seine Freunde und er würde einen unsterblichen Namen
gewinnen« (Harte, II, 265).

   Den Zeitgenossen, vor allem den evangelischen, galt Tilly vor allem als Zerstörer

Magdeburgs, ein Vorwurf, der bis in unsere Tage nachwirkt und das Bild dieses Feldherrn verdunkelt. Er habe sich sogar dort rührend um die Frauen und Kinder
gekümmert, die im gewaltigen Magdeburger Dom oder im Kloster Unserer lieben
Frau Schutz gesucht hätten. Persönlich habe der alte Mann sogar einen Säugling
errettet, pflegten damals beeindruckte Katholiken einzuwenden. Vor allem habe er
wohl die Kirchen retten wollen, um sofort den katholischen Gottesdienst verfügen
zu können, hielten immer wieder evangelische Widersacher dagegen.

Tilly selber soll beklagt haben, daß er die Feuersbrunst und die schreckliche
Plünderung, das Morden an den hilflosen Bürgern Magdeburgs, nicht habe abwen-
den können. Man kann ihm glauben, daß er die Katastrophe bedauerte. Sie kostete
auch und besonders wertvolle Vorräte und den mächtigen Stützpunkt gegen den
herannahenden Schweden. Dem Rauben und Morden konnte er kaum Einhalt
gebieten, galt doch damals als unbestreitbares Recht der Eroberer, eine Stadt drei
Stunden ungehindert besitzen zu dürfen, die durch das Schwert gefallen war. Auch
Gustav II. Adolf hatte die protestantische Bevölkerung Frankfurts an der Oder seinerzeit nicht schützen können. Tilly hatte allerdings schon vor dem Sturm seine
Truppen mit dem Angebot zu motivieren gesucht, ihnen die reiche Stadt für drei
Tage zur Plünderung freizugeben. Das war doch mehr als das gewöhnliche Maß. Im
übrigen schien schon bald klar, daß es eher einige fanatische Verteidiger waren, die
Tilly noch im Sterben schaden wollten. Das Feuer jedenfalls hat er nicht gewollt und
schon gar nicht befohlen. Tillys berühmter Unterführer Pappenheim hatte zwei
Häuser vor der Innenstadt anzünden lassen, um die Verteidiger zu erschrecken. Die
Einäscherung der Stadt aber beabsichtigte auch er nicht.

Daß man Tilly solcherart als Mordbrenner diffamierte, mag andererseits jene
merkwürdige Legende gefördert haben, der gottgläubige alte Krieger hätte beständig
versucht, den Greueln des Krieges weitmöglichst entgegenzuwirken. So habe er Wallensteins Prinzipien, der Krieg müsse die Armee ernähren, aus tiefster christlicher
Seele abgelehnt. Nun ja, auch seine Heere waren so ganz christlich nicht, egal, ob es
Katholiken oder Protestanten galt. Zu Zeiten zahlte auch Tillys Kriegsherr in München unregelmäßig oder nicht, hungerten auch die Ligatruppen. In Neubranden-
burg beispielsweise wußten die überlebenden Einwohner wenig Gutes über den
Kriegsmann Tilly und die »Manneszucht« seiner Söldner zu berichten.

Er soll die Denkweise seiner Soldaten wohl gekannt und sich gerne auch als
»Vater« seiner Reiter, Musketiere, Pikaniere und Zeugmeister gefühlt haben, weisen
viele Quellen aus. Obgleich aus einem uralten Adelsgeschlecht stammend, war der
junge Tilly nach dem Besuch des Jesuiten-Kollegs von Chatelet als einfacher Soldat
in die spanische Armee eingetreten, wenigstens wird in den Quellen der »Dienst von
der Pike auf« auch für diesen Feldherrn ausdrücklich betont. Damals war sein Vater
bereits wieder begnadigt worden. Martin Tserclaes Tilly hatten Albas Richter im
September 1568 wegen des ständischen Widerstandes gegen König Philipps II.
absolutistische Bestrebungen in den Niederlanden zunächst zu »ewiger Verbannung«
verurteilt. Im April 1574 durfte er jedoch zurückkehren und erhielt seine Güter
zurück. So mag wohl Alexander Farnese, der Herzog von Parma, den »Soldaten«

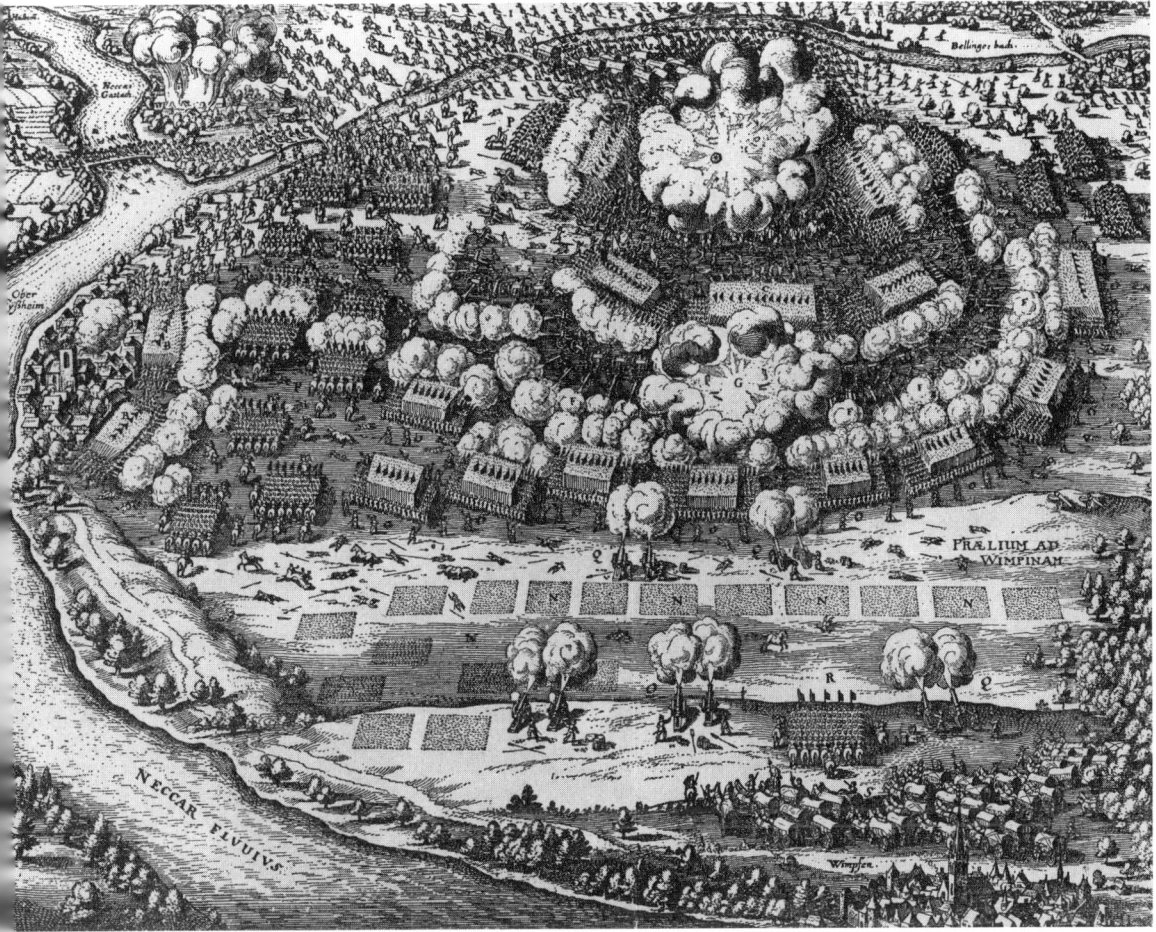

In der Schlacht bei Wimpfen am 6. Mai 1622 besiegte Tilly die Truppen der protestantischen Union unter Markgraf Georg Friedrich von Baden-Durlach

Johann Tserclaes eher als eine Art Kadett gesehen haben. Im übrigen bildete man damals gerne Eliteeinheiten aus adligen »Soldaten«, die als besondere Garde zur Verfügung standen und die wenig mit dem »gemeinen Mann« in Reih und Glied der üblichen Söldnerregimenter gemein hatten.

Bald schon galt der junge Tilly als Begabung und führte 1584 während des Kölner Kurfürstenkrieges bereits eine Kompanie Edelleute der spanischen Krone gegen Gebhard Truchseß von Waldburg. Ebenso scheint sicher, daß er während des Sturms und der schrecklichen Plünderung Antwerpens in den spanischen Truppen diente. Danach kämpfte er in einem spanischen Hilfskorps auf französischem Boden gegen die Hugenotten und kommandierte wiederum eine Kompanie. Schon 1594 zeichnete ihn der Herzog von Lothringen aus und betraute Tilly bis 1594 mit dem Gouvernement von Dun und Villefranche. Angeblich bot Heinrich IV. dem jungen

»Spanier« ein Offizierspatent an, doch blieb dieser der katholischen Sache ergeben und lehnte das Anerbieten kategorisch ab.

Quellenbelege für Tillys Soldatendasein finden sich erst wieder um 1600 in Ungarn. Im kaiserlichen Heer bewährte er sich während der unglücklichen Kämpfe um die Festung Kanisza und erstürmte 1601 in vorderster Linie Stuhlweißenburg. Während die Türken wenig später die Festung zurückeroberten, warb Johann Tserclaes in den spanischen Niederlanden wallonische Söldner für ein Infanterieregiment. Er war am 7. Mai 1602 durch den Kaiser zum Oberst ernannt worden. Mit diesem Regiment kämpfte Tilly vor Ofen und erlitt eine schwere Schulterwunde. Zurückgekehrt wurde er 1604 durch Rudolf II. zum General der Artillerie befördert und zeichnete sich bei der Verteidigung der Festung Gran gegen das osmanische Heer besonders aus. Während der Gefechte gegen die aufständischen Ungarn unter Stephan Bocskai ernannte ihn der Kaiser 1605 zum Feldmarschall. Als militärischer Befehlshaber bewies Tilly nun äußerste Konsequenz und Strenge. Er ließ neun höhere Offiziere der Festung Gran wegen Hochverrats hinrichten, weil sie übereilt kapituliert hatten, wie der Feldmarschall urteilte.

Den Frieden zu Wien vom 23. Juni 1606 konnte Tilly damit nicht verhindern, doch beeindruckte er die Türken im Gefecht bei Hydweg so, daß sie in den Frieden von Zsitva-Torok einwilligten. Damit blieb Restungarn den Habsburgern erhalten, und die Türken verzichteten endlich auf die lästigen Tributzahlungen.

Während des »Bruderzwistes« der Habsburger bekannte sich Tilly zu Rudolf II. und gewann den Herrscher, bewaffneten Widerstand zu leisten. Der überzeugte Katholik verfügte jedoch über zu geringe Truppenkonzentrationen an der mährischen Grenze, um die »Preßburger Konföderation« der ständischen protestantischen Opposition niederzuhalten. In den spanischen Niederlanden warb er 5.000 Wallonen und ermutigte Rudolf II. zum Krieg. Da sich der Kaiser und sein Bruder aber am 23. Juni 1608 einigten, wurden die Truppen ohne Kampf entlassen. Im Frühjahr 1610 schied Tilly aus dem kaiserlichen Militärdienst aus und wechselte zu Maximilian I. von Bayern.

Als bayrischer Oberbefehlshaber baute Johann Tserclaes die Armee der Liga auf, wurde 1620 zum Generalleutnant ernannt und fühlte sich auch innerlich berufen, den katholischen Glauben und Kaiser Ferdinand II. gegen den böhmischen Thronursupatoren, den »Ketzer« Friedrich V. von der Pfalz, zu verteidigen.

Mit religiösem Eifer unterwarf der bayrische Feldherr zunächst die abtrünnigen evangelischen Landschaften Österreichs ob der Enns und wandte sich dann gemeinsam mit dem kleinen kaiserlichen Korps gegen Böhmen. Obgleich der kampferprobte kaiserliche Befehlshaber den Angriff auf Christian von Anhalts wohl verschanzte Armee mißbilligte, entschied sich Tilly für die Schlacht und riß den zögerlichen Buquoy mit. Der Sieg veränderte das Kräfteverhältnis zwischen den protestantischen ständischen Kräften und der katholischen Gegenreformation entscheidend. Gescheitert war der Versuch der Böhmen, durch eine Konföderation aller Stände der österreichischen Erblande die Habsburger zu entmachten. Spanische Truppen waren schon im Herbst 1620 in die linksrheinische Pfalz und die Wetterau

Untrennbar mit dem Namen Tilly ist die Eroberung und Zerstörung der Stadt Magdeburg am 30. Mai 1631 verbunden. Die Stadt wurde fast gänzlich niedergebrannt und an die 20.000 Menschen getötet. Dieses Ereignis war zweifellos eines der grauenhaften Höhepunkte des Dreißigjährigen Krieges

eingedrungen. Im Bündnis mit ihnen bezwang Tilly am 6. Mai 1622 bei Wimpfen auch den gut gerüsteten Markgrafen Georg Friedrich von Baden-Durlach. Nach einem weiteren Sieg am 20. Juni über Christian von Halberstadt bei Höchst wurde der Feldherr durch den Kaiser in den Reichsgrafenstand erhoben. Die Erstürmung Heidelbergs am 19. September beglückte vor allem den Papst und Maximilian von Bayern, kostete aber die berühmte Bibliothek. Der Katholik Tilly soll sich zufrieden geäußert haben, daß die Bücher nun in Rom in rechte Hände kamen, entrissen den Ketzern, die solches gesammelte Wissen zweifellos kaum recht zu würdigen wußten. Er jedenfalls tat sein bestes, die Heidelberger auf den rechten Weg zu führen.

Es entsprach allerdings kaum dem Geist des Religionsfriedens, daß Tilly verfügte, daß alle kalvinistischen Prediger die Stadt verlassen mußten. Das schürte Ängste der Protestanten überall in Deutschland vor dem »kriegerischen Mönch« und dessen bestimmenden Hintermännern in München und Wien. Der neue Reichsgraf jedenfalls sah offenbar nichts Unberechtigtes in seinen Handlungen, glaubte sich als Gottes Werkzeug tätig.

Die Erfolge der nächsten Jahre schienen ihm Recht zu geben. Auf die Vernichtung Christians von Halberstadt bei Stadtlohn am 6. August 1623 folgte der Triumph über den dänischen König am 27. August 1626 bei Lutter am Barrenberg. Da war ihm in Wallenstein bereits ein gefährlicher Konkurrent erwachsen, mit dem er sich nur schwer abfinden konnte.

Gemeinsam handelten sie zwar den Frieden von Lübeck aus, doch konnte der Liga-Feldherr nur schwer überzeugt werden, Christian IV. so weitreichende Zugeständnisse einräumen zu müssen. Wahrscheinlich erleichterte es sein Gewissen, nun mit Macht das Restitutionsedikt im nordwestlichen Deutschland durchsetzen zu können. Es war diesem Manne tatsächlich ernst, als er verkündete, es sei seine heilige Pflicht, das Edikt zu vollziehen, »ein Gott wohlgefälliges Werk« (ADB, 38, 335). Schien ihm 1627 dazu die Zeit noch nicht reif, erfüllte er nun die aufgetragen Aufgabe um so eifriger. Insbesondere förderte Tilly hier die Mission der Jesuiten, von deren künftigem Wirken er besondere Erfolge erwartete. Damals, im Sommer 1630, bemühte sich auch die Infantin Isabella in Brüssel, Tilly als Nachfolger für Spinola gegen die Holländer zu gewinnen. Doch lehnte Maximilian I. von Bayern eine Entpflichtung seines Feldherrn ab. Er benötigte ihn dringend für größere Aufgaben, war doch schon entschieden, daß der Kaiser auf Wallenstein verzichten sollte. Im übrigen war mit dem Schwedenkönig ein neuer ernstzunehmender Gegner in Norddeutschland gelandet, den Tilly vernichten sollte.

Es spricht für den Realismus des Grafen Tilly, daß er nach Wallensteins Entlassung nur nach längerem Zögern den Befehl auch über das kaiserliche Aufgebot übernahm. Erhalten sind seine Bedenken, der Schwedenkönig sei »ein Feind von ebenso großer Klugheit wie Tapferkeit, abgehärtet vom Krieg, in der besten Blüte seiner Jahre«. Er verfüge über eine hervorragende Armee, »ein Spieler, gegen welchen nicht verloren zu haben schon überaus viel gewonnen ist« (Berner, 409). Propethische Worte des alten Kriegsmannes, dessen Position nicht leichter geworden war dadurch, daß er nun zwei Herren dienen mußte, die sich im allgemeinen keineswegs immer in herzlicher Freundschaft begegneten. Auch hatte der alte Feldherr weder die Vollmachten eines Wallensteins gefordert noch waren sie ihm zugestanden worden. Hinzu kam, daß die Kurfürsten im Sommer 1630 durchgesetzt hatten, daß Wallensteins Truppen reduziert wurden. Als Tilly das Kommando übernahm, mangelte es den kaiserlichen Korps im deutschen Norden nahezu an allem, vor allem fehlten die Mittel, den Sold zu zahlen. Im übrigen zeigte sich schnell, daß die evangelischen Gläubigen hier dem Feldherrn-Asketen entschlossener entgegentraten, nachdem die schwedischen Truppen in Pommern operierten. Das Norddeutschlands Zentrum beherrschende Magdeburg an der Elbe proklamierte ein Bündnis mit Gustav II. Adolf und negierte alle Warnungen des kaiserlichen Feldherrn. Der mochte sich nach Ausweichmanövern des Schwedenkönigs im Frühjahr 1631 noch überlegen fühlen, wirkliche Erfolge brachten die Märsche bis zum Sommer 1631 Tilly nicht. Schon mehrte sich die Zahl seiner Wiener Kritiker, die äußerten, er vernachlässige den Schutz der Erblande, sperre nicht den Oderweg über Schlesien und sichere Frankfurt und Landsberg nur ungenügend. Magdeburgs Fall am 20. Mai des Jahres war weniger als nichts für die beabsichtige Feldzugsstrategie Tillys. Hier war der katholische Glaubensfanatiker auf einen ebensolchen evanglischen getroffen. Schwedens Kampfkommandant, Oberst Dietrich von Falkenberg (1595-1631), hatte den Tod und das Ende der Stadt einer Unterwerfung vorgezogen. Der Katholik Tilly wußte solcher Entschiedenheit nur die Vertreibung der evangelischen Geistlichen aus Magdeburgs Ruinen und einen katholischen Gottesdienst in den beiden erhaltenen Kirchen entgegenzusetzen. Und er verhehlte nicht, daß die Rekatholisierung Magdeburgs nur ein erster Schritt sein würde.

Als der kaiserliche Feldherr wenige Wochen später den sächsischen Kurfürsten in barschen Wendungen zur Allianz zwingen wollte und gleichzeitig ernsthaft die säkularisierten katholischen Enklaven zurückforderte, wandte sich Johann Georg an den wartenden schwedischen König. Es ist müßig zu streiten, ob das Bündnis bereits wenig vorher vereinbart oder erst durch Pappenheims Einmarsch in Kursachsen und die Eroberung Merseburgs veranlaßt wurde. Als Tilly am 15. September Leipzig besetzte, vereinigten sich Sachsen und Schweden bei Düben. Am Abend des 17. Septembers, nach Tillys Flucht vom Schlachtfeld von Breitenfeld, war dessen Nimbus als unbesiegbarer Feldherr dahin. Gustav II. Adolf von Schweden hatte dem Sieger vom Weißen Berg die Antwort auf diese Herausforderung diktiert, den scheinbaren unaufhaltsamen Vormarsch Habsburgs auf deutschem Boden gestoppt. Da änderte wenig, daß der erfahrene alte Kämpe schon wenige Wochen später wieder eine ansehnliche Truppenmacht aufbringen konnte.

Er beunruhigte, ja verwirrte Gustav II. Adolf bei der fränkischen Stadt Ochsenfurt zwischen dem 26. und 31. Oktober so sehr, daß der seinen König begleitende Schotte Monro die königlichen Reaktionen erschrocken notierte. Der schwedische Herrscher fürchtete eine totale Niederlage, sollte der Bayer angreifen. Zu schwach dünkten Gustav II. Adolf die verfügbaren schwedischen Streitkräfte in Franken.

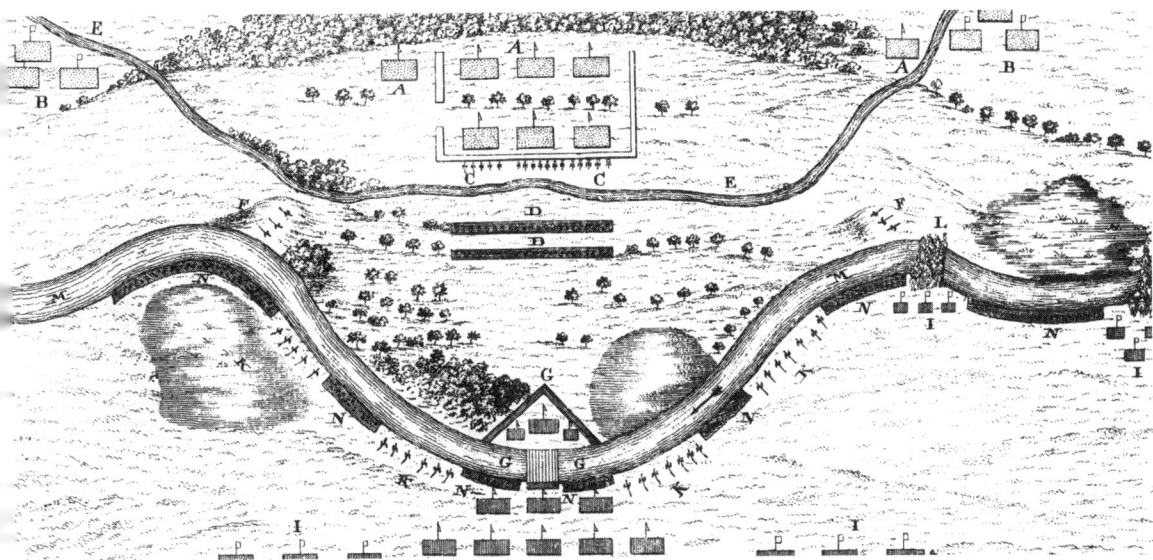

Am 15. April 1632 bezwangen die Schweden unter Gustav II. Adolf bei Rain am Lech (östlich von Donauwörth) die Kaiserlichen unter Tilly, der dabei schwer verwundet wurde. Am 30. April erlag er seinen Verletzungen in Ingolstadt

In diesen Tagen vergab Tilly wahrscheinlich die letzte große Möglichkeit seines Kriegerlebens, die »Scharte« von Breitenfeld auszuwetzen und die Schmach zu tilgen, die er persönlich empfand. Er sei zutiefst verunsichert gewesen und habe alles Selbstbewußtsein eingebüßt, ein ängstlicher Greis, so viele Historiker, die Tillys Verhalten analysierten.

Das mag zutreffen, bleibt aber wohl nur die halbe Wahrheit. Höchst problematisch und zweifellos auch entscheidend für das weitere Schicksal Tillys war, daß gerade jetzt Bayerns Kurfürst für seinen Feldherrn nur tröstende Worte hatte und keine Soldgelder senden konnte. Mochte der »Mönch im Harnisch« auch für den Glauben zeitweilig unentgeltlich streiten, seine Soldaten wünschten die übliche Bezahlung. So schmolz die Armee durch Desertationen spürbar wieder zusammen.

Es war ihm wahrlich Ernst in der Verteidigung der katholischen Sache, dem nun bereits mehr als Siebzigjährigen. Gefühle dieser Art förderte die laute konfessionelle Propaganda Gustavs II. Adolf und dessen Vorgehen längs der »Pfaffenstraße« noch. So begrüßte Tilly ehrlichen Herzens die Versuche, Wallenstein zurückzugewinnen. Im Vertrauen auf dessen organisatorische Fähigkeiten stieß der bayrische Feldherr am 9. März 1632 gegen Schwedens Feldmarschall Gustav Horn vor und warf ihn bei Bamberg zurück. Ein letzter großer Sieg!

Als der Schwedenkönig, nun seinerseits um Prestigeverlust fürchtend, zum Gegenschlag ausholte, stand Tilly alleine. Wallenstein sah sich nicht als »Glaubenskämpfer« und schon gar nicht als Retter einer bayrischen Armee und dessen Kurfürsten.

Auf die Kunde der Eroberung Donauwörths durch Gustav II. Adolf folgerte der bayrische Feldherr sofort, daß die Schweden in Bayern einfallen wollten. Er ließ die Brücke über den Lech zwischen Neuburg und Rain abbrechen, zerstörte eine zweite bei Rain und sammelte seine Truppen im Raum zwischen Lech und dem Flüßchen Aicha. Auch ließ er alle Schanzen und Befestigungen bis Augsburg besetzen. Dennoch sah Tilly dem erwarteten schwedischen Angriff mit gemischten Gefühlen entgegen, war wohl tatsächlich nicht mehr der alte, siegesbewußte Kämpfer. Ganz sicher blieb er überzeugt, daß Gott mit den Katholiken war, zweifelte aber möglicherweise inzwischen, daß er selbst weiterhin dessen siegreiches Werkzeug sei. Leider führte Tilly kein geheimes Tagebuch, war kaum der Mann, der seine innersten Überlegungen Papier anvertraute. Entschlossen, auf die gewohnte Weise Widerstand zu leisten, war er aber dennoch und hoffte auf die starken Befestigungen seines Lagers.

Hier bei der Festung Rain am rechten Ufer warteten die Bayern seit dem 1. April in einer vorteilhaften Stellung hinter dem angeschwollenen, reißendes Wasser führenden Fluß. In das steil ansteigende Ufer hatte Tilly Artillerie eingraben lassen, Schanzen angelegt und die Brücken und Boote zerstört. Beruhigend für die bayrische Führung war außerdem, daß der Ufersand vor ihren gesicherten Anhöhen morastig war und Angreifer nur mühsam durch den Schlamm waten und erschöpft auf die Bergkuppen anrennen würden. Tilly verstand in der Tat das Kriegshandwerk. Ein erfolgversprechender Angriff schien unmöglich. So dachten auch die schwedischen Befehlshaber, nicht so ihr König!

Nach gründlicher eigener Geländeerkundigung ließ Gustav II. Adolf eine

Schiffsbrücke anfertigen und befahl verschiedene Ablenkungsmanöver. Er hieß die Soldaten nasses Stroh abbrennen und hinter dichten Rauchschleiern die Brücke über den Lech schlagen. Der bayrische Gegenstoß scheiterte an einer finnischen Eliteeinheit, die den Brückenkopf standhaft verteidigte. Nahezu ungehindert konnten die Schweden Verstärkungen über die Pontons führen und die Kavallerie den herbeieilenden Bayern in die Flanken fallen. Als Tilly mit zerschmettertem rechten Bein aus dem Getümmel getragen wurde, brach Kurfürst Maximilian den aussichtslosen Kampf ab. Er folgte dem Rat seines sterbenden Oberbefehlshabers und führte die Reste der bayrischen Armee nach Ingolstadt.

Damals äußerten manche Militärs Zweifel, ob es wirklich Tillys Empfehlungen waren, und wollten nicht verstehen, daß Bayerns Fürst die Befestigungen aufgegeben hatte. Sie kritisierten sogar die verlustreichen Gegenangriffe Aldringens und Tillys und wandten ein, die Bayern hätten das schwedische Heer in die Niederungen locken müssen. Dort sollten sie in ihren Stellungen das verlustreiche Anrennen der Schweden abwarten, mit ihren Kanonen Gustavs II. Adolf Sturmtruppen zusammenschießen und dann einen Gegenschlag wagen dürfen. Bald ging die Mär, auch diesmal habe sich Tilly wie bei Breitenfeld von jugendlichen Heißspornen drängen lassen. Er hätte gegen bessere Einsicht angegriffen, höhnische Bemerkungen gefürchtet, er sei alt und zögerlich. Bedenkt man, daß Wallenstein bei Nürnberg in weitaus schlechterer Situation einen vollen Erfolg errang, dann scheint Tilly tatsächlich falsch entschieden zu haben.

Er wußte wohl, der schwedische König, warum er am 16. April, bei einer Besichtigung der Schanzen verwundert anmerkte, er verstünde Maximilian nicht. Ein solches Lager dürfe man nicht aufgeben. Er äußerte diese Ansicht so laut, daß es rasch bekannt wurde. So mußten sich die bayrischen Chronisten ihrerseits beeilen zu versichern, der Kurfürst habe das Lager nur auf einhelligen Rat aller seiner Obristen verlassen.

Tilly hätte es wissen müssen. Die Erinnerung an den eigenen Sturm auf Gustavs II. Adolf befestigtes Lager im Frühsommer 1631 im brandenburgischen Werben, die hohen Verluste seiner Truppen dort, sollten ihm eine Lehre sein. So gesehen versagte der alte Feldherr bei Rain am Lech, nachdem er noch einmal mit richtigem Blick die Stellung ausgewählt hatte. Dort stand weniger die »alte spanische Schule« gegen die neue schwedische Taktik als vielmehr ein in die Pflicht genommener, auf jeden Fall siegenmüssender Feldherr eines für sein Land fürchtenden Fürsten zur Debatte. Möglicherweise war der »Mönch« hier schon ohne »Harnisch«, mangelte es ihm an Siegeszuversicht. Vielleicht aber konnte er, schwer verletzt, Maximilian gar keine Ratschläge mehr geben.

In Ingolstadt, auf dem Sterbelager, jedenfalls dachte er bereits voller Hoffnungen wieder an den Kampf und gratulierte Wallenstein schriftlich zur neuerlichen Ernennung als kaiserlicher Oberbefehlshaber. Tilly hoffte bis zum Ende an den Sieg und bat mehrfach in bewegenden Worten seinen Nachfolger, alles zu tun, das Reich zu retten. Und noch einmal bewährte sich der alte Feldherr, als er Maximilian riet, Regensburg vor den Schweden zu besetzen. Symbolisch fast wurde Tilly zunächst in der Kirche des Jesuitenkollegs in Ingolstadt beigesetzt und erst 1652 nach Altötting umgebettet.

Bayern hatte seinen bedeutendsten Feldherrn und die katholische Gegenreformation einen überzeugten Verfechter verloren. Wahrscheinlich war er als Militär Gustav II. Adolf und Wallenstein nicht gewachsen und erkämpfte seine Siege gegen mittelmäßige Gegner. Anders als Wallenstein unterlag er dem Schwedenkönig mehrfach entscheidend.

König Ludwig I. von Bayern ehrte den später häufig zu Unrecht verleumdeten Feldherr mit jenem bekannten Münchener Denkmal. Das ermutigte Historiker und Politiker, ihn seither als deutschen Patrioten, manchmal auch als Heiligen zu feiern. Der des Deutschen nur sehr wenig mächtige spanische Niederländer war jedoch immer und vor allem Kämpfer einer durchgehenden Rekatholisierung Deutschlands und Mitteleuropas. Ihm war es zweifellos ernst, den Protestantismus zu vernichten. So wird man berechtigt werten können, daß er zunächst für die Kirche und dann für die landesherrliche Macht sowohl des Kaisers als auch seines bayrischen Landesfürsten kämpfte. Vielleicht sah er die Unvereinbarkeit beider Positionen, den ständischen Widerstand Maximilians gegen den vollständigen Sieg Ferdinands II. nicht, glaubte beide im Kampf für die katholische Erneuerung Deutschlands vereint.

Peter Ernst Graf von Mansfeld

Peter Ernst Graf von Mansfeld

* um 1580 im Schloß zu Luxemburg oder in Mecheln
† 29. November 1626 in Rakowitza, Dalmatien
Grabstätte: Asche bei Split verstreut
Eltern: Peter Ernst I. Graf und Reichsfürst zu Mansfeld-Vorderort, und Marie von
Montmorency (neuere Forschung) oder Anna von Benzerath

1603	Angebliche Ernennung zum Regimentskommandanten durch Erzherzog Matthias
5. März 1604	Lobschreiben Erzherzog Albrechts in Brüssel an den Vater in Luxemburg und Bestätigung eines Werbepatents für Peter Ernst
26. März 1604	Tod des Vaters und Enterbung Peter Ernsts durch väterliches Testament
	Degradierung zum Kapitän wegen angeblicher Versäumnisse beim Sturm auf Sluis
	Verkauf aller Erbrechte und Ansprüche an die Witwe des Bruders Carl, Reichsfürst an Mansfeld
November 1607	Ausweisung aus Luxemburg durch Erzherzog Albrecht
24. Juli 1610	Wechsel Mansfelds mit eigenem Freikorps zur Union und Beginn der Laufbahn als Condottiere
Juli 1618	Marsch nach Böhmen als selbständiger Truppenführer des Herzogs von Savoyen
20. August 1618	General der Artillerie der böhmischen Stände
10. Juni 1619	Niederlage bei Záblat gegen Buquoy
16. November 1620	Ernennung zum Generalfeldmarschall durch den »Winterkönig«
2. Oktober 1621	Einfall in des Bistum Speyer
27. April 1622	Sieg über Tilly bei Wiesloch
29. August 1622	Sieg bei Fleurus über Córdoba
25. April 1625	Niederlage an der Dessauer Elbbrücke gegen Wallenstein
Herbst 1626	Flucht nach Schlesien vor Wallenstein und Reise mit wenigen Getreuen nach Dalmatien

Er gilt als der Prototyp des Söldnerführers und Condottieres des Dreißigjährigen Krieges, war aber dennoch vielen Zeitgenossen ein Feldherr »von europäischem Ruf« (Wedgwood, 75). Immer wieder finanzierten Könige und Parlamente seine Werbungen, und es gelang Mansfeld wie kaum einem zweiten, in Kürze schlagkräftige Heere zu formieren, die er aber schon nach kurzer Zeit nicht mehr selbst unterhalten konnte. Zu seinen Fahnen strömten jene, die andernorts als Verbrecher und Gesetzlose verstoßen wurden. Kein anderer Heerführer dieser Zeit galt den Menschen Mitteleuropas so sehr als schrankenloser, bar menschlicher Regungen kriegführender Abenteurer wie er. Lange vor Wallensteins erfolgreicher Praxis, den Krieg sich selbst tragen zu lassen, organisierte Mansfeld militärische Aktionen, die eher Raubzügen glichen, in denen sich seine entmenschte Soldateska selbst besoldete.

Merkwürdigerweise verkörperte er für manchen Herrscher jener Jahre einen bedeutenden Kriegsmann, dessen Dienste man kaum entbehren konnte. Nahezu alle Großen der einander bekämpfenden Seiten mühten sich beständig um ihn, der sehr ausgeprägte eigene Wertvorstellungen entwickelte. Mansfeld wagte nur wenige Schlachten und suchte gewöhnlich sein kostbares Heer zu erhalten. So wich er meistens in ungeschützte Landschaften aus und tyrannisierte hilflose Bauern und die Bürger kleinerer Städte. Seine Bedeutung als Kriegsunternehmer erwuchs insbesondere aus der neuen Waffentechnik, die geübte Berufssoldaten erforderte. In der Werbung solcher Söldnerhaufen und der Anlage schwer zu stürmender Feldbefestigungen erwies sich Peter Ernst von Mansfeld als wirklicher Meister. Da kein Hof oder Staat damals ein umfangreiches stehendes Heer unterhalten wollte, waren solche Söldnerführer ein notwendiges Übel, dessen kein Fürst entrinnen konnte. Einen festen Kern ebenso gewissenloser Werbeoffiziere um sich scharend, zog Mansfeld zwischen Südosteuropa, Italien, den Niederlanden, Frankreich und England hin und her und hinterließ fast überall eine breite Spur verbannter Erde. »Geburt und Erziehung« hatten ihn zum Abenteurer werden lassen (ebd., 78), so meinen nahezu einhellig alle Fachhistoriker.

Bis heute konnte das genaue Datum seiner Geburt nicht geklärt werden. Auch blieb umstritten, ob er als unehelicher Sohn zur Welt kam. Sein zweifellos wenig wählerischer Vater, der Reichsfürst und einstige Statthalter der Niederlande, Peter Ernst I. von Mansfeld (1517-1604), hatte sich achtzigjährig nach Luxemburg zurückgezogen. Hier wurden ihm in einer Verbindung mit einer adligen Dame – einige Historiker benennen Anna von Eyken, Freiherrin zu Riviere und Ganskornes bzw. Anna von Bentzerath, die neuere Forschung Marie de Montmorency aus dem französischen Hochadel als Mutter – neben Peter Ernst noch weitere zwei Kinder

geboren. Klarheit wird wohl nicht mehr gewonnen werden. Erhalten ist ein zweifel-
haftes Briefkonzept vom 28. Februar 1591 im luxemburgischen Staatsarchiv, in dem
Fürst Peter Ernst I. König Philipp II. von Spanien um Legitimierung seiner drei
Kinder Peter Ernst, Karl und Anna mit der Anna von Eyken bittet. Dieses Papier
wirkt eher wie eine zeitgenössische Fälschung, gewichtig vielleicht daher, weil später
dort die Festlegung einer Erbschaftssteuer an die königliche Kasse durch die solcherart anerkannten Erben hinzugefügt wurde. Ein entsprechendes Original aber fand
sich weder im Nachlaß Mansfelds noch in Madrid. Die Zeitgenossen jedenfalls leug-
neten immer die Legitimität des Söldnerführers. Auch bedachte der Vater in seinem
Testament die Nachgeborenen nicht. Die Quellen belegen, daß der junge Peter
Ernst im väterlichen Schloß in Luxemburg nicht als anerkannter Erbe aufwuchs.
Beobachter berichteten schon damals über Neigungen des Jungen, in blutigen Raufereien sein Recht zu verteidigen und nannten ihn einen eifrigen Glücksspieler,
zitierten den Hang, sich in den Vordergrund zu drängen.

Sicher bleibt aber nur, daß der Halbwüchsige, den keiner wollte, schließlich an
der Seite seines erheblich älteren Halbbruders Karl – dem Kaiser Rudolf II. 1595 in
Prag die väterliche Würde des Reichsfürsten bestätigte – in den Türkenkriegen
kämpfte. Nach Karls frühem Tode im August 1595 soll der junge Peter Ernst von
Erzherzog Matthias 1603 ein Reiterkommando erhalten haben, eine Behauptung
Mansfelds, die durch kein entsprechendes Patent belegt ist. Ebenso unsicher bleibt
aber auch das Gerücht, er sei bald wegen Undiszipliniertheit und Spielschulden entlassen worden. Wahrscheinlich führte Mansfeld einige Jahre später einige Kompanien unter Spinola vor Ostende und soll im Jülich-Klevischen Erbfolgestreit unter
Erzherzog Leopold gedient haben. Erhalten blieb ein Gesuch des jungen Kriegsmannes an den Habsburger auf Zuweisung einzelner Besitzungen aus dem väterlichen
Erbe, das jedoch negativ beschieden wurde. Es bleibt aber mehr als fraglich, ob diese
Verweigerung der Schlüssel für späteres Verhalten Mansfelds bedeutete. Kaum vor-
stellbar, daß dieser sich andernfalls auf ein Landgut zurückgezogen hätte. Sicher ging
sein »ganzes Streben... nach einer anerkannten gesellschaftlichen Stellung und nach
einem eigenen kleinen Fürstentum«. Aber auch vor 1610 war er keineswegs sonderlich friedfertig gesonnen, auch damals waren »seine Tugenden... lediglich die eines
Soldaten«, und »einfachste Ehrlichkeit wie Feigheit waren ihm gleichermaßen unbekannt« (ebd., 80). Doch markiert diese Verweigerung insofern eine Zäsur, als er sich
nun erstmalig der Union andiente, mit deren Truppen ins Elsaß rückte, fortan Erzherzog Leopold eifrig haßte.

Obgleich manche Historiker ihn später auch zu einem Vorkämpfer des Protestantismus verherrlichten, findet sich kein Beleg für einen Glaubenswechsel. Obwohl das kaum viel besagen sollte, beteuerte Mansfeld bei verschiedenen späteren
Versuchen, sich wieder Habsburg als Heerführer anzuschließen, er sei zeitlebens ein
guter Katholik geblieben. Trifft das zu, war er jedenfalls diesem Bekenntnis kaum
sonderlich verpflichtet. Wie Tilly, Wallenstein und die anderen Generäle wählte er
seine Söldner wahrlich nicht nach ihrer Konfession aus. Er weilte ebenso unbekümmert am Hofe des katholischen Herzogs von Savoyen wie in verschiedenen refor-

mierten Residenzen, beim Hugenottenführer in Sedan wie später auch unter böhmischen Fahnen und nahm gerne und bereitwillig französisches Geld.

Bis Ende 1611 diente Mansfeld als Korpsführer der Unionstruppen im Elsaß
und in Baden und sicherte sich hier eine jährliche Pension des Landgrafen von Brandenburg-Ansbach. In dessen Dienst reiste er im Winter 1614 mit einem der Söhne
des Ansbachers nach Turin und bot sich hier dem Herzog von Savoyen als Werber
an. Schon damals sah er seine künftige Laufbahn durch niederländische Subsidien
bestimmt und rührte die Werbetrommel für eine savoyische Armee gegen Spanien.
Während jedoch keine Quellen über Erfolge Mansfelds erhalten blieben, ist für
1616 eine neuerliche Reise des Söldnerführers nach Turin belegt. Wiederum wurde
er vom dortigen Herzog beauftragt, ein Korps zu werben, sollte aber die Truppen
vorerst in Brandenburg-Ansbach sammeln. Der Frieden zu Madrid vom 26. September 1617 beendete den Krieg in Oberitalien. Erfreulicherweise für Mansfeld
wertete Savoyens Fürst die Lage aber als so gespannt, daß er seine Truppen im fränkischen Raum zusammenhielt. Der Herzog konnte das um so leichter, als Mansfelds
Mannschaften ohnehin aus den Kassen Venedigs besoldet wurden. Im Juli 1618
jedenfalls wies Herzog Karl Emanuel seinen Heerführer an, mit den etwa 2.000
Söldnern nach Böhmen zu marschieren. Bereits am 20. August 1618 ernannten
Böhmens Stände den Grafen von Mansfeld zum General der Artillerie. Der Abenteurer selbst unterschrieb wenig später seine erste Verteidigungsschrift stolz mit dem
klangvollen Titel »Oberst der uniierten Kurfürsten und Stände, General der deutschen Kompanien des Herzogs von Savoyen« (Ütterodt, 158).

Zunächst war der neue Befehlshaber größerer Truppeneinheiten erfolgreich. Am
21. November 1618 fiel das feste Pilsen. Während sich jedoch die militärische Lage
in Böhmen rasch zuspitzte, verhandelte Mansfeld ab 28. Januar 1619 wieder in
Turin und reiste erst am 4. März nahezu mit leeren Händen zurück. Der Herzog
träumte von der Kaiserkrone und hoffte wenigstens auf die böhmische Königswür-
de. Mansfeld vergab, was er ohnehin nicht hatte, und wurde vielleicht noch übertroffen von Christian von Anhalt, Friedrichs V. Ränkeschmied. Der Vertrag von
Rivolo vom 28. März 1619 zwischen dem Herzog von Savoyen und Christian von
Anhalt über eine Allianz war kaum das Papier wert. Savoyens böhmischem Feldherrn jedenfalls brachte es keine dringend benötigten Gelder.

Einige Monate danach, Anfang Juni 1619, erlitt Mansfeld bei Záblat eine schwere Niederlage durch den kaiserlichen Feldherrn Karl von Buquoy, ein Rückschlag für
die böhmischen Stände, die daraufhin erschrocken ihre vor Wien stehenden Truppen zurückrufen mußten. Er mochte persönlich mutig, als Kriegsorganisator besonders talentiert sein, entscheidende Erfolge jedenfalls errang Mansfeld nicht für seine
Auftraggeber. Während sich Graf Heinrich Matthias von Thurn nach der Königswahl Friedrichs von der Pfalz dessen neuem Oberbefehlshaber, Christian von Anhalt, widerspruchslos unterordnete, verblieb Mansfeld unberührt im Raum Pilsen,
als sich am 8. November 1620 vor Prag die Entscheidung anbahnte.

Er hatte im April 1620 um die Ernennung zum Feldmarschall nachgesucht und
gehofft, dadurch als Nachfolger für den am 12. April gefallenen Colonna von Fels

bestimmt zu werden, und verlangte auch größere Geldzahlungen von König Friedrich. Den Titel hatte man ihm bereitwillig zugebilligt, die erhoffte Befehlsgewalt
aber nicht. So führte ein verärgerter Mansfeld fortan seinen eigenen Privatkrieg um
Budweis und Tabor und konzentrierte seine Truppen untätig um Pilsen. Er plänkel-
te hin und wieder nahe der bayrischen Grenze mit den Liga-Truppen, vermied aber
vorsichtig jedes gefährliche Zusammentreffen mit dem Gegner. Statt dessen wechselte er schon im Oktober 1620 eifrig Briefe mit Buquoy und knüpfte Verhandlungen
an, »um den Feind aufzuhalten«, wie sein Abgesandter Oberst Carpzow wenig später
den erschrockenen Offizieren um Christian von Anhalt versicherte (ebd., 277). Das
Heer der Liga und des Kaisers jedenfalls band Mansfeld nicht vor Pilsen. Seine Truppen folgten auch nicht, als sich Tilly und Buquoy nach Prag wandten. Mansfeld ritt
allein zum »Winterkönig« und bestand erneut auf dem Oberbefehl, ritt abgewiesen
verärgert nach Pilsen zurück. Tilly hatte richtig vermutet, daß Mansfeld nicht bereit
war, seine Positionen um Pilsen zu opfern, »um die Hauptstadt zu retten« (ebd.,
283). Wahrscheinlich, daß bestimmte Geldzahlungen der Liga an Mansfeld dessen
zögerliche Haltung noch förderten, wie manche Historiker meinen. Auch dringlich-
ste Bitten Christians von Anhalt auf schnellste Vereinigung beantwortete der Söldnerführer nur mit neuerlichen Forderungen nach dem Oberbefehl. Die Angelegenheit sei »erst durch die Schlacht am Weißen Berg entschieden« worden, »rechtfertigte« sich der Söldnerführer später lakonisch (ebd., 285). So mag es fast wie Hohn wirken, daß ein Apologet Mansfelds im letzten Jahrhundert ausdrücklich hervorhob,
jener sei nun »des Protestantismus einziger unerschrockener Kämpe« geblieben
(ADB, XX, 225), »ein Verdienst, das nachfolgende Zeiten ihm längst hätten zu
erkennen sollen« (ebd.). Darüber sollte man tatsächlich weiter streiten! Nur soviel ist
unbestritten: Um seinen Verdienst mühte er sich allerdings damals mehr als redlich.
Der am 16. November 1620 zum Generalfeldmarschall ernannte Mansfeld verhandelte höchst unerschrocken, ja unverfroren mit den Siegern von Prag über einen
Wechsel seiner Truppen und forderte mutig einen so hohen Preis, daß ihm schließlich nur der Abmarsch in die Oberpfalz blieb.

    Gegen eine erfreulich hohe Summe hatten seine Offiziere am 9. April 1621 Pil-
sen an Tilly übergeben, während sich der Feldherr wieder einmal fern des Geschehens um neue Gelder bemühte. Selbstverständlich beklagte er laut das Ereignis,
bestrafte einige Offiziere und nahm die ausgehandelte Kapitulationssumme dennoch gerne. Ohne ausreichenden Sold und unzulänglich bewaffnet schmolz sein
Heer schnell zusammen. So war der Marsch in die Oberpfalz eher eine eilige Flucht.
Bald widmeten sich Offiziere und Soldaten hier vor allem dem »Fouragieren«, und
Mansfelds Name wurde erstmalig Symbol für grausamste Plünderungen und Mord-
brennereien im »eigenen Land«. Durch Mansfeld entwickelte sich jenes System der
neuen Kriegführung auf deutschem Boden, in dem »der Krieg den Krieg ernähren«
mußte.

    Von seinem befestigten Lager in Waidhausen in der Oberpfalz aus fouragierte er
auf seine Weise und verhandelte mit Tilly über den Anschluß an die Liga. Zwischendurch, am 16. Juli 1621, wehrte Mansfeld einen Angriff der bayrischen Truppen auf

seine Verschanzungen ab und feilschte wenig später neuerlich um einen Wechsel ins
kaiserliche Lager. Möglich, daß es beiden nicht wirklich Ernst war, Maximilian dem
Bayern, der Mansfelds finanzielle Notlage kannte und über die ständigen Meutere-
en informiert war, und dem Feldherrn des flüchtigen böhmischen Königs, der
ahnte, daß sein gegenwärtiger Zustand die Forderung nach Ablohnung seines Heeres und die Ernennung zum kaiserlichen Feldherrn kaum trug. Am 2. Oktober 1621
marschierte Mansfeld mit ca. 20.000 Mann auf die Rheinpfalz zu. Rechtzeitig für
die Ehre und unerschütterliche Treue des Condottiere zur Pfälzer Sache war englisches Geld übergeben worden. Drei Wochen später begannen die Leiden der Menschen im Bistum Speyer. Mansfelds Söldner halfen sich auf die bewährte Weise mit
Plünderungen und Schatzungen, während ihr Führer auf ebenso gekonnte Art verhandelte, nun mit Isabella von Spanien, der Statthalterin in Brüssel.

Für die Einordnung seiner Scharen ins spanische Heer beanspruchte Mansfeld
fast eine halbe Million, den Titel eines Reichsfürsten und die Landvogtei Hagenau.
Er habe wahrscheinlich den Preis so unvernünftig hoch getrieben, weil er einen
Wechsel nie ernsthaft gewollt hätte, so einer seiner Apologeten. Offen blieb dann
aber, warum er überhaupt untätig blieb und unterhandelte. Wahrscheinlicher ist,
daß Friedrichs V. von der Pfalz Ankunft im Mansfelder Lager auch diesen Versuch
abbrach. Mansfeld beschied sich mit den spärlicheren Geldern aus England, die der
»Winterkönig« mitbrachte bzw. versprach.

Treue und Zuverlässigkeit bekundete Mansfeld tatsächlich immer jenem, der
ihm momentan die notwendigen Gelder verhieß, deren er für sein einziges Existenz-
mittel, das Heer, unablässig bedurfte. Das waren zu seiner Enttäuschung offenbar
beständig nur die Feinde der Habsburger. Mochten sie seinen Wert auch immer
niedriger anschlagen als es der Condottiere selber versuchte, er rettete sich und sein
Heer auf diese Weise von einer Katastrophe zur nächsten. Am 25. April 1622 aber
zwang ihn der Vorstoß Tillys zur Schlacht. Sein Erfolg bei Wiesloch und Mingols-
heim sicherte eine Atempause für die Pfalz. Die Niederlage des Markgrafen von
Baden-Durlach bei Wimpfen und die schweren Verluste Christians von Halberstadt
bei Höchst, durch neuerlichen Eigensinn und Vorsicht Mansfelds verschuldet, ver-
ursachten die künftige Katastrophe für die Pfalz.

Als Friedrich V. – selbst alles andere als ein energisch streitender Kriegsmann –
wohl ehrlich erschüttert ob der Plünderungen und Qualen seiner und verbündeter
Untertanen, im übrigen schnell wieder völlig mittellos, am 13. Juli 1622 den Feldherrn und Christian von Halberstadt entließ, da sandte Mansfeld wieder einmal ein
Angebot an Tilly. Dieser ließ aber den Brief vom 15. Juli unbeantwortet. Glücklicherweise boten die Niederlande rechtzeitig 600.000 Gulden für Hilfe gegen die
gefährlich vorwärtsdringenden Spanier unter Spinola. So verblieb Mansfeld auch
diesmal im antihabsburgischen Lager. Im Elsaß und in Lothringen sahen die Menschen wenig Grund, sich dessen zu freuen.

Nach gescheiterten Verhandlungen mit Ludwigs XIII. Vertrautem Marschall de
Nevers, der Infantin-Regentin in Brüssel und der Verpfändung nahezu aller
Geschütze an den Herzog von Bouillon in Sedan marschierte Mansfeld gemeinsam

mit dem »tollen Halberstädter« zur niederländischen Grenze. Der Durchbruch bei Fleurus am 29. August 1622 wird bis heute höchst unterschiedlich beurteilt. Ein Sieg war es wohl für Mansfeld schon deshalb, weil ihm Córdobas Kriegskasse blieb und er seine meuternden Reiter entlohnen konnte. Die Niederländer enttäuschten den Condottiere. Der Stolz über den Durchbruch bei Fleurus und das eigene lauthals verkündete Lob erbrachten wenig. Mansfeld erhielt den vereinbarten Lohn. Feldherr der Niederlande wurde er nicht. Nach dem erfolgreichen Entsatz Bredas wünschten auch die Generalstände den berüchtigten Heerhaufen keinen Tag länger im Lande. Das unbefestigte, friedliche Ostfriesland wurde die unglückliche Beute des Mansfelders, der hier der durch England, Venedig, Dänemark und Friedrich V. gelobten neuen Subsidien harrte. Zwischendurch zündelte seine Soldateska hier ebenso fleißig wie überall. Selbst Mansfelds überzeugter Verteidiger im vorigen Jahrhundert bemerkte bedrückt, die Feder sträube sich, »eine Darstellung des nun folgenden Erpressungs- und Plünderungssystems zu entwerfen«, dem Ostfrieslands Bevölkerung ausgesetzt wurde. Was »weit über Jahresfrist ausgeübt wurde, gehört zu den entsetzlichsten Episoden des großen Krieges« (ADB, XX, 229). Derweilen diskutierte der Heerführer im Haag monatelang künftige Aufträge, vereinbarte freudig mit Richelieu, dem neuen mächtigen Manne Frankreichs, Werbegelder für ein Heer von mehr als 30.000 Söldnern.

Nachdem er am 1. April 1624 zu Calais Frankreichs Interessen und Wünsche gehört hatte, setzte er mit Herzog Bernhard von Weimar, dem Grafen von Solms und weiteren erfahrenen Werbern nach England über und traf am 24. April in London ein. Hier genoß Mansfeld beglückt den Ruf, der bedeutendste Verteidiger des Protestantismus zu sein, und ließ sich als Englands Degen auf dem Kontingent feiern. Der Vertrag von Saint Germain en Laye am 6. September benannte ihn als Englands Heerführer in der antihabsburgischen Koalition, dem Frankreich, Savoyen und Venedig großzügige Subsidien zusagten.

Als Mansfeld im Frühjahr 1626 an der Seite Christians IV. von Dänemark kämpfte, mußte er überrascht begreifen, daß der Däne wenig Lust empfand, das Mansfelder Korps offiziell als das seinige zu betrachten. Offenbar fürchtete der König nicht grundlos, seine Mission als angeblicher Verteidiger des niedersächsischen Kreises gegen den Kaiser und die Liga durch ein offenes Bündnis mit dem Condottiere in Mißkredit zu bringen. Immerhin hatte der verbündete Herzog von Braunschweig-Celle Anfang Dezember 1625 in einem Protestschreiben Christian IV. geklagt, die Mansfelder hätten in einigen braunschweigischen Ämtern »die Menschen... ohne einige Ursache jämmerlich... zerquetscht, gesengt, am Feuer gebraten ... die Ohren abgeschnitten« (Ütterodt, 653). Schnell leugnete der Däne alle Verbindungen zu Mansfeld und wünschte wohl auch dessen ohnehin höchst unzuverlässige Hilfe nicht.

So stand Mansfeld wieder einmal untätig mit ca. 9.000 Mann in Quartieren im Lüneburgischen und Lauenburgischen und träumte von einer künftigen Vereinigung mit Bethlen Gábor. Hier sammelte er noch einmal in kurzer Zeit fast 30.000 Söldner und griff auf dem Wege nach Süden leichtfertig Wallensteins Verschanzungen an der Dessauer Elbbrücke an. Zwischen dem 1. bis zum 25. April intensivierte Mansfeld seine Vorstöße gegen Wallensteins Obristen Aldringen und suchte an diesem Tage schließlich die Entscheidung. Er glaubte wohl, seinem Prestige als Feldherr diesen Erfolg über den unterschätzten Wallenstein zu benötigen.

Am späten Abend des 25. Aprils 1626 waren Mansfeld noch ca. 5.000 verblieben. »Mansfeld, ein Veteran seines Metiers, dessen Mißgeschick in Europa« inzwischen »sprichwörtlich geworden war« (Wedgwood, 186), brauchte nun mehr noch einen Sieg. Er stampfte mit englischen Söldnern bis Ende Juli 1626 ein neues ansehnliches Heer aus dem Boden und bewies wenigstens hier noch einmal seine Stärke. Nutzen konnte er auch diese Armee nicht mehr. Im Spätherbst 1626 verließ er von Wallenstein bedrängt, ohne seine Truppen Schlesien. Er verpfändete dem Herzog von Weimar seine Geschütze und übergab ihm die Söldner. Bethlen Gábor, seine letzte große Hoffnung, hatte ähnlich auf eigenen Vorteil bedacht wie Mansfeld, diesen am 30. September 1626 ein letztes Mal verraten. So war der Heerführer nach Jahrzehnten erstmalig wirklich ohne Heer, begleitet nur von wenigen Gefährten, auf dem Wege nach Dalmatien. Er suchte entweder türkische oder venezianische Dienste. Selbst das kann niemand wirklich beantworten. Nicht einmal sicher ist, ob er im Dorf Rakonitze im fernen Dalmatien am 29. November 1626 wirklich stehend im Harnisch den Tod fand, »eine herausfordernde und vergebliche Geste am Ende eines herausfordernden und vergeblichen Lebens« (Wedgwood, 186), eine Wertung, der nichts hinzuzufügen ist. Geblieben ist nur Erinnerung. Selbst Mansfelds Asche soll irgendwo in Split verstreut worden sein. So endete ein »Kriegsverbrecher«, der allen Ländern, »die er durchzogen, Zeiten eines namenlosen Jammers bereitet hat« (Ütterodt, 723).

Karl Bonaventura Graf von Buquoy

Karl Bonaventura Graf von Buquoy

* 9. Januar (?) 1571 in Arras
† 10. Juli 1621 bei Neuhäusel (Nové Zámky)
Grabstätte: Kirche zu Rosenberg
Eltern: Maximilian von Lonqueral, Baron von Vaux und Graf von Buquoy (seit 1581), und Margueritha de Lille (Lisle)

Eheschließung im Herbst 1606
MAGDALENA DE BIGLIA, Gräfin von Arona
Eltern: Balthasar de Biglia, Graf von Sarona, und Justine Visconti, Gräfin von Carbonaro

1597	Kommandant von Arras
1598	Gefangennahme als Kommandant von Emmerich am Rhein durch die Holländer
	Ernennung zum General-Wachtmeister und Teilnahme an der Schlacht von Nieuwport
1600	Beförderung zum General-Feldzeugmeister
1606	Ernennung zum Kriegsrat des Königs von Spanien und Ritter des Ordens vom Goldenen Vlies; Statthalter des Hennegau
	Oberbefehlshaber der kaiserlichen Truppen und Ernennung zum Feldmarschall, Geheimen Rat, Mitglied des Hofkriegsrates
10. Juni 1619	Sieg über Mansfeld bei Záblat
24.-26. Oktober 1619	Verteidigung Wiens gegen Thurns böhmische Streitkräfte
12. Juli 1620	Neuerlicher Sieg über Thurn nahe Wiens
8. November 1620	Teilnahme an der Schlacht am Weißen Berg
Dezember 1620	Einnahme Karlsteins
7. Mai 1621	Eroberung Preßburgs

Obgleich er in der wichtigen Anfangsphase des böhmischen Aufstandes Wien mehrfach erfolgreich gegen die böhmischen Truppen verteidigte und wahrscheinlich die
Herrschaft Habsburgs rettete, zählt er eher zu den weniger bekannten Feldherrn des
Dreißigjährigen Krieges. Dabei prägte Buquoy wie kaum ein anderer die Militärstra-
tegien der Habsburger wenigstens für das 17. Jahrhundert und begründete die sogenannte defensive Kriegsführung Österreichs. Er selbst war ein Schüler Alexander
Farneses. In den Auseinandersetzungen Spaniens und der Niederlande hatte er
gelernt, gefährlichen Entscheidungen auszuweichen und vor allem ein schlagkräftiges Heer zu erhalten. Während einige andere damalige Feldherrn den Krieg durch
schnelle, kühne Offensiven siegreich beenden wollten, suchten Farnese und seine
Nachfolger den Gegner zu erschöpfen. Noch vorsichtiger als Mansfeld und Tilly
wich Buquoy Schlachten aus und griff nur an, wenn er seiner Sache absolut sicher
war. So gilt er als jener Feldherr, der das spanische Modell der extremen Ermattungsstrategie konsequent auf die deutschen Verhältnisse anwandte.

Schon frühzeitig bewies der junge Buquoy Tatkraft und militärisches Geschick
bei der Verteidigung von Arras gegen die französischen Belagerer unter Marschall
Charles de Gontaut, Herzog von Biron (1562-1602). Damals hatte er sich bereits
bei Calais und der Belagerung der flandrischen Festung Hülst bewährt. Wenig später entsetzte er die Festung Amiens.

Nach dem Frieden von Verdun am 2. Mai 1598 zwischen Frankreich und Spanien fielen Buquoy kleinere Aufgaben gegen die Niederländer zu. Als Kommandant
von Emmerich am Rhein geriet er in holländische Gefangenschaft und mußte sich
durch ein hohes Lösegeld freikaufen. Danach begab er sich zur Armee des Erzherzogs Albrecht von Österreich, der als neuer Regent der Niederlande gegen Moritz
von Nassau-Oranien marschierte. In der für Spanien unglücklichen Schlacht bei
Nieuwport 1600 wurde Buquoy verwundet. Inzwischen war er zum General-Wachtmeister aufgestiegen.

Da er sich bei der Belagerung von Ostende 1602 erneut auszeichnete, wurde er
zum General-Feldzeugmeister befördert. Unter dem neuen Oberbefehlshaber Spaniens, Ambrosio di Spinola, marschierte Buquoy an den Rhein, leitete dort mehrere
eigenständige militärische Operationen und bewährte sich auch hier.

Nach dem Waffenstillstand mit den Niederlanden im April 1609 wurde er zum
Statthalter Spaniens im Hennegau ernannt, nachdem er dieses Amt auf Weisung des
Regenten, Erzherzog Albrecht, bereits seit mehreren Jahren verwaltet hatte.

Die Ermordung des französischen Königs Heinrich IV. eröffnete neue Möglichkeiten einer Annäherung Spaniens und Frankreichs. Unmittelbar nach Bekanntwerden
der Bluttat reiste Buquoy als Sondergesandter Spaniens nach Paris. Möglich, daß es

weniger den diplomatischen Talenten Buquoys als mehr den Wünschen der Königinwitwe Maria und ihren Günstlingen geschuldet war, daß sich die Beziehungen beider
Feindmächte deutlich verbesserten. Sonderliches Lob wurde ihm jedenfalls nicht.

Die Quellen dokumentieren tatsächlich wenig über Buquoys nächste Lebensjahre. Erst die böhmischen Unruhen rücken auch seine Persönlichkeit wieder stärker in
den Mittelpunkt des europäischen Geschehens. Kaiser Matthias bestimmte Buquoy
1618 zum Oberbefehlshaber seiner Truppen und ernannte ihn zum Feldmarschall.

Zu diesem Zeitpunkt verfügte Wien aber weder über eine schlagkräftige Armee
noch über die notwendigen Gelder, in naher Zukunft eine solche formieren zu können. So garantierte eine derartige Berufung kaum besondere Ehre und schnelle
Erfolge. Buquoy wurde auch deshalb vor eine fast unlösbare Aufgabe gestellt, da ein
zweiter kaiserlicher Feldherr, der heute nahezu unbekannte Heinrich Graf von Dampierre, anfangs hartnäckig eine Zusammenarbeit mit dem Oberbefehlshaber verweigerte und sich auch später nur widerwillig unterordnete. Buquoy konnte in Wien
nicht einmal durchsetzen, daß er Prag mit den gesamten kaiserlichen Streitkräften
angriff. Mehr oder weniger hilflos stand er mit seinem Heer vor der böhmischen
Hauptstadt und konnte auch Pilsen nicht vor Mansfeld sichern.

Buqouys Verdienst für die Verteidigung Habsburgs erwächst vor allem aus der
konsequenten Umsetzung einer Defensivstrategie gegen die weit überlegenen Streitkräfte der böhmischen Stände. Anfangs wich er überlegt jeder Feldschlacht aus und
ließ sich nicht zu Offensivhandlungen provozieren. Offenbar vergaßen die Böhmen
und ihre Generäle schließlich, daß der flandrische Graf alles andere als ein ängstlicher Mensch war. Leichtsinnig lieferte Mansfeld dem gut gesicherten Buquoy bei
Záblat am 10. Juni 1619 eine Schlacht. Der kaiserliche Sieg verängstigte die Prager
Standesherren so sehr, daß sie Thurns Heer vor Wien zurückriefen. Buquoy verwü-
stete inzwischen unbehelligt weite Teile Böhmens.

Es spricht für das militärische Können des Farnese-Schülers, daß er wenig später
Wien gegen neuerliche Angriffe der Böhmen verteidigte. Durch Bethlen Gábors
Einfall in Ungarn und Österreich zurückgerufen, wies Buquoy zwischen dem 24.
und 26. Oktober alle Angriffe des kaum weniger tatkräftigen Matthias Heinrich von
Thurn ab. Glücklicherweise verhandelte Bethlen Gábor, Ende Oktober ebenfalls vor
Wien gezogen, mit dem Kaiserhof über einen gewinnträchtigen Frieden, wünschte
keinen Sturm der Residenzstadt und war im übrigen auch wegen einer Niederlage
seiner in Ungarn stehenden Teilkräfte beunruhigt. Der Fürst von Siebenbürgen gab
die Belagerung auf, zwang auch die Böhmen zum Rückzug. Möglicherweise bewahrte das Buquoy vor einer Kapitulation und Gefangennahme.

Der weiterhin unbesiegte kaiserliche Feldherr jedenfalls nutzte neuerlich seine
Stunde, als Graf Thurn am 12. Juli 1620 wieder auf Wien marschierte. Er lockte den
heißblütigen Ständeheerführer in einen Hinterhalt und warf die Böhmen mit hohen
Verlusten zurück. Unberührt wich Buquoy wenig später der überlegenen Armee
Christian von Anhalts aus, verweigerte die angebotene Entscheidungsschlacht. Da
sich das böhmische Heer kurze Zeit danach zurückzog, rettete der Spanier erneut die
kaiserliche Armee und die Residenz der Habsburger ohne ein verlustreiches Treffen.

Als sich seine Korps am 8. September 1620 nördlich von Krems mit dem Ligaheer vereinten, war das Schicksal der böhmischen Erhebung besiegelt. Nicht nur, daß mit Tilly und Buquoy zwei höchst erfahrene Feldherrn gegen Christian von Anhalt und Thurn standen. Die kaiserlich-ligistische Armee war nahezu doppelt so stark wie der böhmische Gegner.

Getreu seiner Strategie lehnte Buquoy in diesem Spätherbst die Fortsetzung des Krieges ab und kalkulierte die erschwerten Wetterbedingungen und fehlenden Verpflegungsmöglichkeiten zweifellos richtig ein. Auch beurteilte er angesichts der Verschanzungen Christians von Anhalt am Weißen Berg die Erfolgschancen des alliierten Heeres als gering, eine Fehleinschätzung, wie die Ereignisse des 8. Novembers belegen. Klug war es dennoch, was der damals verwundete Buquoy empfahl. Er wünschte einen Umgehungsmarsch und wollte die Böhmen zum Schutze des wenig gesicherten Prags von den Anhöhen herunterlocken. Im übrigen führte er, als er während des Kampfes die wankenden Reihen des böhmischen Zentrums entdeckte, trotz seiner Verletzung die kaiserlichen Reserven selbst in die Schlacht. Berechtigt erwähnte Maximilian von Bayern, formal den Oberbefehl führend, auch den Einsatz des kaiserlichen Feldherrn als kriegsentscheidend.

Nachdem er seine Wunden auskuriert hatte, marschierte Buquoy im Dezember vor Karlstein und eroberte das feste Schloß. Wenig später unterwarf er Mähren und zwang die dortigen Stände zum Huldigungseid für Kaiser Ferdinand II. Es entsprach dem Zeitgeist, daß der kaiserliche Feldherr dann in Wien seinem Kriegsherrn persönlich die eroberten Fahnen vor die Füße legte, großzügige Belohnungen empfing. Als Eigentümer der Herrschaften Rosenberg und Gratz kehrte er im Februar 1621 zum kaiserlichen Heer zurück und marschierte nach Ungarn. Dort war erneut Bethlen Gábor eingefallen.

Nach kurzer Belagerung zog Buquoy am 7. Mai 1621 in Preßburg ein und rückte im Juni vor Neuhäusel (das heutige Nové Zámky in der Slowakei). Bis heute bleibt unklar, ob Buquoy dort am 10. Juli bei der Abwehr eines Ausfalls der Belagerten oder bei einem Beutezug in der Umgebung fiel. Sein Tod jedenfalls zeitigte spürbare Folgen für den Ungarnfeldzug. Die kaiserlichen Truppen räumten das Land sofort und überließen dem Grafen Thurn und den Aufständischen das Feld.

Der Leichnam wurde nach Österreich überführt und dort als Ausdruck besonderer Wertschätzung des toten Feldherrn und Retters der Wiener Habsburger mit einem feierlichen Staatsbegräbnis zunächst in Wien bestattet, später nach Rosenberg umgebettet. Lobten die siegreichen österreichischen Katholiken den wallonischen Grafen überschwenglich, so verdammten ihn die Besiegten in Böhmen, Mähren und Österreich um so lauter. Sein Name wurde Symbol einer frühen grausamen Kriegsführung gegen die wehrlose Bevölkerung. Buquoy ist tatsächlich einer jener Heerführer, die, ständig in Geldnot, den Krieg der eigenen Soldateska überließen, die sich auf ihre Weise »besoldete«. So gesehen war er ein wahrer Zeitgenosse des Condottiere Mansfeld. Von ihm trennte ihn letztlich nur der Marschallstab Habsburgs, vielleicht auch die konfessionelle Bindung, auf jeden Fall natürlich die Anerkennung als kaiserlicher Heerführer.

Rambaldo Graf von Collalto

* 1579 in Mantua
† 18. November 1630 in Chur
Eltern: Anton IV. Graf von Collalto, und Julia, Marchesa Torelli di Casei

Eheschließung mit
BIANCA POLYXENA von Thurn-Valsassina
† 1675
Eltern: Hieronymus Wenzel Graf von Thurn-Valsassina und Anna Ludmilla Gräfin
von Hardegg

1598	Beginn einer Militärlaufbahn in kaiserlichen Diensten
1599	Ernennung zum Feldkriegsrat und Oberst
1600	Regimentskommandant unter Buquoy in Böhmen
Juli-August 1620	Kaiserlicher Gesandter auf dem ungarischen Reichstag in Neusohl (das heutige Banská Bystrica in der Slowakei)
Mai 1621	Feldzug gegen Ungarn
1622	Vertreter des Kaisers auf dem Salzburger Konvent
31. Juli 1624	Ernennung zum Hofkriegsratspräsidenten
20. September 1625	Ernennung zum Feldmarschall
April 1627	Ernennung zum Geheimen Rat des Kaisers
31. Mai 1628	Generalleutnant im Heer Wallensteins
April 1629	Ernennung zum Oberbefehlshaber des kaiserlichen Heeres in Italien
18. Juli 1630	Eroberung Mantuas

Der General wurde zu Lebzeiten am Wiener Hof hochgeschätzt. Insbesondere Kaiser Ferdinand II. vertraute seinem Urteil. Auch der Nuntius lobte ihn als ungewöhnliche Persönlichkeit, allen Zeitgenossen überlegen. Collato selbst überschätzte sich maßlos und schied mehrere Male beleidigt aus höheren Ämtern, weil er sich ungenügend geachtet fühlte. In Wien galt er als Vertrauter und Förderer Wallensteins, doch beurteilte der Feldherr Collatos militärische Begabung eher gering, ein »politischer General ohne echtes Format« (BioWö, I, 482), dessen Fähigkeiten »hinter seiner Geltungssucht und Ruhmgier« zurückblieben (NDB, 3, 321).

Rudolf Freiherr von Tiefenbach auf Mayerhoffen

* 1580
† 4. März 1653
Vater: Christoph Freiherr von Tiefenbach

Eheschließung mit
MARIA EVA ELISABETH VON STERNBERG, verwitwete Gräfin Althan

bis 1600	Reisen durch Frankreich, Savoyen, England, Schottland, Dänemark, Schweden, Norwegen und Ungarn
	Fähnrich im Dienste Erzherzogs Matthias
	Rittmeister
1604	Kaiserliches Patent als Reiterobrist
1605	Kampf gegen das »Passsauer Kriegsvolk« im Dienste des Königs Matthias
1606	Ernennung zum Hofrat, Kämmerer und »Kreis-Oberst jenseits der Donau« durch Kaiser Matthias
9. November 1618	Teilnahme am Gefecht bei Lomnitz
Frühjahr 1619	Ernennung zum »Obristen-Feldwachtmeister über alles Kriegsvolk zu Roß«, zum General-Wachtmeister
9. Oktober 1619	Erfolgloser Marsch nach Preßburg zur Sicherung der ungarischen Krone
14. Oktober 1619	Niederlage gegen Bethlen Gábor in Preßburg und Flucht unter Aufgabe der Geschütze
8. November 1620	Auszeichnung am Weißen Berg
1616	Feldzug nach Ungarn unter Buquoy
10. Juli 1621	Oberbefehlshaber des Ungarnheeres und Niederschlagung einer Meuterei
1623	Konversion zum katholischen Glauben
5. Oktober 1621	Niederlage gegen Bethlen Gábor bei Tyrnau (heute Trnava in der Slowakei)
19. August 1624	Prädikat »Hoch- und Wohlgeboren« und Ernennung zum kaiserlichen Pfalz- und Hofgrafen
19. Oktober 1626	General-Feldzeugmeister
22. August 1628	Sieg Tiefenbachs und Wallensteins bei Wolgast
15. Februar 1631	Ernennung zum Feldmarschall
15. Dezember 1631	Ausscheiden aus dem aktiven Militärdienst
September 1634	Teilnahme an der Schlacht bei Nördlingen als Berater des späteren Kaisers Ferdinand III. und Ritter des Ordens vom Goldenen Vlies

Obwohl persönlich unerschrocken, ging Tiefenbach in die Geschichte als Meister überschneller Fluchten ein. Mitte Oktober 1619 entkam er nur mit knapper Not der Gefangennahme durch Bethlen Gábor und verlor nahezu seine gesamte Einheit. Vier Jahre später opferte er erneut in Ungarn seine Mannschaften und floh wiederum mit einem unbedeutenden Rest. Trotz hervorragenden Einsatzes in der Schlacht am Weißen Berg und der ausdrücklichen Belobigung durch Maximilian von Bayern schätzte Wallenstein später Tiefenbachs Heerführerqualitäten gering. Bei der Eroberung Frankfurts an der Oder am 13./23. April 1631 entkam er wiederum als einer der wenigen kaiserlichen Verteidiger dem Massaker der Schweden. In Böhmen errang er lokale Erfolge, ohne jemals wirklich als Feldherr zu überzeugen. Durch den Kaiser wiederholt dotiert und durch Schenkungen aus Wallensteins Gütern nach 1634 sehr begütert, zog er sich früh auf seine Ländereien zurück, doch wirkte er noch einige Male als kaiserlicher Delegierter in Ungarn. In seinem Testament vom 24. Juni 1650 verfügte der kinderlose Tiefenbach die Stiftung einer adligen Ritterschule.

Don Baltasar Graf Marradas

* um 1580 in Valencia
† 12. August 1638 in Prag
Eltern: Spanische Adelige

1599	Militärdienst unter Georgio Basta in Ungarn
1600	Kriegsrat und Oberst Rudolfs II. und Teilnahme am Krieg gegen Venedig mit einem spanischen Regiment für Ferdinand von Steiermark
1601	Oberbefehlshaber und Verteidigung von Gradisca
1618	Teilnahme am böhmischen Feldzug Buquoys mit einem spanischen Regiment
18. Juni 1619	Ernennung zum General-Wachtmeister durch den Kaiser
1620	Gefechte gegen die böhmischen Truppen unter Thurn und Mansfeld
18. April 1621	Erhebung in den Grafenstand durch Ferdinand II. und Ernennung zum Kämmerer und Hofkriegsrat
1622	Generaloberst der Reiterei
1623-1624	Kämpfe mit Bethlen Gábor
Januar 1625	Sondergesandter des Kaisers in Bayern und Madrid
März 1626	Feldmarschall im Heer Wallensteins
24. Mai 1627	Ernennung zum Generalleutnant und Stellvertreter Wallensteins
1627	Berater Ferdinands II. auf dem Regensburger Kurfürstentag

26. Februar 1631	Ankunft mit der spanischen Infantin Maria Anna, der Braut des Kaisersohns in Wien
Herbst 1631	Verteidigung Böhmens gegen die sächsischen Truppen
7. September 1631	Niederlage gegen Arnim nahe Breslaus
Spätherbst 1632	Ablösung als böhmischer Befehlshaber
1634	Berater des Kaisersohnes (Ferdinand III.) bei der Belagerung Regensburgs
	Erfolgreiche Verteidigung Prags gegen Banér
1638	Geheimer Rat und Statthalter in Böhmen

Persönlich mutig, war er als Heerführer nahezu unfähig, soll aber als Organisator bessere Qualitäten besessen haben. Als Günstling des Kaisers wurde er gefördert und empfing umfangreichen Güterbesitz.

Adam Graf von Herberstorff

* 25. April 1585 auf Schloß Kalsdorf bei Ilz in der Steiermark
† 11. September 1629 in Schloß Orth am Traunsee
Grabstätte: Kirche des Hl. Benedikt in Altmünster am Traunsee
Eltern: Freiherr Ott von Herberstorff und Beninga von Lengheim

Eheschließung am 19. (?) April 1607 zu Treuchtlingen
MARIA SALOME VON PREYSING-KOPFSBURG, verwitwete Erbmarschällin von Pappenheim
* um 1574
† um 1647 o. 1648
Eltern: Heinrich Freiherr von Preysing und Beninga Thaimer von Mühlheim

1598	Besuch des evangelischen Gymnasiums zu Lauingen an der Donau
1599	Student an der Universität Straßburg
1600	Landrichter in Sulzbach im Fürstentum Neuburg
1614	Ernennung zum Kammerherrn Wolfgang Wilhelms, des Pfalzgrafen zu Neuburg
1612	Statthalter von Neuburg
2. Juli 1616	Öffentliche Konversion Herberstorffs
22. Juli 1616	Ernennung zum Geheimen Rat und Hofratspräsident Neuburgs
20. Juli 1618	Aufhebung des evangelischen Gymnasiums zu Lauingen durch Herberstorff im Zuge der Gegenreformation
22. November 1619	Rittmeister in bayrischen Diensten

20. August 1620	Statthalter Bayerns in Oberösterreich
29. September 1621	Patent als Oberst
30. Juli 1621	»Assistenzrat« im Stabe Tillys
September 1622	Ernennung zum General-Wachtmeister
8. April 1623	Erhebung in den Reichsgrafenstand durch Ferdinand II.
15. Mai 1625	Blutgericht auf dem Haushammerfeld bei Vöcklamarkt (Oberösterreich), sg. »Frankenburger Würfelspiel«
21. Mai 1626	Niederlage Herberstorffs gegen die Bauern bei Peuerbach
21. Juli 1626	Erfolgreiche Abwehr des bäuerlichen Angriffs auf Linz
26. März 1627	Hinrichtung der Bauernführer auf dem Linzer Markt
15. Oktober 1627	Teilnahme an der Königskrönung Ferdinands III.
5. Mai 1628	Rückgabe Oberösterreichs an den Kaiser
28. August 1628	Ernennung Heberstorffs zum Landeshauptmann in Oberösterreich durch den Kaiser

Herberstorff wurde für die Bauern Oberösterreichs zum »Symbol des Schreckens der Gegenreformation« und galt als besonders grausamer »Unterdrücker der Freiheit des Gewissens, als der Tyrann« des Landes ob der Enns. Er war ein »Condottiere, grob und rücksichtslos, mit einem Hang zu echter Brutalität und Grausamkeit« (Sturmberger, Adam, S. 8-9 u. 435). Die neuere Forschung sieht in ihm »mehr Kriegsmann als Politiker« (NDB, 8, 581). Obwohl er aus politischen Überlegungen zeitweilig die bäuerliche Konfessionsfreiheit nicht antasten wollte und immer einen größeren Aufstand befürchtete, wurde er der eigentliche Zwangsreformator des Katholizismus in Oberösterreich. Obgleich zu Lebzeiten Nutznießer der Konfiskationen Andersgläubiger und Eigentümer riesiger Ländereien, erwies er sich sowohl als Landeigentümer wie auch als Statthalter als wenig befähigter Landwirt und Beamter.

Ein Nebenkriegsschauplatz des Dreißigjährigen Krieges war der oberösterreichische Bauernaufstand gegen die Bayern. Deren Statthalter Graf Herberstorff ging gegen diese nicht gerade zimperlich vor. Im sg. »Frankenburger Würfelspiel« am 15. Mai 1625 mußten die Bauern um ihr Leben würfeln

DIE EPOCHE DES SCHWEDISCHEN KRIEGES ZWISCHEN 1630 UND DER INTERVENTION FRANKREICHS

Das Eingreifen Schwedens

Zweifellos stellte Bayerns mächtiger Kurfürst im Frühsommer 1630 eigene machtpolitische Interessen über eine umfassende Rekatholisierung des Reiches unter kaiserlichem Primat. Wenngleich auch seinem Bekenntnis weiterhin überzeugt verpflichtet, blieben ihm wie auch den meisten anderen siegreichen Fürsten die territorialherrschaftlichen Freiheiten gewichtiger. Als Kopf der reichsständischen Opposition beider großer Konfessionen wurde Maximilian »aus einem Verbündeten des Kaisers zu dessen Gegenspieler« (Zeeden, II, 264), ohne daß er den Reichsverband sprengen, gar dessen Existenz gefährden wollte. Anders als Karl V. erwuchs Ferdinand II. kein »Moritz« im protestantischen Lager sondern ein »Max« aus den eigenen Reihen. Für den Bayern blieb eine vorsichtige Anlehnung an Frankreich eine bedeutsame Alternative zur fast übermächtig erscheinenden Gewalt des von Wallensteins Truppen gestützten Kaisers. Es scheint fast unglaublich, daß Maximilian die Tragweite des Sturzes des Friedländers und der Reduzierung der kaiserlichen Truppen nicht begriffen habe. Berücksichtigt man allerdings die späteren, wiederholt durchgesetzten Teilentlassungen des Liga-Heeres gegen Tillys und vor allem Pappenheims leidenschaftliche Beschwörungen, dann wird auch hier jene ihm eigene, von Geiz getragene Sparsucht mitgewirkt haben. Auch verstand der bayrische Kurfürst wohl anfangs kaum die Gefahren des schwedischen Vorstoßes, schon gar nicht die strategische Bedeutung der schwedisch-fanzösischen Allianz.

Die kühle Reaktion der meisten deutschen protestantischen Fürsten auf die schwedische »Hilfe« läßt vermuten, daß sich natürlich die katholischen Gegner auf deutschem Boden schon gar nicht von konfessionellen Beschwörungen der schwedischen Propagandisten blenden ließen. Die größeren Höfe hatte selbstverständlich die Auseinandersetzungen der schwedischen und polnischen Vasa und die jahrzehntelange schwedische Expansion im Baltikum verfolgt, sowie die Versuche in den russischen und polnischen Ländern reflektiert. In München, Wien, natürlich auch in Dresden, Berlin und selbst im Stettiner Schloß sah man Gustavs II. Adolf Rüstungen gegen Wallenstein als Reaktion auf die Gefährdung weitergesteckter territorialer schwedischer Ziele rund um die Ostsee. Gleichzeitig täuschten sich manche Politiker im Reich über die materiellen Ressourcen des Schwedenkönigs. Viele deutsche Beobachter vermeinten, das Land der »Mitternachtssonne« verfügte weder über ausreichende finanzielle noch menschliche Potentiale. Sie hörten sicher auch von den besonderen Schwierigkeiten der schwedischen Armee in Preußen, über den Winter 1629 zu kommen. So mögen Maximilian und seinen Gesinnungsgenossen auf dem Regensburger Kurfürstentag im Sommer 1630 die Nachrichten von der Landung einer kleinen schwedischen Armee auf Usedom störend, kaum aber alarmierend erschienen sein. Der kürzlich fast problemlose Sieg über den stärker beurteilten Dänenkönig beruhigte die Gemüter.

Noch immer streiten in Deutschland die Historiker, warum Gustav II. Adolf seine Truppen nach Pommern führte. Kürzlich artikulierte ein schwedischer Historiker, dort würden man heute nicht mehr behaupten, der König habe den evangelischen Glauben rettet wollen.

In der Tat waren der Herrscher und seine engsten Vertrauten nicht so einfältig, der protestantischen Feste Stralsund im Kampf gegen Wallensteins Belagerungstruppen im Sommer 1628 uneigennützige Hilfe zu senden. Erst nach der Unterschrift der Bürgermeister auf dem Vertragspapier am 23. Juni waren die Schweden eingerückt, banden sich Bürgermeister und Ratsverwandte an eine Allianz auf zwanzig Jahre mit der schwedischen Krone. Stralsund hatte sich verpflichten müssen, das Bündnis einzuhalten, »sich in keine Tractate mit dem Feinde einzulassen, außer mit Bewilligung Schwedens und Einschluß Schwedens in die Tractate« (Quellen, ...). Schweden hatte den Fuß in der deutschen Tür. Nun lag es beim König, dem Reichsrat und den Ständen Schwedens zu bestimmen, wann die Armee auf dem Hauptkriegsschauplatz des »einzigen großen europäischen Krieges« (Tal, 99) aufmarschieren würde. Schwedens König konnte nun ernsthaft daran denken, die Idee des Dominium maris Baltici zu verwirklichen, dem Reich einen festen Platz unter den europäischen Großmächten zu erobern.

Scheinbar bahnten sich im Frühjahr 1630 neue Koalitionen an. Kurzfristig anberaumte Verhandlungen mit einem Sonderbeauftragten des Kaisers in Danzig, von Dänemark mitinitiiert, kamen zwar nicht zustande, erfüllten jedoch ihren Zweck. Sie waren von Schweden offenbar nur als Druckmittel auf Frankreich gedacht und sollten gleichzeitig den unruhigen Dänenkönig ablenken. Christian IV. verfolgte die Kriegsvorbereitungen Stockholms mit Sorge. Der Däne wußte, daß jeder schwedische Erfolg in Deutschland sich gegen sein Reich kehren würde. Deshalb wünschte er einen Ausgleich kaiserlicher und schwedischer Interessen. Er wurde bewußt getäuscht. Während in Danzig Graf Karl Hannibal von Dohna und die Dänen noch auf die schwedischen Gesprächspartner warteten, verlud Gustavs II. Adolf Invasionsarmee in den Stockholmer Schären bereits ihre Bagage.

Interessanterweise betonten die schwedischen Propandisten in ihren ersten Erklärungen zur Landung nur, man reagiere auf die kaiserliche Ostseepolitik, einem »Beginnen aber der König zu Schweden wegen seiner selbst und seiner von Gott anvertrauten Reiche Heil, Wohlfahrt und an der Ostsee habende Interesse, nicht nachsehen können«. Verärgert lasen Holländer und Dänen die Behauptung, auf ausdrückliche Weisung Gustavs II. Adolf im Manifest des Königs ausgewiesen, »daß die rechtmäßige Verteidigung der Ostsee seit alters den Königen in Schweden zukomme« (Chemnitz, 38). Religiöse Argumente, noch in Stockholm vor dem Ständeausschuß aufgeführt, daheim in Schweden und Finnland von jeder Kanzel verkündet, waren ausgespart. Mehr als hundert Jahre später faszinierte dieses Manifest auch König Friedrich II. von Preußen, nicht eben ein herzlicher Freund des Schweden. Berechtigt – wenn auch nicht frei von dynastischer Distanz – nannte er es ein »Meisterstück königlicher Sophisterei, darauf berechnet, den Ehrgeiz und die Launen eines rohen Eroberers zu verbergen« (Perspektiven, 21).

Wenig Eifer zeigten auch die protestantischen Fürsten, die »Glaubensstreiter« aus Schweden willkommen zu heißen. Selbst die vertriebenen Mecklenburger Herzöge blickten unruhig nach Sachsen, Dänemark und zum Kurfürstentag in Regensburg. Obwohl im Lübecker Asyl relativ sicher vor kaiserlichen Bedrückungen, wollten sie sich nicht deutlich für Gustav II. Adolf erklären. Auch andere norddeutsche evangelische Fürsten antworteten ausweichend auf schwedische Bündnisangebote. Die noch immer bedeutenden Hansestädte Bremen, Hamburg und Lübeck betonten unerschütterlich ihre Neutralität. Damals drohte Dänemark, Hamburg anzugreifen. Christian IV. versuchte mit Wallensteins wohlwollender Duldung, eigene machtpolitische Zielsetzungen gegen die Hanse durchzusetzen. Doch konnte Johan Adler Salvius, Gustavs II. Adolf Gesandter in Hamburg und einer der fähigsten schwedischen Politiker seiner Zeit, auch jetzt nur ein Handelsabkommen vereinbaren und gegen versprochene Getreidelieferungen 45.000 Reichstaler von der Elbestadt erhalten.

Nach der Landung in Pommern zwangen die Schweden zunächst die unwilligen Pommern in eine Allianz »auf ewige Zeiten« (krig, III, 184). Das war eine kaum verdeckte Absichtserklärung Gustavs II. Adolf, nur spärlich verhüllt durch die bedeutungslose Klausel, der Vertrag berühre Pommerns Verpflichtungen gegenüber dem Kaiser, dem Reich und dem Obersächsischen Kreis nicht, sei eine Verteidigungsallianz. Er band den Herzog und die pommerschen Stände auf unbestimmte Zeit an Willen und Wollen Schwedens. Diese Übereinkunft verhinderte keineswegs, daß eine schwedische Garnison unter Johan Banér in die Stadt Stettin einrückte. Fortan sollte Bündnis mit Schweden als Feindschaft mit dem Kaiser buchstabiert werden. Den pommerschen Ständen erklärte der König am 22. August, nach Kriegsrecht wäre Pommern sein Eigentum, er aber suche ein Bündnis mit ihnen. Reichskanzler Axel Oxenstierna erläuterte später das scheinbare schwedische Entgegenkommen, Gustav II. Adolf habe so die anderen protestantischen Fürsten und Städte für eine breite antikaiserliche Koalition gewinnen wollen. Bedenklich blieb dabei die Überzeugung des schwedischen Monarchen, alle kriegerischen Erwerbungen als rechtmäßiges Eigentum zu betrachten. Auch forderte Gustav II. Adolf sofort eine »Defensionsabgabe« von 3,5 Prozent des Handels auf Pommerns Flüssen. Er beschränkte seine weiteren Geldforderungen schließlich auf 200.000 Reichstaler, auch das keine Kleinigkeit für Pommerns Bürger und Bauern. Im übrigen standen detaillierte Bestimmungen für den Unterhalt der schwedischen Truppen in den Festungen und

Häfen Pommerns zu Buch, mußte das Land Kriegsvolk und Pferde frei einquartie-
ren, »Licht für die Soldaten, Futter und Stroh für die Pferde« geben (krig, III, 191,
200 u. 243). Nur zögernd, erst am 21. April 1631, hatten die pommerschen Stände
den Allianzvertrag ratifiziert.

Da die schwedische Führung den deutschen Feldzug vor allem mit geworbenem
Kriegsvolk führen wollte, hatte die Kammer für ein Kriegsjahr auf deutschem Boden
mindestens 1,7 Millionen Reichstaler errechnet. Eine zweite Summierung
erschreckte die Reichsräte gar durch Kosten von über 1,9 Millionen. Dabei hatte der
König sogar vorausgesehen, daß er den Feldzug ohne Bundesgenossen zu führen
habe, nicht einen Taler aus französischen Geldbeuteln empfangen würde. Gustav II.
Adolf war auch dann zu einem Angriff fest entschlossen, wollte sich keiner der evangelischen Fürsten anschließen und Frankreich tatsächlich keine Subsidien zahlen. In
dem »Ratschlag« des Reichsrates als Konsequenz der Beratungen Ende Oktober und
Anfang November in Stockholm 1629, der offiziellen Zusammenfassung des Für
und Wider, findet sich auch die Passage, gewönne man Boden in Deutschland,
»würde man erhöhte Mittel zur Kriegsführung bekommen« (ebd, 440).

Tatsächlich war entschieden worden, den deutschen protestantischen Fürsten
auch dann zu helfen, wenn sie keine Hilfe wünschten. Das kann man als konfessionellen Pflichteifer lesen, eher aber wohl Vorwand nennen, als Versuch, eine beabsichtigte Intervention zu beschönigen. Natürlich blieb es das Ziel der schwedischen
Kriegsführung, so viele wie möglich als Bundesgenossen zu werben, alles zu tun,
unter den deutschen Fürsten und Reichsstädten Alliierte zu finden.

Magdeburg schloß sich am 1. August 1630 bereitwillig Schweden an. Am 11.
November vereinbarte Hessen-Kassel ein Offensivbündnis mit dem König und
unterstellte seine Festungen und Truppen dessen Oberbefehl. Es geschah dennoch
wenig. Die Gegner sammelten inzwischen ihre Kräfte. Die Verbündeten standen
einsam, weit entfernt von den schwedisch kontrollierten Räumen, und drohten
schnell eine leichte Beute des Feindes zu werden. Selbst für die kleine schwedische
Armee war die Lage bedrohlich, dicht gedrängt im Oderraum, ohne ausreichende
Basis. Zwar war der gefährliche Wallenstein entmachtet, aber im kampferfahrenen
Johann Tserclaes Tilly stand Schweden ein kaum weniger ernst zu nehmender Gegner gegenüber. Er aber war fern und die weit verstreuten kaiserlichen Einheiten in
Norddeutschland in einem bedauerlichen Zustand.

Aber auch den Schweden bereiteten anfangs die völlig unzureichenden Finanzen
besondere Sorgen. Ganze 35.000 Reichstaler Reisekasse war alles, was der König bei
der Landung mit sich führte. Das reichte gerade zur Auszahlung der fälligen Löh-
nungen am 10. Juli. Im Juli und August stiegen die Ausgaben auf 372.000 Reichstaler. Es konnten aber nur 478.000 eingetrieben werden, ein schmales Plus von wenig
mehr als 100.000 Reichstalern, ungenügend für dringend erforderliche Söldnerwer-
bungen und die neuerlich fälligen Soldzahlungen für das untätig wartende schwedische Heer in Pommern.

Glücklicherweise für die Schweden in jenen ersten gefährlichen Monaten konnte der kaiserliche Oberbefehlshaber in diesem Teil Norddeutschlands, Torquato

Conti, keinen wirksamen Gegenschlag wagen. Seine Truppen waren schlecht ver-
pflegt, viele Söldner erkrankt. Vor allem mangelte es an Soldgeldern für die Armee-
korps. Selbst für einen Angriff auf Stettin fühlte er sich zu schwach, war nur entschlossen, bei der Festung Garz Truppen zu konzentrieren. Damit entsprach Conti
im übrigen auch früheren Absprachen mit Wallenstein. Beide hatten seinerzeit festgelegt, wie auf die voraussehbare baldige Landung Gustavs II. Adolf zu reagieren sei.
Sie rechneten mit einer größeren Armee des Schwedenkönigs, konnten sich kaum
vorstellen, daß Gustav II. Adolf einen Krieg auf deutschem Boden mit weniger als
14.000 Mann riskieren würde. Vielleicht vergab Conti tatsächlich die Chance, den
Schweden schnell wieder zurückzuschicken.

Erst mit der Eroberung des festen Schlosses in Wolgast nach längerer Belagerung
und heftigen Artillerieduellen konnte der König am 17. August 1630 Axel Oxenstierna versichern, pikanterweise in deutscher Sprache, »dass Wir nunmehr ein sicher
Fundament Unser pommerischen Expedition haben können« (AOB, III:t, 634).

Gegen Ende des Jahres rückte die schwedische Armee entlang der Oder nach
Süden vor. Sie siegte über ein kaiserliches Kontingent bei Greifenberg und trieb die
kaiserliche Nordarmee bis Frankfurt an der Oder zurück. Diese überraschenden
Erfolge intensivierten die neuen Verhandlungen mit Frankreich. Am 23. Januar
1631 unterschrieb Hercule de Charnacé (1577-1637) in Bärwalde in der Neumark
eine Vereinbarung, daß Schweden in den folgenden sechs Jahren jährlich mit
400.000 Reichstalern unterstützt werde. Es mußte dafür 30.000 Mann Fußvolk und
6.000 Reiter gegen den Kaiser führen, die »Libertät« der deutschen Regionalgewal-
ten schützen. Beide, Frankreich und Schweden, wünschten, die territoriale Souveränität der deutschen Fürsten zu erhalten. Paris zahlte sofort noch rückwirkend für
1630 weitere 120.000 Reichstaler in die schwedische Kriegskasse. Ein Zusätzliches
bewirkte schließlich die Verheerung Magdeburgs.

Fast vier Wochen nach der Tragödie um Magdeburg mußte der Schwedenkönig
mit seinem Heer zurück nach Berlin marschieren. Er ließ die Kanonen auf die Stadt
richten, um Kurfürst Georg Wilhelm endlich zu einer eindeutigen Bündniserklä-
rung zu zwingen. Der Vertrag sicherte Gustav II. Adolf aber keineswegs die Verfü-
gungsgewalt über die Brandenburger Festungen und Truppen. Die Schweden erhiel-
ten Quartierrechte und Zahlungen zum Unterhalt ihrer Armee und die Festung
Spandau. Eine formale »Allianz« wurde nicht festgeschrieben an diesem 10. Juni
1631. Zur gleichen Zeit unterwarfen sich die protestantischen Städte Südwest-
deutschlands nahezu kampflos den kaiserlichen Truppen nach dem Fall Magdeburgs. Nur ein überraschender Erfolg Gustavs II. Adolf bei Tangermünde gegen Tillys Unterfeldherrn Gottfried Heinrich Graf zu Pappenheim zwang den kaiserlichen
Oberbefehlshaber, den geplanten Einmarsch in Hessen aufzuschieben.

Ursprünglich kontrollierte die schwedische Armee auf deutschem Boden nur
einen schmalen Küstenstreifen zwischen Oder und Peene. Sie erweiterte in den
nächsten Monaten dieses Gebiet auf ein Territorium zwischen Oder, Spree, Havel
und Elbe. Innerhalb dieses Raumes, durch die Flüsse geschützt, schufen die Schweden ein Stützpunktsystem mit Garnisonen, gesicherten Magazinen und Werbeplät-

zen für neue Soldaten. Sondersteuern erschlossen die notwendigen Finanzen. Keineswegs originell, aber neu in der Kombination mit der Territorialstrategie war die sogenannte »Ermattungsstrategie«. Dabei versuchte die schwedische Armee, die kaiserlichen Truppen von ihren Versorgungsgebieten abzuschneiden und deren Räume durch systematische Verheerungen einzuengen. Ein solcherart geschwächter Gegner sollte dann in der Entscheidungsschlacht vernichtet werden.

Nach diesem Konzept stießen die Schweden aus dem gesicherten nordöstlichen Raum nach Sachsen, später dann auch in die Regionen zwischen Alpen, Lech und Donau, und versuchten analoges zwischen Rhein und Main. Im Sommer 1631 zeigte die erfolglose Kanonade der kaiserlichen Armee auf das befestigte Basislager Werben in Brandenburg, daß selbst die Hauptarmee unter Graf Tilly dieser Strategie des Schwedenkönigs nichts Entscheidendes entgegensetzen konnte. Mit Tillys Rückzug Ende Juli eröffneten sich Gustav II. Adolf neue Möglichkeiten, den Kurfürsten von Sachsen und dessen auf fast 20.000 Soldaten angewachsene Armee als Bündnispartner zu gewinnen.

Grundsätzlich hatte sich die Lage weiter zugunsten der schwedischen Invasoren verändert. In Pommern waren 6.000 Schotten und Engländer gelandet. Sie reihten sich in das stetig wachsende schwedische Heer ein. Als Graf Tilly seinerseits den sächsischen Kurfürsten Johann Georg im Spätsommer 1631 zur Allianz zwingen wollte, wandte sich dieser an den wartenden schwedischen König.

Von Breitenfeld nach Lützen

Als Tilly am 15. September Leipzig besetzte, vereinigten sich Sachsen und Schweden bei Düben und war der Allianzvertrag bereits drei Tage alt. Nun endlich konnte der Schwedenkönig den etwa 35.000 Kaiserlichen 42.000 Schweden und Sachsen entgegenwerfen und eine Entscheidungsschlacht wagen.

Die meisten schwedischen Kriegshistoriker unterstreichen, daß Gustav II. Adolf mit seinem Sieg bei Breitenfeld als Feldherr Weltgeltung gewann. Es war tatsächlich ein »überwältigender Sieg«, der den »Schlußpunkt des schwedischen Eingreifens« bringen konnte. Das »protestantische Deutschland war befreit, die Sicherheit Schwedens hergestellt«. Man wird wohl kaum widersprechen können, daß es Gustav II. Adolf »darum eben nicht ging« (Peters, 124).

Der König marschierte damals dennoch nicht nach Wien. Der Sieger von Breitenfeld stand am 2. Oktober 1631 auf dem Erfurter Markt. Anfang Oktober eroberte er Würzburgs Festung Marienberg, sicherte die Mainlinie und rückte anschließend auf Frankfurt vor. Am 1. Februar 1632 traf ihn Axel Oxenstierna dort. Er soll hier kühl geäußert haben, lieber hätte er dem König in Wien zu dem großen Erfolg bei Breitenfeld gratuliert. Einige Jahre später erläuterte der Kanzler den Reichsräten, er wünschte bereits in Frankfurt, nach Breitenfeld Frieden zu schließen, »die deutschen Stände ihre Angelegenheiten unter sich« regeln zu lassen (Öhqvist 172).

Links: Erzherzog Leopold, einer der wenigen Habsburger in geistlicher Laufbahn (Bischof von Passau und Straßburg). Doch primär tat er sich als kaiserlicher Heerführer an Nebenkriegsschauplätzen hervor. Rechts: Der kaiserliche General Gottfried Heinrich von Pappenheim. Beide in kriegerischer Reiterpose, im Hintergrund anonyme Schlachtenszenen

In diesen Tagen hatten die Schweden allerdings schon weitere Mainfestungen besetzt. Sie waren am 17. Dezember 1631 bei Mainz über den Rhein gesetzt. Gustav II. Adolf konnte nach kurzer Belagerung am 24. Dezember als Sieger in die alte Bischofsstadt einmarschieren. Während die schwedischen Regimenter in diesem, bisher nahezu kriegsfreien Raum hervorragende Winterquartiere fanden, residierte der Monarch ein Vierteljahr abwechselnd in Frankfurt und Mainz. Hier empfing er Frankreichs Gesandte und mußte höchst befremdet Richelieus Wunsch hören, Bayern baldmöglichst als neutrale Macht zu betrachten.

Ende Dezember ließ Hercule de Charnacé Schwedens Herrscher die Bedingungen Herzog Maximilians von Bayern wissen. Tillys Kriegsherr formulierte Forderungen wie ein Sieger. Maximilian bestand auf der Räumung aller Territorien der Liga-Mitglieder. Der Bayernherzog wünschte die Garantie des Kurhuts für Bayern und die Überlassung der Pfalz. Recht merkwürdig für schwedische Ohren klang auch der Wunsch Maximilians, die kaiserlichen Truppen unbehelligt in die Habsburgischen Erblande ziehen zu lassen.

Der Schwede lehnte verärgert ab. Gustav II. Adolf wollte Maximilian einen Waffenstillstand nur nach Reduzierung des Liga-Heeres auf 12.000 Soldaten gewähren. Er bestand auf deren Verteilung auf die einzelnen Liga-Staaten. Räumung aller protestantischen Territorien und Distanzierung vom Kaiser, so lautete das Gebot Gustavs II. Adolf. Er wolle, ließ er den französischen Vermittler wissen, lediglich den

Kurfürsten von Trier und Köln ihre schwedisch besetzten Länder zurückgeben. Speyer und Bamberg wünschte der König als Pfänder. Die Pfalzfrage sollte zwischen Friedrich V. und dem Bayernherzog unter englisch-fanzösischer Vermittlung verhandelt werden.

Die schließlich erfolgte Unterschrift des französischen Bevollmächtigten unter dieses Papier dokumentiert einen Höhepunkt schwedischer Macht in Deutschland und Europa. Nicht Frankreich diktierte Schweden die Bedingungen für die geplanten Friedensgespräche, Gustav II. Adolf bestimmte das Geschehen.

Andererseits hatte der rührige Tilly bereits im Oktober erneut eine Armee von etwa 40. 000 Soldaten gesammelt. Man wußte in München, daß Richelieu kaum interessiert sein konnte, Gustavs II. Adolf Einfluß in Deutschland zu stärken. Da blieben Maximilian Möglichkeiten, das ohnehin brüchige Einvernehmen zwischen Frankreich und Schweden zu stören. Der Bayernherzog erteilte seinem Feldherrn Pappenheim die Weisung, trotz der französisch-schwedischen Absprachen in Niedersachsen weiter zu operieren, die vereinbarte Waffenruhe zu brechen. Der Brief fiel den Schweden in die Hände, sollte es vielleicht auch. Im übrigen zögerten auch die Schweden, ihre Aktionen in Süddeutschland einzustellen.

Zu Jahresbeginn 1632 verfügte Schweden über acht Feldarmeen mit etwa 90.000 Soldaten. Es verstärkte seine Kriegsmacht bis zum Frühjahr durch intensive Werbungen auf mehr als 120.000 Mann. Sächsische Truppen sicherten die Oderlinie. Die schwedischen Generäle Johan Banér und Åke Tott verteidigten die Elbe und ermöglichten Gustav II. Adolf den Einmarsch in Bayern. Eine Niederlage seines Feldherrn Gustav Horn bei Bamberg gegen den alten Tilly zwang die Schweden allerdings zum Abbruch der Rheinoffensive. Gustav II. Adolf führte selbst die Hauptarmee in das Gebiet zwischen Lech und Donau.

Die Karwoche wurde den Einwohnern Donauwörths zur ganz persönlichen Klagezeit. Schwedische Truppen stürmten die einst protestantische Stadt. Sie plünderten gründlich und fragten wenig nach katholischem oder evangelischem Bekenntnis. Wenig später bereiteten die Schweden den Übergang über den Lech vor, besiegten Tilly und Maximilian am 15. April 1632 bei Rain am Lech. Dem Kaiser mögen die Absprachen in Göllersdorf drei Tage vorher auch deshalb im nachhinein recht glücklich erschienen sein. Nun war mit Albrecht von Wallenstein wieder jener fähige Feldherr gewonnen, der nach Überzeugung der verängstigten Majestäten und Würdenträger der katholischen Welt dem schwedischen »Löwen« Paroli bieten konnte.

Nach Erfolgen in Böhmen gegen die Sachsen marschierte das kaiserliche Heer auf Nürnberg zu. Es hatte sich mit Maximilians Truppen vereinigt und bedrohte nun den wichtigsten schwedischen Stützpunkt zwischen Süddeutschland und Sachsen.

Als Wallenstein Nürnberg am 18. Juli erreichte, hatte Gustav II. Adolf bereits die Befestigungen der Stadt verstärken lassen und mit der Verödung der Territorien des kaiserlichen Aufmarsches begonnen. Im kaiserlichen Oberbefehlshaber fand er jedoch erstmals seinen Meister. Auch dieser verschanzte sich südlich der alten Reichsstadt. Er zerstörte seinerseits die wichtigsten Versorgungswege der Schweden. Bald hungerte die schwedische Armee. Die Not zwang den Schwedenkönig zum

hoffnungslosen Sturmangriff auf das kaiserliche Lager. Nach schweren Verlusten ver-
ließen die Schweden am 18. September den Nürnberger Raum.

Auch das Eingreifen Schwedens hatte den Krieg nicht entschieden. Die Chance
zum Siegfrieden nach dem großen Tag von Breitenfeld wurde vertan. Gustavs II.
Adolf Nimbus als ewig siegreicher Feldherr war dahin. Um verlorenes Prestige
zurückzugewinnen und schwedischen Forderungen eines gewinnträchtigen Friedens
Nachdruck zu verleihen, wandte sich Gustav II. Adolf erneut entschlossen nach
Süden. Nun endlich wollte er Habsburg in den Erblanden angreifen. Es blieb eine
Illusion, schnell verflüchtigt angesichts der Realitäten einer intakten Armee Wallen-
steins. Die strategische Initiative verlor der schwedische Monarch bereits vor dem
Marsch auf Nürnberg. Seine Entscheidungen lenkte Wallenstein. Würde dieser nach
Sachsen marschieren, müßte die schwedische Armee schließlich folgen. Da half
wenig, daß Gustav II. Adolf die Wirklichkeit ignorierte.

Am 9. Oktober 1632 schrieb der König dem Kanzler Oxenstierna. Er habe ver-
nehmen müssen, Wallenstein sei »mit seiner Armee nach Bamberg aufgebrochen,
Pappenheim aber im Anzug auf das Land Hessen«. Doch glaube er, weiter zum
Bodensee vorrücken zu können. Kursachsen wäre »bei dieser andringenden Winter-
zeit« wenig gefährdet (Berner, 548). Es war wohl die Hoffnung auf ein Wunder, trot-
ziges Beharren und die Selbsttäuschung, in diesem Feldzug noch immer der Initiator
zu sein!

War es das, revidierte sich der König schnell. Schon am 13. Oktober erreichte er
Neuburg an der Donau und verstand, daß Albrecht von Wallenstein ihm nicht folgen
würde. Der Friedländer ließ sich von ihm das Handeln nicht vorschreiben. Er folgte
eigenen Entschlüssen und konnte es. Das vor allem war wohl die bitterste Erfahrung
Gustavs II. Adolf in diesen Herbsttagen. Der Plan eines Vormarsches in den Süden
war sinnlos geworden. Wiederum konnte der König nur reagieren. Erst in Nördlingen erfuhr er am 20. Oktober, daß sich die Lage verändert hatte. Jetzt erwuchsen reale
Aussichten, Wallenstein in Sachsen anzugreifen und alles zu wenden.

Von neuer Zuversicht getrieben, hastete Gustav II. Adolf mit seinen Truppen
nach Norden. Er wußte nun, daß sich die bayrischen Regimenter von Wallensteins
Hauptarmee getrennt hatten. Pappenheim führte Krieg in Niedersachsen. Gallas
operierte fernab in Schlesien. Der Schwede trieb seine Soldaten zu immer größerer
Eile. Er legte in siebzehn Tagen fast 650 Kilometer zurück. Am 2. November
erreichte die Armee Arnstadt, eine kurze Ruhepause nur für die erschöpften Pferde
und Mannschaften. Gleichzeitig reiste Axel Oxenstierna nach Süden, um die Weisungen des Königs umzusetzen. Am 10. November berief er aus Würzburg mit
einem Rundschreiben die oberdeutschen Kreisvertreter zu einem Treffen nach Ulm.
Der Kanzler ahnte nicht, daß sich das Schicksal seines Monarchen und Feldherrn in
wenigen Tagen vollenden, er letztmalig mit dessen Siegautorität die »Vasallen« lenken würde.

Alles deutet daraufhin, daß Gustav II. Adolf noch einmal voller Zuversicht an die
Entscheidung glaubte. Anders geäußerte Auffassungen scheinen unzutreffend. Der
König erreichte Naumburg. Dort legte er am 10. November auf dem rechten Saaleu-

fer ein befestigtes Lager an und täuschte Wallenstein, der an Werben und Nürnberg dachte. Der König reagierte auch nicht, als das kaiserliche Heer, inzwischen wieder durch Pappenheim verstärkt, bis Weißenfels vorrückte und eine Schlacht anbot.

Wallenstein verteilte nun seine Truppen in die Winterquartiere und entließ Pappenheim nach Niedersachsen. Der Generalissimus rechnete für die nächsten Monate nicht mehr mit einem schwedischen Angriff. Doch hielt er das Gros der Truppen zusammen. Wallenstein sandte Rudolf von Colloredo mit stärkeren Kräften zurück nach Weißenfels, ein »Horchposten« nahe dem schwedischen Lager. Er selbst blieb im Schloß zu Lützen.

Colloredo deutete die Konzentration der schwedischen Hauptarmee am Ufer der Rippach beim gleichnamigen Dorf richtig. Gustav II. Adolf marschierte am 15. November mit seinem Heer auf Lützen zu. Eilboten warnten Wallenstein. Selbst verteidigte Colloredo mit seinen geringen Truppen eine Anhöhe zwischen Lützen und Rippach auf der anderen Flußseite. Er täuschte Gustav II. Adolf, der stärkere Kontingente vermutete und seine Truppen zur Schlacht aufstellte. Mehrere Stunden gingen verloren. Erst gegen Abend setzte die schwedische Armee über die Rippach. Wallenstein blieb eine Nacht zur Vorbereitung, Zeit genug, Pappenheim von Halle zurückzuordern. Ohne Pappenheims 2.300 Reiter und 2.700 Mann Fußvolk verfügte Wallenstein zu Schlachtbeginn nur über 10.000 Infanteristen, knapp 7.000 Kavalleristen und 24 Geschütze. Gustav II. Adolf konnte 12.800 Musketiere und Pikeniere, 6.200 Reiter, 20 schwere Geschütze und 40 Feldkanonen einsetzen.

Hier bei Lützen formierte auch der kaiserliche Feldherr seine Truppen in Anlehnung an die schwedische Taktik in zwei Treffen. Wallenstein hatte kleinere bewegliche Einheiten geschaffen, den einzelnen Verbänden einige Geschütze zugeteilt und die Kavallerie an beiden Flügeln gesammelt. Erneut mußte Gustav II. Adolf gegen einen Gegner antreten, der von ihm gelernt hatte.

Gewöhnlich berichten die Historiker, dichter Nebel hätte am 6. November (bis heute die traditionelle schwedische Zählung) – dem 16. November »neuen Stils« – den Schlachtbeginn verzögert. Erst zwischen 7.00 und 8.00 Uhr konnte die schwedische Armee aus dem Raum Rippach aufbrechen und nach Lützen marschieren. Die Nebel kamen und gingen. Gegen 11.00 Uhr war ein Vormarsch möglich, der Blick auf das Gelände mag trotzdem erschwert worden sein. Eine letzte Gewißheit wird schwerlich gewonnen werden. Zu widersprüchlich lesen sich die vielen Augenzeugenberichte, oftmals später und ohne Aufzeichnungen angefertigt, schon beeinflußt von anderen veröffentlichten Darstellungen. Es bleiben Fragen für den Historiker bei dem Versuch, die Schlacht zu rekonstruieren und die Leistung Gustavs II. Adolf als schwedischer Oberbefehlshaber zu würdigen.

Im Kriegsarchiv zu Stockholm wird eine Skizze der Schlachtordnung von Lützen aufbewahrt, die man bei einem getöteten Soldaten fand. In Wien ist ein blutbefleckter Schlachtplan archiviert, der aus dem Nachlaß Pappenheims stammen soll. Man glaubt, er sei von Wallenstein bereits einige Tage vor dem blutigen Treffen entworfen worden. Der Reitergeneral soll ihn mit auf den Weg nach Halle genommen haben, zweifellos ein Zeugnis für die Umsicht des Generalissimus. Der kaiserliche Feldherr rechnete mit einem möglichen Marsch der Schweden auf Leipzig und hatte Lützen als eventuelles Schlachtfeld ausgewählt. Es kann wohl vermutet werden, daß sich Wallenstein in der Nacht vom 15. zum 16. November in der Eile und Überraschung an diese Überlegungen hielt. Pappenheim jedenfalls scheint es geglaubt oder gewußt zu haben. Er ritt sofort zielgerichtet auf das Schlachtfeld, fand seinen Flügel und die geplanten Stellräume sofort. Im übrigen decken sich dieser Plan und die Soldatenskizze in wesentlichen Punkten.

Als gesichert gilt, daß gegen 10.00 Uhr morgens die Schweden im Gelände zwischen einem Wassergraben und der Straße von Lützen nach Leipzig ihre Truppen in zwei Treffen geordnet hatten. Nils Brahe, ein fähiger schwedischer Obrist, der während des Kampfes fiel, kommandierte das schwedische Zentrum, der Herzog Bernhard von Weimar den linken Flügel, Gustav II. Adolf selbst übernahm die rechte Seite. Von Gefangenen wußte der schwedische Herrscher, daß Pappenheim auf dem Wege nach Halle war.

Gustav II. Adolf warf sein Leibregiment und die Eliteverbände gegen 11.00 Uhr, nachdem er erneut wegen des dichter werdenden Nebels Zeit verlor, gegen Wallensteins schwächste Position. Gleichzeitig marschierte auch Bernhard von Weimar gegen die kaiserlichen Stellungen vor. Etwa um die Mittagsstunde wichen die kaiserlichen Truppen in Unordnung unter dem Druck der schwedischen Verbände zurück. Ein Chaos bahnte sich auf Wallensteins linkem Flügel an. Da hetzte ein Kurier Bernhards von Weimar zu Gustav II. Adolf. Er vermeldete das Scheitern des Angriffs auf dem eigenen linken Flügel und verkündete, der Herzog fürchte, die Stellung nicht mehr lange halten zu können.

Man bekäme kein klares Bild aus den eigenen Schilderungen, klagen die Autoren der schwedischen Nationalgeschichte. Auch das Feldtagebuch konzentrierte sich nur auf Darstellungen über den Tod des Königs. Vielleicht nahm Gustav II. Adolf noch das Scheitern des Gegenstoßes der Pappenheimschen Kürassiere wahr, registrierte deren panikartige Flucht nach dem Fall ihres gefürchteten Befehlshabers. Erwiesen ist es nicht. Offenbar haben neuerliche dichte Nebelschwaden die Schlacht in dieser entscheidenden Phase auf dem siegreichen linken schwedischen Flügel unterbrochen. Vermutlich ist Gustav II. Adolf tatsächlich genau in diesem Moment mit den Småländern hilflos ins Ungewisse geritten und wenig später tödlich verletzt worden. Dann lichtete sich der Nebel wieder. In diesem Moment warf General Octavio Picolomini in mehreren Attacken die siegreichen Schweden des rechten Flügels zurück. Der Befehlshaber des zweiten schwedischen Treffens, General Dodo von Knyphausen, riet zu dieser Zeit dem neuen Oberkommandierenden, Bernhard von Weimar, bereits den Abbruch der Schlacht.

Weimar führte die Regimenter bis zum Einbruch der Dunkelheit tief in die kaiserlichen Linien. Die Entscheidung konnte er nicht erzwingen. Als Pappenheims Infanterieregimenter Lützen erreichten, war der Kampf noch immer »nahezu unentschieden« (NG,V, 195, 154). Augenzeugen berichteten, Pappenheims Infanteristen entdeckten die Kanonen Wallensteins einsam auf dem Schlachtfeld. Einige Historiker folgern daraus, daß sich die schwedischen Truppen ebenfalls in ihre Ausgangsstellungen zurückzogen und nicht einmal den Abzug Wallensteins bemerkten. Erst am nächsten Morgen konnte sich Bernhard von Weimar der herrenlosen Geschütze bemächtigen. Er feierte den Abmarsch der Kaiserlichen und fühlte sich als Sieger. Die vor allem von protestantischen Historikern und Publizisten gern berichtete Geschichte der nächtlings auf dem Schlachtfeld ausharrenden erschöpften schwedischen Soldaten ist also Legende.

Nördlingen und kein Ende

Immer wieder haben Historiker betont, der schwedische König sei letzlich der einzige wahre Exponent der schwedischen Eroberungspolitik gewesen. Er habe sich auch gegen die Mehrheit des eigenen Hochadels durchsetzen müssen. Gewöhnlich zitieren jene als Beleg für ihre Auffassungen Äußerungen einiger kriegsmüder besorgter Aristokraten. Sie negieren aber, daß der schwedische Reichsrat den Krieg in Deutschland fortsetzte, eine Mehrheit der Aristokraten einen Frieden auch hier nur als gewinnträchtigen Siegfrieden akzeptieren wollte.

Der Tod des schwedischen Königs wurde bald in ganz Europa Gewißheit. Ferdinand II. jauchzte »Gott sei ewig Lob und Dankh gesagt« (Augenzeugenberichte, 325) und versicherte Wallenstein höchster Huld. Weniger freudig reagierte Urban VIII. Dem Papst und italienischen »Territorialfürsten« war der Schwede ein willkommener, gefährlicher Gegner der Habsburger gewesen. Ihm galt die Allianz Frankreichs und Schwedens eine glückliche Alternative zu spanischem und österreichischem Drängen. Offiziell sandte er dem Kaiser am 11. Dezember 1632 ebenfalls eine Gratulation und unterstrich so formal die offizielle Einheit von Papsttum, Kaiser und Gegenreformation. Freudenkundgebungen löste die Nachricht in Spanien aus. Im Escorial hoffte man, eines gefährlichen Feindes ledig, dem Endsieg näher gekommen zu sein. Gemischt zweifellos die Gefühle Richelieus, der nun sinnen mußte, die schwedischen Truppen künftig stärker in französische Kriegskonzeptionen einzubinden und hoffen konnte, das ohne den »eigensüchtigen« Monarchen glücklicher zu bewältigen.

Derweil fuhr man den Leichnam des toten Königs in einem triumphalen Trauerzug durch das evangelische Deutschland und überführte den Sarg im Sommer 1633 nach Schweden. Axel Oxenstierna und die schwedischen Truppen blieben im Reich und kämpften verbissen um den höchstmöglichen Gewinn. In Heilbronn vereinbarten die evangelischen Stände der fränkischen, schwäbischen, kur- und oberrheinischen Kreise ein Bündnis mit Schweden. Unter der Direktion des schwedischen Reichskanzlers wollten sie ständische »Libertät« und den Frieden erkämpfen, verkündeten sie im Vertragstext. Da aber meuterten bereits die Truppen unter den schwedischen Fahnen, forderten unüberhörbar ihren Sold und drohten, ihre Befehlshaber zu entmachten. Oxenstierna verteilte nun wie einst Gustav II. Adolf, was durch die Waffen erobert war. Bernhard von Weimar erhielt ein fränkisches

Herzogtum, kaum die »ständische Libertät«, wie sie die Mehrheit der deutschen Fürsten und Gegner eines starken Kaisertums verstanden. Andere Heerführer wurden durch kleinere Territorien befriedigt. Den Söldnern überließ der Reichskanzler die offenen Städte und Dörfer. Einen Verzichtfrieden jedenfalls und die Abdankung der Truppen lehnte er kategorisch ab. Die deutschen Protestanten sollten Schwedens Krieg bezahlen und glauben, es sei der ihrige.

Das überzeugte schon die »Heilbronner« nicht. Die norddeutschen Stände waren dem Bund ohnehin ferngeblieben. Sachsens Kurfürst überdachte wieder einmal intensiv einen Wechsel an die Seite des Kaisers. Auch deshalb kam es 1633 nicht zu größeren Kriegshandlungen, sieht man von Wallensteins Sieg über die schwedische Schlesienarmee unter Thurn ab. Die meiste Zeit verhandelte der Generalissimus, und dabei verdichteten sich allmählich Gerüchte, er wolle auf die schwedische und sächsische Seite wechseln.

Bis heute sind die eigentlichen Zielstellungen des großen Böhmen rätselhaft geblieben, alle Deutungsversuche befriedigen nicht. Der feige Mord am 25. Februar 1634 und die Sichtung der wallensteinschen Kanzlei brachten keine Beweise eines Verrates. Der Kaiser allerdings brauchte diesen Gläubiger nicht länger zu fürchten. Sein ehrgeiziger, sich selbst überschätzender Sohn Ferdinand übernahm formal den Oberbefehl der kaiserlichen Truppen. Als dessen spanischer Vetter, der Kardinalinfant Ferdinand (1609-1641), aus Italien eine Armee in die spanischen Niederlande führte, schien das Schicksal der heruntergekommenen schwedischen Streitkräfte besiegelt. Die zum Entsatz Nördlingens herbeimarschierten Truppen Gustav Horns und Bernhards von Weimar wurden am 6. September 1634 vernichtend geschlagen. Horn, der Schwiegersohn Oxenstiernas, verbrachte die nächsten Jahre wenig gemütlich in bayrischem Gewahrsam. Bernhard von Weimar floh mit den Resten seiner Armee ins Elsaß. Etwa 12.000 tote Söldner der schwedischen Fahne blieben auf der Walstatt, 4.000 gaben sich gefangen. Der Heilbronner Bund löste sich auf. Auch drohten die Polen, Schweden neuerlich in Preußen und Livland anzugreifen und Geraubtes wiederzuholen. Demnächst, 1635, lief der Waffenstillstand von Altmark aus, das Werk des großen Kardinals.

Während im Reichsrat in Stockholm eine Fraktion für einen akzeptablen Friedensschluß plädierte und sich mit geringen Gewinnen und Entschädigungen zufrieden geben wolle, knüpfte Axel Oxenstierna neue Verbindungen zu Richelieu. Er reiste nach Frankreich und fügte sich nun, wenngleich auch höchst widerwillig, weitgehend den französischen Wünschen und Zielen. Ohne den charismatischen Heerführer und Herrscher erwies sich Schwedens europäische Großmachtpolitik noch mehr auf Sand gebaut. Das »mitternächtige Reich« konnte nur an der Seite Frankreichs Gewonnenes sichern.

LEBENSBILDER DER EPOCHE DES SCHWEDEN KRIEGES ZWISCHEN 1630 UND FRANKREICHS INTERVENTION

Das fürstliche Lager

König Gustav II. Adolf von Schweden

Kurzbiographien:

Herzog Adolf Friedrich I. von Mecklenburg-Schwerin
Kurfürst Anselm Casimir Wambolt von Umstadt von Mainz
Landgraf Georg II. von Hessen-Darmstadt
Herzog Wilhelm IV. von Sachsen-Weimar
Landgraf Wilhelm V. von Hessen Kassel
König Ludwig XIII. von Frankreich
Papst Urban VIII.

Die Politiker

Kardinal Armad Jean du Plessis, Herzog von Richelieu
Axel Oxenstierna
Gaspar de Guzmán, Graf von Olivares
Hans Ulrich Fürst von Eggenberg

Kurzbiographien:

Ludwig Camerarius
Christoph Ludwig Rasche
Matthias Hoë von Hoënegg

Die Feldherren

Albrecht von Wallenstein
Gottfried Heinrich zu Pappenheim
Bernhard von Sachsen-Weimar
Gustav Horn
Heinrich Holk
Octavio Piccolomini
Matthias Gallas
Johann von Aldringen
Hans Georg von Arnim

Kurzbiographien:

Nils Brahe
Dodo von Knyphausen
Johann von Nassau-Siegen
Erzherzog Leopold
Rudolf Graf von Colloredo
Walter Leslie
Franz Albrecht von Sachen-Lauenburg
Otto Heinrich Graf von Fugger
Dietrich von Falkenberg
Heinrich, Herzog von Rohan

Aus der Zeit des Landsknechtslebens von Leonhart Fronsperger

König Gustav II. Adolf von Schweden

Gustav II. Adolf, König von Schweden*

* 9. Dezember 1594 im Stockholmer Königsschloß
† 6. November 1632 auf dem Schlachtfeld bei Lützen
Grabstätte: Riddarholms-Kirche in Stockholm
Eltern: Herzog Karl von Södermanland, König Karl IX. (15. März 1607), und Christine, Prinzessin von Holstein-Gottorp

Eheschließung am 25. November 1620 in Stockholm
MARIE ELEONORE, Prinzessin von Brandenburg-Preußen
* 11. November 1599 in Königsberg
† 28. März 1655 in Stockholm
Grabstätte: Riddarholms-Kirche in Stockholm
Eltern: Johann Sigismund, Kurfürst von Brandenburg, und Anna, Prinzessin von Preußen

4. Oktober 1595	Demonstrative Schaustellung Gustav Adolfs auf dem Reichstag in Söderköping durch Karl von Södermanland
25. September 1598	Sieg Herzog Karls über König Sigismund von Polen und Schweden bei Stångebro nahe Linköping
15. März 1607	Krönung Herzog Karls im Dom zu Uppsala zum König von Schweden nach Ausrufung durch die Stände 1604
30. Oktober 1611	Tod Karls IX. im Schloß zu Nyköping
26. Dezember 1611	Mündigheitserklärung durch die Stände
1. Januar 1612	»Königsversprechen« Gustavs II. Adolf
27. Februar 1617	Siegfrieden zu Stolbovo
26. August 1617	Verkündung eines Annexionsprogramms vor dem Reichstag zu Örebro durch Gustav II. Adolf
12. Oktober 1617	Krönung Gustavs II. Adolf im Dom zu Uppsala
15. September 1621	Eroberung Rigas
18. Februar 1622	Verkündung neuer Annexionsziele vor den Ständen
7. Januar 1626	Sieg über das polnische Heer bei Wallhof in Kurland
26. Juni 1630	Landung bei Peenemünde
7. September 1631	Sieg bei Breitenfeld
15. April 1632	Sieg bei Rain am Lech und Tod Tillys
21.-25. August 1632	Vergeblicher Sturm auf Wallensteins Nürnberger Lager
6. November 1632	Tod auf dem Schlachtfeld von Lützen

---

* Alle Daten nach dem Julianischen Kalender

Der schwedische König ist einer der bedeutendsten Kriegerkönige der europäischen Geschichte. Clausewitz nannte ihn ein militärisches Genie und einen der Vorläufer Napoleons. Ähnlich werteten Generationen schwedischer und deutscher Historiker. Eine kürzlich in Schweden und Deutschland veröffentliche Untersuchung über die Historiographie zu diesem Herrscher weiß zu berichten, die einstige Glorifizierung verursache heute in Schweden »Verlegenheit«. Man frage sich, ob man die Greuel der Schwedenfeldzüge während des Dreißigjährigen Krieges nicht besser vergessen sollte. Der Autor, ein Lunder Historiker, verneint selbst kategorisch jeden Grund, stolz auf diesen König zu sein.

Auch in Deutschland zweifeln die meisten Kenner dieser Periode nicht, daß den schwedischen König Expansionsgelüste in den Krieg trieben. Dennoch räumen nahezu alle hiesigen Historiker echte konfessionelle Erwägungen und Motive für den Feldzug nach Deutschland ein. Nur wenige bedeuten, er habe seine Entscheidungen »ohne religiöse Rücksichten aus rein machtpolitischen Erwägungen heraus getroffen« (Buchholz, 314).

Schon 1983 hatte eine skandinavische Religionshistorikerin treffend bemerkt, man dürfe Gustav II. Adolf nicht als gläubiges Individuum verstehen. Seine Frömmigkeit sei nicht »Ausdruck für eine persönliche Auffassung«. Es war die Pflicht des schwedischen Königs, als »Verteidiger des evangelischen Glaubens« aufzutreten. In Schweden war es die auf einer Kirchenversammlung 1593 in Uppsala angenommene Überzeugung, »daß religiöse Einheit eine Voraussetzung für politische Einheit und damit für Ruhe und Frieden im Lande« sei. So habe Gustav II. Adolf beständig betont, sein Vetter Sigismund »hätte eben wegen seiner katholischen Religionszugehörigkeit zu keiner Zeit Rechte auf Schwedens Thron gehabt«. Nur ein lutherisch gläubiger Herrscher konnte eine wesentliche Aufgabe des schwedischen Grundgesetzes erfüllen, als »Beschützer der Kirche« Schwedens auftreten und »das reine unverfälschte Augsburger Bekenntnis« verteidigen. Gustav II. Adolf erlebte, daß sich die katholischen Staaten hinter Sigismunds legitime Thronansprüche in Schweden stellten. Er »war deshalb bestrebt, daß sowohl sein Kampf gegen Sigismund und später sein Eingreifen in Deutschland« als »Kampf gegen die Gegenreformation« verstanden wurden (Montgomery, 60-72).

Hier wird das »Zweckbündnis« zwischen Religion und Machtpolitik eindeutiger akzentuiert, als es viele deutscher Historiker und Biographen Gustavs II. Adolf bisher einräumten. Immerhin ist belegt, daß der schwedische König überzeugt war, man könne »mit dem Religionsargument allen Widerstand gegen Ausschreibungen und harten Kriegsdienst brechen« (ebd., 73). Das wirft die Frage auf, ob ein so kluger Fürst wie Gustav II. Adolf die Brauchbarkeit der Religion für seine Ziele verstehen und doch ebenso fest glaubte wie jene, die er auf diese Weise für seine Absichten gewinnen wollte?

Es gilt als unbestritten, daß Gustav II. Adolf in der Vorbereitung seines deutschen Krieges vor allem auf seine Pastoren vertraute. Seit 1623 waren die Verfügungen über jährliche besondere Gebetstage verschärft. Die Prediger hatten auf höchsten Wunsch überall im Land die Verfolgungen der deutschen Protestanten und eine ständig wachsende Gefahr für die evangelische Glaubensgemeinschaft in Schweden zu beklagen. In den Jahren 1626 und 1627 mußten alle Geistlichen an diesen Bettagen die Einheit aller schwedischen Gläubigen gegen die rasant wachsende Ausbreitung der katholischen Gegenreformation beschwören. Besonders wichtig erschien dem König, daß man auf diese Weise bis in die letzte kleine Hütte, in die entlegensten Regionen des Landes wirkte.

In diesem Geist hatte Erzbischof Petrus Kenicius (1555-1636) damals ausdrücklich in einem besonderen Papier den Predigern erklärt, jene, die diese Gebetstage versäumten, seien »nicht nur gottlos, sondern auch untreu sich, ihrem Vaterlande und Seiner Königlichen Majestät«. So dokumentierter »Unglaube müsse bestraft werden« (Historia, 21-22). Das war ein deutlicher Wink, nicht zu überhören, nachdem gerade einige Katholiken in Schweden hingerichtet waren.

So verstanden denn alle die erzbischöflichen Mahnworte als Weisung und Richtlinie künftigen Handelns für die Pastoren überall im Reich. Demnächst hatten sie in ihren Kirchspielen sorgfältig zu registrieren, wer den Gottesdienst versäumte. Sie mußten jene ermitteln, der Obrigkeit bekanntgeben und eine Bestrafung der Müßigen oder Ablehnenden ermöglichen. Wer nicht für den rechten Glauben beten wollte, die Not der Glaubensbrüder in anderen Ländern und die Verpflichtung der Schweden und ihres Königs zur Hilfeleistung mißachtete, sollte als Feind des evangelischen Bekenntnisses gebrandmarkt werden. Bald dominierte im Land die festgefügte Überzeugung, durch eifriges Bitten und Beten sei Gottvater an diesen Gebetstagen sonderlich beeinflußbar, empfänglich für schwedische Wünsche.

In diesem Sinne hatte Gustav II. Adolf bereits am 29. April 1612 Rundschreiben kursieren lassen, und der Bettag im Januar des Jahres zeigte schon gute Früchte. Die Feinde wären bereits zurückgeworfen. Gott habe das inbrünstige Flehen seiner schwedischen Kinder erhört. Ausdrücklich hatte der Monarch hier versichern lassen, man könne durch frommes Heilighalten der aufs neue noch im gleichen Jahr verordneten Gebetstage Gottes Beistand für die bevorstehenden Kampagnen gleichermaßen erbitten. Im Jahre 1614 ließen König und Priesterschaft verlauten, die zwei anstehenden Bettage würden Gott bewegen, entweder Frieden zu schenken oder die schwedischen Waffen im Felde zu segnen. Eigentlich unvorstellbar, daß Gustav II. Adolf tatsächlich so einfältig dachte, wie er kundtat, und die Pastoren es fleißig wiederholten. Die einfachen Menschen, noch immer gering gebildet, mochten es vielleicht glauben.

Die moderne schwedische Historiographie bekräftigt, die »politisch-religiöse Verkündung« von der Kanzel habe offensichtlich die Menschen angesprochen. Das gesamte schwedische Volk erlebte gemeinsam die Not des Luthertums und nahm

Erfolge der »Papisten« als schreckliche Drohung wahr (Historia, 100). Noch ehe Reichsrat und Reichstag einen Feldzug auf deutschem Boden debattierten, hätten die Gebete und Predigten den Menschen in Schweden die Überzeugung einge-brannt, ein Krieg gegen den teuflischen Kaiser sei unausweichlich. Haß gegen ihn und seine bösartigen Absichten waren tief verwurzelt, als erstmalig 1627 schwedi-sche und kaiserliche Truppen in Polen aufeinander trafen.

Am 21. November 1627 schrieb Wallenstein seinem General Arnim, er ersehe aus dessen Brief, »daß der König von Schweden damit umgehet, ein Bündnis mit dem Kaiser zu machen«. Ihm sei klar, so Wallenstein, der »Schwede will Dänemark auf der andern Seite angreifen, und die zu Dänemark gehörigen Oerter, so an Schweden stoßen, einnehmen wie auch Norwegen«. Der Generalissimus deutete dennoch Zurückhaltung an, da Gustav II. Adolf »unsere Freundschaft nicht aus red-licher Absicht« suche. Wallenstein wünschte offensichtlich eine solche Allianz nicht und verstand wohl, daß Schwedens Ziele den kaiserlichen Ostseeplänen, vor allem seinen, des Herzogs von Mecklenburg, entgegenstanden. So wandte er bei Arnim ein, Gustav II. Adolf suche in Polen nur einen kaiserlichen Rückhalt und wolle Frie-den mit Sigismund vereinbaren, um sich dann gegen Dänemark zu wenden.

Tatsächlich diskutierte der schwedische Herrscher im Reichsrat in jener Zeit einen Angriff auf Dänemark. Bald aber dachte Gustav II. Adolf wieder in den gewohnten Bahnen. Im Dezember 1627 legte er den versammelten Ständen die Erklärung vor, so »wie die eine der anderen Meereswoge folge, kommt uns auch die päpstliche Liga näher, sie hat sich gewalttätig einen großen Teil Dänemarks unter-worfen«. Sei das kein Grund, fragte der König in der Proposition, kräftige Rüstun-gen zu beginnen? Höchst verschreckte Stände bewilligten dann neue Aushebungen von Rekruten und Steuern, rieten selbst in ihrer Antwort, »das Pferd besser an einen anderen Zaun denn den eigenen zu binden und den Krieg soweit von der Grenze des Reiches zu verlegen wie möglich«. Setze man sich auf der anderen Seite der Ostsee fest, würde Schweden nicht im eigenen Land gefährdet werden. Halte der Herrscher einen Krieg mit Österreich für nötig, würden die Stände die Bürden und Beschwer-nisse geduldig ertragen (Historia, 24).

Der König konnte zufrieden sein. Sein Agitationseifer erwuchs ganz sicher auch aus innerer Überzeugung, dem Krieg mit dem Kaiser nicht ausweichen zu können. Schwedens Großmachtträume bedingten einen militärischen Triumph auf deut-schem Boden. Doch konnte Gustav II. Adolf erst im September 1629 mit Polen den Waffenstillstand von Altmark vereinbaren, die unerläßliche Voraussetzung für eine Landung in Deutschland, die Erfüllung aller geheimen königlichen Träume.

Eigentlich deutete nur wenig bei Gustav Adolfs Geburt darauf, daß er einmal die Krone der »Svear und Goten« tragen sollte. Johan III. (1537-1592), König seit 1569, hinterließ zwei Söhne, Sigismund und Johan. Gustav Adolf, der Erbprinz von Söder-manland, der Neffe, konnte bestenfalls mehr oder weniger souveräner Territorialfürst werden. Doch spricht einiges dafür, daß der damalige Reichsverweser, Herzog Karl von Södermanland, schon frühzeitig in seinem Sohn den künftigen König von Schweden sah. Da nimmt es sich fast wie ein organisiertes Omen aus, ein Zeichen für alle Schweden, daß Karls Gemahlin, Christine von Schleswig-Holstein-Gottorp, den Knaben am 9. Dezember 1594 im alten Stockholmer Schloß, der königlichen Residenz, gebar. Der Reichsverweser hatte der hochschwangeren Herzogin befohlen, die Niederkunft nicht im festen Herzogsschloß zu Nyköping zu erwarten. Und am 4. Oktober 1595 ließ er Mutter und Baby demonstrativ nach Söderköping reisen und wünschte, den Sohn den versammelten Reichsständen zu präsentieren. Alles deutet daraufhin, daß dieses Schauspiel seine wohlgeplante Funktion erfüllte.

In schweren blutigen, beständig konfessionell begründeten Auseinandersetzungen gegen Ende des 16. Jahrhunderts entriß Karl von Södermanland dem katholischen Neffen Sigismund die Krone Schwedens. Noch bevor er sich am 15. März 1607 zum König krönen ließ, hatte sein Sohn, der kleine Gustav Adolf, bereits an den Reichsratssitzungen teilzunehmen. Der Vater sorgte umsichtig dafür, daß der Knabe durch die besten Lehrer des schwedischen Reiches umfassend auf das künftige Herrscheramt vorbereitet wurde. Obwohl Karl IX. selbst als Feldherr scheiterte und die Idee des Dominium maris Baltici nicht verwirklichen konnte, zerschlug er alle Anarchiebestrebungen des Hochadels. Das war die Basis, auf der sein genialer Sohn den schwedischen Großmachttraum realisieren konnte.

Er sei ein Niemand gewesen, als er nach seines Vaters Tod Anfang 1612 die Regierung übernommen habe, resümierte der junge Regent am 12. Oktober 1617 im Dom zu Uppsala anläßlich seiner Krönung stolz. Drei Kriege vererbte ihm Karl IX., aussichtslos schien die Situation für Schweden. Nach dem schweren Frieden zu Knäröd 1613 mit den räuberischen Dänen habe er nun Rußland im Frieden zu Stolbovo gewaltige Territorien abgerungen und seine Erfolge mit wehrtüchtigen Schweden errungen.

Einige Monate vorher, auf dem Reichstag am 26. August, hatte Gustav II. Adolf zufrieden geäußert, die Russen seien von der Ostsee abgeschnitten und der Osten offen für kühne Unternehmungen. »Ihr vom Adel und ihr anderen, die ihr freie Güter begehrt. Was drängt ihr euch hier, reißt und verschleißt euch wegen ein paar armseliger Güter. Zieht hin in diese Länder und rodet euch so große Güter, wie es euch gelüstet und eines jeden Macht zuläßt«. Er werde sie privilegieren und unterstützen. Wer »sich nicht selbst hilft, obwohl er es vermag«, sei schlimmer »als einer, der Vater und Mutter ermordet hat«, verkündete Gustav II. Adolf dann einen Tag später ein »Selbsthilfe-Programm« der schwedischen Feudalität und deutete weitere, gewinnbringende Annexionen an (Tal, 46-55). Die Zuhörer verstanden, daß der König an neue Feldzüge gegen König Sigismund, den Vetter in Polen dachte.

Nachdem im Herbst 1621 Riga erobert war, vollendete Gustav II. Adolf zu Jahresbeginn 1626 die Eroberung der baltischen Provinzen Polens. Schon im gleichen Sommer fiel er ins polnische Preußen ein. Während des Feldzuges im folgenden Jahr registrierten die Reichsräte Schwedens besorgt, daß König Sigismund kaiserliche Hilfe erhielt. Schwere Zeiten wieder für Schweden, aber doch auch Grund zur Freude! Der Kaiser war der Angreifer. Bei passender Gelegenheit würde man nicht nach Vorwänden suchen müssen.

Einige der Räte und Gustav II. Adolf waren sich gewiß, daß es Zeit sei, das polni-

sche Feuer auszutreten, um den Krieg um neue Provinzen südlich der Ostsee zu führen. Jetzt wünschte der König jenen entgegenzutreten, die einer schwedischen Groß-
machtposition wirklich gefährlich werden konnten. Längst waren sich König und
Reichskanzler klar, daß »die Sachen soweit gekommen, daß alle Kriege, die in Europa
geführt werden, miteinander vermischt sind und sich zu einem entwickeln« (Tal, 99).
Es galt nun, sich früherer Angebote zu erinnern und nachzufragen, ob der Wert
schwedischer Hilfe in England und den Generalstaaten nun höher veranschlagt
werde als 1625. Der Däne Christian IV. war geschlagen, die Truppen der deutschen
Protestanten zerstreut und die Macht der Habsburger ins Unermeßliche gewachsen.
Man wußte auch in Stockholm, daß Frankreich höchst beunruhigt sondierte.

Damals begannen einige französische Diplomaten zu hoffen, in dem schwedischen Herrscher sei ein Feldherr gereift, Frankreichs weitgreifenden Plänen gegen
Habsburg zu dienen. Während Richelieu vor La Rochelle den Widerstand der
Hugenotten brach, lenkte Hercule de Charnacé die Aufmerksamkeit des Kardinals
auf den schwedischen Kriegerkönig, »der mit allen seinen Nachbarn Krieg führt«. Er
habe diesen bereits »mehrere Provinzen« entrissen. Bald ahnten die Herrschenden in
Paris, daß dieser Frankreich ferne Eroberer ausgeprägte territoriale Wünsche hegte,
die Richelieus Anliegen entsprachen. Als eilig entsandter Sonderbotschafter vermittelte Charnacé den Waffenstillstand zu Altmark. Mehr wollte er nicht gewähren.
Allzu hoch erschien ihm und dem Kardinal der schwedische Forderungskatalog.

Es war auch so wahrlich nicht bescheiden, was Gustav II. Adolf mit französischer
Hilfe erzwang. Am 16. September 1629 vereinbarten Schweden und Polen, daß die
Ostseeküste zwischen Pillau und Memel schwedisch blieb und die Zolleinnahmen
der kurländischen Häfen Libau und Windau und der Hauptanteil des Danziger
Zolls an Stockholm kam. Gustav II. Adolf hatte gewaltige Einnahmen gesichert und
konnte nun ernsthaft an eine Landung in Deutschland denken.

So versammelte der König im Spätherbst 1629 den Reichsrat erneut zur Diskus-
sion der Kriegsproblematik. Es sind natürlich besonders diese geheimen Debatten,
die Historiker fesseln und nach schlüssigen Antworten suchen lassen. Solcher Wahr-
heitsfindung diente denn auch immer wieder das Fazit einer Argumentation des
Reichsrates Johan Skytte. Sollte Gustav II. Adolf in Deutschland siegen, würden ihn
die deutschen Fürsten bekämpfen, unterliege er jedoch dem Kaiser, ließen ihn auch
seine dortigen Bundesgenossen fallen. »Si Rex victor, illi praeda erunt«, siegt der
König, werden jene Beute sein, reagierte der König. Das seien »sechs Worte, an
denen alles Deuteln derjenigen zerbricht, die nicht Wort haben wollen, daß der
König mit Eroberungsgedanken gekommen sei«, so ein deutscher Historiker 1932,
im Jubeljahr bedeutender Gustav-Adolf-Ehrungen auf deutschem Boden (Westphal,
114). Treffender kann man es kaum zusammenfassen.

Der Winter des Jahres 1629/30 war eine schwere Zeit in Schweden, quälte mit
Hunger, Pest, Verödungen weiter Landschaften die Menschen im Norden unerträglich. Damals steigerten sich Verzweiflung und Resignation, äußerten sich aber auch
und immer wieder in Auflehnung, Desertationen der ausgeschriebenen Rekruten, in
Selbstverstümmlungen kriegsfähiger Männer gar. So glaubte Gustav II. Adolf sich

gut beraten, eine Ausschußversammlung der Stände für den Mai 1630 aufzubieten, auch hier einhellige Zustimmung zu dokumentieren.

Sein einziges Kind, die knapp vierjährige Tochter Christina im Arm, wandte sich der Herrscher am 19./ 29. Mai 1630 an ausgesuchte Repräsentanten der drei höheren Stände und einige Bauern. Gustav II. Adolf kalkulierte klug, daß die Geste des treusorgenden Vaters vielen der Zuhörer auch und vor allem das Bild vom Landesvater suggerierte. Der König, ein begnadeter Agitator, gedachte jenen entgegenzuwirken, die ob der schier erdrückenden Kriegskosten heimlich murrten. Immer spürbarer wurde der Mangel an arbeitsfähigen Knechten. Selbst Bauern fehlten mancherorts bereits. Die ständig wachsenden Steuerlasten und Verödungen des Landes resultierten immer öfter in offenem Aufruhr gegen Steuereintreiber und Rekrutenkommissare. Dem galt es auch nach Überzeugung Gustavs II. Adolf und seiner engsten Vertrauten energisch entgegenzutreten.

Mit der ihm eigenen mitreißenden Rhetorik, mit klug bedachtem Gestus und anschwellender Stimmhöhe, benannte der Landesherr Gott als Zeugen, er führe »diesen Krieg nicht aus eigenem Antrieb oder Lust am Kriege«, dränge nicht grundlos auf deutschen Boden. Ihn zwänge die internationale Lage so wie das Bündnis des Kaisers mit dem gefährlichen polnischen Feind, auch die Bitten der »schwerbedrängten Nachbarn, Verwandten und Schwäger« zu neuem Kampf. Schweden müsse im eigenen Überlebensinteresse »die bedrückten Glaubensbrüder von dem päpstlichen Joch« befreien. Das klang überzeugend und gewann an Kraft in dem Maße, wie sich der König steigerte, mitgerissen von den eigenen Worten.

Die zeitgenössischen Berichte belegen, sie waren tief beeindruckt abgereist, die auserwählten Ständevertreter. Der König konnte zufrieden sein, alles war wohl vorbereitet und das mögliche getan, den Erfolg zu sichern. Der Landesvater kämpfte für die eigene Tochter, für die Kinder der Abgesandten, für alle und natürlich für das evangelische Bekenntnis. So jedenfalls sollten es die Anwesenden verstehen, wollte Gustav II. Adolf gesehen werden an diesem bedeutsamen Tag schwedischer, deutscher und europäischer Geschichte. Vielleicht glaubte er es auch selber und sah Schwedens Größe auch als Erfolg der Bauern, Städter und des Adels, vieles spricht dafür. Schwedens König brach auf in die Entscheidungen um das Schicksal Europas. Er wollte nunmehr direkt in das große Ringen auf deutschem Boden eingreifen und gegen den Hegemonieanspruch der beiden Häuser Habsburg über die europäischen Staaten. Er trat an die Seite Frankreichs und der Niederlande, wünschte die deutschen Partikulargewalten gestärkt, dachte, hoffte und glaubte an die Ostsee als schwedisches Binnenmeer. Und er war alles andere als ein unbedarfter Träumer und brachte militärische und politische Erfahrungen ein wie kaum ein anderer der beteiligten Souveräne. Gustav II. Adolf konnte sich auf hervorragende Generäle stützen, gewachsen in zahlreichen offenen Feldschlachten und erfahren in ebenso häufigen Belagerungen.

Nichts spricht dagegen, daß sich Gustav II. Adolf seines Wagnisses bewußt war in jenen Moment, als er in den Sand der Peenemünder Erde sprang und betete. Auffallend bleibt, daß er seine Hoffnungen laut formulierte, dafür Sorge trug, es möch-

In Tesseram Militarem Vtriusque
Exercitus
Quæ Regi erat
GOTT MIT VNS
Tillo vero
IESVS MARIA.

PRÆLII.
INTER
SERENISS: SUECOR:
REGEM ET SAXONIÆ
ELECTOREM NEC NON
CATHOLICÆ LIGÆ. GENE
RALEM COM: Á TILI VII.
SEPTEMBER ANNI MDCXXXI
PROPE LIPSIAM COMMISSI.

Breitenfeld, 17. September 1631. Gustav II. Adolf besiegt in dieser für ihn entscheidenden Schlacht die Kaiserlichen unter Tilly

ten bald alle wissen können. So teilte er sich auch jenen mit, denen es wenig bedeutete, die ihn besser in Schweden beten wünschten. Es war wohl eher ein propagandistischer Kurzvortrag, eine Rede für alle, die an der schwedischen Glaubensmission zweifeln konnten. Der König war in die Versicherung ausgebrochen, der Herr wisse, »daß ich diesen Zug nicht zu meiner, sondern einzig und allein zu Deiner Ehre und zum Trost und Beistand Deiner bedrängten Kirche unternommen habe«. Worte, die ganz sicher mehr für die Menschen denn Gott gedacht waren.

Berufungen auf Gott als »Zeugen« uneigennütziger Deutschlandpolitik berühren dennoch merkwürdig. Ähnliches äußerte der König später beispielsweise auf einem Bankett unmittelbar nach dem Sieg bei Breitenfeld, im Lager vor Ingolstadt bzw. in seiner bekannten Nürnberger Strafpredigt vor ranghohen deutschen Offizieren. Das waren Männer, die es besser wußten und Gustavs II. Adolf Forderungen an Deutschland nur zu gut kannten. Wenigstens sie dürften darin wohl auch Täuschungen, vielleicht sogar Verhöhnungen des benannten göttlichen »Gewährsmannes« gesehen haben. Der schwedische Herrscher selbst, so er jener tiefgläubige Mensch der Überlieferung war, muß gefürchtet haben, daß Gott seine wahren Zielstellungen kannte.

Tatsächlich billigte auch Gustav II. Adolf die Meinungen im Reichsrat, »allein der Nutzen und die Sicherheit des Vaterlandes« sei das Motiv für das Eingreifen in Deutschland. Wie die Protokolle der Reichsratsdiskussionen belegen, betonten die Räte zwei Ziele, »die Verteidigung Schwedens, die Besetzung Deutschlands«. Später erklärte Gustav II. Adolf sogar, wäre die Religion der Kriegsgrund gewesen, »so müssen wir auch dem Papst, den Franzosen und allen Papisten den Krieg ankündigen«. Nach seinem Tod vermerkt das Reichsratsprotokoll, nicht die Verteidigung der Protestanten »ist... unser Hauptziel. Sondern Ihre seel. Kgl. Maj. hatte andere Gründe für den Krieg« (Findeisen, Gustav II. Adolf, 98-102; Protokoll, XI, 223).

Mag sein, daß die Jahrzehnte des blutigen Ringens auf deutschem Boden allmählich jede religiöse Verklärung verdrängten und inzwischen allzu deutlich der machtpolitische Faktor in den Bilanzen aller kriegführenden Parteien dominierte. Vielleicht propagierten jetzt auch jene überzeugt nur noch den »Nutzen und die Sicherheit des Vaterlandes«, die zwischen 1628 und 1638 geglaubt haben mögen, auch ihrem Glaubensbekenntnis verpflichtet sein zu sollen. Anfangs dürften wenigstens unterschwellig religiöse Bedenken die Überlegungen und Handlungen mancher schwedischer Politiker und Generäle beeinflußt haben. Primär allerdings zählten wohl doch immer die Hoffnungen auf Vergrößerung Schwedens und neue Einkunftsquellen für die Krone, den Adel und das besitzende Handelsbürgertum.

Die Bürger Stettins jedenfalls hatten schon unmittelbar nach Gustavs II. Adolf leidenschaftlichem Gebet an der pommerschen Küste wenig wirklichen Grund zum Jubeln und vertrauten ihm dennoch freudig. Wie die Menschen in Stralsund waren sie dem König aber nur Bürgen schwedischer Sicherheit auf deutschem Boden. Er benötigte die festen Mauern und Wälle beider Seestädte, den Flankenschutz der umliegenden Ortschaften. Schon am 17./27. September 1629 hatte Gustav II. Adolf in einem Brief an Axel Oxenstierna im ostpreußischen Elbing keinen Zweifel gelassen. Vertraulich schrieb er seinem Reichskanzler, er fürchte, die Stralsunder könnten sich mit den Kaiserlichen einigen, doch wolle er »eher die Bürger aus Stralsund vertreiben als die Stadt aufgeben« (AOB, II:1, 588-596). In Auswertung dieser und anderer Quellen folgerten daher schon vor mehr als einem halben Jahrhundert schwedische Militärhistoriker, es sei nicht zu bezweifeln, »daß Gustav Adolf sich vorgenommen hatte, einen beständigen schwedischen Einfluß über die deutsche ,Küste' an der Ostsee durchzusetzen« (krig, III, 191, 200, 423).

Er wollte tatsächlich ungeheuer viel von Deutschland und heuchelte dreist. So hatte bereits 1910 der Historiker Friedrich Bothe bedauert, daß sein liebgewordenes Herrscherbild beim Quellenstudium zerbrochen sei. Es habe ihn insbesondere be-

Lützen, 16. November 1631. In dieser unentschiedenen Schlacht zwischen den Kaiserlichen unter Wallenstein und den Schweden verliert Gustav II. Adolf sein Leben

fremdet, daß der schwedische König »andere anzuklagen pflegte, sie ließen sich von materiellen Interessen und nicht von der Sache des Protestantismus leiten« (Bothe, 128).

Möglicherweise wollte sich Gustav II. Adolf anfangs wirklich mit einem schmalen Küstenstreifen bescheiden und nur die ostdeutschen Flußmündungen kontrollieren. Der Sieg bei Breitenfeld änderte auf jeden Fall alles. Vielleicht dachte der Stockholmer jetzt erstmalig an die deutsche Kaiserkrone. Jedenfalls soll der sächsische Kurfürst, ob weinselig oder nicht, Gustav II. Adolf zugetrunken und versichert haben, er wolle nun mithelfen, »daß ihm die römische Krone auf das Haupt gesetzt werde« (Öhqvist, 172). Vielleicht dachte sich der Sachse diese Äußerung auch nur als ängstliche Frage. Er war zweifellos ein furchtsamer, höchst unbegabter Feldherr. Aber der Kurfürst erfaßte dennoch sofort die politischen Folgen dieses großen Sieges. Überall in Deutschland bewegte die Politiker die Frage, ob Gustav II. Adolf sofort in die ungeschützten Erblande marschieren und vielleicht selbst die Herrschaft an sich reißen würde. Vielen schien auffällig, daß der schwedische Monarch von nun alle Bündniswilligen zwang, sich von Kaiser und Reich zu distanzieren.

Überlegungen, ob Gustav II. Adolf zeitweilig statt des kaiserlichen »dominium absolutum« eine entsprechende schwedische Machtfülle anstrebte, beherrscht seither die Diskussionen der Historiker. Jene, die dieses verneinen, führten immer wieder an, der König hätte Johann Georgs Bemerkung mit einer ärgerlichen Replik abgewiesen. Einig sind sich allerdings alle Kenner, daß mit den Erfolgen des schwedischen Herrschers dessen Pläne und Ziele wuchsen. Kurz nach Gustavs II. Adolf Tod bemerkte Axel Oxenstierna, anfangs habe der Herrscher »so weit zu kommen nicht vermeinet«. Er hätte sich dann aber von augenblicklichen Triumphen immer weiter treiben lassen (Irmer, II, 26).

Ganz sicher kann eine solche Äußerung als vorsichtige Bestätigung allmählich gereifter Ideen und Überlegungen eines evangelischen Kaisertums in der Gedankenwelt des schwedischen Königs gelesen werden. Die ältere schwedische Historiographie betonte übrigens, daß sich solche Konzepte »in seiner unablässig arbeitenden Phantasie überschlugen« und zeitweilig auch dieser Gedanke den König bewegt haben dürfte (Öhqvist, 184 u. 189). Flugblätter wiesen ihn als »Löwen aus Mitternacht« aus, der die geknechteten evangelischen Fürstentümer und Reichsstädte einigen werde. Auch lassen sich gelegentliche Bemerkungen Gustavs II. Adolf anführen, wie er »das römisch-teutsche Kaisertum« verstünde, so er die Krone trüge. Im Januar 1632 drohte er jedenfalls dem Herzog Adolf Friedrich von Mecklenburg-Schwerin, sollte er »Kaiser werden, so sind Euer Liebden mein Fürst« (Ahnlund, Axel, 342). Das sei scherzhaft zu deuten, meinen vor allem die Wortführer protestantischer Glorifizierungen des schwedischen Eingreifens in den Krieg. Eine merkwürdige Form königlichen Humors in einer insgesamt ärgerlichen Auseinandersetzung! Jedenfalls dokumentierte dieser Ausbruch des zornigen Monarchen doch, daß Gustav II. Adolf mit dieser Möglichkeit diplomatisch spielte. Tatsächlich diskutierte man auch im Reichsrat in Stockholm 1632 beunruhigt, welche Folgen für Schweden aus einer eventuellen »Universalherrschaft« des Königs in Mitteleuropa erwüchsen.

Es ließe sich einiges auflisten, wenngleich auch manches dagegen spricht, daß Gustav II. Adolf jemals ernsthaft an die Kaiserkrone dachte. Die neuere schwedische Forschung verzichtet auf derartige Spekulationen. Sie unterstreicht sicher nicht grundlos, der König sei als Staatsmann und Politiker »realistisch« gewesen. Diese Wertung schließt wohl jegliche ernsthaften Bestrebungen nach Universalherrschaft aus. Doch wird man fragen müssen, wie realistisch Schwedens Anspruch auf eine dauerhafte Beherrschung der Ostseeregion überhaupt war. Solcherart ist schon am Wirklichkeitssinn des Königs zu zweifeln. Auch erwähnen alle Experten, daß er 1632 auf ein »corpus evangelicorum« orientierte. Er wollte einen Bund der deutschen protestantischen Fürstentümer unter schwedischer Führung schaffen. Strebte ihm so eine Art evanglisches Kaisertum eines norddeutsch-skandinavischen Reiches vor?

Realistischer war dagegen wohl eine andere »Vision«. Mitte März 1632 notierte Gustav II. Adolf Gedanken über ein Eheprojekt und sandte Oxenstierna seine diesbezüglichen Überlegungen. Der Brandenburger Erbprinz Friedrich Wilhelm sollte mit Prinzessin Christina von Schweden verheiratet werden. Der König erteilte seinem Kanzler Weisungen, eine Studie zu entwerfen, wie entsprechende Verhandlungen mit Brandenburg geführt werden sollten. Vielleicht war das auch wieder nur einer jener plötzlichen phantastischen Einfälle des Herrschers, nicht unbedingt ein ausschließender Beleg für andere zeitweilige Absichten. Und es bedeutete auch nicht, daß die Person des Königs nicht immer das eine und die Sicherung des Erbes der Tochter das andere blieb. Auch ein »Kaiser« Gustav II. Adolf hatte die Zukunft Christinas zu planen. Was er vorübergehend durch das Schwert schuf, mußte nicht beständig sein. Das Hauptziel schwedischer Politik blieb die Ostseeherrschaft, und eine enge Union Brandenburgs und Schwedens war ein wichtiger Schritt zu dessen

Sicherung. Realität wurde auch dieses nicht, schon die Entscheidungen des Herbstes 1631, vor allem dann aber Lützen bewirkten anderes.

Im Frühherbst 1632 hatte sich für Gustav II. Adolf nach dem verlustreichen Anrennen auf Wallensteins Zirndorfer Verschanzungen die Gesamtsituation verschlechtert. Der König hatte schon vor dieser verzweifelten Aktion über einen wirklichen Schlußstrich nachgedacht, spürte wohl mehr und mehr das Aussichtslose seiner Situation und fühlte den Widerstand der deutschen Reichsstände. Es war eingetreten, was seinerzeit Johan Skytte über die Haltung der deutschen Fürsten voraussagte. Sie seien undankbar, die evangelischen Deutschen, die »noch immer den Kaiser liebcosen wollen«, selbst Johann Albrecht von Mecklenburg, sein Schützling, dem doch er, Gustav Adolf, das Land zurückgegeben habe, »in seiner apologia ihn den frommen Kaiser nennende und nur die Jesuiten und kaiserlichen räth beschuldigte, da ihme doch dieser fromme Kaiser wider Gott und Recht von Land und Leuten getrieben. Desgleichen wolte die gute stadt Franckfurth noch immer gut kaiserlich sein«, würde wohl selbst der dortige Stadtsyndikus beschwören, »der Kaiser were noch sein herr«, so klagte Gustav II. Adolf am 16. September, unmittelbar vor dem Abmarsch aus dem Nürnberger Lager (Irmer, I, 256 u. 266).

Gustav II. Adolf konnte gelegentlich schon vergessen, daß jene, die früher nahezu souverän über ihre Territorien verfügten, nun seine Vasallen waren. Er hatte vieles gegeben mit der Drohung, es gegebenenfalls wieder zurückzunehmen. Manches Mal mag der Mecklenburger beunruhigt gehört und gelesen haben, wie wichtig dem

Heimbringung des toten Gustav II. Adolf nach Schweden. Historisierende Darstellung des 19. Jahrhunderts

Schweden die mecklenburgische Ostseeküste blieb. So war nicht auszuschließen, daß er eines Tages das Reich Schweden um Johann Albrechts Land als neues »län« vergrößerte.

Der Mecklenburger und andere kaiserergebene Herren waren Gustav II. Adolf nur wenige kurze Sätze wert und Rahmen für wichtigere Anliegen des Königs. Die anonyme Mitschrift erwähnt einen Appell des Herrschers an die Geschlossenheit städtischen Widerstandes. Gewichtig ist das Papier vor allem als Dokumentation wachsender Resignation des Königs. Hier spricht nicht mehr der unbesiegte Herr Europas. Er wolle »von friedensmitteln deliberiren«, wünschte Kursachsen, sogar den Kaiser eingeschlossen. Er hätte deshalb »den gefangenen obristen Sparrer dieser tagen bewilliget, auf gewisse stunden in des feinds lager zu gehen«, darüber mit Wallenstein zu reden. Er – so der schwedische König – »wäre erbietig«, über Forderungen zu verhandeln, »die hoffentlich nicht unbillig« empfunden würden. Gustav II. Adolf wünschte »das eroberte Pommern nach desselbigen herzogs absterben für sich« und seine Nachfolger und wollte »ein stand des reiches« werden. Auch begehre er Magdeburg und Halberstadt, nicht für die schwedische Krone, sondern als Entschädigung für Kursachsen und Kurbrandenburg. Mit dem Herzogtum Franken und Würzburg gedachte er Wallenstein anstelle Mecklenburgs zu belohnen.

Wenig war hier in Nürnberg zu spüren von jenem Optimismus, der den Siegreichen nach Breitenfeld und auf der »Pfaffengasse« trieb, ihn noch in Frankfurt und Mainz belebte. Doch neigte er niemals zu einem Verzichtfrieden. Jetzt wollte er auch öffentlich ausgesprochen haben, wie er und seine Vertrauten belohnt werden mußten. Kernpunkte aller kommenden Friedensgespräche sollten jene Fragen sein, die der König am 16. September noch einmal kurz zusammenfaßte: Entschädigung für Schwedens Hilfeleistung, Sicherheit vor künftigen Angriffen auf Gustavs II. Adolf Reich. Der Monarch hatte sich zwar beständig in der Rolle des Retters der deutschen Protestanten sehen wollen, trotzdem schon frühzeitig keinen Zweifel gelassen, daß die schwedische Hilfe ihren Preis haben sollte. Er wolle sich nicht bereichern, erwarte nur eine gerechte Entschädigung für eigene Kosten und müsse zurück verlangen, was er der großen Sache geopfert habe. Schwedens Volk hätte durch Steuern und einen hohen Blutzoll die Landung und Operationen in Pommern erst ermöglicht.

Verlangte Gustav II. Adolf zunächst »satisfactio« durch Zahlungen entsprechender Gelder, so wuchsen seine Wünsche bald dahin, daß er deutsche Territorien als künftige Sicherheit Schwedens, eine »assecuratio«, auch öffentlich forderte. Damit verunsicherte er die mecklenburgischen Herzöge und vermehrte Georg Wilhelm von Brandenburgs Skepsis. Anfangs ließ der Schwede die »assecuratio« noch als Pfandherrschaft bis zur Zahlung der finanziellen Entschädigung deuten. Später dann, mit den unverhohlen geäußerten Ansprüchen Gustavs II. Adolf auf die eroberten Territorien als rechtmäßige Kriegsbeute redeten die schwedischen Diplomaten bereits von Landabtretungen als »satisfactio«. Damit gewann auch die Forderung nach »assecuratio« neue Dimensionen. Jetzt wünschten Gustav II. Adolf und die Stockholmer Reichsräte in Deutschland eine »dominierende protestantische Machtkonzentration mit Schweden als Kern«, wie es treffend in einem schwedischen Standardwerk zur Geschichte des Dreißigjährigen Krieg formuliert wurde.

Schon nach dem Sieg bei Breitenfeld weiteten sich die schwedischen Ansprüche. Zwar notierte noch wenige Tage danach der Sohn Christians I. von Anhalt in seinen persönlichen Aufzeichnungen Gustavs II. Adolf Versicherung, er »danke Gott für solch herrliche Victoria und wünsche, daß sie dem evangelischen Wesen möchte zum besten gereichen«. Er selbst, so hatte der König auch in diesem Gespräch versichert, erstrebe »keinen anderen Vorteil«, habe keinerlei andere Ambitionen »als die Lehre Gottes, die Erhaltung der evangelischen Religion«, wolle den Frieden im Reich und die deutsche Freiheit befördern und »begehre nicht eine Hand breiten Landes davon« (Der Dreißigjährige Krieg in Augenzeugenberichten, 271). Wahrlich wieder einmal höchst fromme Äußerungen, gewiß nicht erfunden durch den Anhaltiner, kaum geglaubt von diesem und schon gar nicht von Gustav II. Adolf selbst, dem Schönredner. Längst hatte er seine Diplomaten anders unterwiesen. Nun sollten Brandenburg, Braunschweig-Wolfenbüttel und Mecklenburg legitimieren, daß Schweden »jus belli« – einen kriegsrechtlichen – Anspruch auf alle vom Feinde befreiten protestantischen Gebiete erworben hatte. Gustav II. Adolf behauptete für einige wichtige protestantische Territorien, so beispielsweise Wismar und Warnemünde, auch wirkliche Okkupationsrechte. Später schloß er Würzburg, Bamberg und Mainz ein und beanspruchte nun in allen eroberten Reichsteilen ein »jus superioritatis«, das einstige kaiserliche Hoheitsrecht.

Interessanterweise hatte Gustav II. Adolf vor allem die Interessen der deutschen Reichsstädte im Blick und wünschte deshalb besonders Nürnberg eingebunden. Er hatte selber in seiner Heimat zu Beginn der zwanziger Jahre zahlreiche städtische Neugründungen angeregt und verstand die künftige wirtschaftliche und politische Bedeutung solcher Kapital- und Gewerbezentren. Noch unmittelbar vor seinem Tod veranlaßte er, was Axel Oxenstierna auf der Ulmer Konferenz und wenig später im Heilbronner Bund realisieren wollte.

In den Nürnberger Diskussionen versicherte Gustav II. Adolf, ihm schwebe als eigentliche »assecuratio« eine »dauerhafte Sicherung des Friedens« durch das »Corpus Evangelicorum« als Teil eines weiterbestehenden Reichsganzen in Deutschland vor. Doch wünschte er einen eigenen Ständetag, vom Römischen Reich unabhängige Gerichtshoheit und empfahl den Nürnbergern, einen Verbund nach dem Modell der Vereinigten Niederlande zu überdenken. In der Debatte fand der König ein einleuchtendes Argument. Er könne sich nicht durch eine Unterschrift unter einem Vertrag, durch ein »Papier gegen den Schuß einer Kartaune schützen« und benötige schon Plätze, um selbst Kanonen aufzustellen. Auch sei er »kein hergelaufener Soldat, der sich mit Geld abspeisen lasse« (Berner, 523-525). Hier in Nürnberg beanspruchte er daher als »assecuratio« die deutsche Ostseeküste.

Gustav II. Adolf hoffte ein letztes Mal bei Lützen auf eine entscheidende Wende. Sein Tod wurde der Beginn einer neuen Legende. Erst jetzt gewann er recht eigentlich jene konfessionelle Weihe, konnten spätere Historikergenerationen den Kranz für den großen »Glaubenshelden« winden. Der »Krug« war in Deutschland zerbrochen. Das Wohl der »arg bedrängten deutschen Protestanten« hatte des Königs Eingreifen nicht eben befördert, bedenkt man die Leiden der einfachen Menschen in Stadt und Land. Wenig gewann auch die Mehrheit der Schweden. Wahrscheinlich stoppten Gustavs II. Adolf Siege die Gegenreformation. Insofern rettete er dann doch den Protestantismus, das massenhafte Morden und Brennen auf deutschem Boden stoppte er nicht. Er war nicht einmal jener »humane« Feldherr, zu dem ihn die Legende hochstilisierte. Nicht nur in Bayern befal er die systematische Zerstörung des Landes.

Die neue schwedische Historiographie hebt vor allem die ökonomischen und machtpolitischen Ziele seines Handelns hervor. Dem ist wohl beizupflichten. Gustav II. Adolf war der starke Arm jener, die bereitwillig in die eroberten Gebiete zogen und sich Güter nahmen, so ausgedehnt, wie sie sie nur immer bekamen. Vielleicht fühlte er sich gleichzeitig auch wirklich als »protestantischer Kämpfer«. Vor allem aber kämpfte er doch um die Machtausdehnung Schwedens, den Führungsanspruch auch in Norddeutschland, doch ganz zuerst um die Dominanz seiner Linie der Vasa-Dynastie. Er war ein bedeutender Heerführer. Der »Große« – wie ihn seine Reichsräte nach Lützen benannten – war er wohl nur für die Großen seines Landes, ein »Herr-Führer«, der die großen und kleinen Herren Schwedens in fremde Länder führte. Dabei blutete auch das eigene Land aus.

Adolf Friedrich I., Herzog von Mecklenburg-Schwerin

* 15. Dezember 1588
† 27. Februar 1658 in Schwerin
Grabstätte: Münster des Doberaner Klosters
Eltern: Herzog Johann VII. von Mecklenburg und Sofie von Schleswig-Holstein-Gottorp

1. Eheschließung am 4. September 1622 zu Verden
ANNA MARIA, Prinzessin von Ostfriesland
* 23. Juni 1601
† 5. Februar 1634
Grabstätte: Münster des Doberaner Klosters
Eltern: Enno III., Graf zu Ostfriesland, und Anna von Schleswig-Holstein-Gottorp

2. Eheschließung am 15. September 1635
MARIA KATHARINA, Prinzessin zu Braunschweig-Dannenberg-Lüchow
* 9. Juni 1616 in Dannenberg
† 1. Juli 1665 in Grabow
Grabstätte: Nikolaikirche in der Schweriner Schelfvorstadt
Eltern: Herzog Julius Ernst zu Braunschweig-Danneberg-Lüchow und Maria von Ostfriesland

28. April 1608	Herzog in Mecklenburg
9. Juli 1611	Vorläufiger Vertrag über Landesteilung in Mecklenburg-Schwerin und Mecklenburg-Güstrow
17. Februar 1618	Diskussion Adolf Friedrichs mit seinem Gesandten bei den Hansestädten über Maßnahmen zur Förderung einer Allianz der Hanse, der Niederlande und Gustavs II. Adolf von Schweden
11. Mai 1620	Geheimes Treffen mit Gustav II. Adolf von Schweden in Wismar
24.-27. Juni 1620	Neuerliches geheimes Treffen mit dem Schwedenkönig in Wismar
3. März 1621	Teilung Mecklenburgs zwischen Adolf Friedrich und Johann Albrecht in Landesteile Schwerin und Güstrow
20. August 1626	Versuch einer Distanzierung Adolf Friedrichs von der Allianz mit Dänemark
1. Februar 1628	Öffentliches Patent Kaiser Ferdinands II. zur Entbindung aller mecklenburgischen Untertanen vom Eid gegenüber den Herzögen
8. April 1628	Pfand-Huldigung der mecklenburgischen Stände vor Wallensteins Kommissaren

12. Mai 1628	Weisung Wallensteins an Adolf Friedrich, Mecklenburg zu verlassen
8. August 1631	Rückkehr Adolf Friedrichs nach Schwerin
17. Mai 1634	Administrator des Stiftes Schwerin
11. Juni 1636	Vormundschaftsregierung Adolf Friedrichs im Landesteil Güstrow
20. März 1638	Bitte des Kaisers an Adolf Friedrich, Friedensverhandlungen mit Schweden vorzubreiten
21. Oktober 1648	Fürst zu Schwerin und Ratzeburg
24. Oktober 1648	Verlust Wismars, der Insel Poel, des Amtes Neukloster und des Warnemünder Zolls im Westfälischen Frieden

Adolf Friedrich war einer jener vielen bedeutungslosen Reichsfürsten, der lediglich durch persönliche Verbindungen zu Gustav II. Adolf und Axel Oxenstierna eine gewisse Bedeutung als Mittler zwischen Kaiser und Schweden erlangte. Kaum wieder mit der siegreichen schwedischen Armee als Herzog nach Mecklenburg zurückgekehrt, zerschlug er in kleinlicher Rachsucht, »Fürstendünkel« und »blinder Zerstörungswut« alle Einrichtungen Wallensteins zum Postwesen, der Armenversorgung, der Justizreform und der Verwaltung (Vitense, 208).

Anselm Casimir Wambolt von Umstadt
Kurfürst und Erzbischof von Mainz

* Zwischen 1580 und 30. November 1582
† 9. Oktober 1647 in Frankfurt am Main
Grabstätte: Dom zu Meinz
Eltern: Eberhard Wambolt von Umstadt und Amalie von Hattsein

1596/97	Studium in Rom
1597/99	Studium in Mainz und Würzburg
1605	Mitglied des Mainzer Domkapitels
22. Mai 1605	Weihe zum Diakon
1606/07	Studium in Bologna
1609-1618	Präsident des Mainzer Hofrates
6. August 1629	Wahl zum Erzbischof von Mainz
29. Oktober 1630	Kaiserliche Belehnung mit den Regalien
23. Dezember 1631	Einzug Gustavs II. Adolf in Mainz und Flucht Anselm Casimirs nach Köln
22. Juni 1636	Rückkehr nach Mainz
1936	Priester- und Bischofsweihe

| 22. Dezember 1626 | Krönung Kaiser Ferdinands III. durch Anselm Casimir |
| 1644 | Neuerliche Flucht aus Mainz vor den Franzosen unter dem Herzog von Enghien |

Anselm Casimir war einer der entschiedensten Anhänger Kaiser Ferdinands III. und der Allianz der beiden Habsburger Linien. Während des Friedenskongresses zählte er in Münster zu den Exponenten der spanischen Politik, wurde deshalb auch von Mazarin bekämpft.

Georg II., Landgraf von Hessen-Darmstadt

* 17. März 1605 in Darmstadt
† 11. Juni 1661 in Darmstadt
Grabstätte: Stadtkirche Darmstadt
Eltern: Ludwig V., Landgraf von Hessen-Darmstadt, und Magdalena, Prinzessin von Brandenburg, Tochter Kurfürsts Johann Georg

Eheschließung in Torgau am 1. April 1627
SOPHIA, Prinzessin von Sachsen
* 23. November 1609 in Dresden
† 2. Juni 1671 in Darmstadt
Grabstätte: Stadtkirche Darmstadt
Eltern: Johann Georg I., Kurfürst von Sachsen, und Magdalena Sibylle, Prinzessin in Preußen

9. August 1626	Huldigung als Landesherr in Darmstadt
1627	Sieg im Streit mit Hessen-Kassel und Abtretungsvertrag Kassels
14. April 1648	Kasseler Vertrag mit Verlust Marburgs an Hessen-Kassel

Georg II. war der bedeutendste lutherische Neutralitätspolitiker im fürstlichen Lager. Er widerstand auch dem Druck Gustavs II. Adolf, verblieb neutral und galt Freund und Feind als »kaisertreu«. Nach 1648 reformierte er die Staatsverwaltung und förderte die bäuerliche Landwirtschaft durch staatliche Finanzhilfen. Er gilt als tief religiös geprägter Mensch, der dem Ideal des christlich-lutherischen Fürsten nacheiferte.

Wilhelm IV., Herzog von Sachsen-Weimar

* 11. April 1598 in Altenburg
† 17. Mai 1662 in Weimar
Grabstätte: Stadtkirche von Weimar
Eltern: Johann II., Herzog von Sachsen-Weimar-Altenburg, und Dorothea Maria von Anhalt-Zerbst-Dessau

Eheschließung am 23. Mai 1625
ELEONORA DOROTHEA, Prinzessin von Anhalt-Dessau
* 6. Februar 1600 in Dessau
† 26. Dezember 1664 in Weimar
Grabstätte: Stadtkirche von Weimar
Eltern: Johann Georg I. von Anhalt-Dessau und Dorothea von der Pfalz, Tochter Johann Kasimirs von Pfalz-Simmern

1602	Übersiedlung der Herzogsfamilie ins Weimarer Schloß
31. Oktober 1605	Tod des Vaters
1617-1619	Bildungsreise im Ausland
November 1619	Auftreten auf dem Unionstag in Nürnberg
8. November 1620	Kommandeur in der Schlacht am Weißen Berge
27. Februar 1622	Heerführer in der Armee Baden-Durlachs
6. Mai 1622	Teilnahme an der Schlacht bei Wimpfen
29. August 1622	Tod des Bruders Friedrich in der Schlacht von Fleurus
Frühjahr 1623	Vereinigung mit Christian von Halberstadt in Niedersachsen
6. August 1623	Gefangennahme bei Stadtlohn
1. Oktober 1626	Regierungsantritt in Sachsen-Weimar
14. Dezember 1626	Tod des Bruders Johann Ernst, eines Feldherrn des Grafen Mansfeld, in Ungarn
26. Februar 1631	Teilnahme an der Eröffnung des Leipziger Konvents
2. Mai 1631	Offensivallianz mit Schweden zu Kassel
5. Oktober 1631	Ernennung zum schwedischen Militärgouverneur von Thüringen
26. Mai 1632	Generalleutnant der schwedischen Truppen
18. August 1635	Beitritt zum Prager Frieden
9. April 1640	Landesteilung in Sachsen-Weimar unter Wilhelm und Sachsen-Eisenach bzw. Sachsen-Gotha für die Brüder

Die schwedische Führung schätzte die militärischen Talente Wilhelms gering ein. Bleibende Verdienste erwarb er um die deutsche Sprache durch die Gründung einer Gesellschaft zur Sprachpflege.

Wilhelm V., Landgraf von Hessen-Kassel

* 14. Februar 1602 in Kassel
† 21. September 1637 in Leer, Ostfriesland
Eltern: Moritz, Landgraf von Hessen-Kassel, und Agnes, Gräfin von Solms-Laubach

Eheschließung am 21. November 1619
AMALIA ELISABETH von Hanau-Münzenberg
* 29. Januar 1602 in Hanau
† 3. August 1651 in Kassel
Eltern: Philipp Ludwig II., Graf von Hanau-Münzenberg, und Katharina Belgica, Prinzessin von Nassau-Oranien

12. Februar 1627	Familienvertrag über die Erbteilung Hessens unter die Prinzen
17. März 1627	Abdankung von Landgraf Moritz und Regierungsantritt Wilhelms V., Landgrafen zu Hessen-Kassel
24. September 1627	Hauptakkord mit Hessen-Darmstadt und Verzicht Hessen-Kassels auf die Grafschaft Katzenelnbogen und Verpfändung der Grafschaft Schmalkalden
22. August 1631	Allianzvertrag Wilhelms V. mit Gustav II. Adolf von Schweden zu Werben
17. August 1631	Ernennung Wilhelms V. zum schwedischen General
28. Februar 1632	Belehnung Wilhelms V. mit Fulda, Paderborn und Corvey durch Gustav II. Adolf von Schweden
Anfang 1634	Ernennung Wilhelms V. zum französischen General
19. August 1635	Verhängung der Reichsacht gegen Wilhelm V. durch den Reichstag zu Regensburg
21. Oktober 1635	Allianzvertrag Wilhelms V. mit Frankreich
24. April 1637	Erneuerung der Reichsacht gegen Wilhelm V. durch Kaiser Ferdinand III.

Wilhelm V. war einer der wichtigsten deutschen Verbündeten Gustavs II. Adolf von Schweden. Er hoffte zeitweilig, zur bedeutendsten Persönlichkeit des evangelischen Lagers wachsen zu können. Als Heerführer und Politiker war er jedoch zu unbedeutend, um diese selbstgestellte Aufgabe ausfüllen zu können.

Ludwig XIII., König von Frankreich

* 27. September 1601 in Fontainebleau
† 14. Mai 1643 in Saint-Germain-en-Laye
Grabstätte: Kathedrale zu Reims
Eltern: Heinrich IV., König von Frankreich, und Maria von Medici

Eheschließung am 21. November 1615 in Bordeaux
ANNA von Österreich
* 22. September 1601 in Valladolid
† 20. Januar 1666 in Paris
Grabstätte: St. Denis, das Herz in der Pariser Abtei Sal-de-Gráze
Eltern: Philipp III., König von Spanien, und Margarete von Österreich

14. Mai 1610	Ermordung des Vaters und Ausrufung als Ludwig XIII., König von Frankreich
17. Oktober 1610	Krönung Ludwigs XIII. in Reims
24. April 1617	Ermordung des Günstlings der Mutter, des Marschalls de Ancre, auf Weisung Ludwigs XIII.
16. Oktober 1622	Frieden von Montpellier mit den Hugenotten
29. April 1624	Berufung Richelieus in den Königlichen Rat
13. August 1624	Richelieu zum Vorsitzenden des Rates ernannt
11. November 1630	Endgültige Entscheidung Ludwigs XIII. für Richelieu gegen die Intrigen seiner Mutter
21. Oktober 1634	Neuerliches Versöhnungstreffen Ludwigs XIII. mit seinem Bruder Gaston von Orléans zu St. Germain
5. September 1638	Geburt Ludwigs, des späteren »Sonnenkönigs« (XIV.)
12. Juni 1642	Aufdeckung der Verschwörung des Cinq-Mars und Gaston von Orléans mit Philipp IV. von Spanien gegen Ludwig XIII.
3. Juli 1642	Tod der Königinmutter im Exil zu Köln
29. September 1642	Verzicht des Herzogs von Sedans auf seine Souveränität und Unterordnung unter Ludwig XIII.

Er war vielleicht der religiöseste absolute Monarch Frankreichs, dessen Neigungen einer Allianz mit Spanien und dem Kaiser gehörten. Er tolerierte auch die Aktionen des Wiener Habsburgers gegen die aufständischen Böhmen. Erst unter dem Einfluß Richelieus entschied er sich für Frankreichs Kampf auf Leben und Tod um europäische Hegemonie gegen Spanien und den Kaiser.

Papst Urban VIII.
(Maffeo Barberini)

* 1568 in Florenz
† 29. Juli 1644 in Rom
Grabstätte: Petersdom in Rom
Eltern: Antonio Barberini und Camilla Barbadori, ein begüterte Kaufmannsfamilie in Florenz

	Studium der Rechte in Pisa
	Danach Referendar an der Segnatura di giustizia
1604	Titularerzbischof von Nazaret
1604 - 1607	Nuntius in Paris
11. September 1606	Ernennung zum Kardinal
1608	Bischof von Spoleto
1614	Präfekt der Segnatura di giustizia
6. August 1623	Wahl zum Papst
1626	Einweihung des neuen Petersdoms durch Urban VIII.
6. März 1629	Päpstliche Zustimmung zum Restitutionsedikt
1633	Neuerlicher Prozeß des Heiligen Offiziums gegen Galilei
1634	Neuordnung der Heiligsprechungen durch Urban VIII.

Dieser Papst ging in die Geschichte als einer der »familienbewußtesten« Kirchenfürsten Roms ein. Sein Bruder Carlo Barberini wurde schon kurz nach der Wahl Urbans zum Generalkapitän der römisch-katholischen Kirche ernannt, ein weiterer Bruder und zwei Neffen wurden Kardinäle, reich versorgt mit kirchlichen Pfründen. Andere Familienmitglieder versorgte der Papst mit weltlichen Herrschaften.

Als »Franzose« wirkte Urban VIII. gegen Spaniens Dominat und vernachlässigte auch den Kampf der Habsburger für die militärische Gegenreformation. Vor allem verstand sich dieser Pontifex als italienischer Territorialherrscher und widersprach der These der Wiener Habsburger und der Ligafürsten, der große Krieg auf deutschem Boden sei ein »Religionskrieg«. So sicherte Urban VIII. durch seine Parteinahme für Frankreich und Schweden letztendlich das Überleben des deutschen Protestantismus.

Armand Jean du Plessis, Kardinal Richelieu

Armand Jean du Plessis, Herzog von Richelieu, Kardinal

* 9. September 1585 auf Schloß Richelieu im Poitou
† 4. Dezember 1642 in Paris
Grabstätte: Kirche der Sorbonne in Paris
Eltern: François du Plessis Richelieu und Suzanne de la Porte

19. Juli 1590	Tod des Vaters
1593	Einschulung im Collége de Navarre zu Paris
1603	Beginn des Theologiestudiums
1604	Übernahme des Bischofspfründe von Luçon
Ende 1606	Wahl zum Bischof von Luçon
Ostern 1607	Weihe zum Bischof in Rom
23. Februar 1615	Redner des Geistlichen Standes auf der Schlußsitzung der Generalstände Frankreichs
29. November 1616	Berufung in den Königlichen Rat
14. April 1617	Sturz des Staatssekretärs Richelieu nach kurzer Amtsperiode
7. März 1619	Berufung an den Hof der Königinmutter
2. September 1622	Ernennung zum Kardinal
29. April 1624	Mitglied des Königlichen Rates
13. August 1624	Direktor des Königlichen Rates
Dezember 1626	Beginn der Flottenpolitik durch Richelieu
28. Oktober 1628	Richelieu bestimmt die Kapitulationsbedingungen der Hugenotten in La Rochelle
28. Juni 1629	Frieden von Alais mit den Hugenotten
19. März 1630	Richelieu führt die französische Armee gegen Savoyen
10. November 1630	Triumph Richelieus über die Königinwitwe und die »Friedenspartei« vor Ludwig XIII.
Sommer 1630	Entsendung Pater Josephs zum Kurfürstentag in Regensburg
23. Januar 1631	Vertrag von Bärwalde mit Schweden
30. Januar 1631	Mordkomplott gegen Richelieu durch Gaston von Orléans
19. Mai 1635	Kriegserklärung Frankreichs an Spanien
19. Oktober 1635	Vertrag zu St. Germain mit Bernhard von Sachsen-Weimar
20. April 1636	Hamburger Vertrag zwischen Frankreich und Schweden
19. Oktober 1639	Übernahme aller Eroberungen Bernhard von Sachsen-Weimars im Elsaß und Hochburgund durch Frankreich
12. Juni 1642	Abwehr einer Verschwörung der Fronde und Spaniens

Der 24. April 1617 war nicht eben ein glücklicher Tag im Leben des Bischofs von
Luçon, Armand du Plessis Richelieu. Bisher von der Königinmutter protegiert,
stürzte der junge Staatssekretär anläßlich der Ermordung des Günstlings der Maria
von Medici, des Herzogs von Ancre. Er mußte zufrieden sein, von dem höchst
erzürnten Ludwig XIII. nicht eingekerkert und nur nach Avignon verbannt worden
zu sein. Der neue Favorit König Ludwigs XIII. schätzte diesen Kleriker. So war er
bald zurück. Der 29. April 1624 wurde ein besserer Tag für Richelieu. Der Herrscher berief ihn neuerlich in den Königlichen Rat. Inzwischen durch den Kardinalspurpur erhöht, trat der ehrgeizige Prälat an, französische Politik im Geiste Heinrichs
IV. zu wagen. Mit seiner Ernennung zum Direktor des Rates am 13. August des Jahres stand Richelieu da, wohin es ihn seit Jahren gezogen hatte.

Er war beseelt von dem Wunsch, das französische Königtum zu europäischer
Dominanz zu erheben. Der Kardinal verbrämte dieses Anliegen hinter der Losung,
es müsse einer spanischen Unterwerfung Frankreichs entgegengewirkt werden.
Richelieu verstand, daß eine Befriedung im Innern und der Zusammenschluß aller
Parteiungen hinter einem mächtigen Königtum die unerläßliche Voraussetzung für
die Verwirklichung seiner Ziele waren. Deshalb propagierte er zunächst vor allem
die Auseinandersetzung mit der konfessionellen Opposition und gleichermaßen
auch den Kampf gegen alle hocharistokratischen Gruppierungen um die machtbe-
sessene Königinwitwe und den »Thronfolger«, den jüngeren Bruder Ludwigs XIII.,
Gaston von Orléans.

Dabei übersah Richelieu niemals, daß er zur selben Zeit die Konflikte zwischen
Spanien und den Generalstaaten ebenso wie die Kämpfe auf deutschem Boden für
französische Interessen schüren mußte. Die schwierigen inneren Zustände Frankreichs erlaubten damals nur einen »verdeckten Krieg« nach außen. Eine Legion befähigter französischer Diplomaten verkündete überall auf deutschem Boden die For-
mel des Kardinals, er wolle die »alte deutsche Libertät« retten, eine Behauptung, mit
der bereits Frankreichs König Heinrich II. die protestantischen Rebellen um Moritz
von Sachsen gegen Kaiser Karl V. gewann.

Obwohl Richelieu einer der höchsten geistlichen Repräsentanten des französi-
schen Katholizismus mitten in den Schlußkämpfen gegen die Hugenotten war,
scheute er sich nicht, offen Verbindungen zu den protestantischen Gegnern der
Habsburger beider Linien zu knüpfen. Die besondere Schwierigkeit für ihn erwuchs
daraus, daß er anfangs auch den Widerstand des Königs überwinden mußte. Ludwig
XIII. war und blieb ein überzeugter Katholik und Legitimist auf dem französischen
Thron, dessen Ansichten zeitweilig stark durch die Friedenspartei der sogenannten
»Devoten« um die Königinmutter Maria von Medici geprägt wurden.

So gesehen war es gewissermaßen die Quadratur des Kreises, die Richelieu erstrebte. Weitsichtig erkannte er, daß eine erfolgreiche Großmachtpolitik voraussetzte, daß er die katholischen Ängste im eigenen Lager neutralisierte. Aus diesem Grunde argumentierte der Kardinal in zahlreichen konzeptionellen Papieren für den Herrscher und den Königlichen Rat für eine Allianz katholischer und protestantischer Fürsten und Staaten. Während er den Krieg vor La Rochelle und wenig später im Süden Frankreichs gegen die Hugenottenheere mit größter Konsequenz und ohne Rücksicht auf eigene körperliche Gebrechen als Befehlshaber organisierte, eröffnete er 1629 im Streit um Mantua im Einverständnis mit dem beunruhigten Papsttum die Feindseligkeiten gegen Habsburg. Richelieus besondere staatsmännische Bedeutung erschließt sich schon frühzeitig aus den Gnadenakten gegenüber den niedergekämpften Rebellen von La Rochelle und im Frieden von Alais vom 28. Juni 1629. So zerschlug er den hugenottischen Staat im Staate Frankreich und gewährte den Entwaffneten aber religiöse Freiheiten. Wenig vorher war Richelieu im März des Jahres an der Spitze einer französischen Armee gemeinsam mit Ludwig XIII. über die Alpen marschiert und hatte den Herzog von Savoyen besiegt.

Die Konflikte zwischen dem Kaiser und den Mächtigen beider Konfessionen in Deutschland ermöglichten dem Kardinal erst die Großmachtpolitik. Die Abneigung auch der katholischen Ligafürsten gegen das kaiserliche Engagement in Italien an der Seite Spaniens und die offenkundige Unzufriedenheit aller Kurfürsten über die Ausweitung der Kompentenzen Ferdinands II. im Reich ermutigten Richelieu, die reichsständische Opposition zu fördern. In Oberitalien verletzte der Kaiser Fundamentalgesetze des Reichsverbandes. Auch konnte befürchtet werden, daß kaiserliche Heere nach der offenkundigen Niederlage der französischen Truppen aus Italien gegen die Generalstaaten gelenkt werden würden. Die greifbare Gefahr »spanischer Servitut« wurde so zum überzeugenden Schlagwort Richelieus in Frankreich wie auch unter den deutschen Kurfürsten. Die damals erfolgte Landung Gustavs II. Adolf in Pommern bestärkte die meisten deutschen Fürsten noch in der Ablehnung des kaiserlichen »Abenteuers« in Mantua.

Mit Pater Joseph verfügte Richelieu auf dem Kurfürstentag zu Regensburg über einen der fähigsten und verschlagensten Politiker der Epoche. Er und Richelieu waren sich einig, den »stärksten Degen« Ferdinands II., den Generalissimus Wallenstein, stürzen zu müssen. Und sie wußten, wie bereitwillig die deutschen Kurfürsten allen Pariser Argumenten gegen den Friedländer folgen würden. Pater Joseph, der skrupellose Intrigant für die »gloire Frankreichs«, erschreckte alle durch gewichtige Kunde mehr als leichtfertiger Enthüllungen Wallensteins über künftige Maßnahmen gegen die fürstliche Souveränität. Der Pater wußte zu berichten, der Böhme strebe nach der Wenzelskrone und fördere auf jede Weise den kaiserlichen Absolutismus. Merkwürdig, daß keinem auffiel, daß beides kaum zusammenging. Niemand fragte offenbar mißtrauisch, warum der verschwiegene Wallenstein ausgerechnet diesem Franzosen sein Innerstes enthüllte. Wahrscheinlich wollte keiner der deutschen Fürsten zweifeln. Richelieu und sein gerissener Partner durchschauten die engstirnigen Herren um Maximilian I. von Bayern und Anselm Casimir von Mainz und kalkulierten richtig. Die katholischen Kurfürsten offenbaren sich Kaiser Ferdinand II. ganz im Sinne Richelieuscher Zielstellungen. Der Kardinal gewann durch Pater Joseph in Regensburg, was Frankreichs Truppen damals jenseits der Alpen bereits verloren hatten. Deutschlands Kurfürsten begünstigten jenen Mann, der zur gleichen Zeit den Widerstand französischer Hocharistokraten blutig brach und Fürsten hinrichten ließ, die sich im Kampf um Frankreichs Größe wiederholt bewährt hatten, aber gegen Ludwigs XIII. Macht opponierten. Während Richelieu die absolutistische Herrschaft Ludwigs XIII. zementierte, zerschlugen er und die deutschen Kurfürsten gemeinsam Ferdinands II. Ansätze zu größerer kaiserlicher Machtvollkommenheit im Reich. Durch die Regensburger »Intervention« erzwangen die Liga-Herren den Frieden von Cherasco, einen neuerlichen Triumph Richelieuscher Politik.

Unerläßliche Voraussetzung für eine erfolgreiche französische Außenpolitik gegen Habsburg war für Richelieu die Zusammenführung der oppositionellen deutschen Reichsstände mit den schwedischen Invasoren. Für den Kardinal bedeutete das, er mußte Wege öffnen, auch die Ligafürsten vom Widerstand gegen Gustav II. Adolf abzuhalten. Wohl zu Richelieus kühnsten Projekten zählt der Versuch, Maximilian von Bayern und den Schwedenkönig zu neutralisieren, Wasser und Feuer zu vereinen. Man mag diesen Versuch berechtigt als grundsätzlich illusorisch, als Fehleinschätzung des Kardinals beurteilen. Es läßt sich aber dennoch nicht leugnen, daß Richelieu auch hier wieder mit gewohnter Zähigkeit und Zielstrebigkeit wirkte. Zunächst trotzte er den selbstbewußten Schweden im Bärwalder Vertrag die formale Bereitschaft ab, dann neutral zu bleiben, wenn auch von Ligaseite entsprechendes Entgegenkommen signalisiert würde. Ein solches Zugeständnis Gustavs II. Adolf war wohl für den Politiker Richelieu nahezu lebensnotwendig, wollte er die schwedischen Truppen für Frankreichs Ziele marschieren lassen. Noch immer mußte er auch vor Ludwig XIII. belegen, daß Frankreich einen überkonfessionellen Kampf gegen Habsburg lenkte. So hatte er schon im Sommer 1631 seinen Sondergesandten Baron St. Etienne, einen Schwager Pater Josephs, mit dem Entwurf einer bayrisch-sächsischen Allianz nach Deutschland gesandt. Beide Kurfürsten sollten sich wegen des Restitutionsediktes einigen und vereinbaren, Kriegshandlungen gegeneinander auszuschließen. An die Partikularinteressen beider Kurfürsten appellierend, hatte Richelieu formulieren lassen, Bayern und Kursachsen seien eins in der Absicht, die alten Reichsrechte zu verteidigen. Überlegungen dieser Art drängten sich dem Kardinal geradezu auf, da sich Gustav II. Adolf offensichtlich nicht in die zugedachte Rolle eines französischen Juniorpartners finden wollte und sehr eigene schwedische Machtinteressen verfolgte. Natürlich wollte Richelieu keinen Habsburger Kaiser durch einen schwedischen »Imperator« auf deutschem Boden ersetzen. So war er sich mit Ludwig XIII. einig geworden, »es werde Zeit, den Fortschritten dieses Goten Einhalt zu gebieten« (Albrecht, 60). Zu Jahresbeginn 1632 beobachteten die beiden mächtigsten Franzosen höchst beunruhigt in Metz die gefährlichen schwedischen Aktivitäten am Rhein.

Längst war deutlich geworden, daß der Defensivvertrag mit Bayern vom 30. Mai 1631 nun zu einem Angriff auf die siegreichen Schweden zwang. Noch im Dezember 1631 mußte Richelieus Sondergesandter an den bayrischen Hof, Hercule de Charnacé, Kurfürst Maximilian I. bewaffnete Hilfe gegen die deutlich friedensun-willigen Schweden geloben. Ende Januar 1632 wußte Richelieu bereits, daß seine Pläne einer Neutralisierung beider Lager gescheitert waren. Charnacé hatte auf seine Drohung mit einem französischen Gegenschlag vor Gustav II. Adolf die schwedi-sche Herausforderung anhören müssen. »Euer König ziehe hin, wo er wolle«, möge der schwedischen Armee aber nicht zu nahe kommen (Albrecht, 76). Und Riche-lieus Schwager Marquis de Brézé, Mitte Januar 1632 ebenfalls nach Mainz delegiert, empfand die »Schärfe und Kühle« des schwedischen Herrschers als unüberwindlich (ebd., 77). So unterschrieben die französischen Gesandten schließlich den völligen Zusammenbruch der bisherigen Neutralisierungspolitik des Kardinals. Bayerns Kur-fürst konnte Gustavs II. Adolf Zumutungen niemals akzeptieren. Das verstand Richelieu schweren Herzens. Mit seinem Entgegenkommen in Mainz gab er »end-gültig die katholische Liga zugunsten Schwedens« preis (ebd., 81). Das prinzipielle Ziel des Kardinals, das Haus Habsburg – vor allem Spanien zu entmachten – setzten Frankreichs Orientierung auf Schwedens Machtmittel voraus. »Das Interesse seines Staates« veranlaßte den Kardinal, »mit Bayern und der Liga, und nicht mit Gustav Adolf zu brechen« (ebd., 84).

Es war Richelieu nicht gelungen, die deutschen katholischen Fürsten bedin-gungslos auf seine Politik einzuschwören. Die gesuchte »überkonfessionelle anti-habsburgische Koalition« auf deutschem Boden war nicht geknüpft worden (ebd., 85). So wurde der Kardinal zu einem der Retter des deutschen Protestantismus, indem er den Siegeszug der katholischen Truppen unter kaiserlichem Oberbefehl endgültig stoppte.

Manches spricht schon dafür, daß das religiöse Element möglicherweise bei Richelieu zu keiner Zeit dominant war. Ursprünglich nicht auf den geistlichen Stand vorbereitet, zwang erst die finanzielle Notlage Armand du Plessis zur Soutane.

Seinerzeit hatte König Heinrich III. Richelieus Vater mit der Pfründe des Bis-tums von Luçon geehrt. Nach dessen frühen Tod fielen die Einkünfte der Witwe, Armands Mutter, zu. Dagegen rebellierten die Domherren. Alphonse, der ältere Bruder, war 1595, damals als Zwölfjähriger, als Bischof dem Vater gefolgt. Die Kle-riker des Stiftes waren manches gewohnt, auch einige ihrer Bischöfe waren zu Zeiten nicht immer die geeignetsten gewesen. Aber Alphonse überstieg jedes Maß. Manch-mal fühlte er sich als Gottvater selbst, dann wiederum war er nur deprimiert und floh im übrigen am Tage der Investitur in ein Kartäuserkloster. Wollte die Familie die Einnahmen der Luçoner Pfründe dennoch sichern, blieb nur die geistliche Lauf-bahn für den jüngeren Armand. Als Siebzehnjähriger wechselte er, eigentlich für den Militärdienst vorgesehen, zum Studium der Theologie. Er wurde bereits 1604 als Bischof notiert, Ende 1606 auch formal gewählt. Als sich dann König Heinrich IV. in Rom für den jungen Bischof verbürgte, entschloß sich Armand du Plessis Riche-lieu zur Reise in die Papstmetropole. Schnell gewann der ungewöhnlich begabte Kleriker auch das Vertrauen Papst Pauls V. (1605-1621) und wurde Ostern 1607 vorfristig zum Bischof geweiht.

Er muß bereits während der Tagung der französischen Generalstände als ungewöhnlich begabter Rethoriker aufgefallen sein, Richelieu, der junge Prälat. Als der
Adel verbittert auf sehr berechtigte Vorhaltungen des Sprechers des Dritten Standes
reagierte, beauftragte man den Bischof von Luçon, zwischen den Ständen zu vermitteln. Richelieu nutzte die Chance, präsentierte sich vor allem vor der Königinwitwe.
Zu allen Zeiten hätten »die dem geistlichen Amt Geweihten bei herrschenden Fürsten den ersten Rang eingenommen«, auch auf weltlichem Gebiet bestimmt. Sie
seien besonders geeignet »für den Dienst am Staat«, verkündete Armand du Plessis
am 23. Februar 1615. »Plattheiten«, wie einer seiner bedeutendsten Biographen seinerzeit vermerkte (Burckhardt, I, 54). Dieser Kenner sah gerade im Erlebnis des
Aufeinanderprallens der Gegensätze hier auf der Ständeversammlung den auslösen-
den Faktor für künftiges Eintreten des Geistlichen für den »starken Staat« (ebd., 46).
Immerhin hatte der Präsident des Dritten Standes gewarnt, das arme Volk könne
begreifen, »daß ein Soldat nichts anderes ist als ein Bauer mit einer Waffe in der
Hand« (ebd., 56). Richelieu habe »mit einem tiefen Blick die Zukunft seines Landes
erfaßt« und fortan auf Rettung gesonnen (ebd. 57). Von nun an war der künftige
Staatsmann und Kardinal gegen alles, »was das Königtum als Verkörperung der
staatlichen Autorität gefährdete«, die Hugenotten ebenso wie »die großen Feudalen«, auch die Parlamente Frankreichs (Ebd., III, 171).

Richelieu hatte schon wenige Jahre nach dieser Zusammenkunft der Stände viel
zu verlieren, falls rebellierende Volksmassen Drohungen einiger radikaler Sprecher
des Dritten Standes wirklich bewahrheiten sollten. 1617 war er auch Prior des Klosters Coussay bei Mirabeau geworden, 1618 wurde die Abtei von Redon, 1623 die
von Pontheroy hinzugefügt. Durch die Abteien von Ham 1627, Vanberoy bei Reims
1629 und Cluny 1630 sicherte sich der einst eher ärmliche Richelieu weitere
umfangreiche Einkünfte. Bald sollte er Armeen finanzieren und beeindruckende
Prachtbauten bezahlen können. Damals reifte auch die Entscheidung um seine
künftige Machtstellung endgültig heran. Längst schon war Maria von Medici zur
Todfeindin des Kardinals geworden, und es sammelte sich um sie ein Kreis mächtiger Hocharistokraten mit Gaston von Orléans an der Spitze. Einige der großen Feudalen wünschten endlich Frieden für Frankreich und konnten das schwer erschütterte Spanien schon lange nicht mehr als jene Gefahr ausmachen, die Richelieu beständig beschwor.

Als Ludwig XIII. während des Mantuanischen Krieges bedrohlich erkrankte,
wandten sich nahezu alle Höflinge gegen den verhaßten Leitenden Minister und
schmähten ihn als ehrgeizigen Machtpolitiker, der des Königs Gesundheit bewußt
ruiniert habe. Am 30. September 1630 erhielt der Bourbone die Sterbesakramente,
alle erwarteten den sofortigen Sturz des Leitenden Ministers. Schon kursierten überall Gerüchte über eine beschlossene Hinrichtung Richelieus unmittelbar nach dem
Hinscheiden seines königlichen Beschützers. Gaston von Orléans und Maria von
Medici ließen keinen Zweifel aufkommen, daß sie den Kardinal mehr als alles andere auf der Welt verabscheuten. Er habe »den Konflikt mit Spanien und dem Reich
nur heraufbeschworen, um sich unentbehrlich zu machen«, trug die Königinwitwe

unaufhörlich die Haßbotschaft am Krankenbett Ludwigs XIII. vor und setzte dem Sohn so auch nach dessen überraschender Genesung zu. Als der Kardinal es gerade in diesen Tagen wagte, den Friedensvertrag seiner Gesandten in Regensburg zu zerreißen, wuchs die Erbitterung der Höflinge und Räte, die Erregung steigerte sich nahezu im ganzen Land. Einsam stand Richelieu gegen die Friedenspartei, dazwischen sein König, unentschlossen, tief verunsichert.

Am 10. November 1630 entschied sich alles. Der Kardinal triumphierte über eine, die Fassung verlierende Königinmutter. Den Monarchen, schon fast für den Sturz des Ministers gewonnen, erschreckte die Hysterie Marias von Medici mehr als die schreiend und schimpfend vorgetragenen Schmähungen. Der standesbewußte, sich selbst als göttlich legitimiert empfindende Herrscher, Gottes Stellvertreter auf Frankreichs Erde, war zutiefst gekränkt. Er glaubte sich erniedrigt durch die Unbeherrschtheit seiner Mutter, die in seiner erhabenen Anwesenheit sich so wenig kontrollierte. Fortan haßte er die eigene Mutter und verbannte sie aus seiner Umgebung.

Nach der Niederlage der Gegner am »Tag der Geprellten« – wie jenes Ereignis in die französische Historiographie einging – war der Kardinal zum wirklichen unumstrittenen Lenker der französischen Politik aufgestiegen. Erst jetzt konnte er das Übereinkommen mit Schweden schließen, und durch den Vertrag von Bärwalde wurde die überkonfessionale Allianz sichtbare Realität. Richelieu lebte dennoch weiterhin gefährlich. Am 30. Januar 1631 rettete nur eine plötzliche Sinnesänderung Gastons von Orléans dem Kardinal das Leben. Der unantastbare »Thronfolger«, dem Ludwig XIII. prinzipiell alle Rebellionen verzieh, verweigerte plötzlich das Zeichen zum Mord. Er verließ mit seiner lärmenden Schar dolchfuchtelnder Anhänger Richelieus Palais, in das er und die anderen mordlüstern eingedrungen waren.

Gustavs II. Adolf Erfolge und die nun für Frankreich heraufwachsenden Gefahren bestärkten die Kritiker der Allianz mit den lutherischen Schweden. So wurde es ein neuer unvorhersehbarer Glücksfall für den Kardinal, daß der Vasa am 6./16. November 1632 bei Lützen fiel. Nach der Niederlage der schwedischen Truppen bei Nördlingen am 6. September 1634 war die »schwedische Gefahr« für Richelieu endgültig gebannt (Burkhardt, II, 421). Dafür bedrohte die neue Einheit der deutschen Reichsstände durch den Prager Frieden vom 30. Mai 1635 nun die weiter denn je gesteckten Kriegsziele des Kardinals.

Schon in seinem Regierungsprogramm von 1629 hatte Richelieu den König wissen lassen, daß Frankreich »an allen Grenzen« Brückenköpfe für einen Einfall in die Nachbarländer sichern müsse. Ausdrücklich erwähnte er Metz und deutete an, man müsse »bis Straßburg vordringen«, da dieses »das Einfallstor nach Deutschland« sei. Doch müsse man solches Vorhaben »ganz geheim, gänzlich verdeckt angehen«. Lothringen sollte durch »40.000 Mann« erobert werden, wenn die Gegner »unser Vorgehen am wenigsten« erwarten (Burkhardt, II, 15-17).

Gegen Ende seines Lebens reflektierte Richelieu noch einmal in seinem »Politischen Testament« für Ludwig XIII. den Wechsel vom verdeckten zum offenen Krieg Frankreichs. Es seien Zeichen »einer einzigartigen Klugheit« gewesen, »zehn Jahre hindurch alle Kräfte der Feinde Ihres Staates durch die Ihrer Alliierten gebunden zu haben, in den Sie die Hand an den Geldbeutel, nicht an die Waffen legten«. Er wußte wohl, der große Kardinal, daß es weniger dieser Monarch denn er gewesen war, der alles dies geraten und letztendlich auch erzwungen hatte. So lobte sich der nachweislich höchst eitle Kardinal in diesen Bemerkungen auch selbst überschwenglich, nicht zu unrecht, war es doch wahrlich schwer, Ludwig XIII. für solche Entscheidungen einzunehmen. Schließlich habe man »in den offenen Krieg« eintreten müssen, als die »Verbündeten sich nicht mehr alleine halten konnten« (Zeeden, 303).

Diesen Krieg wollte Richelieu nun um weitere französische Landgewinne auch auf deutschem Boden führen. Als er 1634 den Monarchen überzeugen wollte, hatte er kühn entwickelt, daß die deutschen Protestanten die linksrheinischen Gebiete an Frankreich abtreten müßten. Der Kardinal dachte an »Mainz und seine linksrheinischen Stiftsterritorien... das gesamte linksrheinische Territorium der Pfalz mit... Bacharach, Kreuznach, Oppenheim, Frankenthal... ferner alles, was zum Elsaß und zum Bistum Straßburg gehört... Breisach und Philippsburg... Caub und Mannheim« (ebd., 313). Ludwig XIII. würde im übrigen damit »Schiedsrichter über Krieg und Frieden« werden (ebd., 304).

Noch einmal setzte sich Frankreichs großer Genius durch und verlängerte mit seinen vielfältigen Aktivitäten den europäischen Krieg auf deutscher Erde. Abgesehen davon, daß Kaiser Ferdinand II. durch unkluge Entscheidungen Schwedens Forderungen abweisen oder doch nur ungenügend berücksichtigen wollte, gelang es der französischen Politik, Reichskanzler Axel Oxenstiernas selbständige Entscheidungen weitestgehend einzuschränken. Wider Willen mußte dieser schließlich deutlicher als gewollt französische Positionen akzeptieren. Ebenso engte Richelieu den Wiener Handlungsraum entscheidend ein. Die Annexion Lothringens und der Vorstoß französischer Armeen ins Elsaß zwangen Ferdinand II. zur Kriegserklärung an Frankreich am 18. September 1635. Das war es, was der Kardinal wünschte. Er konnte relativ beruhigt reagieren. Wieder war es der französischen Diplomatie gelungen, den polnisch-schwedischen Waffenstillstand zu verlängern. Schwedens Heere würden weiterhin in Deutschland und Mitteleuropa kämpfen können. Noch erfreulicher war, daß Stockholms Gelder dennoch nicht reichten, alles unter Waffen zu halten, was für wirkliche Großmachtpolitik unerläßlich blieb. Bernhard von Sachsen-Weimar benötigte Soldgelder für Schwedens Rheinarmee, die er aus dem Debakel von Nördlingen gerettet hatte. Richelieu half auf seine Weise und nahm den sperrigen Thüringer in französische Dienste. Keine leichte Aufgabe, da Bernhard sehr weitreichende Forderungen formulierte, aber der Kardinal meisterte auch dieses. Damals finanzierte er auch neue Aktivitäten der hessischen Truppen, gewann weitere deutsche Kontingente, die mangelnde Kampferfahrung der französischen Heere ausglichen. Als die verärgerten Schweden auf die Abwerbung Barnhards mit neuerlichen Friedenssondierungen am sächsischen und dem Wiener Hof reagierten, winkte Richelieu mit umfangreichen Subsidienangeboten und preßte wiederum große Geldsummen auf dem ausgesaugten Frankreich. Es überrascht in der Tat, wie es möglich wurde, trotz wachsender Unruhen, bei ständiger Opposition des Hochadels, wieder und wieder jene gewaltigen Geldsummen bereitzustellen. Der Kardinal erzwang auch dieses Wunder. Sein Sonderbeauftragter Graf d' Avaux konnte 1638 in Hamburg mit Oxenstiernas Deutschlandexperten Salvius ein neues Subsidienabkommen vereinbaren, daß Schwedens Forderungen entgegenkam. Unangenehm blieb nur, daß Salvius und die Reichsräte in Stockholm zögerten, das Papier zu ratifizieren. Damals erschütterten erfolgreiche Vorstöße der kaiserlichen und spanischen Truppen Frankreich, bald darauf drangen kaiserliche Kontingente tief ins Landesinnere vor.

Als Richelieu im Dezember 1642 verstarb, war die Situation wieder grundlegend verändert, erneut hatte er recht behalten, den längeren Atem bewiesen. Katalonien und Portugal hatten sich gegen Spanien erklärt, weite Teile der spanischen Besitzungen in Europa konnten kaum noch verteidigt werden. Entschieden war dennoch nichts. Beunruhigt mußte der Schwerkranke die gefährlichen Bauernaufstände in den verschiedensten Landesteilen Frankreichs kalkulieren. Noch einmal gefährdete eine umfassende Adelsfronde sein Werk, sie wuchs auch zur wirklichen Bedrohung für das Leben des bettlägrigen Kardinals. Auch Ludwig XIII. suchte weniger als früher den Rat seines Ministers.

Auch jetzt kämpfte Richelieu, sammelte wie gewohnt alle Informationen, intrigierte und lenkte auch die Schritte jener, die sich gegen ihn empörten. Vor allem aber rettete ihn die Entdeckung eines Vertragspapiers der Frondeure um Gaston von Orléans und den Favoriten des Königs, Cinq-Mars, den schönen jungen Vertrauten Ludwigs XIII., mit der spanischen Krone und dem damals noch souveränen Herzog von Sedan. Am 12. September 1642 endete der Prozeß gegen Cinq-Mars und einige seiner französischen Gesinnungsfreunde mit dem Todesurteil. Der Kardinal war ein letztes Mal erfolgreich, glücklich wurde er nicht. Die letzten Monate seines Lebens blieben überschattet von Sorge und Furcht vor königlicher Ungnade. Ludwig XIII. verzieh seinem Leitenden Minister nie, daß er ihm den Favoriten nehmen mußte. Betroffen war er wohl dennoch und trauerte auch, als Richelieu verschied. Bemerkenswert bleibt aber doch, daß der König bei den Besuchen bei dem Sterbenden wenig berührt erschien, wenigstens verzeichneten einige Höflinge solches. »Gottes Stellvertreter« in Frankreich spürte beständig ein gewisses Unbehagen in der Gegenwart des Genies, ahnte und wußte es vielleicht sogar, daß ihn der Kardinal lenkte. Frankreich jedenfalls und dessen König verloren am 4. Dezember 1642 den wohl größten Politiker. Der Westfälische Frieden wurde im wesentlichen dessen Werk, begründete Frankreichs Hegemonie in Europa für Jahrzehnte und erfüllte die Träume und Konzeptionen, für die Richelieu so schonungslos gegen sich selbst gelebt hatte. Das französische Königtum aber konnte auch er auf Dauer nicht retten, zerstört wurde schließlich nahezu alles, was sein Baueifer und sein Reichtum entstehen ließen. Als Bauern und Städter zur Waffe griffen, brannten Richelieus Landschlösser und die Pariser Paläste, erfüllte sich jene »Prophezeiung« von 1614, nichtig alles, was der große Kardinal zeitlebens dagegen versucht hatte.

Axel Oxenstierna

Axel Oxenstierna, Graf von Södermore

* 16. Juni 1583 auf Fanö im Kirchspiel Löt in Uppland
† 28. August 1654 in Stockholm
Grabstätte: Kirche in Jäder
Eltern: Reichsrat Gustav Gabrielsson Oxenstierna und Babro Axelsdotter Bielke

Eheschließung am 5. Juni 1608 zu Jäder in Södermanland
ANNA ÅKESDOTTER (BÅÅT)
* Dezember 1579
† 23. Juni 1649 in Stockholm
Grabstätte: Kirche in Jäder
Eltern: Åke Johansson Bååt und Christina Trolle

April 1599	Immatrikulation an der Universität Rostock
15. September 1600	Wechsel an die Universität Wittenberg
August 1602	Immatrikulation an der Universität Jena
4. April 1603	Abreise aus Jena und Beginn einer Deutschlandtour
Spätsommer 1604	Eintritt in den Staatsdienst bei Karl IX. von Schweden
17. Dezember 1605	Ernennung zum entlohnten Staatsbeamten
10. Oktober 1606	Abreise als Sondergesandter nach Mecklenburg
18. März 1607	Rückkehr nach Schweden
Juni 1609	Reichsrat
6. Januar 1612	Reichskanzler Gustavs II. Adolf von Schweden
12. Oktober 1612	Ritterschlag durch den König im Dom zu Uppsala
Ende Oktober 1626	Generalgouverneur Schwedens in Preußen
22. Januar 1632	Ankunft in Frankfurt am Main am Hofe Gustavs II. Adolf
5. Dezember 1632	Übermittlung der neuen »Regierungsform« Schwedens an den Reichsrat durch Axel Oxenstierna aus Deutschland
12. Januar 1633	Bevollmächtigter Legat Schwedens im Römischen Reich und Befehlshaber der dortigen Heere Schwedens
14. März 1633	Mitglied der Vormundschaftsregierung Königin Christinas
April 1633	Direktor des Heilbronner Bundes
29. Juli 1634	Bestätigung der »Regierungsform« durch den schwedischen Reichstag
April 1635	Treffen mit Richelieu in Compiégne

20. November 1645   Erhebung in den Grafenstand
24. September 1650   Bejahung der Erbmonarchie in Schweden

Trompeter der Landsknechte, Holzschnitt von Jost Ammann

Die Oxenstierna zählen zu Schwedens ältesten Adelsgeschlechtern. Ursprünglich besaßen sie im nördlichen Småland Güter und führten bereits Ende des 13. Jahrhunderts zwei Ochsenhörner im Wappen. Während des Spätmittelalters tauchte dann ein Ochsenkopf als Symbol der inzwischen zahlreichen Familie auf. Aber erst im Laufe des 16. Jahrhunderts nannten sich einzelne Angehörige des Geschlechts nach dem Wappen »Oxenstierna«. Damals waren die Mitglieder des Salsta-Zweiges bereits in ganz Schweden bekannte und bedeutende Männer. 1370 wurde der erste Salsta als Reichsrat bei König Albrecht von Mecklenburg erwähnt. Kurz nach 1448 wirkte schon einmal ein Salsta während der sogenannten »Unionszeit« als Reichsverweser in Schweden. Schon damals waren diese »Oxenstierna« eng liiert mit der Vasa-Familie.

Am 16. Juni 1583 wurde dem Reichsrat Gustav Gabrielsson Oxenstierna und seiner Ehefrau Babro Axelsdotter Bielke – auch das ein bedeutendes Hochadelsgeschlecht – mit Axel das erste Kind geboren. Als der Reichsrat 1597 verstarb, blieb Babro mit neun Kindern zurück, der älteste Sohn war gerade erst 13 Jahre alt. Gemeinsam mit der Bielke-Familie bestimmte die Witwe, daß ihre Kinder eine gediegene Ausbildung erhalten sollten. Auf der privaten Adelsschule des Gutes Fiholm am Mälaren wurden die Söhne in Religion, Geschichte und Latein unterwiesen.

Als Sechzehnjähriger ging Axel Oxenstierna mit einigen Begleitern und zwei jüngeren Brüdern auf die übliche Bildungsreise nach Deutschland. Rechnungen über Büchereinkäufe und entsprechende Studiennotizen des jungen Axels erlauben gesicherte Aussagen über die Studien des späteren schwedischen Reichskanzlers. Ihn interessierten besonders Theologie, Latein, Geschichte und Staatswissenschaften. Erhalten sind auch die Eintragungen in die Immatrikelverzeichnisse der Universitäten Rostock, Wittenberg und Jena. Am 4. April 1603 verließ die kleine schwedische Gemeinschaft Jena und bereiste über Erfurt, die Rheinlande, den Bodenseeraum und Regensburg anschließend weite Gebiete Deutschlands.

Heimgekehrt traten Axel Oxenstierna und sein Bruder Gabriel in die Dienste König Karls IX. Beim Tode des Herrschers im Herbst 1611 war der junge Axel Oxenstierna bereits zum Reichsrat avanciert und hatte wichtige Auslandsmissionen wahrgenommen. Längere Zeit vermittelte er als Sondergesandter in Mecklenburg in Erbschaftsfragen und vertrat anschließend auch in Reval seinen Monarchen. Er besaß das Vertrauen der machtbewußten Christine von Schleswig-Holstein-Gottorp, der Königinwitwe. Der junge Gustav II. Adolf berief ihn am 6. Januar 1612 zum Reichskanzler Schwedens.

Es sei die von den Vätern »ererbte Vorsichtigkeit und Balanz in politischen Entscheidungen gewesen«, die diesen Erfolg Axel Oxenstiernas bereits bei dem energischen Karl IX. bedingte (NG, V, 117), glauben Schwedens Historiker heute. Mit dem Schlagwort eines »Regimewechsels« kennzeichnet man in der modernen Historiographie dort die Veränderungen um die Jahreswende 1611/12. Der neue Reichskanzler hatte das »Königsversprechen« des Thronfolgers entworfen und ließ den vorfristig mündig erklärten Gustav II. Adolf am Neujahrstag 1612 der »Alleinherrschaft« der Vaters abschwören. Damit wurden den Grafen, Freiherren und Rittern in Schweden weitgehende Rechte und Privilegien eingeräumt. Axel Oxenstierna knüpfte an die hocharistokratischen Traditionen der einheimischen antiabsolutistischen Opposition an. Gleichzeitig sicherte er auf diese Weise aber dem Sohn Karls IX. die Krone gegen berechtigte Ansprüche Herzog Johans, des zweiten Sohnes König Johans III. Das band die Königinwitwe und Gustav II. Adolf an den neuen Reichskanzler. Dieser standesbewußte Hocharistokrat sympathisierte damals mit der Idee des Wahlkönigtums auch in Schweden. Andererseits lehnte er aber die uneingeschränkte Adelsdemokratie als gefährlich für die künftige staatliche Existenz des schwedischen Reiches ab. Axel Oxenstierna ließ Gustav II. Adolf den »Thronwechsel bezahlen«, ein Verlierer im Machtkampf zwischen Adel und Königtum (SBO, 28, Axel Oxenstierna, 506). Im übrigen entsprach er auch sehr persönlichen Gefühlen seiner Mutter und ihrer Familie.

Die Bielkes zählten gegen Ende des 16. Jahrhunderts zu den Verfechtern einer »monarchia mixta et conditionale«, einer »gemischten und bedingten Monarchie«. Damals noch Reichsverweser, hatte der spätere König Karl IX. am 17. März 1600 auf dem Marktplatz in Linköping einige oppositionelle Aristokraten als »Hochverräter« enthaupten lassen, unter ihnen auch der Reichsrat Ture Bielke. Wenige Jahres später endete ein weiterer Bielke auf dem Schafott. Gustavs II. Adolf Vater entschied so den jahrelangen Machtkampf zwischen Krone und aristokratischem Mitspracherecht und beendete die adlige Ständeherrschaft auf blutige Weise. Nun herrschte er unangefochten. Einige im Hochadel empfanden aber auch danach jenen Schritt immer als zweifelhafte staatsrechtliche Veränderung. »Bauernkönig« schmähten sie heimlich den Herrscher. Im bewußten Kontrast zu Karl IX. nannte Jahrzehnte später Axel Oxenstierna seinen Monarchen einen »Adelskönig«. Da aber lebte auch Gustav II. Adolf nur noch verklärt in den Erinnerungen der Mächtigen Schwedens und lag der Leichnam des Helden von Lützen schon geraume Zeit in der Riddarholms-Kirche begraben. Oxenstierna mußte es wohl am besten wissen, war er doch der vertrauteste und engste Mitarbeiter des Königs. Gustav II. Adolf jedenfalls hatte am 12. Oktober 1617 anläßlich seiner Krönung im Dom zu Uppsala noch einmal feierlich bekräftigt, was sein Reichskanzler formuliert hatte. Er wolle keine Gesetze ohne Mitwirkung der Stände und des hochadligen Reichsrates erlassen. Kriegshandlungen und Bündnisverträge würde er nur mit deren Zustimmung beschließen, auch neue Steuern nicht ohne Konsens der Stände Schwedens ausschreiben lassen.

Bereits kurze Zeit nach seiner Ernennung zum Reichskanzler begann Axel Oxenstierna, die Verwaltung Schwedens neu zu organisieren. Er verwirklichte die seit langem in Schweden gewachsene Überzeugung, die traditionellen fünf höchsten

Reichsämter müßten als spezielle Fachorgane fungieren. Reichsdrost, Reichsmarschall, Reichsadmiral, Reichskanzler und Reichsschatzmeister sollten jeder für sich verantwortlich die entsprechenden Ressorts leiten.

Als höchster Beamter der Regierungskanzlei schuf Axel Oxenstierna bis 1626 verschiedene Fachabteilungen für die innen- und außenpolitische Leitung der schwedischen Staatsaffären. Akademisch gebildete Sekretäre verwalteten die unterschiedlichen diplomatischen länderspezifischen Aufgabenbereiche bzw. erfüllten Sachbearbeiterfunktionen bei der Organisation des inneren schwedischen Verwaltungsaufbaus. Ein Reichsarchiv für die Sammlung und Ordnung aller »alter und neuer Acta und Handlungen des Reiches« wurde eingerichtet. Dem Reichskanzler standen zwei Räte, gleichzeitig Mitglieder des Reichsrates, als Berater und Vertreter zur Seite.

Eine 1618 beschlossene Kammerordnung, ebenfalls durch ihn entworfen, regelte die Finanzverwaltung des Reiches. Die bisherige Kammer wurde in eine Rent- und eine Rechnungskammer geteilt. Drei Jahre später legte die Rechnungskammer die erste gesamtschwedische Jahresbilanz vor. Ab 1624 wurde in Schweden die doppelte Buchführung angeordnet und entstand die »modernste Finanzverwaltung Europas« (Böhme, 44). Der Reichsschatzmeister und mehrere beigeordnete Kammerräte verwalteten nahezu unabhängig von Reichsrat und Ständegremien eigenverantwortlich den Staatshaushalt und kontrollierten die Eingänge der Steuererhebungen und Abrechnungen der Kronvögte. Die neue Ordnung vermerkte als wichtige Aufgabe der Kammer, neue Einnahmequellen zu erschließen, Ständen und Reichsrat den Staatsetat vorzurechnen.

Eine Rechtsreform aus dem Jahre 1614 regelte das Justizwesen neu und schrieb den Rechtsweg von niederen Gerichtsorganen auf lokaler Ebene bis zum Obersten Tribunal – regional verteilten Hofgerichten – vor. Neue lokale Verwaltungsorgane mit Landeshauptleuten an der Spitze wurden eingerichtet, deren Befugnisse endgültig durch die Statuten 1635 definiert werden konnten. Es entstanden Behörden, deren Bezeichnungen bis heute fortleben.

Der Reichsrat übernahm zentrale Entscheidungsbefugnisse. Vor Gustavs II. Adolf Königtum und Axel Oxenstiernas Reformwirken war er beständiges Oppositionsorgan zu Krone gewesen. Nun wandelte er sich vom zeitweilig einberufenen Beratungs- und Mitbestimmungsgremium des Hochadels zur permanenten Regierung, deren Mitglieder sich Wohnsitze in Stockholm oder der nächsten Umgebung einrichteten. Während er häufigen Kriegszüge Gustavs II. Adolf herrschte der Reichsrat als »Interimsregierung« im Auftrag des Königs.

In enger Zusammenarbeit mit seinem Reichskanzler gewann Gustav II. Adolf gewöhnlich die Reichsräte für seine Vorhaben und wußte immer auch Axel Oxenstierna hinter sich. Wichtige Entscheidungen berieten beide vorab. Bei Diskussionen im Reichsrat konnte der König sicher sein, daß die Mehrheit der Ratsmitglieder Axel Oxenstierna vertraute. Die Herren wußten, daß dieser selbstbewußte Repräsentant eines mächtigen Adelsstandes seine und ihre Interessen zu wahren wußte.

Auch der Reichstag erhielt 1617 eine neue Ordnung, die den Ablauf der Ständeversammlung regelte, die Plätze der einzelnen Stände fixierte und das Zeremoniell festschrieb. Damals hatte der Reichskanzler geklagt, die Verhältnisse im Reichstag seien unerträglich. Höhe und niedere Ständen liefen zusammen »wie ein Haufen Vieh oder betrunkener Bauern« (Hadelius, 55). Die bildhafte Übertreibung erwuchs wohl aus dem verletzten Selbstgefühl des adelsstolzen Axel Oxenstierna, dessen »Ordnungssinn« einem geschlossenen Einmarsch der »höheren Stände« vor den Bauern, auch deutlich abgehobene Plazierungen im ständehierarchischen Verständnis voraussetzte. Oxenstierna lehnte entrüstet ab, Seite an Seite mit Bauern zu sitzen. Zeitlebens distanzierte er sich vom Bauernstand, den er als einfältig und politisch verantwortungslos abwertete.

Er hatte dennoch so unrecht nicht. Bis dahin reisten Delegierte aus allen Teilen des Landes an, einige schon bekannte Gesichter, dazu neue fremde. Unsicher die einen, selbstbewußt die anderen, drängten alle auf die freien Stühle im Sitzungssaal. Die Delegierten wurden gewöhnlich nicht einmal registriert. Sie konnten es zumindest gegebenenfalls vermeiden. Das war ideal für jene, die im fernen Kopenhagen oder in Warschau wissen wollten, was verhandelt wurde, die Herrschenden in Stockholm planten und vorbereiteten. So diente die neue Sitzungsordnung, wie Oxenstierna behauptete, auch der Kontrolle der Mandatsträger. Im übrigen sicherte sie den Vornehmsten mit dem Kanzler an der Spitze in der Ständeversammlung den sichtbaren gebührenden Platz.

Einige Jahre später präzisierten Reichskanzler und König die Reichstagsordnung weiter. In der »Ritterhausordnung« von 1626 billigten sie jeder adligen Familie nur eine Stimme zu. Begrenzte der Hochadel bereits so die Möglichkeiten des zahlenmäßig dominierenden Niedrigadels, so fanden Axel Oxenstierna und Gustav II. Adolf in der »Klasseneinteilung« eine weitere wirkungsvolle Möglichkeit. Die kleine Schar der Grafen und Freiherren der ersten Gruppe beherrschte die Abstimmungen innerhalb des Ritterhauses durch die Festlegung, jede Klasse erhalte eine Stimme zur Entscheidung. Sie konnte sich gewöhnlich mit den Repräsentanten der ebenfalls quantitativ beschränkten zweiten Klasse schneller einigen.

Alle Beschlüsse bedurften der einmütigen Zustimmung der vier Stände, scheinbar die weitestgehende politische Gleichsetzung der adligen, geistlichen, bürgerlichen und bäuerlichen Abgeordneten. Dem Monarchen stand allerdings das Recht zu, bei unvereinbaren Gegensätzen und Auffassungen zwischen den Ständen souverän nach »bestem« Urteil zu entscheiden. So sicherten Reichskanzler und König in diesen Jahren die Festschreibung einiger, vor allem die Bauern belastenden Steuern. Bis 1627 steigerten sie manche auf das Dreifache, so daß die Kammerschreiber beispielsweise 1632 aus der Viehsteuer Einnahmen von etwa 500.000 Taler vermerken konnten. Begreiflich, daß mancher unter den bürgerlichen und bäuerlichen Repräsentanten Axel Oxenstierna auch deshalb schon frühzeitig nicht sonderlich schätzte. Im Herbst 1629 war davon weniger zu spüren. König, Reichsrat und Reichstag waren sich einig: Schwedens Interessen mußten in Deutschland verteidigt werden!

Er konnte damals an den Stockholmer Beratungen über einen Präventivschlag auf deutschem Boden nicht teilnehmen, Axel Oxenstierna, der in Preußen das Überleben des schwedischen Heeres sichern mußte. Der Reichskanzler äußerte trotzdem auch hier Bedenken, ein Briefwechsel zwischen ihm und Gustav II. Adolf, erhalten im Archiv des Kanzlers. Bedächte er die Schwäche »unserer Hilfsmittel«, die »Stärke unserer Feinde«, könne er »unmöglich einen Angriffskrieg billigen«, bekundete Oxenstierna seine Einwände. Er wünschte, Gustav II. Adolf solle warten, »bis wir vom Kaiser angegriffen werden. Wir sind zur See mächtig genug und haben für Schweden nichts zu befürchten, und unsere Landmacht ist zur Verteidigung Preußens hinreichend« (Gefrörer, II, 667).

Der Reichskanzler hatte sich schließlich zu beugen. Sache des Herrschers allein war der Krieg auf deutschem Boden dennoch kaum. Schließlich führte Axel Oxenstierna den ungeliebten Kampf gemeinsam mit seinen Ratskollegen um Schwedens Lohn noch volle 16 Jahre nach Gustavs II. Adolf Tod. Er bedauerte wohl immer die Orientierung des Königs auf Deutschland. Der Reichskanzler hätte lieber in den östlichen Weiten Schwedens Größe sein und seiner Standesgenossen Wohl verfolgt und dort den eigenen Landbesitz wie auch die Güterareale der anderen Räte vergrößert. Eine grundsätzliche Änderung der schwedischen Politik hat aber auch er 1629 nicht gewünscht. Frieden blieb ihm damals ebenso ein fremdes Wort wie später. Es war ungelenk noch für seine Zunge, als Königin Christina den alten Mann Ende 1648 mit allerlei Finessen endlich zwang, den Osnabrücker Vertragsentwurf zu billigen. Das Dokument löste nach Oxenstiernas Überzeugung Gustavs II. Adolf Hoffnungen nur ungenügend ein. Es beschränkte sich letztlich nur auf jene minimale Variante schwedischer Beute, die man ganz zum Anfang des großen Abenteuers ohne ihn diskutiert hatte.

Das Verhältnis zwischen Reichskanzler und König war selbstverständlich nicht ungetrübt. Mehr und mehr entwickelte sich in den zwanziger Jahren nach den wachsenden Erfolgen des Herrschers eine Herr-Knecht-Beziehung, es verkehrte sich die Relation von 1612. Immerhin signierte Gustav II. Adolf seinerzeit nicht einmal Oxenstiernas Kanzleiordnung bzw. die Kammerordnung von 1618. Er wolle sie vorläufig dulden, müsse aber noch weiter ernsthaft ihre Brauchbarkeit prüfen, bemerkte der Monarch. Auch hatte er mit seinem alten Lehrer Johan Skytte einen Gegenspieler zum Kanzler in den Reichsrat berufen. Es war tatsächlich nicht immer jenes glückselige Zusammenwirken des Herrschers und seines Reichskanzlers, wie es die Legenden erzählen. Oxenstierna wagte gewöhnlich, gegensätzliche Auffassungen Gustav II. Adolf nun nur noch verschleiert zu erläutern. Wie sein französisches Pendant Richelieu wählte er ebenso verschiedene Alternativen und betonte nur unterschwellig eigene Ansichten. Seinem Bruder Gabriel schrieb Axel einmal auf entsprechende kritische Anmerkungen, sende er die gewünschten Empfehlungen offen an den König, »wüßte ich nicht, ob nicht viele gute Männer das entgelten müßten« (NG, V, 117).

Axel Oxenstierna blieb dennoch recht erfolgreich in dieser vorsichtigen, abgewogenen Politik gegenüber dem Monarchen. Schon 1614 war er mit der Freiherrschaft Kimito und 1622 durch das Bischofsstift Wenden in Livland dotiert worden. Während seiner Jahre als Militärgouverneur in Elbing bewies er außerordentliche Fähig-

keiten, dort Voraussetzungen für künftige großmachtpolitische Ansprüche Gustavs
II. Adolf und des Hochadels in Mitteleuropa zu organisieren. Aber der Winter dort
1628/29 wurde für den Reichskanzler äußerst beschwerlich. Am 20. Januar 1629
versicherte der erschöpfte Axel Oxenstierna aus Elbing seinem Bruder Gabriel,
»alles, was ich für Seine Majestät und das Vaterland bis jetzt im achtzehnten Jahr
getan habe, war ein Kinderspiel, verglichen mit dem, was ich im Herbst und zu
Beginn des Winters durchgemacht habe« (Ahnlund, Axel, 511). Er ahnte wohl, daß
mit einer Landung in Pommern alles noch schwieriger werden müßte.

Ende 1631 berief Gustav II. Adolf seinen Kanzler endlich aus Preußen ab. Nun
benötigte er den fähigen Kopf auf deutschem Boden. Am 22. Januar 1632 traf Axel
Oxenstierna seinen König in Frankfurt am Main. Hier soll er kühl geäußert haben,
lieber hätte er dem König in Wien zu dem großen Erfolg bei Breitenfeld gratuliert.
Einige Jahre später erläuterte der Kanzler den Reichsräten, er wünschte bereits in der
Mainmetropole, nach Breitenfeld Frieden zu schließen, »die deutschen Stände ihre
Angelegenheiten unter sich« regeln zu lassen (Öhqvist, 171). Man muß es nicht
glauben. Er hatte auch später manche gute Gelegenheit dazu, reagierte hier wohl nur
auf Friedenswünsche einer Fraktion im Reichsrat. Im übrigen mußte es sich auch
jetzt dem königlichen Willen beugen.

Erst mit Gustavs II. Adolf Tod auf dem Schlachtfeld von Lützen erweiterte sich
Axel Oxenstiernas persönlicher Spielraum, es wuchs allerdings auch seine unmittelbare Verantwortung für Schwedens Zukunft. Pommern wollte er ebenso wie sein
König annektieren, das durch den Vasa erstrebte »Corpus evangelicorum« – die
mehr oder weniger staatliche Union der protestantischen deutschen Reichsfürsten
mit Schweden unter Gustavs II. Adolf Herrschaft – lehnte er ab. In Heilbronn suchte er noch, den königlichen Willen zu erfüllen und wußte schon dort, wie unsinnig
dieses Anliegen war. Nun reagierte er mit eigenen Konzeptionen und Aktivitäten,
die er durch Gustavs II. Adolf angebliche Zustimmung legitimierte.

Unmittelbar nach des Königs Tod überraschte der Reichskanzler die Reichsräte
in Stockholm mit einer umfassenden Studie aus seiner Feder. Er habe dieses Dokument noch unmittelbar vor Lützen mit dem verstorbenen König abgesprochen. Es
sei auch Gustavs II. Adolf Wille. Die Dinge fügten sich hervorragend für die Oxenstiernas. Damals fragten sich die verwirrten Räte, ob der Herrscher kein politisches
Testament oder eine Regierungsverfügung für die Minderjährigkeit seiner Tochter
hinterlassen habe, und empfingen nun eine fertige »Regierungsform«.

Als die berühmte Regierungsform am 29. Juli 1634 durch den Reichstag angenommen wurde, hatte Axel Oxenstierna ausdrücklich als Ziel die Bewahrung königlicher Rechte, der Autorität des Reichsrates und die Freiheiten der Stände unterstri-
chen. Das war wieder die »gemischte Monarchie«, wie sie bereits dem Hochadel ein
halbes Jahrhundert zuvor als Ideal erschien. Die Verteilung der Macht – die »Balanz«
zwischen den drei Elementen schwedischer Herrschaftstradition – sei wichtigstes
Anliegen des Herrschers gewesen.

Als Christina mündig geworden war, lehnte sie die »Regierungsform von 1634«
als Fälschung ab und unterstellte Oxenstierna aristokratische Herrschaftsgelüste.

Auch Karl X. Gustav bemerkte später, eine solche Beschränkung hätte sich Gustav II. Adolf nie auferlegt.

Tatsächlich begrenzte die neue »Verfassung« die Macht auf die fünf obersten Reichsbeamten und deren Kollegien, schied die Herrscherfamilie aus. Axel Oxenstierna, sein Bruder Gabriel als neuer Reichsdrost und die anderen hohen Reichsbeamten sollten als Vormünder der minderjährigen Königin die Regierung ausüben. Dazu waren sie nun auch während eines Auslandsaufenthalts bzw. bei schwerer Krankheit eines volljährigen Monarchen verpflichtet. Der Reichskanzler bedeutete immer wieder, Gustav II. Adolf habe das ausdrücklich aus Sorge festgelegt, das Reich könne durch einen unfähigen Herrscher gefährdet werden. Spätere Historikergenerationen stimmten überein, daß dieses Dokument einen hocharistokratischen, antiabsolutistischen Stempel trage.

Es ist dennoch das effektivste, verwaltungstechnische Werk der damaligen Zeit, erschloß die Reserven für die siegreiche Kriegsführung der Großmacht Schweden und war Basis der Modernisierung und Disziplinierung der Verwaltung. Die »Regierungsform von 1634« ist gleichermaßen ein Dokument hochadliger Standesherrschaft. Dort wurde formuliert, daß der Kreis höchster Beamter aus dem Hochadel – unterstützt durch einige Repräsentanten des Adelsstandes – bei Bedarf auch Entscheidungen treffen sollte, die sonst nur den Reichsständen oblagen. Der Herrscher hatte keine Möglichkeiten, eine souveräne Herrschaft durchzusetzen. So gesehen spricht vieles für Christinas und Karls X. Gustav Wertungen. Die Zustimmung Gustavs II. Adolf jedenfalls konnte Axel Oxenstierna nie nachweisen.

Der Reichskanzler hatte immer Schwierigkeiten, gegen die rasch wachsende ständische Opposition des Nichtadels gemäß der Regierungsform zu entscheiden. Selbst im Reichsrat wuchs die Ablehnung der Deutschlandpolitik der Oxenstiernas. Nach dem Debakel von Nördlingen suchte der Reichskanzler, durch einen Siegfrieden den Forderungen aus Stockholm zu entsprechen. Als er verstehen mußte, daß der Kaiser so weitreichende schwedische Wünsche nicht befriedigen wollte, überwand Axel Oxenstierna seine tiefverwurzelten antifranzösischen Gefühle. Er reiste mehr oder weniger als Bittsteller nach Frankreich und vereinbarte ein neues Abkommen mit Richelieu in Compiégne. Als er am 14. Juli 1636 nach Schweden zurückkehrte, war wenig entschieden. Im Ständetag mehrten sich Stimmen, die eine »Reduktion« des adligen Bodenbesitzes aus Donationen der Krone propagierten. Der Versuch des Reichskanzlers, durch eine merkantilistische Wirtschaftspolitik die nichtadligen Kritiker hinter sich zu vereinigen, stabilisierte nur bedingt den inneren Frieden. Die wiederholten Siege der schwedischen Feldherren ermöglichten es Axel Oxenstierna und der kriegswilligen Fraktion des Reichsrates dennoch, den Krieg an der Seite Frankreichs gegen den Kaiser fortzusetzen und schließlich auch Dänemark in einem schnellen kühnen Feldzug niederwerfen zu lassen. Da aber sammelte sich die Opposition bereits hinter der Königin Christina und deren Onkel, dem Reichsadmiral Carl Carlsson Gyllenhielm. Die Erhebung des alten Kanzlers in den Grafenstand am 20. November 1645 blieb solcherart eine fast belanglose Episode, überschattet durch den Widerstand Gyllenhielms gegen Johan Oxenstiernas Berufung in den Reichsrat, die Intrigen Christinas gegen diesen allerdings wenig fähigen Sohn Axel Oxenstiernas während seiner Legatentätigkeit in Osnabrück auf dem Friedenskongreß. Alle Einwände des Reichskanzlers verwerfend, setzte die Königin die Ernennung ihres Günstlings Salvius zum Reichsrat durch.

Der schließlich in Osnabrück vereinbarte Frieden behagte Axel Oxenstierna nicht. Die Belastungen des Landes verringerten sich kaum, und die Unzufriedenheit in Schweden wuchs weiter. Schon auf dem Reichstag 1649 sammelten sich die Gegner des damals schwer erkrankten Kanzlers neuerlich hinter dem Banner der »Reduktion«. Der seinem Stand tiefverbundene Aristokrat durchschaute Christinas eigensüchtige »Kumpanei« mit den nichtadligen Ständen, ahnte aber auch, daß nur ein starkes Königtum künftig die Adelsherrschaft sichern könnte. So erklärte sich der überzeugte Vorkämpfer einer weitreichenden Mitverantwortung des Hochadels schließlich und befürwortete unüberhörbar die Erbmonarchie in Schweden. Die solcherart angezeigte Zustimmung der Erbfolge Karl Gustavs, ihres Vetters, ließ Königin Christina dann wieder enge Beziehungen zum alten Kanzler suchen. Der Sohn Erik Oxenstierna wurde Reichsrat und zum Direktor des Kommerzkollegiums ernannt. Gleichzeitig akzeptierte die Königin auch die Richtlinien, die der alte Mann für dieses Gremium einer intensiven staatlichen Wirtschaftsförderung 1651 entwickelt hatte. In einer Annäherung an das neue England sah der Reichskanzler künftige Entwicklungschancen des schwedischen Handels und brach nun mit den holländischen Traditionen Schwedens. Noch immer galt er dem Adel als erster Repräsentant des Standes und konnte so durchsetzen, daß das Ritterhaus 1652 freiwillig für die nächsten beiden Jahre steuerte. Die Abdankung der Königin und den ungewünschten Thronwechsel konnte er dennoch nicht verhindern. Enttäuscht und verbittert begann er nun, sich auf eine Zusammenarbeit mit dem ersten Pfälzer auf dem schwedischen Thron vorzubereiten. Mit seiner Autorität erleichterte Axel Oxenstierna Karl X. Gustav das »Königsversprechen« und beschränkte selbst einige der einst von ihm entworfenen Paragraphen und Bindungen der Königsmacht.

Als Axel Oxenstiernas Vater starb, schien die Alternative für die hinterbliebenen Söhne nur der Staatsdienst mit entsprechenden Belohnungen zu sein. Beim Tode des Reichskanzlers erbten dessen Kinder nahezu den umfangreichsten Güterbesitz Schwedens. Vor allem im Baltikum hatte Axel Oxenstierna riesige Ländereien erworben. Noch als kranker alter Mann liebte er es, mit einer Karosse vorzufahren, die sechs Pferde zogen, umgeben von zahlreichen Lakaien. Die Kirche in Jäder hatte er »zu einem Monument über sich und sein Geschlecht« ausgebaut, wie Kenner urteilen (SBO, ebd., 520). Die meisten deutschen Partikularfürsten verachtete der Reichskanzler als Parasiten und fühlte sich ihnen immer ebenbürtig. War Gustav II. Adolf ein »Adelskönig«, so war Axel Oxenstierna der bedeutendste Kanzler des schwedischen Adels. Nicht ganz unzutreffend folgert die moderne schwedische Genealogie, dieser Oxenstierna habe »vielleicht zuweilen das Wohl des Adels über das des Reiches gesetzt« (Svenska män, 683). Wahrscheinlich ahnte er dennoch nach 1650, daß auch dem schwedischen Adel nur noch in der engen Anlehnung an ein starkes Königtum die Zukunft erwuchs. »Er kannte die Stärken und Schwächen aller

Staaten Europas«, würdigte Königin Christina ihren Reichskanzler sehr viel später. Ein großer Mann, wie sie meinte, »unermüdlich«, bewies er »in seiner Amtsverwaltung unvergleichlichen Fleiß und Wagemut« (SBO, ebd., 520). In der schließlichen Hinwendung zum neuen starken Königtum der Großmacht Schweden lag möglicherweise der höchste Wagemut des adelsstolzen Axel Oxenstierna.

Aus der Zeit des Landsknechtslebens von Leonhart Fronsperger

Gaspar de Guzmán

Gaspar de Guzmán, Graf von Olivares und Herzog von San Lucar de Barrameda

* 6. Januar 1587 im Palazzo Urbino in Rom
† 22. Juli 1645 in Toro
Grabstätte: Familiengruft der Olivares in Loeches
Eltern: Enrique de Guzmán und Maria Pimentel de Fouseca

Eheschließung 1607 in Madrid
INES DE ZÚÑIGA
† 10. September 1647 in Loeches
Grabstätte: Familiengruft der Olivares in Loeches
Vater: Balthasar de Zúñiga, Graf von Monterrey, späterer Vizekönig von Mexiko und Peru

	Theologiestudium an der Universität Salamanca
1604	Tod des älteren Bruders und Beendigung der für die geistliche Laufbahn vorgesehenen Theologiestudien
	Kanonikat an der Kathedrale zu Sevilla
März 1607	Tod des Vaters
1615	Ernennung zum Kammerherrn beim Kronprinzen
31. März 1621	Triumph des Grafen von Olivares über die bisherige Hofpartei beim Tode Philipps III.
1623	Intrige durch Olivares gegen die »englische Heirat« der Infantin
9. Januar 1625	Hochzeit der Tochter des Olivares in der Kapelle des Escorials und Ernennung des Grafen Olivares zum Herzog von San Lucar de Barrameda
1. Dezember 1640	Aufstand in Lissabon
22. Januar 1643	Entlassung des Olivares durch Philipp IV.
23. Januar 1643	Auszug des Olivares aus dem Alcázar und Haßdemonstrationen gegen den Ersten Minister
12. Juni 1643	Verbannung nach Toro
1645	Eröffnung des Verfahrens vor der Inquisition

Richelieus eigentlicher Gegner Olivares teilte mit dem großen französischen Kardinal und Politiker Machtbesessenheit, persönliche Eitelkeit und jene bemerkenswerte
zielstrebige Energie, nahezu aus dem Nichts zur alles bestimmenden Persönlichkeit
aufzusteigen. Merkwürdigerweise trugen beide als Jünglinge die Priestersoutane.
Während der eine, der Franzose, ursprünglich für eine Offizierslaufbahn bestimmt
war, später im Kardinalsrock Schlachten schlug, träumte der andere, der Spanier,
beständig davon, auch als Feldherr ähnlichen Ruhm zu gewinnen. Noch als Erster
Politiker seiner Landes sandte er Spaniens berühmten Generälen papierne detaillierte Weisungen während deren Feldzüge und Belagerungen. Im übrigen gefielen sich
beide Große der Weltgeschichte, die Ahnenreihe bis in die Anfänge ihrer Staaten
zurückzuverfolgen. Wirklich bedeutende Persönlichkeiten fanden sich bei beiden
erst im Laufe des vorhergehenden Jahrhunderts.

Angeblich habe ein Guzmán im 13. Jahrhundert während der islamischen Belagerung Tarifas seinen Sohn dem Vaterland geopfert, als die Mauren die Kapitulation
der Feste für die Freigabe des gefangenen jungen Guzmán forderten. Kaum ohne
sonderlichen Stolz ließ der Graf und Herzog Olivares diese hehre patriotische Tat
des Ahnen notieren, als er seinerzeit den eigenen Nachruhm durch einen Chronisten
bündeln ließ. Zu nachweislicher Bedeutung wuchs das Geschlecht aber wohl doch
erst hundert Jahre vor dieser Aufzeichnung Olivares'scher Größe. Während der
Erhebung der Comuneros 1519-1523 eroberte der Großvater Pedro de Guzmán
Sevilla und weitere feste Punkte der Aufständischen, wurde zum Ritter des Ordens
von Calatrava geschlagen und endlich mit der Grafschaft Olivares belehnt. Später
begleitete er Kaiser Karl V. als Heerführer auf den Feldzügen in Italien, Tunis,
Deutschland und Flandern. Sein Sohn Enrique vertrat ab 1582 für fast ein Jahrzehnt
Spanien als Botschafter beim Heiligen Stuhl, nicht eben ein stiller Mann. Als der
Madrider Gesandte, überzeugt von der überragenden Gewichtung Spaniens, seine
Bedienten durch Glockentöne rufen ließ und der Papst solches untersagte, schoß
Enrique des Guzmán, Graf Olivares, statt dessen jeweils eine Pistole ab. Gemäß der
von Gaspar de Guzmán, dem Ersten Minister Philipps IV., persönlich redigierten
Familiengeschichte gewährte der rasch lärmgeschädigte Pontifex recht bald das
Glockengeläut in der spanischen Ambassada. Enrique de Guzmán hielt das nicht ab,
den Heiligen Vater des öfteren »Eure Undankbarkeit« zu titulieren und sich solcherart bei der Anrede »Euer Heiligkeit« zu versprechen. König Philipp II. muß das
gefallen haben. Allen Wünschen, schließlich sogar energischen Forderungen nach
Abberufung seines streitbaren Untertanen entsprach er jedenfalls nicht. So kam es,
daß Gaspar am 6. Januar 1587 im Palazzo Urbino in Rom geboren wurde. Vier Jahre
später erhöhte der damals wegen der offenkundigen päpstlichen Sympathien für

Heinrichs IV. Annäherung an das katholische Lager Frankreichs nicht eben in herz-
lichem Einvernehmen mit der Kurie lebende spanische Habsburger seinen Botschafter zum Vizekönig von Sizilien. Zweifellos auch deshalb, weil Philipp II. wie sein
Botschafter die Haltung des Papstes als schreiende Undankbarkeit für Spaniens
Anstrengungen zur Rekatholisierung Europas empfand.

Auf Sizilien wirkte Gaspars Vater ähnlich geräuschvoll, galt es den Kampf gegen
aristokratische Übergriffe an seinen geringeren Untertanen, Bestechlichkeiten der
höheren Beamten und Vetternwirtschaft. Als der Vizekönig sogar den Marques de
Padua einkerkern ließ, verfügte Philipp III. 1599 seine Abberufung. Eine gewaltige
Menschenmenge ehrte den Scheidenden, der nicht versäumte, die Massen aufzuklä-
ren. Er müsse gehen, weil er ihre Rechte verteidigt habe, lärmte der Graf. Offensichtlich beeindruckte der Vater seinen Sohn so, daß dieser den Abreisetag nie vergaß. Später sollte er manches Mal in Madrid ähnlich rigoros Privilegien der Granden vernach-
lässigen. Da war er allerdings längst schon selber zum Granden erhoben, anders als
der Vater, der dem König dieses Versäumnis nie verzieh. Ängstlich war dieser auch
nach der Rückkehr in Madrid nicht und stieß sich dort selbst mit dem allmächtigen
Günstling Philipps III., dem Herzog von Lerma. Er stieg zwar noch zum Mitglied des
spanischen Staatsrates und zum Präsidenten des obersten Rechnungshofes auf. Die
Würde eines Granden erhielt er nicht. Das war um so unangenehmer für den jungen
Gaspar, als er nur einer unter vielen Geschwistern war und gar nur der Drittgeborene.

Gewöhnlich sicherten die spanischen Hocharistokraten ihren Nachgeborenen
Pfründen an den zahllosen geistlichen Stiften. Don Enrique wünschte mehr. Der
Sohn sollte Kardinal werden, Papst sogar, wie boshafte Schriften Jahrzehnte später
unterstellten. Der Vater entwarf einen Bildungsplan, das jedenfalls läßt sich tatsäch-
lich belegen. Er regelte auf seine Weise mehr oder weniger detailliert die Zukunft
Gaspars. Dieser studierte Theologie an der Universität von Salamanca, ein höchst
bildungsbeflissener, überaus erfolgreicher Studiosus, wie er und sein Biograph die
Nachwelt wissen ließen. Bedauerlicherweise behaupteten schon zeitgenössische
Schmähschriften das Gegenteil. Auch suchten die Domherren der Kathedrale von
Sevilla bereits 1604, bei der Kurie die Ernennung Gaspar de Guzmán zum dortigen
Kanoniker zu annullieren. Nur so viel ist gewiß: Der Tod seiner beiden älteren Brü-
der gab ihm den Degen zurück. Als künftiger Erbe der Grafenwürde verließ er Sala-
mance im gleichen Jahr, fast zu jener Zeit, als in Frankreich Armand de Plessis
Richelieu seinerseits in die Soutane schlüpfte. Anders als der französische Gegenspieler konnte Graf Olivares beim Tode des Vaters 1607 offenbar über umfangreiches Vermögen verfügen. Über das äußerst pompöse Begräbnis Enriques durch den
Erben sprach nach zeitgenössischen Berichten ganz Madrid, die Feierlichkeiten
erwähnte sogar der kaiserliche Botschafter in seinem Bericht nach Wien. Als Gaspar
de Guzmán kurze Zeit später eine Kusine, Ines de Zúñiga, Hofdame der Königin,
heiratete, registrierte die Madrider Gesellschaft wiederum überrascht die Großzügig-
keit des Bräutigams. Graf Olivares soll in diesem Jahr verschwenderische Festlichkeiten finanziert und Geschenke für die Braut in Höhe von 300.000 Talern gekauft
und verschleudert haben, wie auch hier die Mißgünstigen geiferten.

Der »Machtgierige« habe bewußt in die Zukunft investiert, urteilen die Kritiker des Olivares schon seit jenen Jahren. Gewöhnlich wurde der Ehemann einer königlichen Hofdame mit der »Grandessa« geehrt. War es nur das, was den standesbewußten jungen Grafen an Ines de Zúñiga band, was der Vater nie gewann, mußte auch er lange warten, hatte sich in dieser Hinsicht mit der Ehe verspekuliert. Es spricht tatsächlich wenig für eine Liebesbindung. Doch hat sich Gaspar de Guzmán nach frühen Liebeshändeln, aus denen auch ein später legitimierter Sohn erwuchs, sehr bald auf diese eheliche Verbindung zurückgezogen. Nun galt er als mustergültiger Ehemann, und es verstummten jene Vorwürfe aus den Jugendjahren. Da Philipp IV. – sein Gönner – als Spaniens »Don Juan« alles andere als ein sittenreines Leben führte, mag das überraschen und wohl auch für den »Ersten Minister« sprechen.

Das politische Leben Spaniens bestimmte in jenen Jahren bis 1618 der Herzog von Lerma. Philipp II., der große alte Herrscher, hatte seinerzeit versucht, den Thronfolger vor dem Einfluß dieses Höflings zu schützen. Lerma kalkulierte jedoch besser, als er das Vertrauen des Kronprinzen suchte. Selbst die verfügte räumliche Trennung bewahrte ihm die Anhänglichkeit, und nach dem Tode Philipps II. trug es ihm die Herzogswürde und unangefochtene Favoritenstellung bei Philipp III. ein.

Wie viele Spanier jener Zeit war Lerma abergläubisch, astrologiehörig und vertraute Weissagungen. Das taten im übrigen viele. Selbst Olivares suchte später Nonnen eines Madrider Klosters auf, als ihm nach dem Tode seines Erstgeborenen weitere Söhne versagt blieben. Die Rede ging, die »Schwestern« hier könnten Schwangerschaften voraussagen. Wie sich wenig später in einem gewaltigen Skandal erwies, wußten die »Bräute Jesus« tatsächlich, wovon sie redeten. Unangenehm für viele Aristokraten, u. a. auch für Gaspar de Guzmán war, daß man nun auch von ihnen redete und häßliche Verdächtigungen ausgesprochen wurden.

Der Herzog von Lerma war damals schon tot. Er hätte sonst zweifellos erfreut wissend gelächelt. Er und die Guzmáns waren sich schon frühzeitig kaum in Freundschaft zugetan. Das wußten alle am Madrider Hof. Vielleicht wegen seiner Auseinandersetzungen mit Enrique de Guzmán war ihm prophezeit worden, einst würde ihn ein Guzmán stürzen. Eifrig das umfangreiche Guzmán-Geschlecht ausspionierend, war ihm bald Gaspar, der Graf von Olivares, als Kammerherr des Kronprinzen aufgefallen. Niemand wußte besser als der alte Herzog und Graf Lerma, wie man solcherart eine stabile künftige Machtposition an der Seite des werdenden Herrschers fundierte, niemand außer ihm und Olivares selbst, wie sich schnell erwies. Alle Versuche Lermas, den gefürchteten zukünftigen Nebenbuhler fortzuloben, fruchteten nicht. Selbst das Angebot, wie der Vater Botschafter bei der Kurie in Rom zu werden, schlug Gaspar de Guzmán, Graf Olivares aus. Er wollte mehr, wünschte »alles bis zum letzten Tüpfelchen« (Manon, 98) und gewann, wie er unmittelbar nach dem Ableben Philipps III. triumphierend Lermas Sohn verkündete. Tatsächlich brachte ihm der Thronwechsel am 31. März 1621 sofort die Ernennung zum Granden und Leitenden Minister Philipps IV. »Graf Olivares, bedeckt Euch«, lautete der erste öffentliche Wunsch des neuen Herrschers (ebd., 126).

Immer wieder streiten die spanischen Biographen des Olivares, ob seine wiederholten Rücktrittsangebote Heuchelei oder Ausdruck tiefer Depressionen waren. Auffallend war der ungewöhnlich rasche Wechsel von Begeisterung und Niedergeschlagenheit bei wichtigen Entscheidungen des »Premiers«, sichtbarer perönlicher Ausdruck für die alles prägende Krise Spaniens in der ersten Hälfte des 17. Jahrhunderts, meinen einige Kenner. Olivares sei am eigenen Anspruch gescheitert, Spaniens imperiale Zielstellungen mit den immer weiter reduzierten Mitteln an Menschen und Geld zu realisieren. Der von ihm angezettelte und leidenschaftlich geführte Krieg um Spaniens Hegemoniestreben in Europa habe »alle seine an sich vernünftigen wirtschafts- und finanzpolitischen Ansätze« aufgehoben (Zeeden, II, 94). Er bemühte sich zweifellos unermüdlich, »Spaniens Gesundung« durch die militärische »Unterdrückung des holländischen Wettbewerbs, der Wiederbelebung des Antwerpener Handels und Wiedereroberung der Kolonien zu erreichen« (Wedgwood, 234). Olivares »war einer von den verspäteten Don Quijotes«, hätte die »Probleme Spaniens mit den Augen des längst verewigten Kaisers angeschaut..., das Land eines Philipps IV. in der Art eines Karls V. regieren« wollen. Das sei eine »unverzeihliche Torheit« gewesen, trotz allen Fleißes, der gewaltigen Energie, die Graf Olivares aufbrachte (Manon, 215-216).

Es ist tatsächlich verbürgt, daß der Minister sich morgens um 5.00 Uhr erhob und wenig später an seinem Schreibtisch arbeitete. Selbst während seiner Kutschfahrten schrieb er an einem speziellen Sekretär in der Kalesche und hörte seine nebenher reitenden Mitarbeiter und Beamten durch die geöffneten Türen an. Aus Agentenberichten ist bekannt, daß Olivares sogar verfügte, die Kutscher hätten das erste Zugpferd zu reiten, um nichts über den vertraulichen Inhalt der Beratungen im Inneren des Reisewagens aufzuschnappen.

Wie Richelieu bekämpfte auch der Spanier entschlossen frondierende Granden und erwartete die bedingungslose Unterordnung des Hochadels unter die weitgesteckten Ziele des spanischen Königtums. Und ähnlich seines erfolgreichen Pendants in Paris beliebte er, Luxus aus politischen Erwägungen heraus zu demonstrieren, wollte die Größe Spaniens auch in seiner eigenen Person nachweisen. Noch in Zaragossa kurz vor seinem Sturz ließ er 1642 zweimal täglich anschirren und fuhr mit 12 Kutschen durch die Stadt, begleitet von 400 Bewaffneten.

Auch Olivares erwartete alle Lösungen von der weiteren Vereinheitlichung Spaniens. Während seiner Regierung wirkte er kraftvoll für die Annullierung der regionalen Unterschiede und suchte, die Sondergesetze und Privilegien der Länder und Provinzen der iberischen Halbinsel aufzuheben. In einem Regierungsentwurf 1625 hatte er König Philipp IV. ausdrücklich auf die »Notwendigkeit des spanischen Einheitsstaates« verwiesen (Manon, 300). Hier stieß er sich, anders als der Vater, am Widerstand des ebenso standesbewußten spanischen Hochadels in seiner Gesamtheit. Obwohl ebenso temperamentvoll und stolz, grenzenlos arrogant wie die Masse der Hidalgos, war er dennoch offenbar tatsächlich anders als die Mehrheit von ihnen. Obgleich er in einigen zeitgenössischen Schmähschriften auch als käuflich angegriffen wurde, belegen andere, gewichtigere Quellen eine ungewöhnliche Unbestechlichkeit und Gerechtigkeitsliebe. Das schloß natürlich nicht aus, daß Olivares

Geschenke als zustehende Anerkennung empfing und Freunde und Familienange-hörige großzügig förderte. Nicht nur deshalb gewann er anfangs viele Freunde, ein glänzender Unterhalter, und sammelte sich die Elite des Landes um ihn.

Als er 1621 den Waffenstillstand mit den Niederlanden aufkündigte, empfanden er selbst, der König und viele Granden diese Entscheidung als eine Art nationaler Wiedergeburt Spaniens. In einem Geheimpapier für Philipp IV. reflektierte der Erste Minister eventuelle Bündnisse mit Frankreich oder England, um solcherart Spaniens Weltmachtpositionen zu restaurieren, ein »an Größenwahn und Macht-psychose« Erkrankter (Manon, 307). Damals empfahl er dem Monarchen ein »enges Bündnis mit dem deutschen Kaiser« und glaubte, damit den Erfolg sichern zu kön-nen (ebd., 311). Auf erste bedeutende Erfolge Anfang der zwanziger Jahre mit der Besetzung der linksrheinischen Pfalz und der Eroberung so wichtiger holländischer Schlüsselfestungen wie Breda 1625 folgten bald Rückschläge. Spaniens Armeen blie-ben gewöhnlich untätig, die Heerführer zögerlich, sie versagten immer häufiger. Die Erfolge der holländischen Flotte reduzierten auch die finanzpolitischen Aktivitäten des Olivares. Hatte er nach Gustavs II. Adolf Tod auf dem Schlachtfeld von Lützen wieder euphorisch Mut geschöpft, Nördlingen gefeiert, die erfolgreichen Silberflot-ten 1635 und 1637 als persönliche Bestätigung verstanden und glänzende Siege im Mailändischen und in Flandern aufgezählt, so verzweifelte er nach 1639 zusehends. Verräter nannte er nun immer öfter die katholischen deutschen Ligafürsten, klagte auch über den Kaiser. Und immer häufiger verzweifelte »der verbrauchte, kränkli-che, halb irrsinnige Machthaber«, saß in »langen Nächten hindurch bei flackerndem Kerzenlicht an seinem Schreibtisch« (Manon, 304-305) und suchte fieberhaft einen Ausweg aus der immer deutlicher sich abzeichnenden Katastrophe Spaniens. Schließlich gewährte König Philipp IV. seinem deutlich des öfteren geistesverwirrten Leitenden Politiker am 22. Januar 1643 den Abschied. Obwohl der Monarch aus-drücklich huldvoll die Leistungen des scheidenden Olivares würdigte und ehren wollte, explodierte nun der Volkszorn gegen den Erfolglosen. Als er einen Tag darauf den Alcázar verließ, geschah das durch eine Hinterpforte. Die leere Kutsche, die durch das Hauptportal rollte, wurde mit Steinen und Knüppeln beworfen. Philipp IV. gab im Sommer des Jahres nach und beugte sich den neuen Favoriten und Geg-nern des Herzogs und Grafen Olivares und verbannte den Schwerkranken nach Toro. 1645 wurde sogar durch die Inquisition eine Untersuchung gegen ihn einge-leitet. Da lag er bereits im Sterben, der Hegemonieanspruch Spaniens war auch fast tot. Olivares hatte in völliger Verkennung der Realitäten versucht, das Rad der Geschichte zurückzudrehen. Spaniens kurze welthistorische Epoche war für immer dahin, der Graf und erste Mann spanischer Innen- und Außenpolitik mußte trotz wahrhaft heroischen Einsatzes scheitern. Mit dem Begriff »Decadencia española« kennzeichnen die Fachhistoriker diesen Zeitraum des Niederganges der spanischen spätfeudalen Gesellschaft.

Hans Ulrich Fürst von Eggenberg

Hanns Ulrich Fürst von Eggenberg Kaiser Ferdinandi des i geheimber Rath vnd Obrister Hofmaister vnd Gubernator der J. Ö. landen.

Hans Ulrich Fürst von Eggenberg

* Juni 1568 in Graz
† 18. Oktober 1634 zu Laibach
Grabstätte: Familiengruft in der Kirche Mariahilf zu Graz
Eltern: Seyfried von Eggenberg und Herberstein und Anna Benigna, Freiin Galler von Schwanberg

Eheschließung 1598
SIDONIA MARIA, Freiin von Thannhausen
† 6. Mai 1614 in Wien
Grabstätte: Familiengruft in der Kirche Mariahilf zu Graz
Eltern: Conrad, Freiherr von Thannhausen, und Dorothea von Teuffenbach

	Eintragung in das Matrikelverzeichnis der Universität Tübingen als »Johann Ulrich ab Eckenberg ex Styria«
1597	Mundschenk am erzherzoglichen Hof in Graz
15. November 1598	Stellvertreter-Trauung Margaretes von Steiermark in Ferrara in Anwesenheit Eggenbergs und Spanienreise
29. Dezember 1598	Verleihung des Freiherren-Titels an die Familie Landeshauptmann von Krain Erzherzoglicher Geheimer Rat
4. November 1605	Neuerliche Spanienreise Eggenbergs
Ende Mai 1606	Rückkehr aus Spanien
Februar 1607	Erstes Zusammentreffen mit Karl von Harrach, dem Vertrauten des Erzherzogs Matthias
19. Oktober 1608	Brautführer der Erzherzogin Maria Magdalena zur Vermählung in Florenz mit Großherzog Cosimo II. von Toskana
November 1615	Hochzeit der Tochter Maria Sidonia mit dem Freiherrn Julius Weikhard zu Mörsburg und Befort in Graz
23. September 1619	Titel »Wohlgeboren«
28. Juni 1620	Ehe der Tochter Maria Franziska mit Karl Leonhard (VII.) von Harrach in Wien
10. August 1620	Ritter des Ordens zum Goldenen Vlies
6. Dezember 1622	Belehnung mit der südböhmischen Herrschaft Krumau
25. Februar 1623	Erhebung in den Reichsfürstenstand

2. Januar 1625	Bevollmächtiger Statthalter und Gubernator für die inner-östereichischen Erbländer mit Titel »Unser Oheim und besonders lieber Fürst«
25. Februar 1625	Obrist-Erbmarschall in Österreich ob und nieder der Enns
15. April 1628	Erhebung der südböhmischen Güter zum Fürstentum und Verleihung des erblichen Herzogtitels
20. April 1631	Gutachten Eggenbergs zugunsten des Vorfriedens von Regensburg bezüglich des Italien-Krieges
10.-14. Dezember 1631	Treffen Eggenbergs mit Wallenstein in Znaim
24. Januar 1634	Kaiserliche Ächtung Wallensteins im Hause Eggenberg
13. April 1632	Vereinbarung mit Wallenstein in Göllersdorf
23. Mai 1634	Distanzierung Ferdinands II. von Gerüchten, auch Eggenberg sei ein Verschwörer
12. Juni 1634	Letzte Sitzung des Geheimen Rates mit Eggenberg in Wien
11. Juli 1634	Letzter Brief Ferdinands II. an Eggenberg
7. September 1634	Eigenhändiges Testament Eggenbergs mit diktiertem Schluß

Es überrascht schon, daß gerade über Leben und Tätigkeit eines der meist begünstigten kaiserlichen Politiker relativ wenig Quellen erhalten blieben. Zweifellos ist
»der Erste Minister« Ferdinands II. – der Fürst Hans Ulrich von Eggenberg – »als
Staatsmann aus der politischen Geschichte« der ersten Jahrzehnte des 17. Jahrhunderts und dem Geschehen bis 1634 nicht fortzudenken (Heydendorff, 7). Vielleicht
bekundeten die Nachkommen, vor allem dann die Erben des innerhalb eines Men-
schenalters vom niederen Adligen zum Hocharistokraten aufgestiegenen Eggenberg
kaum Achtung, geschweige denn Interesse am archivalischen Nachlaß, wie heute
einige Forscher meinen. Nur zufällig blieben einige aufschlußreiche Briefe Kaiser
Ferdinands II. an seinen »Hochgeborenen Fürsten, lieben Hans Ulrich« erhalten, in
Schloß Krumau in Südböhmen zurückgelassene Kopien, als zu Beginn des 18. Jahrhunderts das Hauptarchiv der Eggenbergs beim Tode des letzten männlichen Spros-
ses einer Seitenlinie überantwortet wurde. Da der Fürst nahezu bis zur Ächtung des
Herzogs von Friedland ein überzeugter Förderer Wallensteins blieb, vermuten bis in
unsere Tage viele Historiker einen Zusammenhang zwischen dem Verschwinden der
einen wie der anderen Dokumente. Die simple Erklärung, Nachlässigkeit und Ver-
ständnislosigkeit bedingten im wesentlichen die erschreckenden Lücken im Archiv
der Eggenbergs, verliert in der Tat ihre Überzeugungskraft, bedenkt man, daß die
Krumauer Kopien möglicherweise nur zufällig erhalten blieben, übersehen bei
gezielten Vernichtungsaktionen und vielleicht als Abschriften nicht ernst genommen
wurden. Kaiserliche Briefe, Wertungen und Gutachten zu den damals noch höchst
lebendigen Erinnerungen an den großen Krieg auf deutschem Boden dürften wohl
doch auch 1713 als äußerst wertvolles Belegmaterial verstanden worden sein. Die
zweifellos systematische Vernichtung der entlastenden Materialien des Wallenstein-
Archivs drängt hier ähnliche Vermutungen auf. So wird auch weiterhin offen bleiben
müssen, ob es dem Zufall geschuldet ist, daß manche Erkenntnisse über Eggenbergs
Leben und Wirken lediglich aus sekundären Quellen erschlossen werden müssen.
Merkwürdigerweise können die Historiker gegenwärtig nicht einmal das exakte
Geburtsdatum des Fürsten von Eggenberg benennen geschweige denn überzeugen-
de Belege für den plötzlichen sozialen Aufstieg zitieren.

    Die Familie häufte im »Balkanhandel, Münzpacht« und beim Geldwechsel
bereits im 15. Jahrhundert Reichtum an. Offenbar wirkte noch der Vater des Hans
Ulrich von Eggenberg als Bürgermeister in Graz, so der Schluß einiger Biographen
(BWB, I, 598). Erhaltene urkundliche Quellen weisen einen Stadtrichter Ulrich
Eggenberger in Graz aus, der 1435 bei einer Schuldverschreibung bürgte. Einer sei-
ner Söhne war der Münzmeister Balthasar Eggenberger, der 1493 verstarb. Dessen
Erbe Wolfgang von Eggenberg wird als Grazer Bürger erstmalig mit dem Adelsprä-

dikat belegt. Einer seiner Söhne soll Seyfried von Eggenberg und Herberstein (etwa 1526-1594) gewesen sein, Grazer Bürgermeister und Vater des Hans Ulrich. Die Adelsreihe über mehrere Generationen überrascht insofern, als Ratsfunktionen bürgerliche Tätigkeiten voraussetzten. Andererseits bereitete ein Vetter des Hans Ulrich offenbar den sozialen Aufstieg des späteren Reichsfürsten vor, der sich als Heerführer Rupprecht von Eggenberg in den Türkenkämpfen bewährte und 1593 siegte. Einige Briefe zwischen Hans Ulrich und Rupprecht blieben bewahrt, aus denen deutlich hervorgeht, daß der Vetter tatsächlich die beginnende Karriere des jungen Grazers Patriziersohnes förderte. Alle Fragen beantwortet das aber kaum. So hat schon ein Eheprojekt 1639 zwischen einem Sohn des Fürsten Hans Ulrich von Eggenberg und der Prinzessin Anne Maria von Brandenburg-Bayreuth lebhafte Manipulierungen des adligen »Stammbaumes« der Eggenbergs ausgelöst. 1683 wurde der phantastische Nachweis vorgelegt, die Wurzeln dieser Linie bis ins 12. Jahrhundert zurückzuführen.

Versuche dieser Art erschweren eher schlüssige Antworten. Es wird wohl weiterhin höchst rätselhaft bleiben, ob der »Schleier, der die Anfänge des Hauses Eggenberg derzeit noch verhüllt«, gelüftet werden kann (ebd., 14). Wie bei Wallenstein bis heute das exakte Datum der Konversion nicht belegt werden kann, bleiben auch für Hans Ulrich von Eggenbergs Konfessionswechsel nur Vermutungen. Der erste sichere Beleg seines Lebens ist das Immatrikelverzeichnis der lutherischen Hochschule Tübingen, wo sich der Student »Johann Ulrich ab Eckenberg ex Styria« 1583 einschrieb. Die Annahme liegt nahe, daß er unter dem Einfluß Rupprechts von Eggenberg nach seiner Rückkehr in die Steiermark konvertierte und sich so einen Aufstieg im Dienste des erzherzoglichen Hauses sichern wollte. Bedauerlicherweise kann nicht mit Sicherheit gefolgert werden, ob der junge Hans Ulrich dem Vetter in spanische Dienste folgte und tatsächlich in den Niederlanden focht. Erst 1597 wurde er in Graz zum Mundschenk bei Hofe ernannt, offenbar durch Erzherzog Ferdinands Mutter besonders geschätzt und gefördert. Wahrscheinlich heiratete Hans Ulrich 1598 Sidonia Maria, Freiin von Thannhausen, die Tochter des einflußreichen Erbjägermeisters der Steiermark, der seit 1585 auch Oberster Jägermeister der Erblande war. Die Erzherzoginwitwe berichtete ihrem Sohn in einem Brief im Dezember dieses Jahres, Eggenberg ziehe es heim zu seiner Gemahlin Sidonia, wohl doch ein sicherer Beleg für eine Eheschließung im Laufe dieses Jahres. Bei der bekannten Jagdleidenschaft Ferdinands II. und dem nachweislich engen Verhältnis noch des Kaisers Ferdinand zu seinem einstigen Jagdgefährten in erzherzoglichen Grazer Tagen, dem Schwager Eggenbergs und Oberstjägermeister seit 1601, Balthasar von Thannhausen, förderte eine solche familiäre Bindung ganz sicher den weiteren sozialen Aufstieg Eggenbergs. Nach 1600 diente Hans Ulrich bei Maria Anna, der Gemahlin Erzherzog Ferdinands, als Obristhofmeister. Damals stand er bereits in hohem Ansehen bei den Grazer Habsburgern. 1598 hatte er Margarete von Steiermark zur »Stellverteter-Trauung« nach Ferrara begleitet. Am 29. Dezember 1598 erhob der Kaiser ihn, Rupprecht von Eggenberg und postum auch Hans Ulrichs verstorbene Brüder in den Freiherrnstand. Wenige Monate später reiste der so geehrte junge Eggenberg mit Erzherzog Albrecht, der Infantin Isabella Maria und der Erzherzogin Margarete weiter nach Spanien. Freund der Spanier wurde er damals übrigens nicht. Vorübergehend nach München gereist, berichtete die alte Erzherzogin Maria Anna über ihren inzwischen wieder zurückgekehrten Mundschenk und Kammerherren, Eggenberg halte »auch nix von Hispania« (Heydendorff, 69).

In den folgenden Jahren avancierte Eggenberg zum Landeshauptmann von Krain, zum erzherzoglichen Geheimen Rat, dann zum Hofkammerpräsidenten der innerösterreichischen Lande. Am 4. November 1605 reiste er neuerlich als Sondergesandter seines Grazer Herrn nach Spanien. Als er im Mai 1606 zurückkehrte, überschattete bereits der »Bruderzwist« im Hause Habsburg die damalige Gegenwart, und Erzherzog Ferdinand hatte sich von seinem Onkel Matthias in Wien gegen Kaiser Rudolf II. vereinnahmen lassen. Nun drohten Verwicklungen, und vor allem die Erzherzoginwitwe Maria Anna, Ferdinands Mutter, suchte den Rat Eggenbergs. Aus jener Zeit resultieren erste Verbindungen Hans Ulrichs zu Karl von Harrach, der damals noch die Geschäfte des Erzherzogs Matthias, des späteren Kaisers, besorgte.

Erzherzog Ferdinand bewahrte auch nach dem Tode seiner Mutter dem Hans Ulrich von Eggenberg besondere Zuneigung und beschenkte ihn 1608 mit der ländereienreichen Herrschaft Adelsberg in Krain. Später, schon Kaiser, belehnte er ihn am 6. Dezember 1622 mit der südböhmischen Herrschaft Krumau. Da war der Freiherr von Eggenberg bereits mit dem Titel »Wohlgeboren« geehrt und von Philipp III. von Spanien zum Ritter des Ordens vom Goldenen Vlies ernannt. Am 25. Februar 1623 wurde er durch Ferdinand II. in den Reichsfürstenstand erhoben.

Der Kaiser ehrte damals wohl auch Verdienste seines Geheimen Rates bei der Organisation einer gemeinsamen Abwehrfront der Habsburger beider großer Linien mit den katholischen Ligafürsten. Eggenberg stand bereits vorher auch hinter der Verhaftung des kompromißorientierten Kardinal Klesl am 20. Juli 1618, wie er selbst dem kaiserlichen Gesandten in Madrid erläuterte. Nur so glaubte er in diesen kritischen Tagen, »das Haus, Religion und Alles« retten zu können (ebd., 84), eine Folgerung, die nur aus der Überzeugung erwachsen konnte, im Kampf gegen die Stände absolutistische Herrschaftsformen durchsetzen zu müssen. Er sei in konfessionellen Fragen wie viele andere bedeutende Zeitgenossen »indifferent« gewesen und habe sich aber aufrichtig »den westlichen Ideen des Absolutismus, der Staatsraison und straffen Staatseinheit« verpflichtet gewähnt, lautet eine moderne Wertung Eggenbergs (BWB, I, 598).

Die gefährliche Zuspitzung des ständischen Widerstandes auch in den Erblanden bestärkte zweifellos Eggenbergs absolutistische Überzeugungen. Er begleitete Ferdinand II. zur Wahl nach Frankfurt und beriet den Kaiser auch auf der Rückreise während der Verhandlungen mit Maximilian von Bayern. Obgleich er hier alle Forderungen des Müncheners akzeptierte, wandte sich Eggenberg in der Folge wiederholt gegen eine zu starke Abhängigkeit des Kaisers von seinem bayrischen Vetter. Seit dem 2. Januar 1625 verwaltete er auch verantwortlich als Statthalter und »Gubernator« die innerösterreichischen Länder des Kaisers, nun schon immer öfter von Podragaanfällen geschüttelt. Ferdinand II. dürfte auch hier besonders zufriedengestellt worden sein. Gewöhnlich ließ er Eggenberg Briefe mit der Anrede »Unser Oheim und besonders lieber Fürst« schreiben, eine Titulatur, die in der Regel nur zwischen souveränen Reichsfürsten und dem Kaiser üblich war. Obwohl nur wenige solcher offizieller Schreiben erhalten blieben, belegen Äußerungen ausländischer Diplomaten, daß Eggenberg neben der Statthalterschaft über Innerösterreich beständig Ferdinands II. wichtigster Ratgeber bei allen wesentlichen Entscheidungen blieb. Immer blieb ihm »ausschließlich das Interesse des Kaisers« Richtschnur seiner Gutachten, und er ließ sich weder von bayrischen noch spanischen Überlegungen binden (Heydendorff, 98). Es scheint so auch besonders Eggenberg gewesen zu sein, der zwischen 1623 und 1626 die Verpflichtungen aus dem Oñate-Vertrag aufweichte, Philipp IV. zum Verzicht bewegte. Bei seinen Verhandlungen mit Wallenstein nach dessen Rücktritt vom Generalat im Spätherbst 1626 war es der Fürst Hans Ulrich, der gemeinsam mit Karl Harrach in Bruck an der Leitha am 26. November 1626 den Friedländer erneut an den Kaiser band. Die besondere Hochachtung, die beide große Persönlichkeiten einte, wurzelte in der Überzeugung, den reichsständischen Widerstand gegen ein starkes Kaisertum ausrotten zu müssen.

Als sich Eggenberg 1625 und dann vor allem nach 1628 für die maritimen spanisch-kaiserlichen Pläne an Nord- und Ostsee erwärmte, war er überzeugt, »nu(t)z« und »reichthümer« der Kommerzien bedingten »die navigation«, wie er seinerzeit in einem Gutachten den Kaiser informierte (ebd., 101). Auch das einte im übrigen Wallenstein und Ferdinands wichtigsten Ratgeber. Am 15. April 1628 erhob der

Nachdem im Spätherbst 1926 Wallenstein in einem plötzlichen Entschluß sein Kommando zurückgelegte hatte, gelang es Eggenberg, ihn am 26. November 1926 in Bruck an der Leitha umzustimmen. Dieses Schloß gehörte Karl von Harrach. Dieser war Schwiegervater sowohl Wallensteins sowie einer Tochter Eggenbergs

Kaiser die südböhmischen Güter Eggenbergs zum Herzogtum und verfügte die Aufnahme des »Von Gottes Gnaden Herzog von Crumau und des Heiligen Römischen
Reiches Fürst zu Eggenberg« unter die Stände Böhmens. Vom Patriziersohn und
Kleinadligen war Hans Ulrich zu höchsten Ehren aufgestiegen, ähnlich wie Wallenstein, dessen Ausgangsbedingungen möglicherweise anfangs etwas günstiger waren.
Auch das dürfte in gewisser Weise beigetragen haben, daß Eggenberg Gemeinsam-
keiten mit dem Friedländer empfunden hat. Das am 6. März 1629 erlassene Restitutionsedikt Ferdinands II. haben wiederum beide als Fehler abgelehnt, Eggenberg
natürlich weniger schroff. Schon 1625 empfahl der Minister bei ersten entsprechenden Überlegungen einen Aufschub, jetzt, 1629, widersprach er ablehnenden Äußerungen Wallensteins nicht. Das vorsichtige Schweigen half dennoch kaum. Seit dieser Zeit wühlten die Gegner des Herzogs von Krumau spürbarer. Bald wurde das
Gerücht ausgestreut, Wallenstein hätte Eggenberg mit 200.000 Dukaten gekauft.
Maximilian von Bayern sammelte mit gewohntem Eifer derartige Vermutungen und
sorgte, daß diese auch Ferdinand II. bekannt wurden. Er und andere einflußreiche
Ligaherren reagierten verärgert, weil sich Eggenberg noch auf dem Kurfürstentag in
Regensburg der erwünschten Abberufung des Herzog von Mecklenburg und der
Reduzierung des Heeres verschloß. Quellen über Eggenbergs Reaktionen liegen
auch hier nicht mehr vor. Folgerungen lassen sich nur aufgrund der Feindschaft der
Wallensteingegner auch gegenüber dem Minister ziehen. Er verließ offenbar noch
vor dem verhängnisvollen 18. August 1630 Regensburg und demonstrierte möglicherweise so sichtbar seinen Widerstand gegen die an diesem Tage bekanntgegebene
kaiserliche Versicherung, den Feldherrn zu entlassen. Eggenberg erreichte am 4. September Wien und reiste anschließend weiter nach Graz. Absolut bezeugt ist aber
auch dieses nicht. Bisher konnten keine Dokumente über Eggenbergs Wirken zwischen Anfang September und März 1631 entdeckt werden. Das kann wohl kaum
ein Zufall sein. Berechtigt vermuten eigentlich alle Kenner, der Fürst habe sich
»unter dem Eindruck der Ereignisse von Regensburg völlig vom Geheimen Rat
zurückgezogen«, sich ausdrücklich in die statthalterischen Pflichten geflüchtet (ebd.,
109). Wertet man die Entscheidungen von Regensburg als Rückschlag der absolutistischen Tendenzen des Kaisers oder doch als Niederlage antipartikularistischer
Bestrebungen, dann war der Rückzug Eggenbergs folgerichtig. Von Graz aus führte
er einen umfangreichen Briefwechsel mit dem Herzog von Friedland, überflüssig
hervorzuheben, daß auch diese Dokumente unauffindbar sind. Gewiß ist, daß Wallenstein – warum auch immer – erst durch Eggenberg am 15. Dezember nach mehr-
tägigen Diskussionen gewonnen wurde, das »zweite Generalat« zu übernehmen.
Und es bedurfte noch einmal des persönlichen Einsatzes des schwer bettlägerigen
Ministers, den Friedländer in Göllersdorf Anfang April für das Oberkommando der
neuen Armee zu verpflichten. Möglich, daß beide Scheingefechte führten, wie es seit
mehr als 350 Jahren vermutet wird. Beide dürften aber auch gewußt haben, daß nur
die unmittelbare Krise der katholischen Kräfte die Wiederberufung bedingte. So
weitsichtige Männer können kaum gezweifelt haben, daß Wallensteins Gegner den
»Mohren« bei erstpassender Gelegenheit wieder »gehen« lassen würden. Die

Gerüchte, Wertungen, Schmähungen eines angeblich krankhaft ehrgeizigen, seine Erwartungen und Wünsche nur heuchlerisch verschleiernden Böhmens müssen also keineswegs wahr sein. Eggenbergs Festhalten an Wallenstein bis in die verhängnisvollen Januartage 1634 sprechen eigentlich gegen die traditionellen Denkmuster. Wallensteins Unentschlossenheit und deutliche Unsicherheit im Dezember 1633 zwangen natürlich einen auf die Sicherung der kaiserlichen Macht eingeschworenen Eggenberg zur Distanz vom Feldherrn. Die wahrscheinliche Zustimmung zur beabsichtigten Ablösung kurz vor der Jahreswende scheint so glaubhaft. Doch wissen wir wiederum nicht aus der Feder Eggenbergs, ob er tatsächlich am 24. Januar 1634 der Entscheidung beipflichtete, Wallenstein tot oder lebendig einzubringen. Graf Trauttmansdorff hat es Jahrzehnte später gegenüber Ferdinand III. behauptet. Beide zählten immerhin zum Kreis derer, denen viel gelegen war, einen Verrat des Generalissimus nachzuweisen. Nur das bleibt gewiß: Im Hause Eggenberg wurde damals über Wallenstein entschieden. Hans Ulrich von Eggenberg behielt bis zuletzt das Vertrauen seines Herrschers, glaubt man dem Tonfall der kaiserlichen Briefe an den Schwerkranken. Die Mehrheit der handelnden Personen am Kaiserhof meinte, von schwerwiegenden Differenzen zwischen beiden zu wissen. Immerhin sah sich der Herrscher gezwungen, solche Gerüchte zu dementieren. Tatsächlich war Eggenberg noch einmal am 12. Juni 1634 in Wien bei einer Sitzung des Geheimen Rates anwesend. Der letzte Brief Ferdinands II. an seinen langjährigen Vertrauten bezieht sich merkwürdigerweise auf eine angebliche Entfremdung. Eggenberg solle sicher sein, er lasse keinen Argwohn bei sich »desswegen einwurzeln«, »continuire noch gegen Euch in den alten aufrechten Vertrawen undt Lieb, wie es allezeith zwischen unnss gewessen« (ebd., 137). Warum glaubte der Kaiser, den Sterbenden auf diese Weise beruhigen, ihm fortgesetzte Huld geloben zu müssen? War Eggenberg in der Wallensteinfrage anderer Meinung gewesen, würde sich ein Sinn ergeben. Dann konnte ein so alter Freund – wie es Ferdinand II. dem Fürsten war – wohl versichern, er bleibe ihm dennoch gewogen.

Für das deutsche Kaisertum war es ähnlich verderblich, daß neben dem Friedländer nun auch Hans Ulrich von Eggenberg verstummte. Laute, gegenteilige Opposition zu fehlerhaften Entscheidungen seines Kaisers war nie seine Haltung gewesen. Ferdinand II. war er zeitlebens ein treuer und kluger Ratgeber geblieben. Wie weit er Restitutionsedikt und Regensburger Beschlüsse bzw. Wallensteins Ermordung hätte verhindern können, bleibt dahingestellt. Er war wie Wallenstein, Olivares, Richelieu und andere Große seiner Zeit auch nur ein Dienender, niemals ein souverän handelnder Fürst, vielleicht von Zeit zu Zeit zu sehr Diplomat und Kompromißler. Seiner Familie jedenfalls vererbte er gewaltige Ländereien und war damit vorerst erfolgreicher als sein böhmischer Partner im Kampf um das Reich und dessen Stärkung. Doch das Geschlecht Wallenstein (Waldstein) existiert heute noch. Die Eggenberger aber, so rasch sie aufgestiegen waren, sind jedoch 1717 im Mannesstamm ausgestorben. Als steinerne Zeuge ihres Ansehens ist noch bis heute das prunkvolle Schloß Eggenberg im Westen von Graz zu bewundern.

Ludwig Camerarius (1573-1651)

* 22. Januar 1573 in Nürnberg
† 4. Oktober 1651 vermutlich in Heidelberg
Eltern: Prof. Joachim Camerarius und Maria Rummel von Lonerstadt

Eheschließung am 17. April 1599 in Heidelberg
ANNA MARIA MODESTA
* 1580
† vor dem 1. August 1642
Eltern: Dr. Gerhard Pastoir und Margarethe Regensberger

1597	Promotion zum Dr. jur. in Basel
	Kurpfälzischer Vertreter am Hofgericht
	Diplomat der Kurpfalz und Reichstagsgesandter
	Neuerlicher Pfälzer Reichstagsgesandter
1611	Ernennung zum Geheimen Rat
	Kurpfälzer Gesandter zum Reichstag
1619	Leiter der Pfälzer Kriegskanzlei in Prag
	Ernennung zum Vizekanzler für Schlesien
1622-1623	Agent des Niedersächsischen Kreises
1625	Leiter der Pfälzer Außenpolitik im Haager Exil und Konsulent des schwedischen Gesandten bei den Niederlanden
9. Dezember 1625	Ernennung zum Legaten für Schweden durch Friedrich V. von der Pfalz
Juni 1626	Gesandter Schwedens in den Niederlanden
22. April 1628	Ernennung zum schwedischen Hofrat
4. März 1629	Botschafter Schwedens in den Niederlanden
9. Juli 1635	Auftrag zur Erneuerung der niederländisch-schwedischen Allianz
21. September 1641	Abberufung mit dem Titel »Geheimrat«
9. August 1649	Nobilitierung mit schwedischem Adelsdiplom

Durch seine ab 1623 auch publizistisch verkündete Überzeugung, der Krieg auf deutschem Boden sei vor allem eine konfessionelle Auseinandersetzung, wurde Camerarius Schwedens wichtigster Propagandist einer »Rettungsoffensive für den deutschen Protestantismus«. Ganz im Sinne einer schwedischen Glaubensmission wirkte der Pfälzer Diplomat seit 1626 mit Zustimmung Friedrichs V. als Gesandter Schwedens in den Niederlanden. Es gelang ihm aber nicht, den Generalständen eine konfessionell ausgewiesene Allianz mit Schweden zu oktroyieren. Nach Gustavs II. Adolf Landung in Pommern bestärkte er den König, ein »Corpus evangelicorum« unter seiner Direktion zu formen. Reichskanzler Axel Oxenstierna entmachtete den Pfälzer »Pläneschmied« schrittweise nach Lützen und durchschaute die religiös gefärbten Utopien.

Christoph Ludwig Rasche

* 1584 in Magdeburg
† 22. November 1645 in Wall bei Bremen
Grabstätte: Dorfkirche in Wall
Eltern: Andreas Rasche, Geheimer Rat und Kanzler des Grafen von Barby, und .

1. Eheschließung mit der Witwe Schwalenberg
2. Eheschließung 1634 mit der Witwe von Hoym, geborener Schulenburg von der Leucknitz

	Immatrikulation an der Universität Helmstedt
27. Juni 1620	Beratung mit König Gustav II. Adolf von Schweden in Rasches Berliner Wohnung über Maßnahmen, die Ehe mit Marie Eleonore von Brandenburg zu erreichen
5. Dezember 1620	Ritterschlag Rasches durch Gustav II. Adolf anläßlich seiner Hochzeit mit Marie Eleonore von Brandenburg
	Ernennung zum Hofrat durch Gustav II. Adolf
	Sondergesandter Schwedens in Lübeck, Stettin, Berlin, Schwerin und Güstrow
	Sondergesandter Schwedens in Kopenhagen
29. November 1628	Forderung Tillys und Wallensteins an den Lübecker Senat auf Ausweisung Rasches
11./21. Dezember 1629	Kreditiv Rasches für verschiedene diplomatische Aktivitäten in Europa
30. Juli 1631	Audienz bei dem Dogen von Venedig
4. September 1631	Verabschiedung durch den Dogen nach Mißerfolg Rasches
Herbst 1633	Verhandlungen mit den Hansestädten über Beitritt zum »Heilbronner Bund«
Ende 1635	Ausscheiden aus dem schwedischen Dienst und Ansiedlung nahe Bremens
	Schwedenreise und zeitweilige Inhaftierung
Mai 1641	Gefangener des Kaisers
1644	Freilassung aus kaiserlicher Haft

Im protestantischen Deutschland nach 1630 zählte er zu den sogenannten »Königsmachern«. Unermüdlich warb er für ein protestantisches Kaisertum Gustavs II. Adolf. Ursprünglich vom Schwedenkönig als begnadeter Propagandist geschätzt, höhnte schließlich auch jener über den erfolglosen »Debattierer«, dessen diplomatische Missionen wohl gewöhnlich daran scheiterten, daß selbst die protestantischen Fürsten nicht an die von Rasche verkündete evangelische Mission des Schwedenkönigs glauben wollten. Als er sich mit solchen selbstbewußten und nationalstolzen Schweden wie dem Feldherrn Banér und anderen Machthabern überwarf, blieb ihm nur der Rückzug ins Privatleben. Inhaftierungen durch beide Seiten zerbrachen ihn schließlich.

Matthias Hoë von Hoënegg

* 24. Februar 1580 in Wien
† 4. März 1645 in Dresden
Grabstätte: Sophienkirche in Dresden
Eltern: Leonhard Hoë von Hoënegg und Helena Wolzogen

Eheschließung am 2. Oktober 1602 in Wittenberg
ELISABETH HEIDELBERGER, Tochter des Hans Heidelberger
* 1581
† 1644

	Unterricht in der Domschule St. Stephan zu Wien
1592	Gymnasium in Steyer
1592	Nobilitierung der Familie durch Rudolf II.
	Universität zu Wien
16. Juli 1597	Immatrikulation an der Universität Wittenberg
4. März 1599	Tod des Vaters, des kaiserlichen Reichshofrates
24. Februar 1602	Berufung als Dritter Hofprediger nach Dresden
1. Januar 1604	Superintendent in Plauen
6. März 1604	Promotion zum Dr. theol. bei Leonhard Hutter in Wittenberg
1610-1614	Publikation des mehrbändigen Werkes über die Apokalypse
1611-1613	Direktor der evangelischen Stände Böhmens in Prag
22. Januar 1613	Ernennung zum Ersten Hofprediger in Dresden
	Publikation der Streitschrift gegen den Kalvinismus »Augenscheinliche Probe«
	Polemik gegen den Jesuiten Petrus Cutsenius aus Köln
10./20. Februar 1631	Eröffnungspredigt zum Leipziger Convent in der Thomaskirche
28. März 1634	Vorlage eines antikalvinistischen Gutachtens für den Kurfürsten von Sachsen

Er war »eine schillernde Persönlichkeit, deren maßloser Ehrgeiz und hemmungslose Geldgier« – die Sucht nach den »Goldkörnern aus Peru« – schon den Zeitgenossen bemerkenswert erschien (NDB, 9, 301). Selbst vom Kaiser nahm er Geschenke, erwarb mehrere Rittergüter. Konfessionspolitisch galt er als militanter Gegner des reformierten Bekenntnisses, polemisierte aber gleichzeitig auch für eine Reform der lutherischen Kirche.

Pater Joseph (François Joseph Le Clerc du Tremblay)

* 4. November 1577

† 18. Dezember 1638

Eltern: Jean Le Clerc du Tremblay und Marie de La Fayette

1585	Unterricht im Collège von Boncourt
1587	Tod des Vaters
1613	Provinzial der Kapuziner in der Touraine
September 1617	Brieflicher Kontaktversuch Richelieus zu Pater Joseph
14. Januar 1622	Gregor XV. gründet die »Congregatio de Propaganda Fide«
1624	Politischer Berater Richelieus
1624 -1625	Arbeit am »Diskurs über die Rechtmäßigkeit eines Bündnisses mit den Ketzern und Ungläubigen«
1625	Präfekt der »Congregatio de Propagande Fide«
April 1630	Erstes Zusammentreffen mit Guilio Mazarinni in Pinerola
23. Juli 1630	Treffen mit Wallenstein in Memmingen auf dem Wege zum Kurfürstentag in Regensburg
2. - 3. August 1630	Audienzen Pater Josephs bei Kaiser Ferdinand II. in Regensburg
Herbst 1630	Pater Joseph beeinflußt Ludwig XIII. gegen ein enges Bündnis mit Gustav II. Adolf von Schweden
13. Oktober 1630	Unterschrift unter den Friedensvertrag mit dem Kaiser gegen Richelieus Wunsch
15. Januar 1635	Audienz des kaiserlichen Gesandten bei Richelieu in Anwesenheit Pater Josephs

Richelieu schätzte Pater Joseph so hoch, daß er lange Zeit in dem älteren Kapuziner seinen Nachfolger sah, »ein fanatischer Priester« (Guth, 121), der immer wieder von der Idee eines Kreuzzugs aller christlichen Staaten gegen das Osmanenreich träumte. Pater Joseph strebte nach dem Kardinalshut, ein Wunsch, den Richelieu und der junge Mazarin mehrfach vergeblich bei der Kurie vorbrachten.

Albrecht von Wallenstein

Albrecht Wenzel Eusebius von Wallenstein,
Herzog von Mecklenburg, Friedland und Sagan

* 24. September 1583 in Hermanitz in Böhmen bei Arnau an der Elbe
† 25. Februar 1634 in Eger
Grabstätte: Kapuzinerkapelle in Münchengrätz an der Iser
Eltern: Wilhelm von Waldstein und Markyta von Smiřicky

1. Eheschließung im Mai 1609
LUKRETIA VON LANDECK, Witwe nach Arkleb von Witschkow
* um 1582
† 23. März 1614
Grabstätte: Kapuzinerkloster in Münchengrätz an der Iser
Eltern: Sigismund Nekesch von Landeck und Anna Kuna von Kunstadt

2. Eheschließung am 9. Juni 1623 in Prag
ISABELLA MARIA VON HARRACH
* um 1601
Eltern: Karl Graf von Harrach und Maria Elisabeth von Schrattenbach

22. Juli 1593	Tod der Mutter
24. Februar 1595	Tod des Vaters und Übersiedlung zum Vormund Heinrich Slavata auf Schloß Koschumberg
Herbst 1597 - Sommer 1599	Lateinschule in Goldberg/Schlesien
29. August 1599	Immatrikulation an der Universität Altdorf
	Fähnrich eines böhmischen Regiments im Türkenkrieg
1606	Beförderung zum Hauptmann und Konversion (?)
Jahresbeginn 1607	Obrist der Fußknechte der mährischen Stände
24. Februar 1619	Kaiserliches Patent als Obrist
30. April 1619	Rebellion Wallensteins gegen die mährischen Stände
2. Januar 1620	Zweites Obristenpatent durch Ferdinand II.
August 1620	Ernennung zum Mitglied des Hofkriegsrates
18. Januar 1622	»Obrist von Prag«
5. Januar 1622	Belehnung mit Friedland und Reichenberg als »ewiges erbliches Lehen«

15. September 1622	Ernennung zum Hofpfalzgrafen
24. April 1623	Kauf der umfangreichen Smiřicky-Güter
3. Juni 1623	Beförderung zum General-Wachtmeister
7. September 1623	Fürst von Friedland
9. September 1623	Friedland als erbliches Lehen
13. Juni 1625	Herzog von Friedland
25. Juli 1625	Kaiserliches Patent als General und Oberbefehlshaber
25. April 1626	Sieg über Mansfeld an der Dessauer Brücke
16. Februar 1628	Herzog von Mecklenburg, Friedland und Sagan
8. April 1628	Huldigung der mecklenburgischen Stände
21. April 1628	»General Obrister Feldhauptmann« und »General des Ozeanischen und Baltischen Meeres«
7. Juli 1628	Ankunft vor Stralsund
22. August 1628	Sieg über Christian IV. von Dänemark bei Wolgast
26. Februar 1629	Promemoria Wallensteins für den Kaiser zum Lübecker Frieden
5. Juni 1629	Unterzeichnung des Lübecker Friedens durch Wallenstein im Namen des Kaisers
9. Juni 1630	Ankunft in Memmingen
13. August 1630	Entlassung Wallensteins
3. Oktober 1630	Abreise aus Memmingen nach Böhmen als »Privatperson«
12. November 1630	Brief Ferdinands II. mit allen militärischen Titeln an Wallenstein
10. Dezember 1630	Kaiserliche Bitte um militärpolitisches Gutachten
10.-14. Dez. 1630	Treffen mit Eggenberg in Znaim
15. Dezember 1630	»General-Capo« auf drei Monate
13. April 1632	Göllersdorfer Abkommen
3. September 1632	Erfolgreiche Abwehr Gustavs II. Adolf bei Zirndorf
16. November 1632	Lützen
12. Januar 1634	1. Pilsener Revers
24. Januar 1634	Absetzungspatent Ferdinands II. und Ernennung Gallas' zum neuen Oberbefehlshaber
20. Februar 1634	2. Pilsener Revers
21. Februar 1634	Inoffizielle Information über Absetzung und Vorbereitung der Flucht
24. Februar 1634	Empfang des Absetzungspatents in Eger

Auch die letzte seiner Weisungen unterschrieb Albrecht von Wallenstein mit dem Kürzel »Herzog von Mecklenburg«. Reichsfürst wollte er sein, ebenso souverän wie die Kurfürsten von Sachsen und Bayern, darüber besteht kein Zweifel. Immer hat er am mecklenburgischen Fürstentum festgehalten. Weniger wahrscheinlich ist, daß er die Krone Böhmens erstrebte, wie es seine Feinde vermuteten und Ferdinand II. mit solchen Andeutungen erschreckten. Interessanterweise behaupten bis heute auch manche Historiker das.

Schon die Zeitgenossen äußerten sich höchst konträr über Wallensteins Zielstellungen. Kaspar von Questenberg, der Abt des Klosters Strahov und einer der Förderer Wallensteins bei Hofe, nannte den Herzog und Heerführer nach dessen Ermordung machtbeflissen und einen Verräter. Der Prälat schmähte den toten Feldherrn, er habe »fast die Grundlagen des Himmels« durch seine Scheußlichkeiten verschoben (Diwald, 8). Das mochte angenehm in Ferdinands II. Ohren klingen und war wohl auch als Rechtfertigung vor dem Kaiser und für den Habsburger gedacht. Aber schon wenige Jahrzehnte später reagierte Kaiser Leopold I. (1658-1705) vorsichtiger und bezweifelte die unbewiesenen Anklagen und Einwende gegen Wallenstein. Ein bedeutender zeitgenössischer Jesuit rühmte den Herzog von Mecklenburg gar als unsterblichen Feldherrn und Staatsmann. Zwei Gegner im protestantischen Lager, Bogislaff von Chemnitz und der in der Spätzeit des Krieges wirkende Samuel von Pufendorf, ahnten beide, daß Ferdinand II. ohne den Böhmen nichts gewesen wäre.

Das Für und Wider ist bis heute nicht verstummt. Einer der modernen Kenner nennt Wallenstein einen »großen Feldherrn und Staatsmann« und betont ausdrücklich, er sei »mehr als ein gewaltiger Soldatenführer und als ein bloßer Rebell« gewesen (Diwald, Klappentext). Interessanterweise sieht er in ihm »die einzige ernsthafte Gegenfigur Richelieus« (ebd., 10). Darüber mag man streiten. Überzeugend scheint aber die Erkenntnis, Wallenstein wurde »als Heerführer« von niemandem während des Dreißigjährigen Krieges »übertroffen... auch nicht von Gustav Adolf, dem Strahlenidol aller protestantischen Historiographen« (ebd., 12).

Natürlich lassen sich aus dem inzwischen auf mehr als 4.000 Arbeiten über Wallensteins Persönlichkeit angewachsenen Fundus von Friedrich von Schiller bis Golo Mann und neuesten Biographien nahezu alle Schattierungen von schärfster Kritik bis zu höchstem Lob herausfiltern. Golo Mann resümierte vor einigen Jahrzehnten, die blutigen Jahrzehnte nach dem Zwischenspiel von Eger hätten Wallensteins Voraussage bestätigt. »Zehn Victorien, hatte er gewarnt, würden den Frieden nicht näher bringen« (Mann, II, S. 517). Doch wolle er ihn nicht »zum prophetischen Bahnbrecher machen, der, bei aller Originalität des Charakters doch nur ein praktischer Mann gewesen war, der Ergreifer von Gelegenheiten.« (ebd., 528). Ein anderer

Historiker unserer Tage nannte Wallenstein nur einen »ruhelosen Emporkömmling«
und konnte ihn nicht als »einen Politiker von größerem staatsmännischen Format«
beurteilen (Zeeden, II, 258 u. 283). Fritz Dickmann, dem Autor des Standardwerkes zum Westfälischen Frieden, war Wallenstein sogar nur ein Mann »von hem-
mungsloser Leidenschaft bestimmt und voll innerer Unwahrheit«. Ehrgeiz »und
Rachsucht« als »höchst persönliche Motive, waren seine Antriebe«. Seine Vorhaben
und Pläne trugen »die dunkle Farbe der Verschwörung und des Verrates« (Dickmann, 69), eine ebenso leidenschaftliche Verurteilung. In der Tat schwankt Wallensteins Bild »von der Parteien Haß und Gunst verwirrt« noch immer in den Wertungen auch jener, die sich nicht für »Partei« halten. Schillers kluge Analyse hat nichts
von ihrer Aktualität verloren.

Alles Deuteln und Streiten über Wallensteins Beweggründe weist wahrlich nur
aus, daß der Böhme noch immer höchst lebendig die Geschichtsschreibung zu seiner Epoche dominiert. Er bleibt rätselvoll, und es wird schon deshalb immer bleiben, weil seine kaiserlichen Gegner gewissenhaft alles vernichteten, was für ihn
sprach. Er sollte teuflisch scheinen, unberechenbar, treulos, krankhaft rachsüchtig,
ein Ungeheuer in Menschengestalt, für den es nur den gnadespendenden Hellebar-
denstoß geben konnte. Nicht einmal die Briefe an seine zweite Gemahlin Isabella
blieben bewahrt. Kaum zufällig verschwanden sie in den Untersuchungsunterlagen
der Wiener Behörden und sind heute nicht mehr aufzuspüren. Vielleicht ist es nur
Schiller zu danken, daß es um Wallenstein nie wirklich ruhig wurde. Das Wirken
dieser wohl bedeutendsten Persönlichkeit des Dreißigjährigen Krieges, des Retters
des habsburgischen Kaisertums, ist trotz auffälliger Bemühungen seiner Feinde dennoch nicht vergessen.

Er stammte nicht eben aus sonderlich begüterten Verhältnissen, Albrecht Wenzel
Eusebius von Waldstein. Obwohl seine Eltern, Wilhelm von Waldstein und Markyta von Smiřicky, dem Altadel angehörten, besaßen sie mit Hermanitz wenig im Vergleich mit anderen Verwandten der beiden Linien. Als zwölfjährige Waise kam
Albrecht 1595 auf das Schloß seines Onkels und Vormunds Heinrich von Slavata
nach Koschumberg, Ältester der dortigen Böhmischen Brüdergemeinde.

Wenig nur ist aus diesen Jahren bekannt geworden. Einer, der zu Beginn der
dreißiger Jahre in einer Schmähschrift böswillig über den Knaben berichtete, zählte
zu den vielen Todfeinden Wallensteins, der wesentlich ältere Vetter Wilhelm von
Slavata. Der seinerzeit an dem bekannten 23. Mai 1618 in Prag »gestürzte« kaiserliche Statthalter wagte selbst kurz vor der Ermordung des Feldherrn nur anonym über
charakterlich bedingte Schwächen des jungen Albrecht zu erzählen. Vielleicht hörte
er tatsächlich über Ungebärde und Raufsucht des Jüngeren klagen, allzu oft aber
dürfte er ihn kaum gesehen haben. Es war nicht üblich, daß junge Herren zu Hause
blieben in jener Zeit. Auch weiß man, daß der Protestant Wilhelm von Slavata 1597
just in jenem Jahr konvertierte, als Albrecht gerade an die evangelische Lateinschule
im schlesischen Goldberg wechselte. Das aber setzte auch räumliche Distanz von
den Böhmischen Brüdern voraus und geschah gewöhnlich während der Studien an
einer der jesuitischen Bildungseinrichtungen.

Wallenstein, gewiß nicht einer, dem Dankbarkeit Bedürfnis war, hat sehr viel später die Goldberger Schulzeit auf eine sehr eigenwillige Art besonders gewürdigt. Der 21. August 1626 war für den ältlichen Kantor der Lateinschule ganz sicher ein unvergeßlicher Tag. Der Generalissimus des kaiserlichen Heeres, Katholik und Heerführer des katholischen Kaisers, plauderte genüßlich mit ihm, dem evangelischen Lehrer, der diesen Schüler möglicherweise längst vergessen hatte. Das wahrlich großzügige Geschenk von hundert Golddukaten war vermutlich angetan, dieses Ereignis auch künftigen Generationen in Goldberg zu verinnerlichen. Wichtiger noch war vielleicht, daß die vorbei marschierenden Söldner Goldberg und seinen Bewohnern nichts antaten.

Weniger Gutes erlebte Wallenstein während der Studienzeit an der Nürnberger Akademie Altdorf. Raufereien, blutige Auseinandersetzungen mit dem Degen in der Hand im Geiste der Zeit, üppige Geldbußen und eine Verurteilung zu Kerkerhaft sind tatsächlich belegt. Vielleicht flossen Wilhelm von Slavatas »Erinnerungen« aus Koschumberg und das Hörensagen des Altdorfer Geschehen zusammen. Der am 29. August 1599 in Altdorf immatrikulierte Student »Albertus à Waldstein Baro Boh.« (Diwald, 27) ist jedenfalls einige Male »aktenkundig« geworden. Dafür wissen wir wiederum wenig oder nichts über die nächsten Jahre. Es gilt als sicher, daß er in Padua und Bologna studierte, wenigstens berichteten solches die ersten, noch zeitgenössischen Biographen. Belegt durch Immatrikulationseintragungen oder andere Universitätsquellen ist es allerdings nicht. Ebenso unsicher wird bleiben, ob er auf seiner Kavalierstour auch wirklich Frankreich bereiste. Im Sommer 1602 soll er zurückgekehrt sein und als Edelknabe am Hofe des Markgrafen Karl von Burgau in Innsbruck gelebt haben. Auch das wissen wir wieder nur von den Zeitgenossen. Dokumente oder eigenhändige Notizen Wallensteins existieren nicht, gibt es nicht einmal zu seiner Konversion. So glauben heute manche Historiker, den im allgemeinen sehr zuverlässigen »Annales Ferdinandei« des Diplomaten und habsburgischen Hofhistorikers, Franz Ferdinand Christoph Graf Khevenhüller, auch diese Datierung entnehmen zu können. Der schlafend von einem Fenstersims des Tiroler Schlosses Ambras in die Tiefe gestürzte Page Wallenstein soll in seiner Unversehrtheit einen göttlichen Wink gesehen haben, zum Katholizismus zu konvertieren. Khevenhüller datiert das 1602. Wunder dieser Art scheinen sich häufig zu wiederholen. Solche Geschichten wurden damals für viele erzählt, Vorsicht scheint also geboten. Der Graf und Historiker mag es so geglaubt haben, als er viele Jahrzehnte später seine Anekdote niederschrieb. Wahrscheinlicher ist aber, daß Wallenstein am Olmützer Jesuitenkolleg 1604 gewonnen wurde und spätestens 1606 konvertierte. Die Quellen belegen, daß die böhmischen Stände am 4. Februar 1605 den jungen Hauptmann Wallenstein als Kommissar für die Abdankung und damit Entlohnung der Truppen berufen. Ein Jahr später – etwa um die Jahreswende 1606/07 – beförderten sie ihn sogar zum Oberst eines ständischen Regiments der Fußknechte, kaum denkbar, daß man damals dort einen Konvertiten berufen hätte. Fest steht dagegen, daß Wallenstein 1607 bereits Katholik war, als er bei Erzherzog Matthias zum Kämmerer ernannt wurde.

Es zeigte sich bald, daß der Konfessionswechsel Wallenstein auch andere Türen
öffnete. Der Katholik Albrecht von Waldstein verlobte sich 1608 mit einem Beicht-
kind des Jesuiten Veit Pachta, einem Pater des Olmützer Konvikts. Die Trauung mit
Lukrezia von Witschkow, der katholischen Witwe eines ländereienreichen Protestanten, im Mai 1609 brachte dem Konvertiten umfangreichen Güterbesitz in Mähren
östlich von Brünn und ließ ihn schnell in den Kreis der großen Magnaten Böhmens
und Mährens aufsteigen. Treffend resümiert ein moderner Biograph, die Eheschließung habe keine Weltgeschichte geschrieben, »aber sie schuf für Wallenstein die
Voraussetzungen dazu« (Diwald, 60).

Ganz im Geiste der von den Jesuiten propagierten Gegenreformation begann der
jungen Ehemann auf den neuen Ländereien mit der Rekatholisierung. Drohte er
anfangs mit der üblichen Alternative wie Konfessionswechsel oder Auswanderung,
wechselte Wallenstein schnell das Verfahren. Bekehrungseifrige wurden vom Fron-
dienst befreit, eine Methode, die große Wirkungen zeitigte. Selbst die Protestanten
unter den mährischen Ständerepräsentanten reagierten überrascht und lobten die
freiwillige Bekehrung. Wallenstein blieb als Oberst in Amt und Würden. Vielleicht
auch deshalb zufrieden, wallfahrte er im Mai 1612 nach Loreto, nachdem er enge
Kontakte zu Kartäusern und Jesuiten geknüpft hatte.

Während des Regensburger Reichstages im Sommer 1613 wartete Wallenstein
als Kämmerer Kaiser Matthias' auf, trat aber ansonsten nicht in Erscheinung. Bemerkenswert reich, scheint er sonderbar passiv. Als seine Gemahlin am 23. März
1614 stirbt, ließ er sie mit großem Pomp in der herrschaftlichen Wallfahrtskirche
Stiep beisetzen und gründete dort ihr zu Ehren ein Kartäuserkloster. Später, schon
Herzog von Friedland und wieder verehelicht, überführte er die Gebeine in die neue
Familiengruft ins Kartäuserkloster Waldi͟tz bei Jitschin.

Meistens ist er in diesen Jahren auf seinen Gütern tätig, übernahm aber 1615
erneut die Bestallung als Oberst der mährischen Stände, eine eher papierene Aufgabe. Schon damals erwähnte er selbst verschiedene beschwerliche Erkrankungen und
führte sie auf überstarken Weingenuß zurück. Dennoch stimmte er zu, als ihn Erzherzog Ferdinand von Steiermark – bald böhmischer König – am 28. September
1615 zum Kämmerer ernannte. Noch immer politisch bedeutungslos, änderte der
sogenannte Friaulische Krieg plötzlich alles.

Seit dem Herbst 1615 erschütterte ein Krieg mit Venedig die Gemütslage des
nicht eben beliebten Steirers. Erzherzog Ferdinand erlebte wenig Entgegenkommen
des kaiserlichen Onkels und sah weder versprochene Truppenhilfe noch Geld für
eigene Werbungen. Kardinal Klesl ließ sich vieles einfallen, dem ungewünschten
künftigen Kaiser und König von Böhmen und Ungarn den Erfolg zu erschweren.
Ein übriges taten die Niederländer, die ihrerseits mit Geld für die »Signoria« nicht
geizten und Spanien und dessen eifrigen steirischen Gefolgsmann hier schwächen
wollten. Schnell zeigte sich, daß Ferdinands spanische Helfer, die Obristen Don Balthasar de Marradas und Heinrich Duval von Dampierre, mit Mailänder Kontingen-
ten im Friauler Raum wenig erreichten. Bald hielt sich nur noch die Festung Gradisca am Isonzo. Dampierre scheiterte im Februar 1617, den Belagerungsring aufzu-

sprengen. Erzherzog Ferdinand appellierte verzweifelt an seine Aristokraten und bat um Truppen, die diese auf eigene Kosten aufstellen können. So wurde das Frühjahr 1617 »zur großen Zäsur in Wallensteins Leben«, und er trat plötzlich an entscheidender Stelle des europäischen Geschehens ins Rampenlicht.

In höchster Eile warb der mährische Obrist und Gutsherr zwei Kompanien Kürassiere und eine Abteilung Musketiere und brach im Mai 1617 nach Friaul auf. Erstmalig traf er auf dem Durchzug in Graz den Vertrauten Ferdinands, Hans Ulrich von Eggenberg, und faßte offenbar Vertrauen zu ihm. Bald werden beide die Entscheidungen der nächsten zehn, fünfzehn Jahre mehr oder weniger gemeinsam prägen.

Vorerst bestimmte Wallenstein am 13. Juli 1617 bei Gradisca das politische Schicksal Ferdinands von Steiermark mit seinen Kürassieren durch eine wuchtige Attacke gegen den venezianischen Belagererring. Ein gewaltiger Troß mit den lange entbehrten Lebensnotwendigkeiten rollte in die Festung. Am 22. September wiederholte der Kürassierkommandant das Wagnis, erschütterte die siegesgewissen Venezianer diesmal durch einen Ausfall und siegte wiederum. Ferdinand von Steiermarks Renommee war gerettet, gesichert war nun auch die künftige Königswahl, die Krone für einen Erfolgreichen. Im Wiener Kriegsarchiv belegt eine Notiz über den tapferen und redlichen »Albrecht Herr von Wallstein«, daß der kommende Kaiser wußte, wem er zu Dank verpflichtet blieb. Als neuer König von Böhmen beauftragte er Wallenstein, ein Reglement für die Kavallerie zu entwerfen. Aus dem Höfling war wieder ein Kriegsmann geworden.

Unmittelbar nach dem folgenreichen »Prager Fenstersturz« entschieden sich auch die mährischen Stände am 26. Juni 1618 für eine Reorganisation ihrer Streitkräfte. Einige neue Regimenter sollten geworben werden. Zu Kommandanten bestellte man jene, die schon 1615 nominiert waren. Wallenstein, der Held von Gradisca, der tolerante Gegenreformator auf seinen Gütern, blieb Oberst der Stände. Der hatte heimlich anläßlich eines Besuchs König Ferdinands II. am 13. August 1618 auf dem mährischen Ständetag in Brünn dem Herrscher angeboten, ein Kürassierregiment gegen die Böhmen auf eigene Kosten aufzustellen. Und prompt hatte Wien am 29. Oktober den Getreuen zum kaiserlichen Oberst ernannt und die angebotenen Werbungen genehmigt. Solcherart bestätigt bereitete Wallenstein seinen Abfall vor und war entschlossen, zugunsten König Ferdinands II. – des künftigen Kaisers – Böhmen und Mährens Sache preiszugeben.

Er blieb der einzige der mährischen Obristen, der sich im Herbst 1618 auch öffentlich für den Habsburger verwendete und energische Beschwerden der böhmischen Direktoren nicht scheute. Das offiziell am 24. März 1619 in Wien ausgefertigte kaiserliche Obristenpatent wurde sein Lohn, noch gewichtet durch eine überdurchschnittliche Gehaltszulage. Man habe ihn so bestochen und auf die Seite Wiens gezogen, meinen Wallensteins Gegner bis heute. Sie übersehen aber wohl, daß Geld nicht war, was der mährische Magnat damals suchte. Im übrigen brachte er bei seinem offenen Wechsel an die Seite Ferdinands II. am 30. April 1619 die Kriegskasse der mährischen Stände mit. Der mährische Vasall des Königs hatte sich entschieden. Sowohl Obrist der »Stände« als auch Obrist Habsburgs verzichtete er auf seine mährischen Rechte, vorläufig jedenfalls, denn er konnte damals nicht länger beides sein.

Am 11. Mai 1619 war Wallenstein – verglichen mit seiner Magnatenposition vorher – ein Habenichts im Dienste Ferdinands II. Mährens Herren hatten alle seine Güter konfisziert und ihn auf ewig des Landes verwiesen, die Beschlüsse am 7. August noch einmal ausdrücklich wiederholt. War er ein »Mann der Gelegenheiten«, dann hatte er jetzt eine gewählt, die vor allem Zuversicht und mehr als Optimismus voraussetzte.

Als letztlich relativ mittelloser Condottiere focht Wallenstein mit seinem Kürassierregiment in den nächsten Monaten unter Buquoy. Er entschied bei Záblat am 10. Juni 1619 mit einer wiederum ungestümen Attacke an der Spitze seiner Reiter über das Schicksal Mansfelds ebenso wie das des Grafen Thurn vor Wien – und wieder einmal auch über Ferdinands II. politisches Überleben.

Aus Wallensteins eigenen Aufzeichnungen ist zu entnehmen, daß er 1620 »uf den Tod krank gewest« (Diwald, 142), später im nördlichen Böhmen agierte und dann am Weißen Berg mit seinen Kürassieren kämpfte. Einige Kenner glauben allerdings, der Obrist sei selbst nicht auf der Walstatt gewesen, nur seine Reiter hätten dort gekämpft. Sei es wie es sei, im Dezember warb er bereits neuerlich Truppen. Wallenstein residierte im folgenden Jahr in Prag als militärischer Arm des böhmischen Statthalters, des Fürsten von Liechtenstein. Es waren Wallensteins Kürassiere und Musketiere, die das Hochgerüst auf dem Altstädter Ring sicherten, als am 21. Juni 1621 innerhalb von vier Stunden 27 Böhmen den »Fenstersturz« begleichen mußten. Böhmens großer Sohn als Totengräber des alten ständischen Böhmens, welch eine Symbolik. Und die Urkunde Ferdinands II. über die Herrschaften Friedland und Reichenberg als Pfandschaft für Obrist Wallenstein trug bezeichnenderweise das gleiche Datum! Die Entscheidung vom 30. April 1619 hatte sich ausgezahlt, er hatte richtig gewählt.

Die folgenden Jahre brachten weitere riesenhafte Gewinne Wallensteins, sei es als Käufer ausgedehnter Ländereien oder als Mitglied im berüchtigten »Münzkonsortium«. Hier lernte er den Bankier Hans de Witte kennen und schätzen und verknüpfte sein Schicksal weiter mit den wichtigsten kaiserlichen Beratern, Fürst Eggenberg und Graf von Harrach.

Der seit dem 18. Januar 1622 amtierende »Gubernator des Königreich Böhmens«, Albrecht von Wallenstein, setzte die Konfiskationen der »Rebellengüter« in gewohnter Härte durch und schlug nun hier neue Entscheidungsschlachten auch für sich. Als »heimlicher König von Böhmen« (Diwald, 177) fundamentierte der Obrist die finanzielle Basis künftiger historischer Aktionen und besetzte endgültig seinen Platz in der europäischen Entwicklung. Schon am 15. September 1622 ehrte ihn Ferdinand II. mit dem Titel eines Hofpfalzgrafen und bestätigte Friedland und Reichenberg am 5. Juni als »ewiges erbliches Lehen«.

Während Liechtenstein und Eggenberg vor allem Geschenke einsteckten und so gewaltigen Güterbesitz arrondieren, kaufte Wallenstein. Die Wiener Rentkammer verzeichnete, daß der Obrist und böhmische »Gubernator« zwischen 1622 und 1624 für knapp 2,9 Millionen Gulden Ländereien aus königlicher Hand erwarb und weitere 1,7 Millionen Gulden investierte, um Privatbesitz aufzukaufen. Allerdings veräußerte er gleichzeitig selbst gewinnträchtig größere Teile der so gewonnenen Güter wieder. Unklar bleibt dennoch bis heute, woher der Condottiere die 3,5 Mill. Gulden nahm, die er am 13. Januar 1623 Fürst Liechtenstein als Anzahlung auf künftig zu erwerbende Rebellengüter überwies. Aus den Münzmanipulationen ganz offensichtlich nicht.

Inzwischen wälzte sich eine neue Flut siebenbürgischer Reiterscharen über Ungarn. Gefallen waren derweil so bewährte Heerführer wie Dampierre und Buquoy. Wien suchte nach einem neuen Befehlshaber, mehr noch nach den notwendigen Truppen. Albrecht von Wallenstein mußte sich nicht anbieten. Sein Schwiegervater Karl von Harrach war einer der Vertrauten des Kaisers, vertraute seinem Schwiegersohn und wußte um dessen Qualitäten. Mag sein, daß der Hof Wallenstein auch ohne diese Ehe berücksichtigt hätte. Aber es scheint nicht zufällig, daß Ferdinand II. Albrecht von Wallenstein am 3. Juni 1623, sechs Tage vor der Hochzeit in der Harrach'schen Kapelle, zum General-Wachtmeister ernannte. Dieser lohnte es dem Kaiser, in dem er auf eigene Kosten Kavallerie gegen den gefährlichen Siebenbürgener Fürsten warb. Die Erhebung zum Fürsten von Friedland und Reichenberg am 3. September 1623 ehrte auch die Familie Harrach.

In engem Briefkontakt mit seinem Schwiegervater wirkte wenig später der bei Göding an der March scheinbar hoffnungslos eingeschlossene Wallenstein für eine grundsätzlich neue Militärpolitik des Hofkriegsrates in Wien. Von hier aus entwickelte der junge Heerführer strategische Weisungen für die Konzentration neuer Truppenkörper, ihre Marschpläne und den Einsatz im Reich. Der unmittelbaren Not seiner Soldaten half das wenig. Wien dankte ihm, aber Entsatz schickte man dem Heerführer trotz eifriger Bemühungen des Schwiegervaters nicht. Dafür sandte ein ebenso entnervter Bethlen Gábor schließlich seinerseits einen Parlamentär nach Wien. Seine türkischen und ungarischen Truppen froren und fürchteten im übrigen um die längst gehäufte reiche Beute. Am 20. November 1623 wußte Wallenstein, daß sich auch dieser Einsatz gelohnt hatte. Und wieder weiß auch der Kaiser, ob durch Harrach oder die anderen kaiserlichen Generäle und Obristen, was ihm der Fürst von Friedland sicherte.

Als im Frühjahr 1625 der bayrische Kurfürst höchst nervös drängte, der Kaiser möge ein eigenes Heer formieren und den bedrängten Ligastreitkräften Entlastung bringen, schlug endlich die ganz große Stunde des Böhmen. Nun vertraute ihm nicht nur mehr Ferdinand II. Jetzt ahnten auch alle einflußreichen Ratgeber, was man an ihm hatte. Nun waren die »Gelegenheiten« vorbereitet, die »ergriffen« werden konnten. Wallenstein hatte nicht auf den Zufall gewartet und schon gar nicht eine glückliche Situation genutzt. Zielstrebig war die Berufung zum neuerlichen Retter des Kaisers vorbereitet worden und die Ernennung nur die logische Konsequenz. Folgerichtig dekretierte der Kaiser am 7. April 1625 seinen General zum Oberbefehlshaber aller kaiserlichen Truppen. Kurze Zeit danach, am 13. Juni,

In der für die erste Phase des Dreißigjährigen Krieges entscheidenden Schlacht an der Dessauer Elbbrücke am 25. April 1626 besiegen die Kaiserlichen unter Wallenstein das protestantische Herr unter Peter Ernst von Mansfeld

erhöhte Ferdinand II. Albrecht von Wallenstein zum Herzog von Friedland »zu all-ewigen Zeiten« und für sein Geschlecht (Diwald, 262).

Schon Ende 1625 standen mehr als 50.000 Mann unter Waffen. Im Spätherbst 1625 rückte die neue Armee unter dem böhmischen Feldherrn in die Winterquar-tiere in Norddeutschland. Wallensteins fähigster Obrist, Johann von Aldringen, warf Verschanzungen bei Dessau an der Elbe auf. Der Herzog von Friedland, des Kaisers General, glaubte solcherart Christians IV. Truppen und seine Helfer Christian von Halberstadt und den Grafen von Mansfeld vom südlichen Reich abschneiden zu können. Wer daran zweifelte, war vor allem der kampferprobte Mansfelder. Er hielt nicht viel von diesem kaiserlichen General. Am 25. April 1626 war er klüger und seine Armee um viele tausend tote und gefangene Söldner ärmer. Und auch Bethlen Gábor lernte schnell. Als ihm Wallenstein am 30. September nahe Neograd gegenüberstand, diesmal mit überlegenen Truppen, ließ er seinen Unterhändler an Wallensteins christliche Feldherrn-Ethik appellieren. Schneller noch zog er sich nachts zurück und gab lieber einen Teil der Bagage preis, als dem »neuen«, längst bekannten General auch seine Armee zu opfern. Damit war auch für Mansfeld alles entschieden. Ende 1626 hatte Wallenstein auch dieses geschafft: Keine Armee bedrohte mehr die Erblande der Wiener Habsburger. Bis 1628 war auch Norddeutschland in kaiserlich-ligistischer Hand, und Wallensteins Truppen stießen bis nach Skagen hoch im Norden der jütländischen Insel vor. Da wußte sich Wallenstein schon ziemlich sicher, anstelle der geschlagenen verbündeten mecklenburgischen Fürsten bald dort auch Herzog zu werden. Auf einem Treffen mit dem ihm hoch verpflichteten Kaiser in Brandeis nahe Prag hatte der Friedländer am 7. Januar 1628 Ferdinands Einwilligung erstritten, und schon am 26. Januar waren ihm die in eine Schweriner und Güstrower Linie geteilten Fürstentümer verpfändet worden. Am 1. Februar verfügte der Habsburger durch ein Patent die Absetzung der Herzöge Adolf Friedrich und Johann Albrecht von Mecklenburg.

Als der Herzog von Friedland am 16. Juni 1629 erblich mit Mecklenburg belehnt wurde, schien er am Ziel seiner Wünsche und titulierte sich nun Herzog von Mecklenburg, Friedland und Sagan, welches seit dem 16. Februar 1628 ebenfalls das Seinige war. Andere aber, vor allem seine Gegner, fürchteten neue Ziele und haßten den Erfolgreichen wegen des Erreichten. Der »General Obrister Feldhauptmann« und »General des Ozeanischen und Baltischen Meeres« – wie sich Albrecht von Wallenstein seit dem 21. April 1628 berechtigt nennen durfte – hatte hochfliegende handelspolitische Pläne. Das Küstenherzogtum soll eine Basis für eine Kriegsflotte Habsburgs werden, so argumentierte der neue Mecklenburger Herr und dachte an eigene Kaufmannsflotten. Die Magistrate der Hansestädte aber, nur noch ein Abglanz früherer Macht, dennoch für Wallenstein wichtig, glaubten anderes bedenken zu müssen. Ihnen waren eigene, wenn auch beschaulichere Bilanzen übersichtlicher als Wallensteins Verheißungen. Selbst die offensichtliche Zurückhaltung des kaiserlichen Feldherrn und »Admirals« vor Stralsund im Hochsommer 1628 überzeugte nicht. Auch der neuerliche Erfolg über Christian IV. bei Wolgast am 22. August 1628 wirkte eher beunruhigend auf Hamburger, Lübecker und Bremer Ratsherren. Der Mecklenburger zwang Rostock, seine eigene Hafenstadt, am 27. Oktober 1628 zur Aufnahme einer Besatzung, Flottenhilfe durch die Hanse erhielt er dennoch nicht.

Der Realpolitiker Wallenstein formulierte nach gründlicher Überlegung am 26. Februar 1629 seine Bedenken über die Notwendigkeit eines sicheren Friedens mit dem Dänenkönig an Ferdinand II. und vereinbarte schließlich am 5. Juni 1629 in Lübeck jenen Frieden, der Christian IV. künftig hinter den Kaiser zog. Es sei die »einzige staatsmännische Leistung, zu der es diese Epoche bringt«, so die ungewöhnlich klingende Wertung Helmut Diwalds (421). Vielleicht ist das zu mutig formuliert, groß aber ist, was der Herzog von Mecklenburg zuwege brachte mit diesem Vertragswerk!

Das war es jedoch nicht, was einige Herren in Wien und München erhofft hatten. Und auch in Stockholm und Paris schätzte man kaiserliche Realpolitik durch einen entschlossenen Feldherrn wenig. Bald formte sich auch auf deutschen Boden eine Allianz der Kurfürsten aller Konfessionen gegen den Emporkömmling, der allen, den deutschen wie den ausländischen Mächten, zu gefährlich erschien. Während Wallenstein im Sommer 1630 von seinem Hauptquartier in Memmingen weder sonderlich eifrig für das kaiserliche Engagement in Italien wirkte noch das Restitutionsedikt nach dem Willen Pater Lamormainis, Ferdinands II. Beichtvater, vorantrieb, vereinte sich die fürstliche Opposition auf dem Kurfürstentag zu Regensburg. Richelieus Sondergesandter, Pater Joseph, tat ein übriges. Am 13. August 1630 entschied sich der Kaiser, seinen besten Mann, den Vielgehaßten, zu opfern, und wollte so die Wahl seines Sohnes Ferdinand zum deutschen König sichern. Als Wallenstein am 6. September in Memmingen scheinbar unberührt die Order entgegennahm, waren Gustavs II. Adolf Truppen bereits im Besitz erster pommerscher Festungen. Der weitsichtige Böhme wußte vermutlich, seine Stunde würde wiederkommen...

Zunächst suchten Schwedens König und die dortigen böhmischen Exilanten, den Gestürzten auf ihre Seite zu ziehen. Immer wieder haben auch seriöse Historiker spekuliert, wie ernst Gustav II. Adolf im Herbst 1630 Verbindungen zu Wallenstein gesucht habe. Es war eine Zeit, in der sich der Schwede um Bündnisse aller Art bemühte. Damals war ihm jeder deutsche Fürst, jede größere Stadt, natürlich auch ein gestürzter, dennoch weiterhin mächtiger Herzog von Friedland einen Briefwechsel wert. In einem sehr persönlich gehaltenen Schreiben vom 30. Oktober wandte sich Gustav II. Adolf noch aus Stralsund an den Generalissimus und drückte seinen Unmut aus, »daß seine so treuen Dienste, ansehnliche Victorien... für den Kaiser so schlecht belohnt und ihm dafür mit lauter Undank vergolten wurde«. Gustav II. Adolf hatte Wallenstein angeboten, ihm »Liebes und Gutes« zu tun (Irmer, I, XXIV, Fußnote).

Glaubt man den teilweise sehr zweifelhaften, Wallenstein später bewußt belastenden Quellen, so haben beide bis zum Herbst 1631 sehr eigene Varianten hilfreicher schwedischer Sympathie für Wallensteins Ehrenrettung diskutiert. Der Friedländer soll 12.000 Soldaten nebst 58 Geschützen für einen Angriff auf die kaiserlichen Erblande gefordert, Gustav II. Adolf ihm dafür die Krone eines böhmischen Vizekönigs versprochen haben. Der böhmische Rebell Graf Matthias Thurn, als einer der aktivsten Fensterstürzer dem Kaiser ebenso verhaßt wie folgerichtig Gustav II. Adolf gleichermaßen nahe, hatte in einem Brief vom 27. Juni dieses Jahres dem schwedischen Monarchen Wallensteins Bereitschaft gelobt. Zweifellos trieb ihn ein ausgeprägtes Eigeninteresse, sich vor Gustav II. Adolf als wichtiger Verbindungsmann zu dem gefürchteten Böhmen zu empfehlen. Sicher ist nur, daß der Schwede nach Breitenfeld weniger Neigung für Wallenstein bekundete.

Gustav II. Adolf mußte jedoch bald verärgert verstehen, daß der Böhme seinerseits – halbwegs im Einverständnis mit dem Wiener Hof, undurchsichtig aber, nach vielen Seiten konspirierend – Kontakte zu Kursachsens Feldherrn Hans Georg von Arnim seinem einstigen Unterbefehlshaber knüpfte. Dieser ließ die schwedischen Gesandten am Hofe Johann Georgs einiges von geheimen Unterredungen wissen, die er auch im Interesse ihres Königs mit Wallenstein pflege. Gustav II. Adolf aber wurde schnell deutlich, daß der sächsische Heerführer seine Informationen streute und Gespräche Wallensteins mit den böhmischen Emigranten sich offenbar sehr von denen Arnims und des einstigen kaiserlichen Oberbefehlshaber unterschieden.

Wallensteins neuerliches Generalat ließ die Verbindungen zum protestantischen Lager gegen Jahresende 1631 abbrechen, nicht völlig, wie die schwedischen Spione bald herausfanden. Arnim verhandelte weiter, nun doch unverkennbar mit dem Ziel, Sondervereinbarungen Kursachsens mit dem Kaiser zu treffen, so jedenfalls folgerten Gustav II. Adolf und einige, ihm nahestehende deutsche Fürsten. Damals hatte der Herzog von Mecklenburg, Friedland und Sagan den kaiserlichen Bitten bereits entsprochen und die Organisation einer neuen kaiserlichen Armee zugesagt.

Als Albrecht von Wallenstein am 13. April 1632 dem Fürsten von Eggenberg in Göllersdorf bei Hollabrunn versprach, die neuformierte Armee als »General Oberster Feldhauptmann« des Kaisers und der spanischen Krone zu führen, waren ihm weitreichende Vollmachten erteilt worden. Ausdrücklich bestätigte der kaiserliche Abgesandte dem Herzog u. a. auch das Recht zu Friedensverhandlungen mit Sachsen. Der Generalissimus durfte unabhängig entscheiden, wohin er seine Armee führte, welche Generäle er benannte und wie er die notwendigen Subsistenzmittel eintrieb.

Nach dem Erfolg von Nürnberg (Alte Veste bzw. Zirndorf) und der Schlacht bei Lützen zog sich Wallenstein nach Böhmen zurück. Wie so viele Fragen und Widersprüche um Wallenstein die Historiker noch immer scheiden, so resultierte auch die Passivität des Herzogs von Friedland an jenem Septembertage bei Gustavs II. Adolf Abzug aus Nürnberg in unterschiedlichen Auffassungen über die Motive des Böhmen. Er habe den Schweden noch immer gefürchtet, einen angeschlagenen, zu allem entschlossenen Gegner, meinen einige. Sein Brief vom 8. September an den Kaiser, Gustav Adolf »habe gar eine schöne Retirada gethan, undt weiss gewis aus diese undt alle seine Actionen das er das Handtwerck leider wol verstehet« (Förster, Briefe II, 245-246), belege diese Sorge. So folgern jene, die damals und heute wahrscheinlich Wallensteins Absichten folgen und gewünschte Schlüsse ziehen. Er wollte, so könnte man vermuten, als ängstlich und vorsichtig verstanden werden, beabsichtigte keine neue Schlacht und war ganz einfach kein Wagehals. Eine andere Lesart wäre begründet, daß Wallenstein den Kampf vermied, weil er die nächste Intrige gegen sich bereits ahnte. Natürlich wußte der Friedländer, daß Ferdinand II. und eine feindlich gesinnte Hofpartei ihn und seine Befugnisse nur qualvoll erduldeten. In Wien wünschte man den ungeliebten Feldherrn gar zu gerne erneut verabschiedet, eher schneller als später, sobald er seine Aufgabe gelöst habe. Ein vollständiger Sieg – und kaum etwas spricht gegen diese Aussicht am 8. September 1632 – über die schwedische Armee hätte diesen souveränen Feldherrn erübrigt. Das ahnte im übrigen schon Gustav II. Adolf. Er hatte seine Kanonen bereits vorher abgesandt, ein Heerführer, der ähnlich wie nach ihm Napoleon auf die Schlachtenartillerie besonders vertraute. Der Schwede rechnete also trotz der großen Geste mit keiner Schlacht. Es war folglich Spiegelfechterei des Königs, der wußte, daß sich der Generalissimus nicht selber entließ, nicht jedenfalls, bevor er seinen Gewinn endgültig sicher wußte.

Der weiterhin gefährliche Schwede blieb Wallensteins Schockmittel in seinem gewagten Spiel gegen die Gegner in Wien, Madrid, Regensburg und München. Ohne diesen »Joker« mußte Wallenstein alle begründeten Hoffnungen fahren lassen, wieder nach Mecklenburg zurückkehren zu können oder doch entsprechend entschädigt zu werden. Auch vergaß der Generalissimus keineswegs, daß Kurfürst Maximilians Abneigung in diesen Nürnberger Wochen eher gewachsen war, so der Wittelsbacher sich hier noch steigern konnte, abgrundtiefer Haß auf den Friedländer war es allemal.

Ein total besiegter Gustav II. Adolf mit einer zerstreuten schwedischen Hauptarmee, zu der ohnehin fast alle Heere auf deutschem Boden gezogen waren, sollte Wallenstein mehr ängstigen als der stolz Dahinmarschierende. Möglicherweise wäre der König sogar gefangen worden, als Tauschobjekt für einen schnellen Rückzug der Schweden aus dem Reich wohl geeignet. Der Generalissimus war keiner, der wirkliche Furcht vor diesem Gegner empfand, schon gar nicht nach den Ereignissen an der »Alten Veste«. Zu Recht erregten sich Hof und Kaiser, Maximilian und die anderen Ligafürsten. Sie ahnten, daß Wallenstein auch diesmal keinen totalen Sieg erstrebte. Der Herzog wünschte zweifellos Frieden und bereitete ihn auch weiterhin vor, wollte aber einen Frieden nach seinen Vorstellungen. Wallenstein lehnte aus gutem Grunde einen katholischen Siegfrieden ab, da fanatisches Beharren auf Positionen des Sommers 1630 einen neuen Gustav Adolf oder andere erfolgreiche Eindringlinge rufen würde. Er sehnte sich wohl selbst, krank, müde, nach einem guten Frieden, Albrecht von Wallenstein, der doch bedeutendste Stratege dieses Krieges. Der zu Unrecht so Geschmähte konnte durch einen neuen entscheidenden Sieg alles verlieren. Da war es besser, die anderen glauben zu lassen, er habe den schwedischen König noch immer sehr gefürchtet. Sollte dieser doch ziehen, wohin er wollte, möglichst wieder nach Bayern. Er, Wallenstein, wollte derweil Johann Georg, dem Sachsen, die Daumenschrauben ein wenig fester ziehen.

Jubelten der Wiener Hof, die Spanier und natürlich auch die Liga-Fürsten laut, als die als Sieg verstandene Nachricht von Lützen die Runde machte, so erlosch die Begeisterung nach dem Rückzug Wallensteins nach Böhmen rasch. Wieder einmal verstanden die Gegner nicht, daß Wallensteins Unbezwingbarkeit aus einer intakten Armee erwuchs. Das Risiko, mit erschöpften Regimentern auf Arnims und Georg von Braunschweig-Lüneburgs Heere zu treffen, ging dieser Feldherr nicht ein. Besser ließ er neuerlich werben, übte die Korps und verhandelte weiter mit den Sachsen. Deutlicher als viele andere ahnte der Generalissimus die neue gefährliche Zuspitzung. Kein selbstsüchtiger Schwedenkönig stand mehr Richelieu bremsend im Wege, geschwächt auch die Macht der Waffen aus Mitternacht. Freier waren nun wieder auch alle jene Fürsten, die schon zu Beginn keine starke Habsburger Welt wünschten. Ein Sieg des Kaisers und ein Diktatfrieden schien ferner denn je. Wallenstein wußte das. Dem dänischen Gesandten, dem Grafen Wartenberg, gegenüber sprach der Friedländer im Frühjahr 1633 aus, er habe größte Anstrengungen für den künftigen Feldzug getan. Doch habe er »niemals größere Begierde gehabt, Frieden zu erreichen« (Diwald, 509). Der aber wird nur gegen den Hof zu vereinbaren sein, soll er ein wirklicher Friede werden. Und so verhandelte der Böhme wieder und wieder, suchte einen tragfähigen Kompromiß und stieß sich aber ebenso oft am Jahr 1618 als Ausgangspunkt einer Übereinkunft. Belegt bleibt im übrigen, daß Wallenstein Oxenstiernas, des schwedischen Reichskanzlers, Vorschlag ablehnte, für Mecklenburg mit der böhmischen Krone entschädigt zu werden. Immerhin trat damals auch Richelieus Gesandter mit einem ähnlichen Angebot an den Friedländer heran.

Natürlich blieben alle diese Unterredungen an den katholischen Höfen von Wien, Madrid und München nicht unbekannt und steigerten die Ängste vor dem unberechenbaren Feldherrn. Auch ein letzter überraschender militärischer Erfolg in Schlesien über ein schwedischer Korps und die anschließende Einnahme aller dortigen Befestigungen ließ nur für wenige Wochen die Zweifler verstummen. Dann wurde es zur Gewißheit: Was immer der Böhme will, es wird kein Frieden sein, den Kaiser, Maximilian und Philipp IV. von Spanien erträumen. Der Entschluß, schließlich von Ferdinand II. erzwungen, den Feldherrn tot oder lebendig zu bringen, blieb wohl die einzige Konsequenz jener, die hoffnungslos auf einem Siegfrieden beharrten.

Wallenstein war eigentlich schon tot, als er seine Offiziere in Pilsen zweimal innerhalb weniger Wochen verzweifelt an seine Person binden wollte. Von den meisten seiner Generäle verraten, blieb nur noch die Flucht des Schwerkranken zu Schweden und Sachsen, kaum der Weg zu weiterer Bedeutung. Er muß es gewußt haben, Albrecht von Wallenstein. Hätte er Verrat geplant, gab es glücklichere Zeiten. Der sogenannte Rasin-Bericht vom Oktober 1635 belegt solches wahrlich nicht. Im übrigen dankte der Kaiser diesem »Informanten« mit einem größeren Gut für die »Enthüllungen« über verräterische Absichten Wallensteins. Schon Fürst Eggenberg war wahrscheinlich nicht zu überzeugen, gewiß nicht, weil er solcherart sich selbst rechtfertigen mußte. Wallensteins Ermordung quittierte er vermutlich mit Protest und mied einige Sitzungen des Geheimem Rates, sicher nicht nur aus gesundheitlichen Gründen.

Der 25. Februar 1634 mit den Ereignissen in Eger war tatsächlich einer der dunkelsten Punkte der Habsburger Geschichte, mochten sich Ferdinand II., sein Sohn, die Hofclique, einige Spanier, die katholischen Kurfürsten und natürlich auch die verräterischen Generäle selbst anfangs täuschen. Treffend würdigt die moderne schwedische Historiographie Wallenstein als eine Persönlichkeit, deren Politik danach strebte, »einen Frieden für Deutschland zu schaffen, der auf religiöser Toleranz basierte und Schweden, Frankreich wie auch Spanien ausmanövrierte, die fürstliche Macht minderte, die eigene zu erhöhen trachtete« (NG, V, 173). »Mit Wallenstein verschwindet der einzige Staatsmann Habsburgs und des Reiches, der im Dreißigjährigen Krieg etwas zu sagen gehabt hat. Nach ihm gibt es nur noch Soldaten und Generale, und was die zu sagen haben«, war unerheblich, so einer der deutschen Wallenstein-Kenner (Diwald, 551). Die Beurteilung Wallensteins ist »noch keineswegs abgeschlossen«, lautet auch eine weitaus kritischere Wertung (Hofmann, III, 3031). Nur das sollte unbestritten bleiben, sein Tod verlängerte den Krieg. Das Ende war wahrlich nicht glücklicher als es dieser große Mann europäischer, deutscher und böhmischer Geschichte voraussah.

Gottfried Heinrich Graf zu Pappenheim

Gottfried Heinrich Graf zu Pappenheim

* 8. Juni 1594 in Teuchtlingen
† 16. November 1632 bei Lützen, eventuell am 17. November auf der Pleißenburg in Leipzig
Grabstätte: Kloster Strahov in Prag
Eltern: Veit zu Pappenheim-Teuchtlingen und Maria Salome von Preysing-Kopfsburg

1. Eheschließung am 4. Dezember 1617 in Prag
ANNA LUDOMILLA VON KOLOWRAT-NOVOHRADSKY, verwitwete Lobkowitz
* 3. April 1601 in Prag (?), Taufe am 17. April 1601
† nach dem 19. Mai 1627 auf Schloß Treuchtlingen
Grabstätte: Kloster Marienstein bei Rebdorf
Eltern: Hans von Kolowrat-Novohradsky und Elisabeth Berka von Dubna und Leipa

2. Eheschließung am 24. Juni 1629 in Oettingen
ANNA ELISABETH VON OETTINGEN-OETTINGEN
* 13. November 1603 in Oettingen
† 13. Juni 1673 in Birkenfeld
Eltern: Ludwig Eberhard Graf von Oettingen-Oettingen und Margarete von Erbach

28. September 1607	Immatrikulation an der Philosophischen Fakultät der Universität Tübingen
5. Februar 1610	Wechsel an die Akademie Altdorf
10. Juli 1610	Wahl zum Rector magnificus der Altdorfer Akademie
9. Juli 1611	Beendigung des Rektorates und Exmatrikulation
Frühling 1612	Aufenthalt in Granada
31. August 1613	Herold der »Taxordnung« auf dem Regensburger Reichstag
16. April 1616	Delegierter Wolfgang Wilhelms von Pfalz-Neuburg nach Prag
Herbst 1616	Konversion unter Einfluß Kardinal Klesls
20. März 1617	Vereidigung als Reichshofrat in Prag
29. Juni 1617	Träger des Reichsapfels bei der Königskrönung Ferdinands II. im Prager Veitsdom
17. März 1619	Beginn der Gegenreformation in Treuchtlingen

27. März 1619	Rittmeister
20. (?) August 1620	Oberstleutnant
8. November 1620	Schwere Verwundung am Weißen Berg
26. April 1622	Oberst
Ende März 1623	Ritterschlag durch Ferdinand II.
21. September 1625	Sieg bei Verceia über französische und venezianische Truppen
2. November 1625	Gratulationsschreiben Philipps IV. an Pappenheim
9. November 1626	Sieg über die oberösterreichischen Bauern nahe Eferding
12. November 1626	Sieg bei Vöcklabruck
28. August 1627	Beginn der Belagerung Wolfenbüttels
18. Dezember 1627	Kapitulation Wolfenbüttels
19. Mai 1628	Reichsgraf und Ernennung zum General-Feldzeugmeister der Liga-Truppen
3. Januar 1629	General der Artillerie
10. November 1630	Mitteilung Maximilians von Bayern über Ernennung zum bayrischen Feldmarschall
8. Mai 1631	Kaiserlicher Feldmarschall
20. Mai 1631	Sturm Magdeburgs
17. September 1631	Vergebliche Kürassierattacken Pappenheims bei Breitenfeld
16. November 1631	Kölner Kurfürst für selbständiges Kommando Pappenheims in Norddeutschland
14. Januar 1632	Entsatz der Magdeburger Garnison gegen Banér
17. August 1632	Mißerfolg vor Maastricht
6. November 1632	Vereinigung mit Wallenstein bei Wurzen
13. November 1632	Abmarsch Pappenheims nach Halle
15. November 1632	Notruf Wallensteins an Pappenheim
16. November 1632	Tödliche Verwundung bei Lützen
28. Februar 1633	Beisetzung im Prager Kloster Strahov

Bis in unsere Zeit beurteilen die Experten den Feldherrn nahezu konträr. Gustav II.
Adolf von Schweden nannte Pappenheim einen Draufgänger und »Soldaten«, dem
größere militärische Fähigkeiten abgingen. Dennoch erklärte er höchst verärgert am
7. Dezember 1631 in Mainz, er wolle »den von Pappenheim, den Bluthund« wohl
»festhalten«, so er ihn bekäme (Stadtler, 78). Noch in einem Brief an seinen Reichskanzler Axel Oxenstierna vom 5. Mai 1632 äußerte der Kriegerkönig Befremden
über Ängste seiner Generäle vor diesem offensiven Heerführer und behauptete, man
»wisse doch, daß er nicht so gefährlich sei, wie man es ihm zuschreibe« (ebd., 629).
Eine merkwürdige Sicht auf jenen kaiserlichen Feldmarschall, der ähnlich wie der
schwedische König in Überraschungsschlägen und zu allen Jahreszeiten den Sieg
suchte. Immerhin glaubte Gustavs II. Adolf General Baudissin, Pappenheim über-
treffe sogar Wallenstein. Mehr noch als der königliche Schwede schadete aber wohl
Graf Gronsfeld, der wenig begabte Stabschef und Stellvertreter, seinem Oberkommandierenden. Er haßte ihn, auch und vor allem, weil dieser gegen Gronsfelds Voraussagen immer wieder siegte. Schiller suchte nicht zu ergründen, warum der langjährige zweite Mann Pappenheims beständig vernichtende Kritiken verbreitete.
Offensichtlich auf Gronsfelds Wertungen basierend, pries er »das wilde stürmische
Feuer seines Mutes, den auch die entschiedenste Gefahr nicht schreckte«, der leider
aber »untüchtig zum Oberhaupt des Heers« war (ebd., 762-763). Bald urteilte ein
Historiker nach dem anderen, Tilly sei gescheitert, weil der ungestüme Pappenheim
ihn zu übereiltem Handeln drängte. Nur sehr allmählich zwangen Quellenstudien
zur Revision dieses gängigen Geschichtsbildes. Noch Golo Mann vermeinte anmer-
ken zu müssen, er sei »ein Soldat über dem wüsten Durchschnitt, zugleich Haude-
gen und Theoretiker, draufgängerisch und nachdenklich« (Wallenstein, II, 76).
Dabei billigten Schwedens Militärhistoriker Pappenheim schon vor mehr als einem
halben Jahrhundert »hervorragende Feldherrneigenschaften« zu und glaubten schon
damals, die bisherige Historiographie hätte diesen großen Gegner Gustavs II. Adolf
fehlbeurteilt (krig, VI, 253).

Die Eltern Veit zu Pappenheim-Teuchtlingen und Maria Salome von Preysing-
Kopfsburg, überzeugte Lutheraner, dürften die militärische Karriere des Sohnes
kaum vorausgesehen haben. Wohl konnte das alte schwäbische Geschlecht eine viel-
hundertjährige Geschichte aufrechnen, erbte seit 1193 in einer Linie das Marschall-
amt und war schließlich in den Freiherrenstand gewachsen; Reichsgeschichte aber
schrieben die Teuchtlinger bis dato nicht. So erwartete die Familie denn auch eher
eine Laufbahn Gottfried Heinrichs als höherer Staatsbeamter, und die Mutter
ermöglichte ihm nach dem frühen Tode des Vaters 1601 eine gediegene Schulbildung. Bereits als Vierzehnjähriger schrieb er sich am 28. September 1607 an der

Universität Tübingen ein und wechselte am 5. Februar 1610 an die bekannte Nürnberger Akademie in Altdorf. Es spricht wohl für die regionale Bedeutung der Pappenheim, daß man Gottfried Heinrich am 10. Juli des Jahres zum Rektor ehrenhal-
ber wählte. Immerhin will er dort fleißig studiert haben, wie er selbst mehrfach
behauptete. Pappenheim beherrschte das Lateinische, sprach Italienisch, Französisch
und Spanisch. Im Frühling 1612 schrieb er auch aus Granada, ein sicherer Beleg für
eine größere Bildungsreise des jungen Reichsvizeerbmarschalls. Heimgekehrt verkündete er am 31. August 1613 als einer der Herolde des Reichstages gemäß der
Reichstradition öffentlich die Taxordnung des Heiligen Römischen Reiches. Zu Jahresende 1614 weilte er in Lyon, noch immer bemüßigt, sich weiter zu bilden. Auf
einer anderen Reise – als Mitglied einer Gesandtschaft des Wolfgang Wilhelm von
Pfalz-Neuburg nach Prag – beeindruckte er immerhin den bedeutendsten Berater
und Politiker des Kaisers, Kardinal Klesl. Dem Grafen Trauttmansdorff schrieb der
inzwischen berühmte Heerführer am 7. Oktober 1630, Klesl sei sein geistlicher
Vater. Der Prälat habe ihn im September 1616 für den Katholizismus gewonnen.
Obgleich gegenreformatorische Aktivitäten Pappenheims in seiner Freiherrschaft
nicht lange währten, auch keinesfalls ähnlich drängend durchgesetzt wurden wie
anderswo im südostdeutschen Raum, spricht wenig gegen einen damaligen Konfessionswechsel aus Überzeugung. Die Behauptung, er habe fortan der neuen Religion
»mit einer Verehrung, einer Hingebung und einem Fanatismus« wie kaum ein anderer »der üblichen zeitgenössischen Konvertiten« gedient (Wittich, ADB, XXV, 145),
läßt sich aber keineswegs aufrechterhalten. Abgesehen davon, daß er sich auch bei
vielen anderen Gelegenheiten eher tolerant zeigte, versicherte er beispielsweise am
22. August 1627 der umschwärmten evangelischen Anna Elisabeth von Oettingen,
»er habe nie einen wegen des Glaubens angehalten und wolle es zeit seines Lebens
nicht tun« (Stadtler, 61).

Damals in Prag erwuchsen allerdings unmittelbare Vorteile für den jungen Konvertiten. Am 20. März vereidigten Klesl und der Reichshofratspräsident, Friedrich
Graf von Fürstenberg, den jungen Pappenheim als Reichshofrat, und schon am 29.
Juni 1617 erlaubte Böhmens neuer König Ferdinand II. dem Freiherrn, daß er bei
den Krönungsfeierlichkeiten den Reichsapfel vorantragen durfte. Das eine erschloß
unmittelbare Einnahmen, das andere ebnete zukünftige Wege. Auch die Eheschließung am 4. Dezember dieses für Gottfried Heinrich höchst erfolgreichen Jahres mit
einer verwitweten Baronin von Lobkowitz aus der begüterten hochadligen Familie
der Kolowrat-Novohradsky ließ hoffen. Vielleicht aus einer Gefühlsregung heraus
wechselte er wenig später in den Militärdienst und wünschte, König Sigismund Vasa
von Polen gegen Schweden und Russen zu verteidigen

Die Prager Ereignisse auf dem Hradschin im Mai 1618 bestärkten ihn endgültig,
künftig auf den Schlachtfeldern Ruhm und Ehre zu suchen. Am 27. Mai 1619 schwor
er auf Maximilians Fahne und trat als Rittmeister in die bayrische Armee. Bereits im
August 1620 war er zum Oberstleutnant avanciert und überlebte schwerverwundet die
Schlacht am Weißen Berg. Drei Schußverletzungen und eine klaffende Schädelwunde
waren der Beginn jener Legende vom narbenübersäten Körper des Feldherrn. Irgend-

Typische Lagerszene im Dreißigjährigen Krieg. Gemälde von Gillis van Tilborgh

wann erzählten sich dann gläubige Katholiken die Mär von der mönchischen Weissagung, der Schwedenkönig werde früher oder später durch einen über und über narbigen Pappenheim in einer entscheidenden Schlacht getötet werden.

Heute kann nicht mehr mit Sicherheit geklärt werden, ob Pappenheim solches Gerede kannte oder die Menschen erst nach dem Lützener Zusammenprall beider die Geschichte berichteten. Eine solche Weissagung hätte seinen Ehrgeiz zweifellos bestärkt. Pappenheim wollte Großes leisten und fühlte sich dazu berufen. Obgleich er am 26. April 1622 zum Obristen befördert und Ende März 1623 durch Ferdinand II. zum Ritter geschlagen wurde, wechselte er unzufrieden den Kriegsherrn. Als spanischer Heerführer über ein selbständiges Kommando erstritt er am 21. September 1625 bei Verceia einen überraschenden Erfolg über starke französische und venezianische Streitkräfte und empfing glücklich ein Gratulationsschreiben Philipps IV. von Spanien. Mit der Niederschlagung des gefährlichen oberösterreichischen Bauernaufstandes im Sommer 1626 empfahl er sich für künftige größere Aufgaben. Die Kapitulation der als uneinnehmbar geltenden Festung Wolfenbüttel am 18. Dezember 1627 nach viermonatiger Belagerung festigte Pappenheims Ruf als Armeeführer. Der Kaiser dankte dem Ligafeldherrn am 19. Mai 1628 mit der Erhebung in den Grafenstand.

Schon in Italien bewies Pappenheim ungewöhnliches taktisches Vermögen. Vor Wolfenbüttel war er alles andere als ein ungestümer Draufgänger, bekundete artilleristische Begabung und ingenieurtechnisches Wissen. Ein Stau der Oker bei Wolfenbüttel erzwang die Übergabe der Festung durch die dänischen Verteidiger. Der maßlos enttäuschte Gronsfeld hatte nur eine Erklärung und ließ sie viele wissen: Pappenheim hatte wider Erwarten Glück und siegte gegen alle militärische Vernunft. Überraschenderweise triumphierte der Feldherr auch in den folgenden Monaten. Am 3. Januar 1629 ernannte ihn Kurfürst Maximilian zum General-Feldzeugmeister, lehnte aber eine Erhöhung der Bezüge ab. Der fast immer mit Schulden und fälligen Zinszahlungen rechnende Teuchtlinger bat Tilly am 26. März des Jahres um Fürsprache bei seinem bekanntermaßen knauserigen Landesherrn, zum Feldmarschall ernannt zu werden.

Möglich, daß dieser »Kleinkrieg« Pappenheims um fürstliche Anerkennung seiner Leistungen die verdiente Reputation in den Augen mancher Zeitgenossen und späterer Historikergenerationen schmälerte. Liest man die Gutachten und Empfehlungen, die der Heerführer gewöhnlich ungebeten nach München und nach Wien sandte, wird das ganze Spektrum des strategischen Könnens Pappenheims deutlich. Ende September 1628 analysierte er die Marinepolitik Wiens und orientierte sich wie Wallenstein auf die Gewinnung der Hansestädte und deren Handelspatriziat. Als Lohn erbat sich Pappenheim die Belehnung mit Fünen, wohl keine sehr realistische Sicht auf die kaiserlichen Möglichkeiten. Tatsächlich war er immer auch Politiker und versuchte sich nebenbei auch im familiären Interesse als Jurist bei der Verteidigung langwieriger Eigentumsprozesse. Bedeutender blieb er aber doch als Militär und Kriegsorganisator. Nie verfügte Pappenheim über ausreichende finanzielle Mittel zur Kriegsführung und doch hielt er seine Streitkräfte zusammen. Fast immer zahlenmäßig unterlegen, besiegte er 1630 alle Gegner in Norddeutschland. Merkwürdig, daß auch der Schwedenkönig nur an Zufälle und Glück glauben wollte. Im Januar 1631 sandte Pappenheim eine scharfe Kritik der üblichen Kriegsführung der Liga und der kaiserlichen Truppen an Maximilian. Die bisherige Defensivstrategie begünstige nur die Schweden. Man müsse die soldatenfressende »Ermattungsstrategie« aufgeben und zum Offensivkrieg wechseln. Am 8. Mai 1631 ernannte auch der Kaiser Pappenheim zum Feldmarschall, Oberbefehlshaber blieb aber weiterhin der alte Tilly, ein Repräsentant der überlebten spanischen Militärstrategie. Die Eroberung Magdeburgs wurde dessen letzter Erfolg, annulliert durch das verheerende Feuer. Es läßt sich kaum leugnen, daß es wahrscheinlich Pappenheim war, der die Katastrophe verursachte. Um die sich hartnäckig verteidigenden Magdeburger abzulenken, ließ er einige Häuser an der Stadtmauer anzünden. Niemand wehrte in der Hitze des Kampfes dem beginnenden Flächenbrand. Vielleicht halfen ja auch die Eiferer um Oberst Falkenberg in Magdeburg nach, wie es bald darauf Tilly ausstreuen ließ. Weniger offen sprach der alte Feldherr über ein fatales Mißgeschick. Pappenheim war nicht benachrichtigt worden, daß der Sturm um eine Stunde verschoben worden war. So griff er am 20. Mai 1631 zur falschen Stunde an und kam schnell in Schwierigkeiten.

Bis heute rätseln die Historiker, ob diese Fehlinformation ein Zufall war. Gronsfeld, vor allem aber die bayrischen Kriegskommissare haßten den aktiven Pappenheim. Insbesondere verübelten sie dem Feldmarschall, daß er militärische Entscheidungen ohne vorherige Konsultation mit ihnen verfügte und beständig über Miß-
wirtschaft und Bereicherung der Behörden klagte. Sie revanchierten sich, indem sie
ausstreuten, der Feldmarschall operiere leichtfertig und gefährde die Armee. Sie
waren erfolgreich, denn bis heute vermeinen viele Fachleute zu wissen, daß der
ungestüme Pappenheim auch bei Breitenfeld wieder einmal zu unrechter Stunde
und gegen Tillys Befehle losschlug. Kaum bekannt dürfte dagegen sein, daß der
Kommandant der Kürassiere schon am 3. November 1631 dem bayrischen Kurfürsten aus Taubersheim schrieb, er habe damals keine Schlacht gewollt. Pappenheim
plädierte aufgrund der zahlenmäßigen Überlegenheit des Gegners für ein festes
Lager und das Warten auf die heranmarschierenden Truppen des Generals Aldringen. Zweifellos war Pappenheim bei Schlachtbeginn bewußt, daß seine Kavallerie
ungünstig formiert angreifen mußte. Alle Augenzeugen berichteten, der Feldmarschall habe persönlich mit größter Tapferkeit gefochten und selbst 14 Gegner eigenhändig getötet. Auch Tilly lobte seinen Reiterführer für dessen Einsatz. Der bekannte Stoßseufzer des alten Feldherrn, der General ruiniere ihn durch seine undiszipli-
nierten Vorstöße, klingt allzu sehr nach der üblichen Klage Gronsfelds und seiner
Freunde. Einige Jahrzehnte später behauptete Raimondo Montecuccoli, der Feldherr und Militärtheoretiker der Habsburger, der Generalleutnant und sein Unterführer seien von den Ereignissen überrascht worden. Sie hätten nur mit größeren
schwedisch-sächsischen Einheiten, nicht mit der gesamten Armee gerechnet. Heute
scheint mehr als zweifelhaft, daß Pappenheims Operationen die katastrophale Niederlage an jenem 16. September 1631 bewirkten. Immerhin empfahl schon zwei
Monate danach der Kölner Kurfürst, die Liga solle den Teuchtlinger als selbständigen Heerführer in Norddeutschland einsetzen.

Während des Frühjahres 1632 war Pappenheim nahezu der einzige Feldherr des
katholisch-habsburgischen Lagers, den die protestantisch-fanzösische Allianz ernsthaft fürchten mußte. Schon am 26. Februar hatte ein anonymer Beobachter aus
Ulm geäußert, dieser »wirdt noch viel zu thun geben, wann man sich seiner nicht
mächtig macht«. Immer, wenn alle glaubten, sie hätten »ihn beym kopff, so wischet
er wieder durch« (Stadtler, 599). Es war jene Zeit, in der auch erfolgreiche schwedische Heerführer Gefechte und Schlachten gegen Pappenheim mieden. Berechtigt
wertet eine moderne wissenschaftliche Analyse, wohl sei »das Prädikat eines Retters
des deutschen Katholizismus übertrieben«, doch habe er damals selbst gegen Banér
»eine Operation vollbracht, die als virtuos bezeichnet werden« sollte (ebd., 599). Die
damals unter den katholischen Prälaten des Rheingebietes aufkommende bösartige
Benennung des Feldmarschalls als »Tamerlan« verzerrt das Pappenheim-Bild. Er
schonte die Bauern gewöhnlich bewußt. Wie beispielsweise Herzog Friedrich Ulrich
von Braunschweig-Wolfenbüttel berichtete, förderte er dort sogar die Erntearbeiten,
natürlich auch, weil hungrige Söldner kaum zu lenken waren. Ein Mansfeld jedenfalls verschwendete seine Zeit kaum über derartigen Maßnahmen. Im Januar 1632

beschenkte er die Universität Helmstedt mit einer bedeutenden Geldsumme und orderte im Sommer Schuhwerk für seine Truppen. Er war in der Tat kein Tamerlan, galt seinen Söldnern als eine Art Vaterfigur und entwickelte wirklich »Fürsorgesinn« (ebd., 693). Als man ihn auf dem Schlachtfeld von Lützen aus dem Sattel heben mußte und die Kunde wie ein Lauffeuer durch die vorwärtsstürmenden Kürassiere lief, flohen diese sofort schwadronenweise wie hilflose Kinder.

Wallenstein wußte, was er an Pappenheim hatte, als er ihn am Abend des 15. November mit einigen eilig formulierten Sätzen zurück nach Lützen beorderte. Das Verhältnis zwischen beiden war nicht immer ungetrübt geblieben. Gegen den Willen des kaiserlichen Oberbefehlshabers hatte der Teuchtlinger im Sommer 1632 einen Marsch nach Maastricht gewagt und entsprach so einem Hilferuf der Infantin Isabella. Erfolgreich war er nicht gewesen, auch deshalb, weil die spanischen Entsatzheere unberührt das einsame Anrennen der »Pappenheimer« verfolgten. Die stolzen spanischen Befehlshaber wünschten keine deutsche Hilfe und fühlten sich durch die Statthalterin gedemütigt. Maastricht konnte nicht gerettet werden, und Pappenheim erlitt schwere Verluste. Ein verärgerter Generalissimus drohte mit Konsequenzen. So beeilte sich der Feldmarschall im Spätherbst 1632, den Weisungen seines Oberkommandierenden zu entsprechen. Beide vereinigten ihre Truppen Anfang November bei Naumburg. Da Gustav II. Adolf das Angebot einer Entscheidungsschlacht negierte, gab Wallenstein Pappenheims Wünschen auf selbständige Operationen nach. Im übrigen mußten die Armeen über den Winter gebracht werden, wie die beiden kaiserlichen Heerführer glaubten.

Der Feldmarschall war bereits wieder aufgebrochen, um erneut in Norddeutschland den Gegner zu binden und den Raum zwischen Weser und Rhein zu sichern. Sich und seine Reiter nicht schonend, eilte Pappenheim aus Halle zurück. Mit seinem ungestümen Anritt auf den linken Flügel rettete er wahrscheinlich die Schlacht. So konnte Piccolomini die zurückflutenden Regimenter wieder formieren und zu Gegenschlägen führen. Derweil verblutete Pappenheim.

Wie beim Tode seines großen Feindes Gustavs II. Adolf sind auch hier die Aussagen höchst widersprüchlich. Pappenheim jedenfalls traf Gustav II. Adolf nicht, wie immer auch die Legende lautete. Sein Kriegerschicksal vollendete sich bereits zu Beginn der ersten wilden Attacke. Wenigstens vermeint das die Mehrheit der Historiker. Nur wenige berichten, er sei erst im dritten Anreiten getroffen worden. Unklarheiten blieben auch, wie er zu Tode kam. Die Zeitgenossen erwähnten noch zwei Musketenkugeln. Heute spricht man gewöhnlich von einem Streifschuß durch eine Kanonenkugel, die ihn aus dem Sattel warf und die Panik seiner Kavallerie auslöste. Pappenheims Trompeter berichtete längere Zeit später, 1633, die letzten verzweifelten Wutausbrüche des gläubigen Katholiken, benannte Redefetzen, die wohl mehr Wunschdenken des Trompeters spiegeln. Der in seinen Armen in einer Kutsche auf dem Wege nach Leipzig versterbende Feldmarschall hätte versichert, er, der Soldat sei nicht einfach ein Trompeter. Er wäre ein Kavalier. Vielleicht hat Pappenheim solches wirklich gemurmelt und fühlte sich seinen Soldaten tatsächlich verbunden. Verwirrender bleibt aber der Schluß, der Heerführer sei in seinen Armen alsbald nach so viel geäußerter Zustimmung verschieden. Weitere Berichte lauten wieder anders. Mehrere zeitgenössische Chronisten erwähnten den Tod des Feldmarschalls in der Leipziger Pleißenburg am Morgen des 17. Novembers. Angeblich soll Pappenheim befriedigt verstorben sein in der Gewißheit, der Schwedenkönig sei auch gefallen. Merkwürdig ist, daß Wallenstein selbst noch am folgenden Tag dessen Tod nur als Gerücht abtat und eine Bestätigung erst neun Tage später erhielt. Selbst Reichskanzler Axel Oxenstierna hörte noch vier Tage nach Lützen in Hanau nur gerüchteweise vom Tode Gustavs II. Adolf reden und zweifelte damals noch alles an. So unklar erschien die Fama.

Im etwa 15 km entfernten Stadtzentrum des alten Leipzigs hatte man den gesamten Tag den Donner der Kanonen gehört und »befunden, daß die Schwedische und die gantze Kaiserliche Armee hart aneinander gewesen« seien, wie ein geschichtsbewußter Leipziger Bürger notierte (Jessen, 319). Erst in der Nacht wäre der Lärm langsam verklungen und »sehr viel Beschädigte und Thote« in die Stadt gekarrt worden. Unter ihnen sei auch Pappenheim gewesen, »der mit einer Drahtkugel« – einer Kartätsche offenbar – »durch die Hüfte geschossen, daß er in drei Stunden verblichen« (ebd.).

Dieser Chronist vermerkte zahlreiche Details des Abmarsches der Kaiserlichen und berichtete Abschiedsworte des Feldmarschalls Holk. Er erwähnte jedoch mit keiner Silbe auch nur gerüchteweise eine Nachricht vom Tode Gustavs II. Adolf. Die Kunde wurde offenbar bewußt von der schwedischen Führung zurückgehalten. Mehr als unwahrscheinlich, daß der sterbende Pappenheim solches überhaupt hörte, weder in der Kutsche, dort schon gar nicht, noch in dem doch mehrere Stunden entfernten Leipzig. Letztlich ist auch das unwichtig. Unerheblich ist auch, ob Pappenheim noch bei Lützen oder erst in Leipzig, am 16. oder 17. November verschied.

Mit Pappenheim fiel eine Persönlichkeit, die trotz einer verhältnismäßig kurzen Periode als Heerführer bedeutende militärische Erfolge erringen konnte. Sein Feldzug »1632 in Westfalen und Niedersachsen« bewirkte, daß Gustav II. Adolf »seine Kräfte nicht gegen das kaiserlich-ligistische Hauptheer zu konzentrieren vermochte« (Stadtler, 772). Als Feldherr scheute er sich nicht, an der Seite seiner Soldaten »bei Belagerungen im Dreck herumzuwaten«. Gleichzeitig »entfremdete sich der Marschall dem Krieg immer mehr« und bereute schließlich »den Schritt ins Feld«. Dennoch trieb ihn ein ungewöhnlich ausgeprägtes Pflichtgefühl, dem Kaiser und Maximilian von Bayern weiterhin zur Verfügung zu stehen. Auch das trug ihm den Ruf »eines fanatischen Kriegsmannes« (ebd.) ein.

Merkwürdigerweise galt er am kaiserlichen Hof eher als diplomatische Begabung. Dort überlegte man längere Zeit, Pappenheim als Botschafter nach Madrid zu senden. Kurfürst Maximilian wachte eifersüchtig darüber, daß ihm der Feldmarschall nicht entfremdet wurde. Er bestand darauf, daß der Teuchtlinger weiterhin seine außerordentliche militärische Begabung einbrachte. Pappenheim gehorchte. Darüber vernachlässigte er die eigene Gutwirtschaft.

Anders als viele seiner Zeitgenossen im höheren Militärdienst brachte ihm der Krieg keine Gewinne. Stand materielles Streben gegen seine Pflichtauffassung, »ent-

schied er gegen sein Interesse und schob die Lösung seiner gefährdeten ökonomischen Lage optimistisch in eine ferne Zukunft« (ebd., 774). Es war nahezu eine
Katastrophe für seine Familie, daß es diese Zukunft nicht gab.

In den sprichwörtlichen Redensarten lebt der Name Pappenheim bis heute fort.
In Schillers »Wallensteins Tod« richtet der Generalissimus anerkennende Worte an
die Pappenheim'schen Kürassiere: »Daran erkenn' ich meine Pappenheimer.« Im
Gegensatz zu diesem Zitatursprung wird die Wendung »Ich kenne meine Pappenheimer« heute jedoch eher in abschätzigem Sinn gebraucht.

Bernhard, Herzog von Sachsen-Weimar

Bernhard, Herzog von Sachsen-Weimar

* 16. August 1604 in Weimar
† 18. Juli 1639 in Neuenburg am Rhein
Grabstätte: Fürstengruft in der Stadtkirche zu Weimar
Eltern: Johann III., Herzog von Sachsen-Weimar-Altenburg, und Dorothea Maria von Anhalt-Zerbst-Dessau

31. Oktober 1605	Tod des Vaters
27. April 1622	Feuertaufe unter dem Grafen von Mansfeld bei Wiesloch gegen Tilly
6. Mai 1622	Erlebnis der Niederlage des Grafen Georg Friedrich von Baden-Durlach bei Wimpfen gegen Tilly
April 1625	Kommandeur eines Reiterregiments unter König Christian IV. von Dänemark
24. September 1627	Schwere Niederlage in bei Heiligenhafen (Holstein)
2. November 1627	Ausscheiden aus dem dänischen Kriegsdienst und kaiserliches Gnadenpatent
Herbst 1631	Eintritt in den schwedischen Kriegsdienst als Obrist
Frühsommer 1632	Beförderung zum General durch Gustav II. Adolf im Lager zu Werben
6./16. November 1632	Oberbefehlshaber der schwedischen Armee bei Lützen nach Gustavs II. Adolf Tod
20. April 1633	Eroberung von Landsberg
20. Juni 1633	Belehnung mit dem Herzogtum Franken durch Axel Oxenstierna
16. November 1633	Eroberung Regensburgs
12. Juli 1634	Vereinigung mit der Armee des Feldmarschalls Gustav Horn bei Augsburg
6. September 1634	Vernichtende Niederlage bei Nördlingen
27. Oktober 1635	Vertrag zu St. Germain über französische Subsidien und Unterordnung unter die französische Krone
14. Juli 1636	Besetzung Zaberns (Elsaß)
3. März 1638	Sieg bei Rheinfelden über die kaiserlichen Truppen und Gefangennahme Johann von Werths
17. Dezember 1638	Kapitulation Breisachs
19. Dezember 1638	Besetzung Breisachs durch Bernhard

19./29. Januar 1639   Gratulationsschreiben der Königin Christina von Schweden
Frühjahr 1640   Eroberung von Hochburgund

Trommler der Fußknechte

»Bernhard der Große« titulierte kürzlich ein erlauchter Historiker aus sächsischem Hause diesen bedeutender Heerführer (Albert, 262), den zehnten Sohn Herzog Johanns III. von Sachsen-Weimar-Altenburg. Das provoziert Widerspruch, wird hier doch Größe allzu einseitig auf militärisches Können projiziert. Mehr jedenfalls hatte dieser Weimarer wohl kaum zu bieten. Was er als Feldherr bedeutete, mag möglicherweise mit Erfolgen Tillys, Pappenheims, vielleicht sogar Gustavs II. Adolf und Wallensteins konkurrieren. Über jene hinaus weist es sicherlich nicht. Eine Serie »Großer« also, folgt man der Glorifizierung Bernhards durch diesen Biographen.

Wenigstens Wallenstein leistete auch als Wirtschaftsorganisator Bedeutendes. Der königliche Schwede förderte Städtegründungen, holte Handelsunternehmer und Hüttenspezialisten ins Land, entwickelte die Wirtschaft seines Landes ebenfalls in bemerkenswerter Weise. Selbst Pappenheim überdachte wirtschafts- und sozialpolitische Maßnahmen in seinen Ländereien und sandte Gutachten und Empfehlungen auch zu handelstechnischen Fragen. Bernhard von Sachsen-Weimar hatte nicht einmal diese Möglichkeiten. Obwohl kurze Zeit auch dem Namen nach Herzog von Franken, später »Titularfürst« über die elsässischen Besitzungen der Habsburger, blieb ihm eine solche eventuelle Bewährung versagt. Zweifelhaft bleibt aber außerdem, ob dieser Feldherr überhaupt entsprechende Voraussetzungen erbracht hätte. Immerhin wissen seine Biographen zu berichten, er habe wenig Interesse für Schule und Studien bekundet und »nach wenigen Monaten« die Universität Jena verlassen (Menzel, II, 439). Er neigte von Anbeginn zum Militärischen hin und widmete sich lieber »den ritterlichen Uebungen am Hofe des Herzogs Johann Kasimir« (ebd.). Erfolge als »Krieger« aber berechtigen wohl nicht einmal zu jenem Attribut »der Große«, sollte er denn hier wirklich Einmaliges, Bleibendes vollbracht haben. Aber auch dieses blieb ihm schon deshalb nicht vergönnt, weil er allzu früh verstarb, nicht einmal als todesverachtender Heros auf dem Schlachtfeld wie Pappenheim und der Stockholmer Vasa. Bernhard verschied an einem hitzigen Fieber, wie es die Zeitgenossen nannten, vielleicht an einer Seuche.

Er sei Kämpfer eines »politischen Protestantismus« gewesen, das wenigstens sei ihm »unvergessen« (Albert, 263). Nun ja, auch da wird man streiten können. Ein gläubiger Lutheraner war er sicher. Freund war er auch dem Herzog Henri de Rohan, dem berühmten Führer der Hugenotten. Er kannte dessen Schicksal und Kampf gegen das französische Königtum. Dem Kampf für sein Bekenntnis fühlte er sich möglicherweise auch dann noch verpflichtet, als er sich ganz in den Dienst des ebenso tiefgläubigen Katholiken Ludwig XIII. und des wohl weniger seinem Glauben verpflichteten Richelieu stellte. Vielleicht muß nicht einmal stören, daß er sich dafür fürstlich bezahlen ließ und nicht nur für sein Heer größere Bargeldsummen empfing. Weniger ehrenhaft war dann schon, daß Bernhard vor allem aber den protestantischen Kampf mit sehr eigenen territorialen Zielen verband. Der Zeitgeist kann manches rechtfertigen, die Gegenwart muß dennoch nicht verklären wollen, was damals schon recht durchsichtig verhüllt wurde. Das muß Bewunderung eher schwächen und Zweifel gewichten, er habe wirklich »den protestantischen Glauben in Deutschland« stärken wollen (ebd.). Uneigennützig jedenfalls hat er es nie getan. Bernhard war kein »protestantischer Heiliger«, ebenso wenig wie seine anderen militanten Brüder. So hat schon die Britin Wedgwood gespöttelt, Bernhard habe sich gegen jeden Vorgesetzten gestellt und schon Gustav II. Adolf vorgeworfen, er habe seine außergewöhnliche Begabung ängstlich unterdrückt. Dem Herzog war »jede Vormundschaft zuwider. Deswegen hat man ihn zu einem redlichen Patrioten gestempelt«. Redlich sei er gewesen, »aber sein Patriotismus ist weniger erwiesen«. Richelieu meinte sogar, Bernhard wäre »so sehr auf sich selbst bedacht, daß niemand seiner sicher sein konnte« (Wedgwood, 321). Und jener wußte, die Menschen seiner Zeit zu beurteilen, und kalkulierte den Preis gewöhnlich realistisch, erfolgreich Gegner zu kaufen. Frankreich würde viel zahlen müssen, da sich der Weimarer Herzog selbst sehr hoch schätzte. Am Ende willigte Bernhard ein und wurde Feldherr des katholischen Frankreichs, wie immer er diesen Tatbestand auch verbrämte. Er hatte im übrigen keine Wahl, wollte er nicht stürzen und zurückmüssen in jene Bedeutungslosigkeit Weimarer Prägung.

Sachsen-Weimar zählte 1601 wahrlich nicht zu jenen deutschen Territorialstaaten, deren nachgeborene Prinzen durch großzügige Apanagen befriedigt werden konnten. Wohldotierte Pfründen fielen anderen zu. Und selbst Kaiser- und Kurfürstensöhne stritten darum noch heftigst. So war das Schicksal Bernhards an jenen 16. August 1604 schon vorgezeichnet, als der jüngste Sohn Herzog Johanns III. und der Dorothea Maria von Anhalt-Zerbst-Dessau geboren wurde. Das Herzogtum war ein höchst unbedeutendes Duodezfürstentum innerhalb der deutschen Reichsgrenzen, ein Prinz dieses Hauses weniger als mancher Reichsgraf. Manchmal ermöglichte die Ahnenreihe die Ehe mit Prinzessinnen bedeutenderer Territorien. Wahrscheinlich war es nicht. Gewöhnlich erschloß sich standesgemäßes fürstliches Leben nur im Dienste mächtiger Reichsfürsten und fremder Potentaten, nach 1618 am allerehesten noch als beutemachender Condottiere. Johann Ernst I., der Älteste, Friedrich VII., der Drittgeborene, Wilhelm IV., der regierende Herzog, und schließlich auch Bernhard suchten diesen Weg. Die beiden erstgeborenen Brüder waren bereits verstorben, durch eine der üblichen Feldseuchen in Ungarn hingerafft der eine, gefallen bei Fleurus der andere, bevor Bernhards militärische Bedeutung an der Seite Wilhelms in der schwedischen Armee sichtbar wurde. Am Ende vererbte auch jener der Weimarer »Dynastie« wenig.

Blutjung noch hatte Bernhard am 27. April 1622 unter Mansfelder Fahnen bei Wiesloch die Feuertaufe empfangen und zählte wenigstens hier zu den Siegern über Tillys Heer. Nur wenige Wochen danach erlebte er bei Wimpfen als Parteigänger des Markgrafen Georg Friedrich von Baden-Durlach auch schon seine erste Niederlage.

Es sollten bald weitere folgen. Bei Stadtlohn war es am 5. August 1623 Bruder Wilhelm, an dessen Seite der jüngere diesmal einen eiligen Rückzug lernte. Die Rückschläge hätten den Eifer Bernhards »für die protestantische Sache keineswegs« geschmälert, so einer der Sympathisanten Ende des letzten Jahrhunderts (Menzel, II, 439). Alternativen hatte er wenig, der Nachgeborene. Nun begleitete er mit Peter Ernst von Mansfeld jenen protestantischen »Kämpen«, der nie versäumte, sich immer und allen anzubieten. Vielleicht hat das herzliche und laute Hallo der Engländer in London auch Bernhard begeistert, tiefergehende religiöse Motivierungen, wie sie immerhin vom Markgrafen Georg Friedrich von Baden-Durlach oder auch Sachsens Feldherr Hans Georg von Arnim bekannt wurden, reflektierte der Weimarer nicht. Möglicherweise erschienen ihm solche Überlegungen und Erklärungen unnütz und reine Zeitverschwendung, wo es zu handeln galt. Der Mangel erschwert Urteile, zwingt zur Vorsicht und gestattet nur Vermutungen, wo sonst bestimmter entschieden werden könnte, was mehr motivierte, Gewinnsucht, Ehrgeiz oder konfessionelle Bindungen. Im April 1625 jedenfalls kommandierte Bernhard bereits ein Reiterregiment unter dänischen Fahnen. Nachdem er am 24. September 1627 in Holstein schwer geschlagen wurde, akzeptierte der junge Mann vorübergehend Wallensteins Hilfe. Kaiserliche Huld sicherte ihm Amnestie, aber ein eigenes Fürstentum gewann er auf diese Weise nicht. Immerhin hielt er sich anfangs vorsichtig zurück, als Gustav II. Adolf nach seiner Invasion in Norddeutschland eifrig um Bundesgenossen warb. Auf dem Leipziger Konvent im Frühjahr 1631 bekannten er und Bruder Wilhelm sich vorerst noch zur »dritten Partei« hinter dem sächsischen Kurfürsten. Die schwedischen Erfolge überzeugten auch beide Weimarer. Hier siegte einer, wo bisher gewöhnlich verloren wurde. Im Lager von Werben bewährte sich bald auch Bernhard unter den Augen des Schwedenkönigs. An der Seite des Landgrafen Wilhelm von Hessen-Kassel kämpfte er kurze Zeit später bereits als höherer schwedischer Offizier.

Auf dem Wege längs der »Pfaffengasse« war der junge General dann erstmalig an Gustavs II. Adolf Seite. Bald war er es wieder, nachdem er sich mit Christian I. von Zweibrücken-Birkenfeld, einem anderen schwedischen Parteigänger, als Befehlshaber im Rheintrakt nicht verständigen konnte. Beide waren so zerstritten, daß Gustav II. Adolf ernsthafte Gefahren für die dortigen schwedischen Heere befürchtete. Im Sommer 1632 bewährte sich Bernhard in Süddeutschland und zeichnete sich auch während des wenig sinnvollen Sturmlaufs auf Wallensteins Zirndorfer Lager aus. Nun forderte er die ihm zustehende Anerkennung, das eigene Fürstentum. Am 1. November 1632 eröffnete er dem Schwedenkönig, er sei nicht dienstbarer Geist des Herrschers, sondern dessen Alliierter. Im Vorfeld der erwünschten Entscheidungsschlacht konnte Gustav II. Adolf Auseinandersetzungen nicht wünschen. Der Schlachtentod unterband die wahrscheinliche Fortsetzung der Arnstädter Debatte. Der Weimarer rettete für Schweden das äußerst blutige Treffen von Lützen und glaubte sich nun erst wirklich bestätigt. Axel Oxenstiernas geschickte Entscheidung, den älteren Wilhelm von Sachsen-Weimar dem Bruder als Vorgesetzten aufzuzwingen, brachte nur wenig Zeitgewinn. Rasch haderte Bernhard auch mit dem Bruder und zwang den schwedischen Reichskanzler zu weitreichenden Versprechungen künftiger Belehnungen. Am 20. Juni 1633 schien der Held von Lützen endlich gewonnen zu haben, was alle seine bisherigen Aktivitäten motivierte: das eigene Herzogtum. Im Namen der Krone Schwedens belehnte Axel Oxenstierna den ungebärdigen Feldherrn mit Franken und den Bistümern Würzburg und Bamberg. Das stimmte Bernhard vorübergehend versöhnlicher und mochte ihn auch zeitweilig hinwegtrösten über die neuerliche Ablehnung des Reichskanzlers, ihm nunmehr die schwedischen Deutschlandarmeen zu unterstellen. Immerhin hatte er den Vasallenstatus für Franken bis zur endgültigen Regelung beim künftigen Friedensschluß akzeptiert.

Vielleicht lag es daran, daß der Krieg unvermindert weiterging, Herzog Bernhard sich seines Fürstentums nicht erfreuen konnte und er an der Donau mit Schwedens Feldmarschall Gustav Horn weiterhin Macht und Einfluß teilen mußte, daß der unruhige Weimarer bald wieder mit allen zerstritten war. Das äußerst gespannte Verhältnis beider schwedischer Kommandeure begünstigte die Sammlung der kaiserlichen und spanischen Truppen in Süddeutschland. Bernhard siegte derweil in Bayern, eroberte Regensburg nach verheerender Kanonade und beabsichtigte, einen neuen Bauernaufstand im Lande ob der Enns auszulösen. Das Projekt scheiterte am Widerstand des Reichskanzlers und wurde wohl auch durch die Ereignisse von Eger gestört.

Nach Wallensteins Tod verschärfte sich der Gegensatz zwischen Bernhard und Horn. Gemeinsam entschieden sie sich für den Entsatz des bedrohten Nördlingen und führten die Schlacht gegen das vereinte kaiserlich-spanische Heer aber nahezu souverän jeder auf seinem Platz. Der kaum koordinierte Rückzug beider schwedischer Heere endete im Chaos und wildem Handgemenge um den einzigen Rückzugsweg und den gemeinsamen Troß. Feldmarschall Horn wurde gefangen,

Hinrichtungsszene aus 1633. Eine der vielen Grausamkeiten des Dreißigjährigen Krieges. Radierung von Jacques Callot

Bernhard rettete sich nach Württemberg. Immerhin mußte er dem Reichskanzler zwei Tage später brieflich eingestehen, das Geschehene sei »so arg, daß es nicht ärger sein« könne (Brefvexling, II, VIII, 235). Bescheidener wurde er dennoch nicht. Im übrigen hatte er wohl selbst auch jedes fernere Vertrauen in Schwedens Möglichkeiten verloren.

Zweifellos täuschte sich Axel Oxenstierna nicht, der dem Herzog die Schuld an dem Nördlinger Debakel zuschrieb. Deshalb und auch wegen der nun einsetzenden offenen Auseinandersetzungen zwischen Schweden und den Mitgliedern des Heilbronner Bundes vertieften sich die gegenseitigen Antipathien. Noch 1633 lehnte der Herzog von Sachsen-Weimar alle Angebote Richelieus ab, weil »sie ihm nicht genügten«, wie die Britin Wedgwood folgert (351). Nun, Ende 1634, suchte Bernhard erstmalig bei Richelieu wirkungsvolle Hilfe. Das Jahr 1635 bestärkte ihn, nur noch auf Frankreich zu hoffen. Tatsächlich schien sich das Kriegsglück endgültig den Habsburgern zugewandt zu haben. Die »Jahre 1635 und 1636 waren für die Sache der Bourbonen und Schweden die verhängnisvollsten des ganzen Krieges« (Wedgwood, 347). Der Herzog von Sachsen-Weimar verstand aber frühzeitig, daß Frankreich den Krieg fortsetzen wollte. Er wußte, daß der Kardinal seit dem Juni 1635 verbreiten ließ, Paris würde einen Wechsel des schwedischen Generals in den französischen Kriegsdienst mit den elsässischen Besitzungen Habsburgs lohnen. Im Oktober 1635 vereinbarten die Franzosen mit dem Weimarer jenen berühmten Pakt, der Bernhards Truppen unter Frankreichs Hoheit brachten und nahezu alle Forderungen des letzten »protestantischen Kämpfers« berücksichtigte. Eine jährliche Pension von 150.000 Livres für den künftigen Herzog des Elsaß und Grafen der Hagenau vergoldete die Allianz mit der nun stärksten katholischen Macht Europas. Versucht man nicht, Bernhard von Sachsen-Weimar zum getreuen Paladin des deutschen Protestantismus heraufzustilisieren, gibt es wenig Gründe, dem Condottiere den französischen Anschluß vorzuwerfen. »In der Beschränktheit seiner persönlichen Hilfsquellen glich er eher Mansfeld als Wallenstein« und konnte ohne tatkräftige Unterstützung durch Schweden nicht länger auf »Landbesitz« hoffen (ebd., 353).

Am 3. März 1638 zahlten sich Frankreichs Investitionen in Bernhard und dessen Rheinkorps erstmalig mit reichen Zinsen aus. Der unfähige kaiserliche Feldherr und Herzog von Savelli ließ sich nach einem ersten Erfolg bei Rheinfelden von dem bereits geschlagenen, geflohenen und plötzlich zurückgekehrten Weimarer überraschen. Savelli, Johann von Werth und andere kaiserliche Offiziere fielen dem Sieger in die Hände. Am 19. Dezember rundete der Einzug Bernhards in die als uneinnehmbar geltende Rheinfestung Breisach das erfolgreichste Kriegsjahr des jüngsten Sohns Herzog Johanns III. von Sachsen-Weimar-Altenburg ab. Vielleicht war es wirklich die glücklichste Stunde des sterbenden Pater Josephs, wie Richelieu es uns wissen ließ. Den Kardinal jedenfalls verwirrten schon wenige Monate später die Eroberungen seines thüringischen wichtigsten Helfers. Bernhard entwickelte sich nun auch im Verhältnis zu Paris zum souverän fordernden Sieger. Einige Historiker sahen darin den »Patriotismus« des Weimarers bewiesen. Doch läßt sich nicht bestreiten, daß er auch hier wohl vor allem für sich stritt, wenngleich auch unter deutschnationalen Losungen. Eine deutsche »Partei im Reich zu gründen oder die Sympathien der einflußreichen Fürsten zu gewinnen«, bemühte sich Bernhard nicht. So wertete schon eine zeitgenössische Quelle seinen plötzlichen Tod in Neuenburg am Rhein in den bezeichnenden Worten, er habe »seinem weiteren Ehrgeiz eine Schranke« gesetzt (Ebd., 370). Der Sterbende hatte seinen von Frankreich gelobten Besitz der Weimarer Verwandtschaft zugedacht, ein löbliche familiäre Haltung, mehr aber wohl kaum. Dem Kardinal Richelieu jedenfalls kam auch dieser Tod höchst gelegen. Glaubte der Herzog tatsächlich, für den Protestantismus zu streiten, verloren jedenfalls am Ende seine Glaubensbrüder auch im katholischen Frankreich jede Basis. Das wäre natürlich anders gewesen, hätte ein Sieger Bernhard von Sachsen-Weimar 1648 seine Forderungen präsentieren können. So wirkt die Würdigung der aktuellsten deutschen Biographiesammlung wenig glücklich, er sei in »seinem territorialstaatlichen Denken weit über den Condottiere« hinausgewachsen und zeigte »auch als Politiker und Landesherr große Tüchtigkeit« (Schubert, NDB, I, 245). Vielleicht hätte er als Landesherr ähnliche Erfolge gehabt, so er tatsächlich einmal dazu geworden wäre.

Hans Georg von Arnim-Boitzenburg

Hans Georg von Arnim-Boitzenburg

* 1583
† 28. April 1641 in Dresden
Grabstätte: Kreuzkirche Dresden
Eltern: Bernd von Arnim, Oberhofmarschall in Brandenburg, und Sophia von der Schulenburg

1611	Erbe der hochverschuldeten Güter des verstorbenen Vaters
1613	Eintritt in die schwedische Armee und Teilnahme am russischen Krieg Schwedens
1617	Abschied als Obrist
	Eintritt in den polnischen Kriegsdienst
1623	Neuerlicher Militärdienst in der schwedischen Armee
1624	Ernennung zum Kommandeur des Blauen Regiments
	Wechsel in den kaiserlichen Dienst zu Wallenstein
Frühjahr 1617	Kaiserlicher Obrist und Militäroperationen zwischen Havel und Elbe
April 1628	Ernennung zum Feldmarschall
	Befehlshaber des kaiserlichen Heeres in Polen
27. Juni 1629	Sieg über Gustav II. Adolf bei Stuhm
Oktober 1629	Aufkündigung des kaiserlichen Dienstes
Frühjahr 1630	Wechsel in den kurbrandenburgischen Militärdienst
Frühsommer 1630	Feldherr Johann Georgs
1. Juli 1631	Ernennung zum Feldmarschall durch Johann Georg
17. September 1631	Befehlshaber der sächsischen Kavallerie bei Breitenfeld
15. November 1631	Besetzung Prags durch Arnim
7. Dezember 1631	Sieg Arnims über Tiefenbach bei Nimburg
7. Juni 1632	Rückzug der letzten sächsischen Truppen aus Böhmen
Sommer 1632	Erfolgreicher Feldzug in Schlesien
31. August 1633	Waffenstillstandsabkommen zwischen Arnim, Thurn und Wallensteins
13. Mai 1634	Sieg über Colloredo bei Liegnitz
Sommer 1634	Neuerliche Einfall Arnims in Böhmen
19. Juni 1635	Ausscheiden aus dem sächsischen Dienst aus Protest gegen den Frieden von Prag

5. Juni 1637	Bericht des Grafen Thurn über die Verhaftung Arnims durch schwedische Kommissare
November 1638	Flucht aus Schweden
Frühjahr 1641	Reorganisation der sächsischen Armee

Aus der Zeit des Landsknechtslebens von Leonhart Fronsperger

Er ging in die Geschichte Deutschlands als »der lutherische Kapuziner« ein, wie ihn seine Feinde, manchmal auch die Freunde ironisch nannten. Das scheint so unrecht nicht, hatte er doch gelegentlich etwas von jener unbeirrbaren Glaubenstreue an sich, die man gewöhnlich Mönchen zuschrieb. Bedürfnislos und asketisch, wie die Ordensregeln es für jene streitbaren Mönche während der Rekatholisierung und Gegenreformation kompromißlos vorsahen, scheint er die meiste Zeit seines Lebens gewirkt zu haben. Bittschreiben um Auszeichnungen und Güterverleihungen wie beispielsweise bei Pappenheim und Tilly wurden jedenfalls nicht bekannt. Das Bild wird auch dadurch schlüssig, bedenkt man, daß der unverheiratete Arnim Heerführer, Politiker, Diplomat und »Theologe« war und nachweislich Ehrungen und Schenkungen standhaft ausschlug, wenn er sie nicht mit seinem Gewissen und seiner religiösen Bindung vereinbaren konnte. Selbst das zweifellos ernstgemeinte Angebot Gustavs II. Adolf, Arnims »pommersche« Güter zu erweitern und ihn durch den Grafentitel zu erheben, bewirkten nichts. Anders als viele, die ihre Konfession mit der Höhe der Belohnungen wechselten oder doch häufig nur Besitzgier hinter religiösen Bekenntnissen verbargen, empfand er sich entschieden als Protestant. Da er gleichzeitig wieder und wieder unter nichtevangelischen Fahnen diente, mag solches irritieren. Gustav II. Adolf nannte ihn »unergründlich« (Irmer, III, 342) und wußte wohl häufig nicht, wie der verschlossene Brandenburger reagieren würde.

Auch andere Zeitgenossen empfanden Arnim manchmal als beschwerlich, als »eifernden Priester«, wenn er seine Handlungen durch »salbungsvolle Reden« absegnete. Solche Auftritte waren dem Zeitalter immanent und wurden gewöhnlich auch von den Zuhörern als Heuchelei belächelt, vor allem dann, wenn man über ganz andere Praktiken der Schönredner zu berichten wußte. Arnim war so und oft doch ganz anders. Offenbar hoch gebildet, des Lateinischen, wie auch des Schwedischen und Französischen mächtig, schmückte er seine Gutachten und Empfehlungen durch Bibelzitate und ließ sogar eigene theologische Überlegungen drucken. Dann wiederum überzog er auch lutherische Siedlungsräume mit Brand und Verheerung und beschoß befehlsgemäß zeitweilig recht intensiv die Stralsunder Glaubensgenossen. Für die böhmischen Exilanten, viele von ihnen Lutheraner wie er, bedeutete sein Feldzug nach Böhmen und die Besetzung Prags eine neue herbe Enttäuschung. Arnim bekundete nicht einmal Verständnis für deren militanten Protestantismus an der Stelle der Leiden jener, die das »Prager Blutgericht« noch immer sichtbar mit ihren aufgesteckten verblichenen Knochenresten symbolisierten. So wird manche religiös fundierte Handlung Arnims auch als formales, bewußt betontes Absichern durch unbestrittene biblische Autoritäten zu werten

sein, geheiligt durch göttliche Botschaft. Vielleicht schöpfte er ja wirklich Kraft
aus solchen Äußerungen. Ganz sicher meinte er es ehrlicher als viele andere.

Mehrfach kündigte er Dienste auf, wenn seine fürstlichen Herren den Toleranz-
konsens verletzten. Das Restitutionsedikt haßte er aus tiefstem Herzen, wohl auch,
weil er als Politiker die Wirkungen voraussah. Natürlich schwang auch Ärger mit, in
Polen als Alliierter nahezu alleingelassen worden zu sein. Er empfand Wut auf den
Kaiser, den König Sigismunds Undank für die deutsche Truppenhilfe wenig interessierte, Enttäuschung auch über Wallenstein, seinen Befehlshaber und Diskussionspartner. Dieser hatte ihn abkommandiert, seinen »besten Feldherrn« (Wedgwood,
147), und gab ihm doch keine wirkliche Hilfe. Er und seine Soldaten hungerten.
Die polnischen Verbündeten lehnten den vorher erbetenen Schutz ab, »weil die
unmittelbare Gefahr vorüber«, beim Anmarsch der Kaiserlichen gerade ein mehrmonatiger Waffenstillstand vereinbart war (Polišenký, 177). König Sigismund
wurde noch ungehaltener, als Arnim die gewünschte Besetzung Danzigs ablehnte.
Ohne Sold und Lebensmittel »fouragierten« die hungrigen Söldner und desertierten
in Massen. Wallenstein schrieb Briefe und diskutierte Projekte mit seinem Unterbefehlshaber. Helfen wollte er offensichtlich nicht. So waren es ganz sicher auch persönliche Beweggründe, als er sein Abschiedsgesuch einreichte. Damals unterrichtete
der Friedländer den Präsidenten des Hofkriegsrates, Arnim habe »schier alle Monat,
sobald ihm das Geringste in den Kopf ist kommen, dem Kaiser den Stuhl vor die
Tür setzen wollen«, so hätte er den Abschied bewilligt (Chlumecky, Briefe, 161).
Die Weigerung, länger unter Wallenstein dienen zu können, begründete Arnim aber
doch mit der Klage über den Bruch des Religionsfriedens durch Ferdinands Edikt
vom 6. März 1629. So jedenfalls verstand er die kaiserliche Verfügung.

Natürlich wußte Arnim, daß der Generalissimus das Edikt selbst blockierte, wo
er konnte. Der Kontakt zu dem Friedländer riß eigentlich auch niemals ab. Weiterhin diskutierte er als Privatmann Projekte und politische Fragen auch mit dem
Friedländer und äußerte sich immer wieder auch zu militärpolitischen Entscheidungen. Die Korrespondenz zwischen beiden, »drei Bände füllend«, sei die reichste
Quelle für die deutsche Geschichte zwischen 1627 und 1628, folgerte seinerzeit
Golo Mann (Wallenstein, I, 476). Als der Boitzenburger im Oktober 1629 auf eigenen Wunsch entpflichtet wurde, hatte er immerhin König Gustav II. Adolf bei
Stuhm eine schwere Niederlage zugefügt und galt nicht nur Wallenstein als fähiger
General. Er blieb sicherlich zeit seines Lebens unabhängiger als die meisten Söldnerführer dieser Periode, hatte in seinen Ländereien doch einen entsprechenden Rückhalt. Wahrscheinlich war es auch Bedürfnislosigkeit, die jene Prinzipientreue ermöglichte. Später hat er aus Gewissensgründen gegebene Worte nicht ähnlich brechen
können, wie sein eigener sächsischer Landesherr. Mit dem Abschluß des Prager Friedens kündigte er, auch diesmal laut protestierend, Kurfürst Johann Georg den
Dienst auf. »Arnim sah, was den blöden Augen Johann Georgs verborgen blieb«.
Dieser Vertrag würde »den Frieden nicht bringen« (Mann, Wallenstein, II, 521).

Die Schweden haben es ihm dennoch schlecht gelohnt. Sie sahen in seiner tiefverwurzelten Ablehnung fremder Eroberer auf deutschem Boden in ihm schon

Zwei Söldnertypen aus der Zeit des Dreißigjährigen Krieges: Der Arkebusier mit Muskete und Stützgabel aus der Anfangszeit und der Musketier, wie er in den Heeren des Kaisers und seiner Gegner diente

kurze Zeit nach Breitenfeld einen Störenfried. Er lotete tiefer, als den Propagandisten einer selbstlosen Rettungsaktion aus dem fernen Norden recht sein konnte. So wurde gerade einer der wenigen, einem Protestantismus auch innerlich verpflichteten Heerführer dem militanten schwedischen »Luthertum« gefährlich. Auch hatte er einige Zeit Mittel in den Händen, Annektionsabsichten erschweren zu können, und verstand das Kriegshandwerk wie wenige um ihn herum.

Glaubt man modernen Biographien, dann diente er schon 1613 in der schwedischen Armee und wurde im russischen Krieg Gustavs II. Adolf schon vor 1617 Obrist. Kein geringerer als Golo Mann übernahm die Überlieferung, Arnim sei wegen der verschuldeten väterlichen Ländereien »1613 als Oberst in den Dienst Gustav Adolfs« getreten (Wallenstein, I, 474). Merkwürdig nur, daß die schwedischen Quellen im Stockholmer Kriegsarchiv offenbar diese Behauptungen nicht belegen. Das umfangreiche, mehrere tausend Seiten starke Standardwerk der schwedischen Militärhistoriographie zu Gustavs II. Adolf Kriegen verzeichnet Arnims erste Registrierung in schwedischen Kriegsdiensten erst 1623. Eigentlich unvorstellbar, daß König und höheren Offizieren vor Pskov entgangen sein sollte, daß unter den ausländischen Geworbenen auch der Sohn des Brandenburger Oberhofmarschalls kämpfte, noch dazu als Obrist. Noch verwirrender, daß Golo Mann von weitreichenden Plänen Arnims wußte, die dieser mit dem Schwedenkönig diskutierte. Eine Expedition »gegen Festung und Hafen von Kola« soll debattiert worden sein, die

Unterredungen schließlich in Streitereien zwischen beiden geendet haben (ebd.). Da bleiben Fragen. Manche ältere Lebensdarstellung ist offenbar mehr Legende als Wirklichkeit, und moderne Historiker übernahmen, was interessant erschien.

Tatsächlich erbte Arnim beim Tode des Vaters 1611 die hochverschuldeten Ländereien. Für einen brandenburgischen Junker war das damals kaum Veranlassung, als »Krieger« nach Reichtum und Beute zu streben. Das Land war nach einigen Fehden zwischen streitbaren Junkern und der landesherrlichen Macht so weitgehend befriedet worden, daß die Stände die Finanzierung kurfürstlicher Truppen mehr oder weniger rigoros verweigerten. Arnim selbst sei auch mehr »aus Neigung, nicht aus Notwendigkeit« Soldat geworden, glaubte seinerzeit die Britin Wedgwood die Quellen zu verstehen (247). »Wahrhaft fromm und ein treuer Untertan des Kurfürsten von Brandenburg, hatte Arnim bei den Kaiserlichen fast aus den gleichen Gründen gedient, aus welchen auch Johann Georg sich 1620 Ferdinand angeschlossen hatte.« Er habe anfangs keinen Religionskrieg darin gesehen, eher die Bestrafung von Rechtsbrechern, und sei erst durch das Restitutionsedikt anderen Sinnes geworden (ebd.). Abgesehen davon, daß Johann Georg wohl auch immer an eine ausgiebige Belohnung für sich dachte und dem Pfälzer die Krone und die damit gewachsene Bedeutung neidete, argumentierten die Böhmen ja übermäßig laut konfessionell. Der später als Diplomat erfahrene Arnim mag solches leichter 1630 als Phrase durchschaut haben als ausgerechnet zu Beginn seiner Laufbahn...

Schon bald nach Gustavs II. Adolf Landung wirkte Arnim als Diplomat seines Brandenburger Landesherrn und traf mehrere Male zwischen dem 15. Oktober 1630 und dem 26. Januar 1631 mit ihm und Johann Georg zu Verhandlungen zusammen. Im August 1630 hatte er Georg Wilhelm in Berlin noch von einem Anschluß an Schweden abgeraten. Vielleicht gerade deshalb sandte Gustav II. Adolf dem Boitzenburger Gutsherrn heimliche Botschaften und beschwor die notwendige protestantische Gemeinschaft. Am 13. September 1630 sah sich Arnim immerhin veranlaßt, den sächsischen Kurfürsten über entsprechende schwedische Vorstellungen zu informieren. Dabei plädierte Wallensteins einstiger Feldmarschall beständig für eine bewaffnete dritte Partei auf deutschem Boden und hoffte hier besonders auf den Sachsen. Enttäuscht reagierte er auf die Resultate des Leipziger Konvents und glaubte fortan nur noch an einen Erfolg an der Seite Schwedens. Nachdem ihn Johann Georg am 1. Juli zum Feldmarschall und Befehlshaber der aufzustellenden sächsischen Streitkräfte ernannt hatte, widmete er sich mit ganzer Kraft dieser neuen Aufgabe. Er entwarf auch die Schlachtordnung der sächsischen Truppen vor dem Breitenfelder Treffen, nachdem es zur Allianz Gustavs II. Adolf mit den protestantischen Kurfürsten gekommen war. Seine Schuld war es nicht, daß Johann Georg seine Feuertaufe alles andere als würdevoll bestand. Arnim kämpfte mit der Kavallerie unverdrossen an der Seite der Schweden, rettete die sächsische Ehre und wohl auch ein wenig den Erfolg des schwedischen Königs.

Dessen Reaktionen nach dieser Sternstunde über Tilly und der Marsch über die »Pfaffengasse« bewegten Arnim schon am 30. Dezember 1631 zu einem Treffen mit dem abgesetzten Generalissimus auf Schloß Kaunitz bei Prag. Er und der Friedländer waren sich einig, sollte es nun nicht Frieden werden, »so würde das liebe Deutschland ein Raub und Beute ausländischer Völker« werden. In seiner berühmten Verteidigungsschrift für den sächsischen Kurfürsten vom 11. Mai 1632 hatte Arnim jene patriotischen Gedanken formuliert, die für Weitsicht zeugen. »Ehrliche Worte«, wie auch Golo Mann folgerte (Wallenstein, II, 157), weitaus eher geeignet, Arnim als deutschen Patrioten zu feiern, als den Losungen des Weimarer Herzog Bernhard einige Jahre später jene Bedeutung beizumessen.

Im Winter 1632 ehrte Johann Georg von Sachsen seinen Feldherrn mit der Ernennung zum Generalleutnant. Und wieder verhandelte dieser mit Wallenstein, der das folgende Jahr merkwürdig unentschlossen verharrte und auch Arnim durch seine Inaktivitäten verwirrte. Der Boitzenburger bemühte sich redlich um ein Übereinkommen, so scheint es trotz mancher, von Historikern geäußerter Zweifel. Pendelreisen zwischen Berlin und Dresden brachten keinen wirklichen Erfolg. Der Krieg begann von neuem, vielleicht auch deshalb, weil es den Generalissimus persönlich kränkte, daß die andere Seite unschlüssig verharrte und die angebotene Hand ausschlug.

Später, im Hochsommer dieses Jahres, konnte noch einmal ein Waffenstillstand vereinbart werden, sondierten Arnim und der Friedländer erneut über einen Frieden. Noch einmal reiste der brandenburg-sächsische Feldherr und Diplomat zwischen den beiden norddeutschen kurfürstlichen Höfen hin und her, und erreichte sogar Hoffnungsvolles. Am 24. September 1633 aber bereitete ihm Wallenstein eine herbe Überraschung. Der kaiserliche Oberbefehlshaber wünschte eine offene Allianz der eigenen mit den sächsisch-brandenburgischen Truppen gegen Schweden. Das aber wagte Arnim nicht und wollte es wohl auch innerlich nicht verantworten. Auch spricht einiges dafür, daß der »lutherische Kapuziner« so ganz selbstlos doch nicht war. Wahrscheinlich erstrebte er das Kommando einer angedachten neuen »dritten Partei« auf deutschem Boden für sich und war keineswegs bereit, sich Wallenstein wiederum unterzuordnen. So dürfte Golo Man vielleicht so unrecht nicht haben. Hans Georg von Arnim war auch ein Schönredner und hat ebenso gerne wie andere intrigiert und geschwatzt, »was ihm gerade einfiel, einmal dies, einmal das« (ebd., II, 317). Sicher kam er damit der Wahrheit und wohl auch dem Charakter Arnims näher als mancher glauben mag, der Arnims »Patriotismus« überfordert. Im übrigen hatte der Brandenburger Aristokrat auch diesmal kaum die Macht, Wallensteins Forderungen zu entsprechen. Der Friedländer überschätzte selbst Arnims Bedeutung und Möglichkeiten. Noch im November 1633 klagte er bei allen Schwierigkeiten und Hindernissen, es käme »alles aus des von Arnim Kopf« (Hallwich, Briefe und Akten, IV, 431). Am Ende hoffte er doch und setzte alles noch einmal auf Arnim, Wallenstein, der kranke, nunmehr nur noch hilflos Hoffende.

Als Arnim am 2. März 1634 in Zwickau auf dem Wege zum Generalissimus von der Bluttat in Eger erfuhr, verweilte er tief erschüttert einige Tage dort. Von nun an wirkte er einsam auf einen rettenden Frieden hin. Glück für ihn war wohl, daß seine schwedischen Gegner ihn im Frühjahr 1637 nur verhafteten und nach Stockholm verbrachten. Axel Oxenstierna war nicht der Mann, der Oppositionelle ermorden ließ. Der im Herbst 1638 aus der Haft Entkommene übernahm noch einmal die Aufgabe, die sächsische Armee zu modernisieren und den Kampf der deutschen Reichsstände gegen die fremden Heere zu organisieren. Mitten in den Feldzugsvorbereitungen im Frühjahr 1641 verstarb Hans Georg von Arnim in Dresden. Der Kaiser und die »deutsche Partei« verloren zweifellos einen fähigen Feldherrn, allemal bedeutender als Gallas oder Melander, des Kaisers »letztes Aufgebot«. Arnim war tatsächlich »einer der charaktervollsten Gestalten unter den Heerführern des Dreißigjährigen Krieges und wohl der bedeutendste Staatsmann und Feldherr, der je im Dienste der sächsischen Kurfürsten gestanden hat« (Gollwitzer, NDB, I, 373), dieser Wertung Heinz Gollwitzers kann nur beigepflichtet werden.

Johann Graf von Aldringen

Johann Graf von Aldringen

* 10. Dezember 1588 in Luxemburg
† 22. Juli 1634 vor Landshut
Grabstätte: Franziskanerkirche St. Anna zu Passau
Eltern: Leonhard Aldringer und Margarete Klaut

Eheschließung im Januar 1630
LIVIA VON ARCO
Vater: Sigismund Graf von Arco
† 31. Mai 1634
Grabstätte: Franziskanerkirche St. Anna zu Passau

30. März 1618	Ernennung zum Hauptmann durch Erzherzog Leopold V.
4. September 1619	Patent als Werbeoffizier
Sommer 1621	Belagerung von Preßburg als subalterner Offizier
September 1621	Oberstleutnant im bayrischen Heer
Oktober 1623	Oberst in kaiserlichen Diensten
	Hofkriegsrat und Oberstkommissar für das kaiserliche Heereskriegswesen
	Kommandant eines Regiments
25. April 1625	Aldringen siegt an der Dessauer Brücke
17. Dezember 1627	Ernennung zum Freiherrn
Frühjahr 1628	Kommissar Wallensteins bei den mecklenburgischen Ständen während der Übernahme des Herzogtums
22. Februar 1629	General-Wachtmeister und Kommissar zur Durchsetzung des Restitutionsedikts
Frühjahr 1629	Verhandlungsführer Wallensteins auf der Lübecker Friedenskonferenz
18. Juli 1630	Eroberung Mantuas
August 1631	Kommandant der kaiserlichen Truppen in den süddeutschen Reichskreisen
10. März 1632	Erhebung in den Grafenstand
15. April 1632	Schwere Verwundung bei Rain am Lech
31. Oktober 1632	Ernennung zum Feldmarschall
29. September 1633	Vereinigung mit den Truppen des Herzogs von Feria bei Ravensburg gegen Wallensteins Weisung

20. Oktober 1633	Entsatz Breisachs
27. Dezember 1633	Bejahung der Entmachtung Wallensteins gegenüber Maximilian von Bayern
18. Februar 1634	Koordinator der Maßnahmen zum Sturze Wallensteins

In der Zeit der Landsknechte und des Dreißigjährigen Krieges entstand auch die Militärmusik. Sie hatte die Aufgabe, beim Marschieren den Takt anzugeben, die eigenen Truppen anzufeuern und den Gegner durch lautes Trommeln und Pfeifen zu verunsichern. Grundeinheit war damals das sg. »Spil«, eine Trommel und eine Querpfeife. Daraus entwickelte sich der im Gegensatz zu Österreich heute noch in Deutschland gebräuchliche Spielmannszug. Nach Leonhart Fronsperger

Im März 1634, nur wenige Tage nach dem blutigen Geschehen von Eger, ehrte Claudia von Medici (1604-1648), die Frau Erzherzog Leopolds von Österreich-Tirol, Feldmarschall Johann von Aldringen als verdienstvollsten der Generäle, die Wallensteins »Verräterei« aufgedeckt hätten. Die britische Historikerin Wedgwood glaubte, vor allem Angst als Motiv für das entschiedene Vorgehen des Luxemburgers anführen zu können. Er habe sich im Herbst 1633 gegen den Willen des Generalissimus mit dem spanischen Heer des Herzogs von Feria vereinigt und mußte früher oder später mit einer Maßregelung durch den Friedländer rechnen. Das leuchtet ein, berührt aber nur eine Ursache für Aldringens Verhalten.

Nächst Hans Georg von Arnim kannte kaum einer der anderen hohen Offiziere den großen Böhmen aus langjähriger Tätigkeit an seiner Seite besser. Obwohl er selbst kein leichtfertiger Feldherr war und Schlachten in der Regel auswich, fand auch Aldringen keine befriedigende Erklärung für Wallensteins mehr als ungewöhnliche Passivität 1633. Ende Dezember hatte er, vermutlich nicht einfach nur heuchelnd, Bayerns Kurfürsten geklagt, er fühle sich und das ihm anvertraute Heer verraten. Es sei »mehr als hohe Zeit, daß auf die Accommodation und Conservation desselben am befürderlichsten gedacht werde, der wenigste Verzug ist mehr als sehr gefährlich« (NDB, I, 190).

Aldringen fand jene Rechtfertigung eigenen Versagens, nachdem er selbst gerade gemeinsam mit Feria dem Schweden Gustav Horn in einem längeren Hin- und Hermarschieren unterlegen war und ein Massensterben der spanischen und seiner Söldner nicht verhindern konnte. Auch war Regensburg am 16. November durch Bernhard von Sachsen-Weimar genommen worden. Dort aber hatte ihn Wallenstein haben wollen. In Wien bezichtigte man nun höchst unzufrieden auch Aldringen der Untätigkeit. Er hatte tatsächlich alle Forderungen Ferias nach einer Entscheidungsschlacht abgewiesen und befolgte da aber auch Weisungen seines Oberbefehlshabers, dessen wilde Ausbrüche bei Befehlsverweigerung oder Nachlässigkeit seiner Offiziere er aus eigener Anschauung kannte. Ohne Wallensteins tätige Mithilfe wäre Aldringen nie das geworden, was er war. Nun aber mußte er gleichermaßen fürchten, mit dem inzwischen allerseits geschmähten Feldherrn stürzen und alles verlieren zu können. Hier schrieb einer, der wohl in tiefer Sorge auch um die Armee und die kaiserliche Zukunft war und Furcht um persönliches Wohlergehen nicht weniger empfand. Es scheint kaum möglich zu entscheiden, was stärker beflügelte. Johann Graf von Aldringen, Gemahl der Livia Gräfin von Arco, hatte viel zu verlieren.

Er war am 10. Dezember 1588 in Luxemburg als Sohn wenig begüterter Eltern geboren worden. Der Vater unterhielt die Familie als Kanzleischreiber, eine Tätigkeit, die er auch dem Sohn ermöglichte. »Tintenkleckser«, so schmähte Wallenstein seinen fähigen Obristen wenige Tage nach dessen heroischem Abwehrkampf an der Dessauer Brücke gegen Mansfelds wilde Scharen. Vielleicht wünschte der ehrgeizige Böhme, den Offizier solcherart zurückzuhalten, und wollte den Ruhm nicht mit Aldringen teilen. Immerhin hatte dieser wiederholt gegen Rückzugsabsichten des verunsicherten Friedländers gesprochen und die Erlaubnis erbeten, die Schanze weiter verteidigen zu dürfen. Gleichzeitig hatte der Luxemburger in schönster, deutlicher Kanzleischrift allerlei unwichtiges über seinen Feldherrn nach Wien berichtet, ein bißchen Spion und Hinterbringer alltäglichen Geschehens und unangebrachter Äußerungen über Kaiser, Fürsten und Wiener Hofbeamte.

Es war trotzdem weitergegangen mit beiden. Wallenstein schätzte den fähigen Schreibtischoffizier als Organisator, Diplomat und Berichterstatter. In Wien hatte man ihn keineswegs schon 1624 wegen seines Geburtsrechtes zum Hofkriegsrat und Oberstkommissar ernannt. Dabei hatte er sich tatsächlich im wahrsten Sinne des Wortes von der Pike heraufgedient. 1606 war er als »Doppelsöldner« in spanische Dienste getreten, ein gebildeter Söldner, der es 1611 schon zum Fähnrich gebracht hatte. Im italienischen Riva erhöhte der Freiherr von Madruzzi, Johann Gaudenz, den klugen Luxemburger Schreiber am 30. März 1618 zum Hauptmann. Im September 1621 führten ihn die bayrischen Soldschreiber bereits als Oberstleutnant. Im übrigen zählte für den künftigen Herzog von Mecklenburg, ob sich sein Obrist früher »Aldringer« nannte. Der »Tintenkleckser« war geschickt und willig, als Soldat und als Kanzlist. Wallenstein sorgte dafür, daß Johann Aldringen am 17. Dezember 1627 in den Freiherrenstand erhoben wurde. Und er sandte ihn als bevollmächtigten Kommissar in sein neues Herzogtum Mecklenburg, gemeinsam mit einigen anderen fähigen Männern den Widerstand der mecklenburgischen Stände gegen die erzwungene »Pfandhuldigung« zu brechen. Bald bewährte sich Aldringen auch in Lübeck während der Friedenskonferenz mit Christians IV. sperrigen Diplomaten. So war ihm der Herzog gerne zuwillen, den Freund aus seiner Rivaer Festungszeit zu fördern. Am 24. März 1629 eröffnete Wallenstein dem Präsidenten des Hofkriegsrates aus Güstrow, Oberst Aldringen hätte erfahren, der »Gallas« würde »zu Ende dieses Monats... bei mir dahier seyn«. Am 11. April 1629 ernannte Ferdinand II. auf »Bitten« seines obersten Feldherrn Aldringen und Gallas zu General-Wachtmeistern«.

Nun trennten sich die Wege Wallensteins und Aldringens. Der Luxemburger wurde Collalto für den italienischen Feldzug zugeteilt und eroberte am 18. Juli 1630 Mantua. Nach dieser Bewährung übergab man ihm ein selbständiges Kommando in den süddeutschen Kreisen. Aldringen marschierte durch Württemberg und wurde nach Wallensteins erster Entlassung gegen den Landgrafen Wilhelm V. von Hessen-Kassel beordert. Die Niederlage der kaiserlich-ligistischen Truppen bei Breitenfeld zwang Aldringen zurück an die Seite Tillys. Am 15. Dezember 1631 würdigte der Kaiser den Einsatz Aldringens mit der Beförderung zum General-Feldzeugmeister, erhob ihn am 10. März 1632 in den Reichsgrafenstand und ernannte Aldringen im Oktober zum Feldmarschall. Bei Rain am Lech erlitt auch er eine schwere Verletzung und mußte bewußtlos vom Schlachtfeld getragen werden.

Einige Monate später kämpfte er bei Nürnberg wieder unter Wallenstein und hatte wohl auch ehrlichen Herzens den Rückruf des Generalissimus erwünscht. War das so, erkalteten diese Gefühle rasch, als der Friedländer den Luxemburger nach Bayern abkommandierte und ihm gleichermaßen aber wirkliche Hilfsaktionen für Maximilian untersagte. Zwischen zwei gefährlich fordernden Großen des Reiches bewies Aldringen Geschick und diplomatisches Können, verstehen konnte er seinen Oberbefehlshaber dennoch nicht. Schließlich entschied er sich gegen Wallenstein und suchte im bayrischen Kurfürsten den Verbündeten. Wallensteins erbittertster Feind sorgte dann auf seine Weise dafür, daß sich die Wiener Verschwörer auch an Aldringen wandten.

Die neuere Geschichtsforschung rechtfertigt Aldringens Entscheidung gegen den Friedländer, er habe Wallenstein »als Saboteur des Krieges und des Sieges« ablehnen müssen. Daher war er »unter den bekannten kaisertreuen Generalen« derjenige, der »am stärksten zum Vorgehen«, zum Mord des Herzogs gedrängt habe (NDB, I, 190). Vorsichtiger, nach Entlastungen suchend, folgerten seine Biographen noch Ende des letzten Jahrhunderts, er mochte Wallensteins Vertrauen nicht verraten und fühlte sich aber auch an den Kaiser gebunden. So habe er Krankheit vorgetäuscht und erst am 18. Februar nach einer Zusammenkunft mit Marradas, Gallas und Collalto zugestimmt, die Aktion zu organisieren. Der Kaiser jedenfalls sah seine Verdienste als erwiesen an und dankte ihm mit Belehnungen aus der konfiszierten Gütermasse des Feldmarschalls und Grafen Trčka.

Den Erfolg von Nördlingen als scheinbare Bestätigung der Bluttat konnte er nicht mehr genießen. Am 22. Juli 1634 fiel er im Kampf um Landshut, persönlich mutig, schuldig an der Niederlage dennoch, weil er entscheidende Zeit durch vorsichtiges Marschieren verschwendete und Bernhard von Sachsen-Weimar und Gustav Horn keinen geordneten Widerstand entgegensetzen konnte. So wirkt die Würdigung, der »ehemalige Schreiber kannte keinen höheren Ehrgeiz als ein richtiger Soldat zu sein«, ein wenig überzogen. Bei Landshut jedenfalls bestätigte er nur, daß es ihm tatsächlich an »Genialität und Phantasie«, jedenfalls an militärischem Weitblick mangelte. Er war zweifellos ein gewissenhafter Schreibtischsoldat, »beherrschte das gesamte Militärwesen von Werbung, Verpflegung und Ausrüstung... bis zur Heeresorganisation und -leitung wie kaum ein zweiter« (ebd.). Er sei »nicht ohne taktisches Geschick« gewesen, so eine andere moderne Charakteristik (BWB, I, 67). Treffender scheint indes wohl doch Golo Manns lakonische Schlußwertung, Aldringen sei bei Landshut »auf der Flucht ruhmlos ums Leben« gekommen. Erst der junge Ferdinand und Gallas hätten wenig später getan, was »Aldringen im Vorjahr hatte versuchen müssen« (Wallenstein, II, 516). Taktisches Können offenbarte er damals nicht. Genaugenommen bewährte sich dieser Heerführer immer nur dann, wenn ein anderer, ein besserer die Befehle gab. Das unterschied ihn von Tilly und Mansfeld, vor allem aber von Pappenheim, Arnim, Bernhard von Sachsen-Weimar und natürlich von Wallenstein.

Matthias Gallas, Graf von Campo, Herzog von Lucera

Matthias Gallas, Graf von Campo, Herzog von Lucera

* 16. September 1584 in Trient
† 25. April 1647 in Wien
Eltern: Pancraz Gallas und Maria Anunciata Mercadenti de Gonzalis

1. Eheschließung im Januar 1630
ISABELLA VON ARCO
Vater: Sigismund Graf von Arco
* 1608
† 1632

2. Eheschließung
DOROTHEA ANNA VON LODRON
Vater: Philipp Jacob Graf von Lodron
† 1666

1606	»Doppelsöldner« in spanischen Diensten in den Niederlanden
1611	Fähnrich in spanischen Diensten in Italien
22. Juli 1612	Tod des Vaters als Obrist-Wachtmeister
1615-1617	Teilnahme am Friaulschen Krieg
30. März 1618	Bei Beförderung Aldringens bereits Hauptmann und Kommandant von Riva
6. August 1623	Teilnahme an der Schlacht bei Stadtlohn
November 1628	Einnahme von Krempe
17. Dezember 1627	Reichsfreiherrschaft
11. April 1629	General-Wachtmeister Wallensteins
	Teilnahme am Krieg in Oberitalien
10. März 1632	Erhebung in den Reichsgrafenstand
13. Oktober 1632	Ernennung zum kaiserlichen Feldmarschall
25. September 1633	Generalleutnant und Stellvertreter Wallensteins
24. Januar 1634	Kaiserliches Patent als Oberbefehlshaber der kaiserlichen Armee anstelle Wallensteins
6. September 1634	Militärischer Ratgeber Ferdinands III. in der Schlacht bei Nördlingen
Februar 1636	Überstürzter Rückzug aus Elsaß-Zabern
Juni 1637	Ernennung zum Geheimen Rat

November 1639   Entlassung in Ungnaden
Januar 1645   Neuerliche Entlassung nach Niederlagen 1644

Aus der Zeit des Landsknechtslebens von Leonhart Fronsperger

Was mit dem Wirken Heinrich Matthias Graf zu Thurn-Valsassina an Ungemach der böhmischen Erhebung und der schwedisch-deutschen Partei erwuchs, belastete das kaiserlich-katholischen Lager und die Spanier mit dem Agieren des Matthias Gallas. Die Weigerung Kaiser Ferdinands III., dem sterbenden Gallas ein letztes Gespräch unter vier Augen zuzugestehen, enthüllt schlaglichtartig, was man am Wiener Hof über den einstigen Oberbefehlshaber der kaiserlichen Streitkräfte 1647 dachte. Wahrscheinlich fürchtete der Herrscher unangenehme Eröffnungen über die unvergessene Wallenstein-Intrige und wünschte keine gewissensbelastenden Wahrheiten zu hören. Wenigstens vermuteten das auch schon einige Höflinge und zeitgenössische Beobachter. So verbrannte Gallas demonstrativ in seinen letzten Stunden ein Bündel offenbar wichtiger Briefschaften und wollte mit den ihm durch den Kaiser zugesandten Höflingen darüber nicht sprechen. Andererseits war die Person des Gallas für Ferdinand III. inzwischen nahezu zur schrecklichen Pein geworden. Freund und Feind verhöhnten seinen einstigen Schützling und Vertrauten als »Heeresverderber« und lasteten dem unfähigen Herzog von Lucera die offenkundige militärische Schwäche Habsburgs an. Niemand habe der Dynastie durch beflissene Dienste so geschadet wie dieser, hörte man allenthalben von Wien über Madrid bis Stockholm und Paris, selbst am kleinen Weimarer Hof spöttelte man genüßlich über den Wallenstein-Nachfolger.

Gallas war tatsächlich bestenfalls ein Heerführer »dritten Ranges«, viel »dümmer« als seine Mitverschworenen Aldringen und Piccolomini (Mann, Wallenstein, II, 423). Geldgierig, ausschweifend und alkoholkrank, erkämpfte er einige »glänzende Anfangserfolge«, ruinierte später mehrere kaiserliche Armeen und »verspielte« alle Erfolge der Habsburger (Hoppe, BWB, I, 851). Die einfältige, durch Piccolomini ärgerlich gestrichene Version im Bericht des Gallas, es habe einen gewaltigen Knall gegeben, Rauch sei aufgestiegen, als Wallenstein der tödliche Stoß traf, illustriert auf eine schlagende Weise den Bildungsstand dieses Heerführers. »Vermutlich war es der Teufel, der aus ihm fuhr,« hatte der Intrigant und »pompöse Trunkenbold« notieren lassen (Mann, Wallenstein, I, 666 u. II, 482). In die Geschichtsschreibung ging er vor allem ein, weil der nahezu unverständliche Aufstieg ebenso fesselt wie die Verstrickung in die Ereignisse in Eger. Als Figur Wallensteins, erfolgreich nur in dessen Schatten, wurde Gallas geschichtsträchtig erst durch dessen Ermordung.

Matthias Gallas ist einer der Prototypen des überaus glückbegünstigten Condottiere in der zweiten Hälfte des Dreißigjährigen Krieges. Aus dem niederen Südtiroler Adel stammend blieb schon dem Vater Gallas nur die Hoffnung auf eine beutereiche Soldatenlaufbahn. Vielmehr wurde es dann auch nicht für Pancraz Gallas, den

Herrn des Schlosses Campio im Fürstbistum Trient. Er beschloß seine Laufbahn am 22. Juli 1612 als Obrist-Wachtmeister, dem heutigen Major entsprechend. Das war kaum ein Dienstrang, um Reichtümer aufzuhäufen und dem Sohn mehr zu hinterlassen als einen Adelstitel.

Matthias Gallas wurde ein ungleich glücklicherer Beutemacher. Er selber behauptete gerne, in der Jugend »nach mancherlei Studentenschicksalen« und Bildungsreisen durch Italien, Frankreich und die Niederlande in Flandern 1606 als »Doppelsöldner« einer adligen Eliteeinheit in spanische Militärdienste getreten zu sein (Hallwich, DB, 320). Leider lassen sich diese Angaben nicht durch Quellen belegen. Auch die von Gallas behauptete Immatrikulation an der Universität Paris läßt sich nicht nachweisen.

Im Jahre 1618 befehligte der »Welschtiroler« als Hauptmann die Garnison der Festung Riva, als der Luxemburger Johann Aldringen dort am 30. März 1618 ebenfalls zum Hauptmann befördert wurde. Fortan bestand eine Soldatenfreundschaft, die mit vorübergehender Entfremdung 1633 offenbar bis zu Aldringens Tod 1634 währte und möglicherweise erst die endgültige Verstrickung des Generalleutnants Gallas in das Mordkomplott gegen Wallenstein als gewissermaßen privaten Entscheid der »Freundestreue« miterklärt. Gallas sei »ein weniger anständiger« gewesen als Aldringen und Piccolomini, deutete schon Golo Mann das Hin und Her und bestimmte Skrupel des Gallas, der möglicherweise anfangs wirklich »überhaupt nicht« begriff, »was gespielt wurde« (Wallenstein, II, 434).

Es war im übrigen der inzwischen unter Wallenstein zu hoher Verantwortung aufgestiegene ehemalige Hauptmann Aldringen aus der Rivaer Zeit, der als Obrist und Chef der Feldkanzlei des Böhmen zu Jahresbeginn 1629 den Wechsel des bayrischen Obristen Gallas in das kaiserliche Heer initiierte. Damals hatte sich dieser bereits bei Stadtlohn unter Tilly und der Eroberung von Krempe im November 1628 ausgezeichnet, ein mutiger Offizier, der Befehle erfüllte. Am 17. Dezember 1627 erhob Kaiser Ferdinand II. ihn und Aldringen in den Reichsfreiherrenstand, eine bedeutende Auszeichnung, die beide neuerlich aneinander band. Und es war wiederum der Luxemburger, der Wallenstein gewann, Collalto am 29. März 1629 brieflich um das Patent eines General-Wachtmeisters für den bayrischen Offizier zu bitten. Sehr wahrscheinlich, daß der Protest des verärgerten Maximilian über den plötzlichen Wechsel des Gallas ins Heer Wallensteins Aldringens Anliegen beförderte. Nun glänzten die scheinbaren militärischen Vorzüge des Trienters in besonderem Licht. Am 11. April des Jahres ernannte der Kaiser dann sowohl Gallas wie auch Aldringen zu General-Wachtmeistern.

Gegen die Empfehlungen und Gutachten Wallensteins erzwang Ferdinand II. auf drängende Bitte des spanischen Hofes für 1630 eine Offensive in Oberitalien. Gallas und Aldringen führten Korps des kaiserlichen Heeres unter dem Oberbefehl des Grafen Collalto vor Mantua. Im Januar 1630 feierten die ungleichen Freunde auf Schloß Arco eine prunkvolle Doppelhochzeit mit den Töchtern des verstorbenen Grafen von Arco. Kurze Zeit vorher hatte Aldringen Mantua eingeschlossen und Gallas durch eine glückliche Waffentat Karl I. Gonzaga, Herzog von Nevers-

Rethel, und dessen venezianischen Helfer bei Goito zurückgeworfen. Am 30. Mai
siegte der Südtiroler erneut über die Venezianer nahe Goitos, und am 18. Juli 1630
strömten auch Gallas Söldner in das von Aldringen sturmreif geschossene Mantua.
In trauter Eintracht plünderten Gallas und Aldringen das herzögliche Schloß und
erwarben gewaltige Reichtümer, beneidet und bewundert von der Masse der Söldnerführer ihrer Zeit. Wer so viel davon tragen konnte, mußte ein Großer der Kriegsgeschichte sein! Hier siegten zwei, denen es beiden dazu fehlte, dem einen mehr
noch als dem anderen. Gallas hatte nicht einmal Aldringens Format.

Mit Wallensteins neuerlichem Generalat schien wiederum auch Gallas' Sonne.
Am 23. Dezember 1631, nur acht Tage nach der Ernennung Aldringens, beförderte
Ferdinand II. den Reichsfreiherrn Matthias Gallas auf ausdrücklichen Wunsch des
»General-Capo der kaiserlichen Armada« zum General-Feldzeugmeister. Gallas und
Aldringen unterstand das Geschützwesen Wallensteins, ihnen war die Reorganisati-
on der Feldartillerie übertragen worden.

Erstaunlicherweise erhob der Kaiser am 10. März 1632 beide, Gallas und wieder
auch Aldringen, gemeinsam in den Reichsgrafenstand. Während der Luxemburger
dann aber gegen seinen Wunsch vom Friedländer der ligistischen Armee mit seinem
Korps zur Seite kommandiert, bei Rain am Lech schwer verwundet wurde, vereinigte sich Gallas Ende April mit seinen Truppen mit dem Heer des Generalissimus. Der
nunmehrige Graf von Campo säuberte im Verbund mit der Hauptarmee Böhmen
von den schleunigst zurückweichenden Sachsen.

Nach dem Triumph Wallensteins bei Nürnberg sandte dieser Gallas mit 12.000
Mann am 22. September 1632 nach Sachsen, um sich dort mit dem bereits unermüdlich brennenden und verheerenden Korps Heinrich Holks zu vereinigen. Schon
in der Oberpfalz lernten die Menschen, künftig den Namen »Gallas« mit Furcht
und Abscheu zu nennen. Der Graf aus Trient ließ in Sulzbach selbst Frauen und
Kinder totschlagen, Wunschsiedel und Rednitz niederbrennen und Chemnitz in
Sachsen gnadenlos plündern. Am 13. Oktober 1632 ernannte Ferdinand II. Gallas
zum Feldmarschall für seine »Verdienste« im Krieg gegen Sachsen und würdigte Aldringens Leistungen bei der »Alten Feste« bei Zirndorf Anfang September gegen
Gustav II. Adolf mit dem gleichen Rang.

Beide Feldherrn lohnten es Wallenstein wenig, daß er solcherart auch Erhöhun-
gen ihrer monatlichen Bezüge erwirkt hatte. Bei Lützen wartete der Generalissimus
vergeblich auf Aldringen, der »gezögert« hatte »und wieder gezögert, bis es zu spät
war« (Mann, Wallenstein, II, 238). Und auch Gallas kam nicht zeitig und ließ ihn
auch nicht einmal wissen, wo der gefürchtete Arnim stand. Zuverlässig war der
»Welschtiroler« nicht, er trank und feierte schon damals lieber, als daß er marschierte, energisch die Aufklärung des Feindes kontrollierte und den Feldherrn verläßlich
über die Konzentrationsplätze des Gegners informierte. In Lützen jedenfalls ahnte
Wallenstein nicht einmal, wo Arnim stand, er glaubte ihn näher als der Sachse war.
Gallas stand zwar zwischen der kaiserlichen Hauptarmee und den in Schlesien wartenden sächsisch-brandenburgischen Truppen, genaueres erfuhr Gallas' Oberkommandierender aber nicht von seinem Feldmarschall. Auch negierte dieser Wallen-

steins Weisung vom 10. November, sich sofort von der böhmischen Grenze zurück nach Meißen zu verfügen. Gallas versprach, tat es jedoch nicht.

Im Winter 1632 auf 1633 ruinierte der Trienter in Schlesien erstmalig seine Armee sowie Artillerie und stand untätig Arnim gegenüber, er sollte das und durfte Arnim aber auch keine Entwicklungsmöglichkeiten einräumen. Vielleicht lagen die »zweifellos militärischen Fähigkeiten« (Rößler, NDB, VI, 46) des damaligen Feldmarschalls vor allem darin, sich dafür vor Wallenstein zu rechtfertigen. Jedenfalls wurde er am 25. September 1633 auf Empfehlung des Generalissimus zu dessen Stellvertreter und Generalleutnant befördert. Schlesiens Städte und feste Plätze aber waren bereits seit dem Frühjahr 1633 alle mit schwedischen und brandenburg-sächsischen Garnisonen besetzt. Merkwürdig, welche Fehleinschätzungen auch dem genialen böhmischen Strategien unterliefen.

Gallas knüpfte im Sommer 1633 als Vertrauter Wallensteins zahlreiche Kontakte zu Arnim und hörte bei wesentlichen Gesprächen und Verhandlungen des Friedländers mit dem Boitzenburger, was der Herzog anbot und wie wenig ihm der Wiener Hof und Maximilians Klagen bedeuteten. Gallas kannte wohl auch Wallensteins Zukunftspläne und hatte wenigstens aber gelegentlich geäußerte Bemerkungen über dessen Vorhaben gesammelt. So wurde er einer der geeignetsten Zuträger für die Wiener Opposition zum Oberbefehlshaber und verriet Wallensteins Vertrauen wahrlich charakterlos, schon das »Absetzungsdekret in der Tasche« (Hallwich, ADB, 327).

Ferdinand II. lohnte den Verrat mit der Belehnung der bedeutendsten Herrschaft Friedland an Gallas, Prager Pälästen und der wichtigsten Ländereien des Grafen Trčka. Gallas, solcherart ausgezeichnet, mußte nun bald erkennen, »daß er, der ehemalige Unterfeldherr Wallensteins, dessen genialer Leitung beraubt«, sich unfähig erwies, »eine selbständige Führerrolle zu übernehmen«, wie einer der bedeutendsten älteren Kenner der Wallensteinsproblematik formulierte (ebd., 329). Er habe nun planlos süddeutsche Städte erobert, sei über den Rhein gezogen und habe unüberlegt Truppen in die Niederlande gesandt. Philipp IV. von Spanien zeigte sich mit einer beträchtlichen Geldsumme sehr erkenntlich für solchen Freundschaftsdienst. Der kaiserlichen Sache brachte das aber keine Zinsen. Im Februar 1636 mußte Gallas fluchtartig bis zur Donau weichen. Am Ende rettete ihn nur das Eingreifen Ferdinands III. vor dem Kriegsgericht.

Als Geheimer Rat geehrt durfte Gallas unbegreiflicherweise im Juni 1637 erneut als oberster Feldherr gegen die schwedische Armee marschieren, erlitt gegen den großartigen Banér fast selbstverständlich eine schwere Niederlage und büßte bald die gut ausgerüstete kaiserliche Armee ein. Im November 1639 erbat er selbst seinen Abschied, allzu sichtbar war sein Unvermögen geworden, nun wohl auch für ihn selbst deutlich. Hatte er sich noch vor Wallenstein entschuldigen können, nun nahm die Öffentlichkeit, der kaiserliche Hof keine Rechtfertigungen mehr an. Um so verwirrender die neuerliche Berufung des Trinkers zu Jahresbeginn 1643.

Kein anderer kaiserlicher Feldherr hat wie er mit einem starken Heer untätig dem Eindringen einer schwedischen Armee in die Erblande zugesehen. Gallas harrte mehr oder weniger unberührt bei Königgrätz aus und rührte sich selbst beim

Anmarsch Torstenssons auf die Donaubrücke bei Wien nicht. Er folgte den Schweden erst dann nach Norddeutschland, als diese gegen Dänemark marschierten. Auch
hier blieb er so inaktiv, daß Christian IV. hilflos vor Torstensson kapitulieren mußte
und der Kaiser einen möglichen starken Bundesgenossen verlor. Es zählt dennoch zu
den Absonderlichkeiten der kaiserlichen Militärgeschichte, daß der sich selbst gern
als bedeutenden Feldherrn verstehende Ferdinand III. Gallas die erneute Selbstzer-
störung der Armee erlaubte. Der »Heerverderber« wurde erst mit Schimpf und
Schande abgesetzt, nachdem er sich mühsam mit einem Rest des Fußvolkes ohne
Reiterei, Artillerie und den Troß bei Magdeburg der Gefangennahme entzogen
hatte. Es grenzt schon an Torheit, daß der Hof Gallas dem Kaiser noch einmal zum
Oberbefehlshaber empfahl und dieser ihn am 11. Dezember 1646 auch wirklich
ernannte. Glücklicherweise für Land und Leute hinderten Krankheit und Trunksucht den alten Mann an einem weiteren Todesfeldzug für die Reste des kaiserlichen
Heeres. Ganz zuletzt empfand Ferdinand III. offenbar nur noch Verachtung für den
Gescheiterten und seinen Berater von Nördlingen. Schuld an der Misere waren er
und seine Höflinge. Das zeitgenössische Urteil aus dem Lager der kaiserlichen Gegner, »die Zerwürfnisse und das Parteiwesen im kaiserlichen Heere haben diesen
Mann ungleich mehr gefördert als seine großen Talente« (Hallwich, ADB, 330)
scheint treffend. Die schwedische Nationalgeschichte zur Periode des Dreißigjährigen Krieges widmete Tilly, Wallenstein, Maximilian von Bayern und Bernhard von
Sachsen-Weimar größere Passagen, Gallas wird nur in einer Zeittafel kurz gedacht,
ein bedeutungsloser General. Fast scheint es, als hätten die schwedischen Historiker
richtig entschieden.

Octavio Fürst Piccolomini d'Aragona, Herzog von Amalfi

Octavio Fürst Piccolomini d'Aragona, Herzog von Amalfi

* 11. November 1599 in Florenz
† 11. August 1656 in Wien
Eltern: Silvio Piccolomini und Violante Gerini

Eheschließung 1651
BENIGNA FRANZISKA von Sachsen-Lauenburg-Ratzeburg
* 1635
† 1701
Eltern: Julius Heinrich, Herzog von Sachsen-Lauenburg-Ratzeburg, und Magdalena von Lobkowitz

	Eintritt in den spanischen Militärdienst
1618	Rittmeister im Dienste des Großherzogs von Toskana
8. November 1620	Teilnahme an der Schlacht am Weißen Berg
Herbst 1624	Wechsel in die spanische Armee unter Spinola vor Breda
Juni 1627	Obrist und Kommandant der Leibgarde Wallensteins
6. April 1631	Geisel der Franzosen beim Friedensschluß von Cherasco
16. November 1632	Hervorragende Tapferkeit bei Lützen
31. Dezember 1632	Beförderung zum General-Wachtmeister
25. Februar 1634	Organisator des Mordkomplotts gegen Wallenstein
19. Juni 1638	Erhebung in den Reichsgrafenstand
7. Juni 1639	Sieg über die französische Armee unter Feuquières bei Diedenhofen (Thionville) und Ernennung zum kaiserlichen Geheimen Rat bzw. zum Herzog von Amalfi durch Philipp IV. von Spanien
5. September 1639	Befehlshaber der kaiserlichen Hauptarmee in Böhmen
2. November 1642	Katastrophe Piccolominis und Erzherzog Leopold Wilhelms gegen Torstensson bei Breitenfeld
26. Mai 1648	Kaiserlicher Generalleutnant
26. Juni 1650	Unterzeichnung des schwedisch-kaiserlichen Hauptrezesses über die Demobilisierung der Truppen in Nürnberg
2. Juli 1650	Unterzeichnung des französisch-kaiserlichen Hauptrezesses
8. Oktober 1650	Erhebung in den Reichsfürstenstand

Die Piccolomini zählten zu den bedeutenden italienischen Adelsgeschlechtern des mittelalterlichen Roms. Im 14. Jahrhundert waren sie nach Siena übersiedelt und gewannen auch hier schnell an Einfluß. Mit zwei Päpsten – bedeutend der eine, Enea Silvio Piccolomini als Pius II. (1458-1464), und dessen Neffen Francesco Todeschinni-Piccolomini (1439-1503) als Pius III. – errang die Familie europäische Bedeutung. Da störte nur wenig, daß der letztere 1503 mehr als Produkt enger verwandtschaftlicher Beziehungen auf den römischen Stuhl gelangte und in nur 26 Tagen Pontifikat kaum Geschichte als Papst schreiben konnte. Im übrigen wußte man auch außerhalb der italienischen Staaten und Höfe, das Pius II. solchen Familiensinn mit vielen Kirchenfürsten teilte. Der päpstliche Onkel hatte Francesco schon als 21jährigen zum Bischof von Siena geweiht und ihm den Kardinalspurpur gesichert. Der auf ihn folgende Julius II. war wiederum einer päpstlichen Nepotenwirtschaft entsprossen und setzte seinerseits diese Traditionen fort. Piccolomini folgten nun nicht mehr zu höchsten geistlichen Ämtern, blieben aber noch mächtig.

Dem am 11. November 1599 geborenen Octavio Piccolomini stand der Sinn wohl nie nach seelsorgerischem Tun. Er sorgte vor allem für sich und glaubte das am besten als Kriegsmann zu können. Schon als Siebzehnjähriger schwor er auf die spanischen Fahnen. Nach dem Prager Fenstersturz führte er gemeinsam mit dem Bruder Eneas als Rittmeister dem Kaiser ein Kürassierregiment des Großherzogs von Toskana zu und diente im südlichen Böhmen zunächst unter Marradas. Im August 1619 fiel der Bruder bei Moldautheim. Octavio marschierte wenig später unter Buquoy und kämpfte am Weißen Berg. Nach dem Tode des Feldherrn führte er sein Regiment von Neuhäusel (Nové Zámky) zurück und wurde durch Ferdinand II. wegen Tapferkeit vor dem Feinde zum kaiserlichen Kammerherrn ernannt. 1623 wechselte er auf den spanischen Kriegsschauplatz in den Niederlanden und diente Philipp IV. von Spanien vor Breda. Im Regiment Pappenheims avancierte er zum Obristleutnant und folgte dem Schwaben nach Italien.

Im Juni 1627 übernahm Wallenstein den jungen Italiener als Kommandant seiner Leibgarde und ernannte ihn zum Obristen. Wie einst die Piccolomini der Papstzeit förderte Octavio auch sofort seinen Neffen Silvio. Fortan diente in Wallensteins Garde ein zweiter Piccolomini. Für Octavio hatte sich im übrigen auch der päpstliche Staatssekretär, Kardinal Francesco Barberini, persönlich in Briefen an den Kaiser und den Herzog von Friedland eingesetzt. Sie waren in der Tat noch immer eine bedeutsame Familie, die Piccolomini. Und ihre Söhne wußten zu verdienen. Octavio, der Obrist und Kommandant der Garde, erhielt von Wallenstein »doppelte Unterhaltung«. In Stargard in Hinterpommern, Piccolominis Standort, klagten die Menschen bald über die zupackende Art des Italieners, seinen »Unterhalt« mit gepanzerter Faust

einzufordern. Ohne wertvolle Zeit zu verlieren und im Hauptquartier seines Feldherrn nachzufragen, erlegte er den Stargardern sofort eine Zahlung von 30.000 Talern
auf, ein Verfahren, das selbst Wallenstein mißfiel. Obrist von Arnim hatte zu untersu-
chen, ob der Sienese »gestraft« werden müsse, so die Weisung des Friedländers (Hallwich, ADB, 96). Es zeigte sich rasch, daß die Piccolomini einflußreiche Freunde
nicht nur in Rom und Siena hatten. Hofkriegsratspräsident Collalto, der schon seinerzeit Octavio Piccolomini Wallenstein empfohlen hatte und der schon zu anderen
Zeiten viel Verständnis für ungewöhnliche Requirierungen seiner Offiziere aufbrachte, erwirkte umgehend einen Pardon für den allzu forschen Beutemacher. Der Friedländer beugte sich dem Wiener Druck, beförderte den Italiener zum Obristen »zu
Roß und Fuß« und unterstellte ihm ein Reiter- und ein Infanterieregiment. Die »Vergebung« Friedlands und die Beförderung kamen kaum zufällig. In jenen Tagen näm-
lich war Octavios Bruder Ascanio zum Erzbischof von Siena geweiht worden, eine
auch in Zukunft sehr förderliche familiäre Verbindung des Soldaten in »Wallensteins
Lager«. Zunächst blieb offen, wer mehr profitierte aus dem nun einsetzenden, bald
ausufernden Briefwechsel des Gardekommandanten mit den Vettern Papst Urbans
VIII., Wallenstein oder Rom. Der Generalissimus jedenfalls nutzte seinerseits Octavio Piccolomini mehr als Sekretär denn als Militär.

Im Frühjahr 1629 organisierte Piccolomini auftragsgemäß Vorbereitungen für
einen Marsch einiger kaiserlicher Korps nach Mantua. Wallenstein sandte seinen
obersten Gardisten im Herbst des Jahres mit sehr speziellen Briefen an Ambrogio di
Spinola, Spaniens Feldherrn in Oberitalien. Nachdem Octavio im Dezember
zurückgekehrt war, intensivierte der Herzog von Mecklenburg, Friedland und Sagan
seine Bemühungen, den Krieg des Kaisers um Mantua so rasch wie möglich zu beenden. Piccolomini reiste als Sonderbeauftragter seines Feldherrn mit geheimer Botschaft mehrfach zwischen dem Hauptquartier Wallensteins und dem Wiener Hof
hin und her, trug die Friedensmahnungen im Gepäck und kehrte mit Beschwörungen Collaltos und Spinolas zurück. Der Generalisssimus sandte neue Truppen und
sicherte die Eroberung Mantuas. Dieser Krieg, dennoch von Wallenstein nicht
gewollt, brannte weiter. Darüber verstarb Spinola, der große Genuese in spanischen
Diensten, am 18. November 1630 auch Hofkriegsratspräsident Rambold Collalto,
Piccolominis Förderer. Da aber war der Friedländer auch für Octavio und Silvio Piccolomini nur noch Privatmann, zurückgezogen auf seine böhmischen Besitzungen.
Derweil diente der sienesische Obrist dem Kaiser als Kurier des Friedens und trug
die Wiener Zugeständnisse, die Kapitulation des siegreichen Kaisers nach Cherasco,
wo am 6. April 1631 der Frieden in Oberitalien vereinbart wurde. Piccolomini blieb
als eine vom Kaiser gestellte Geisel unter französischer Aufsicht, Garant des Wiener
Friedenswillens, Richelieu zur Sicherheit für den baldigen Rückzug der kaiserlichen
Truppen überlassen.

Damals hoffte der Obrist Piccolomini gleich vielen anderen Condottiere auf die
rasche Rückkehr Wallensteins. Selbst behauptete der Italiener, er empfände »auf der
Welt keinen größeren Trost, als wenn der Herzog von Mecklenburg wieder sein frü-
heres Commando übernähme«. Er wüßte nur zu gut, was er »der Güte und Leutse-

ligkeit jenes Herrn schulde«, und sei begierig, »dies durch Thaten wahrer Erkennt-
lichkeit zu bezeugen« (Hallwich, ADB, 98). Ein Schönschreiber und Heuchler,
gewiß, und doch wartete auch Octavio Piccolomini in jenen Monaten ungeduldig
auf den energischen Feldherrn. Er blieb in Ferrara bis Ende September 1631 inter-
niert und folgte besorgt der Entwicklung auf dem deutschen Kriegsschauplatz. Seine
familiären Informationskanäle sicherten ihm ein Höchstmaß an aktueller Infor-
miertheit. Der schwedische Siegeszug beunruhigte ihn. In Venedig las und hörte er
erste sichere Nachrichten über Tillys Debakel bei Breitenfeld und setzte nun mehr
noch als früher auf Wallenstein. Der neuernannte Generalissimus rief und beförderte viele seiner früheren Obristen zu Generälen. Piccolomini aber blieb, was er im
Sommer 1630 gewesen war. Wallenstein unterstellte den Obristen seinem neuen
General-Wachtmeister Heinrich Holk, eine schwere Kränkung, wie der Italiener
vermeinte. Der »dänische Günstling« des Feldherrn war fortan der Lieblingsfeind
des Octavio Piccolomini – und ein bißchen auch jener Herr, dem er noch unlängst
unbedingt tatenreich seine Anhänglichkeit und Dankbarkeit bekunden wollte.

Zuneigung und Hingabe war seine Stärke nicht, wie der Sienese bald offenbarte.
Taten lagen ihm mehr, wenn sie sich auch und besonders in klingender Münze aus-
zahlten. Während des sächsischen Verheerungsfeldzuges Heinrich Holks raubte
auch Piccolomini fleißig zusammen, was er fortfahren konnte. Während jedoch der
Däne weiter avancierte, beachtete der Generalissimus den subalternen Italiener auch
jetzt kaum. Erst auf dem Schlachtfeld von Lützen erkämpfte sich der Obrist wieder
die Aufmerksamkeit seines obersten Feldherrn und wurde erneut interessant auch
für andere.

Es kann nicht bezweifelt werde, daß Piccolominis Attacken auf Wallensteins lin-
kem Flügel schließlich die Zurückweichenden stoppten und dem gefährlichen
Chaos gewehrt wurde. Der Reiterobrist wuchs wirklich zu einem der kaiserlichen
Helden dieses blutigen Tages. Berechtigt wurde er daher am 31. Dezember 1632 von
Ferdinand II. zum General-Wachtmeister befördert. Das Glück des selbstbewußten
Italieners wurde dennoch getrübt. Auf Wallensteins ausdrücklichen Wunsch ernann-
te der Kaiser Heinrich Holk am gleichen Tag zum Feldmarschall. Wieder fühlte sich
der Ehrgeizige zurückgesetzt.

Wahrscheinlich wußte der Generalissimus, daß Piccolomini weiterhin die Kurie
über alle Vorgänge im kaiserlichen Feldlager informierte. Die Details aber mag er
wohl nicht geahnt haben. Immerhin belegen die erhaltenen Papiere, daß Urban
VIII., Frankreichs heimlicher Bundesgenosse, exakte Angaben über Wallensteins
Heeresstärken aus der Feder des Italieners vorlagen. Es war nicht eben sonderliche
Anhänglichkeit, die der Sienese solcherart Kaiser und Generalissimus bekundete, ein
Spion der Kurie im böhmischen Hauptquartier Wallensteins.

Mehr Diplomat, durch vielfältige Kontakte mit einflußreichen Persönlichkeiten
Roms, Wiens und Madrids verbunden, verstand Piccolomini früh, die Zeichen der
Zeit zu deuten. Wallensteins sinkender Stern und die schnell wachsende Zahl seiner
mehr oder weniger offen argumentierenden Gegner wurden von dem Sienesen kalkuliert und zielstrebig ausgenutzt. Mit kalter Berechnung intrigierte er über seine

Mittelsmänner am Wiener Hof und formierte allmählich eine Verschwörung der Höflinge, Räte und ihm ergebener Offiziere gegen den Generalissimus und seinen persönlichen Feind Holk. Frühzeitig orientierte sich Piccolomini auf den ehrgeizigen, von seinen militärischen Fähigkeiten überzeugten König von Ungarn, Erzherzog Ferdinand. Wallensteins Friedensverhandlungen mit Sachsen, der angeblich vorbereitete Übergang ins kaiserfeindliche Lager im Spätsommer und Herbst 1633, von dem die Gerüchte kochten, fundierten Piccolominis Anschläge zum Sturz des Böhmens. Wallenstein selbst öffnete sich nun allmählich mehr und mehr seinem heimtückischen, verlogenen Unterfeldherrn. Leichtfertig negierte der alternde und kranke Oberbefehlshaber Warnungen seiner nächsten Umgebung und wurde von Piccolomini schließlich erfolgreich genarrt. Der unheiligen Allianz mit Aldringen und Gallas war Wallenstein zu Jahresbeginn 1634 nicht mehr gewachsen. Der Sienese organisierte den Mord und dirigierte das Geschehen von Eger.

Einer der größten Nutznießer der Bluttat wurde Octavio Piccolomini. Er sicherte sich seinen Anteil aus Wallensteins und seiner wenigen Getreuen Besitzungen und kassierte einen vielstelligen Judaslohn. Doch wurde er dennoch nicht kaiserlicher Oberbefehlshaber, sondern der unfähige Gallas. Bei Nördlingen durfte dieser, nicht Piccolomini, den König von Ungarn beraten und erntete den allerdings schnell flüchtigen Ruhm als begnadeter Feldherr und Retter Wiens. Der Sienese war Gallas über als Heerführer. »Strategisches Genie, politischen Scharfblick« (ebd., 100) wie Wallenstein, Pappenheim oder Arnim besaß auch er keineswegs. Wesentlich intelligenter als der Trunkenbold aus Trient wechselte er rechtzeitig als kaiserlicher Heerführer zur Verstärkung der Spanier in die Niederlande, ersparte sich so die Katastrophen der kaiserlichen Armeen unter seinem Mitverschworenen Gallas und verfolgte das Geschehen nur aus der Ferne. Am 4. Juli 1635 zwang er die Franzosen und Niederländer zur Aufgabe der Belagerung Löwens. Spätere Mißerfolge, die der Italiener der Mißgunst der spanischen Heerführer gegen ihn anlastete, dokumentieren die höchsten zweitklassigen militärischen Fähigkeiten auch dieses Wallenstein-Nachfolgers. Er wurde dennoch, wenn auch aus seiner Sicht viel zu spät, am 19. Juni 1638 von Kaiser Ferdinand III. in den Reichsgrafenstand erhoben.

Der Sieg Piccolominis über den Möchtegern-Feldherrn, den französischen Diplomaten Manasses de Pas, Marquis de Feuquières, am 7. Juni 1639 ließ ihn weiter in der Gunst des Kaisers steigen. Niemand fragte, ob dieser vorübergehende Erfolg von strategischer Bedeutung war. Der Italiener hatte ein ungeübtes Heer und einen noch ungeeigneteren Feldherrn besiegt, allein der Sieg zählte. Ferdinand III. belohnte Piccolomini mit einer hohen Geldsumme und ernannte ihn hoffnungsvoll zum Geheimen Rat. Der Kaiser wünschte nun ihn als künftigen Oberbefehlshaber anstelle des hilflosen, ewig trunkenen Gallas. Philipp IV. von Spanien seinerseits versuchte, den Heerführer mit der Verleihung des Titels eines Herzogs von Amalfi enger an Spanien zu binden, ein Wettlauf beider Habsburger Höfe um einen, der dieser Aufmerksamkeit nicht wirklich wert war.

Aus Rücksicht auf seinen ehrgeizigen Bruder, Erzherzog Leopold Wilhelm, ernannte Ferdinand III. Octavio Piccolomini am 5. September 1639 zum Befehlshaber der kaiserlichen Hauptstreitkräfte in Böhmen, ein Kommando, das dem Ehrgeiz des Sienesen kaum entsprach. Er hatte gehofft, sich niemandem unterstellen zu müssen, und den Oberbefehl anstelle des Habsburgers erwartet. Dem schwedischen Feldherrn Banér zeigte auch er sich in der Folge nicht gewachsen und wagte nie, was Pappenheim einige Male riskierte. Piccolomini attackierte nicht einmal dessen führerlose Armee nach dem plötzlichen Tod des Schweden. Nach einigen kurzzeitigen Erfolgen über schwedische Heere unterlagen Piccolomini und der Erzherzog bei Breitenfeld am 2. November 1642 ähnlich total wie einst Tilly Gustav II. Adolf.

Piccolominis sprichwörtlichem Glück schadete selbst dieses Debakel kaum. Offenbar lastete man die neue Katastrophe Leopold Wilhelm an. In Spanien ehrte Philipp IV. den Italiener mit dem Goldenen Vlies und erhob ihn gar zum spanischen Granden. Hier feierte ein Einäugiger Triumphe, weil neben ihm nur noch Blinde agierten. Obwohl Piccolomini sich nun als Feldherr Spaniens mühte, die vorderhand verteilten Belohnungen zu rechtfertigen, scheiterte er auch hier. Am 11. Oktober 1646 fiel Dünkirchen an die Franzosen, um dessen Entsatz der Italiener leidenschaftlich gekämpft hatte. Auch deshalb entschied sich Ferdinand III. am 3. Mai 1647, Peter Melander – Graf Holzappel – statt Piccolominis zum neuen Oberbefehlshaber der kaiserlichen Streitkräfte auf deutschem Boden zu berufen. Dessen Tod in der Schlacht bei Zusmarshausen nötigte dann doch den Kaiser, Piccolomini am 28. Mai 1648 zum Generalleutnant zu befördern und ihm das alleinige Kommando aller kaiserlichen Streitkräfte anzuvertrauen.

Eigentliche Erfolge erkämpfte der Italiener nicht mehr. Als kaiserlicher Bevollmächtigter auf dem Nürnberger Konvent zur Auflösung der Armeen wirkte er nun erfolgreicher. Piccolomini unterschrieb im Namen Ferdinands III. am 26. Juni und am 2. Juli 1650 die jeweiligen Dokumente über den schwedisch-kaiserlichen bzw. den französisch-kaiserlichen Hauptrezeß. Für den Herzog von Amalfi war auch dieses noch einmal ein lohnendes Geschäft. Die gewaltige Summe von 114.566 Gulden wurde ihm angewiesen für verauslagte Spesen, so der offizielle Tenor. Am 8. Oktober des Jahres erhob der Kaiser seinen Unterhändler in den Reichsfürstenstand. Der während des dreißigjährigen Mordens und Sterbens, besonders durch das Verbrechen von Eger reichgewordene deutsche Fürst und italienische Herzog konnte nun als Gleichgestellter 1651 die Tochter des Herzogs Julius Heinrich von Sachsen-Lauenburg-Ratzeburg, Prinzessin Benigna Franziska, ehelichen.

Er war einer der wenigen wirklichen Gewinner des großen europäischen Krieges auf kaiserlich-spanischer Seite. Gewissensbisse wie Gallas scheinen ihn nicht belastet zu haben. Ironischerweise starb auch er nicht eines natürlichen Todes: Er stürzte unglücklich, als sein Pferd über einen Graben setzte. Mit ihm verstarb keineswegs ein Bedeutender der Kriegsgeschichte. Mochte er sich selbst auch höher schätzen, er war nicht der geniale Schlachtenlenker, für den er sich selber hielt.

Gustav Horn, Graf zu Björneborg*

* 14. Oktober 1592 auf Örbyhus im Kirchspiel Vendel
† 10. Mai 1657 in Skara
Grabstätte: Jakobskirche in Stockholm

1. Eheschließung am 22. Juli 1628 in Stockholm
CHRISTINA OXENSTIERNA
* Februar 1610 auf Fiholm in Jäder
† 8. August 1631 in Stockholm
Eltern: Reichskanzler Axel Oxenstierna und Anna Åkesdotter

2. Eheschließung am 9. Juli 1643 in Stockholm
SIGRID BIELKE
* 26. Oktober 1620 auf Åkerö
† 6. April 1679 in Bedtna
Eltern: Niels Bielke und Katharina von Oxenstierna

	Studienreise nach Deutschland
1610-1612	Universität Wittenberg
1612-1614	Kriegsdienst unter seinem Bruder Evert Horn in Rußland
nach 1614	Frankreichreise mit Studium der Staatswissenschaft und Studium der Kriegstechnik in den Niederlanden bei Moritz von Oranien
1618	Ernennung zum königlichen Kammerherren
Februar 1619	Teilnahme an Verhandlungen mit den Dänen bei Ulfsbäck
1620	Organisator bei der Übersiedlung Marie Eleonores von Brandenburg nach Stockholm
1621	Obrist des norrländischen Regiments
Sommer 1623	Hollandreise für Einkauf von Kriegsmaterial und Verhandlungen über Offensivallianz mit den Niederlanden
Sommer 1624	Ernennung zum Kommandanten von Kalmar
2. April 1624	Reichsrat und Ritterschlag zusammen mit Johan Banér
August 1626	Eroberung von Dorpat und Donation mit Marienburg und Schwanenburg
24. Dezember 1626	Sieg bei Wenden im Zusammenwirken mit Jacob De La Gardie
Februar-März 1628	Siege über die Polen an der Düna
20. April 1628	Feldmarschall
Sommer 1630	Landung bei Stralsund mit finnischen Truppen
6. Mai 1631	Ernennung zum schwedischen Oberbefehlshaber für Pommern und die Neumark mit Hauptquartier in Stettin
7. September 1631	Verdienste in der Schlacht bei Breitenfeld
29. Februar 1632	Niederlage gegen Tilly bei Bamberg

---

* alle Daten nach dem Julianischen Kalender

ab Sommer 1632	Oberbefehlshaber der schwedischen Rheinarmee
Spätherbst 1632	Oberbefehlshaber der schwedischen Truppen in Schwaben
26. März 1633	Kriegsrat des schwedischen Kriegskollegiums
28. August 1634	Niederlage bei Nördlingen und Gefangennahme
März 1642	Auswechslung gegen drei kaiserliche Generäle
Januar 1644	Oberbefehlshaber der Truppen in Südschweden
1651	Militärgouverneur in Livland
	Präsident des Kriegskollegiums

Gustav Horn gilt als einer der Schüler Gustavs II. Adolf. Der Hocharistokrat war ein zurückhaltender Mensch, »eine durch und durch beherrschte und maßvolle Persönlichkeit« (Åberg). Er war weniger genial als Banér und Torstensson und priorisierte die defensive Kampfweise. Wie sein Schwiegervater, Reichskanzler Axel Oxenstierna, bedauerte er, daß Gustav II. Adolf nach Breitenfeld nicht in die kaiserlichen Erbländer marschierte.

Heinrich Reichsgraf von Holk

* 18. April 1599 auf Kronborg
† 8. September 1633 in Troschenreut im Vogtland
Grabstätte: Kirche von Herrested
Eltern: Ditlev Holk zu Rödhave und Margarethe Krabbe

Eheschließung am 22. Juni 1628 auf Egholm im Herred Horn
HILLEBORG KRAFSE
† vor dem 13. April 1661
Eltern: Christopher Krafse auf Egholm und Dorte Banner

bis 1614	Schulbesuch in Herlufsholm
	Heimkehr von einer Studienreise nach Straßburg, Heidelberg, Sedan, Paris und Italien
1622	Militärdienst unter Christian von Braunschweig-Wolfenbüttel, dem »tollen Halberstädter«, und Teilnahme an den Schlachten von Höchst und Fleurus
August 1626	Schlacht bei Landsberg, Verlust eines Auges und Gefangennahme durch die Kaiserlichen
Mai 1628	Kommandeur des dänischen Hilfskorps für Stralsund
März 1630	Kaiserliches Patent zur Werbung eines Regiments Fußknechte für Wallenstein
Oktober 1630	Dienst unter Tilly

Mai 1631	Belagerung von Magdeburg
28. Juli 1631	Erbitterter Widerstand Holks bei Wolmirstedt gegen die Schweden
Februar 1632	Ernennung zum General-Wachtmeister durch Wallenstein
Juni 1632	Feldzug in Böhmen bei auffallender Disziplin seiner Truppen
August 1632	Feldmarschalleutnant
15.-16. Nov. 1632	Holk formiert bei Fackelschein die kaiserliche Armee bei Lützen
16. November 1632	Kommandant des linken kaiserlichen Flügels gegen Gustav II. Adolf
31. Dezember 1632	Feldmarschall
April 1633	Erhebung in den Reichsgrafenstand durch Ferdinand II. mit Ankündigung einer Belehnung in Böhmen
Sommer 1633	Ansteckung bei Pestepidemie in Gera

Holk sei »der Mann, der alles ohne Ausnahme« übernehme, rühmten die Zeitgenossen die eiserne Disziplin des Dänen Heinrich Holk. Wallenstein schätzte ihn als seinen zuverlässigsten Unterführer und rühmte seinen Mut und das militärische Können. In einem Schreiben an den Kaiser betonte der Herzog von Friedland ausdrücklich »Schmerz« über den Verlust dieses bedeutenden Heerführers durch die in Gera grassierende Pest.

Tatsächlich war Heinrich Holk ein ungewöhnlich befähigter Feldherr und Organisator, der zu Unrecht als »der Wilde« geschmäht wurde. Bei seinem Verheerungszug entsprach er einer ausdrücklichen strengen Order Wallensteins.

Nils Brahe, Graf zu Visingborg, Freiherr zu Rydboholm und Lindholmen*

* 14. Oktober 1604 auf Rydboholm
† 21. November 1632 in Naumburg
Grabstätte: Östra Ryds Kirche im Roslagen
Eltern: Abraham Brahe, Graf zu Visingborg, und Elsa von Gyllenstierna

Eheschließung am 16. April 1628 im Stockholmer Schloß
ANNA MARGARETHA BIELKE
* 11. November 1603
† 26. März 1643
Eltern: Svante Bielke und Elisabeth Leijonhuvud

---

* alle Daten nach dem Julianischen Kalender

31. August 1620	Page Gustavs II. Adolf
11. Dezember 1623	Immatrikulation an der Universität Leiden
1625	Kammerjunker
7. September 1625	Belehnung mit Schloß Sesswegen in Livland
Oktober 1625	Fähnrich in der Kompanie des Grafen Thurn
1626-1627	Teilnahme am preußischen Feldzug
22.-23. Mai 1627	Verteidigung eines Brückenkopfes am Danziger Haupt
23. Dezember 1627	Ritterschlag durch Gustav II. Adolf für Tapferkeit am Danziger Haupt
17. März 1628	Obrist für Upplands Fußvolk
Juli 1628	Teilnahme am Stralsunder Korps
1. Juli 1631	Belehnung mit Aschersleben
7. September 1631	Ernennung zum Obrist des Leibregiments und der Leibgarde, da deren Chef Maximilian Teuffel fiel
7. Dezember 1631	Einer der ersten beim Rheinübergang
6. April 1632	General für Verdienste beim Lechübergang
6. November 1632	Befehlshaber des schwedischen Zentrums bei Lützen

Nils Brahe galt als einer der hervorragendsten militärischen Talente Schwedens und wurde von Gustav II. Adolf neben Torstensson besonders geschätzt. Unter seiner Führung leisteten die schwedischen Kerntruppen fast bis auf den letzten Mann bei Lützen bemerkenswerten Widerstand. Die gelbe Brigade wich nicht, obwohl mehr als zwei Drittel tot oder verwundet waren.

Dodo Freiherr zu Imhausen und Knyphausen

* 2. Juli 1583 in Lütetsburg in Ostfriesland
† 11. Juni 1636 bei Haselünne im Emsland gefallen
Grabstätte: Kirche zu Jermelt in Ostfriesland
Eltern: Wilhelm von Knyphausen und Hyma Manwinga

Eheschließung 1610 zu Lütetsburg
ANNA VON SCHADE AUF IHORST in Westfalen
* 1584
† 1644
Eltern: Adam von Schade auf Ihorst und Margarete Melschede

1602-1604	Niederländischer Kriegsdienst
1603	Patent als Werber für Truppen zur Belagerung von Ostende
1615	Oberst in Diensten der Hansestädte gegen den Herzog Friedrich Ulrich vor Braunschweig-Wolfenbüttel

1622	Teilnahme am Feldzug des »tollen Halberstädters« und an den Schlachten von Höchst, Fleurus und Stadtlohn
April 1626	Gefangennahme an der Dessauer Brücke
Januar 1627	Flucht von Burg Halle
1628	Im englischen Expeditionskorps vor La Rochelle
September 1629	Generalmajor Gustavs II. Adolf
19. März 1631	Gefangennahme bei Neubrandenburg durch die Kaiserlichen
6./16. Nov. 1632	Kommandeur des zweiten Treffens der Schweden bei Lützen
Januar 1633	Feldmarschall
28. Juni 1633	Sieg bei Hessisch-Oldendorf
2. August 1633	Belehnung mit dem Emsland durch Axel Oxenstierna
12. September 1633	Eroberung Osnabrücks
8. Juli 1634	Rückzug auf sein Lehngut Meppen
November 1635	Befehlshaber der Schweden in Westfalen

Knyphausen war eine organisatorische Begabung in Logistik und Truppenversorgung, gleichzeitig galt er als besonders habgierig und gewinnsüchtig.

Johann VIII., Graf von Nassau-Siegen

* 29. Oktober 1583 in Dillenburg
† 27. Juli 1638 in Ronse (Renaix)
Grabstätte: Bruchsal, Jesuitenkirche
Eltern: Johann VII., Graf von Nassau-Siegen, und Magdalena von Waldeck

Eheschließung am 18. April 1618 zu Brüssel
ERNESTINE YOLANDE DE LIGNE
* 2. November 1594
† 4. Januar 1663
Grabstätte: Brüssel, Jesuitenkirche
Vater: Lamoral Fürst de Ligne

1603	Verhaftung bei Neapel auf einer Italienreise und Freilassung auf päpstliche Intervention
1605	Kriegsdienst in den Niederlanden
1612	Konversion in Rom
1615	Diplomat in Frankreich
31. Dezember 1617	Verpflichtung Johanns zu religiöser Toleranz in Nassau-Siegen
1618	Spanischer Militärdienst
27. September 1623	Tod des Vaters

1620	Spanischer General unter Spinola am Rhein
1623	Ernennung zum kaiserlichen Hofkriegsrat
1626	Beginn mit der zwangsweisen Rekatholisierung gegen die Verpflichtung vom 31. Dezember 1617
1628	Feldmarschall
1630	Ritter vom Orden des Goldenen Vlieses
1632	General der Kavallerie
1633	Befehlshaber der kaiserlichen Armee bei St. Omer

Johann war der Sohn eines der bedeutendsten Militärtheoretiker und Generäle seiner Zeit. Er selbst zählte trotz kleinerer Erfolge nicht »zu den bedeutendsten Feldherrn« der Epoche (ADB, X, 502). Eine Ehe mit einer sehr begüterten katholischen Fürstin erlaubte ihm ein Luxusleben in Brüssel. In vielem war er dennoch der Prototyp »des adeligen deutschen Condottiere« in der ersten Hälfte des Dreißigjährigen Krieges (ebd.).

Rudolf Graf von Colloredo-Waldsee

* 2. November 1585 in Budweis
† Januar 1657 in Prag
Eltern: Ludwig von Colloredo, Freiherr von Waldsee, und Paula von Polcenego

1617	Teilnahme am Uskokenkrieg Erzherzog Ferdinands von Innerösterreich gegen Venedig
1618	Hauptmann in Friaul
1619	Patent als Werber eines Regiments
1625	Neuerliches Werbepatent für eine Fußregiment
27. August 1625	Teilnahme an der Schlacht bei Lutter am Barrenberg im Heer Tillys gegen Christian IV. von Dänemark
1627	Feldzug in Mähren
1629	Erhebung in den Reichsgrafenstand
1632	General-Wachtmeister
15. November 1632	Colloredo hält Gustavs II. Adolf Truppen an der Rippach auf und verhindert so einen Überraschungsschlag gegen Wallenstein
Jahresbeginn 1634	Colloredo schließt sich der wallensteinfeindlichen Fraktion an und plädiert für dessen Ermordung
1634	Ernennung zum Feldmarschall
1636	Belehnung mit den konfiszierten Ländereien des Grafen von Trčka aus der Herrschaft Opočno

	Oberbefehlshaber der kaiserlichen Truppen in Böhmen und Ernennung zum Feldmarschall
1643	Feldzug nach Holstein im Heere Gallas'
September 1648	Kommandant von Prag im Kampf gegen Königsmarcks Truppen
Ende 1648	Gouverneur von Prag

Trotz seiner mutigen Entscheidung an der Rippach, Gustavs II. Adolf Armee zu trotzen, schätzte Wallenstein den General-Wachtmeister nicht sonderlich. Er war zweifellos kein Stratege und wohl auch kaum ein Feldherr, der eine Kampagne organisieren und leiten konnte. Doch war er standhaft und persönlich mutig.

Walter Graf Leslie

* 1606 in Aberdeenshire in Schottland
† 3. März 1667 in Wien
Grabstätte: Schottenkirche (Benediktiner) zu Wien
Eltern: John Leslie of Balquhain und Jean Erskine of Gogar

Eheschließung 1640
ANNA FRANZISKA VON DIETRICHSTEIN
Vater: Maximilian von Dietrichstein

1632	Major in der Armee Wallensteins unter Oberstleutnant John Gorden
8. August 1632	Gefangennahme durch schwedische Truppen bei Freistadt und Freilassung durch Gustav II. Adolf
16. November 1632	Teilnahme an der Schlacht bei Lützen im kaiserlichen Heer
25. Februar 1634	Einer der Mörder Wallensteins
Frühjahr 1634	Ehrungen durch Ferdinand II., Belehnungen und Ernennung zu Hofkriegsrat
7. September 1634	Oberst in der Schlacht bei Nördlingen
1637	Erhebung in den Grafenstand
1638	Dienst unter dem Herzog von Savelli und in der Festung Breisach
1645	Kaiserlicher Gesandter nach Rom und Neapel
1650	Vizepräsident des Hofkriegsrates und Feldmarschall Geheimer Rat des Kaisers
1665	Auszeichnung als Ritter des Ordens vom Goldenen Vlies Sondergesandter des Kaisers bei der Pforte
25. Mai 1665	Abreise aus Wien als Botschafter

Leslie war ein namenloser Söldner aus Schottland, für den eine Karriere als Militär und Diplomat auf dem Festland die einzige Alternative zu der ansonsten deprimierenden Zukunft in Schottland war. Der nach der Ermordung Wallensteins zum Katholizismus konvertierende Kalvinist diente zeit seines Lebens dem Kaiser. Als Gesandter Wiens an der Pforte erreichte er schließlich auch politische Anerkennung.

Franz Albrecht, Herzog von Sachsen-Lauenburg

* 10. November 1598
† 10. Juni 1642 in Schweidnitz
Grabstätte: Dom zu Lauenburg
Eltern: Franz II., Herzog von Sachsen-Lauenburg, und Maria, Prinzessin von Braunschweig-Lüneburg

Eheschließung am 22. Februar 1640 zu Güstrow
CHRISTINE MARGARETHE von Mecklenburg-Güstrow
* 1615
† 1666
Grabstätte: Dom zu Güstrow (?)
Eltern: Johann Albrecht II., Herzog von Mecklenburg-Güstrow, und Eleonore Maria von Anhalt-Bernburg

1618	Leibkompanie Thurns
1620	Gefangennahme bei Sinzendorf durch Buquoy und Wechsel in kaiserliche Dienste
1621	Obristleutnant in kaiserlichen Diensten
1625	Obrist unter Wallenstein
1628	Kaiserlicher Befehlshaber an der pommerschen Küste
17. August 1631	General-Wachtmeister
23. Dezember 1631	Ausscheiden aus dem kaiserlichen Dienst
21. Oktober 1631	Treffen mit Gustav II. Adolf in Nördlingen
6./16. Nov. 1632	Teilnahme an der Schlacht bei Lützen als Gast Gustavs II. Adolf ohne Befehl
4. Dezember 1632	Feldmarschall in sächsischen Diensten
Ende Februar 1634	Gefangennahme bei Tirschenreuth nach Wallensteins Ermordung
5. Juli 1641	Kaiserlich-sächsischer Feldmarschall
August 1641	Feldzug nach Schlesien
30. Mai 1642	Verwundung bei Breslau und Gefangennahme durch die Schweden

Vetraut man den eigenhändigen Tagebuchaufzeichnungen des Herzogs, war er »ein einfältiger, nur sich selbst reflektierender Geist« ohne Einsicht in größere politische Zusammenhänge (NDB, V, 367). Als Heerführer bewies er weder logistische Stärken noch strategisches Können, konnte offenbar wirklich nur ein Regiment werben und ausrüsten, wie eine moderne Wertung folgert.

Otto Heinrich Graf Fugger zu Weißenhorn

* 12 Januar 1592
† 12. Oktober 1644
Grabstätte: St. Ulrich zu Augsburg
Eltern: Christoph Graf Fugger auf Glött und Maria von Schwarzenberg

1. Eheschließung am 29. Oktober 1612
ANNA VON PAPPENHEIM
* 1584
† 1616
Eltern: Alexander von Pappenheim und Margarethe von Syrgenstein

2. Eheschließung am 10. September 1618 in Zeil
MARIA ELISABETH ZU WALDBURG-ZEIL
† 1660
Eltern: Reichserbtruchseß Froben Freiherr zu Waldburg-Zeil und Anna Maria von Törring

1628	Militärlaufbahn in spanischen Diensten in Italien
1629	Obrist eines spanischen Regiments in Böhmen
1630	Wechsel in den bayrischen Dienst
	General-Wachtmeister zu Fuß
1631	General-Feldzeugmeister und General über die bayrische Artillerie
1632	Kaiserlicher Gouverneur in Augsburg und Reorganisator des Katholizismus in Augsburg

Er war kein sonderlich hervorragender Heerführer, wurde aber durch den Kaiser in den Reichsgrafenstand erhoben und durch Philipp IV. von Spanien als Ritter des Ordens vom Goldenen Vlies ausgezeichnet.

Dietrich von Falkenberg

* Ende 1580 in Herstelle (Westfalen)
† 20. Mai 1631 in Magdeburg gefallen
Eltern: Christoph von Falkenberg zu Herstelle und Blankenau und Appollonia
Schöneberg Spiegel zum Desenberg

1623	Hofjunker bei Moritz von Hessen, der ihn nach Schweden sandte, wo Falkenberg in Gustavs II. Adolf Dienste wechselte
1624	Hofmarschall des Königs von Schweden
	Unterhändler Gustavs II. Adolf in Danzig für eine Allianz der Freien Stadt mit Schweden
1625	Mitglied einer Gesandtschaft zu Waffenstillstands- bzw. Friedensverhandlungen nach Polen
1626	Berater der Generalstände bei der Belagerung von s'Hertogenbosch
Sommer 1630	Sondergesandter Gustavs II. Adolf an die norddeutschen Höfe und Hansestädte wegen einer Allianz mit Schweden
1. August 1630	Bündnisvertrag Magdeburgs mit Schweden und Aufnahme einer schwedischen Garnison unter dem Kommando des Obristen Falkenberg
21. und 23. April 1631	Abbrennen der Vorstädte Sudenburg und Neustadt auf Weisung Falkenbergs
30. April 1631	Bitte des Magistrats an Falkenberg, eine Vermittlung der Kurfürsten von Sachsen und Brandenburg bei Tilly zu erbitten
18. Mai 1631	Letztes Kapitulationsangebot Tillys
19. Mai 1631	Entscheid des Rates zur Kapitulation und Ablehnung durch Falkenberg
20. Mai 1631	Sturm der Kaiserlichen und sinnloser Gegenschlag Falkenbergs

Offenbar ein fanatischer Vorkämpfer des militanten Protestantismus, der bedenkenlos das Leben von Zehntausenden verspielte. Als Militär konnte er nicht wirklich an die Möglichkeit einer erfolgreichen Verteidigung geglaubt haben. Persönlich mutig bis zur Selbstaufgabe und den Tod im Straßenkampf suchend, bleibt unwahrscheinlich, daß Falkenberg dem Feuer wehren wollte.

Leopold V., Erzherzog von Österreich-Tirol, Bischof von Passau und Straßburg

* 9. Oktober 1586 in Graz
† 13. September 1632 in Schwaz, Tirol
Grabstätte: Jesuitenkirche in Innsbruck
Eltern: Karl II., Erzherzog von Innerösterreich, und Maria Anna von Bayern

Eheschließung am 19. April 1626 in Innsbruck
CLAUDIA VON MEDICI, verwitwet nach Federigo Ubaldo della Bovere, Fürst von Urbino
* 4. Juni 1604 in Florenz
† 25. Dezember 1648 in Innsbruck
Grabstätte: Jesuitenkirche in Innsbruck
Eltern: Ferdinand I., Großherzog von Toskana, und Christine von Lothringen

	Studien an der Jesuitenhochschule in Graz und Kanonikat in Passau
1596	Kanonikat in Salzburg
4. September 1598	Vom Papst zum Administrator des Fürstbischofs von Passau ernannt
18. August 1599	Vom Papst als Koadjutor des Bistums Straßburg bestätigt
25. Juli 1605	Inbesitznahme des Bistums Passau
1608	Bischof von Straßburg
1609	Adoption durch Kaiser Rudolf II.
Mai 1610	Flucht aus der Festung Jülich
Februar 1611	Leopold sendet sein »Passauer Kriegsvolk« nach Prag dem Kaiser zur Hilfe gegen Erzherzog Matthias
1612	Kandidatur für den Moskauer Zarenthron
1614	Kommendarabt von Murbach-Lüders
1618	Ernennung zum Statthalter in Tirol und Vorderösterreich
März 1619	Einzug in Innsbruck
15. November 1623	1. Erbvertrag zugunsten Bischof Leopold
14. September 1625	2. Erbvertrag zwischen Ferdinand II. und Leopold
Dezember 1625	Verzicht auf die kirchlichen Ämter nach päpstlicher Dispens
24. September 1630	3. Erbvertrag mit Bestätigung des gesamten Tiroler und vorderösterreichischem Territoriums
27. Juli 1632	Erfolgreiche Verteidigung der Feste Ehrenberg bei Reutte gegen die schwedischen Truppen unter Bernhard von Sachsen-Weimar

Ohne Priester- und Bischofsweihe nutzte Leopold V. die Dienste seiner eigenen Weihbischöfe und widmete sich immer wieder und vor allem der dynastischen Machtpolitik an der Seite Kaiser Rudolfs II. Er warb Truppen, führte zeitweilig

Heere im Bruderzwist der Habsburger und versuchte sich auch als kaiserlicher Feldherr im Jülicher Erbfolgestreit. Durch den 2. Erbvergleich mit seinem Bruder, Kaiser Ferdinand II., Herr umfangreicher weltlicher habsburgischer Territorien geworden, gab er seine geistlichen Ämter auf. Als Erzherzog von Gesamttirol und Vorderösterreich wehrte er erfolgreich einen Sturm Bernhards von Sachsen-Weimar auf Reutte ab. Anders als der berühmte Kardinalinfant von Spanien und selbst sein Neffe, der König von Ungarn und Böhmen, Ferdinand III. – der spätere Kaiser –, war Leopold V. keine militärische Begabung.

Wolf Heinrich von Baudissin*

* 1597 auf Schloß Luppa in der Niederlausitz
† 24. Juni 1646 in Elbing
Eltern: Christoph von Baudissin und Anna von Deupold

1. Eheschließung 1625 in Oldenburg
ANNA SOPHIE VON KISSLEBEN
Vater: Bernhard von Kissleben
† 4. Oktober 1629 in Elbing

2. Eheschließung am 5. August 1633 in Oldenburg
SOFIE RANTZAU
Vater: Gerdt Rantzau
† 1697

1615	Leutnant in venezianischen Diensten
8. November 1620	Kampf am Weißen Berg in der Pfälzer Armee
28. Mai 1625	Obristleutnant unter Johann Ernst von Sachsen-Weimar
23. Juni 1626	Obrist in dänischen Diensten
Sommer 1627	Bewahrt die dänische Kavallerie bei Koschau an der Oder vor der Vernichtung durch Wallenstein
28. April 1628	Obrist in der schwedischen Armee
Oktober 1628	Ankunft in Elbing und Gefangennahme durch die Polen
März 1629	Flucht und neuerliche Gefangennahme und Anklage als Plünderer
Januar 1630	Freilassung nach persönlicher Intervention des Königs Sigismund Vasa
März 1631	Generalleutnant Gustavs II. Adolf
7. September 1631	Kampf im schwedischen Heer bei Breitenfeld

* alle Daten nach dem Julianischen Kalender

Die Schweden unter Wolf Heinrich Graf von Baudissin beschossen am 21. Dezember 1632 Köln-Deutz, zogen aber wegen großer Gegenwehr bereits am nächsten Tag ab. Dabei explodierte ein Pulvermagazin bei der Kirche St. Urban, das 300 Menschen das Leben kostete. Es ist nicht mehr zu eruieren, ob die Schweden oder die Truppen in Köln Schuld daran waren

23. Mai 1632	Schwedischer Befehlshaber in Niedersachsen
13. März 1633	Ausscheiden aus dem schwedischen Dienst in Chemnitz
Juli 1635	Generalleutnant der sächsischen Armee
Oktober 1635	Schwere Niederlage bei Dömitz in Mecklenburg
Juni 1636	Verwundung bei Magdeburg und Ausscheiden aus dem Kriegsdienst

Baudissin war zweifellos ein mutiger Kavallerieführer und angriffsorientiert, aber »offenbar größeren strategischen Aufgaben nicht gewachsen« (Ahnlund, Axel, 782). Er unterlag zunächst Pappenheim, später Banér.

Baudissin galt als rücksichtsloser »Beutemacher«. Schon seinerzeit wollten ihn die polnischen Behörden hinrichten lassen. Später verheerte er das Kurfürstentum Köln. Da Schwedens Reichskanzler von Gustav II. Adolf Baudissin versprochene Donationen in Westfalen dem Generalleutnant versagte, wechselte der Heerführer in sächsische Dienste und wurde später sogar Diplomat der polnischen Krone gegen Schweden

Åke Henriksson Tott*

* 4. Juni 1598 auf Gerknäs im Kirchspiel Lojo (Finnland)
† 15. Juli 1640 auf Lavila beim heutigen Turku
Eltern: Henrik Claesson Tott und Sigrid Eriksdotter Vasa, Tochter Eriks XIV. von Schweden und Königin Karin Månsdotter

1. Eheschließung 1628
SIGRID NILSDOTTER BIELKE
† 1632

2. Eheschließung 1638
CHRISTINA ABRAHAMSDOTTER BRAHE

1613	Freiwilliger im Krieg Schwedens gegen Rußland
1617	Nach Friedensschluß Beginn einer fünfjährigen Bildungsreise ins Ausland
1623	Kammerherr bei Gustav II. Adolf
	Obristleutnant der finnischen Reiterei
	Sieg über ein polnisches Korps bei Grubin
1630	Generalmajor, Reichsrat und im Laufe des Jahres auch General
14. August 1630	Geburt seines Sohnes Claes Tott auf Ekolsund in Uppland
	Feldmarschall
7. September 1631	Kampf bei Breitenfeld als Regimentskommandeur
Spätherbst 1631	Oberbefehlshaber der schwedischen Truppen im niedersächsischen Kreis
Ende 1632	Rückkehr nach Schweden

Offensichtlich gefördert als Enkel des 1568 abgesetzten Eriks XIV. von Schweden, erfüllte dieser General in keiner Weise die Erwartungen Gustavs II. Adolf und des Reichsrates. Äußerst entschlußarm und ohne strategische Einsichten wich er selbst zahlenmäßig deutlich unterlegenen gegnerischen Streitkräften, so daß ihn Reichskanzler Axel Oxenstierna schließlich auswechselte.

---

* alle Daten nach dem Julianischen Kalender

Henry, Herzog von Rohan-Gie, Prinz von Leon

* 21. August 1579 auf Schloß Blain
† 13. April 1638 in Königsfelden
Grabstätte: St. Pierre zu Genf
Eltern: René II. de Rohan und Catherine de Parthenay-Larchevêque

Eheschließung am 7. Februar 1605
MARGUERITE DE BÉTHUNE
† 1660 in Paris
Eltern: Maximilian de Béthune, Baron von Rosny, Herzog von Sully, und Anne de Courtenay

1594	Kommt an den Hof Heinrichs IV. von Frankreich
1603	Erhebung zum Herzog von Rohan durch Heinrich IV.
1611	Streit mit Maria von Medici, der Regentin
1616	Aussöhnung mit der Regentin und Ablehnung des Londoner Abkommens der Hugenotten, Prinz von Condé, und des Herzogs von Bouillon durch Rohan
1620	Ausgleichspolitiker auf der Hugenottenversammlung von La Rochelle
1623	Unterwerfung unter die Krone und Ernennung zum Marschall von Frankreich
1626	Oberbefehlshaber der Streitkräfte der Hugenotten in Nîmes und Kampf gegen Montmorency und Condé
28. Juni 1629	Frieden von Alais
1631	General im Dienste Venedigs
1635	Eroberung des Veltlins von den Spaniern und Kampf gegen Habsburg in Lothringen für Ludwig XIII.
1636	Siege Rohans in Graubünden
März 1637	Niederlage gegen Jürg Jenatsch und Rückzug aus Graubünden
Januar 1638	Dienst unter Bernhard von Sachsen-Weimar
3. März 1638	Tödliche Verwundung bei Rheinfelden

Führer der Hugenotten zwischen 1615 und 1629. Durch die Truppen der Krone nur mühsam besiegt, erzwang dieser bedeutende Feldherr den Religionsfrieden von Alais. Im Dienste der Krone, von Richelieu mißbraucht, schloß er sich enttäuscht Bernhard von Sachsen-Weimar an. Er war wohl Frankreichs talentierter Heerführer vor Turenne und dem Herzog von Enghien.

DER SCHWEDISCH-FRANZÖSISCHE KRIEG

Vom Hoffnungsschimmer des Prager Friedens über Zusmarshausen zu Münster und Osnabrück

Der Sieg der kaiserlich-spanischen Armee bei Nördlingen am 6. September 1634 erschreckte auch den Dresdener Hof. Nun beschloß Kurfürst Johann Georg, von der Mehrheit seiner Berater getrieben, den endgültigen Bruch mit Schweden. Die in Leitmeritz in Böhmen begonnenen Verhandlungen mündeten in einen Vorfrieden zu Pirna im November 1634. Der Sachse und andere Lutheraner reagierten befriedigt auf die Wiener Signale, auch in der Frage des Restitutionsediktes einen tragfähigen Kompromiß vereinbaren zu wollen.

Schon vor dem Nördlinger Debakel der Schweden hatte der Kaiser vorsichtig zu verstehen gegeben, er bestünde nur noch auf einer Festschreibung der Resultate von 1620. Bedauerlicherweise gab man in Wien im Vollgefühl des Triumphes diese realistische Haltung wieder auf. Jetzt verkündeten die kaiserlichen Diplomaten das Jahr 1627 als Fixpunkt künftiger Friedensbeschlüsse. Aber selbst auf dieser Basis neigte Johann Georg nun zum Frieden mit dem Kaiser. Er hatte den Krieg gegen Wien immer nur widerwillig und höchst beunruhigt bejaht und sich nie wirklich für die schwedische Allianz erwärmt. Erstaunt und wohl auch ein wenig verwirrt hörte der Kurfürst von wilden Prophezeiungen radikaler protestantischer Pfarrer, die ihn als Verräter der evangelischen Sache brandmarkten und künftige himmlische Strafen androhten. Das war unangenehm und bedrückte den gläubigen Lutheraner. Schlimmer noch schien dem schwerfälligen »Bierjörge« der offene Widerstand seiner Gemahlin und der laute Protest seines Heerführers. Hans Georg von Arnim, wahrlich kein eigentlicher Freund der Schweden, wünschte diese dennoch in den Frieden eingeschlossen. Anders als die »Friedenspartei« am Hofe sah er in den Abmachungen mit den kaiserlichen Unterhändlern kein Bündnis für eine schnelle Entscheidung und den dann folgenden allgemeinen Frieden. Sachsen hatte die Partei gewechselt, und der Krieg würde bald wieder aufflammen, so fürchtete es der weitsichtige Boitzenburger. Für sehr persönliche Zusicherungen Wiens riskiere Johann Georg neue schreckliche Verheerungen Sachsens. Die endgültige kaiserliche Zusage, die beiden Lausitzen behalten zu dürfen, wiege die Rache der keineswegs vernichteten Schweden nicht auf. In Dresden hörte man nicht auf ihn, auch deshalb nicht, weil der Kaiser zugunsten eines sächsischen Prinzen auf das lange umstrittene Erzbistum Magdeburg verzichtete. Sachsen und der Kaisersohn, der König von Ungarn, einigten sich am 28. Februar 1635 zu Laun auf einen Waffenstillstand.

Schon am 30. April 1635 erfüllten sich Arnims Ängste. In Compiègne signierten Richelieu und Axel Oxenstierna die Fortsetzung des Krieges und versicherten, nicht ohne Zustimmung des anderen Frieden mit dem Kaiser zu schließen. Der am 30. Mai 1635 in Prag beschworene Frieden zwischen Sachsen und dem Kaiser war eigentlich schon Makulatur, bevor seine Paragraphen veröffentlicht wurden und sich die meisten deutschen Reichsstände bereitwillig anschlossen. Die Bedingungen schienen so unglücklich nicht. Wien und Dresden waren übereingekommen, das leidige Restitutionsedikt für 40 Jahre auszusetzen und auch danach keine gewaltsame Durchsetzung zuzulassen. Die meisten Beteiligten am Kriegsgeschehen sollten amnestiert werden und nur die böhmischen Exilanten und die Pfälzer Fürstenfamilie ausgenommen sein. Dafür verzichteten die Reichsstände auf ihr Bündnisrecht mit ausländischen Mächten und gaben auch das bisher energisch behauptete »Ius armorum« auf. Eine Reichsarmee unter kaiserlicher Führung sollte die territorialstaatlichen Heere eingliedern. Problematischer war aber wohl, daß der Kaiser und vor allem der junge König von Ungarn und Böhmen nicht wirklich zu einem Verzichtfrieden gegenüber den ausländischen Kronen bereit waren. Weniger der Verlust Pommerns und einiger Häfen Mecklenburgs erschütterte Wien. Dort fürchtete man vor allem um Vorderösterreich mit den elsässischen Territorien, auf die Richelieu begierig blickte. Der Kaiser und seine Räte hofften, die reichsständische Opposition gegen Frankreich und Schweden vereinigen zu können.

In einem Geheimvertrag hatten Wien und Madrid am 31. Oktober 1634 im Siegesrausch nach Nördlingen sich gegenseitige Hilfe zugesagt. Spaniens Existenz als europäische Großmacht beruhte nun erst recht auf der sicheren Landverbindung längs des Rheins. Die Seemächte England, Frankreich und besonders die Flotten der Vereinigten Niederlande blockierten den Ärmelkanal. Im Februar 1635 hatten Paris und der Haag ihrerseits eine Angriffsallianz vereinbart und Frankreich sich verpflichtet, Spanien den Krieg zu erklären. Das mochte den Handlungsspielraum Richelieus im Westen gegen das Reich einengen, aber auch Spaniens Kräfte, vor allem deren finanzielle Möglichkeiten weiter beschränken. Im übrigen bedrohten nun auch französische Truppen die linksrheinischen Territorien der Spanier und erklärten sich öffentlich zur Schutzmacht des Trierer Kurfürsten. Am 21. Mai 1635 verkündete Frankreichs Kriegserklärung ausdrücklich, die Spanier hätten Philipp Christoph von Sötern arretiert, das kleine Kurfürstentum besetzt und damit den allerchristlichsten König zum militärischen Gegenschlag gezwungen.

Nun wurde auch für den Dresdener Hof unübersehbar, daß man demnächst nicht nur die Schweden vertreiben, sondern auch die Franzosen abwehren mußte. Gemäß des Prager Friedens hatte auch Sachsen seine Truppen dem Oberbefehl des Kaisers unterstellt. Würden die bayrischen und die eigenen Verbände des Kaisers gegen Frankreich fechten, bliebe Sachsen alleine der Kampf gegen die Schweden, kein sonderlich beglückender Gedanke für Johann Georg. Da halfen auch keine übergroßen Bierkannen, mochte er seine Furcht auch täglich auf diese Weise ertränken. Arnim, der einzige fähige Heerführer Dresdens, hatte den Dienst quittiert.

Die nächsten Jahre brachten dennoch bedeutende Erfolge der kaiserlichen und der durch den Prager Frieden verbündeten lutherischen Reichsstände. Im April 1636 fiel Koblenz. Johann von Werth, der bayrische Heerführer, stürmte im Juni 1637 die Festung Ehrenbreitstein. Ein spanischer Gegenschlag auf den französischen Vormarsch in den spanischen Niederlanden, dem Veltlin und in Oberitalien versandete erst weniger als 200 km vor Paris. Gemeinsam mit der bayrischen Kavallerie unter Johann von Werth war der Kardinalinfant bis in die Nähe Amiens vorgedrungen und konnte am 14. August 1636 sogar die wichtige Festung Corbie besetzen. Bernhard von Sachsen-Weimar, nunmehr Feldherr in französischen Diensten, mußte sich seinerseits recht eilig vor den siegreichen kaiserlichen Truppen zurückziehen. Im deutschen Norden verhandelte derweil Schwedens Reichskanzler mit Johann Georg und suchte einen für Schweden akzeptablen Siegfrieden zu vereinbaren.

Das mußte auch Herzog Adolf Friedrich I. von Mecklenburg-Schwerin schließlich begreifen, nachdem er im Sommer 1635 an der Seite Sachsens, Brandenburgs und anderer lutherischer Staaten hoffnungsvoll den Prager Friedensvertrag mit dem kaiserlichen Lager auch für Mecklenburg ratifizierte. Sofort eiferte er für Schwedens Einschluß in den Vertrag und argumentierte für eine angemessene Entschädigung des bisherigen Alliierten. Ihm war eine ausreichende »Satisfaktion« Schwedens schon deshalb höchst angelegen, da alle mecklenburgischen festen Plätze schwedische Besatzungen hatten. Schnell würden aus sogenannten Verbündeten, wie lästig sie auch so schon immer waren, fürchterliche Feinde werden, denen Mecklenburg schutzlos preisgegeben wäre. Daher pendelte der Mecklenburger unermüdlich persönlich zwischen dem sächsischen und dem schwedischen Feldlager hin und her und gab sein Bestes. Vergeblich, der Wiener Hof verstand die Zeichen noch immer nicht zu deuten. Der Kaiser lehnte die allerdings mit 4 Millionen Reichstaler gewiß nicht bescheidenen Geldforderungen Schwedens ab und wollte schon gar nicht über schwedische Ansprüche auf Vorpommern und Wismar reden.

Oxenstierna mag diese Forderungen damals als Beginn des üblichen Feilschens verstanden haben. Immerhin fürchtete Richelieu ernsthaft eine Übereinkunft zwischen den Schweden und den Deutschen. Sofort entsandte er einen Diplomaten nach Wismar an den schwedischen Reichskanzler, ermunterte diesen zum fortgesetzten Widerstand und ließ umfangreiche Subsidien versprechen. Bald ahnte Adolf Friedrich, daß der Schwede auf Zeit setzte und nicht mehr ernsthaft an einen Kompromiß dachte.

Im Hin und Her späterer wechselseitiger Siege und Niederlagen versandeten auch diese Friedenssondierungen. Mecklenburgs Menschen zahlten weiterhin einen fürchterlichen Preis und litten unter Sachsen und Kaiserlichen wie auch den nun offen feindlichen Schweden. Am 15. August 1638 notierte Adolf Friedrich in sein Tagebuch, die beiden Mecklenburg seien »an Menschen und Vieh elendiglich und dermaßen verrottet und verwüstet, daß auf etlichen adligen Höfen fast kein lebendiger Mensch übrig geblieben«. Wenig später klagte er in einem Schreiben an den kaiserlichen Feldherrn Matthias Gallas am 23. Januar 1639 sogar, es hätten »an verschiedenen Orten die Eltern ihre Kinder gefressen, und ein Mensch vor dem anderen nicht sicher« (Vitense, 218) sei. Wahrlich unvorstellbar und doch kaum übertrieben. Da hatten sich Arnims Befürchtungen für Mecklenburg, Brandenburg und Pommern schon längst schrecklich bestätigt.

Hofften einflußreiche Mitglieder des schwedischen Reichsrates nach 1635 noch auf ein Entgegenkommen des Kaisers, so erhellten die Verhandlungen zu Jahresende und zu Beginn des folgenden rasch die Fehlkalkulationen Wiens. Immerhin verzögerte Johan Adler Salvius, Schwedens Gesandter in Hamburg, ein guter Bekannter Adolf Friedrichs von Mecklenburg, auch deshalb zunächst im Einvernehmen mit dem Reichsrat die Ratifizierung eines französisch-schwedischen Vertrages aus dem Jahre 1636. Als jedoch der kaiserliche Unterhändler verbindliche Absprachen verweigerte und überraschend abreiste, übergab der Schwede Frankreichs Sondergesandten, Claude de Mêsmes, Marquis d' Avaux, am 6. März 1638 die signierten Dokumente. Beide Mächte hatten sich auf ein dreijähriges Waffenbündnis geeinigt. Sie verpflichteten sich, nur gemeinsam Frieden zu schließen, nachdem die beidseitigen Kriegsziele realisiert waren. Wollte sich Axel Oxenstierna 1635 noch mit Geld und wenigen territorialen Gewinnen abfinden, so stand nun im Verständnis der Alliierten die Wiederherstellung des Status quo von 1618, eine allgemeine Amnestie und eine beträchtliche Entschädigung beider Königreiche vor einem allgemeinen Friedensschluß. Dieser Vertrag wurde am 30. Juni 1641 verlängert und die Befristung annulliert. Da waren schon durch die Erhebung Portugals auf der iberischen Halbinsel gefährliche Entwicklungen offenbar geworden, die das Gleichgewicht zu Ungunsten der spanisch-kaiserlichen Koalition weiter verschoben. Der Abfall Kataloniens und die Bindungen der aufständischen Regionen an Frankreich engten Spaniens Handlungsraum entscheidend ein. So war auch der Zusammenbruch der kaiserlichen Macht an der französisch-schwedischen Front längs des Rheins bzw. quer durch Deutschland nur noch eine Frage der Zeit.

Mit Bernhard von Sachsen-Weimars Wechsel an die Seite Frankreichs verfügte Schweden in Norddeutschland anfangs nur über unruhige, meuternde Einheiten. Siegreich waren die kaiserlich-sächsischen Truppen vorgedrungen und hatten Magdeburg besetzt. Am 23. September/4. Oktober 1636 jedoch kesselte Johan Banér, Schwedens neuer Feldherr, bei Wittstock den überlegenen Gegner ein und eroberte die gesamte Artillerie der überstürzt fliehenden Sachsen und Brandenburger. Im Januar 1637 stand der Schwede bei Torgau an der Elbe. Zurückgeworfen im Sommer des Jahres, rückte er im Dezember 1638 wiederum in Sachsen ein und fiel wenig später erstmalig in die kaiserlichen Erbländer ein. Im Sommer 1640 verheerte die schwedische Armee Franken und Böhmen, diesmal gemeinsam mit französischen Streitkräften. Mit Lennart Torstensson trat im Frühjahr 1642 einer der besten Feldherren Schwedens an Banérs Stelle. Schlesien und Mähren wurden schnell die Beute schwedischer Heere. Trotz seines Sieges bei Breitenfeld am 2. November 1642 konnte er aber Freiberg nicht nehmen. Nach neuerlichem Rückzug nach Norden waren die Schweden im Frühjahr 1643 wieder zurück, brannten und plünderten

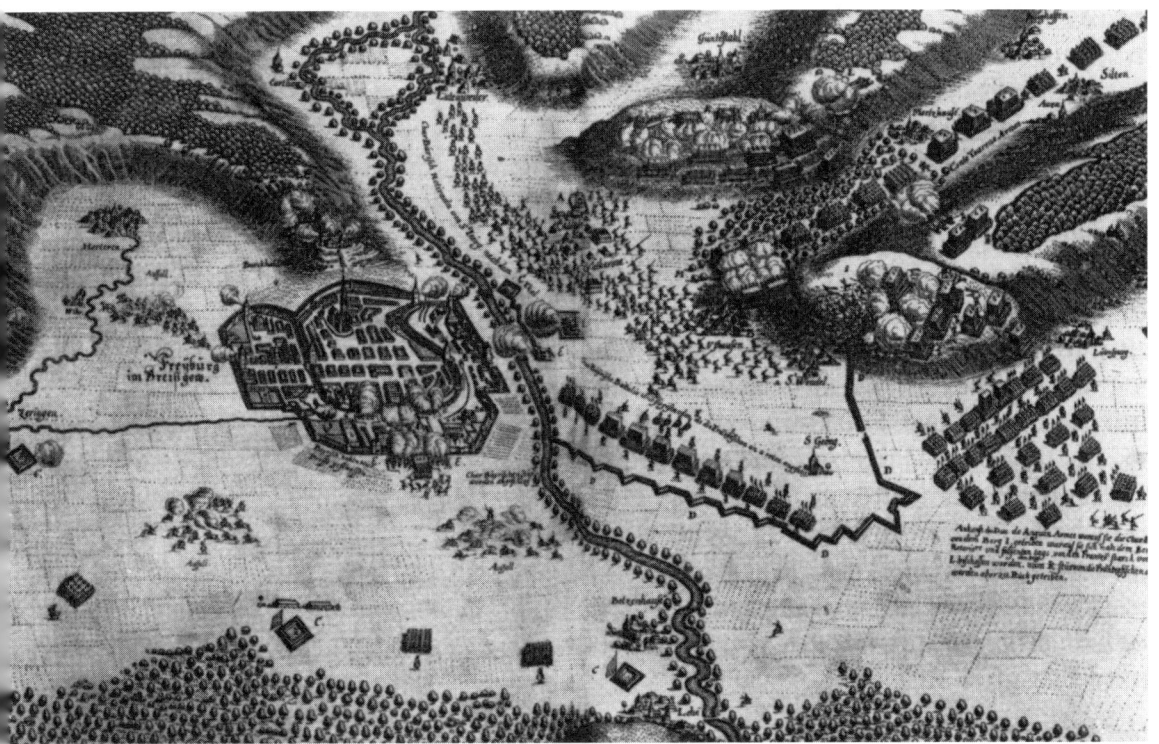

In der Schlacht bei Freiburg/Breisgau am 4./5. August 1644 verhinderten die Bayern unter von Mercy den weiteren Vorstoß der Franzosen unter Turenne und Louis II. de Condé nach Süddeutschland. In dieser mörderischsten Schlacht des Dreißigjährigen Krieges fielen fast 70 Prozent der Franzosen!

diesmal in den kaiserlichen Erbländern. Nur der Mangel an Lebensmittel zwang Torstensson zum Rückzug. Selbst ein schneller Feldzug zur Niederwerfung Dänemarks brachten den Deutschen nur eine kurze Atempause. Der unfähige kaiserliche Feldherr Gallas konnte einen dritten Feldzug des Schweden gegen die Erbländer nicht aufhalten und verlor eine gut ausgerüstete kaiserliche Armee. Am 6. März 1645 unterlag eine weitere kaiserliche Armee bei Jankau in Böhmen. Und immer öfter wirkten französische und schwedische Truppen tief in Süddeutschland zusammen.

Nachdem im Dezember 1638 schon Breisach an Bernhard von Sachsen-Weimar gefallen war, Frankreich über eine wichtige Bastion am Rhein verfügte, siegten bei Kempen (Tönisvorst) am 17. Januar 1642 französische Truppen über ein kaiserliches Heer. Hatten die Vorstöße kaiserlicher und bayrischer Truppen ins Innere Frankreichs Ende der dreißiger Jahre noch den Hof in Paris erschreckt, so lernten die französischen Heerführer allmählich, sich immer besser zu behaupten. Noch bis 1645 besiegten die bayrischen Heerführer, der geniale Franz von Mercy und der energische Johann von Werth, immer wieder französische Armeen. Am 5. August 1644 wurden Condé und Turenne bei Freiburg zurückgeworfen. Der große bayri-

sche Sieg bei Mergentheim am 5. Mai 1645 wurde noch überschwenglich mit Nördlingen verglichen. Am 3. August des Jahres aber brachte die Schlacht bei Alerheim
nahe Nördlingen einen Wendepunkt. Franz von Mercy fiel, und der schon sicher
geglaubte Sieg wurde durch Fehlentscheidungen des Johann von Werth verloren. Da
waren in Norddeutschland im Kampf gegen die Schweden schon wichtige Vorent-
scheidungen gefallen.

Zunächst war Kurbrandenburg zusammengebrochen und nahezu ausgesaugt
durch ständige schwedische Brandschatzungen und Truppendurchzüge. Im Juli
1641 überraschte der junge Kurfürst Friedrich Wilhelm den kaiserlichen Hof mit
seiner Entscheidung, für sein Land die Prager Vereinbarungen aufzukündigen. Die
vorübergehenden kleineren Erfolge der kaiserlich-bayrischen wie auch der sächsischen Truppen wurden durch die schwere Niederlage der vereinigten Bayern und
Kaiserlichen bei Jankau annulliert. Nun drohte gar eine Vereinigung des schwedischen Heeres mit den Truppen Siebenbürgens Fürsten Georg I. Rákóczi, ein Alp-
traum für Kaiser Ferdinand III. Die Pforte hatte dem Allianzpapier Schwedens und
Siebenbürgens zugestimmt. Als sich Frankreich am 22. April dem Bündnis
anschloß, wuchs die Gefahr koordinierter Angriffe von Westen, Süden, aus
Deutschland und Böhmens Norden gegen die kaiserlichen Erbländer. Wien war aufs
äußerste bedroht.

Glücklicherweise hinderten die Türken schließlich doch den weiteren Vormarsch
ihres siebenbürgischen Vasallen auf die Kaiserstadt. Torstensson, alleine vor Wien,
mußte sich wieder zurückziehen. Dem Diwan in Istanbul stand der Sinn nun mehr
nach einer Eroberung Kretas, und hier war Venedig der Pforte hinderlicher als die
kaiserlichen Truppen an der ungarischen Front. Rákóczi mußte im August 1645
Frieden mit dem Kaiser vereinbaren. Der Krieg gegen die gefährlichen Schweden
und die allmählich bedrohlich wachsenden französischen Heere aber ging weiter.
Daran änderte wenig oder nichts, daß in Münster und Osnabrück alle versammelten
Gesandten schon mehr oder weniger heftig über Wege zum allgemeinen Frieden
stritten. Für den Kaiser war besonders bitter, daß nach dem Brandenburger auch der
sächsische Kurfürst aus der Allianz mit Wien ausbrechen mußte. Am 6. September
1645 war in Kötzschenbroda vor den Toren Dresdens ein Waffenstillstand mit
Schweden signiert worden. Nun marschierten schwedisch-französische Armeen
nahezu unbehindert durch weite Teile Deutschlands und bedrohten wieder einmal
Bayern, den letzten überzeugten Verbündeten des Kaisers. Und auch Maximilian
schwankte und suchte fieberhaft nach einem Frieden, wenigstens einer längeren
Atempause. Am 14. März 1647 vereinbarte der Münchener einen Waffenstillstand,
dem sich zunächst Köln und Trier, dann am 9. Mai auch Anselm Casimir von Mainz
anschloß. Mehr als Ferdinand III. hoffte der Bayer auf die Verhandlungen in Münster und Osnabrück und suchte nun auch nach einem Frieden, wie ihn seinerzeit
Hans Georg von Arnim gefordert hatte.

Er hat den Frieden nicht mehr erlebt, nicht einmal die Eröffnung des Kongresses, der sächsische Feldherr, der schon 1633 mit Wallenstein nach einer Übereinkunft suchte. In jener Zeit hatte man auch an anderer Stelle bereits mehrere Jahre

hin und her alleine über die Frage nachgedacht, ob es Katholiken und Protestanten zugemutet werden könne, in gleicher Stadt an gleichem Ort zu verhandeln. Und genau genommen soll es bereits zwischen Richelieu und seiner berühmten grauen Eminenz, Pater Joseph, um diese Frage gegangen sein, bis der schlaue Prälat 1634 die entscheidende Eingebung hatte, beide große Lager in zwei verschiedenen Städten tagen zu lassen. Und es brauchte wieder einige gute Jahre, bis man beispielsweise auch die Kurie in Rom überzeugen konnte, nicht auf italienischem Boden sprechen zu müssen, kaum der Ort, wohin es damals die schwedischen Diplomaten und viele deutsche Protestanten zog. Zwischen 1635 und 1640 jedenfalls war man mehrere Jahre hindurch fast bereit, in Hamburg und Köln zu tagen, um schließlich 1641 mit den beiden eigentlich sehr dürftigen Provinzorten Münster und Osnabrück einig zu werden. Am 4. Dezember 1644 konnte der Kongreß formal eröffnet werden, vielmehr allerdings geschah zunächst nicht.

Erst mit der Anreise des kaiserlichen Sonderbeauftragten, des Grafen Maximilian von Trauttmansdorff, am 29. November 1645 – wenige Monate nach Schwedens großem Sieg bei Jankau – kam wirklich Bewegung in die Diskussionen. Glücklich war dennoch kaum jemand, daß dieser Mann nun kam. Die Spanier wußten, daß Trauttmansdorff nicht der ihrige war. Ihm konnten sie schon lange nicht mehr beibringen, daß sich der Kaiser und die Deutschen für Spaniens Illusionen einer katholischen Weltherrschaft schlagen sollten. Erstaunt, beunruhigt und bald höchst verärgert hatte man in Madrid registrieren müssen, daß Trauttmansdorff mit Frankreich Frieden schließen und das nun hoffnungslos gewordene Bündnis der beiden Habsburger Linien aufkündigen zu müssen glaubte. Aber auch in Paris war man mehr als mißtrauisch. Zurecht verstand man hier, daß der Vertraute Ferdinands III. auf die Schweden hoffte. Trauttmansdorff fühlte und dachte ebenso politisch wie Frankreichs führende Katholiken, Mazarin und sein großer Vorgänger Richelieu, beides Kardinäle der römischen Kirche und beide überzeugt, niemals um religiöser Fragen wegen mit Kaiser und Liga an der Seite der schwedischen Lutheraner gerungen zu haben.

Mag sein, daß Trauttmansdorff einmal anders dachte. Jetzt jedenfalls täuschten sie sich keinesfalls, die französischen Diplomaten in Münster und der italienische Kleriker in Paris. Trauttmansdorff versuchte sein bestes, um die Schweden zu einem Sonderfrieden zu bewegen. Er hatte dennoch nicht sonderlich Hoffnungen, auf diese Weise Frankreichs erwartete Ansprüche auf Lothringen, die Bistümer Metz, Toul und Verdun und große Teile des Elsasses negieren zu können. Versuchen wollte er es aber. Ihm schien beruhigender, weit entfernte – mehr oder weniger vom Kaiser unabhängige – norddeutsche Territorien den letztlich doch schwächeren Nordmännern zu überlassen. Das sollte Schweden und Franzosen spalten. So hoffte er jene Teile des Habsburger Besitzes und die Schlüsselstellungen am Rhein zwischen den italienischen Besitzungen Habsburgs und den südlichen Niederlanden vor der wachsenden französischen Macht bewahren zu können.

Erfreulich für Frankreichs Politiker zeigte sich schnell, daß die Schweden verstanden, daß sie Paris brauchten. Auch konnten sie ihre eigenen protestantischen Bundesgenossen nicht alleinlassen. Zu gefährlich schien allen kaiserlichen Gegnern neben der spanischen Macht eine entschlossene deutsche Front aller Reichsstände unter kaiserlichem Oberbefehl, auch wenn eine solche Allianz um 1645 nahezu unmöglich schien. Es war fast illusorisch auch für den Vertrauten des Kaisers, die sich teilweise mehr als unversöhnlich gebärdenden deutschen Katholiken und Protestanten, ja nicht einmal Lutheraner und Reformierte auf unumgängliche Kompromisse festzulegen.

Erst seit einigen Jahrzehnten ist bekannt, welche Weisungen Kaiser Ferdinand III. seinem Geheimen Rat erteilt hatte. Tatsächlich war es jahrhundertelang wirklich vertraulich geblieben, worauf sich beide als äußerstes Zugeständnis an die beiden Feindmächte Frankreich und Schweden einigten, was das katholische Wien seinen Glaubensgenossen, vor allem dem Papst, zumuten wollte. Nur Trauttmansdorff wußte, was der Kaiser den Protestanten zuzugestehen wünschte, nachdem doch der Kaiservater Ferdinand II. nach Wallensteins großen Erfolgen 1629 im Restitutionsedikt auch diese Frage so zielbewußt entscheiden konnte. Er hatte eben nicht gekonnt! Das jedenfalls hatte sein Sohn begriffen und folglich Trauttmansdorff angewiesen, alles zu tun, »die stende des reichs allß glider mit mir allß dem haubt und vater ihnen selbsten vereiniget, die disconcertirte harmonia imperii wieder zusammen« zu »stimmen«, somit die »fremde(n) feindliche(n) cronen zu einem billichen fridt« zu bringen (Quellen, 340). Ferdinand III. und sein Obersthofmeister waren sich einig, daß man den Protestanten weit entgegenkommen müsse, wollte man deren Mißtrauen überwinden. Im äußersten Falle war der Kaiser sogar bereit, die paritätische Vertretung der Konfessionen in den Reichsorganen zuzugestehen.

Das war tatsächlich neu und ist dem Wiener Habsburger gewiß nicht leicht gefallen. Wertet man das Friedenswerk als endgültigen Sieg der Territorialkräfte über das Kaisertum auf deutschem Boden – und nichts spricht gegen diesen Schluß – dann bleibt eigentlich aus deutscher Sicht zunächst nur als Positivum zu vermerken, daß die konfessionelle Frage gelöst wurde. Das so heiß umstrittene »Ius reformandi« – das landesfürstliche Recht, die Konfession der Untertanen bestimmen zu können – wurde auf das sogenannte Normaljahr 1624 festgeschrieben. Und das hieß, daß nunmehr nichts mehr zu reformieren war und bleiben würde, was bestand. Tatsächlich erschien dies den Menschen des 17. und 18. Jahrhunderts das wesentliche des Friedens von Münster und Osnabrück.

Die wirklichen Schwierigkeiten aber erwuchsen für Trauttmansdorff aus den Forderungen Frankreichs. Angeblich waren Richelieu anders als Mazarin französische Landgewinne weniger wichtig, wenigstens behaupten das die meisten Kenner französischer Archivalien. Darstellungen dieser Art überraschen dennoch etwas, da Richelieu schon 1612 erklärt hatte, »Frankreichs Grenzen seien für seine beherrschende Stellung zu eng« (Stadtler, 53). Auch forderte er 1624 als Frankreichs neuer mächtiger Minister die Inkorporation von Metz, Toul und Verdun in den französischen Staat. Ein Jahr später äußerte er, Frankreich müsse bei einem Frieden auf einer Rheinpassage bestehen. Merkwürdig erscheint auch, daß heute viele deutsche Historiker in Richelieu so etwas wie einen Politiker des europäischen Gleichgewichts sehen wollen. Er habe die Habsburger als dominierende Mächte Europas um jeden Preis niederringen müssen, daher den großen europäischen Krieg auf deutschem Boden so schrecklich verlängert. Das mag stimmen, aber deren Niederlage bedeutete nicht unbedingt ein Gleichgewicht der Mächte in Europa. Jedenfalls läßt sich nicht leugnen, daß Richelieu offen in die Kämpfe eingriff, als sich die deutschen Landesfürsten im Prager Frieden 1635 mit dem Kaiser »verglichen« hatten, wie es damals zeittypisch formuliert wurde. Ganz offensichtlich wollte Richelieu weniger ein gleichwertiges Nebeneinander der europäischen Staaten als die Gegner einer französischen Hegemonie vernichten. Wallenstein hat seinerzeit sehr treffend gefordert, Gustav II. Adolf nicht nach seinen Worten, sondern seinen Taten zu beurteilen. Das gilt wohl auch für die französischen Erklärungen und die spätere Realität. Beide Kronen behaupteten noch in den Tagen von Münster und Osnabrück beharrlich, es ginge ihnen vor allem um die Sicherung des status quo und die Libertät der deutschen Reichsstände. Sie selbst, Franzosen und Schweden, beständen nur auf einer gerechten und angemessenen Entschädigung ihrer Kosten und Mühen. Die Deutschen möchten doch bitte Vorschläge unterbreiten.

Die Instruktionen der Gesandten und das beharrliche Feilschen sprechen wahrlich dagegen. Bedauerlich für alle Beteiligten blieb, daß sich sowohl die Schweden als auch die Franzosen überlange zierten und ihre Forderungen auch mit Rücksicht auf die deutschen Bundesgenossen in beiden konfessionellen Lagern verheimlichten. So wurde es zusätzlich schwer für Trauttmansdorff und andere, den Frieden herbeizudiskutieren.

Frankreich waren in der Tat von Anfang an die konfessionellen Reibereien der Deutschen unwichtig. Immer wieder mühten sich seine Gesandten, Bayern an die Seite der Protestanten zu zwingen. Ein Gleichgewicht zwischen Kaiser und Reichsständen schien Frankreichs Politikern die einzig sinnvolle Konzeption zur Sicherung künftiger französischer Interessen. Auch den Schweden war die konfessionelle Frage letztendlich nur schmückendes Beiwerk, wenngleich sie bis zuletzt immer wieder als Interessenvertreter der protestantischen Stände auftraten.

Frankreichs Versuchen, Bayern gegen den Kaiser zu pressen, stand immer wieder die pfälzische Frage entgegen. Das erschwerte noch in Münster und Osnabrück jede Annäherung der gegnerischen deutschen Parteien. Zwar hatte auch Gustav II. Adolf dem Pfälzer nicht die Maximilian zeitweise abgerungenen Territorien zurückgegeben. Aber immerhin hatte er doch Hilfe gelobt und die Rückgabe versprochen. Nun sollten die Schweden das »Königswort« einlösen. »Amnestie« für alle vertriebenen Parteigänger hieß die Parole. Und nicht nur die Erben des Winterkönigs verstanden darunter die völlige Entschädigung, eine Forderung, für die weder der bayrische Maximilian noch andere Nutznießer Verständnis hatten. Auch nicht einmal jene Herren, die in Böhmen die Rebellengüter erworben hatten und keine Reichsstände waren. Das Jahr 1618 als Normaljahr für die »Amnestie« wie es Frankreich, Schweden und einige deutsche Verbündete wünschten, war durch Debatten nicht zu verwirklichen. Lieber wolle er bis zum letzten Blutstropfen kämpfen, ließ beispielsweise Maximilian verkünden.

Gustav Horn (links) war einer der bedeutendsten schwedischen Generale, wurde jedoch 1634 in Nördlingen gefangengenommen. Fabio Chigi (Mitte), hier als Papst Alexander VII. dargestellt, war als päpstlicher Nuntius eine wichtige Figur im westfälischen Friedensprozeß. Henri de la Tour d'Auvergne, Vicomte de Turenne, (rechts) war einer der wichtigsten französischen Generale in der letzten Phase des Dreißigjährigen Krieges

Die Protestanten hatten, von Schweden bestärkt, schon in Frankfurt 1631 bei ersten ernsthaften Friedenssondierungen mehr verlangt, als der Kaiser und die Liga gewähren wollten. Dabei ging es damals nur um die Aufhebung des Restitutionsedikts und die Garantie der protestantischen Säkularisierungen bis 1620. Dafür wollten die evangelischen Reichsstände sogar den berühmten »Geistlichen Vorbehalt« anerkennen und die fortbestehende Dominanz der katholischen Stände in den Reichsorganen hinnehmen. Meinten sie es wirklich ernst damit, änderte sich mit Breitenfeld 1631 alles. Nun scheiterten alle Friedensüberlegungen der Deutschen beider Lager immer daran, daß sich Kaiser und Reichsstände nur über die Religionsproblematik einigen wollten und den europäischen Charakter des Krieges gar nicht oder nur wenig beachteten.

So konnten die Vereinbarungen des Prager Friedens 1635 das eigentliche Hauptproblem, die Befriedigung der ausländischen Gegner nicht lösen. Immerhin konnte Ferdinand III. wenig später glauben, die kaiserliche Macht gegenüber allen Landesfürsten, katholischen wie evangelischen, erheblich gestärkt zu haben. Doch deutete sich damals – sogar nach der Katastrophe von Nördlingen und ohne wirkliche französische Unterstützung – in der schwedischen Bemerkung über eine notwendige Amnestie für deren Partner bereits eine Schlüsselfrage an, die künftig alle Friedensgespräche erschweren würde, an der jedoch für den Kaiser kein Weg vorbeiführte.

In Wien wollte man die allgemeine Amnestie im kaiserlichen und bayrischen Interesse nicht gewähren und vertraute wohl inzwischen zu sehr der wieder gewachsenen eigenen und der spanischen Kraft. Tatsächlich war der Prager Frieden der Höhepunkt der kaiserlichen Machtentfaltung im Reich. Wallenstein, der große Seher, war tot, er wurde im übrigen ja ohnehin nicht gerne gehört. So entging den

Wienern, daß sich alles entscheidend verändert hatte. Der Krieg war schon während des böhmischen Aufstandes mehr als eine innere reichsständische Auseinandersetzung und schon gar nicht wirklich ein Religionskrieg. Nun aber waren noch mehr europäische Mächte direkt in die Kämpfe hineingezogen worden.

Die Schweden hatten 1640 demonstrativ alle Separatverhandlungen mit den kaiserlichen Unterhändlern abgebrochen. Schon deshalb galt es für Trauttmansdorff, nach den schwedisch-französischen Siegen – insbesondere der Niederlage der Spanier bei Rocroi am 19. Mai 1643 – und dem Ausscheiden Sachsens und Brandenburgs aus dem kaiserlichen Lager bzw. Bayerns Schwankungen, nahezu die Quadratur des Kreises zu finden.

Der Tod Richelieus am 4. Dezember 1642 und Ludwigs XIII. am 14. Mai 1643 mit der beginnenden Fronde des französischen Hochadels hatte noch einmal Hoffnungen in Wien keimen lassen. Doch drängten nun nahezu alle deutschen Reichsstände den Kaiser, endlich Frieden zu schließen und Spanien fallenzulassen. Das schien um so geratener, als der Papst und die italienischen Staaten mit dem Vertrag von Ferrara im März 1644 an der Seite Frankreichs zu gemeinsamer Frontstellung gegen Spanien fanden.

Endlich am 11. Juli 1645 übergaben Frankreich und Schweden nach längeren Auseinandersetzungen untereinander den kaiserlichen Delegierten ihre gemeinsame Friedensproposition. Sie forderten die allgemeine Amnestie nach dem Stand von 1618, die Libertät aller deutschen Reichsstände und die Beilegung der Religionsbeschwerden, Forderungen, die so nicht erfüllt werden konnten. Aber wenigstens tagte man nun ernsthaft, es hatten sich jetzt 148 Abgesandte, unter ihnen 93 Delegierte für die deutschen Reichsstände, eingefunden. Die spanischen, niederländischen, französischen und viele deutsche Delegierte tagten in Münster, Schweden und anfangs auch noch Dänen nebst weiteren deutschen Reichsstände diskutierten in Osnabrück. Neben dem Nuntius waren Venezianer, Polen, Italiener, Spanier, Portugiesen und Abgesandte Siebenbürgens angereist.

Vor allem Geld erwies sich hier beim Friedenskongreß nahezu als das wichtigste, wie die erhaltenen Bestechungslisten bezeugen. Schwedens Gesandter Johan Adler Salvius war einer, der mit am eifrigsten nahm. Treffend sprachen die Zeitgenossen von »Realdankbarkeit« und meinten wohl auch, daß niemand sicher sein konnte, sein Geld richtig angelegt zu haben, da andere möglicherweise realistischer rechneten und es vor allem auch konnten. Trauttmansdorff, so wird berichtet, war einer der wenigen, der nicht anfällig war für diese sogenannte »neue deutsche Krankheit«. Er suchte den Frieden und nicht den persönlichen Geldgewinn.

Auch deshalb fragte Frankreichs Gesandter d' Avaux höchst beunruhigt während der Verhandlungen des Obersthofmeisters mit den Ständen, was wohl geschähe, gelänge Trauttmansdorff eine Verständigung mit den Protestanten. »Dann werde der Krieg als ein reiner Raubzug für französische und schwedische Interessen weitergehen müssen«, klagte der Diplomat (Dieckmann, 253). Es war auch französisches Geld, das eine schnelle Übereinkunft zwischen dem kaiserlichen Diplomaten und den Ständen verhinderte. Als beispielsweise die Trierer Gesandten Frankreichs Ent-

schädigung ablehnten, wie unsinnig eine solche Entscheidung auch immer war, protestierte Kurfürst Philipp von Sötern, Frankreichs »Protegé«, auf das heftigste gegen
das Verhalten seiner eigenen Diplomaten.

Trauttmansdorff entschied sich schließlich, zuerst in Verhandlungen mit Frankreich wesentliche Übereinkünfte zu vereinbaren, ein zeitraubendes Hin und Her
zwischen Frankreichs und den kaiserlichen Gesandten. Als am 13. September 1646
der Vorvertrag zwischen Ludwig XIV. und dem Kaiser unterzeichnet war, hatte Paris
erreicht, was Mazarin erstrebt hatte. Künftig würde man in weiten Teilen des Elsasses schalten und walten können, besaß nun die Bistümer Metz, Toul und Verdun
auch legitim und herrschte demnächst auch über Lothringen. Der französische Triumph wurde nur etwas getrübt, weil sich Spanien und die Niederlande gleichzeitig
auch rasch näher kamen und ihrerseits einen Friedensvertrag vorbereiteten. Am 8.
Januar 1647 wurde dieser Vertrag signiert und zur Ratifizierung nach Madrid und in
den Haag gesandt.

Während der nun folgenden Verhandlungen zwischen Trauttmansdorff und den
beiden schwedischen Delegierten wuchs die Pommern-Frage zum Stolperstein.
Gegen den unbestreitbaren Rechtsanspruch Brandenburgs wünschte Stockholm die
Überlassung Pommerns, und es galt nur zu feilschen, welche Landesteile dem Berliner überlassen bzw. was man schwedischerseits aus der deutschen Beute als Entschädigung freigeben wollte. Im übrigen erwarteten die schwedischen Heerführer die
unvorstellbare Summe von 20 Millionen Reichstalern. Als Trauttmansdorff schließlich auch hier einen Kompromiß ausgehandelt hatte, war klar, daß künftig Schweden als Reichsstand in Regensburg vertreten sein sowie weite Teile Deutschlands an
der Ost- und Nordseeküste besitzen würde und Brandenburg durch einige Bistümer
abgefunden werden mußte. Der Kaiser hatte gegen den Willen einer radikalen
katholischen Phalanx und natürlich der römischen Kurie weiteren geistlichen Besitz
aufgeben müssen. Da zählte für manche kaum, daß es sich nur um Stifter handelte,
die ohnehin schon in evangelischen Händen waren.

Nachdem somit die wesentlichsten sogenannten »Satisfaktionsforderungen« der
beiden Kronen erfüllt waren, konnte man zur Verständigung der deutschen Kriegs-
parteien zurückkehren. Vorausschauend hatten sich nahezu alle Beteiligten auf eine
»Antiprotestklausel« geeinigt, um den erwarteten päpstlichen Einspruch gegen die
endgültige Preisgabe geistlicher Besitzrechte auszuschließen. »Es war ein vollständiger Sieg der weltlichen Politik, die sich mit diesem Akt von einer jahrhundertelan-
gen geistlichen Vorherrschaft lossagte« (Dickmann, 343). Man muß hinzufügen,
daß dieses Übereinkommen erst den Weg zum Frieden in Deutschland öffnete.

Immerhin blieb es alles andere als einfach, die beiden konfessionellen Positionen näher zu bringen. Im Januar 1646 hatten die Protestanten noch darauf bestanden, daß der künftige Religionsfrieden als »Vertrag zwischen zwei gleichberechtig-
ten Parteien« abgefaßt werden müsse (ebd., 345). Die Katholiken wiederum glaubten, keine Gleichberechtigung zugestehen zu dürfen. Einige von ihnen meinten
sogar, das Restitutionsedikt verteidigen zu müssen, und wollten es höchstens etwas
länger aussetzen.

Um alles noch weiter zu verwirren, erlaubten sich die Protestanten nun erneut wilde Streitereien um die Anerkennung der Reformierten als »Augsburger Konfessionsverwandte«. Immerhin wähnte Trauttmansdorff im Sommer 1647 seine Mission bereits gescheitert. In einem vertraulichen Brief vom 2. Juli 1647 klagte er Ferdinand III., er wolle abreisen, da »die Kronen und deren Anhänger den Frieden auf keine Weise wollten« (ebd., 411).

Glücklicherweise wollten die Großmächte doch! Schließlich ging es ihnen ja um die vertragliche Bestätigung ihrer Gewinne. Schon am 31. März 1647 hatte man sich wenigstens auf eine achte Kur geeinigt, die der Sohn des »Winterkönigs« erhalten sollte. Gestritten hatten die Protestanten dennoch, weil noch immer nur drei Protestanten gegen fünf Katholiken standen und ein evangelischer Kaiser auch weiterhin nicht zu erhoffen war. Die Katholiken hatten schließlich zugesagt, die Freiheit des lutherischen Bekenntnisses für die Unterpfalz zu bewilligen. Wenigstens das war wohl ein entscheidender Durchbruch! Als Trauttmansdorff am 16. Juli 1647 abreiste, war er nun überzeugt, das wesentlichste vereinbart zu haben, und überließ, wie er meinte, nur noch die Details den verbleibenden kaiserlichen Gesandten. Dennoch verwarfen die radikalen Katholiken um den Osnabrücker Bischof Franz Wilhelm von Wartenberg und den Prior Adam Adami am 11. Oktober 1647 zunächst

Der Münstersche Friedensreiter vom 25. Oktober 1648 überbringt die Friedensnachricht. Im Hintergrund links und rechts die Hauptstädte Wien und Stockholm der beiden Hauptkontrahenten des Dreißigjährigen Krieges

noch einmal mit erheblichem Propagandaaufwand alles, was der oberste kaiserliche Unterhändler mit Mühe verhandelt hatte.

Ende 1646 veröffentlichte der Jesuit Heinrich von Wangnereck eine Schrift gegen jeglichen Kompromiß mit den Protestanten, nannte solche Absicht eine »Beleidigung Gottes und der wahren Religion« und erfreute sich lauter Zustimmung der »Hardliner« im katholischen Lager. Dadurch offenbar ermuntert, kritisierte der Dillinger Jesuit Trauttmansdorffs Friedensentwurf mit gleicher Schärfe. Ein Frieden, der die »Häresie dulde«, könne »nicht christlich sein« (ebd., 413-414). Aber Kurköln und Kurmainz distanzierten sich von den Radikalen. Auch Bayern wünschte den Frieden mit den Protestanten unbedingt. Da die mächtigen katholischen Reichsstände eine Übereinkunft mit Kursachsen und weiteren evangelischen Kernländern erzielten, kam man gemeinsam mit den Schweden am 28. Februar 1648 in Osnabrück zu den Vereinbarungen zurück, die Trauttmansdorff ausgehandelt hatte. Daran änderte auch der zum Weihnachtsabend 1647 erwartungsgemäß veröffentlichte Protest des päpstlichen Nuntius gegen »den ewigen Verzicht auf geistliche Güter und die Gleichberechtigung nichtkatholischer Bekenntnisse« nichts mehr (ebd., 476).

Der Friedensvertrag zwischen den Niederlanden und Spanien vom 30. Januar 1648 beschleunigte zweifellos die Annäherung der deutschen Konfliktparteien. Immerhin hatte Brandenburg in diesem Zusammenhang konstatieren müssen, daß man im Haag wenig Interesse zeigte, in eine Allianz zur Durchsetzung der brandenburgischen Ansprüche zu willigen. Kurfürst Friedrich Wilhelm bekam die Oranientochter, Waffen und vor allem Geld aber nicht. So verstand er endlich, daß er von Pommern retten müsse, was er konnte, und den schwedischen Siegern das in Stockholm bestimmte Minimum überlassen müsse.

Endlich, am 24. März 1648, waren alle Religionsabkommen ausgehandelt. Man hatte sich tatsächlich einigen können, überall im Reich den Konfessionsstand von 1624 festzuschreiben und für die kaiserlichen Erblande eine Ausnahme vereinbart. Die Parität beider Konfessionen wurde für Augsburg fixiert und der Anspruch der evangelischen Mehrheit in Aachen stillschweigend auch von den Protestanten aufgegeben. Dafür hatten die Katholiken für die 50 Assessoren des Reichskammergerichts immerhin 24 Protestanten zugebilligt.

Daß es noch immer nicht zum Friedensschluß kommen konnte, war nun erneut den Schweden geschuldet. Wieder hatte eine schwedische Armee gesiegt. Bei Zusmarshausen war am 17. Mai 1648 ein letztes Mal in diesem Krieg der bayrisch-kaiserliche Widerstand niedergerungen worden. Wenig später, am 26. Juli, belagerte eine weitere schwedische Armee Prag und eroberte die Kleinseite. Schwedens Armeeführer bestanden nun erst recht auf ihren Geldforderungen, und Salvius unterstützte jetzt auch entsprechende Ansprüche Hessen-Kassels. Selbstverständlich meldete sich nun natürlich auch der bekanntermaßen äußerst geldgierige Maximilian von Bayern und beanspruchte seinerseits eine großzügige Abfindung für die bayrische Armee. Er und der Kaiser wendeten ein, die Protestanten müßten schon selber für ihre schwedischen Helfer aufkommen. Fast salomonisch entschieden da die Reichsstände, Schwedens Forderungen auf alle deutschen Territorien umzulegen und den Kaiser auf seine Erbländer und Maximilian auf den bayrischen Kreis zu beschränken.

Endlich begnügten sich Schwedens Gesandte mit fünf Millionen Reichstaler Entschädigung. Nun war nur noch auszuhandeln, wie lange sie zu warten und welche Sicherheiten die Deutschen zu erbringen hätten. Für 1,8 Millionen als sofortige Bargeldzahlung und großzügige Schuldverschreibungen verzichteten nun auch die Schweden auf die Durchsetzung der Amnestie in den kaiserlichen Erblanden. Leidtragende waren die böhmischen Rebellen unter den schwedischen Fahnen, deren Hoffnungen nun niemand mehr unterstützte.

Am 6. August 1648 vereinbarten die Delegierten des Kaisers, Schwedens und der deutschen Reichsstände, daß keine weiteren Veränderungen mehr zugelassen werden sollten. Am 15. September unterzeichneten alle Beteiligten das entsprechende französische Friedensdokument und signierten dann das schwedische am 16. September.

Die letzten Verzögerungen erwuchsen nun aus dem Konflikt zwischen Wien und Madrid. Da die Franzosen Spanien nicht in den Frieden einschließen wollten und den offiziellen Verzicht des Kaisers auf jegliche Unterstützung Madrids festgeschrieben hatten, bedurfte es nun der geschlossenen Front der Großmächte und der deutschen Reichsstände, die Unterschrift des Kaisers unter das Trennungspapier der beiden Habsburger Linien zu erzwingen. Immerhin hatte Philipp IV. von Spanien gedroht, in diesem Falle Ferdinands Tochter nicht zu ehelichen. Am Rande sei nur bemerkt, daß die Wienerin nicht sitzengelassen zurückkehren mußte.

Dafür war nun den Franzosen in letzter Minute eingefallen, einen förmlichen Verzicht des Kaisers und Spaniens auf das Elsaß zu fordern. Sie gaben sich erst zufrieden, als die deutschen Reichsstände gegen den kaiserlichen Widerstand und Madrids verzweifeltes Nein eine Garantie abgaben. So beendete dann am 24. Oktober 1648 nach neuerlichen komplizierten Verfahrensdiskussionen in den späten Abendstunden die Unterzeichnung und Ratifizierung der Friedensverträge in den Gesandtenquartieren und im Bischofshof auf dem Domplatz zu Münster durch Frankreich, Schweden, den kaiserlichen Bevollmächtigten und eine Deputation der Reichsstände den ersten großen europäischen Krieg.

LEBENSBILDER DER EPOCHE DES SCHWEDISCH-FRANZÖSISCHEN KRIEGES

Das fürstliche Lager

Königin Christina von Schweden
Kurfürst Friedrich Wilhelm von Brandenburg
Kaiser Ferdinand III.

Kurzbiographien:

König Karl X. Gustav von Schweden
König Philipp IV. von Spanien
Kurfürst Karl I. Ludwig von der Pfalz
Fürst Georg I. Rákóczi von Siebenbürgen
Erzherzog Leopold Wilhelm
Landgräfin Amalia Elisabeth von Hessen-Kassel
Herzog I. der Fromme von Sachsen-Gotha-Altenburg
Kurfürst Johann Philipp von Schönborn, Erzbischof von Mainz

Die Politiker

Jules Kardinal Mazarin, Herzog von Nevers
Maximilian Graf von Trauttmansdorff-Weinsberg
Johan Adler Salvius

Kurzbiographien:

Fabio Chigi (Papst Alexander VII.)
Johan Axelsson Oxenstierna
Franz Wilhelm Kardinal Graf von Wartenberg
Bogislaus Philipp von Chemnitz
Isaak Volmar Freiherr von Rieden
Bischof Adam Adami
Johann Rudolf Wettstein
Claude de Mêsmes, Graf d'Avaux
Abel Servien, Marquis de Sablé et de Boisdauphin, Comte de La Roche
Alvise Contarini
Caspar de Bracamonte y Guzman, Graf von Peñaranda
Antoine Brun
Adrian Pauw
Jakob Lampadius

Die Feldherren

Johan Banér
Lennart Torstensson
Johann (Jan) Reichsfreiherr van Werth
Franz von Mercy

Kurzbiographien:

Melchior Reichsgraf Hatzfeld von Gleichen
Peter Graf zu Holzappel, genannt Melander
Raimund Fürst Montecuccoli
Carl Gustav Wrangel
Hanns Christoph von Königsmarck
Henri Vicomte de Turenne
Louis II. Prinz von Condé

Christina, Königin von Schweden

Christina, Königin von Schweden*

* 7. Dezember 1626 im Stockholmer Schloß
† 9. April 1689 im Palazzo Rialto in Rom
Grabstätte: Petersdom in Rom
Eltern: Gustav II. Adolf, König von Schweden, und Marie Eleonore von Brandenburg-Preußen

ab Sommer 1630	Christina lebt fast drei Jahre bei der Tante, Katharina von Pfalz-Zweibrücken, auf Schloß Stegeborg
Frühjahr 1633	Christina repräsentiert beim Empfang einer russischen Gesandtschaft
März 1633	Reichstagsentscheid über Christinas Erziehung durch die Reichsräte Axel Banér, Gustav Horn und den Geistlichen Johan Matthiae
7. Dezember 1644	Mündigkeitserklärung Christinas
Januar 1644	Erste Auseinandersetzungen Christinas mit Axel Oxenstierna, dem Reichskanzler und mächtigsten Aristokraten Schwedens
10. März 1649	Karl Gustav von Pfalz-Zweibrücken auf Wunsch Christinas als Thronfolger gewählt
20. Oktober 1650	Krönung Christinas in Stockholm
6. Juni 1654	Abdankungszeremonie im Reichssaal des Schlosses zu Uppsala
24. Dezember 1654	Heimliche Konversion Christinas in Brüssel
3. November 1655	Offizielle Konversion in Innsbruck
20. Dezember 1655	Ankunft in Rom
22. September 1656	Geheimvertrag Christinas mit Kardinal Mazarin über die Königskrone Neapels
10. November 1657	Christina läßt einen ihrer Vertrauten in Fontainebleau als Verräter hinrichten
12. Oktober 1660	Ankunft Christinas in Stockholm als Privatperson
5. Juni 1667	Christina, neuerlich nach Schweden gereist, verläßt das Land für immer
Herbst 1668	Bemühungen um die polnische Krone
2. Februar 1680	Protest Christinas gegen die Hugenottenverfolgungen Ludwigs XIV.
1680-1681	Intensive Arbeit an den Memoiren

---

* alle Daten nach dem Julianischen Kalender

Kaum eine Königin der Vergangenheit ist bereits zu Lebzeiten widersprüchlicher dargestellt worden. Sie war den einen verehrungswürdiges Genie, Schutzpatronin und Mäzenatin, Ausdruck der Unmoral, Verlogenheit, eine Verbrecherin den anderen. Zahllose zeitgenössische Aufzeichnungen, Briefe und offizielle Berichte spiegeln das Bild Christinas. Sie dokumentieren manchmal eine kluge, erfolgreiche Politikerin, des öfteren aber auch eine egozentrische Frau, deren wichtigste selbstgestellte Aufgabe die rücksichtslose Gestaltung des eigenen Lebens war. Dieses Anliegen setzte sie bedenkenlos gegen die Interessen des eigenen Vaterlandes durch und folgte einem Gefühl, das ihr Rechte einräumte, die sie anderen Menschen versagte.

Für die ersten Lebensjahre liegt ein unvollendetes Papier Christinas vor, eine Autobiographie, die sie als reife Frau schrieb. Das ist ein Konglomerat eigener Erinnerungen und Gehörtem, in Form eines Dialogs mit Gott verfaßt. Weniger wirkliche Quelle, ist es in dieser Selbsterhöhung vor allem ein aufschlußreiches Dokument für die Gefühle und Empfindungen der Königin Christina. Mit dem 11. Juni 1681 datiert, verstehen sich die Memoiren als Produkt einer langen schriftstellerischen Hinterfragung des eigenen Ichs durch die Schwedin. Als gesichert gilt, daß Christina um 1658 erstmalig in Rom begann, Material für diese Autobiographie zu sammeln. Mitte der sechziger Jahre schrieb sie während eines längeren Aufenthaltes in Hamburg intensiv daran. Um 1680 nahm sie die Arbeit wieder auf und reflektierte nun insbesondere die Ereignisse zwischen 1626 und 1633.

Aufschlußreich für eine Charakteristik der Königin erscheinen Christinas Bemerkungen über ihren ersten Empfang einer russischen Gesandtschaft als Herrscherin zu Jahresbeginn 1633. Man habe sie nicht sonderlich vorbereiten müssen, ließ Christina ihre künftigen Leser wissen. Lächelnd hätte sie ihre Vormünder gefragt, warum sie bärtige Russen fürchten solle. »Überlaßt mir das weitere« (Christina, Självbiografi, 68), will sie bedeutet haben. Das ist wohl kaum die Reaktion eines sechsjährigen Kindes, das doch sehr plötzlich auf den Thron gesetzt werden mußte. Die wenigen Wochen nach Lützen ermöglichten nicht jene Prägung des von Christina angeführten Herrschergestus bei dem kleinen Mädchen. Sie habe gehalten, was sie ihren Räten versprach, thronte würdevoll auf dem Herrscherstuhl »mit einer so sicheren, hoheitsvollen Gebärde« und flößte den Gesandten jenes Gefühl ein, »das alle Menschen überkommt, wenn sie etwas Höherem gegenübertreten« (ebd., 45).

Christina blieb zeitlebens überzeugt, göttlich legitimiert zu sein und die übergroße Mehrheit der Menschen durch ihre königliche Geburt himmelweit zu überragen. Immer wieder verglich sie sich mit den bedeutendsten Persönlichkeiten der Weltgeschichte und wähnte sich Alexander dem Großen gleich. Ständig betonte sie, als Stellvertreterin Gottes sei sie keinem Menschen Rechenschaft schuldig.

Es spricht schon einiges dafür, daß Christina auch als Fünfzigjährige überzeugt blieb, sie hätte seinerzeit die Russen durch ihre stolzen Gebärden erschreckt. Der englische Gesandte an ihrem Hof in Stockholm berichtete später, es sei bekannt, daß Christina bei Audienzen deutliches Erschrecken ihrer Besucher erwartete. Spaniens Gesandter jedenfalls respektierte die Gefühle der Herrscherin, wie der Brite spöttisch notierte.

1648 berichtete der französische Gesandte Pierre Chanut nach Paris, die Königin spreche Latein, Französisch, Flämisch, Deutsch und Schwedisch. Sie lerne sogar Griechisch, lese täglich einige Seiten im Tacitus und diskutiere anschließend dann die Textstellen auf Französisch, eine Idealisierung, die bis heute das Bild der Königin prägt.

Chanut vermittelte auch einen Briefwechsel mit Descartes. Dieser glaubte bemerken zu müssen, er empfände sich der Anerkennung durch Christina keineswegs würdig. Dennoch folgerten schwedische Historiker in der jüngsten Ausgabe der Nationalgeschichte, Christinas Reputation als Gelehrte sei nur ein Teil ihrer Bestrebungen gewesen, sich überall in Europa als Mäzenatin »bekannt zu machen«. Jedenfalls wäre es auffällig, daß der Strom der Gelehrten aus bekannten europäischen Wissenschaftszentren zwischen 1650 und 1653 schnell wieder versiegte. Schon vor ihrem Thronverzicht seien »praktisch genommen alle wieder verschwunden« gewesen (NG, VI, 143). Mehrfach folgerten Kenner, Christina »genoß es, berühmt zu sein«. Es war ihr »ein Lebensbedürfnis zu wissen, daß man überall von ihr sprach« (Grimberg, Die wunderbaren Schicksale, 428). Diese Erfahrung gewann offenbar auch der in Stockholm bald enttäuschte Descartes.

Christina war begabt, jedoch »keinesfalls genial, belesen«, aber nicht eigentlich »intellektuell«, wie einer der bedeutendsten schwedischen Christina-Kenner bemerkte. Sie wurde als Politikerin ausgebildet, »mehr nicht« (Stolpe, 18). Noch kurz vor seinem Tode hatte Gustav II. Adolf verfügt, seine Tochter solle wie »ein Mann« erzogen werden, um ihren Aufgaben als künftige Königin gewachsen zu sein (Självbiografi, 58). Der Reichsrat entsprach diesem Wunsch und trennte sie von der Königinwitwe. Als ihren Lehrer ernannte er am 27. August 1635 den Theologen Johan Matthiae.

Auch Pierre Chanut unterstrich seinerzeit die männlichen Veranlagungen besonders, berichtete über erstaunliche reiterische Leistungen Christinas, eine wahre Meisterschützin außerdem, traut man dem Diplomaten. Sie lehnte alles ab, »worüber Damen reden und was sie tun«, behauptete die ältliche Königin selbst. Sie danke Gott, daß er sie »in seiner Gnade sehr männlich« machte, »wie auch meinen übrigen Körper« (ebd., 25 u. 58).

Am 7. August 1651 teilte Christina dem Reichsrat mit, sie wünsche abzudanken. Obwohl gerade sie für den Frieden in Osnabrück gegen die Maximalvorstellungen ihres Reichskanzlers eingetreten war, plädierte sie nun für einen »Roi connetable«, einen Kriegerkönig an der Spitze des schwedischen Reiches. Sie selbst suche Ruhe. Später verkündete sie als eine ihrer Lebensmaximen, sie hasse die Stille und liebe den Sturm. Tatsächlich lebte Christina nach diesem Motto.

Greift man Christinas Aussage vor dem Reichsrat auf, sie habe bereits seit fünf, sechs Jahren an ihre Abdankung gedacht, erscheint wenigstens die Krönungszeremonie am 20. Dezember 1650 unverständlich. Die Königin hatte später mehrfach auch 1648 als »Wendepunkt in ihrem Leben« vermerkt. Ein malariaartiges Fieber hätte sie gequält, so daß sie gelobte, Katholikin zu werden, falls sie genese. Auch das scheint eher eine »hausgemachte« Altersbegründung für die Konversion und Abdankung zu sein, analog der Mehrheit der üblichen Mysterien und Bekehrungsgeschichten. Sie hatte im Februar 1649 erstmals einer Deputation des Reichstages erklärt, sie würde nicht heiraten. Karl Gustav, der Pfälzer Cousin, sei ein würdiger Thronfolger. Im April und Juni 1649 rapportierte auch Chanut nach Paris, die Zeichen für einen baldigen Thronwechsel in Schweden mehrten sich. Alles spräche für eine Krönung Karl Gustavs.

Zunächst verweigerten Reichsrat und Adel die Zustimmung. Sie verstanden, daß eine solche Bejahung ihre Möglichkeiten reduzierte, dem neuen König die Bestätigung der Privilegien und des Güterbesitzes abzuringen. Im feierlichen Krönungszeremoniell Christinas Ende 1650 durfte der Pfälzer der Monarchin dennoch mit einer kleinen spitzen Krone auf dem Hut folgen.

Die Frage drängt sich auf, warum die Erbkönigin diese Entwicklung einleitete. Will man persönliche Gefühlsverwirrungen und die als Belastung empfundene Regentschaft nicht akzeptieren, bliebe die oft geäußerte Erklärung aus dem Glaubenswechsel Christinas. Das katholische Bekenntnis war unvereinbar mit dem schwedischen Königtum. Folglich mußte Christina abdanken, eine Heilige, so meinten bald danach einige glaubenseifrige Katholiken. Soviel scheint erwiesen: Eine überzeugte Protestantin war die Königin nicht. Offen bleibt, ob auch das Mädchen Christina dieses Bekenntnis wirklich so haßte, wie es die Monarchin 1681 verkündete. Sie habe sich während der langen eintönigen Predigten gelangweilt und sich als Heranwachsende eine eigene Religion in unbewußter Erwartung der katholischen Heilslehre geschaffen, vertraute die Königin in ihrer Autobiographie Gott an. Aber sie zielte wohl mehr auf die Zeitgenossen und spätere Generationen, denen sie so die Tiefe ihrer Konversion darstellen wollte.

Zeitgenössischen Berichten ihrer Diskussionspartner ist vor allem zu entnehmen, Christina argwöhnte zunächst, alle Religionen seien Erfindungen zur Täuschung der unwissenden Völker. Gewichtig auf dem Wege zur Konversion bleibt der Drang der Herrscherin, auf erkenntnistheoretische Fragen überzeugende Antworten zu finden. 1667 behauptete Christina, Descartes habe durch seine Gespräche mit ihr »in hohem Grad zu unserer ehrenvollen Konversion beigetragen« (Stolpe, 138). Diese Erklärung läse sich überzeugender, hätte die Königin die kurze Anwesenheit des Mathematikers und Philosophen im Stockholmer Schloß tatsächlich genutzt. Der Franzose selbst aber klagte, Christina beschäftige ihn als Organisator und suche keine Diskussionen mit ihm. Sie empfing den Philosophen nur im Beisein ihres Reichshistorikers, kaum eine geeignete Gelegenheit für heimliche Diskussionen über die Religion.

Dagegen übten die sogenannten französischen Libertiner besondere Anziehung auf die Königin aus. Es waren gebildete Freidenker, die an den Dogmen der katholischen Kirche zweifelten, aber in der Kirche verblieben. Die lutherisch-orthodoxen Hofkreise nannten den Leibarzt der Königin, einen Libertiner, den bösen Geist Christinas. Ihm wurde nachgesagt, er habe in Frankreich versucht, das angebliche Holz des heiligen Kreuzes anzuzünden. So habe er prüfen wollen, ob dieses tatsächlich nicht brennen würde. Später nach Frankreich zurückgekehrt, leitete er sogar als Abbé ein Kloster, ohne bestimmten atheistischen Überzeugungen zu entsagen.

Um den Arzt bildete sich in Stockholm ein Kreis von Freidenkern. Die Königin faszinierte möglicherweise, daß sie beim französischen Katholizismus eine größere geistige Toleranz als beim heimischen Luthertum zu finden glaubte. Im Februar 1648 jedenfalls berichtete Chanut an Mazarin über häufige religiöse Dialoge mit Christina. Er deutete an, sie sei für den Katholizismus offen. Am 5. Juni 1648 berichtete er nach Rom, die Königin wünsche zu konvertieren. Christina selbst suchte Verbindungen zum Jesuitenorden und bat um die Entsendung zweier, naturwissenschaftlich gebildeter Patres nach Stockholm. Sie sollten als geheime Emissäre des Katholizismus Fragen der Monarchin beantworten und den Glaubenswechsel erkenntnistheoretisch vorbereiten. In der Kurie und an den katholischen Höfen hoffte man, auf diese Weise größere Glaubensfreiheit in Schweden erwarten zu dürfen und hier Boden für den Katholizismus aufzubereiten. Eine Abdankung der Konvertitin Christina war selbstverständlich unerwünscht und mußte die geplante Gegenreformation in Schweden erschweren.

Die moderne schwedische Historiographie weist nach, daß es keinen ursächlichen Zusammenhang zwischen Glaubenswechsel und Abdankungsplänen Christinas gab. Als die Herrscherin finanzielle Konsequenzen aus der Konversion fürchtete, zog sie ihre erste offizielle Abdankungsabsicht im November 1651 zurück. In mehreren Briefen deutete sie an, sie wolle doch Protestantin bleiben. Im übrigen erklärte die Königin lange vor ihrem Entschluß zu konvertieren, sie wolle die Herrscherpflichten aufkündigen. So schrieb sie auch 1654 Pierre Chanut, er wüßte ja, wie lange sie diesen Gedanken hegte, sie »aber erst acht Jahre später beschloß, ihn zu verwirklichen« (Stolpe, 169). Der Protokollant des Reichsrates vermerkte ebenfalls 1649, die Königin wünsche abzudanken. Sie denke bereits »drei Jahre lang daran«, kein Tag verstreiche, »ohne daß Ihre Majestät die Sache überlegt hat« (ebd.). Berücksichtigt man, daß zu diesem Zeitpunkt Abdankungspläne Christinas bereits in der Langfristigkeit aktenkundig sind, ist weder das Fieberjahr 1648 noch der Beginn erster Religionsdebatten mit dieser Entscheidung zu verbinden.

Andererseits schwärmte die Königin schon als unmündiges Mädchen für Italien und träumte von längeren Reisen zu den antiken Kunstdenkmälern. Wahrscheinlich war sie bereits früh von dem Gedanken beherrscht, Schweden unbedingt verlassen zu müssen. Cromwells Gesandten bot sie an, die schwedische Krone gegen die Herrschaft auf Seeland auszutauschen. Nichts deutet daraufhin, daß Christina scherzte. Fort aus Schweden trieb es sie. Konnte sie sich hier den Italientraum nicht verwirklichen, blieb sogar ein anderes protestantisches Land die Alternative. Auch führende katholische Würdenträger wähnten andere als religiöse Gründe für die Thronentsagung. Dem Briefwechsel der Jesuitenoberen mit französischen Geistlichen kann man Zweifel an der Echtheit des Glaubenswechsels der Königin entnehmen. Auch nach ihrer Ankunft in Flandern, Monate nach der Abdankung, beklagten kritische katholische Beobachter ihre Glaubenshaltung als »libertinistisch«.

Einige ihrer Biographen führen an, Christina habe wiederholt verneint, daß Frauen Staaten regieren könnten. Sich selbst sah sie als Ausnahme und blieb überzeugt, es sei ihr persönliches Verdienst, den Friedensvertrag in Osnabrück 1648 beschleunigt zu haben. Auch bot sie sich später Kardinal Mazarin als Königin von Neapel an und signierte sogar einen entsprechenden Vertrag. 1668 bewarb sie sich um die polnische Krone. Zweifellos war sie eine begabte Politikerin. Wirtschaftsdenken aber blieb ihr fremd. Christinas kulturelle Extravaganzen trugen weder der schwedische Staatshaushalt noch die späteren Rentenzahlungen Schwedens an die abgedankte Königin. Nie reichten die verschiedenen Pensionen und Zuwendungen des Papstes und anderer europäischer Herrscher.

Finanzprobleme überschatteten bereits die Mündigheitserklärung im Dezember 1644. Extrasteuern mußten ausgeschrieben und die Domänenverkäufe intensiviert werden. Im Krisenjahr 1651, als die Kammer vielen Beamten keine Gehälter mehr zahlen konnte, verschrieb Christina mehr als 2.200 Höfe der Krone an die neuen hochadligen Familien. Sie suchte Verbündete gegen Axel Oxenstierna und dessen Anhänger im Reichstag. Obwohl die Königin ihren Reichskanzler zeitlebens schätzte, fürchtete sie seine Umtriebe zur Beschränkung der Königsmacht.

Das neue Herrscherverständnis der jungen Regentin enthüllt bereits ein Brief Christinas vom 12. April 1645 an den Reichskanzler. Sie entnehme seinem Vorgehen bei den Verhandlungen mit Dänemark in Brömsebro, »daß Ihr mich vollständig verstanden habt« (Archenholtz, 60-61). Künftig mußte der standesbewußte Repräsentant der schwedischen Aristokratie berücksichtigen, daß er die Wünsche der Königin umzusetzen hatte. Kurze Zeit danach erhob sie ihn zum Grafen. Gleichzeitig leitete sie gegen den Willen des Kanzlers eine Annäherung an Frankreich ein. Oxenstierna wußte, daß sich die Interessen beider Staaten nicht mehr vereinen ließen. Als neuer deutscher »Reichsstand« benötigte ein geschwächtes Schweden den Kaiser als Mittler gegen die Opposition der norddeutschen Staaten. Christina verstand das weniger. So mußten sich Königin und Kanzler reiben.

Christinas Glaube an die göttliche Weihe souveräner Monarchen entsprachen Verfügungen zur Veränderung des Hoflebens. Die Königin führte das französische Hofzeremoniell ein. Kostete die Hofhaltung 1644 das Land 167.000 Taler Silbermünze, so steigerte Christina die Ausgaben bis 1653 auf jährlich 520.000 Silbertaler. Das waren ca. zwölf Prozent der Gesamtausgaben des Staates in diesem Jahr, der »teuerste europäische Hof«, wie die Zeitgenossen in Schweden murrten (NG, VI, 145). Auch hier zahlte der Adel nichts.

Die adlige Bejahung Karl Gustavs als Nachfolger Christinas honorierte die Königin mit weiteren Gutsveräußerungen. Sie verschärfte so den Gegensatz zu den nichtadligen Ständen. 1651 forderten die Bauern, unterstützt von Geistlichen und Bürgern, eine »Reduktion« der Domänen auf dem folgenden Reichstag. Der Gedanke nach Rückgabe der Krongüter war deshalb besonders populär bei den steuerzahlenden Schichten, da eine Revision des Kammerkollegiums die katastrophale Finanzlage des Reiches offenbarte. Es waren Sondersteuern zu erwarten. Keine neuen Donationen mehr, forderten die nichtadligen Sprecher im Reichstag. Oxenstierna vermittelte einen Kompromiß und zwang den beunruhigten Adel zu Sonderzahlungen. Christina konnte zufrieden sein. Jetzt konzentrierte sie alle Energien auf die Thronentsagung zu ihren Bedingungen.

Am 11. Februar 1654 kündigte die Königin im Reichsrat erneut ihre Demission an. Die Herrscherin erwartete eine Apanage von 200.000 Reichstalern jährlich und wollte Titel und Rechte einer Königin bewahren. Wo immer sie leben würde, es sollte die Residenz einer souveränen Herrscherin sein. Niemandem würde sie sich unterstellen, weiterhin nur Gott rechenschaftspflichtig sein, bedeutete sie auch während der folgenden Verhandlungswochen. Ihre Absicht durchzusetzen, scheute sie keine Mittel und Wege.

Noch immer schwelte die Unruhe unter den Bauern weiter. Die Zugeständnisse des Adels milderten nur vorübergehend die äußerste Not. Schwedens Finanzprobleme lösten sie keineswegs. So sprachen die Nichtadligen auf dem Reichstag neuerlich die Domänenfrage an. Diesmal zeigte sich Christina selbst interessiert. Kaum aus »Sorge um die Finanzen der Krone, sondern im Hinblick auf ihre eigene ökonomische Stellung nach der Thronentsagung«, wie moderne schwedische Historiker urteilen (ebd., 131). Die Königin wünschte die Einnahmen der sogenannten pommerschen Tafelgüter, der einstigen Besitzungen der pommerschen Herzöge. Diese Ländereien waren an Offiziere und Beamte des Hochadels vergeben worden. Nun benötigte sie diese »Währung« für die Finanzierung ihres künftigen Lebens im Ausland selbst. Damit wurde eine Teilreduktion für sie unumgänglich. Zwar gelobte Christina dem verunsicherten Adel, diese Rücknahme donierter Güter solle kein Präzedenzfall werden, die Folgen der Entscheidung waren aber voraussehbar. Christina tat ein Übriges. Streng vertraulich händigte sie dem Direktor des Kammerkollegiums eine eigenhändige Erklärung aus, es stände ihrem Nachfolger Karl Gustav als souveränem Herrscher frei, ihre Verleihungen und Schenkungen aufzuheben. So hinterging sie skrupellos den eigenen Adel.

Der Betrug dürfte sie kaum belastet haben. Handelte es sich um Geldfragen und persönliche Annehmlichkeiten, entwickelte Christina höchst merkwürdige Vorstellungen von »Tugend und Ehre«, weniger hehr, als sie einst Pierre Chanut in seiner Charakteristik Christinas für Mazarin bescheinigte. Als der Franzose diese Lobpreisungen veröffentlichte, wußten aufmerksame Beobachter bereits, daß die scheidende Königin heimlich schiffsweise Kunstwerke ins Ausland geschafft hatte. Niemand konnte es im übrigen besser als der französische Botschafter beurteilen, wie weit die Monarchin zu gehen bereit war, wenn es die Regelung ihrer Bedürfnisse betraf. Als Mazarin ihn 1653 als Sonderbotschafter zu Christina sandte, die inzwischen in Paris offenkundigen Verbindungen der Königin zu Spanien zu sondieren, bot Christina Frankreich den Verkauf schwedischer Kriegsschiffe für 300.000 Reichstaler an, um ihre Reiseschatulle zu füllen. Um die Jahreswende 1656/57 wandte sie sich wiederum an Mazarin und forderte die ausstehenden Subsidienschulden Frankreichs für

Leistungen Schwedens im Dreißigjährigen Krieg. Unverfroren meinte Christina auch jetzt wieder, Schwedens Rechte seien vor allem ihre privaten Ansprüche. Offenbar plagten sie auch keine Skrupel, Schwedens Reichsräten 1668 vorzuschlagen, das Herzogtum Bremen gegen ihre sonstigen verbrieften Rechte einzutauschen. Sie liebe »ihr Vaterland«, würde es »bis zum Tode lieben«, Wendungen, die manchen der Reichsräte bitter lachen ließen. Es sei diese »Vaterlandsliebe« gewesen, die »sie alles mit einer Geduld erleiden« ließ, »die um so bewundernswerter« sei, da sie sich »doch auf hundert verschiedene Weisen rächen könnte. Aber immer wird ihr die Liebe zu ihrem Vaterland am höchsten stehen«, ließ sie die Herren wissen (Masson, 335). Abgesehen von der leeren Drohung der machtlosen Frau muß doch bezweifelt werden, daß sie solche Gefühle je empfand. Sie hat wiederholt stolz verkündet, sie hätte früh gelernt, sich zu verstellen. Sie sei eine Meisterin geworden, Gefühle zu verheimlichen. Nun ja, auch hier übertrieb sie offenbar, meisterlich war das jedenfalls nicht, was sie vorgab.

Falls sie denn je welche bewegten, Heimatgefühle haben sie nach 1654 wohl kaum bedrückt. Im September 1655, gut ein Jahr nach ihrer Abdankung und sofortiger Abreise aus Schweden, übergab sie dem Grafen Montecuccoli einen Brief an den Kaiser. Dort deutete sie unmißverständlich an, für entsprechendes Honorar schwedische Staatsgeheimnisse verraten zu wollen. Sie forderte den Habsburger sogar auf, Pommern zu besetzen. So möge er ihr die dortigen Ländereien sichern. In diesem Schriftstück empfahl sie dem Kaiser, er solle Dänemark und die Niederlande zum Krieg gegen Schweden ermutigen, wahrlich eine merkwürdige »Vaterlandsliebe«.

Noch 1651 erwartete Frankreichs Gesandter Widerstand insbesondere Oxenstiernas. Pierre Chanut sah offenbar nicht, daß diese Opposition kaum noch möglich war und gefährlich für den Adel in seiner Gesamtheit wurde. Auch stand die Mehrheit der niederen Nobilität hinter der Monarchin. Das verstand der alte Reichskanzler besser als der Franzose. Im übrigen verstarb Axel Oxenstierna zwei Monate nach dem folgenreichen Reichstag zu Uppsala und Christinas Abdankung. Er hätte wohl auch nicht mehr erreicht, wenn er an Karls X. Gustav Seite nach 1654 gestanden hätte. Schwedens sozialökonomische Widersprüche erlaubten keine Fortsetzung der Donationspolitik Christinas. So gesehen war ihre Abdankung auch ein notwendiger Schlußpunkt hinter ein feudales Stadium der Geschichte des Reiches. Fortan hatte die Krone neue Wege zu gehen.

Christina ging die ihrigen und lebte nun in Flandern, später in Italien, kurze Zeit auch in Hamburg. Zweimal noch besuchte sie Schweden, um Geldforderungen zu stellen. Ihren kurzzeitigen spanischen Freunden war sie bald »die größte Hure, die je auf Erden lebte« (Stolpe, 263), wie es Spaniens Botschafter völlig unbegründet und dümmlich nach Madrid vermeldete. Er war schnell zum Todfeind der exaltierten Monarchin gewachsen, die verärgert die Verbindungen abbrach, als Philipp IV. kein Geld sandte. Papst Alexander VII. (1655-1667) – jenem Fabio Chigi, der als Nuntius in Münster 1647 protestierte – galt sie im Juni 1658 »eine als Barbarin geborene Frau, die barbarisch erzogen wurde und in barbarischen Gedanken lebt«, wie er dem Gesandten Venedigs offenbarte (Neumann, 312).

Die Königin setzte ihr verschwenderisches Leben fort. Sie umgab sich ständig mit Abenteurern und jungen, schönen Männern, die Christinas italienische Residenz bevölkerten. Sie schmeichelten der Herrscherin ohne Thron und schadeten ihrem Ruf so gründlich, daß Christina auf ihrer zweiten Frankreichreise der Zugang zum Hof verwehrt wurde. Der keineswegs tugendhafte Monarch verweigerte ihr die üblichen Ehrungen, weil er es für ratsam hielt, nachdem alle politischen Unternehmungen Christinas gescheitert waren. Weder der Thron in Neapel, noch eine Statthalterschaft in den südlichen Niederlanden oder die polnische Krone standen je für sie zur Disposition.

Ihre letzte große Liebe zu Kardinal Azzolini in Rom brachten der reifen Christina möglicherweise eine vorübergehende persönliche Erfüllung, wenngleich auch hier nicht alle Fragen beantwortet sind. Vielleicht erfüllte der Kardinal doch nur die Hoffnungen der Königin als zuverlässiger ökonomischer und politischer Ratgeber, Briefe mögen da täuschen und nur Wünsche Christinas spiegeln. Es war im übrigen schon schwer genug, diese Frau zu beraten, die niemals lernte, sich mit der Realität abzufinden. Christina suchte beständig, einen vorderen Platz in der Weltgeschichte zu markieren und in die Geschichtsbücher einzugehen als die bedeutendste Frauenpersönlichkeit der Zivilisation. Sie war, wie ihr Freund Chanut einmal notierte, einfach »zu ruhmselig«. Christina formulierte es poetischer. In ihrem Zwiegespräch mit Gott schrieb die Königin 1681: »Du weißt Herr, daß Du mir ein Herz gabst, das kein irdisches Gut zufriedenstellen kann« (Självbiografi, 6). Natürlich hat sie anderes suggerieren wollen, meinte ihr Streben nach Göttlichkeit. Im wahren Leben aber strebte sie dort nach Unerreichbarem. Zufriedenstellen konnte sie das gelebte irdische Leben jedenfalls nicht. Die Suche nach mehr brachte kaum wirklich das, was Christina zeitlebens erstrebte.

Am 19. April 1689 starb in Rom eine Königin von Schweden, die den Zeitgenossen unzählige Rätsel aufgab, ein Erbe, das die Nachwelt bis heute nur unvollkommen einlöste. Das mag auch daran liegen, daß sie nicht war, was sie so gerne scheinen wollte. Eine ihrer Maximen, eine Sammlung von Lebensweisheiten der königlichen Schriftstellerin Christina für die Nachgeborenen, nimmt die Losungen des aufgeklärten Absolutismus voraus. »Ein Fürst muß sich als der gekrönte Diener der Öffentlichkeit ansehen«. Sie hat die Öffentlichkeit immer nur als Dienerin ihrer Interessen verstanden. Leere Worte wie so vieles in ihrem Leben.

Kurfürst Friedrich Wilhelm von Brandenburg

Friedrich Wilhelm, Kurfürst von Brandenburg, Herzog von Preußen, der »Große Kurfürst«

* 16. Februar 1620 in Cölln an der Spree
† 9. Mai 1688 in Potsdam
Grabstätte: Berliner Dom
Eltern: Georg Wilhelm, Kurfürst von Brandenburg-Preußen, und Elisabeth Charlotte von der Pfalz

1. Eheschließung am 7. Dezember 1646 in Den Haag
LUISE HENRIETTE von Nassau-Oranien
* 7. Dezember 1627 in Den Haag
† 18. Juni 1667 in Cölln an der Spree
Grabstätte: Berliner Dom
Eltern: Friedrich Heinrich von Nassau-Oranien, Generalstatthalter der Republik der Vereinigten Niederlande, und Anna von Solms-Braunfels

2. Eheschließung am 14. Juni 1668 in Gröningen (Fürstentum Halberstadt)
DOROTHEA, Prinzessin von Schleswig-Holstein-Sonderburg-Glücksburg, verwitwete Herzogin von Braunschweig-Lüneburg
* 29. September 1636 in Glücksburg
† 6. August 1689 in Karlsbad
Grabstätte: Berliner Dom
Eltern: Philipp, Herzog von Schleswig-Holstein-Glücksburg, und Hedwig von Sachsen-Lauenburg-Ratzeburg

1627	Übersiedlung des Erbprinzen auf die Festung Küstrin und Schulunterricht durch den Kalvinisten Leuchtmar
15. Juli 1633	Einschiffung des Leichnams Gustavs II. Adolf in Wolgast im Beisein des jungen Friedrich Wilhelm
Sommer 1634	Beginn einer mehrjährigen Bildungsreise in die Niederlande
1. Dezember 1640	Tod des Vaters und Regentschaftsbeginn
24. Juli 1641	Waffenstillstand mit Schweden
7. Oktober 1641	Belehnung mit Preußen durch König Wladislaw IV. in Warschau
März 1643	Übersiedlung des Hofes von Königsberg nach Berlin

14. Mai 1653	Grenzfestlegung in Pommern durch den Stettiner Vertrag mit Schweden
5. August 1653	Landtagsabschied Brandenburgs über Heeressteuer im Austausch für weitreichende Adelsprivilegien und die lokale Souveränität der Gutsherrn
17. Januar 1656	Königsberger Vertrag über Preußen als schwedisches Lehen
25. Juni 1656	Bündnisvertrag von Marienburg zwischen Friedrich Wilhelm und Karl X. Gustav von Schweden
28.-30. Juli 1656	Schlacht bei Warschau
20. November 1656	Vertrag von Libau mit schwedischem Verzicht auf die Lehenshoheit über Preußen
29. Juli 1657	Taufe des Sohnes Friedrich in Königsberg mit Patenschaft Ludwigs XIV. und des Erzherzog Leopolds, des späteren Kaisers Leopolds I.
19. September 1657	Vertrag von Wehlau zwischen Polen und Brandenburg über Anerkennung der Souveränität Preußens
6. November 1657	Ratifizierung des Wehlauer Vertrages in Bromberg bei einem Treffen beider Herrscherpaare
18. Juli 1658	Kurstimme Brandenburgs für die Kaiserwahl Leopolds I.
1659	Eroberung Vorpommerns
13. Mai 1660	Frieden von Oliva mit Festlegung des Rückzuges aus Vorpommern
28. Mai 1666	Erbhuldigung Magdeburgs
15. April 1667	Einführung der Akzisse in den Städten Brandenburgs und Preußens
15. Dezember 1667	Neutralitätsvertrag mit Frankreich
31. Dezember 1669	Subsidienvertrag mit Frankreich über zehn Jahre
6. (26 ?) Juni 1673	Separatfrieden von Vossem bei Löwen mit Frankreich
1. Juli 1674	Allianzvertrag mit dem Kaiser
28. Juni 1675	Sieg über die Schweden bei Fehrbellin
September 1678	Eroberung Rügens und neuerliche Besetzung Vorpommerns
29. Juni 1679	Frieden von St. Germain und Rückgabe Vorpommerns
25. Oktober 1679	»Defensivallianz« Brandenburgs mit Frankreich
8. November 1685	Edikt von Potsdam über die Ansiedlung der Hugenotten
22. März 1686	Defensivbündnis mit dem Kaiser auf zehn Jahre

Die Gäste des Taufakts des kleinen Erbprinzen Friedrich von Brandenburg-Preußen, des späteren König Friedrich I., in der Königsberger Schloßkapelle empfanden
zweifellos das Besondere des Zeremoniells in dieser, Äußerlichkeiten so überaus
gewichtenden Zeit. Die Botschafter Frankreichs und des Wiener Hofs bekundeten
an jenem 29. Juli 1657 sichtbar für alle, daß der »Allerchristlichste König« von
Frankreich, Ludwig XIV., Europas mächtigster Monarch, und Leopold, der künftige Kaiser, Paten für den soeben im reformierten Bekenntnis getauften Brandenburger standen. Zwei der bedeutendsten Katholiken gelobten einem Kalvinisten
Lebenshilfe, nicht denkbar einige Jahrzehnte vorher. Kein Jahrzehnt nach dem
Ende des großen europäischen Ringen unter konfessionellem Zeichen war auch das
ein kaum mißverständlicher Beleg für eine neue Zeit. Das mochte im realen Leben
des kleinen Hohenzollern wenig bedeuten, demonstrierte aber hier in diesem
besonderen Augenblick außergewöhnliche Wertschätzung des Kurfürsten von
Brandenburg und souveränen Herzogs von Preußen. Beim Taufakt Friedrich Wilhelms selbst hatten seinerzeit nur bedeutungslose einheimische Aristokraten das
Taufkissen getragen.

Die Regierenden in Frankreich, der Republik der Vereinigten Niederlande, am
Kaiserhof, in Warschau, Stockholm, Kopenhagen und den vielen deutschen Residenzen ahnten in der Person des brandenburgischen Kurfürsten eine Persönlichkeit, die begonnen hatte, die europäische Entwicklung zu beeinflussen. Die Zeitgenossen mochten ihn den »Wankelmütigen, Unstetigen« nennen, die Klügeren,
Weitsichtigen unter ihnen verstanden bald, das die schnellen Wechsel der Verbündeten System waren. Dieser herausragende Hohenzoller wußte wohl, was er wollte. Vom bedeutungslosen Herrscher eines ebenso nichtigen deutschen Territorialstaates war er schrittweise zum frühabsolutistischen Fürsten aufgestiegen, dessen
Truppen begonnen hatten, die europäische Geschichte der zweiten Hälfte des 17.
Jahrhunderts mitzuprägen. War sein höchst zerrissenes wehrloses Territorium
noch 1648 Spielball der widerstreitenden schwedischen, französischen und kaiserlichen Interessen, wuchs er nun zum Juniorpartner der Großmächte. Friedrich
Wilhelm, dessen Sohn die Gesandten zweier bedeutender europäischer Großmächte vorsichtig im Arm hielten, wechselte zwischen allen, die mächtig waren
oder es doch schienen. Auf den Schlachtfeldern Polens hatte er ersten nachwirken-
den Ruhm als Feldherr und Heerführer erworben. Beeindruckt mußte selbst
Schwedens großer alter Kriegsmann Wrangel – der Sieger von Zusmarshausen –
einräumen, daß die neue brandenburgische Armee bei Warschau unerschütterlich
gestanden habe. Große Veränderungen waren auch in Brandenburg und Preußen
selbst zu erwarten. Der neue Souverän Preußens entwickelte klare Vorstellungen

künftiger Reformen und würde auch innere Zwistigkeiten nicht scheuen, erste
Erfolge in den brandenburgischen Kernlanden konnten aufgelistet werden.

Es war wahrlich ein schwerer und oft steiniger Weg gewesen, den Kurfürst Friedrich Wilhelm seit dem Ableben seines Vaters am 1. Dezember 1640 zurücklegen
mußte. Er war nicht eben ein glanzvoller Schüler gewesen, dem Lernen und Bücher
sonderliche Freude bedeuteten. Abstraktem Denken hatte er sich eher verschlossen.
Zufrieden konnte sein Lehrer dennoch sein, der niederrheinische Kalvinist Johann
Friedrich von Kalkum, der bald als Herr von Leuchtmar auch als brandenburgischer
Politiker bekannter wurde. Seinem Zögling hatte er die Grundprinzipien des reformierten Bekenntnisses vermittelt, daß Gott sichtbar für alle Erfolg oder Scheitern
des Gläubigen dokumentierte. Wahres Christentum, so war Leuchtmar nie müde
geworden zu versichern, erweise sich im Streben nach Vermehrung des väterlichen
Erbes, der Sicherung des Erreichten. Hinter den festen Mauern Küstrins in jenen
schweren Krisenjahren um den hilflosen Staat Georg Wilhelms, des Vaters, war dem
Sohn bewußt geworden, welche fast titanische Aufgaben seiner harrten. Die Hoffnung auf dauerndes Zusammenwirken mit den mächtigen Schweden schwand bald.
Mochte auch die Einschiffung seines toten Onkels – des Königs von Schweden – im
Sommer 1633 den Knaben beeindrucken und ihn lange noch von einer engeren
Verbindung zwischen Berlin und Stockholm träumen lassen. Das früh ersichtliche
schwedische Streben nach Pommern desillusionierte den Heranwachsenden bald.
Ein übriges taten die schwedischen Heerführer mit ihren Forderungen nach Kontributionen. Auch wurde schnell zur quälenden Gewißheit, daß Schwedens mächtigster Mann, Axel Oxenstierna, einen Berliner Bräutigam nicht wünschte. Schwedens
junge Königin und Brandenburgs hoffnungsvoller Fürst würden getrennte Wege
gehen und die Cousine dennoch das pommersche Erbe forttragen wollen. Der junge
Regent entschied sich schweren Herzens trotzdem zu einer Hinwendung zu Stockholm und hoffte wohl noch immer auf eine wirkliche Sinnesänderung der schwedischen Reichsräte. Am 24. Juni 1641 vereinbarten die Brandenburger einen Waffenstillstand mit den übermächtigen Schweden.

Nachdem neuerliche Heiratsangebote in Stockholm mehr oder weniger deutlich
zurückgewiesen waren, erinnerte sich der suchende, im ärmlichen Berlin fieberhaft
Varianten diskutierende Kurfürst früherer glücklicher Erfahrungen in den Niederlan-
den. Zwischen 1634 und 1637 hatte er in Leiden und an anderen Hochschulen stu-
diert, Amsterdamer Weltflair geatmet und enge freundschaftliche Beziehungen zum
Hof des Generalstatthalters Friedrich Heinrich von Nassau-Oranien gepflegt. Nur
väterliche Machtworte hatten ihn seinerzeit zurückgezwungen. Kommerzien sind der
Nerv jedes wohlhabendes Staatswesen, das war ihm zur Überzeugung gewachsen.
Auch sah er in den kapitalkräftigen holländischen Handelsherren die eigentlichen
Finanziers allen Krieges. Sie gegen die Schweden zu gewinnen, richtete sich nun sein
Trachten. Ganz seiner Überzeugung hingegeben, das Wohl und Wehe der Staaten
hänge von fürstlichem Denken und Handeln ab, bot er sich den Oraniern als Hoch-
zeiter an. Obwohl ihm Luise Henriette nach der Eheschließung am 7. Dezember
1646 keine Soldaten und Kanonen als Mitgift einbrachte, wurde es eine harmonische

Ehegemeinschaft, wie die Zeitgenossen überrascht bemerkten. Die hochgebildete Niederländerin beriet ihren oft sehr impulsiven Gemahl auch in jenen Fällen, wo Friedrich Wilhelms aufbrausendes schnelles Wesen gefährliche Konflikte ausgelöst hatte. Die Übergabe Pommerns, den lange erwünschten Erbfall, aber konnte auch sie nicht herbeireden, der Brandenburger auf dem Kongreß in Osnabrück nicht erzwingen. Am Ende mußte er sich mit geringfügigen Zugeständnissen abfinden, die Frankreichs Diplomaten ihren schwedischen Verbündeten abrangen. Die Binnenterritorien Minden und Halberstadt waren nicht das, was sich der handelspolitisch orientierte Friedrich Wilhelm von den Häfen Stettin, Stralsund und Wolgast versprach. Fortan würde er immer wieder versuchen, die internationalen Konjunkturen auszuloten und Vorpommern doch noch zu Brandenburg zu schlagen.

Nachdem ein erster Versuch kläglich scheiterte, am Niederrhein die schwebende Jülich-Berger Frage durch einen Einmarsch brandenburgischer Truppen zu lösen, wandte er sich nach dem erzwungenen Rückzug grundsätzlichen Entscheidungen zu. Es galt, ein schlagkräftiges Heer zu formieren. Nur so waren künftige kriegerische Auseinandersetzungen siegreich zu gestalten. Da er noch nach 1641 die damaligen brandenburgischen Truppen stark reduziert hatte, überraschte die Wende in der Militärpolitik den widerspenstigen einheimischen Adel um so mehr. Ein »Krieger« schien er nicht zu sein. Im Juli 1648 noch wies Friedrich Wilhelm die Brandenburger Diplomaten in Osnabrück an, endlich den Frieden trotz der Teilung Pommerns zu vereinbaren. Er fürchtete Volksaufstände überall in den verheerten deutschen Landen und erwartete, daß »der gemeine Pöbel aus Ungeduld und großer Armut die Waffen ergriffe« und niemand der Verzweiflung steuern könne (Gloger, 72). Nun berief er die Stände seiner Kernländer und forderte größere Geldsummen für den Aufbau eines stehenden Heeres.

Der Vergleich des Kurfürsten mit seinen widerstrebenden Ständen vom 26. Juli 1653 gilt den Historikern als Geburtsstunde des preußischen Militärstaates und jener Form der oft kritisierten ostelbischen Agrarwirtschaft mit ausgedehnter Leibeigenschaft und gutsherrlicher Machtvollkommenheit. Für die Bewilligung von 530.000 Talern in den nächsten sechs Jahren bekräftigte Friedrich Wilhelm die adligen Privilegien und bestätigte die gutsherrliche Souveränität über die Bauern. Nur jene, die durch Urkunden ihre Freiheiten nachweisen konnten, sollten ihren Herren nicht erbuntertänig sein. So blieben damals nur äußerst wenige freie Bauern. Es war tatsächlich die rechtliche Fixierung der nahezu unbeschränkten Gutsherrschaft in Brandenburg, die Durchsetzung der sogenannten »zweiten Leibeigenschaft«. Die Nachkommen jener Bauern, denen einst die hochmittelalterlichen Leibeigenschaftsbindungen in den Altsiedelgebieten für die Rodung von Ländereien östlich der Elbe und die Besiedlung dort erlassen wurden, fesselte nun dieser Landtagsrezeß an Grund und Boden und unterwarf sie gutsherrlicher Gerichtsbarkeit. Der Vergleich bejahte auch die gutsherrliche Verfügung teilweise ungemessener bäuerlicher Arbeitsdienste. Selbst die Bürger der brandenburgischen »Mediatstädte« – Orte im Besitz eines adligen Herren oder der Landesherrschaft – galten als Untertanen der adligen Gutsherrschaft oder eines Domänenamtes. Auch ihre persönliche Freiheit war aufgehoben, in der Tat die Kehrseite der brandenburgischen Entwicklung unter dem »Großen Kurfürsten«.

Während Friedrich Wilhelm in der Kurmark so die Stände unterwarf, den eigenen Adel versöhnte, gleichzeitig disziplinierte und »domestizierte«, war der Widerstand der preußischen Stände so leicht nicht zu brechen. Im Memel bezahlte der Obrist von Kalckstein die Opposition mit seinem Kopf auf dem Schafott, andere Gegner saßen zeitweilig in den Festungen Spandau und Peitz ein. Den Freiherrn von Wittlich, Sprecher der Stände Kleves, gab der Kurfürst erst frei, nachdem ihm die dortige Opposition für sein Heer 150.000 Taler bewilligte.

Der Aufbau einer starken Armee wurde durch eine Verwaltungsreform flankiert. Ein neu geschaffenes Generalkriegskomissariat überwachte als landesherrliche Zentralbehörde die nötigen Zahlungen an das Heer und koordinierte die Erhebung der Steuern. Provinzial-, Land – und Kreiskommissare auf lokaler Ebene verwalteten den Geldeingang und waren entlohnte Beamte des Kurfürsten. Längere Zeit existierten noch ständische und landesherrliche Amtskammern nebeneinander. Die Entwicklung zu einer allgemeinen gesamtstaatlichen Behördenorganisation mit speziellen Organen für Wirtschafts- und Bevölkerungspolitik unter dem Generalkriegskommissariat mußte Friedrich Wilhelm und seinen Beratern schon deshalb unerläßlich erscheinen, da die territoriale Zersplitterung des Staates eine effektive Verwaltung besonders erschwerte. Vorerst dominierten allerdings die militärfinanziellen Aufgaben. Die Zeiten waren auch nach 1648 nicht so, daß sich der Kurfürst und seine Behörden unberührt dem inneren Aufbau zuwenden konnten.

Am 15. Juli 1655 ritt ein schwedischer Trompeter über die polnische Grenze und verkündete mit schrillem Klang die Kriegserklärung Schwedens an Polens Monarchen. Friedrich Wilhelm mußte sich für eine der Seiten entscheiden und bestimmte sich, zögerlich nur, für den Pfälzer auf dem schwedischen Thron. In der dreitägigen Schlacht bei Warschau bewährten sich die neuen brandenburgischen Truppen hervorragend. Am 28. Juli, dem zweiten und entscheidenden Tag, wehrte der Kurfürst alle Anritte der polnischen Kavallerie ab, und Karl X. Gustav gewann Zeit, den Gegner in der Flanke zu fassen.

Es war nicht nur die einseitige propagandistische Lobpreisung der Glorie des Schwedenkönigs, die den verärgerten Brandenburger wenig später über einen Wechsel des Bündnisses nachdenken ließ. In einer berühmt gewordenen Flugschrift ließ Friedrich Wilhelm 1658 verkünden, warum er sich mit dem Polenkönig gegen seinen bisherigen Alliierten verbündete. Er habe nichts ausgerichtet, sei mit seiner Armee nur »schier zu Dienstknechten« fremder Nationen geworden, »des uralten hohen Namen fast verlustig« gegangen. Die deutschen Flüsse wären nun nichts »anders als fremder Nationen Gefangene«, Freiheit und Religion seien verloren. »Gedenke, daß du ein Teutscher bist«, so das Fazit (Gloger, 143). Preußen als souveränes Herzogtum hatte ihm schließlich auch der Schwede zugestanden, Vorpommern aber nicht preisgeben wollen. So verkündete nun seinerseits der Brandenburger territoriale Zielstellungen unter »reichspatriotischer« Verbrämung. »Deutsch« dachte er wahrlich kaum, auch wenn es seit dem vorigen Jahrhundert Historiker immer wieder behaupteten. Für Pommern wechselte er nun immer wieder die Fronten und konnte das wagen, da sich der Kaiser und Frankreichs König um ihn bemühten, wie das der Taufakt des kleinen Friedrich augenscheinlich symbolisierte.

Die Bäume Brandenburgs wuchsen dennoch nicht in den Himmel. Mit dem Ende des spanisch-französischen Krieges 1659 wurden Frankreichs Armeen für einen Vorstoß am Niederrhein frei. Mazarin ließ den aufmüpfigen Friedrich Wilhelm unmißverständlich wissen, er wolle keine Eroberung Pommerns. Paris benötigte das schwedischen Bündnis mehr als die Hilfe Brandenburgs. Im Frieden zu Oliva am 13. Mai 1660 wurde bestimmt, daß Friedrich Wilhelm die inzwischen besetzten vorpommerschen Territorien räumen mußte. Vorübergehende Allianzen mit Frankreich brachten dem Hohenzollern später ebenso wenig Gewinn wie ein neuerlicher Einmarsch in Vorpommern. Obwohl die Brandenburger am 28. Juni 1675 erstmalig ein schwedisches Heer bei Fehrbellin in einem an und für sich bedeutungslosen Treffen besiegten und kurz darauf auch Rügen besetzen konnten, negierte der Frieden von St. Germain vom 29. Juni 1679 wiederum alle Eroberungen Friedrich Wilhelms. Der Kurfürst rächte sich schließlich auf eine recht glückliche Weise. Am 8. November 1685 bot er den bedrückten Hugenotten durch das Edikt von Potsdam in seinen Ländern eine neue Heimat. Nun wandte er sich entschieden dem inneren Aufbau zu und intensivierte Tendenzen, die er seit den sechziger Jahren sichtbar mit dem Müllroser Kanal zwischen Oder und Spree und dem Ausbau Berlins begonnen hatte. Die einströmenden französischen Kaufleute, Manufakturunternehmer und kleinen Gewerbetreibenden, ca. 20.000, brachten produktives Wissen und Können mit. Wahrscheinlich scheiterten die meisten von ihnen versuchten frühindustriellen Projekte an der Brandenburger Wirklichkeit. Doch wurde der Boden bereitet, daß ein halbes Jahrhundert später eine neue »Gründerwelle« erfolgreicher war. Auch das war folglich ein Sieg Friedrich Wilhelms.

Dieser Kurfürst, dessen erste Schritte noch durch das letzte Jahrzehnt des Dreißigjährigen Krieges überschattet waren, wandelte seinen Staat »zu einem im Innern gefestigten und außenpolitisch respektierten Territorialstaat« (Kiehm, 178). Die meisten seiner persönlichen Ziele konnte er nicht oder nur ungenügend verwirklichen. Lange Zeit wirkte er im Geiste seines Zeitalters für den Aufbau einer Handelsflotte und sicherte seine vorsichtige Kolonialpolitik durch eine kleine Kriegsflotte. Seemacht wurde Brandenburg-Preußen dennoch nicht. Friedrich Wilhelms Enkel verkaufte schließlich den letzten Stützpunkt auf afrikanischem Boden. Das wertvollste »Vermächtnis« des »Großen Kurfürsten« war wohl, daß er die Fundamente legte für eine »streng zentralistische Regierungsform«, auf der der preußische Großmachtstaat wachsen konnte (Gloger, 361).

Kaiser Ferdinand III.

Kaiser Ferdinand III.

* 13. Juli 1608 in Graz
† 2. April 1657 in Wien
Grabstätte: Kaisergruft Wien, Leopolds Gruft
Eltern: Kaiser Ferdinand II. und Maria Anna von Bayern

1. Eheschließung am 26. September 1631 in Wien
MARIA ANNA von Spanien
* 18. August 1608 im Escorial in Madrid
† 13. Mai 1646 in Linz
Grabstätte: Kaisergruft Wien, Leopolds Gruft
Eltern: Philipp III., König von Spanien, und Margarete von Österreich

2. Eheschließung am 2. Juli 1648 in Linz
MARIA LEOPOLDINA von Österreich-Tirol
* 6. April 1632 in Innsbruck
† 7. August 1649 in Wien
Grabstätte: Kaisergruft Wien, Leopolds Gruft
Eltern: Leopold V., Erzherzog von Österreich-Tirol, und Claudia von Medici, Prinzessin von Toskana, verwitwete Fürstin von Urbino

3. Eheschließung am 30. April 1651 in Wien
ELEONORA GONZAGA, Prinzessin von Mantua
* 18. November 1630 in Mantua
† 6. Dezember 1686 in Wien
Grabstätte: Kaisergruft Wien, Leopolds Gruft
Eltern: Karl II., Prinz von Mantua-Nevers und Herzog von Rethel, und Maria Gonzaga, Tochter Franz' IV., Herzogs von Mantua-Montferrat

8. Dezember 1625	Krönung zum König von Ungarn in der St.-Martins-Kirche zu Preßburg
26. November 1627	Krönung zum Erbkönig in Böhmen im Prager St.-Veits-Dom
6. September 1634	Sieg in der Schlacht bei Nördlingen über die Schweden
30. Mai 1635	Erfolg durch Abschluß des Prager Friedens
22. Dezember 1636	Wahl und Krönung zum Römischen König in Regensburg
15. Februar 1637	Kaiser des Heiligen Römischen Reiches Deutscher Nation infolge Todes seines Vaters

In seiner Würdigung der »Tugenden« Kaiser Ferdinands II. behauptete dessen berühmter Beichtvater Pater Lamormaini, der sterbende alte Habsburger sei bis zum letztem Atemzug überzeugt gewesen, in seinem Sohn einen fähigen Erben zu hinterlassen. »Das Römische Reich« bedürfe seiner nicht mehr, soll er glücklich bemerkt haben. Es sei »schon mit einem, und zwar sehr tauglichen nachkommenden Haupt versehen worden« (Khevenhüller, XII, 2415). Selbstredend kann nicht ausgeschlossen werden, daß der geschickte Jesuit und Politiker ein Herrscherbild formen und den zeitgenössischen Lesern der Khevenhüller-Biographie seine »Deutung« eines vollendeten Lebens des Verstorbenen aufzwingen wollte. Es scheint andererseits aber doch sehr natürlich, daß Ferdinand II. wirklich stolz auf diesen Nachfolger war, und er großes von seinem Sohn erwartete. Zu Jahresbeginn 1637 waren die kaiserlichen und spanischen Waffen noch recht erfolgreich und der bedeutende Sieg von Nördlingen auch mit Ferdinands III. Namen verbunden.

Einst war er einer der schärfsten Gegner Wallensteins gewesen. Die Friedensbemühungen des Böhmen begriff der junge Ferdinand, damals schon König von Ungarn und Böhmen, als Verzicht auf universale Größe seiner Dynastie. Noch während der Hochzeitsfeierlichkeiten von Ende September 1631 bis zum 27. Oktober demonstrierten er und seine spanische Gemahlin Maria Anna Größe und Glanz der Habsburger Monarchie in der sagenhaften Verschleuderung von wahrscheinlich mehreren hunderttausend Reichstalern. Diese Summe hätte ausgereicht, eine Armee für Monate zu finanzieren. Daß die schlecht bezahlten, gewöhnlich murrenden Söldner dennoch für das Kaisertum in den folgenden Jahren bemerkenswerte Erfolge erstritten und schließlich bei Nördlingen die schwedischen Heere zerstreuten, mag den jungen Ferdinand in der Überzeugung bestärkt haben, als gotterwählter Regent einer Rekatholisierung Europas nahezu geheiligte Pflichten erfüllen zu müssen. Frieden jedenfalls war dem künftigen Herrscher zwischen 1630 und 1634 nicht die wichtigste Aufgabe.

Er sei ebenfalls ein tiefreligiöser Mensch gewesen und dem Katholizismus aus inneren Bindungen verpflichtet, bedeuten die wenigen Kenner dieser erstaunlicherweise in der Forschung sträflich vernachlässigten Kaiserpersönlichkeit. Tatsächlich hat bisher kaum einer der Historiker ernsthaft versucht, diese Wertungen auch zu belegen. Noch kürzlich klagte Konrad Repgen in einer Kurzbiographie Ferdinands III., es sei gegenwärtig nicht möglich, ein gesichertes Porträt zu schreiben. Niemand hätte versucht, die Quellen zu erschließen, vieles könne man nur vermuten und Motive seines Handelns erahnen. Das überrascht schon deshalb, weil dieser Habsburger in die europäische Geschichte als »Kaiser des Westfälischen Friedens« einging. Doch dürfte gerade hier eine wesentliche Erklärung für so auffälliges Desinteresse der

Historiker zu suchen sein. Mehr als anderthalb Jahrhunderte galt gerade dieses Friedenswerk als nationales Unglück des deutschen Volkes, stand Ferdinand III. für den Verlust des Elsasses, von Metz, Toul und Verdun wie auch umfangreicher norddeutscher Gebiete. Als Symbolfigur einer unglücklichen Katastrophenpolitik war er allerdings keineswegs vergessen, eher als »Peinlichkeit« verschwiegen. Deutsche und sogar österreichische Historiker straften ihn bis in die Gegenwart durch deutlich demonstrierte Nichtachtung. Eine aktuelle Analyse seines Wirkens läßt noch immer auf sich warten. So kann hier ein Versuch einer kurzen Wertung auch nur jene Fakten reflektieren, die vor allem aus den erschlossenen Dokumenten um den langjährigen Kampf um das westfälische Vertragswerk erwachsen sind. Auch hier muß Khevenhüllers vielbändiges Werk um Ferdinand II. als bedeutendste Quelle betrachtet werden. So ist kaum zu beantworten, wie originell der Beitrag des Kaisers zum Abkommen 1648 war, sieht man von der Instruktion an Trauttmansdorff ab. Auch in der bisher aktuellsten Quellenanalyse wird letzlich nur gefolgert, die »Aktenüberlieferung läßt den konkreten Anteil des Kaisers« an der Sichtung und Entscheidungsfindung »in der Regel wenig deutlich werden«. Doch würde einige Male bei »Grundentscheidungen ein persönlicher Regierungsstil« Ferdinands III. »aber sichtbar« (Repgen, Kaiser, 156). Ja, vielleicht! Die Feststellung, der Kaiser »begegnet uns darin als ein Herrscher mit viel Sachverstand und nüchternem Verantwortungsgefühl für sein Amt, seine Staaten und sein Haus«, wirkt dennoch irgendwie unbegründet und durch konkrete Zitate nicht belegt. Es ist natürlich möglich, daß sich der Habsburger hier und in anderen Fällen nach den vorgelegten Gutachten und Empfehlungen seiner Räte und Berater richtete und Überlegungen anderer nur eigenhändig in Notizen oder Weisungen wiedergab. Nur Vergleiche der durch die Berater eingereichten Schriften mit den kaiserlichen Reaktionen bzw. von Ferdinand III. entworfenen Weisungen würden hier deutlichere Schlüsse erlauben. Diese Sichtung der erhaltenen Materialien steht aber noch aus. Andererseits spricht einiges dafür, daß er ein besserer Politiker als Heerführer war und selbständiger entschied als Ferdinand II. So darf man wohl folgern, daß der Briefwechsel zwischen dem Kaiser und Trauttmansdorff tatsächlich nicht im kaiserlichen Namen durch einen Sekretär geführt wurde und der Habsburger ganz persönliche Überlegungen äußerte.

Er soll ein kluger Herrscher gewesen sein, begabter als sein Vater, so kann man es einem Lebensbildes des Monarchen um die Jahrhundertwende in der Allgemeinen Deutschen Biographie (ADB) entnehmen. Dieser erste mehr oder weniger quellenkritische Versuch baute im wesentlichen auf zeitgenössische Darstellungen auf bzw. stützte sich auf eine zweibändige Geschichte der Regentschaft Ferdinands III. aus den sechziger Jahren des 19. Jahrhunderts. Die Wertung wurde von nahezu allen Kennern der Epoche übernommen. Die Frage stellt sich, woher eigentlich der erste seriöse Biograph, Felix Stiewe, seine Fakten nahm? Der junge Ferdinand habe durch den Jesuiten Johann Jacob Dhaun seine »religiöse und wissenschaftliche Ausbildung« erhalten (Stiewe, ADB, VI, 664). Das wird stimmen. Wie aber dieser Unterricht aussah, kann nur vermutet werden. Leichenpredigten können nun einmal kaum als aussagekräftige Quellen gelten. Auch damals beschworen die Prediger

»Vorbilder« für die Zuhörer und glorifizierten die Verstorbenen. Das galt für einen toten Kaiser mehr noch als für gewöhnliche Sterbliche. Repgen hat wohl berechtigt auch diese Nachrufe als »humanistische Rhetorik« gewertet (Kaiser, 144). Die aufgeführten Nachrichten »über die gründliche philosophische und mathematische Schulung, über die Fremdsprachenkenntnisse« seien als »Normatives« für das »idealtypische Herrscherbild« zu zählen (ebd.). Allerdings existiert auch ein venezianischer Bericht, der 1638 dem Herrscher besondere Kenntnisse im Ungarischen und Französischen zubilligte. Ebenso glaubt man zu wissen, daß Ferdinand III. die italienische Sprache beherrschte. Pater Lamormaini erwähnte in seiner Schrift, er habe selbst wiederholt »persönlich, samt etlichen« der kaiserlichen Geheimen Räte den jungen Ferdinand mit »sonderbarer Vergnügung... disputieren« gehört (Khevenhüller, XII, 2413). Er hätte kaum gegenteiliges geschrieben, den regierenden Kaiser zu beleidigen gewagt! Gesichert ist dagegen, daß der Kaiser ungewöhnlich musikalisch talentiert war und komponierte.

Wie Gustav II. Adolf als schwedischer Regent zu aktivem Luthertum verpflichtet wurde, galt ein ebenso gelebter Katholizismus als »Norm« habsburgischer Herrschaft. Folglich bedeuteten alle zeitgenössischen Quellen prinzipiell entsprechende Frömmigkeit des Herrschers und preisen ihn als Schutz der Kirche. Auch Kaiser Ferdinand II. hatte in diesem Geiste seinen Sohn 1621 im politischen Testament ermahnt, er, der »vilbemelter unser geliebter Sohne, und Instituierter Erbe« müsse die Erblande »und leüthe, Inn aller Gottesforcht« und »under Einhalliger religion« regieren (Repgen, Kaiser, 149). Die Vernunft erlaube kaum Zweifel, »daß Kaiser Ferdinand III. dieses Normensystem bejaht und als für sich verbindlich anerkannt« habe (ebd.). Ja, das läßt sich denken! Aber die Erkenntnis der Nützlichkeit einer Sache muß nicht auch Glauben daran bedeuten.

Die umfangreiche Lebensbeschreibung Ferdinands II. aus der Feder Khevenhüllers beschränkt Informationen über das Leben des Erbprinzen auf wenige eingestreute, meist heute eher bedeutungslos scheinende Details. So rollt das Panorama der Hochzeitsfeierlichkeiten als episch breit beschriebenes Geschehen ab, aufgelistet die Kutschen und Garden, werden die Kleider ebenso wie die kunstvollen Decken der Pferde geschildert. Quellengesicherte Informationen über die Entwicklung des jungen Königs von Ungarn und Böhmen fehlen offenbar schon deshalb, weil der Autor am Madrider Hof als Gesandter wirkte. Die politischen Entscheidungen des alten Kaisers und seiner Räte blieben dem Diplomaten bedeutsamer als der frühe Lebensweg des eventuellen Nachfolgers. Im übrigen war erst seit dem 26. Dezember 1619 mit dem frühen Ableben Johann Karls entschieden, daß Erzherzog Ferdinand zum künftigen Thronfolger aufrückte. Doch interessierte Khevenhüller selbst noch die Wirkung der Nachricht über den großen Sieg bei Nördlingen auf Ferdinand II. mehr als eine Darstellung des eigentlichen »Helden«. Der Leser erfährt, der alte Kaiser sei »ohne Hut und Mantel« an die Treppe geeilt und habe den Sohn mit »väterlicher Lieb und fröhlicher Demonstration empfangen« (ebd., 1241). Dieser aber bleibt selbst als strahlender Sieger seltsam blaß, ein Statist für den gräflichen Biographen Ferdinands II.

Quellenmäßig gesicherte Daten bringen erst die Krönungen des Erzherzogs zum König von Ungarn am 8. Dezember 1626 und das Zeremoniell im Prager Veitsdom am 21. November 1627. Vermutlich nahm der König seit 1626 auch an den Sitzungen des Geheimen Rates teil, wenigstens entsprach das dem üblichen Heranführen künftiger Regenten an herrscherliche Pflichten überall in Europa. Auch glaubten die zeitgenössischen Beobachter zu wissen, daß Ferdinands II. Sohn sehr früh nach militärischen Ruhm und dem Oberkommando des Wallenstein'schen Heeres strebte. Dokumentiert jedenfalls ist, daß er gemeinsam mit dem spanischen Botschafter gegen den Herzog von Friedland intrigierte. Wallenstein hat kaum grundlos darauf bestanden, daß der König von Ungarn nicht zur Armee reisen durfte. Damals hatte dieser immerhin schon an der Seite des Vaters das Debakel des Regensburger Kurfürstentages und den ersten Sturz des Generalissimus 1630 miterlebt. Vielleicht ist es nur der schroffen Weigerung des Friedländers anzulasten, den Thronfolger nicht im Stab zu dulden, daß ihm im König von Ungarn und Böhmen ein tief verstimmter Feind blieb. Möglich, daß vor allem der nach Wien zurückgekehrte Graf Oñate als Botschafter Spaniens entscheidenden Einfluß auf Wallensteins »Todesurteil«

Das kaiserlich-bayrisch-spanische Heer unter dem späteren Kaiser Ferdinand III. und Matthias Gallas schlägt entscheidend die Schweden unter Bernhard von Sachsen-Weimar und Gustav Horn in der Schlacht bei Nördlingen am 6. September 1634. Dieser Sieg bereitete den Weg zum Prager Frieden 1635

hatte. In Ferdinands II. politisierendem Sohn hatte er jedenfalls einen eifrigen Helfer bei der völligen Entmachtung des Böhmen. Nach dessen Tod ernannte der Kaiser tatsächlich am 2. Mai 1634 »unsern freudlich geliebten Sohn« zum »höchsten
General« und Oberbefehlshaber der kaiserlichen Truppen (Khevenhüller, ebd.,
1241). Nördlingen wurde sein größter Triumph. Doch siegte hier wohl nur jene
Armee, die Wallenstein geschaffen hatte. Für die Wiener Räte und den Kaiser aber
war damit die sonderliche militärische Befähigung des Königs von Ungarn und Böhmen erwiesen. Da zählte man den Kardinalinfanten und die spanischen Truppen
eher gering.

Am 23. Mai 1635 reiste der König von Ungarn und Böhmen neuerlich als Feldherr zur Armee und traf am 29. Mai 1636 auch mit Kurfürst Maximilian von Bayern zur Beratung koordinierter Aktionen gegen Frankreich zusammen. Wenig später, am 23. Juli 1636, inspizierte der königliche Oberbefehlshaber im Hauptquartier
in Zabern (Elsaß) die dort gesammelten Truppen und geleitete die Armee noch über
die französische Grenze. Dann ließ er die Staatskarosse wenden. Der Krieg fand
ohne ihn statt.

Wohl nicht ganz unberechtigt zweifelte schon Stiewe an Ferdinands Erfolgen bei
Nördlingen. Er habe dort und mit der Eroberung Regensburgs »glänzenden Ruhm«
erworben, »obgleich sein persönliches Verdienst« wohl »untergeordneter Art war«
(ADB VI, 665). Genau genommen ist auch das nicht zu beurteilen. Ferdinand II.
ließ den Sohn verständlicherweise als Sieger feiern. Die spanischen Berichte sprechen Generalleutnant Gallas als »Berater« den Lorbeer zu, würdigen im übrigen den
Kardinalinfanten. Unklar bleibt ebenso, ob der Kaiser 1645 bei Jankau tatsächlich
den Sieg »durch vorzeitigen Befehl zum Angriffe« verschenkt habe. Auch wird Ferdinand III. vorgeworfen, er habe den Fall der Festung Eger am 18. Juli 1647 verschuldet, weil er die Armee um die Ländereien seines Hofkriegsratspräsidenten führte,
mehrere Tage zu spät erschien (ebd.). Bei Jankau war der Kaiser gar nicht anwesend,
hielt sich wohl noch in Prag auf und hatte nur von ferne auf schnelle Erfolge
gedrängt. Beim Marsch auf Eger griff Ferdinand III. in »die militärisch-operative
Führung« nicht ein (Höfer, 76). Die kaiserliche Armee hatte einige Tage vergeblich
auf den Anschluß der bayrischen Truppen Jan von Werths gewartet und mußte dann
schwedische Stellungen umgehen.

Der Kaiser sei eigentlich »nicht kriegerisch gesinnt« gewesen, glaubte einer der
älteren Kenner urteilen zu können (ADB VI, 665). Es scheint tatsächlich, als hätte
Ferdinand III. auch hier »normativ« reagiert und gelegentlich versucht, sich als »Roi
connetable« zu profilieren. Sehr bald hat er offensichtlich Kriegsruhm weniger
gesucht, als das noch vor 1630 der Fall war. Tatsächlich reagierte er noch einmal zu
Jahresbeginn 1644 sehr aktiv auf Maximilians Feldzugsplan gegen Frankreich. Der
durch den Erfolg seiner Truppen über die Franzosen bei Tuttlingen am 22. November 1643 hochgestimmte bayrische Kurfürst hatte am 22. Januar 1644 den Kaiser
entsprechend ermutigt. Wenig später vereinigte Ferdinand III. in Passau auch bayrische und spanische Heerführer zu einer Militärkonferenz, vereinbarte einen Vorstoß
der bayrisch-kaiserlichen Truppen über das Elsaß nach Frankreich und hoffte auf

gleichzeitige spanische Schläge in Italien und Nordfrankreich. Und er versprach Maximilian vollmundig 105.000 Gulden Subsidien.

Auch diese kaiserliche Aktivität schlug fehl. Der bayrische Kurfürst erhielt keinen Pfennig. Die versprochenen kaiserlichen Heere schickte Ferdinand III. zunächst nach Westfalen. Erst Ende Mai verstärkten sie die Bayern. Die Spanier und Lothringer marschierten gleich gar nicht, sicher nicht Schuld des Kaisers. So schlug Franz von Mercy die französischen Entlastungsangriffe vor der belagerten Festung Freiburg zurück; die geplante Offensive aber wurde nie begonnen.

Die Niederlage von Jankau erschütterte wohl auch den Kaiser und ließ ihn nun ernsthaft nach einem akzeptablen Frieden mit Frankreich und Schweden suchen. Aber »ein Cannae hat es zwischen 1618 und 1648 nie gegeben« (Repgen, Kaiser, 153). So blieb dem Kaiser auch nach 1645 ein »plötzlicher und totaler militärischer Collaps« erspart (ebd.). Spaniens deutlich nachlassende Möglichkeiten aber reduzierten Ferdinands III. Chancen, seine Militärpolitik umzusetzen, falls er denn wirklich eine solche selbständig prägte. Wien hatte zu keiner Zeit ausreichende finanzielle Ressourcen für den Krieg. Ab Mitte der vierziger Jahre blieben Zahlungen aus Madrid völlig aus.

Das war das vorläufige Ende jeglicher aussichtsreicher Machtpolitik Wiens. Der Kaiser war nun gezwungen, den letztlich entschiedenen Krieg durch einen möglichst wenig Habsburger Einfluß im Reich und Europa preisgebenden Frieden zu beenden. Er habe diesmal nicht wie üblich den Geheimen Rat als »obersten politischen Planungs- und Führungsstab« kollektiv gehört, sondern jeden einzelnen seiner Ratgeber um »persönliche, schriftliche« Voten angehalten (Repgen, Kaiser, 156). Für die Räte und Ferdinand III. war oberstes Prinzip, das Reich wieder als »Organismus, mit Haupt und Gliedern« unter kaiserlichem Primat zu einigen. Das sei schon »die Linie seines Vaters« gewesen, bilanzierte ein Kenner der Epoche (ebd., 157). In der Tat wurde dieser Gedanke vom Kaiser auch in der Instruktion an Trauttmansdorff für die Verhandlungen in Münster und Osnabrück formuliert. Deutlich wird dennoch nur, daß der Wiener Hof im Frühjahr 1645 mehr oder weniger einhellig für die Sicherung des Reichsverbandes und die territoriale Integrität gegenüber den fremden Kronen stimmte. Empfahlen die Räte noch zu Jahresbeginn 1645 begleitende militärische Maßnahmen, so zwang das Resultat des neuerlichen Aufeinandertreffens mit der schwedischen Armee bei Jankau zur Preisgabe bisheriger Positionen. Wieder lagen wenig später Ferdinand III. geheime Gutachten vor, daraus formulierte dann dieser seine Instruktion an der Obersthofmeister. Ein herausragender kaiserlicher Beitrag, selbständiges friedensstrategisches Denken kann so wohl nicht schlüssig bewiesen werden. Auch bei Nördlingen nickte er sicherlich, als Gallas seine Empfehlungen formulierte.

Ferdinand III. bewies wohl dennoch eine gewisse Größe, Trauttmansdorff zu bevollmächtigen, um den Frieden möglichst schnell und auch unter Preisgabe bestimmter konfessionspolitischer und territorialer Vorbehalte zu vereinbaren. Das aber tat selbst Kaiser Matthias, als er Kardinal Klesls Kompromißpolitik nicht behinderte. Während dieser jedoch höchst inaktiv das Geschehen reflektierte, beteiligte sich Ferdinand III. offenbar auch direkt an den Debatten. Aber selbst für die Aufgabe des Madrid-Wiener Bündnisses forderte der Kaiser noch im September 1648 ein kollektives Papier eines engeren Ausschusses des Geheimen Rates an und entschied wiederum erst nach bejahender Vorlage der Räte am 14. September auch hier. Eine andere Alternative blieb ihm wohl auch tatsächlich nicht. Klug verwiesen Trauttmansdorff und die anderen Befragten, der Herrscher könne zukünftig mehr für Spanien erwirken, trenne er sich nunmehr offiziell vom Escorial.

Ferdinand III. hat die »mittelalterliche« Universalmonarchie nicht verteidigen können. Damit mußte er auch »die Idee der christlichen Ordnungseinheit« aufgeben (Kraus, 303). Mochte der Kaiser den Grafen Trauttmansdorff auch überzeugt loben, daß er einen besseren Frieden als befürchtet vereinbart hätte, die neue Realität in Europa zwang den Kaiser »zurück in die lange Reihe der souveränen Fürsten« (ebd., 304). Fortan blieb ihm nur der symbolische Vortritt seiner Gesandten bei allen offiziellen Zeremonien. Das war viel im Bewußtsein der Öffentlichkeit des 17. Jahrhunderts, zu wenig aber, bedenkt man die Illusionen Ferdinands II. 1629 und 1635.

Der Kaiser sei auch nach 1648 in seinen Erbländern nicht mit sonderlich »reformpolitischen Programmen hervorgetreten«, schränkte Repgen die Würdigung Ferdinands III. als bedeutenden zukunftsorientierten Herrschers vorsichtig ein. Er habe aber die Kirchenreform fortgeführt und das stehende Heer geschaffen. Ohne diese Entscheidung hätten die österreichischen Feldherrn unter dem Nachfolger, Leopold I., kaum jene bedeutenden militärischen Erfolge erringen können. Das kann man treffend mit »den Begriffen des Übergangs und des Vorläufigen« benennen (Repgen, Kaiser, 164). Beim Tode Ferdinands III. war in der Tat vieles begonnen, weniges vollendet. Nicht einmal die Nachfolge konnte dieser Herrscher zu seinen Lebzeiten verbindlich regeln.

Der 31. Mai 1653 war ein glücklicher Tag im Leben des Kaisers gewesen. Die Kurfürsten hatten seinen Sohn als Ferdinand IV. zum neuen Römischen König gewählt. Am 18. Juni des gleichen Jahres war er im Beisein des Vaters durch den Erzbischof von Mainz in Regensburg gekrönt worden. Ein solches Verfahren war im Westfälischen Friedensdokument geradezu als reichsverfassungswidrig untersagt worden. Er konnte wohl wirklich zufrieden sein, die Dinge hatten sich wieder zugunsten Habsburgs verändert. In Paris hatten Mazarin, die Königinwitwe und der minderjährige Ludwig XIV. einige Zeit vorher fliehen müssen. In Stockholm mußte Axel Oxenstierna damals um die Sicherung wesentlicher eigener Adelsprivilegien kämpfen, und Königin Christina bereitete ihre Abdankung vor. Vielleicht wurde der Tod des Römischen Königs am 9. Juli 1654 dann zum schrecklichsten Moment des kaiserlichen Daseins. Ferdinand III. soll tief geschockt gewesen sein, wie die Zeitgenossen bemerkten. Er verfiel in Lethargie und reagierte offenbar zunächst kaum auf die veränderte außenpolitische Weltlage. In Frankreich war der siegreiche Mazarin zurück an die Macht gekommen, die Prinzenfronde niedergerungen. Mit Karl X. Gustav regierte in Stockholm nun wieder ein »Kriegerkönig«, der entschlossen beginnen wollte, die Großmacht Schweden durch weitere territoriale Eroberungen zu sanieren. Und wieder stand Habsburgs hindernd im Wege, schien durch den offenbar gebrochenen Kaiser, einen frühzeitig gealterten Mann von erst 46 Jahren kaum ein ernsthaftes Hindernis. Erst mit der Kaiserkandidatur des Wittelsbachers Ferdinand Maria raffte sich Ferdinand III. noch einmal auf. Noch zu seinen Lebzeiten konnte am 1. Dezember 1656 eine Allianz mit Polen gegen Schweden vereinbart werden, und die Wiener Habsburger begannen erneut mit einer europäische Machtpolitik. Ferdinand III. gebührt das Verdienst, trotz schmerzender territorialer Verluste das väterliche Erbe weitgehend bewahrt zu haben. Als Kaiser in schwerer Zeit bewährte er sich als »Vater« des habsburgischen Gesamtstaates »Österreich« und sicherte seinen Ländern die konfessionelle Einheit und der Wiener Dynastie die absolute Landeshoheit. Dabei ist letztlich unwichtig, wie eigenständig sein persönlicher Beitrag blieb. Man darf dennoch gespannt sein auf eine angekündigte Biographie Wiener Historiker, die dann wohl endlich jene offenen Fragen beantwortet und eine gerechte künftige Wertung Ferdinands III. ermöglicht.

Karl X. Gustav, König von Schweden*

* 8. November 1622 in Nyköpingshus
† 13. Februar 1660 in Göteborg
Grabstätte: Riddarholmskirche in Stockholm
Eltern: Johann Kasimir, Pfalzgraf von Zweibrücken, und Katharina Vasa, Prinzessin
von Schweden

Eheschließung am 24. Oktober 1654 in Stockholm
HEDWIG ELEONORA von Schleswig-Holstein-Gottorp
* 23. Oktober 1636 auf Schloß Gottorp
† 24. November 1715 in Stockholm
Grabstätte: Riddarholmskirche in Stockholm
Eltern: Friedrich III., Herzog von Schleswig-Holstein-Gottorp, und Maria Elisabeth
von Sachsen

Neujahr 1638	Immatrikulation an der Universität Uppsala
1640	Parisreise
Oktober 1642	Freiwilliger in der schwedischen Deutschlandarmee
23. Oktober 1642	Feuertaufe in der 2. Schlacht bei Breitenfeld
1644	Heimliche Verlobung mit Königin Christina
Herbst 1645	Rückkehr nach Schweden
Januar 1648	Oberbefehlshaber der schwedischen Truppen in Deutschland
März 1649	Der Reichstag akzeptiert Karl Gustav als Erbfürsten
6. Juni 1654	Abdankung Christinas und Krönung Karls X. Gustav zum schwedischen König im Dom zu Uppsala
März 1655	Reichstagsbeschluß über Teilreduktion der Adelsgüter
28.-30. Juli 1656	Gemeinsamer Sieg mit Friedrich Wilhelm von Brandenburg-Preußen über den König von Polen bei Warschau
27. Januar 1658	Marsch über den zugefrorenen Kleinen Belt
4. Februar 1658	Entscheidung für den Marsch über den zugefrorenen Großen Belt
26. Februar 1658	Siegfrieden von Roskilde
11. August 1658	Neuerlicher Marsch Karls X. Gustav vor Kopenhagen
1659	Abbruch der Belagerung Kopenhagens und Verlust Schwedisch-Pommerns und der meisten Positionen in Dänemark
Januar 1660	Einberufung der Stände nach Göteborg
Februar 1660	Fieberhafte Erkrankung Karls X. Gustav und überraschender Tod des Königs

Der erste Wittelsbacher (Pfälzer) auf dem schwedischen Thron war ein begabter
Heerführer und Diplomat. Dennoch verblieb er zeitlebens »in Lebensstil und Hal-

---

* alle Daten nach dem Julianischen Kalender

tung irgendwie ein Condottiere« (NG, VII, 9). Die schwedische Armee wurde durch ihn zu einer »ungewöhnlich effektiven Kriegsmaschinerie zusammengeschmolzen« (ebd.). Als Goßmachtkönig entwickelte er kühne Ideen, deren ausufernde Projekte jedoch auch einen Mangel an königlichem Wirklichkeitssinn bekundeten. Als Folge seiner zeitweiligen blendenden Siege blieb Schweden eine Trumpfkarte im europäischen Machtspiel zwischen Frankreich, England, den Niederlanden und dem Kaiser. Allen Großmächten erschien die schwedische Armee ein wichtiger potientieller Bündnispartner im voraussehbaren nächsten Ringen um die Hegemonie in Europa. Die Friedensabkommen 1660 und 1661 bedeuteten den Höhepunkt der schwedischen Ostseedominanz. Schweden erreichte seine größte territoriale Ausdehnung.

Der Pfälzer Wittelsbacher König Karl X. Gustav von Schweden (rechts) und der Habsburger König Philipp IV. von Spanien (linkss)

Philipp IV., König von Spanien

* 8. April 1605 in Valladolid
† 17. September 1665 in Madrid
Grabstätte: Monasterio de San Lorenzo de el Escorial
Eltern: Philipp III., König von Spanien, und Margarete von Österreich

1. Eheschließung am 21. 11. 1615 in Bordeaux
ISABELLA von Frankreich
* 22. November 1602 in Fontainebleau
† 6. Oktober 1644 in Madrid

Grabstätte: Monasterio de San Lorenzo de el Escorial
Eltern: Heinrich IV., König von Frankreich, und Maria von Medici

2. Eheschließung am 8. 11. 1649 in Navalcarnero bei Madrid
MARIA ANNA von Österreich
* 24. 12. 1635 in Wiener Neustadt
† 16. 5. 1695 in Madrid
Grabstätte: Monasterio de San Lorenzo de el Escorial
Eltern: Kaiser Ferdinand III. und Maria Anna von Spanien

31. März 1621	Tod Philipps III.
November 1625	Königliches Dekret zur Förderung von Handel und Gewerbe Spaniens
Januar 1626	Frieden mit Frankreich
5. März 1626	Madrider Vertrag über die Rückgabe des Veltlins
3. Mai 1629	Allianz mit dem Herzog Henry de Rohan
Februar 1632	Verlust der spanischen Silberflotte
19. Mai 1635	Kriegserklärung Ludwigs XIII. an Philipp IV.
22. August 1638	Seesieg der Franzosen im Atlantik über die spanische Flotte
21. Oktober 1639	Sieg der Niederländer über die spanische Flotte vor Dünkirchen
1. Dezember 1640	Beginn der portugiesischen Erhebung in Lissabon
16. Dezember 1640	Allianzvertrag Frankreichs und der aufständischen Katalonier
6. Juli 1641	Sieg der Spanier bei Sedan über die Franzosen Legitimierung des unehelichen Sohnes Don Juan d' Austria des Jüngeren
13. März 1642	Geheimvertrag Philipps IV. mit Gaston d' Orleans
26. April 1642	Demonstrative Abreise des Königs zur Front nach Zaragossa
22. Januar 1643	Entlassung des Ersten Ministers, des Grafen Olivares
19. Mai 1643	Spanische Niederlage bei Rocroi gegen die französischen Truppen unter Condé
30. Januar 1648	Frieden zwischen Spanien und den Niederlanden
20. August 1648	Niederlage der spanischen Truppen unter Erzherzog Leopold Wilhelm bei Lens gegen die Franzosen
23. November 1651	Wechsel Condés, des Siegers von Rocroi und Lens, zu Philipp IV. von Spanien
7. November 1659	Pyrenäenfrieden
13. Juni 1660	Stellvertreter-Trauung der Infantin Maria Teresa mit Ludwig XIV. in der Kathedrale von Fontarabia
Mai 1665	Tod der Nonne Sor Maria de Agreda, der »Prophetin« des Königs

Der willensschwache, triebhafte spanische Habsburger war erfüllt von der Idee, die

Pläne Kaiser Karls V. vollenden zu müssen und dem Hause Habsburg die Universalherrschaft zurückzuerobern. Seinen Charakter als haltloser, sich schuldhaft sündig
fühlender Mensch enthüllt der umfangreiche, erhaltene Briefwechsel mit der Mut-
terstelle vertretenden Beraterin und »Prophetin« Maria de Agreda. Die Korrespondenz mit der Nonne verdeutlicht ebenso, daß dieser Herrscher unfähig war, die
Geschicke des spanischen Volkes in der krisenhaften Verfallsperiode zu lenken.
Obwohl persönlich liebenswert und musisch begabt, mangelte es ihm an Pflichtbewußtsein und Energie. So endete er ähnlich wie sein Günstling und Minister Olivares schließlich in Depressionen und geistiger Umnachtung.

Karl I. Ludwig, Kurfürst von der Pfalz

* 1. Januar 1618 in Heidelberg
† 28. August 1680 bei Edingen nahe Heidelbergs
Grabstätte: Heilgeistkirche in Heidelberg
Eltern: Friedrich V., Kurfürst von der Pfalz und »Winterkönig«, und Elisabeth Stuart, Prinzessin von England

1. Eheschließung am 22. Februar 1650 in Kassel, geschieden am 14. April 1657 in
Heidelberg
CHARLOTTE von Hessen-Kassel
* 30. November 1627 in Kassel
† 26. März 1686 in Kassel
Grabstätte: Heilgeistkirche in Heidelberg
Eltern: Landgraf Wilhelm V. von Hessen-Kassel und Amalia von Hanau-Münzen-
berg

2. morganatische Eheschließung am 6. Januar 1658 in Schwetzingen
LOUISE MARIA SUSANNE VON DEGENFELD
* November 1634 in Straßburg
† 28. März 1677 auf Schloß Friedrichsburg, Mannheim
Eltern: Christoph von Degenfeld und Anna Maria Adelmann von Adelmannsfelden
Grabstätte: Konkordienkirche Mannheim

3. Eheschließung am 11. Dezember 1679 auf Schloß Friedrichsburg, Mannheim
ELISABETH HOLLÄNDER VON BERNAU
Eltern: Tobias Holländer von Bernau und Margareta Moser
* 1659 Schaffhausen
† 8. März 1702

1624   Übersiedlung zur Mutter nach Rhenen in den Niederlanden
17. Januar 1629   Tod des älteren Bruders Heinrich Friedrich bei Harlem

1637	Doktorgrad der Universität Oxford für Karl Ludwig und den Bruder Ruprecht
1639	Internierung in Frankreich bei dem Versuch, Bernhard von Sachsen-Weimars Truppen zu übernehmen
24. Oktober 1648	Festschreibung einer achten Kurstimme für Karl Ludwig und Rückgabe der Unterpfalz
Herbst 1649	Rückkehr in die Pfalz
9. Mai 1650	Gewährung limitierter steuerpolitischer Freiheiten für Hausbauende
November 1651	Wiedereröffnung der Heidelberger Universität durch Karl Ludwig
1652	Aufmarsch vor der von Spaniern besetzten Festung Frankenthal
1657	Legitimierung der Kinder mit Louise von Degenfeld als »Raugrafen zu Pfalz«
1661	Beschränkte städtische Steuerautonomie
1663	Abtretung der Rechte in einigen oberpfälzischen Städten an Philipp Wilhelm von Pfalz-Neuburg
21. November 1671	Vermählung seiner Tochter Elisabeth Charlotte mit Philipp I., Herzog von Orleans und Valois
	Anschluß an den Kaiser und Teilnahme am Reichskrieg gegen Frankreich

Dieser pfälzische Wittelsbacher begann zielstrebig nach 1651 mit dem Wiederaufbau seines verheerten Landes im Geiste des englischen Merkantilismus. Sehr früh garantierte er allen drei christlichen Konfessionen Gleichberechtigung und erlaubte auch Juden die Ansiedlung in der Pfalz. Durch eine kluge Finanzverwaltung sanierte er die Domänenwirtschaft, reformierte das Bildungswesen des Landes.

Georg I. Rákóczi, Fürst von Siebenbürgen

* 8. Juni 1593 in Szerencs
† 11. Oktober 1648 in Karlsburg (Alba Julia)
Vater: Sigismund Rákóczi von Felsővadász

5. Dezember 1608	Tod des Vaters, Sigismund Rákóczi, des am 5. März 1608 abgedankten Fürsten von Siebenbürgen
1618	General in der Armee Bethlen Gábors
1619	Hinrichtungen von Katholiken in der Festung Kaschau auf Befehl des Georg Rákóczi
30. Januar 1621	Geburt des Sohnes Georg, des späteren Fürsten von Siebenbürgen, Georg II.
26. November 1630	Fürst von Siebenbürgen

16. Februar 1642	Wahl seines Sohnes Georg II. zum Fürsten von Siebenbürgen auf Wunsch des Vaters
16. November 1643	Bündnis mit Schweden
Februar 1644	Einmarsch ins habsburgische Ungarn mit Einverständnis des Sultans
22. April 1645	Allianzvertrag mit Frankreich von Munkács
22. August 1645	Waffenstillstand zu Lampersdorf zwischen dem Kaiser und Siebenbürgen
16. Dezember 1645	Frieden von Linz mit Ferdinand III. und Belehnung mit dem östlichen Ungarn und Garantie der Religionsfreiheit
1646	Synode von Sathmar mit dem Beschluß einer Reform der Kirchenverwaltung der reformierten Kirchen Ungarns und Siebenbürgens

Durch seinen Einfall 1644 zwang er Ferdinand III. zur Umgruppierung der kaiserlichen Heere und Schwächung der gegen Torstensson ausgesandten Truppen zur Unterstützung Christians IV. von Dänemark. Rákóczi sicherte Ungarn die Konfessionsfreiheit im Frieden 1645, gilt als begabter Heerführer und Politiker.

Leopold Wilhelm, Erzherzog von Österreich, Bischof von Straßburg, Passau, Olmütz, Breslau sowie Halberstadt

* 6. Januar 1614 in Wiener Neustadt
† 20. November 1662 in Wien
Grabstätte: Kaisergruft Wien, neue Gruft, Bischofsreihe
Eltern: Kaiser Ferdinand II. und Maria Anna von Bayern

8. November 1625	Wahl zum Koadjutor von Passau
1. Februar 1626	Päpstliche Bestätigung der Passauer Wahl
10. Oktober 1626	Päpstliche Bestätigung der Wahl zum Bischof von Straßburg
24. Dezember 1627	Wahl zum Bischof von Halberstadt
1634	Nach Erreichen des Mindestalter Übernahme der Administration der drei Bistümer
1635	Administrator der Erzbistümer Magdeburg und Bremen
16. November 1637	Wahl zum Bischof von Olmütz Gründung des Passauer Priesterseminars
18. September 1638	Päpstliche Bestätigung der Olmützer Wahl
1639	Oberbefehlshaber der kaiserlichen Truppen, Generalissimus
1639	Wahl zum Hoch- und Deutschmeister
1640	Siege über die schwedischen Truppen in Böhmen und Niedersachsen

Frühjahr 1641	Militärische Erfolge in der Oberpfalz und Entsatz Regensburgs .
2. November 1642	Niederlage in der zweiten Schlacht bei Breitenfeld und Niederlegung des Oberkommandos
1645	Neuerliche Ernennung zum kaiserlichen Oberbefehlshaber Abgabe der Erzbistümer Magdeburg und Bremen
Spätherbst 1646	Ernennung zum Generalstatthalter der Spanischen Niederlande durch Philipp IV. von Spanien
30. Januar 1648	Frieden Spaniens mit der Republik der Vereinigten Niederlande
3. August 1648	Eroberung von Furnes
19. August 1648	Besetzung Estaires
20. August 1648	Niederlage in der Schlacht bei Lens
1655	Wahl zum Bischof von Breslau
21. Januar 1656	Päpstliche Bestätigung der Breslauer Wahl
1656	Niederlegung des Amtes des Generalstatthalters
1657	Versuch einflußreicher katholischer Kreise, Leopold Wilhelm für eine Kandidatur zur Kaiserwahl zu gewinnen
Frühjahr 1662	Einberufung des Generalkapitals des Deutschen Ordens nach Wien

Obwohl Sieger in zahlreichen größeren Schlachten auf deutschem und französischen Boden war er eher Diplomat und Kunstkenner, Sammler und Mäzen. Er legte den Grundstein für die Bildersammlung der Habsburger, das heutige Kunsthistorische Museum in Wien.

Amalia Elisabeth, Landgräfin von Hessen-Kassel

* 29. Januar 1602 in Hanau
† 3. August 1651 in Kassel
Eltern: Philipp Ludwig II., Graf von Hanau-Münzenberg, und Katharina von Nassau-Dillenburg

Eheschließung am 21. November 1619
WILHELM V., Landgraf von Hessen-Kassel

21. September 1637	Tod des Landgrafen Wilhelm V. von Hessen-Kassel und Regentschaft Amalia Elisabeths laut Testament ihres Mannes
Spätherbst 1637	Ernennung des Peter Holzappel-Melander zum Oberbefehlshaber des hessisch-kasselschen Heeres
23. Januar 1638	Scheitern des Marburger Vergleichs mit Landgraf Georg II. von Hessen-Darmstadt

August 1639	Anerkennung als gleichberechtigter Alliierter durch Frankreich und Schweden im Vertrag von Dorsten
März 1640	Torpedierung des Kurfürstentages zu Nürnberg
24. Oktober 1648	Völlige Amnestie für Hessen-Kassel im Westfälischen Frieden und Rückgewinnung der »Marburger Erbschaft« von Hessen-Darmstadt, Eingliederung der Abtei Hersfeld und hohe Kriegsentschädigung durch verschiedene geistliche Herrschaften
25. September 1650	Übergabe der Regierungsgewalt an den Sohn Wilhelm VI.

Amalie Elisabeth war eine der ungewöhnlichsten Fürstinnen Deutschlands in ihrer Zeit. Als entschiedene Kalvinistin setzte sie den Krieg für die Gleichberechtigung des reformierten Bekenntnisses bis zum Friedensschluß von Münster und Osnabrück beharrlich fort und zählte als Alliierte Schwedens und Frankreichs zu den Gewinnern des Krieges.

Ernst I. der Fromme, Herzog von Sachsen-Gotha-Altenburg

* 25. Juli. 1601 im Altenburger Schloß
† 26. März 1675 in Gotha
Grabstätte: Fürstengruft der Margarethenkirche in Gotha
Eltern: Johann III., Herzog von Sachsen-Weimar-Altenburg, und Dorothea Maria von Anhalt-Zerbst-Dessau

Eheschließung am 24. Oktober 1636 in Altenburg
ELISABETH SOPHIE von Sachsen-Altenburg
* 10. Oktober 1619 in Halle
† 20. Dezember 1680 in Gotha
Grabstätte: Fürstengruft der Margarethenkirche in Gotha
Eltern: Johann Philipp, Herzog von Sachsen-Altenburg, und Elisabeth von Braunschweig-Wolfenbüttel

25. Juli. 1619	Volljährigkeit des Prinzen Ernst
Februar 1621	Ascherslebener Vertrag zwischen den Weimarer Prinzen über die Einsetzung Ernsts als Regierungsbevollmächtigter im Herzogtum
Oktober 1631	Obrist eines Reiterregiments im schwedischen Heer
April 1632	Kampf bei Rain am Lech
16. November 1632	Kampf bei Lützen
Februar 1634	Übergabe der Verwaltung des Herzogtums Franken an einen Statthalter
6. September 1634	Kampf bei Nördlingen unter Bernhard von Sachsen-Weimar
Ende 1634	Rückkehr nach Weimar

Herbst 1639	Regierung in Sachsen-Coburg
13. Februar 1640	Erbteilungsvertrag zwischen Bruder Wilhelm IV. und Albrecht
24. Oktober 1640	Übersiedlung nach Gotha

Oliver Cromwell würdigte Herzog Ernst als einen der klügsten Fürsten des damaligen Europas. Zweifellos war er dem lutherisch-evangelischen Bekenntnis überzeugt verbunden und leitete weitgehende fürstliche Pflichten aus der göttlichen Berufung als Staatsoberhaupt ab. Beständig wirkte er für eine Annäherung der Lutheraner und Reformierten. Nach 1648 trug ein zielgerichtetes Bildungs- und Wirtschaftsprogramm zur Sanierung des verheerten Fürstentums sichtbare Früchte. Herzog Ernsts Staatswesen beeinflußte Veit Ludwig von Seckendorffs Vorstellungen vom »Fürstenstaat«.

Johann Philipp Reichsfreiherr von Schönborn, Kurfürst und Erzbischof von Mainz, Fürstbischof von Würzburg und Worms

* 6. August 1605 auf Burg Eschbach bei Weilburg
† 12. Februar 1673 in Würzburg
Grabstätte: Dom zu Würzburg, das Herz im Mainzer Dom
Eltern: Georg von Schönborn, Amtmann zu Wied, und Maria Barbara von der Leyen

24. August 1605	Protestantische Taufe in Blessenbach
1614	Schulunterricht in Mainz
ab 1616	Jesuitengymnasium in Mainz
1619	Tonsur
1621	Domizellar am Würzburger Domstift
1626	Weihe zum Subdiakon
1627	Pfründe am Ritterstift zu Komburg
Ostern 1629	Aufenthalt in Rom
1633	Aufnahme in das Mainzer Domkapitel und Bekanntschaft mit dem Jesuiten Friedrich von Spee
1635	Propst von Komburg und St. Burkhard in Würzburg
1636	Amtmann in Marienburg bei Schweinfurt
16. August 1642	Wahl zum Bischof von Würzburg durch das Domkapitel
31. August 1642	Weihe durch den päpstlichen Nuntius Fabio Chigi in Würzburg zum Diakon
18. April 1644	Päpstliche Bestätigung der Bischofswahl

16. Juli 1645   Priesterweihe
8. September 1645   Weihe zum Bischof durch Weihbischof Wolther Heinrich von
                       Strevesdorff
9. November 1647   Wahl zum Erzbischof und Kurfürsten von Mainz
23. August 1649   Päpstliche Bestätigung der Wahl
1658   Förderung des antikaiserlichen und profranzösischen Rhein-
                       bundes durch Schönborn
1661   Distanzierung von Ludwigs XIV. Annexionsabsichten
17. Mai 1663   Wahl zum Fürstbischof von Mainz
12. Dezember 1663   Päpstliche Bestätigung

Energischer Verfechter eines Loslösung der Wiener Habsburger von der spanischen
Linie und Repräsentant eigenständiger Mitsprache der Reichsstände in Reichsange-
legenheiten gegenüber dem Ausland, wirkte Schönborn energisch für die reichsständische Teilnahme als souveräne Organe auf dem Westfälischen Kongreß, abgelehnt
von der extremen katholischen Fraktion um Nuntius Fabio Chigi wegen seiner Flexibilität gegenüber Schweden und den deutschen Protestanten.

Jules Kardinal Mazarin

Jules Kardinal Mazarin, Herzog von Nevers

* 14. Juli 1602 in der Abtei von Pescina
† 9. März 1661 auf Schloß Vincennes
Grabstätte: Kapelle des Collège des Quatre-Nationes
Eltern: Pietro Mazzarini und Hortensia Bufalini

1604	Einschulung in ein römisches Jesuitenkolleg
22. Mai 1622	Erfolg als »Ignatius von Loyola« während der Theatertage am Kolleg
Frühsommer 1622	Studienreise nach Spanien und Immatrikulation an der Universität von Alcalá de Henares
1624	Rückkehr nach Rom
20. April 1625	Erste briefliche Erwähnung als Hauptmann der päpstlichen Truppen in Ancona
Juli 1629	Legationssekretär des Kardinals Ginetti in der Lombardei
15. September 1629	Diplomatische Mission nach Mantua zum Herzog von Nevers
8. Oktober 1629	Treffen mit Spinola in Mantua
29. Januar 1630	Erstes Zusammentreffen mit Richelieu in Lyon als Sonderbotschafter des Herzogs von Savoyen
17. März 1630	Neuerliches Treffen mit Richelieu nahe Rivolis
17. Mai 1630	Erste Audienz bei Ludwig XIII. in Grenoble
27. Oktober 1630	Vermittlung eines Waffenstillstandes als päpstlicher Gesandter zwischen Franzosen und Spaniern vor Casale
15. November 1632	Kanonikus von San Giovanni in Laterano
18. November 1632	Apostolischer Protonotar
3. März 1634	Pfründe der Abtei St. Avold bei Sarreguemines
22. April 1634	Abreise aus Rom als Vizelegat in Avignon
26. November 1634	Offizieller Einzug als päpstlicher Sondergesandter in Paris
April 1639	Naturalisation als französischer Untertan »Mazarin«
13. Dezember 1639	Abschied von Rom für immer
5. Januar 1640	Audienz in Paris bei Ludwig XIII. und Richelieu
Januar 1640	Ernennung zum französischen Bevollmächtigten auf dem geplanten Friedenskongreß in Köln
15. Dezember 1641	Offizielle Information an Richelieu über Kardinalsernennung Mazarins
26. Februar 1642	Kardinalsbirett an Mazarin durch Ludwig XIII. in Valence

23. März 1642	Richelieu diktiert Mazarin sein politisches Testament
7. Juli 1642	Mazarin gewinnt Sedan für Frankreich
21. April 1643	Pate des fünfjährigen Dauphin Ludwig in der Schloßkapelle von St. Germain
18. Mai 1643	Erster Minister Frankreichs
11. April 1644	Tod der Mutter in Rom
22. November 1645	Geheime Zusatzinstruktion Mazarins an die französischen Gesandten auf dem Friedenskongreß über Frankreichs Forderungen auf das Elsaß, Breisach und Philippsburg
26. Juni 1648	Weigerung des Pariser Parlaments, Mazarins Steuerverordnungen zu registrieren
26. August 1648	Barrikaden gegen Mazarin in Paris
18. Januar 1650	Verhaftung Louis II. Condés auf Weisung Mazarins
30. Januar 1651	Sturz Mazarins durch eine Adelsfronde unter Gaston d'Orléans
6. Februar 1651	Flucht Mazarins aus Paris
12. August 1652	Flucht Mazarins nach Bouillon
April 1651	Ankunft Mazarins auf Schloß Brühl bei Köln
6. September 1651	Offizielle Verbannung Mazarins durch das Pariser Parlament
29. Dezember 1651	50.000 Taler Belohnung auf Mazarins Kopf durch Pariser Parlament
12. August 1652	Rehabilitierung Mazarins durch Ludwig XIV.
25. Oktober 1652	Rückruf Mazarins durch Ludwig XIV.
3. Februar 1653	Ankunft Mazarins in Paris
28. April 1658	Mazarin erwirkt Allianzvertrag mit Cromwell über gemeinsames Dünkirchen-Unternehmen gegen Spanien
7. November. 1659	Pyrenäenfrieden nach mehrmonatigen persönlichen Verhandlungen Mazarins mit spanischen Diplomaten
20. August 1660	Bereitschaftserklärung zur Priesterweihe durch Mazarin in Vorbereitung einer Papstkandidatur
7. März 1661	Unterschrift des persönlichen Testaments

Es gäbe keinen anderen Staatsmann der französischen Geschichte, der in Frankreich selbst heftiger geschmäht wurde als dieser große Politiker, bilanzierte seinerzeit Paul Guth, Mazarins bedeutendster moderner Biograph. Der Kardinal galt schon zu Lebzeiten als Personifizierung des Geizes und der Raffgier und wurde in Spottliedern als sizilianischer Brigant verhöhnt. Der Adel Frankreichs haßte und verachtete ihn als Säule des absoluten Königtums vor allem deshalb, weil er mit gespielter äußerster Demut »seinen Reichtum« mehrte, verschlagen Uneigennützigkeit vorgab, nie etwas zahlte und doch ganz im Geiste des päpstlichen Nepotismus für eine Großfamilie ständig wachsenden Wohlstand sicherte. So verkündeten Frankreichs Prinzen von Geblüt und die ihnen nahestehenden Aristokraten noch kurz vor Mazarins endgültigem Triumph als übermächtiger und wirklicher Herrscher Frankreichs besonders geringschätzig die niedrige soziale Herkunft des Kardinals.

Der wohl dem kleinen süditalienischen Gewerbebürgertum entstammende Guilio Mazarini sah sich deshalb in den Tagen der Fronde veranlaßt, professionelle »Ahnenforscher« mit der Erstellung eines bedeutsamen Stammbaumes zu beauftragen. Ein Jesuitenpater entdeckte dann auch bald einen Giovanni Mazzarini, der 1282 während der sogenannten »Sizilianischen Vesper« für seine Anhänglichkeit an Frankreich leiden mußte. Damals hatten sich die Bürger Palermos gegen ihren französischen Herrn aufgelehnt und die aragonische Herrschaft über Neapel-Sizilien ermöglicht. Das las sich gut in jenen Jahren der spanisch-französischen Rivalität in Italien und an den französischen Grenzen und wurde noch besser dadurch, daß Mazarin scheinbar noch schlimmeres widerfuhr. Auch jetzt lohnten die Franzosen seinen aufopferungsvollen Einsatz für das Lilienbanner schlecht oder gar nicht. Unangenehm blieb für den sich solcherart eifrig selbst glorifizierenden »italienischen Franzosen«, daß jedermann zu wissen glaubte, welchen Gewinn der Kardinal anhäufte. Im übrigen ließen seine Gegner ebenso lauthals wissen, daß dessen Vater der »Mann für alles Grobe« des Groß-Konnetables des Königreiches Neapel – Filippo Colonna – gewesen war und kein adliges Wappen, schon gar nicht Altadel, vorzuweisen hatte. So blieb Mazarin für die große Mehrheit des standesbewußten Damen und Herren Frankreichs der kleine schmierige Komödiant, der sogar nach der Königin – der göttlich legitimierten Herrscherin – zu greifen wagte.

Er sei heimlich mit Anna von Österreich, der Königinwitwe, verheiratet gewesen, so glaubten es viele zu wissen. Keine geringere, gewöhnlich bestens informierte Dame der hocharistokratischen französischen Gesellschaft, Lieselotte von der Pfalz, hatte es 1717 in einem Brief behauptet. Andere fanden ebenfalls keine bessere Erklärung für die unverständliche Zuneigung und Abhängigkeit der spanischen Habsburgerin von dem Italiener im Kardinalspurpur. Tatsächlich ließen sich zahlreiche Belege anführen, die ein höchst vertrautes Verhältnis beider dokumentieren und selbst eine geheime Eheverbindung nicht eigentlich ausschließen. Mazarin hat niemals die Priesterweihe erhalten und war Kardinal nur dem Namen nach, mit dem Titel geehrt wie so viele andere Angehörige der päpstlichen Familien oder ihnen nahestehende Geschlechter. Richelieu und Ludwig XIII. konnten nur nach langem heftigen Druck auf die Kurie diese Ehrung des eigens deshalb im April 1639 naturalisierten wichtigsten italienischen Agenten Frankreichs erzwingen. Erst ganz zum Ende seines bedeutungsvollen Lebens – um 1660 – überlegte der Kardinal ernsthaft, sich zum Priester weihen zu lassen. Papst konnte selbst ein so Großer wie Mazarin nicht ohne die Tonsur werden. Das aber spreche doch deutlich gegen eine Ehe mit der noch lebenden Anna von Österreich, argumentieren die Zweifler wohl berechtigt. Tatsächlich haben manche Fürsten zu jener Zeit in morganatischen Verbindungen mit sozial niedriger stehenden Frauen gestanden. Auch Anna von Österreich dürfte mit Mazarin gelebt haben, jedoch aber ohne priesterlichen Segen. Ein Legion erhaltener Briefe und vorsichtige Andeutungen mancher wissender Höflinge lassen wohl keinen Zweifel aufkommen. Beide selbst aber haben sich niemals dazu geäußert. Anna von Österreich schrieb »ihrem« Kardinal gewöhnlich persönliches nur in Codezeichen. Soviel bleibt aber gewiß: Ohne diesen Mann an ihrer Seite hätte die zweifellos kluge Frau Frankreich nicht gegen die Opposition der äußeren und inneren Gegnerschaft führen können. Das einzigartige »politische Genie« dieses Mazarin war es, »das den gordischen Knoten... entwirrte« (Guth, 379), und das Netz entknotete, in dem Frankreich und Europa in den Jahrzehnten zwischen 1610 und 1660 verstrickt war.

Er sei ebenso groß wie Richelieu gewesen, »mächtiger noch als« dieser, so eine überzeugende Wertung. Während dieser große Franzose alle Entscheidungen Ludwig XIII. abringen mußte, konnte jener selbständig bestimmen und des Nickens der Regentin und ihres Sohnes sicher sein. Der Westfälische Friede sei sein bedeutendstes politisches Werk gewesen, »eine diplomatische Kathedrale« für Frankreich (ebd.). Indem Mazarin Richelieu als seinem großen Lehrer nacheiferte, wuchs er in seinen Möglichkeiten über diesen hinaus. Das kann wohl so beurteilt werden, muß es schon deshalb, weil sich Mazarin tatsächlich aus dem Nichts heraus an die Spitze Frankreichs emporkämpfte. Ein unbedeutender Hauptmann der päpstlichen Truppen war dieser Mazzarini – manchmal auch »Mazarinni« geschrieben – als er am 29. Januar 1630 in Lyon erstmalig mit dem mächtigsten Mann Frankreichs zusammentraf. Alle Experten bedeuten, daß Richelieu sofort instinktiv erahnt habe, daß hier ein Gleichgewichtiger ihm gegenübergetreten sei, schwach nur als Vertreter eines Schwachen, des Herzogs von Savoyen.

Es war üblich in jenen Jahren, daß Fürsten Diplomaten des Papstes für eigene geheime Missionen nutzten. Der Herr Savoyens vertraute diesem jungen Offizier, der trotz seines militärischen Ranges bereits des öfteren für den Kirchenstaat unterwegs war, mehr Spion und Briefträger als Verhandelnder. Immerhin galt er einigen Würdenträgern des Heiligen Stuhls als äußerst geschickter und zuverlässiger Bote, der alles sah und vieles in wohlgefaßten Sätzen wiedergeben konnte.

Er hatte eine gute Ausbildung genossen. Seine Eltern schulten den Siebenjähri-

gen in das Jesuitenkolleg in Rom ein und hörten bald über außergewöhnliche
schaulspielerische Talente des Sohnes berichten. Bei Mysterienspielen applaudierten
auch die Lehrer, und man nannte den kleinen Guilio rasch ein Wunderkind. Der
mächtige Colonna, Herzog von Paliano – Arbeit- und Geldgeber seines Vaters – entschied im Frühjahr 1622, der junge Mazzarini solle seinen Sohn zum Studium nach
Spanien begleiten, nicht als Diener sondern als Studiengefährte. An der Universität
von Alkalá setzte Guilio das in Rom begonnene Jurastudium fort. Als er 1624 wider
Willen vorfristig nach Rom zurückkehren mußte, schien ihm zunächst nur eine
militärische Laufbahn die größten Karrieremöglichkeiten zu öffnen. Der junge Offizier muß allerdings nie wirklich mit dem Degen fechten und siegte schon sehr früh
mit der Feder in der Hand, bereits im Frühjahr 1625 vom Herzog von Paliano ausdrücklich dem römischen Aristokraten Carlo Barberini empfohlen. Damit war eine
Entwicklung als Diplomat vorgezeichnet. Schon im Frühjahr 1626 nutzte ihn Torquato Conti, der General der päpstlichen Truppen, als Verbindungsoffizier zum spanischen Oberkommando. Hier traf Hauptmann Mazzarini wiederholt mit Córdoba
und dem Herzog von Feria zusammen.

1628 dient Guilio als Legationssekretär dem Nuntius in Mailand, wurde sofort
in die Ereignisse um Mantua hineingerissen. Er bewährte sich und galt hinfort als
begnadeter Berichterstatter von Kampfplätzen vor und hinter den Fronten. In der
päpstlichen Kanzlei jedenfalls las man Mazzarinis Berichte mit sonderlichem Vergnügen. Bald zeichnete auch der Papst selbst den begabten Schreiber aus. Das erste
direkte Schreiben des Pontifex maximus datiert vom 14. Mai 1632 an »Julius Mazarinni«. Da war der italienische geschmeidige Diplomat bereits mehrfach mit Richelieu zusammengetroffen und wurde bereits von diesem als Agent Frankreichs in
Rom genutzt. Einflußreiche kirchliche Würdenträger bei der Kurie wollten ihrerseits
den begabten Politiker an den Kirchenstaat binden. Auf ihre Empfehlung übertrug
der Papst am 15. November 1632 ein Kanonikat von San Giovanni in Laterano an
»Mazzarinni« und ernannte ihn drei Tage später zum apostolischen Protonotar.

Der »Nomade der Diplomatie« (Guth, 89) war nun für einige Jahre in der Kurie
in Rom tätig, langweilige Zeiten, wie Mazarin verschiedentlich in Briefen an Freunde und Gönner klagte. Ihn zog es zurück nach Frankreich in die europäische Politik.
Und er wußte, daß man ihn in Paris ebenso erwartete wie ihn die päpstliche Kanzlei
in Rom halten wollte. Ludwig XIII. überschrieb ihm am 3. März 1634 die Abtei von
St.-Avold bei Sarreguemines und wußte wohl, was sich Mazarin erhoffte. Im Sommer des Jahres war dieser endlich wieder unterwegs. Als päpstlicher außerordentli-
cher Nuntius in Frankreich reiste er im Auftrage Urbans VIII. zurück nach Paris und
hielt am 26. November 1634 seinen offiziellen »Einzug in die Geschichte Frankreichs« (ebd., 102). Bald hieß es in Paris, der Nuntius Mazzarini »weiß alles, hört
alles, sieht alles« (ebd., 110). Tatsächlich ging er bei Richelieu und Ludwig XIII.
gewissermaßen ein und aus. Kontakte dieser Art waren offenbar dem Papst unheim-
lich, zumal auch die spanische Fraktion in Rom höchst aktiv gegen diesen übereifri-
gen Nuntius wirkte. Am 6. Dezember 1635 wies die Kurie an, Mazzarini habe sich
in die Residenz nach Avignon zurückzuziehen. Ende 1636 orderte der Papst seinen

besten Diplomaten zurück nach Rom. Da aber war dieser schon zum Feind der Spanier gereift und sah erst Friedenschancen in Europa nach einer entscheidenden Niederlage Madrids. Von nun an wirkte er zielgerichtet für den Rückzug der Spanier aus Norditalien. Er glaube selbst, schrieb er damals, »daß die Erklärungen der Spanier mich zum Franzosen kanonisiert haben« (ebd., 136). Im April 1639 war er dann auch dem Papier nach französischer Untertan Ludwigs XIII., inzwischen auch reich belohnt durch weitere einträgliche Pfründen. Obwohl es gegen Frankreichs Landesgesetze verstieß, nannte er sich schon seit Ende 1637 auch Abt von St. Médard-de-Soissons. Was ihm in Italien mangelte, erhielt er reichlich in Frankreich. So verließ er am 13. Dezember 1639 sein Geburtsland für immer.

Schon im Januar 1640 hielt er eine Instruktion Ludwigs XIII. als Frankreichs Bevollmächtigter zum geplanten Friedenskongreß in Köln in den Händen und wurde im Herbst 1641 von Richelieu für die Leitung der französischen Delegation nach Münster vorgesehen. Das endlich zwang auch die Kurie zum Handeln. Wider Willen ernannte der Papst Mazarin nun doch zum Kardinal. Richelieu konnte auch am 15. Dezember 1641 beruhigt vermerken, daß Frankreichs Macht diese Würdigung erzwungen habe. In feierlicher Zeremonie setzte Ludwig XIII. am 26. Februar 1642 Frankreichs neuem Kardinal Jules Mazarin in der Kathedrale von Valence das rote Birett aufs Haupt. Der große Kardinalshut allerdings blieb ungetragen in Rom. Nie sollte Mazarin aus der Hand des Papstes dieses sichtbare Zeugnis des aktiven Papstwahlrechts empfangen.

Frankreichs neuer Diplomat hatte nicht einmal Zeit für eine private Reise zur kranken Mutter nach Rom. Immer wieder versprach er baldiges Kommen, bereitete sich aber schon angespannt auf die Friedensmission in Deutschland vor. Befriedigt notierte damals Richelieu, Mazarins »Ruhe, seine Geduld und seine kluge Verstellungskunst«, Fähigkeiten, »die die Franzosen gemeinhin nicht« hätten, qualifizierten diesen Italiener zu seinem hohen Amt im Dienste Frankreichs. Er hielt in der Tat höchste Stücke auf diesen Mann, nachdem Pater Joseph – Richelieus langjähriger Kandidat für seine Nachfolge – schon einige Jahre vorher verstorben war. Am 23. März 1642 diktierte er Mazarin sein politisches Testament, ließ fortan König Ludwig XIII. immer wieder wissen, daß niemand besser geeignet sei, nach seinem Tode Frankreich als Erster Minister zu dienen.

Da gefährdeten noch einmal hocharistokratische Frondeure Richelieus Visionen künftiger französischer Weltgeltung. Um den Zweitgeborenen Heinrichs IV., Gaston d'Orléans, hatte sich wiederum eine entschlossene Opposition gegen Ludwig XIII. und den Kardinal formiert. Am 9. Juli 1642 las Richelieu eine Abschrift des Vertragspapiers der Verschworenen mit Spanien, die ihm wahrscheinlich Anna von Österreich übergeben hatte. Nur wenige Tage später verhörte Mazarin im Auftrag des Ersten Ministers den Herzog von Bouillon. Für das Versprechen, den Hugenotten zu schonen, gewann der verschlagene Italiener für Frankreich die Oberhoheit über dessen souveränes Fürstentum und öffneten sich die Tore Sedans für Ludwigs XIII. Truppen. Mazarin hatte einen weiteren glänzenden diplomatischen Sieg erkämpft. Unmittelbar nach Richelieus Tod berief der König am 5. Dezember 1642 auch den einstigen päpstlichen Hauptmann und Gesandten in ein Triumvirat an der Spitze Frankreichs.

Als der Kardinal aus der noch immer eher zweifelhaften römischen Familie am 21. April 1643 in der Schloßkapelle von St. Germain gemeinsam mit der Herzogin Charlotte von Montmorency aus Frankreichs Hochadel als Pate für den fünfjährigen Dauphin ans Taufbecken treten durfte, konnte niemand mehr zweifeln. Hier stand mit Jules Mazarin Frankreichs neuer Erster Minister. Am 18. Mai 1643, vier Tage nach Ludwigs XIII. Ableben, berief die Regentin Anna von Österreich unmittelbar nach Annullierung des königlichen Testaments den Kardinal zum Premier. Richelieus Erbe hatte sie klug beraten und der Königinwitwe gegen den Wunsch des Verstorbenen alle Macht zugespielt. Für sich selbst allerdings mußte er eine Komödie der ganz besonderen Art inszenieren. Dreimal zeigte er demonstrativ sein Gepäck und verkündete unüberhörbar seine sofortige Abreise nach Rom. Endlich schien die Spanierin richtig verstanden zu haben. War das kein abgekartetes Spiel, dann waren sich beide damals wohl seelenverwandt, standen sich aber doch noch nicht wirklich nahe. Anna von Österreich erfaßte wahrscheinlich erst allmählich, daß sie ohne den Italiener gar nichts war.

Sie hat diese Entscheidung nie wirklich bereut. Die Mutter des Dauphins schätzte bald an Mazarin nicht nur, daß er ihre Muttersprache beherrschte, eher stammelte, wie einige Historiker glauben. Verständigen jedenfalls konnte sie sich mit ihm, die des Französischen auch nicht sonderlich mächtig wurde. Alles entwickelte sich in jenen Tagen der neuen Regentschaft glücklich für Frankreich. Der Sieg von Rocroi, wenig später die von Mazarin gewünschte Besetzung Diedenhofens, ein knappes Jahr danach die Eröffnung der Friedenskonferenz in Münster mit Mazarins willfährigem Sekretär Servien, der den Grafen d'Avaux ganz im Geiste seines Gebieters kontrollierte. Da traf der Tod der Mutter am 11. April 1644 und die steten brieflichen Vorwürfe der Schwestern den familienbewußten Italiener schon ebenso tief wie die ersten öffentlich bekundeten Ablehnungen durch die französische Nobilität und den »Adel der Robe«, die mächtige Parlamentsbürokratie von Paris, die Gesetzeshüter. Am 2. September 1645 wurde ein aristokratischer Konspirateur entlarvt. Das schmerzte den Selbstlosen außerordentlich. Ein offensichtlich mißverstandener Erster Minister klagte über so viel Unrecht und überdachte öffentlich seinen Rückzug aus der Politik. Scheinbar entschlossen, doch heftigen Widerstand erhoffend, ließ er sich gerne von Anna von Österreich und dem minderjährigen König überreden, Frankreich auch weiterhin große persönliche Opfer zu bringen.

Es muß tatsächlich manchmal eher peinlich gewirkt haben, was Mazarin vortrug und wie er sich darzustellen suchte. Kenner der Epoche betonten immer wieder, daß er bereits in auffälliger Weise schon als Hauptmann im Erbfolgekrieg um Mantua seine Verdienste in wohltönenden, breitangelegten Berichten zu schildern wußte. Auch als Kardinal und Regierender habe er kein Ereignis ohne ausführliche Kommentierung seiner Verdienste wiedergeben können. Und immer gefiel er sich dabei in starken Versicherungen eigener Selbstlosigkeit. Unglücklicherweise wollten Prinz Louis II. von Condé und längere Zeit auch der zweite bedeutende französische Feldherr, Henry de Turenne, dem Ersten Minister diese edle Bedürfnislosigkeit nicht glauben. Vor allem Condé, selbst ungewöhnlich anmaßend und krankhaft arrogant, widersprach auch vor Zeugen und ohrfeigte schließlich Mazarin. Dieser gab sich auch jetzt noch betrübt und demütig, ein Schwächling, der leicht zu stürzen sei, so folgerten viele, meinte besonders Condé. Er und andere hetzten. Am 26. August 1648 bauten die Pariser das erste Mal Barrikaden gegen Mazarins Regime.

Vor allem das Besitzbürgertum rebellierte damals entschieden gegen neue Gewinnschröpfungen durch den findigen Kardinal. Im Pariser Parlament hatten sich schon einige Wochen vorher einige einflußreiche Herren geweigert, eine neue Steuerverordnung Mazarins zu registrieren. Die Juristen legten nun eine »Charta« für Frankreich vor und forderten die Exekutivgewalt für ihr Parlament. Steuern müßten vom Volk genehmigt werden, erklärten die obersten Gesetzeshüter und meinten vor allem sich. Sie registrierten diese eigenen Festlegungen am 31. Juli und setzten sich über Mazarins Proteste und Anna von Österreichs Empörung hinweg. Ein Versuch des Kardinals, die führenden Köpfe einzukerkern, mißlang völlig. Als die Pariser zu den Waffen griffen, blieb dem Ersten Minister nur die Flucht. Es war das erste Mal, daß er überstürzt die Seinemetropole verlassen mußte und ihn, den großen Freund aller Franzosen vertrieb. Es hat darüber so oft geklagt, daß es nicht auszuschließen ist, er habe es wirklich so empfunden. Jedenfalls widerfuhr ihm solches in den nächsten Jahren noch einige Male.

Zunächst gaben Anna von Österreich und der Kardinal nach und amnestierten die aufmüpfigen Juristen. Bald wagte Mazarin eine sehr persönliche Abrechnung mit dem provokanten Condé. Er ließ diesen galligen Spötter und einige andere Prinzen von Geblüt am 18. Januar 1650 verhaften. Obwohl er Ende des Jahres in der Champagne der aristokratischen Opposition unter Turenne eine Niederlage beifügen konnte und sich Anna von Österreich und der noch immer unmündige Dauphin zu ihm bekannten, wuchs die Feindschaft des Hochadels zur sogenannten offenen »Prinzenfronde«. Am 30. Januar 1651 sammelte sich die aristokratische Opposition hinter Gaston d'Orléans und zwang Mazarin zu neuerlicher Flucht aus Paris. In den frühen Morgenstunden des 7. Februar 1651 sah die Zukunft des Kardinals eher noch düsterer aus als die Schwärze der Nacht. Rebellische Volksmassen verhinderten, daß Anna und der kleine Ludwig folgen konnten. Tief erschreckt verfügte Mazarin noch die Freilassung der in Le Havre festgehaltenen Prinzen Louis de Condé und Armand Conti wie auch Henris II., des Herzogs von Longueville, und floh eilig weiter auf das feste Schloß Bouillon in den Ardennen. Von April bis Oktober 1651 residierte Frankreichs großer Minister sogar auf Schloß Brühl nahe Kölns, lehnte großzügige spanische Angebote ab und regierte durch Kuriere mit Briefen und Weisungen an Anna von Österreich.

Anders als Richelieu, der immer wieder in tiefe Depressionen verfiel und sich manchmal klagend und weinend auch vor seinen engsten Vertrauten aufgab, vertraute Mazarin wohl auch jetzt auf eine baldige Wende. Zielgerichtet lenkte er die Königinwitwe aus der Ferne und erwartete hoffnungsvoll die bevorstehende Mündigkeitserklärung Ludwigs XIV. Einen Paß durch Deutschland nach Italien hatte er trotzdem am 24. Juni 1651 von Kaiser Ferdinand III. erbeten und schloß folglich eine bittere Enttäuschung nicht völlig aus. Immerhin sahen sich die Regentin und ihr Sohn noch am 6. September veranlaßt, Condé zu rechtfertigen und die Verbannung des Kardinals zu bestätigen. Das eine geschah im Einverständnis mit Mazarin, aber eine Weisung, auch die Verbannung zu akzeptieren, hat sich bis heute nicht finden lassen. Das Parlament von Paris setzte am 29. Dezember 1651 sogar eine Belohnung von 50.000 Taler auf das Ergreifen Mazarins aus und beschaffte sinnigerweise diese Mittel durch den Verkauf der umfangreichen Buchsammlung des Kardinals. Seinerzeit hatte sich Mazarin hinreißen lassen, die juristische Opposition mit den englischen Parlamentariern um Cromwell als potentielle Königsmörder zu vergleichen, und Öl ins Feuer gegossen. Da allerdings war Ludwig XIV. bereits durch dieses Parlament für großjährig erklärt worden.

Sofort noch an jenem denkwürdigen 7. September 1651 wies der König den wartenden Kardinal an, Brühl zu verlassen und die dort geworbenen Truppen an die Loire zu führen. Als einige Juristen in Poitiers am 11. Januar 1652 wagten, den Verbannungsbefehl neuerlich vorzulegen, verweigerte ein verärgerter Ludwig XIV. die Unterschrift. So konnte Mazarin hier in Poitiers am 28. Januar 1652 an der Spitze einiger tausend deutscher Söldner zum kleinen königlichen Heer stoßen. Wenige Tage später ernannte der Kardinal, nun wieder auch als Erster Minister bestätigt, den kampferfahrenen, ins Lager des Königs gewechselten Turenne zum Heerführer der königlichen Armee. Paris öffnete sich dennoch erst nach blutigen Kämpfen zwischen Turenne und Condé Ende Oktober 1652 dem König und Anna von Österreich. Da aber hatte Ludwig XIV. Mazarin bereits öffentlich rehabilitiert, ihn aber scheinbar ins Privatleben nach Bouillon entlassen. Auch hier war Paris wieder eine besondere Geste wert.

Unmittelbar nach seinem Einzug in die Hauptstadt annullierte der Regent alle Äußerungen des Parlaments seit Februar 1651 und rief am 25. Oktober 1652 Mazarin zurück ins Amt. Der Kardinal hatte endgültig gesiegt.

Als er am 3. Februar 1653 feierlich in Paris einzog, war die Opposition gebrochen. Das römische Genie Guilio Mazzarini sicherte durch seine Flexibilität und diplomatisches Geschick den breiten Schulterschluß aller am inneren Frieden interessierten Kräfte Frankreichs. Das absolutistische Königtum – durch Richelieu und Ludwig XIII. vorbereitet und gewachsen – wurde durch diesen Kardinal in seiner klassischen Form durchgesetzt. Seit dem Frühjahr 1653 herrschte in Frankreich nur noch einer: Jules Mazarin, Pietro Mazzarinis Sohn. Das mußte kurze Zeit danach auch die Kurie in Rom begreifen.

Am 20. März 1656 sandte Papst Alexander VIII. – Fabio Chigi, der päpstliche Gesandte zum Westfälischen Kongreß und Sympathisant eines habsburgisch-französischen Ausgleiches – dem französischen Klerus einen offenen Brief. Hier wagte er es in offenbarer Verkennung der nunmehrigen Stabilität der französischen Gesellschaft, unter den dortigen Geistlichen offen für einen sofortigen Frieden mit Madrid zu werben. Die Reaktion für Rom war nahezu erschreckend. Niemand wagte mehr, sich den Wünschen und Ideen Mazarins entgegenzustellen. Der Papst mische sich in die inneren französischen Angelegenheiten ein und kränke die Souveränität des Königs, ließ der Erste Minister verbreiten. Wer in Rom auf innerkirchliche Opposition gegen den »Italiener« gesetzt hatte, lernte schnell.

Im Herbst 1660 beugte sich selbst Ludwig XIV. Damals war er Mazarins Nichte Maria Mancini ehrlich zugetan und erwog sogar ernsthaft eine eheliche Verbindung. Das harte »Nein« Mazarins verstimmte den Souverän vorübergehend, unverständlich für Ludwig XIV. diese Ablehnung höchster Ehre für die Mazzarini-Familie. Der Kardinal hatte monatelang in schwierigsten Verhandlungen mit den Spaniern Philipp IV. für eine politische Verbindung Madrids mit Paris gewonnen. Der notwendige Frieden sollte durch die Ehe der Infantin mit dem allerchristlichsten König gekrönt werden, damit Bourbonen und Habsburger auch künftig vereint Europa dominieren. Für Mazarin bedeutete das, Ludwigs XIV. Krone würde glänzen, und irgendwann würden einmal Erbansprüche möglich werden. Es spricht für den Realismus und das Verantwortungsgefühl des Kardinals, die Verbindung seiner eigenen Familie zur Krone zu verhindern. Es kann wohl tatsächlich als sicher gelten, daß der Souverän Maria Mancini ehelichen wollte. Mazarin wußte aber, daß eine solche Erhöhung auf Dauer gesehen eher beschwerlich, wenn nicht gar gefährlich für seine Macht werden würde. Natürlich war ihm auch keineswegs verborgen geblieben, daß seine Nichte ihn ablehnte und dieser Haß die Positionen eines Ersten Ministers schwächen konnte. Anna von Österreich, wie immer sie auch zu Mazarin persönlich stand, mußte eine Ehe ihres Sohnes mit der Infantin auf jeden Fall priorisieren. Summiert man dieses, bleibt dennoch die staatsmännisch reife Entscheidung des Kardinals vorrangig zu werten. Frankreichs Zukunft stellte Mazarin hier über alle ganz sicher von ihm auch bedachten Alternativen. Der familienbewußte Italiener wuchs auch in diesem Fall zum europäischen Staatsmann und priorisierte Frankreichs künftige Hegemonie. Am 3. Juni 1660 wurde Maria Teresa von Spanien Gemahlin des künftigen »Sonnenkönigs« in der Kathedrale von St.-Jean-de-Luz, krönte Mazarin seine Politik mit dem auch vom Brautvater ratifizierten Pyrenäenfrieden vom November 1659. Die große Vision des Ersten Ministers, Frankreich als »Schiedsrichter in einem endlich geeinten Europa«, schien nahezu verwirklicht (Erlanger, 119). Was Richelieu gedacht und vorbereitet hatte, vollendete Mazarin. Im vollen Gefühl eines Siegers unterzeichnete der Kardinal am 7. März 1661 sein Testament. Und er ahnte wohl, daß ihn sein König wirklich schätzte. Ludwig XIV. schrieb später in seinen Memoiren über den großen Minister, dieser »liebte mich, und ich liebte ihn« (ebd., 94). Er dürfte glücklich gestorben sein, Mazarin, der so verhaßte Kardinal. Anna von Österreich und König Ludwig XIV. weinten, als er verstarb. Und beide spielten keine Komödie. Die Menschen in Frankreich seufzten auch, aber wohl mehr wegen der Kosten und Bedrückungen, die Mazarins Politik dem Land auferlegte. Was der Kardinal geschaffen hatte, konnte nicht lange so bleiben. Schon sein »Erbe« – König Ludwig XIV. – hinterließ bei seinem Tod ein Menschenalter nach Mazarin ein ruiniertes Land.

Maximilian Graf von Trauttmansdorff-Weinsberg

Maximilian Graf von Trauttmansdorff-Weinsberg

* 23. Mai 1584 in Graz
† 8. Juni 1650 in Wien
Grabstätte: Pfarrkirche in Trauttmannsdorff (Oststeiermark)*
Eltern: Johann Friedrich von Trauttmansdorff und Eva von Trauttmansdorff, Tochter des Medarindus von Trauttmansdorff

Eheschließung mit
SOPHIE GRÄFIN PALTHY (PÁLFFY) VON ERDÖD
Vater: Nicolas Graf von Pálffy

1612	Ernennung zum Obersthofmeister der Kaiserin durch Kaiser Matthias
Sommer 1619	Reise im Gefolge Ferdinands II. zur Kaiserwahl nach Frankfurt
8. September 1619	Im kaiserlichen Gefolge bei der Krönung in Frankfurt
8. Oktober 1619	Berater Ferdinands II. bei den Verhandlungen mit Maximilian von Bayern und der Fixierung des Münchener Abkommens
Spätherbst 1619	Diplomatische Mission beim Papst
6. Januar 1622	Bevollmächtigter Ferdinands II. beim Friedensschluß in Nikolsburg mit Bethlen Gábor
1623	Erhebung in den Reichsgrafenstand
1627	Gesandter in Dresden
August 1630	Nach Gesandtentätigkeit in Dresden Reise zum Kurfürstentag in Regensburg
November und Dezember 1633	Mehrfache Treffen und Verhandlungen mit Wallenstein in Pilsen
24. Januar 1634	Stimme für die Ermordung Wallensteins
Juni 1634	Verhandlungen mit Johann Georg I. von Sachsen
20. Mai 1635	Erfolg als kaiserlicher Verhandlungsführer im Prager Friedensvertrag
1637	Obersthofmeister des Kaisers und Präsident des Geheimen Rates
20. August 1637	Ernennung zum Schloßhauptmann in Graz

---

*   Im Gegensatz zur meist üblichen Schreibweise von Graf Trauttmansdorff lautet der offizielle Name des Ortes anders.

13. Oktober 1645	Eigenhändige kaiserliche Instruktion für die Verhandlungen in Münster und Osnabrück für Trauttmansdorff
25. November 1645	Ankunft in Münster
13. September 1646	Vorvertrag über die französische Satisfaktion
1. Dezember 1646	Vorlage der kaiserlichen »Endlichen Erklärung« über die Zugeständnisse Wiens an die Protestanten durch Trauttmansdorff
18. Februar 1647	Vorvertrag über schwedische Satisfaktion
6. Juni 1647	Abreise aus Münster
10. Januar 1649	Persönliches Dankschreiben des Kaisers an Trauttmansdorff für Verdienste in Münster und Osnabrück

Klagen die Historiker über fehlende biographische Darstellungen Kaiser Ferdinands III., so gilt das ebenso für Arbeiten über dessen Obersthofmeister und engen Vertrauten Maximilian, den Grafen von Trauttmansdorff. Noch vor wenigen Jahrzehnten bemerkte Fritz Dickmann in seinem Standardwerk über den Westfälischen Frieden, das Familienarchiv derer von Trauttmansdorff würde »bis heute sorgfältig gehütet« (ebd., 244). Nur »Fragmente seines Lebens« seien bekannt (ebd.). Möglich, daß dieser eigentliche Architekt des Westfälischen Friedens ähnlichem Vergessen und offenkundiger Ablehnung verfiel wie sein kaiserlicher Herr, und daß die Trauttmansdorffs keine objektive Würdigung der Aktivitäten ihres bedeutenden Ahnen erwarteten. So konnte auch Egloffstein, sein erster Biograph, im Standardwerk der Allgemeinen Deutschen Biographie nahezu nichts Konkretes über den Staatsmann und Friedenspolitiker anführen. Alle Historiker, die sich später mit den bedeutenden Persönlichkeiten des Dreißigjährigen Krieges befaßten, erwähnten einzelne Phasen des politischen Lebens dieses großen Diplomaten, beleuchteten aber leider fast immer nur den Zeitraum von November 1645 bis Juni 1647, das Wirken am Friedenskongreß. Mit Recht schließt Hanns Hubert Hofmann seine Darstellung im »Biographischen Wörterbuch zur Deutschen Geschichte«: »Eine Biographie dieser Schlüsselfigur des Dreißigjährigen Krieges bleibt ein dringendes Desiderat.«

Das ursprünglich aus der Nähe Wiens stammende österreichische Uradelsgeschlecht soll bereits 1278 in der Schlacht bei Dürnkrut unter der Fahne Habsburgs gegen den Böhmen Otakar II. Přemysl gekämpft haben. Auf jeden Fall gehört es im 16. Jahrhundert dem Freiherrenstand und somit der österreichischen Führungsschicht an.

Allgemein als sicher gilt, daß Trauttmansdorffs Vater Johann Friedrich als Kriegspräsident und Geheimer Rat am Hofe Erzherzog Karls von Innerösterreich in Graz wirkte, ein Protestant, der wahrscheinlich kurz nach der Geburt seines Sohnes Maximilian zum katholischen Glauben konvertierte. Einem Einschub des zeitgenössischen Biographen Kaiser Ferdinands II, dem Grafen und Diplomaten Christoph von Khevenhüller, kann man entnehmen, daß der junge Trauttmansdorff ein fleißiger Student gewesen sei, eine Mitteilung, die wenig besagt. Gewiß hätte dieser erfahrene Politiker nichts anderes schreiben können und wollen, entsprach hier wohl einem der gewöhnlichen Prinzipien. Persönlichkeiten dieses Ranges mußten schon in früher Jugend tugendhaft und bildungsbeflissen gelebt haben. Wahrscheinlicher ist, daß Maximilian gegen die Türken in Ungarn stand, schon deshalb, weil das damals nahezu allen adligen patriotischen Österreichern als Pflicht auferlegt war. Genaues aber ist auch hier nicht zu ermitteln. Er soll dort zum Rittmeister befördert worden sein und später in den spanischen Niederlanden im Heer des Königs von

Spanien gedient haben. Heimgekehrt berief ihn Kaiser Rudolf II. in den Reichshofrat, eine erstaunliche Karriere des damaligen Freiherrn von Trauttmansdorff, wahrscheinlich nur aus der Funktion des Vaters erklärlich. Kaiser Matthias ernannte ihn
zum Obersthofmeister seiner Gemahlin, der Kaiserin Anna. In dieser Würde wurde
Trauttmansdorff dann später auch durch Kaiser Ferdinand II. für dessen Gemahlin
Eleonore Gonzaga bestätigt.

Während der böhmischen Unruhen galt der Grazer Freiherr Ferdinand II. bereits
als zuverlässiger Höfling und Ratgeber. Mit zwei anderen Räten reiste er im Gefolge
des Königs von Böhmen und Ungarn zur Kaiserwahl nach Frankfurt und erlebte
dort am 9. September 1619 die Kaiserkrönung Ferdinands II. ebenso wie die
anschließenden Verhandlungen mit Maximilian von Bayern in München. Der Kaiser jedenfalls muß die Dienste des jungen Reichshofrates geschätzt haben. Er vertraute ihm die schwierige Mission einer Reise zum Heiligen Stuhl an und erhoffte
sich durch Trauttmansdorffs Auftreten dort größere Subsidien gegen die böhmischen Heere. Der Freiherr erwirkte nach längeren Debatten auch tatsächlich das
päpstliche Versprechen größerer Geldsendungen für die leere Kasse der Wiener
Habsburger. Wenig später, am 6. Januar 1622, errang er in Nikolsburg wahrscheinlich einen noch größeren Erfolg. Der gefährliche Fürst von Siebenbürgen, Bethlen
Gábor, ließ sich überzeugen, auf die gerade angetragene ungarische Krone zu verzichten und Frieden mit Ferdinand II. zu vereinbaren. Trauttmansdorffs Übereinkommen hielt allerdings nicht sonderlich lange; doch das war kaum dessen Schuld.
Er hatte dem unruhigen Vasallen der Osmanen damals bedeutende Provinzen des
habsburgischen Ungarn überlassen und glaubte nur so einen dauerhaften Frieden
sichern zu können.

Auch in der Folge trat der Freiherr von Trauttmansdorff in seinen Gutachten
wiederholt für kaiserliche Zugeständnisse ein, galt cs dic Schar der Alliierten zu
mehren. So soll auch er sich für die Ächtung Friedrichs V. von der Pfalz und die
Übertragung der Kurwürde an Maximilian von Bayern ausgesprochen haben. 1623
– andere Quellen geben 1625 an – erhob ihn Ferdinand II. in den Reichsgrafenstand. Trauttmansdorff wirkte auch in den folgenden Jahren als Garant guter Beziehungen des Münchener Wittelsbachers und des Steirers und vertrat den Kaiser als
Bevollmächtigten bei den komplizierten Verhandlungen mit Maximilian wegen dessen Forderungen nach Kriegsentschädigung. Im Februar 1628 löste er auch diese
schwierige Aufgabe. Jedenfalls stellte er beide zufrieden, den Kaiser und den Bayern.
Maximilian räumte Oberösterreich und gab sich mit der Zusicherung Trauttmansdorffs zufrieden, der Kaiser würde ihn als Kurfürsten auch mit der Oberpfalz und
den rechtsrheinischen Territorien der Unterpfalz belehnen. Verständlich, daß Ferdinand II. diesen geschickten Unterhändler nun an den Hof seines inzwischen sehr
beunruhigten sächsischen Gefolgsmannes, des Kurfürsten Johann Georg I., sandte.
Von Dresden nach Regensburg zum Kurfürstentag 1630 gereist, wirkte er nun hier
gleichermaßen als Kenner der Wünsche des protestantischen und des katholischen
Wortführers für die Abberufung Wallensteins. Auch Trauttmansdorff befürwortete
die Entlassung des Herzogs von Friedland als Schlüssel zur Königswahl des kaiserli-

chen Sohnes, ein folgenschwerer Irrtum, wie auch dieser Ratgeber Ferdinands II.
schnell verstehen mußte.

Schon damals galt Trauttmansdorff als einer der redlichsten hohen Beamten am
Kaiserhof, war dennoch einer der größten Nutznießer der Konfiskationen nach der
Niederschlagung der böhmischen Erhebung geworden. Wie die anderen Reichsräte
hatte er gewaltigen Gutsbesitz in Böhmen erworben, zu vorteilhaften Bedingungen
kaufen können. Das brachte im übrigen den Grafen ab Jahresbeginn auch Wallenstein näher. Immer wieder hatte der Friedländer in den folgenden Jahren vor allem
Trauttmansdorff für seine Friedenspolitik gewinnen wollen. Schon am 8. Oktober
1628 verteidigte er gerade vor diesem seine Absichten mit der Lübecker Friedenskonferenz, versicherte, so dem Reich einen dauerhaften Frieden bringen zu wollen.

Wenig gesichertes wurde bisher bekannt über Trauttmansdorffs Haltung gegenüber dem Generalissimus 1631 und 1632. Als Interessenvertreter des Kaisers gegenüber dem Böhmen wird er ab Sommer 1633 wieder plastischer. Ende des Jahres versuchte er ein letztes Mal, zwischen dem Wiener Hof und dem Feldherrn im Lager
vor Pilsen zu vermitteln. Sein Bericht über die Unterredungen mit Wallenstein am
27. November 1633 und der Brief an den Kaiser vom 16. Dezember gelten als sach-
lich und wohlwollend. So haben die Zeitgenossen ihn damals zur Fraktion der Wal-
lensteinfreunde gezählt, der Kaiser ihn für jenes berüchtigte »Gericht« über den
Friedländer am 24. Januar 1634 ausgewählt. Gemeinsam mit Eggenberg stimmte
Trauttmansdorff für die Ermordung Wallensteins, gewiß kein Ruhmesblatt in der
persönlichen Datei des großen Grazer Reichsrates. Ohne Kenntnis der ganz persönlichen Notizen und Briefe Trauttmansdorff kann nicht beurteilt werden, ob dieser
den Böhmen wirklich für schuldig hielt. Er dürfte aber gewußt haben, wie krank
und machtlos Wallenstein in jenen Monaten bereits war und teilte offenbar zeitweilig auch die Überzeugung des Feldherrn, es müsse Frieden werden, »sonst wird alles
unsererseits verloren sein« (Hallwich, Wallensteins Ende, II, 403). Man muß es wohl
als Verhaltenskodex für Höflinge entschuldigen, daß Trauttmansdorff bei Bekanntwerden der Bluttat von Eger scheinbar freudig erregt dem auf eine Audienz bei Ferdinand II. wartenden bayrischen Gesandten herzlich gratulierte und sich solcherart
öffentlich den Verschwörern gegen Wallenstein anzuschließen wünschte.

Die schwere Krankheit und der baldige Tod des Fürsten Eggenberg beschleunigten Ferdinands II. Entschluß, Trauttmansdorff künftig als leitenden Minister zu
hören. Auch sah er den Obersthofmeister als besten kaiserlichen Diplomaten für
vertrauliche Verhandlungen mit Sachsens Kurfürst an. Sicher erleichterte der kaiserlich-spanische Erfolg von Nördlingen Anfang September 1634 die Friedenssondierungen Trauttmansdorff mit den Sachsen. Manche Überlegungen Wallensteins – im
Sommer und Herbst 1633 auch mit Trauttmansdorff diskutiert – flossen in das Prager Friedensdokument ein. Anders als der Friedländer glaubte der Graf aber offenbar
im Spätherbst 1633 an eine mögliche Vereinigung der sächsischen und kaiserlich-
spanischen Heere gegen Frankreich und Schweden. Jetzt wollte er den Krieg
gemeinsam mit den Reichsständen bis zum Siegfrieden fortsetzen. Kaum unberechtigt wertet die moderne Historiographie den Prager Frieden vom 20. Mai 1635 als

»Werk« des Grafen von Trauttmansdorff (Dickmann, 244). Bis heute wurde nicht geklärt, wieweit der König von Ungarn und Böhmen, Ferdinand III., damals aktiv in das Geschehen eingriff. Die Zeitgenossen und die Historiker des 17. und 18. Jahrhunderts feierten gewöhnlich den Kaisersohn als Initiator des Friedens und lobten seine politische Weitsicht, schrieben aber nichts über Trauttmansdorffs Wirken. Kaiser Ferdinand II. wußte es zweifellos besser und lohnte den Einsatz des Grafen durch mehrere größere Belehnungen in Schwaben (Weinsberg).

Bis heute ist auch nicht wirklich zu beurteilen, welche Bedeutung dem leitenden Minister bei den diplomatischen Vorbereitungen der Wahl Ferdinands III. zum Römischen König am 22. Dezember 1636 zukamen. Es bleibt allerdings zu vermuten, daß er hier wiederum die Erwartungen des Kaisers und seines Sohnes erfüllte. Das besondere Vertrauen Ferdinands III. dokumentiert sich gerade darin, daß der Kaiser seinen Obersthofmeister erst zum Friedenskongreß nach Münster und Osnabrück entsandte, als er ernsthaft mit einem Friedenspapier zu rechnen begann. Die eigenhändig durch Ferdinand III. aufgesetzte Instruktion an Trauttmansdorff wird gemeinhin als überzeugender Beleg für äußerst enges Zusammenwirken des Monarchen und des Präsidenten des Geheimen Rates gewertet.

Als Maximilian Graf von Trauttmansdorffs Kutsche am 25. November 1645 durch Münsters Gassen zum Quartier der kaiserlichen Diplomaten rollte, kündete dessen Ankunft den Spaniern die seit längerer Zeit befürchtete grundsätzliche Wende der kaiserlichen Politik an. Als der beste Diplomat des Kaisers am 6. Juni 1647 Münster wieder verließ, war der Friedensvertrag nahezu vereinbart. Trauttmansdorff kommt in der Tat das unbestreitbare Verdienst zu, die Wiener Habsburger vor dem Zusammenbruch gerettet zu haben. Da mag es fast ein wenig kurios scheinen, daß der nach Wien zurückgekehrte Präsident des Geheimen Rates plötzlich für die Fortsetzung des Krieges plädierte und die neuerliche Allianz Münchens und Wiens als bessere Alternative pries. Zusmarshausen und Königsmarcks Vorstoß auf Prag bestraften jede Illusion, die der Graf vielleicht auch gegen die starke Opposition vorkehrte. Der Kaiser jedenfalls dankte ihm zu Jahresanfang 1649 zu Recht für seinen Einsatz in Münster und Osnabrück. So viel scheint heute gewiß: Trauttmansdorff erwies sich als bedeutender Staatsmann in einer für Österreichs Geschichte gefährlichen Phase und rettete dem Kaiser die »reichsoberherrliche Stellung«, wie immer man auch den fortbestehenden Reichsverband nach 1650 werten mag (Hofman, Trauttmansdorff, 2925).

Johan Adler Salvius

Johan Adler Salvius*

* 1590 in Strängnäs
† 24. August 1652 in Stockholm
Grabstätte: Stockholms Hauptkirche (Storkyrkan)
Eltern: Peder Hansson, Stadtschreiber in Strängnäs, und Anna Pedersdotter

Eheschließung am 19. September 1620
MARGARETA PEDERSDOTTER SKUTHE, Witwe des Lorentz Hartmann
* Februar 1560
† 13. Februar 1657
Eltern: Peder Eriksson, Domherr und Bürgermeister in Linköping, und Karin Olofs-
dotter

28. März 1609	Immatrikulation an der Universität Uppsala
19. Mai 1612	Stipendiat der Krone im Ausland
1612-1613	Studium an der Universität Rostock
7. Juli 1614	Magisterabschluß an der Universität Helmstedt
Sommer 1615	Studium an der Universität Straßburg
14. November 1615	Immatrikulation an der Medizinischen Fakultät der Universität Marburg
5. Dezember 1619	Doktor jur. an der Universität Valence
6. September 1620	Titular-Assessor am Svea-Hofgericht
27. Juni 1621	Entlohnter Assessor
9. April 1622	Instruktion für eine diplomatische Mission in Sachsen
15. Juni 1622	Bericht vor dem schwedischen Reichsrat
15. Juni 1623	Instruktion für diplomatische Mission in Dänemark
27. Juni 1624	Ernennung zum Staatssekretär
8. Februar 1625	Instruktion für Mission im Deutschen Reich
29. April 1626	Abreise nach Livland und Preußen im Gefolge Gustavs II. Adolf
27. April 1627	Häradshauptmann
26. Januar 1629	Nobilitierung
26. Januar 1629	Instruktion als schwedischer Kommissar für den Lübecker Friedenskongreß
Sommer 1630	Autor des schwedischen Kriegsmanifestes
17. September 1631	Resident Schwedens in Hamburg

* Alle Daten nach dem Julianischen Kalender

28. Juni 1634	Hofkanzler und Geheimer Rat Schwedens
5. Oktober 1641	Instruktion als Delegierter Schwedens zum Friedenskongreß nach Osnabrück
27. März 1648	Ernennung zum Reichsrat
12. März 1651	Freiherrenwürde
28. Mai 1651	Instruktion zum Friedenskongreß mit Polen in Lübeck

Der Profos nach Leonhart Fronsperger. Der heute noch als militärisches Zeremoniell bekannte »Zapfenstreich« hat seinen Ursprung im Dreißigjährigen Krieg. Seit damals war es üblich, die Nachtruhe unter dem Spiel der Pfeifer und Trommler musikalisch anzuzeigen. Der Profos – eine Art Gerichtsoffizier – schritt mit seinem Stock als Würdezeichen durch das Lager und schlug mit ihm auf den Zapfen der Weinfässer. Im Schwedischen heißt Zapfenstreich »tap to«, daraus entwickelte sich das Englische »Tattoo«, ein militärmusikalisches Schauspiel der Gegenwart (und nicht Tätowierung!)

Er gilt der schwedischen Historiographie als »Schwedens bester Kenner der politischen Verhältnisse Deutschlands« zwischen 1630 und 1650 (NG, VI, 113), Johan Adler Salvius, das klassische schwedische Beispiel eines sozialen Aufstiegs vom Bürgersohn zum Aristokraten. Der älteren dortigen Geschichtsschreibung war Salvius wohl ein geschickter Diplomat, doch habe er »kaum wirkliche staatsmännische Qualitäten« besessen (Bonniers, I, 93). Frankreichs Gesandte auf dem Friedenskongreß »hielten ihn für den geschicktesten Diplomaten des Nordens« (Dickmann, 197). Trauttmansdorff war er vor allem ein käuflicher Mann, der durch größere Geldgeschenke für eine prokaiserliche Politik gewonnen werden könnte. Allerdings wünschte der kaiserliche Hauptdelegierte 50-60.000 Taler überwiesen, ein Kapital, das gut angelegt sein sollte, wie er Ferdinand III. versicherte. Während Salvius aber von Brandenburg tatsächlich 10.000 Taler empfing, die sich dann auch im Gewinn von Minden rentierten, scheint Habsburg die nötigen »Aufwendungen« nicht aufgebracht zu haben.

Salvius hinterließ einen umfangreichen schriftlichen Nachlaß, der heute im Stockholmer Reichsarchiv konzentriert liegt und nach wie vor zu den besten Quellensammlungen zur Geschichte des Westfälischen Friedenskongresses gerechnet werden kann. Dennoch wurde dieser schwedische Diplomat in vielen deutschen Darstellungen des Dreißigjährigen Krieges eher vernachlässigt. Häufig wird er nicht erwähnt, manchmal in einem Satz als Günstling der Königin Christina abgetan. Die Britin Wedgwood würdigte Salvius' Bedeutung als Propagandist Gustavs II. Adolf und nannte ihn den »beredsamste(n) Gesandte(n) des Königs« (ebd., 272), einen »der wenigen verhältnismäßig fähigen Männer des Kongresses« (ebd., 415).

Eine erste Schulbildung erhielt er an der bekannten Domschule zu Strängnäs, bevor er sich im Frühjahr 1609 an der Universität Uppsala einschrieb. Als unbemittelter Schwede studierte er anschließend längere Zeit im Ausland mit Stipendien der Krone. Hörte er anfangs Rhetorik, so wechselte er später zur Medizin und Jurisprudenz. Am 5. Dezember 1619 erwarb er den Doktorhut der Juristischen Fakultät der Universität von Valence. Zurückgekehrt schien sich dem jungen Adler nun am Svea-Hofgericht eine Karriere als mittlerer Beamter zu eröffnen. Da sandte ihn der Reichsrat als Kenner deutscher territorialstaatlicher Verhältnisse erstmalig 1622 in diplomatischer Mission nach Kursachsen. Weitere Gesandtschaften nach Dänemark 1623 und Norddeutschland 1624 folgten. Offensichtlich bewährte er sich. Schon 1624 berief ihn die Regierung zum Staatssekretär, und er folgte Gustav II. Adolf in den nächsten Jahren nach Livland und Preußen. Der König würdigte Salvius' Einsatz am 29. Januar 1629 durch die Nobilitierung und ernannte ihn am gleichen Tage zum Kommissar Schwedens für den Friedenskongreß in Lübeck, ein Treffen der dänischen und kaiserlich-bayrischen Unterhändler, das ohne schwedische Störer konzipiert war. Gustav II. Adolf nutzte die angeblich beleidigende Zurücksetzung seines Gesandten für Subsidiengespräche mit Frankreich. Salvius traf Charnacé und bereitete die künftige Allianz beider Staaten gegen den Kaiser vor. In diesem Geiste der überkonfessionellen Zusammenarbeit entwarf Salvius im Sommer 1630 das schwedische Kriegsmanifest und rechtfertigte die schwedische Aggression. Fortan widmete er sich auf deutschem Boden in Hamburg als Gesandter Schwedens primär der schwierigen Aufgabe, das dringend notwendige Geld für Gustavs II. Adolf Offensive zu beschaffen. Als er im Sommer 1634 nach Schweden zurückkehrte, würdigte der Reichsrat am 28. Juni 1634 sein Wirken mit der Ernennung zum Hofkanzler und Geheimen Rat.

Nachdem Salvius einige Male als Verbindungsmann zwischen dem in Deutschland verbliebenen Reichskanzler Axel Oxenstierna und der Stockholmer Regierung pendelte, übernahm er im Frühsommer 1636 erneut Aufgaben als Schwedens Legat in Hamburg. Hier vereinbarte er mehrere konkrete Allianzverträge mit Frankreich und band Paris und Stockholm schließlich an die Vereinbarung, nur gemeinsam Frieden zu schließen. Verbindungen zu vielen deutschen Höfen und intime Kenntnisse der französischen Diplomaten veranlaßten den Reichsrat, Johan Adler Salvius schließlich als Vizelegaten dem Sohn des Reichskanzlers, Johan Oxenstierna, in Osnabrück an die Seite zu delegieren. Wurde Salvius schon wegen seiner diplomatischen Fähigkeiten von Anfang an für die Mehrheit der deutschen und ausländischen Gesandten der eigentliche Kopf der schwedischen Delegation, so wuchs sein Einfluß spürbar, als sich Königin Christina dieses skrupellosen Machtpolitikers gegen den wenig fähigen Oxenstierna bediente. Schwedens Königin verstand den Kongreß auch als Plattform, den Einfluß ihres adelsstolzen Reichskanzlers zurückzudrängen sowie sich und die Krone als entscheidende Kraft darzustellen. Salvius erwies sich als geeignetes Werkzeug der königlichen halbabsolutistischen Politik. Christina erhöhte ihren Vertrauten am 27. März 1648 gegen den Willen der Oxenstierna-Fraktion zum Reichsrat und erhob Salvius am 12. März 1651 sogar in den Freiherrn-Stand. Damit stieg der Bürgersohn aus Strängnäs in die höchste Klasse im Ritterhaus. Er habe diese Ehrungen durch Geldgeschäfte zugunsten Christinas und ihres Günstlings Magnus De La Gardie erwirkt, höhnten wohl nicht zu Unrecht Salvius' und Christinas Feinde. Tatsächlich beglich der Diplomat die Schulden dieses Sonderbotschafters Schwedens in Paris und verpflichtete sich die Königin auch als Geldgeber der Krone.

Im Privatleben war er weniger glücklich. Der äußerst geldgierige Salvius hatte sich am 19. September 1620 mit der dreißig Jahre älteren Margareta Pedersdotter verbunden und erheiratete solcherart eine gewichtige Mitgift. Es spricht aber kaum für den Emporkömmling, daß er bald überall eheliche Enttäuschungen beklagte. Die von Salvius pedantisch verzeichneten 145.000 Taler »Gewinn« wogen den offenbar wirklich enttäuschenden und beschwerlichen Ehealltag nicht auf. Da mag selbst eine kurze Gefangennahme im Spätsommer in Polen durch kosakische Lösegeld-Sammler wie eine Erlösung erschienen sein. Wartete der geschäftige Salvius in der Folge auf den Tod der ungeliebten ältlichen Mitgiftbringerin, dann enttäuschte ihn das Leben. Margareta Pedersdotter überlebte ihn noch um viele Jahre. Nahezu alles in die Ehe Eingebrachte und der von Salvius rastlos erwirtschaftete Reichtum floß zurück in die Familie der Margareta. Ein illegitimer Sohn des Johan Adler Salvius ging während der Erbstreitigkeiten leer aus. Die Streitsache Salvius mit der Krone zog sich bis ins 19. Jahrhundert vor den schwedischen Gerichten hin.

Schwedens bedeutendster Außenpolitiker dieser Zeit war nicht nur in seiner Ehe ein unzufriedener Mensch. Ein begnadeter Intrigant und »Pfennigfuchser« stieß er sich in seiner deutschen Zeit mit vielen schwedischen Rivalen und erzwang sogar eine Schlichtungsreise des Gabriel Gustavsson Oxenstierna nach Wismar, um gefährliche Streitigkeiten mit General Tott beizulegen. Für die Mehrung seines persönlichen Reichtums war ihm offensichtlich jedes Mittel recht. Schon 1645 verzeichneten die Schuldverschreibungen Ausstände von 475.000 Reichstaler. Er besaß große Güter in Schweden und Deutschland und erhielt mit der Freiherrnwürde weitere Ländereien in Kexholm. 1645 summierten sich die Verpflichtungen der Krone gegenüber Salvius auf 140.000 Reichstaler. Obwohl er zweifellos auch im Verständnis des alten Axel Oxenstierna ein großer Kenner der europäischen Politik seiner Zeit war, so schränkte sein Interesse an persönlichem Gewinn vorhandene staatsmännische Fähigkeiten ein. Ein wirklich Großer der europäischen Geschichte wie Richelieu, Mazarin, Axel Oxenstierna, Wallenstein und vielleicht auch Trauttmansdorff wurde er nie.

Fabio Chigi (Papst Alexander VII.)

* 13. Februar 1599 in Siena
† 22. Mai 1667 in Rom
Grabstätte: Petersdom
Eltern: Flavio Chigi und Laura Marsili

	Studium in Siena
Ende 1626	Studien in Rom
Januar 1629	Referendar bei der »Signatura di grazia e di giustizia«
1635	Priesterweihe und Ernennung zum Bischof von Nárdo Schwierige Mission in Malta
Juni 1639	Päpstlicher Nuntius in Köln
April 1644	Ankunft als päpstlicher Gesandter und Vermittler zum Friedenskongreß in Münster
15. Dezember 1645	Sendung des Entwurfs eines päpstlichen Protestes gegen den erwarteten Friedensvertrag durch Fabio Chigi nach Rom
28. Januar 1647	Annahme der Antiprotestklausel durch Trauttmansdorff nach längeren Überlegungen in Wien
20. November 1648	Veröffentlichung des Breve »Zelo Domus Dei« durch den päpstlichen Nuntius, der Protest des Papstes gegen die Religionsvereinbarungen des Kongresses und den Verlust der Erzbistümer Bremen-Hamburg und Magdeburg bzw. weiterer 12 Bistümer
1651	Staatssekretär Papst Innozenz' X.
1652	Ernennung zum Kardinal
7. Januar 1655	Tod Innozenz' X.
7. April 1655	Wahl zum Papst Alexander VII.
20. März 1656	Offener Brief an den französischen Klerus für einen baldigen Frieden mit Spanien und scharfer Widerstand Mazarins und Ludwigs XIV. gegen die römische Intervention
9. April 1657	Ernennung seines Neffen Flavio Chigi zum Kardinal Bewaffnete Zwischenfälle mit der französischen Botschaft und zeitweilige Unterbrechung der diplomatischen Beziehungen zwischen Rom und Paris bzw. Besetzung Avignons durch französische Truppen Frieden von Pisa mit Schuldbekenntnis der Kurie

Dieser Papst gilt als Förderer von Wissenschaft und Kunst, begründete die nach ihm benannte »Biblioteca Chigi« und hinterließ ein umfangreiches Tagebuch auch über sein Wirken auf dem Westfälischen Kongreß. Politisch wurde sein Papsttum überschattet durch die Streitigkeiten mit Frankreichs »Gallikanismus«

Johan Axelsson Oxenstierna, Graf von Södermore*

* 24. Juni 1612 in Stockholm
† 5. Dezember 1657 in Wismar
Grabstätte: Kirche zu Jäder in Södermanland
Eltern: Axel Oxenstierna, Graf von Södermore, Reichskanzler Schwedens, und Anna Åkesdotter (Bååt)

1. Eheschließung am 26. Juni 1636
ANNA MARGARETA GRÄFIN STURE
* 1614 auf Hörningsholm
† 26. 7. 1646 in Osnabrück
Grabstätte: Dom zu Uppsala

2. Eheschließung im Juli 1648
MARGARETA GRÄFIN BRAHE
* 28. Juni 1603 auf Rydboholm
† 15. Mai 1669 auf Weferlingen

1621	Immatrikulation an der Universität Uppsala
	Universitätsstudien in Leiden
Dezember 1633	Gesandter in Den Haag und London
1634	Sondergesandter Schwedens in Holland und England
	Teilnahme an Verhandlungen mit Polen
1635	Magistergrad an der Universität Oxford
1636	Ernennung zum Kammerrat
1642	Kanzleirat und Reichsrat
1642	Ernennung zum Hauptdelegierten Schwedens beim Friedenskongreß in Osnabrück
1648	Auftrag des Reichsrates, Pommerns Verwaltung zu ordnen
	Heimreise nach Schweden
1654	Ernennung zum Reichsmarschall durch König Karl X. Gustav, später auch Kanzler der Universität Greifswald Schwedens Bevollmächtigter für Deutschland und Präsident des Tribunals in Wismar

Außerordentlich arrogant war Johan Oxenstierna eher beschränkt, der Aufgabe in Osnabrück in keiner Weise gewachsen und ganz von Weisungen seines Vaters abhängig. Ein Alkoholiker, liebte er Aufwand und Aufsehen und galt den französischen Diplomaten auf dem Kongreß als »hochintoniertes, aufgeblasenes Subjectum, dabei nichts in recessu wäre« (Dickmann, 197).

---

* Alle Daten nach dem Julianischen Kalender

Franz Wilhelm Kardinal Graf von Wartenberg, Fürstbischof von Osnabrück und Regensburg

* 1. 3. 1593 in München
† 1. 12. 1661 in Regensburg
Grabstätte: Stiftskirche zu Altötting
Eltern: Ferdinand von Bayern und Maria Pettenbeck

	Schüler am Jesuitengymnasium in Ingolstadt
30. Januar 1608	Tod seines Vaters Ferdinand von Bayern
1608	Beginn eines Studiums am Collegium Germanicum in Rom
1614	Rückkehr aus Rom und Stiftspropst an der Frauenkirche in München
1619	Dompropst in Regensburg
	Vorsitzender der bayrischen Ratskollegien
1621	Erster Rat des Kurfürsten und Erzbischof von Köln Ferdinand
27. Oktober 1625	Wahl zum Bischof von Osnabrück
27. Januar 1627	Päpstliche Bestätigung der Bischofswahl
12. März 1628	Amtseinführung durch Tillys siegreiches Heer
1629	Energische Durchführung des Restitutionsedikts
13. September 1629	Fürstbischof von Minden
26. Januar 1630	Fürstbischof von Verden
24. Juli 1633	Flucht aus Osnabrück vor den Schweden
23. November 1633	Administrator des Bistums Hildesheim durch päpstliches Breve
29. November 1636	Priesterweihe
8. Dezember 1636	Weihe zum Bischof durch den Nuntius Malatesta Baglioni
4. Mai 1645	Ernennung zum Apostolischen Vikar für das Erzbistum Bremen durch Papst Innozenz X.
	Bevollmächtiger Kurkölns auf dem Kongreß in Münster
14. April 1649	Fürstbischof von Regensburg
18. Dezember 1650	Rückgabe des Bistums Osnabrück an Franz Wilhelm aufgrund der Bestimmungen des Westfälischen Friedens
1659	Kaiserlicher Kommissar am Regensburger Fürstenkonvent
5. April 1660	Ernennung zum Kardinal durch Papst Alexander VII.

Er war ein leidenschaftlicher Verfechter der ständischen Herrschaft der Kurfürsten im Reich; im ureigensten Interesse als Bischof dreier verlorener Bistümer Vertreter der militanten katholischen Gegenreformation, stellte er sich bis zur Ratifizierung der Friedensverträge gegen jeglichen Kompromiß mit den Protestanten.

Bogislaus Philipp von Chemnitz

* 9. Mai 1605 in Stettin
† 17. Mai 1678 auf Halstäd in Westmanland
Eltern: Martin Chemnitz, Kanzler des Herzogs von Pommern, und Margarethe Camerarius

Eheschließung am 28. Dezember 1646 in Stockholm
MARGARETHE ALLBORN
† 1682
Vater: Allborn, Amtmann von Tangermünde

1627	Abbruch der Studien zur Geschichte und Jurisprudenz und Reise in die Niederlande, Kriegsdienst in den Niederlanden
1630	Wechsel in schwedische Dienste unter Gustav II. Adolf
1632	Scheidet als Kapitän aus dem aktiven Dienst aus und wird schwedischer Verwaltungsfachmann
nach 1637, event. 1640	Schreibt als Hippolithus a Lapide die »Dissertatio de ratione status in Imperio nostro Romano-Germanico« gegen den Habsburger Machtanspruch in Deutschland
1643	Publikation der Geschichte des schwedischen Eingreifens in den Dreißigjährigen Krieg
3. Januar 1644	Historiograph des Königs von Schweden Nobilitierung
1654	Ausscheiden aus dem Staatsamt und Rückzug auf sein Gut in Halstäd
1675	Ernennung zum Hofrat

Chemnitz besondere Bedeutung erwächst aus seiner staatsrechtlichen Untersuchung der reichsrechtlichen Machtfundamente des Kaisertums, ein epochales Werk in der Auseinandersetzung der Reichsstände mit den Ansprüchen Ferdinands III. Chemnitz profilierte sich als Vertreter der Idee, das deutsche Reich sei eine »souveräne Fürstenrepublik«, in der dem Kaiser nur administrative Funktionen zukämen. Er bewährte sich als Propagandist der schwedischen Behauptungen, an der Seite der deutschen Reichsstände für die ständische Libertät gegen das Habsburger Streben nach »absoluter Monarchie« zu kämpfen. Axel Oxenstierna lohnte diese proschwedische Publizistik mit der Nobilitierung des Bogislaus Philipp Chemnitz und seiner Brüder. Als Historiker und wichtiger Analytiker des schwedischen Eingreifens nach den ihm vorliegenden Quellen errang er besondere Bedeutung für die moderne Bewertung der schwedischen Motivationen. Seine Darstellungen gelten heute zu Recht als wertvolle Quellen.

Isaak Volmar Freiherr von Rieden

* 1582 in Streußlingen
† 13. Oktober 1662 in Regensburg
Vater: Abraham Volmar, herzoglich-württembergischer Vogt

1599	Promotion zum Dr. jur. in Tübingen
Dezember 1606	Professor der Rhetorik an der Universität Freiburg
23. Oktober 1613	Freiwilliger Verzicht auf die Professur und Tätigkeit als Advokat
April 1615	Umsiedlung nach Ensisheim im Elsaß und Beginn einer Tätigkeit in der vorderösterreichischen Regierungskanzlei
1621	Konversion zum katholischen Glaubensbekenntnis
1621	Kanzler der Regierung Vorderösterreichs
1630	Tätigkeit am Hofe Ferdinands II., wahrscheinlich schon als Reichshofrat
1632	Präsident der Innsbrucker Hofkammer
1638	Berater des Kommandanten von Breisach
Februar 1643	Vertreter des Erzherzogtums Tirol und Vorderösterreich auf dem Frankfurter Deputationstag
Juli 1643	Ernennung zum Vertreter des kaiserlichen Hofes in Münster
8. September 1643	Ankunft in Münster
13. September 1646	Zugeständnisse Trauttmansdorffs an die französische Krone gegen Volmars Haltung als Interessenvertreter Tirols und Vorderösterreichs
6. Juni 1647	Volmar übernimmt wieder den Vorsitz der kaiserlichen Delegation in Münster nach Trauttmansdorffs Abreise
24. Oktober 1648	Signierung der Abkommen in Osnabrück und Münster im Namen Ferdinands III.
1649	Erhebung zum Freiherrn
	Wirken Volmars auf dem Deputationstag in Frankfurt für die Wahl Leopolds zum Römischen König
1657	Ernennung zum kaiserlichen Gesandten des Immerwährenden Reichstages in Regensburg durch Leopold I.

Obwohl die Gesandten Frankreichs und Schweden Volmar als sozial niedrig stehend ablehnten, wirkte er – »ehrgeizig, eitel, groß in Prunkreden« (Dickmann, 195) – bald sehr souverän als kaiserlicher Repräsentant und zählte zu den bedeutendsten Diplomaten des Kongresses. Wie Salvius war auch er käuflich und nahm nachweislich Geld von Hessen und Oldenburg.

Adam Adami, Weihbischof in Hildesheim

* 1610 in Mülheim bei Köln (heute Stadtteil im rechtsrheinischen Köln)
† 19. 2. 1663 in Hildesheim
Grabstätte: Wahrscheinlich die Laurentiuskapelle des Hildesheimer Doms
Eltern: Matthias Adami, Bürgermeister von Mülheim, und Katharina Heumar

	Besuch des Kölner Gymnasiums Tricoronatum (das heutige Dreikönigsgymnasium)
1627	Baccalaureus an der Theologischen Fakultät der Universität Köln
1628	Benediktiner der Abtei Brauweiler (westlich von Köln, heute Pulheim)
19. Februar 1633	Priesterweihe
1634	Regens des Seminars der Bursfelder Kongregation in Köln
1639	Prior der Abtei St. Jakob in Murrhardt (Württemberg)
15. September 1645	»Bevollmächtigter der restituierten Stifts- und Gotteshäuser Schwabens« und des Fürstabtes von Corvey
Jahresbeginn 1647	Abt von Huysburg
18. März 1650	Verzicht auf die Abtwürde in Huysburg
1650	Gesandter des Kölner Erzbistums in Rom
16. Dezember 1652	Titularbischof von Hierapolis und Weihbischof in Hildesheim
23. März 1653	Konsekration durch den Paderborner Weihbischof in der Benediktinerabtei Abdinghof in Paderborn

Er war ein Vertreter der extremen katholischen Partei in Münster, ein Gegner der Trauttmansdorffschen Zugeständnisse an die Protestanten und offenbar ein überzeugter Anhänger der Trienter Beschlüsse. Adami wurde vor allem für die Geschichtsschreibung bedeutend durch die in mehreren Auflagen seit 1698 publizierte umfangreiche Schrift über den Verlauf der Verhandlungen des Westfälischen Friedenskongresses, eine wichtige – wenngleich auch parteiliche – Quelle.

Johann Rudolf Wettstein, Bürgermeister von Basel

* 27. Oktober 1594 in Basel
† 12. April 1666 in Basel
Grabstätte: Barfüßerkirche in Basel
Eltern: Jakob Wettstein, Spitalmeister in Basel, und Magdalena Betzler

Eheschließung 10. Oktober 1611
ANNA MARIA FALKNER

* 23. März 1589 a. St.
† 19. August 1647
Grabstätte: Münster in Basel
Eltern: Sebastian Falkner, Patrizier, und Justina Mueg

1600	Einschulung in Burg
16. April 1603	Ernennung des Vaters zum Spitalmeister
1608	Lehre in Yverdon und Genf
1616	Militärdienst in Venedig
	Rückkehr als Hauptmann nach Basel
27. Juni 1620	Vertreter der Rebleutezunft im Kleinen Rat
Anfang	
Oktober 1624	Ernennung zum Landvogt auf der Farnsburg
7. Juli 1626	Landvogt in Riehen
30. Juni 1635	Oberstzunftmeister
21. Juni 1645	Wahl zum Bürgermeister von Basel
2. Januar 1647	Ankunft in Münster
5. Februar 1647	Reise nach Osnabrück
23. März 1647	Neuerliche Ankunft in Münster
21. November 1647	Rückreise nach Basel aus Münster
24. Oktober 1648	Die Schweiz scheidet aus dem deutschen Reichsverband durch Artikel 6 des schwedischen und Artikel 61 des französischen Vertrages mit dem Kaiser aus
17. Dezember 1650	Audienz bei Kaiser Ferdinand III. in Wien
6. Juni 1653	Nobilitierung durch Ferdinand III.
24. Juni 1656	Vorsitzender des Schiedsgerichts für den Religionskrieg (Villmerger Krieg) der Schweiz

Wettstein gilt den Schweizern als jener bedeutende Staatsmann, der die Zeichen des Zeit richtig deutete und mit »Weitblick und diplomatischem Geschick« (Egges, 299) die völkerrechtliche Lösung der Schweiz vom Deutschen Reich vereinbarte. Obgleich er offiziell nicht als Delegierter der Eidgenossenschaft auftreten konnte, wurde er doch als »König der Schweiz« (Dickmann, 199) von den anwesenden Gesandten hoch geschätzt.

Claude de Mêsmes, Graf d'Avaux

* 1595
† 9. November 1650 in Paris
Grabstätte: Familiengruft in der Grands-Augustins in Paris
Eltern: Jean Jacques de Mêsmes, Parlamentsrat und Staatsrat, und Antoinette de Grossaine, Frau von Irval und Avaux

	Mitglied im Grand Conseil
1625	Ernennung zum Staatsrat
1627	Frankreichs Gesandter in Venedig
1632	Gesandter Frankreichs in Rom
1635	Einer der Vermittler zwischen Schweden und Polen
13. April 1637	Außerordentlicher Legat Frankreichs in Hamburg
25. Januar 1641	Signatur des Hamburger Präliminärvertrags über den Friedenskongreß in Münster und Osnabrück
	Kurzer Aufenthalt in Frankreich
10. Juni 1643	Ernennung zum Oberindentanten für Finanzen
26. September 1643	Ernennung zum Bevollmächtigten Frankreichs in Münster
18. März 1644	Ankunft in Münster
21. November 1647	Vereinbarung des vorläufigen Friedensdokumentes zwischen Ludwig XIV. und dem Kaiser
März 1648	Abberufung aus Münster
November 1649	Rehabilitierung und neuerliche Ernennung zum Superintendenten für Finanzen

Einer der bedeutendsten europäischen Diplomaten der Epoche; als Gegner Mazarins aber um den Ruhm gebracht, Frankreichs bedeutendsten Erfolg – sein Werk – signieren zu dürfen.

Abel Servien, Marquis de Sablé et de Boisdauphin, Comte de La Roche

* 1593 in Grenoble
† 12. Februar 1659 in Mendou
Grabstätte: Kirche von Ardilliers bei Saumur
Vater: Antoine Servien, Procureur Général der Stände der Dauphiné

Eheschließung um 1640
AUGUSTINE LE ROUX, Witwe nach dem Grafen d'Onzain
† 1652

1616	Procureur Géneral am Parlament Grenobles
1617	Mitglied der Versammlung der Notablen in Rouen
1618	Ernennung zum Staatsrat
1624	Übersiedlung nach Paris und Eintritt in den Dienst bei Richelieu
1628	Beginn einer Karriere als Diplomat
1630	Außerordentlicher Gesandter Frankreichs in Italien
31. März 1631	Mitunterzeichner des Abkommens von Cherasco
1. März 1634	Gesandter Frankreichs an der Seite d'Avauxs beim Vertragsabschluß der Allianz Frankreichs mit den Niederlanden
5. April 1644	Ankunft als französischer Gesandter in Münster
März 1645	Reise nach Osnabrück
16. April 1646	Neuerliche Reise nach Osnabrück zur Koordination mit Schweden
29. Dezember 1646	Reise nach Den Haag
9. August 1647	Rückkehr nach Münster
24. Dezember 1648	Signiert die Verträge Frankreichs in Münster
1649	Ernennung zum Minister Frankreichs
1653	Oberindentant für Finanzen gemeinsam mit Fouquet

Servien gilt den Historikern im Gegensatz zu d'Avaux als »Kreatur« und Spitzel Mazarins, der wenig feinfühlig und undiplomatisch Frankreichs Politik durch äußeren Druck und Drohungen durchsetzte. Er war zweifellos einer der weniger bedeutenden französischen Diplomaten in der ersten Hälfte des 17. Jahrhunderts.

Alvise Contarini

* 25. April 1597
† 11. März 1651 in Venedig
Grabstätte: Familienkapelle in der Kirche S. Maria dell' Orto in Venedig
Eltern: Tommaso Contarini, Diplomat im Dienste Venedigs, und Marina Pisani

1618	Eintritt in den Verwaltungsdienst Venedigs
1623	Aufnahme in den Großen Rat des Stadtrepublik
1623	Gesandter Venedigs in den Niederlanden
1626	Gesandter in England
Frühjahr 1629	Friedensvermittler zwischen England und Frankreich
September 1629	Botschafter in Frankreich
1632	Gesandter Venedigs bei der römischen Kurie
März 1643	Offizieller Vermittler in Münster
16. November 1643	Ankunft in Münster

Anfang August 1649	Abreise aus Münster nach Spanien, um die Friedensbemühungen zwischen beiden Mächten fortzusetzen
März 1650	Abberufung aus Spanien auf eigenen Wunsch aus gesundheitlichen Gründen
Januar 1651	Ernennung zum Historiographen der Republik Venedig

Contarini gilt bis heute als einer der bedeutendsten Diplomaten Venedigs, deren Gesandtenberichte und Analysen der Herrscherpersönlichkeiten im 17. Jahrhundert als wichtige Quellen zur politischen Geschichte und Charakteristik zahlreicher Fürsten der Zeit gelten.

Caspar de Bracamonte y Guzmán, Graf von Peñaranda

* 1596
† 16. September 1676 in Madrid
Eltern: Alonso de Bracamonte, Graf von Peñaranda, Erzieher Philipps III., und der Juana Pacheco, Gräfin de la Pueblo de Montalván

Eheschließung mit
MARIA DE BRACAMONTE
Vater: Balthasar de Bracamonte, Graf von Peñaranda

1622	Dienst beim Erzbischof von Toledo
25. Dezember 1634	Ernennung zum Mitglied des Consejo de Castilla
5. Juli 1645	Ankunft in Münster
30. Januar 1648	Unterzeichnung des Friedensdokuments mit den Generalstaaten
15. Mai 1648	Ratifizierung des niederländisch-spanischen Friedens
7. Juni 1648	Patenschaft für den Sohn des Stadtadjudanten in Münster
29. Juni 1648	Abreise aus Münster
1650	Mitglied der Junta de Medios
1653	Vorsitzender des Consejo de las Indians
18. Juli 1658	Gesandter Philipps IV. zur Kaiserwahl Leopolds I. in Frankfurt am Main
1659	Vizekönig von Neapel
1665	Berater der Königinwitwe Maria Anna von Österreich
1674	Rücktritt vom Vorsitz im Consejo de las Indians und Vorsitzender im Consejo de Italia

Als Spaniens Gesandter wurde vor allem als außergewöhnlich nationalstolzer, in Rangstreitigkeiten und Zeremonienfragen verstrickter Diplomat bekannt und klagte über außerordentliche finanzielle Belastungen, die aus seinem Aufwand als

Gesandter Spaniens erwuchsen. Obwohl er durch den Friedensvertrag mit den Niederlanden Teilziele Spaniens realisieren konnte, gilt er den meisten Historikern kaum als sonderlich überragender Politiker.

Antoine Brun

* 29. Juni 1599 in Dôle
† 2. Januar 1654 in Den Haag
Grabstätte: Karmeliterkloster zu Malines
Eltern: Claude Brun, Parlamentsrat zu Dôle, und Marie Dard

1. Eheschließung 1622 mit
MARGUERITE TISSOT

2. Eheschließung um 1637
MAGDALENA D'ACCOSTA

1619	Publikation einer Übersetzung der Briefe des Justus Lipsius
1622	Promotion zum Dr. jur.
1626	Eintritt in den diplomatischen Dienst Burgunds
1627	Diplomat in Brüssel
1632	Procureur Gènèrale beim Parlament zu Dôle
1636	Organisator der Verteidigung Dôles beim Abwehrkampf gegen Frankreichs Einmarsch in die Franche-Comté
1640	Gesandter Burgunds zum Reichstag in Regensburg und anschließend Gesandter am Hofe Ferdinands III. in Wien
1642	Ernennung zum Staatsrat von Flandern
28. Oktober 1643	Ankunft als Gesandter Burgunds in Münster
9. Februar 1648	Abreise in die Niederlande, um die Ratifizierung des niederländisch-spanischen Friedens durch die Generalstaaten zu befördern
15. Mai 1648	Eröffnungsrede bei der Ratifizierung des niederländisch-spanischen Friedens in Münster
seit Juni 1649	Spanischer Botschafter in den Niederlanden

Brun gilt im Gegensatz zu dem Grafen Peñaranda als der eigentliche Vater des epochalen niederländisch-spanischen Friedens, ein geschickter Diplomat und Staatsmann Spaniens im 17. Jahrhundert.

Adrian Pauw, Herr von Heemstede, Hogersmildt, Rietwijck und Nieuwekerck

* 1. November 1585 in Amsterdam
† 21. Februar 1655 in Den Haag
Grabstätte: Gruft der Oude Kerk zu Heemstede
Eltern: Reynier Pauw, Bürgermeister von Amsterdam, und Cornelia Michielsdochter de Lange

Eheschließung 1606 mit
ANNA SEYS
* 1583
† 1607
Eltern: Claes Seys und Tryn Claesdochter Cloeck

2. Eheschließung 1610 mit
ANNA VAN RUYTENBURGH
* 1589
† 1648
Eltern: Pieter Gerriszoon und Aeltge Pietersdochter

	»Pensionaris« von Amsterdam
	Nobilitierung durch Jakob I. von England
	Rat und Finanzminister der Staaten Holland und Westfriesland
	»Raadspensionaris« der Provinz Holland
	Delegierter zu den Allianzverhandlungen Frankreichs und der Niederlande
	Niederlegung des Amtes des Ratspensionärs von Holland
Ende September 1642	Reise nach Osnabrück als Sonderbeauftragter des Kurfürsten von Brandenburg
Mitte April 1647	Verhandlungen im Namen der Generalstaaten mit Spanien
8. Januar 1647	Rechtfertigung des paraphierten Vertragstextes in Den Haag
30. Januar 1648	Mitunterzeichner des Friedensvertrages in Münster
27. April 1648	Argumente für die Ratifizierung des Vertrages durch die Generalstaaten in Den Haag
15. Mai 1648	Ratifizierung des niederländisch-spanischen Friedens in Münster
Januar 1649	Sondergesandter der Niederlande bei Cromwell wegen der bevorstehenden Hinrichtung Karls I.
1651	Neuerliche Wahl zum Ratspensionär von Holland
1652	Vergebliche Bemühungen Pauws in London, den niederländisch-englischen Konflikt beizulegen

Pauw gilt als bedeutendster Staatsmann der Niederlande dieser Epoche. Er repräsentierte die Friedenspartei gegen die sogenannte Oranienfraktion in den Generalstaaten.

Jakob Lampadius

* 21. November 1595 in Heinsen
† 10. Mai 1649 in Osnabrück
Eltern: Peter Lampe, ein Bauer, und Margarethe Knoche

Eheschließung 1626
CATHARINA WARNECKE
Vater: Heinrich Warnecke, Wolfenbütteler Kammerrat
* 1605
† 1667

1610	Jurastudium in Helmstedt
1616	Begleiter des Prinzen Rudolf von Braunschweig-Lüneburg zur Universität Tübingen
1619	Abschluß des Studiums in Heidelberg mit der Dissertation »De Jurisdictione Imperii Romani-Germanici« und der Promotion zum Dr. jur.
1620	Professor für Staatsrecht an der Universität Helmstedt
1621	Ernennung zum Hofrat durch Herzog Friedrich Ulrich von Braunschweig-Wolfenbüttel
1627	Gesandter Braunschweig-Wolfenbüttels auf dem Kurfürstentag von Mühlhausen
Frühjahr 1631	Gesandter zum Leipziger Konvent der Protestanten
1635	Bestätigung als Hofrat durch Herzog Georg von Braunschweig-Lüneburg für Calenberg Ernennung zum Vizekanzler
1640	Gesandter auf dem Nürnberger Kurfürstentag
1641	Gesandter auf dem Reichstag in Regensburg
Juli 1644	Gesandter für Braunschweig-Lüneburg-Calenberg auf dem Friedenskongreß

Einer der bedeutendsten Wortführer der protestantischen Reichsstände im Kampf gegen kaiserlich-katholische Hegemonieansprüche. Er trat leidenschaftlich für eine Gleichberechtigung der Konfessionen ein und formulierte die Idee, das Kaisertum zwischen den Konfessionen alternieren zu lassen.

Johan Banér

Johan Banér*

* 23. Juni 1596 auf Djursholm
† 10. Mai 1641 in Halberstadt
Grabstätte: Riddarholmskirche in Stockholm
Eltern: Gustav Axelsson Banér, Reichsrat, und Kristina Sture

1. Eheschließung im November 1623
KATHARINA ELISABETH VON PFUEL
Vater: Adam von Pfuel, ein Brandenburger
* 1598
† 20. Februar 1636

2. Eheschließung am 25. Juli 1636
ELISABETH JULIANE VON ERPACH
Eltern: Graf von Erpach und Witwe des Obristen in schwedischen Diensten Ludwig
von Löwenstein
† 29. Mai 1640

3. Eheschließung am 16. September 1640
JOHANNETTE MARGARETHE von Baden
* 5. Dezember 1623
† Februar 1691
Eltern: Friedrich V., Markgraf von Baden-Durlach, und Barbara, Prinzessin von
Württemberg

20. März 1600	Öffentliche Hinrichtung des Vaters und des Onkels auf dem Marktplatz von Linköping als aristokratische Hochverräter
1615	Freiwilliger unter seinem Bruder Svante Banér bei der Belagerung von Pskov
Jahresbeginn 1620	Kapitänleutnant beim Hofregiment
1621	Ernennung zum Obristen für Tapferkeit bei Riga
1622	Chef des Ostgötaregiments zu Fuß
2. April 1625	Ritterschlag durch Gustav II. Adolf im Reichssaal zu Uppsala
13. Juli 1630	General der Infanterie
3. April 1631	Verdienste beim Sturm auf Frankfurt/Oder

---

* Alle Daten nach dem Julianischen Kalender

13. September 1631	Umwandlung seiner Donationen in Västmanland und Uppland für den Einsatz bei Breitenfeld in Erblehen
Januar 1632	Überstürzter Rückzug vor Pappenheim bei Magdeburg
24. August 1632	Schwere Verwundung beim Sturm auf Wallensteins Lager bei Zirndorf
1634	Ernennung zum Feldmarschall der schwedischen Krone und des sächsischen Kreises
24. September 1636	Sieg bei Wittstock über Sachsen und Brandenburger
4. April 1639	Sieg bei Chemnitz über Gallas
Mai 1640	Depressionen nach dem Tod seiner zweiten Frau und Alkoholismus
Jahresende 1640	Vorstoß auf Regensburg

Wie um viele bedeutende Persönlichkeiten rankten sich auch bereits zeitig Legenden um den relativ früh verstorbenen General, einer der besten »Lehrjungen« König Gustavs II. Adolf. Als Vierjähriger mußte er beim Blutbad von Linköping erleben, wie sein Vater und der Onkel auf Geheiß König Karls IX. geköpft wurden. Die Güter der Familie waren konfisziert worden, so daß die Jugendjahre Johans von finanziellen Sorgen der Mutter überschattet waren. Alle Kenner sind sich einig, »Mißtrauen und die Unruhe, viel zweideutiges und disharmonisches in seinem Wesen, kann höchstwahrscheinlich auf die bitteren Erlebnisse während seiner Kindheit und Jugend zurückzuführen sein« (NG, V, 188). Und dennoch galt er manchem der Zeitgenossen als ungewöhnlich glückbegünstigt. So berichteten die frühen Biographen, der kleine Johan sei am 14. Juli 1603 von einem der Schloßfenster auf Hörningholm in die Tiefe gestürzt, habe den Fall aber unbeschadet überstanden. Im Frühjahr 1612 rettete er sich nur durch einen raschen Sprung ins Freie, als das Torhaus der Schlosses Djursholm plötzlich zusammenbrach. Alles das erschien den Menschen damals als »Zeugnis, daß Gott ihn für große Aufgaben aufsparte« (SBL, I, 670).

Es war aber wohl mehr die kluge Kompromißpolitik des jungen Gustavs II. Adolf an der Seite Axel Oxenstiernas, die mit der Aussöhnung der aristokratischen Opposition ein Fundament für den persönlichen Aufstieg Johan Banérs unter den aufmerksamen Augen des Kriegerkönigs bettete. Karls IX. kampfentschlossener Sohn benötigte eine ebenso kriegsbewußte Oberschicht. Das mächtige schwedische Adelsgeschlecht der Banér hatte sich in der Vergangenheit immer wieder als auffallend mutig und kämpferisch erwiesen. Johans Vater und Onkel zogen sogar den Tod einer schmählichen Unterwerfung vor. Diesen Geist glaubte der neue Herrscher schon früh an Johan Banér beobachten zu können.

Da aufgrund der fehlenden Gelder während der Jugendjahre die sonstige aristokratische Ausbildung vernachlässigt werden mußte, holte Gustav II. Adolf den jungen Banér früh an den Königshof und ließ dort für seine Ausbildung sorgen. Im übrigen verbanden den Herrscher wohl auch persönliche Sympathien mit dem Gleichaltrigen, der schon vor Pskov an der Seite seines Bruders Svante als Freiwilliger diente und jenen Mut zeigte, den Gustav II. Adolf von seinem Hochadel erwartete. Als einer der wenigen Vertrauten begleitete Johan Banér den König auf seiner legendären Brautschau durch Deutschland.

Wenige Jahre später diente Johan Banér schon als Obrist, nachdem er sich bei der Eroberung von Riga 1621 besonders auszeichnete. Am 2. April 1625 ehrte ihn der König durch die Zeremonie des Ritterschlages im Reichssaal des Uppsalaer Schlosses und band den jungen Offizier auch so fest an sich. Dieser bewies rasch besondere Führungsstärken und lernte offenbar trotz der Bildungslücken als Militär in der

Gegenwart des Königs das Kriegshandwerk beherrschen. Unmittelbar vor Gustavs
II. Adolf Landung auf deutschem Boden berief er Banér am 19. Mai 1630 zum
Reichsrat und ernannte ihn schon knapp vier Wochen danach zum General.

Johan Banér blieb auch während der folgenden Jahre gewöhnlich in nächster
Umgebung des Herrschers, zeichnete sich bei Breitenfeld gegen Pappenheims wuch-
tiges Anreiten aus und rettete möglicherweise den epochalen Sieg seiner Königs.
Dieser ehrte ihn mit großzügigen Donationen für seinen Mut und die Übersicht
und vergab umfangreiche Gutsländereien nunmehr zu Erbrecht an seinen Unterfeldherrn. Dessen militärische Karriere schien zunächst durch eine schwere Verwundung während des sinnlosen Anrennens auf Wallensteins Lager bei der Zirndorf
(Alte Veste) nahe Nürnbergs beendet. Als den noch immer an das Krankenlager
gefesselten Aristokraten die Todesnachricht von Lützen erreichte, wünschte er
eigentlich, auf dem schnellsten Wege nach Schweden zurückzukehren. Er verstand
sich nicht mit Axel Oxenstierna, dem neuen »ungekrönten König« von Schweden
und vertraute dessen Feldherrenkönnen wenig.

Er war keineswegs ein unbedachter Draufgänger, der sinnlose Opfergänge suchte. Als sich im Januar 1632 während der Belagerung des kaiserlichen Stützpunktes
Magdeburg der gefürchtete Pappenheim näherte, zog sich Banér eher überstürzt
zurück. Ausgerechnet Åke Tott opponierte nun gegen den erfolgreichen Heerführer
und warf ihm Versagen vor. Während jener jedoch bald danach jedem Zusammenstoß mit Pappenheim auswich, rehabilitierte sich der geschmähte Banér später glän-
zend. Allerdings wünschte er schon früh einen Rückzug der schwedischen Armeen
aus Deutschland und opponierte insbesondere gegen Axel Oxenstiernas Pläne eines
»Corpus Evangelicorum«. Banér lehnte vor allem die schwedische Orientierung auf
eine Zusammenarbeit mit den deutschen protestantischen Fürsten ab und sah in
ihnen höchst unzuverlässige Alliierte. Nur dem vermittelnden Eingreifen der
Reichsräte Gabriel Gustavsson Oxenstierna und Matthias Soop war es zu danken,
daß Gustavs II. Adolf fähiger Feldherr nicht 1633 seinen Abschied nahm, zurück
nach Schweden ins behaglichere Leben eines Reichsrates kehrte. Er konzentrierte
nun die schwedischen Truppen im Raum Magdeburg und plante eine Offensive mit
der rekonstruierten Armee. Dem im Februar 1634 zum Feldmarschall der schwedischen Krone und des sächsischen Kreises beförderten Heerführer blieb aber nach der
Katastrophe von Nördlingen nur der schnelle Rückzug nach Mecklenburg. Nur mit
Mühe unterdrückte er hier im April 1636 eine gefährliche Meuterei der seit längerem unbesoldeten Offiziere und Soldaten und erwies sich auch in dieser Situation als
souveräner Truppenführer. In schwieriger Lage besiegte Banér am 24. September/4.
Oktober 1636 bei Wittstock überraschend die siegessicheren Sachsen und Brandenburger. Der seit dem Prager Frieden unter kaiserlichem Banner marschierende Gegner war zahlenmäßig überlegen, hatte sich auf einigen Anhöhen postiert und
beherrschte so das Schlachtfeld. Ein erster schwedischen Angriff scheiterte kläglich.
Johan Banér entschloß sich kühn, sein Heer zu teilen. Während er selbst weiterhin
das feindliche Zentrum hinhaltend attackierte, umging einer seiner Unterführer die
gegnerischen Stellungen. Als Banér weichen mußte, fielen die ausgegliederten Regi-

menter den vorwärtsdrängenden kaiserlichen Einheiten in den Rücken. Nahezu der
gesamte Troß und die Artillerie des Feindes blieb den Schweden, ein glänzender Sieg
Banérs. Das nach Nördlingen gefährdete »Gleichgewicht zwischen den beiden strei-
tenden Lagern« war wieder hergestellt (NG, V, 189). Mehr war allerdings nicht
erreicht. Eine Vernichtungsschlacht analog zu Cannae – wie das die ältere schwedische Historiographie glaubte – war dieser Erfolg Banérs mit Sicherheit nicht.
Gustavs II. Adolf kühner »Lehrling« hatte nur zur rechten Zeit in fast aussichtsloser
Lage entschlossen einen verzweifelten Gegenschlag gewagt und gewonnen. Die politischen Wirkungen des Sieges waren allerdings weitreichend. Schwedens Armee
gewann so ihre Bewegungsfreiheit zurück, und Frankreichs Haltung gegenüber seinem Alliierten veränderte sich spürbar. Auch wagte König Christian IV. nun nicht
mehr, offen an der Seite des Kaisers gegen die Schweden zu marschieren.

Allerdings war eher der schnelle Rückzug Banérs im Juni 1637 ein Ausweis
besonderen taktischen Könnens als Feldherr. Damals rettete er die schwedische
Armee durch die Sümpfe und Wasserflächen des Spreewaldes über die Oder und
überlistete die starken Truppenkonzentrationen der kaiserlichen Heere in Hinterpommern. Er hatte das Gerücht verbreiten lassen, seine Armee würde sich eilig nach
Polen bewegen, konnte wenig später befreit deren Abmarsch nach Osten feiern.
»Die Kaiserlichen hatten Banér im Sack gehabt, aber vergessen, ihn zuzuschnüren«,
sangen nun triumphierend die Soldaten des schwedischen Heeres (ebd.).

Es waren vor allem die schnellen Vorstöße und klugen Rückwärtsbewegungen,
denen die feindlichen Befehlshaber nichts entsprechendes entgegensetzen konnten.
Im Dezember 1638 verheerte der Schwede Sachsen und fiel in die kaiserlichen
Erbländer ein. Der kaiserliche Oberbefehlshaber Gallas wurde ausmanövriert, am
4./14. April 1639 die kaiserliche Armee bei Chemnitz schwer geschlagen. Nach kur-
zem Rückzug marschierte er im Sommer 1640 zerstörend durch Franken und Böhmen, diesmal gemeinsam mit einer französischen Armee. Der drohenden Gefahr,
abgeschnitten und aufgerieben zu werden, entging der weitsichtige Heerführer erneut
durch einen schneller Rückzug nach Norden. Von seinen Soldaten beklagt, verschied
er hier in Halberstadt – erst 45 Jahre alt – an einer malariaartigen Erkrankung.

Banér war einer jener brutalen Kriegsherren, die dem Motto nachlebten, der
Krieg habe die Armee zu ernähren. Doch hatte er wohl auch keine Alternative. Nie
verfügte er über ausreichende Geldreserven und zahlenmäßig gleichwertige Streitkräfte. »Er konnte den Krieg nicht entscheiden«, wies aber seinen Nachfolgern die
Wege in die kaiserlichen Erbländer, wie die moderne schwedische Geschichtsschreibung resümiert (ebd.). In der Anlage befestigter Stützpunkte und schneller Vorstöße
und Rückzüge war Banér der beste Schüler seines Königs.

Die Propaganda seiner Feinde zeichnete ein bis heute lebendiges Zerrbild eines
besonders ausschweifenden Schweden, dessen »niedrige Vergnügungen« über das
gewöhnliche Maß wiesen. Alkohol und Frauengeschichten hätten ihn aufgerieben,
so die Legende. Seine erhaltenen Briefe weisen ihn aber auch als mitfühlenden Feldherrn aus und relativieren zumindest manches in den Überlieferungen.

Lennart Torstensson

Lennart Torstensson, Graf zu Ortala und Freiherr von Virestad*

* 17. August 1603 auf Forstena im Kirchspiel Västra Tunhem, Västergötland
† 7. April 1651 in Stockholm
Grabstätte: Riddarholmskirche in Stockholm
Eltern: Torsten Lindormsson und Märtha Nilsdotter Posse

Eheschließung am 8. Oktober 1633 in Stockholm
BEATA DE LA GARDIE
* 20. August 1612 auf Åbo-Schloß
† 28. Oktober 1680
Grabstätte: Riddarholmskirche in Stockholm
Eltern: Johan De La Gardie, Reichsrat, und Catharina Oxenstierna von Eka und
Lindö

November 1603	Flucht des Vaters als Anhänger König Sigismunds ins Ausland
Februar 1604	Verhaftung der Mutter und Arretierung auf Schloß Läckö
Weihnachten 1608	Landesflucht der Mutter und Verbleib des kleinen Lennarts bei den Großeltern
1618	Kammerknecht bei Gustav II. Adolf
15. September 1621	Teilnahme an der Eroberung Rigas
1623	Begnadigung der Eltern durch Gustav II. Adolf
23. Oktober 1624	Ernennung zum Fähnrich
1. Oktober 1626	Beförderung zum Kapitän
1627	Oberstleutnant des Hälsinge-Landschaftsregiments
1629	Oberst
7. September 1631	Teilnahme an der Schlacht bei Breitenfeld
Sommer 1632	General der Artillerie
24. August 1632	Gefangennahme beim Sturm auf Zirndorf/Alte Veste und Inhaftierung in Ingolstadt
März 1633	Auswechslung gegen den Grafen Harrach
22. Dezember 1634	Ernennung zum Reichszeugmeister
April 1641	Reichsrat Schwedens
21. Oktober 1641	Feldmarschall und Oberbefehlshaber der schwedischen Heere auf deutschem Boden
23. Oktober 1642	Sieg bei Breitenfeld

---

* Alle Daten nach dem Julianischen Kalender

Herbst 1643	Marsch nach Dänemark
Januar 1645	Neuerlicher Einfall in die kaiserlichen Erbländer bis knapp vor Wien
24. Februar 1645	Sieg bei Jankau
September 1645	Rückzug nach Mißerfolg bei der Belagerung von Brünn
April 1646	Rückreise nach Schweden
5. Februar 1647	Erhebung zum Freiherrn zu Virestad und Grafen von Ortala durch Königin Christina
31. Mai 1648	Ernennung zum Generalgouverneur über Västergötland, Värmland, Dal und Halland

Schwedens bedeutendster Heerführer nach Gustavs II. Adolf Tod unterschied sich in vielerlei Hinsicht von seinem Vorgänger Banér. Er war nicht der »Mann der Soldaten«, den das Heer liebte. Der neue Feldherr disziplinierte die Armee und »bestrafte Plünderungen hart. Als Mensch hielt er mehr Maß als die meisten Heerführer seiner Zeit« (NG, V., 190), eine Wertung, die um so schwerer wiegt, als dieser Feldherr nach 1633 ein schwerkranker Mann war. Sein Schicksal ist dennoch ein faszinierender Weg aus dem Gefangenendasein mit der Mutter auf Schloß Läcko bis hin zum triumphierenden Schluß als einflußreicher oppositioneller Reichsrat und Generalgouverneur »mit eigenem Palast nahe der Reichsburg Drei Kronen in Stockholm« (Johansson, Lennart Torstensson, 11).

Als er am 17. August 1603 auf dem Adelshof Forstena in Västergötland geboren wurde, deutete wenig auf diese glanzvolle Karriere hin. Seine Vater bekannte sich inmitten der Auseinandersetzungen der schwedischen Hocharistokratie mit König Karl IX. für dessen hilflosen Opponenten und Neffen Sigismund Vasa. Nachdem Torsten Lindormsson schon einmal 1598 nach König Sigismunds Niederlage für kurze Zeit nach Polen geflohen war, sah er sich im November 1603 erneut zum Verlassen Schwedens gezwungen. Karl IX. ließ zu Jahresbeginn 1604 dessen zurückgebliebene Gemahlin und die Kleinkinder auf Schloß Läckö gefangensetzen. Wohl durfte die Familie wenig später in Hausarrest bei der Großmutter des Vaters im Kirchspiel Borgstena leben, viele Freiheiten aber blieben Märtha Posse kaum. Weihnachten 1608 floh auch sie aus Schweden zu ihrem Mann. Der kleine Lennart blieb bei der Großmutter zurück und konnte nach deren Tode 1616 noch weniger auf einen Dienst beim König hoffen. Glücklicherweise nahmen sich die Tante Agneta Lindormsdotter und der königstreue Aristokrat Bo Ribbing, ein Onkel, des fast elternlosen jungen Torstensson an. Der Dienst als Kammerknecht bei Gustav II. Adolf 1618 war aber nicht eigentlich der übliche Beginn einer Hofkarriere für Mitglieder des schwedischen Hochadels. Es währte auch bis 1623, bis der König in einem Freibrief den Eltern Lennart Torstenssons die Rückkehr nach Schweden erlaubte. Da hatte der junge Lennart bereits bei Riga erfolgreich gekämpft, galt Gustav II. Adolf als militärstrategische Begabung. Tatsächlich ernannte er ihn 1624 zum Fähnrich. Da sich der junge Offizier bei Wallhof bewährte, wurde er am 1. Oktober 1626 Kapitänleutnant und ein Jahre später schon Obristleutnant des Hälsinge-Regiments. 1629 wechselte er als Obrist zur Artillerie und entwickelte sich rasch zu Schwedens größter kriegstechnischer Begabung für den Einsatz der neuen Waffenart. Im Sommer 1632 ehrte Gustav II. Adolf Lennart Torstenssons Verdienste um den Aufbau einer effektiven Feldartillerie mit der Ernennung zum General der Artillerie.

Am frühen Morgen des 24. August 1632 – nach dem alten Kalender – eröffnete Torstensson eine neuerliche mörderische Kanonade gegen Wallensteins Befestigungen um die »Alte Veste« herum bei Nürnberg. Doch brachte Schwedens oberster Artillerist die Geschütze nicht dicht genug an den Gegner heran. Schlüpfriger steil ansteigender Boden hinderte seine Kanoniere. Am Ende drang Torstensson doch bis zu Wallenstein vor, allerdings nur als Gefangener. Die anschließende wenig komfortable Haft in den feuchten Kasematten Ingolstadts hinterließ bleibende gesundheitliche Schäden bei Torstensson. Schwer rheumatisch gezeichnet wurde er im Mai 1633 ausgewechselt. Gemeinsam mit dem königlichen Leichenzug verließ er Deutschland und organisierte – zurückgekehrt – fortan erfolgreiche Artillerieduelle der schwedischen Truppen von einer Bahre aus. Schließlich erbat er im April 1641 seinen Abschied, weil er glaubte, die Schmerzen und Beschwerden eines Felddienstes nicht länger ertragen zu können. Hatte er geglaubt, nunmehr in Stockholm als Reichsrat an weniger belastender Stelle wirken zu dürfen, durchkreuzte der Tod Banérs im Mai des gleichen Jahres alle entsprechenden Hoffnungen. Der sterbende Feldherr hatte ausdrücklich empfohlen, das Heer durch die Wiederberufung Torstenssons zu retten. Vielleicht sah er diese Wahl als besonders ehrenvoll an und glaubte sich Schweden verpflichtet, erneut die Qualen zu akzeptieren. Jedenfalls stimmte Torstensson zu, reiste im Frühjahr 1642 wiederum nach Deutschland und brachte Ordnung in die zerfallende Armee. Ein erster Erfolg in Schlesien und umfangreiche Plünderungszüge in Mähren befriedigten vor allem die Truppen, bereicherten allerdings auch die persönliche Kasse des neuen Oberbefehlshabers. So wirken jene Beschwörungen, er habe sich gerade hier vorteilhaft von einem Banér, Wrangel und Königsmarck unterschieden, eher ein wenig merkwürdig, vielleicht ein »Einäugiger unter Blinden«. Erfolgreicher als Banér war Torstensson insofern, als

Einzug der Schweden unter Torstensson in München 1632

nach seinen Siegen der Kaiser erstmalig ernsthaft mit dem Gedanken größerer Zuge-
ständnisse um des Friedens willen zu ringen begann. Der ungewöhnlich schnelle
Feldzug gegen Dänemark und die Katastrophe des unfähigen Gallas gegen die
Schweden beschleunigten solche Überlegungen. Die Verwüstungen der kaiserlichen
Erbländer im Frühjahr 1645, vor allem der Sieg über den kaiserlichen Heerführer
Hatzfeld bei Jankau überzeugten Ferdinand III. Wien konnte der Schwede dennoch
nicht erobern. Auch diese Erfolge entschieden das Ringen zwischen den Habsburgern und ihren alliierten Feinden nicht. Wahrscheinlich war es das zunehmende
schwere körperliche Leiden, das Torstensson zwang, neuerlich um seinen Abschied
nachzusuchen. »Es ist mir nunmehr fast unmöglich, länger hier auszuharren«, klagte er in einem Brief an den Reichskanzler. An manchen Tagen konnte er sich nicht
einmal mit Hilfe seiner Diener aufrichten (ebd., 191). Im Herbst 1646 verließ er
Deutschland für immer, »ein harter Schlag für die schwedischen Interessen« (ebd.).

In der Heimat wurden ihm ungewöhnliche Ehrungen zu teil. Am 5. Februar
1647 würdigte Königin Christina Torstenssons Verdienste um die schwedische
Großmacht mit der Freiherrenwürde und erhob ihn noch am selben Tag in den Grafenstand. Im Mai 1648 übernahm er wichtige Verwaltungspositionen in Schweden
und regierte als Generalgouverneur über wichtige schwedische Landschaften.

Nachdem er bereits den Winter 1650-51 das Bett nicht mehr verlassen konnte,
verstarb er am 7. April 1651, einer der größten Gutsherren des Landes und Nutznießer des schwedischen Eingreifens in den Dreißigjährigen Krieg. In Schwedens Streben nach neuerlicher Großmachtstellung und Rückeroberung des russisch
beherrschten Finnlands verbanden Militärkreise zu Beginn unseres Jahrhunderts wie
mit Karl XII. auch mit Torstenssons Namen den Beweis schwedischer Unbesiegbarkeit. Am 3. September 1903 wurde bei Forstena ein Torstensson-Denkmal einge-
weiht. Die Initiatoren wollten solcherart »den Verteidigungswillen erhöhen und das
Nationalgefühl im schwedischen Volk stärken« (Johansson, Forstena-släkten, 55).
Wie Torstensson Schwedens Interessen verteidigte, so »können wir das, wenn wir
uns ihn und seine Zeit zum Vorbild nehmen, wenn wir uns als Männer erweisen,
wie sie es taten«, wie es der Festredner Oscar Montelius, ein Historiker, verkündete
(ebd., 56). Inzwischen ist es ruhiger geworden um Torstenssons Heldentaten. Er war
ein begabter Feldherr und führte Gustavs II. Adolf Großmachtpolitik auf seine
Weise fort, doch gibt es heute wenig Grund, der »Kriegspropaganda des 17. Jahrhunderts und der nationalromantischen Geschichtsschreibung des 19. Jahrhunderts« zu glauben, wie es Peder Johansson, Schwedens Torstensson-Kenner, kürzlich
bilanzierte (ders., Lennart Torstensson, 15).

Johann (Jan) Reichsfreiherr von Werth

Johann (Jan) Reichsfreiherr von Werth

* wahrscheinlich 6. April 1590 (oder 1591) auf dem Streithover Hof bei Büttgen (Neuss)
† 16. September 1652 auf Schloß Benatek in Böhmen (Benátky nad Jizerou; zwischen Prag und Jungbunzlau)
Grabstätte: Schloßkapelle zu Benatek
Eltern: Johann von Wierdt (Wirth) und Elisabeth Streithoven bzw. Streithagen

1. Eheschließung vor 1629 mit
GERTRUD VAN GENT
† Ende 1635 oder Anfang 1636 (wird am 4. April 1637 als verstorben erwähnt)

2. Eheschließung am 21. Dezember 1637 auf Burg Straßberg bei Sigmaringen
MARIA ISABELLA VON SPAUR
* 1606
† 26. Februar 1648 in Salzburg
Grabstätte: Nikolauskirche in Salzburg
Eltern: Georg Friedrich Graf von Spaur und Barbara Gräfin von Lodron

3. Eheschließung am 23. Juli 1648 in Linz/Donau
SUSANNE MARIA VON KUEFSTEIN
* um 1630, vielleicht erst 1633
† 13. Januar 1698 (eventuell schon 1697) in Benatek
Grabstätte: Schloßkapelle Benatek (vermutlich)
Eltern: Hans Ludwig Graf zu Kuefstein und Susanne Eleonora von Stubenberg

1603	Tod des Vaters
1608	Soldat in spanischen Diensten
8. November 1620	Kampf in der Schlacht am Weißen Berg bei Prag
22. Januar 1622	Beförderung zum Leutnant während der Belagerung von Jülich
29. August 1622	Kampf auf spanischer Seite bei Fleurus
1630	Obrist-Wachtmeister im kurkölnischen Regiment Winnard von Eynatten
Frühjahr 1631	Wechsel als Rittmeister in spanischen Diensten zu den Truppen Kurkölns
14. Mai 1632	Lob Maximilians für Werths selbständiges Gefecht bei Landshut

30. Dezember 1631	»Obrist zu Pferde« durch Maximilian von Bayern
31. Januar 1633	Kommandant eines eigenen Regiments
5. Dezember 1633	Belehnung mit der Herrschaft Reichenberg durch Maximilian von Bayern
1. Februar 1634	»General-Wachtmeister zu Pferde« in der bayrischen Armee
6. September 1634	Teilnahme in der Schlacht bei Nördlingen und Gefangennahme des schwedischen Marschalls Gustav Horn durch Werth
21. September 1634	Sieg über Otto Ludwig Rheingraf von Salm-Kyrburg-Mörchingen bei Calw und Beförderung zum Feldmarschalleutnant
4. April 1635	Erhebung in den Freiherrenstand
26. Juni 1637	Eroberung des Ehrenbreitsteins für Kurköln
3. März 1638	Gefangennahme bei Rheinfelden durch Herzog Bernhard von Sachsen-Weimar
17. Juni 1638	Ehrenbankett Richelieus für den gefangenen Werth im Schloß Charenton
18. Januar 1641	Abschiedsbankett Ludwigs XIII. und der Prinzen von Geblüt für Werth
24. März 1642	Austausch gegen Feldmarschall Gustav Horn
7. August 1642	Generalleutnant Bayerns, des Kaisers und Kurkölns
18. April 1643	Belehnung mit der Herrschaft Odenkirchen durch den Kurfürsten von Köln und Titel »Erbburggraf« des Erzstiftes
31. Mai 1643	General der Kavallerie durch Maximilian von Bayern
16. April 1644	Taufe des Sohnes Maximilian Franz im Beisein des Taufpaten Franz von Mercy in Geislingen bei Balingen
6. März 1645	Erfolgreiche Kavallerieattacke bei Jankau mit anschließender Plünderung des schwedischen Trosses
5. Mai 1645	Siegreiche Kavallerieattacke über Turenne bei Herbsthausen
3. August 1645	Siegreiche Kavallerieattacke bei Alerheim und Fehlentscheidung Werths nach Mercys Tod
14. März 1647	Waffenstillstand von Ulm
4. Juli 1647	Schmähung Werths als »treuloser Verräter« durch Maximilian wegen seines Wechsels ins kaiserliche Lager und »Kopfpreis« von 10.000 Talern
4. Oktober 1648	Siegreiches Gefecht Werths bei Dachau gegen Schweden und Franzosen
September 1649	Jan von Werth bleibt »aktiver General«
18. Oktober 1650	Urkunde über Jahrespension des »General« Werth

Er war seinerzeit »unstreitig einer der populärsten Generale bei Freund und Feind« (Lahrkamp, Jan, 204) und lebt noch heute im Karneval Kölns weiter: Jan von Werth, der kühne Reiterführer in der zweiten Hälfte des Dreißigjährigen Krieges. Alljährlich zu »Weiberfastnacht« veranstaltet das zu seinem Andenken gegründete Reiterkorps »Jan van Werth« am Kölner Severins-Tor das legendäre Spiel von »Jan und Griet« über die erste Liebe Werths zu einem »kölsch Mädche«. Und beim Rosenmontagszug ist das Reiterkorps ein fester Bestandteil, seine Dragoner traben über das Pflaster der Innenstadt der Dommetropole und erinnern an den Bauern- sohn vom Streithover Hof des Kirchspiels Büttgen, der seine Feuertaufe in Kurköl- ner Diensten erlebte. Damals war kaum vorauszusehen, daß dieser Mann zum gefürchteten Heerführer der bayrischen und kaiserlichen Armee wachsen, sein Leben als Reichsfreiherr enden und die deutsche Bundespost ihn sogar mit einer Briefmarke zu seinem 400. Geburtstag ehren würde.

Schon das exakte Geburtsdatum Jan von Werths ist umstritten. Wie einer seiner modernen Biographen bedeutete, war es möglicherweise der 6. April 1590 oder 1591, als den Bauersleuten Elisabeth Streithoven (Streithagen) und Johann von Wierdt ein Sohn geboren wurde. Ein »Ackersmann« wurde aber nicht aus dem Jun- gen, für dessen Schulbildung offenbar weder Zeit noch Geld aufgebracht werden konnte. Johann Reichsfreiherr von Werth hat selbst als gefeierter General die Wei- sungen seiner Kriegsherren nicht lesen können und malte lediglich seinen Namens- zug unter Berichte und Antworten auf diesbezügliche Schreiben. Daher finden sich auch keine persönlichen Notizen und Aufzeichnungen Werths, und sein Leben kann nur aus Briefen und Einschätzungen der Zeitgenossen und solcher Quellen wie Schlachtberichte und Schilderungen der Zeitläufte erschlossen werden.

Leider ist auch wenig über die Jugend- und frühen Mannesjahre bekannt. Seine erste Ehe mit Gertrud von Gent bleibt dunkel. Vielleicht war sie eine Holländerin, die ihm zwischen 1629 und 1631 zwei Kinder gebar. Immerhin wissen wir, daß Jan von Werth im Frühjahr 1631 als Obrist-Wachtmeister im Kurkölner Regiment des Winnard von Eynatten verzeichnet ist. Ein Jahr später, am 14. Mai 1632, gratulier- te ihm Maximilian von Bayern zu seinem ersten erfolgreichen selbständigen Gefecht bei Landshut. Das hielt den Münchener aber nicht davon ab, am 20. September 1632 verärgert über brutales Fouragieren Werths im Raum Ingolstadt zu klagen. Der Herzog wünschte entschlossenen Widerstand seiner Offiziere und Soldaten gegen die Schweden. Aber bezahlen und verpflegen wollte er seine Truppen ungern. Seine Heerführer sollten jenseits der Landesgrenzen ihren Unterhalt suchen. Das mußte schon Pappenheim lernen. Die ärgerliche fürstliche Reaktion ist also kaum als überzeugender Beleg für wirkliche Grausamkeit Werths zu rechnen.

Als dieser am 16. Dezember 1632 das schwedische Regiment Hohenlohe bei Herrieden überraschte, war der Bayernherzog offenbar längst wieder versöhnt. Zwei Wochen später ehrte er den Kurkölner mit der Ernennung zum »bestallten Obrist zu Roß«, eine Beförderung, die durch die ausdrückliche Zuteilung eines Regimentes am 31. Januar 1633 sich für den Obristen Werth auch finanziell auszahlte. Maximilian schätzte den Offizier, den ihm der erzbischöfliche Bruder in Köln bereitwillig zugesandt hatte. Höchst beunruhigt erkundigte sich der Herzog nach Werths Zustand, als dieser bis Ende September in München eine schwere Verwundung auskurieren mußte. Der gewöhnlich weniger großzügige Maximilian belehnte Werth am 9. Dezember 1633 mit der »Pflegschaft Reichenberg«. Künftig lebte die »Obristin Frau Gertrutha von Werth« nun auf Schloß Reichenberg, ein kurzer Beleg für diese Frau an der Seite des Kriegshelden.

Schon am 1. Februar 1634 ernannte Maximilian I. von Bayern Werth zum »General-Wachtmeister zu Pferde«. In bayrischen Diensten kämpfte der Kurkölner dann auch bei Nördlingen am 6. September 1634, nahm eigenhändig Schwedens Marschall Gustav Horn gefangen und verdiente sich hier und kurze Zeit danach – am 21. September – durch einen Sieg über den Rheingrafen Otto Ludwig in der Nähe Calws die Beförderung zum Feldmarschalleutnant. Nachdem er Mitte November Heidelberg erobern konnte, ehrte ihn Ferdinand II. am 4. April 1635 mit der Freiherrnwürde.

Schon damals sprach man in Frankreich von dem Reitergeneral und begann, dort seinen Namen nach den Triumphen des Sommers 1635 in Lothringen mit wachsender Unruhe zu nennen. Ende des Jahres bot Richelieu Werth 100.000 Reichstaler, falls dieser helfen würde, Breisach den französischen Truppen zu übergeben. Als der Deutsche dieses Angebot unbeachtet ließ, wechselte der Kardinal die Taktik. Nun beklagte er sich in Rom über »Jean de Werth« und dessen »barbarische Feindseligkeiten« (ebd., 59). Natürlich kann heute kaum noch entschieden werden, ob Werths Proteste auf entsprechende Vorhaltungen aus München berechtigt waren. Wertet man die seinerzeitigen Klagen Maximilians als Beweis für eine besonders rücksichtslose Kriegführung des Kurkölners, dann ist es so unwahrscheinlich nicht, daß er auch in Lothringen nicht eigentlich zartfühlend vorging. Andererseits läßt sich aber nicht leugnen, daß Werth selbst solche Vorwürfe empört zurückwies und daß seine Unterführer in der bayrischen Residenz Entlastendes vortrugen. Mag sein, daß es Maximilian letztendlich weniger berührte, was in Lothringen und Frankreich geschah, und daß die Plünderer vielleicht tatsächlich nicht dem Reitergeneral unterstanden. Jedenfalls lobte der bayrische Kurfürst seinen rührigen Heerführer schon am 27. Oktober 1636 in herzlichen Worten und versprach, sich für Werths Belehnung durch den Kaiser verwenden zu wollen.

Andererseits war es wohl auch nicht wenig, was der General-Wachtmeister damals aus Frankreich nach Hause fahren ließ. Von der Kriegsbeute erwarb er in der Gereonstraße in Köln für 4.680 Taler ein prächtiges Haus und kaufte später die Herrschaft Odenkirchen im Erzstift Köln. Diese galt damals als Grafschaft. Daher wurde Werth öfters auch als Graf tituliert.

Richelieus Ahnungen erfüllten sich neuerlich im Sommer 1637. Die durch französische Truppen tapfer verteidigte Festung Ehrenbreitstein fiel nach halbjähriger Belagerung am 26. Juni. Wieder war es Maximilians tüchtiger Reitergeneral, der hier eine nahezu uneinnehmbare Festung bezwang. Die bayrische Armee erbeutete gewaltige Pulvervorräte, 2.000 Musketen und 60 Kanonen. Der Rat der Stadt Köln ehrte seinen berühmten Offizier mit einer Goldkette im Werte von 400 Golddukaten und mit der Ehrenbürgerschaft. Und auch das Trierer Domkapitel beeilte sich, Werth für die Sicherung des auf dem Ehrenbreitstein eingelagerten Domschatzes 8.000 Reichstaler Belohnung anzukündigen, die Werth allerdings nie erhielt.

Die Dinge fügten sich im übrigen so, daß er die Einlösung dieses vollmundigen Versprechens nicht anmahnen konnte. Rasch hatte er zum Oberrhein zu reiten, um dort den bedrängten Herzog von Lothringen zu unterstützen. Unglücklicherweise kommandierte hier der Herzog von Savelli, einer der unfähigsten kaiserlichen Kommandanten. Ihn hatte seinerzeit schon Gustav II. Adolf schimpflich aus Demmin vertrieben und höhnisch als Höfling verlacht. War Kaiser Ferdinand III. jener militärische Experte, für den er gerne gelten wollte, so muß gefragt werden, warum er auch diesen »Heerverderber« aus Italien zurückrief.

Zunächst besiegten Werth und Savelli am 22. Oktober Herzog Bernhard von Sachsen-Weimar bei Breisach und lockerten den Ring um die wichtigste kaiserliche Festung der Region. Erneut lohnte Maximilian den Einsatz seines Generals Ende Januar 1638 bei einem Treffen in München mit Geld und dem Gut Bodenstein in der Oberpfalz. Der einst Bauer gewesen war, gewann hier selbst 60 bäuerliche Untertanen. Er konnte wahrlich zufrieden sein, der Freiherr und »Graf« von Werth, dem kurze Zeit vorher – am 21. Dezember 1637 – der Graf Georg Friedrich von Spaur seine Tochter Maria Isabella auf Burg Straßberg vermählte.

Lange aber währte dieses Glück nicht. Herzog Bernhard von Sachsen-Weimar nutzte die Abwesenheit des Gefürchteten in der Breisacher Region und stieß rasch gegen Savelli vor. So eilte Werth zurück zum Oberrhein und wollte dort größere Truppenmassen konzentrieren. Ein Vorstoß der kaiserlichen Truppen gegen Rheinfelden warf Bernhard erneut zurück. Savelli triumphierte. Fühlte er sich wirklich als Sieger über den Weimaraner, dann konnte er sich jedenfalls nicht lange freuen. Bald war er – und mit ihm dann auch Werth – und andere höchst bekümmert. Der scheinbar Geschlagene kehrte plötzlich zurück und überraschte alle. Werth wurde am 3. März 1638 gefangengenommen. Zunächst wurde die Festung Bernheim der gewiß nicht erfreuliche Aufenthalt des bayrischen Generals, der in einem diktierten Rechenschaftsbericht vom 18. März 1638 den Herzog von Savelli schwer belastete, sicher berechtigt. Dieser hatte äußerst leichtfertig nicht einmal Wachen aufgestellt und den Rückzug des Weimaraners vorausgesetzt. Das kaiserliche Lager bezahlte dieses Irrtum am 3. März mit dem Fall Rheinfeldens und der anschließenden Übergabe Freiburgs am 12. April.

Werths Ehefrau Maria Isabella mußte recht lange auf die eigentlichen Flitterwochen warten. Obgleich sie an Bernhard von Sachsen-Weimar appellierte und den Kaiser und Maximilian von Bayern um energisches Intervenieren bat, wurde Jan von

In der Schlacht von Herbsthausen (in der Nähe des heutigen Bad Mergentheim) am 5. Mai 1645 bereiteten die Kaiserlichen bzw. Bayern unter Franz von Mercy und Jan van Werth, der sich mit einer Kavallerieattacke besonders hervortat, den Franzosen unter Turenne eine vernichtende Niederlage

Werth schließlich den Franzosen ausgeliefert und am 27. Mai 1638 ins »Bois de Vincennes« gebracht.

Der gefangene Heerführer wurde hier mit Ehrenbezeugungen überhäuft. Nachdem er sich ehrenwörtlich verbunden hatte, nicht zu fliehen, durfte er sogar im dortigen Park spazierengehen. Am 17. Juni 1638 gab Richelieu ein Gastmahl für Werth im Schloß Charenton. Audienzen bei Ludwig XIII. und anderen Großen Frankreichs schlossen sich an. Freigeben allerdings wollte Frankreichs König den Deutschen nicht. So verwarf er zunächst auch die Überlegungen des Bayernfürsten und der Schweden, den seit Nördlingen gefangenen Gustav Horn, Schwedens Feldmarschall und Schwiegersohn des Reichskanzlers Oxenstierna, gegen Werth auszuwechseln. Dieser sei zu gefährlich, meinte Ludwig XIII. Hugo Grotius, Stockholms

Gesandter in Frankreich, mußte Axel Oxenstierna nach Schweden schreiben, daß »die Franzosen von Werth mehr schlimmes fürchteten als von Horn gutes erwarteten« (ebd., 113). Obwohl sich nun auch Bernhard von Sachsen-Weimar für den Austausch verwendete, verzögerten Richelieu und Ludwig XIII. die Verhandlungen über Werths Freigabe. Der bayrische Reitergeneral durfte sich allerdings inzwischen sogar in Paris aufhalten und in den Wäldern von Vincennes jagen. Endlich – am 18. Januar 1641 – durfte Werth nach Nancy abreisen. Frei aber war er noch immer nicht. Inzwischen erschwerte auch Axel Oxenstierna den Austausch und forderte zunächst die Übergabe Werths als »Pfand« an die Krone Schwedens. Offenbar schätzte nun auch er den Kriegswert des kaiserlich-bayrischen Heerführers höher ein und verzögerte die rasche Befreiung seines Schwiegersohnes. Ludwig XIII. heuchelte nicht, als er Maximilian von Bayern über die päpstlichen Diplomaten versichern ließ, ihn treffe keine Schuld. Es währte dennoch bis zum 24. März 1642, bis sich Horn und Werth auf der Dinglinger Brücke bei Lahr gegenüberstanden und jeder anschließend in die Freiheit schritt...

Schon kurze Zeit später rechneten alle, selbst der Kurfürst von Köln, mit einem neuen Feldzug des Heerführers und hofften auch ein Wunder. Am 7. August wurde Jan von Werth zum Generalleutnant Kurbayerns, des Kaisers und Kurkölns befördert und reiste zur Rheinarmee. Das Heer sei in einem so desolaten Zustand, wie er es sich »nimmer also hette ainbilden können«, ließ der erschütterte Werth bald darauf den bayrischen Kurfürsten unterrichten (ebd., 121).

Am 31. Mai 1643 ernannte Bayerns Herzog Werth zum General der Kavallerie, wollte ihn aber nicht mit dem Oberbefehl betrauen. So kommandierte der Feldmarschall Graf Götz die kaiserlich-bayrischen Truppen in der Schlacht bei Jankau am 6. März 1645. Werths ungestüme Attacke trug ihn und seine Reiter tief in die schwedischen Reihen. Während sie Torstenssons Troß plünderten, formierte dieser seine Regimenter zum Gegenangriff und besiegte das nach dem Tod des kaiserlichen Oberbefehlshabers führerlose feindliche Heer.

Nach dem Sieg vom 5. Mai 1645 bei Herbsthausen unter Mercys Befehl, bei dem sich Werth besonders hervortat, vergab er bei Alerheim kurze Zeit später am 3. August einen entscheidenden Sieg über die Franzosen unter Turenne und den Herzog von Enghien. Wieder hatte der geniale Franz von Mercy die Bayern erfolgversprechend formiert. Werths Reiterei konnte die französische Kavallerie zurückwerfen und deren Befehlshaber gefangennehmen. 60 Fahnen und Standarten eroberten die Bayern, während Franz von Mercy zur selben Zeit verblutete. Ein Gegenstoß der hessischen Alliierten der Franzosen stabilisierte deren Front. Der viel zu spät nach langer Verfolgungsjagd auf das Schlachtfeld zurückkehrende Werth versäumte es, die Hessen im Rücken anzugreifen. Am nächsten Tag brach er den Kampf ab und überließ den schwer erschütterten Franzosen das Schlachtfeld und den Sieg. Wahrscheinlich war er wirklich ungeeignet, eine Armee zu kommandieren. Er beherrschte den Gegner durch schnelle Attacken, war aber unfähig, eine größere Bataille mit den unterschiedlichsten Waffengattungen kalten Blutes zu leiten.

Als sich Maximilian am 14. März 1647 zum Ulmer Waffenstillstand mit den

Franzosen entschloß, wechselte Jan von Werth tief enttäuscht zu Ferdinand III. Er habe als »deutscher Patriot« den bayrischen Verrat am Reich nicht mittragen wollen und können, glaubt Helmut Lahrkamp, sein Biograph. Es sei »keine Phrase, wenn Werth betonte, sein Ziel und Zweck seien einzig darauf gerichtet gewesen wider des Heiligen Römischen Reiches gemeine Feinde besonders Frankreich und Schweden... biß auf den letzten Bluetstropfen« zu kämpfen (ebd., 211). Bedenkt man, daß ihm in Frankreich Ehrungen widerfuhren und zweifellos auch neue Angebote formuliert wurden, darf man dieser Einschätzung wohl glauben. Der Kurkölner verachtete die »deutschen Soldlinger... unter fremden Fahnen, die Bernhard von Sachsen-Weimar, Königsmarck« u. a., »die als gebürtige Deutsche ihr Vaterland bekämpften« (ebd.). So distanzierte er sich auch von seinem Kriegsherrn Maximilian, dessen versuchten Anschluß an Frankreich er ebenfalls verurteilte.

Der Bayernherzog haßte fortan seinerseits den »treulosen Verräter« und setzte gar einen Kopfpreis auf Werth aus. Der Kaiser blieb lange Zeit erfolglos, den Bayernherzog zu beschwichtigen. Tatsächlich mußte er diesen fähigen Reiterführer vorübergehend abberufen. Er belehnte ihn aber mit der Herrschaft Benatek in Böhmen. Noch am 10. Dezember 1647 lehnte Maximilian jegliche Rückberufung des dringend benötigten Werths ab. Erst der neuerliche schwedische Einfall in Bayern und Maximilians Flucht nach der Niederlage von Zusmarshausen ermöglichten Ferdinand III. die Wiedereingliederung des Reitergenerals in das kaiserlich-bayrische Heer. Am 14. Juli unterschrieb Jan von Werth auf Forderung des bayrischen Kurfürsten den Verzicht auf alle Belehnungen in der Oberpfalz und erwirkte so endlich das Einverständnis des rachsüchtigen Fürsten. Kriegsentscheidend wurden Werths Aktivitäten unter dem stetig zaudernden Piccolomini auch nicht mehr. Der Reiterführer warf am 4. Oktober 1648 im letzten größeren Gefecht des Krieges den Gegner noch einmal bei Dachau zurück, mußte aber einige Tage danach bei Augsburg selbst weichen. Als »aktiver General« der kaiserlichen Armee überlebte er dann aber den Friedensschluß und die Abdankungen der Heere. Noch Anfang der fünfziger Jahre hoffte er auf einen neuen Krieg mit Frankreich und versuchte, Piccolomini während der Fronde für einem Marsch nach Frankreich zu gewinnen. Er wollte »dort hoffentlich ausmachen, was sie in unseren Ländern angefangen«, wie er dem kaiserlichen Generalissimus schrieb (ebd., 203).

Natürlich war Werth auch ein »Soldat auf Fortune« wie die meisten anderen Heerführer seiner Zeit. Beute und Ländereien erstrebte er ebenso. Er ragt dennoch heraus, weil er sich vor allem als Verteidiger der Reichsidee verstand und Maximilian von Bayern so lange ergeben diente, wie er diesen als deutschen Patrioten betrachtete. Seine Hinwendung zu Ferdinand III. – der formal Oberkommandierender der katholischen Truppen war – erfolgte aus wirklichen patriotischen Erwägungen. Vielleicht war er nicht wirklich einer »der größten Reiterführer der europäischen Geschichte« (ebd., 211), populär aber blieb er durch die Geschichte bis in unsere Tage. Der Kölner Karneval ist tatsächlich beredtes Zeugnis seines »dauernden Ruhms« (ebd.)

Franz von Mercy

Franz Freiherr von (de) Mercy, Herr von Mandre und Collenberg

* zwischen 1580 und 1590 in Longwy (Lothringen)
† 3. August 1645 bei Alerheim (Nördlingen) gefallen
Grabstätte: Moritzkirche in Ingolstadt
Vater: Franz von (de) Mercy

Eheschließung mit
MARIA MARGARETHE VON FLACHSLAND

17. September 1631	Obrist-Wachtmeister der kaiserlichen Truppen unter Tilly in der Schlacht bei Breitenfeld
1633	Obrist
29. August 1634	Übergabe der Festung Rheinfelden mit freiem Abzug
30. April 1635	Kaiserlicher Obrist-Wachtmeister
11. Juli 1638	Dankschreiben Mercys an Maximilian von Bayern für die Ernennung zum General-Feldzeugmeister in bayrischen Diensten
29. September 1638	Wechsel in den bayrischen Dienst
1640	Verteidigung Frankens gegen Banér
27. März 1641	Zerschlagung der schwedischen Nachhut bei Neunburg vor dem Walde
31. Mai 1643	Ernennung zum Generalfeldmarschall
29. Juni 1643	Erfolgreicher Rückzug bei Wolfenbüttel
24. November 1643	Sieg bei Tuttlingen über die französischen Truppen
11. Mai 1644	Einnahme von Überlingen am Bodensee
5. August 1644	Sieg bei Freiburg im Breisgau über Turenne und Louis II. Condé, Herzog von Enghien, und Tod seines Bruders, des General-Wachtmeisters Kaspar von Mercy
31. August 1644	Ernennung zum Statthalter der Festung Ingolstadt
5. Mai 1645	Sieg über Turenne bei Herbsthausen nahe Mergentheims
3. August 1645	Tödliche Verletzung in der Anfangsphase der Schlacht bei Alerheim in der Nähe Nördlingens
4. September 1645	Beisetzung in der Moritzkirche in Ingolstadt

Während sich um Pappenheim bereits zu Lebzeiten erste Legenden rankten und Namen, Leben und Sterben dieses Heerführers nicht nur dem Fachhistoriker vertraut blieb, zählt Franz von Mercy zu den fast vergessenen Feldherren des Dreißigjährigen Krieges. Das überrascht – summiert man seine Erfolge – und findet doch eine plausible Erklärung in der Tatsache, daß die Schlachten vom Weißen Berg bis Lützen zum Minimalprogramm des Geschichtsstudiums ebenso zählen wie zum allgemeinen Bildungskanon. Nördlingen, Wittstock, Chemnitz, Jankau und Zusmarshausen, schon gar nicht Tuttlingen, Herbsthausen und Alerheim, erreichten keineswegs jenen Bekanntheitsgrad, der das »Ach-ja-Nicken« auslöst.

Die ältere Geschichtsschreibung erklärte dieses scheinbar verschämte Verschweigen der Kämpfe der zweiten Hälfte des Krieges gewöhnlich aus dem Verlust aller angeblich ursprünglich konfessionellen Motivationen und dem Abgleiten in uferlose kriegerische Aktivitäten, die keine Wendungen brachten. Gern wurde in diesem Zusammenhang auch bildlich von einem allmählichen Sterben des Krieges wegen fehlender materieller Voraussetzungen gesprochen und geschrieben. Aus dem hehren Ringen um Ideale sei nun ein reiner Machtkampf gewachsen; besonders der Tod Gustavs II. Adolf hätte dem Konflikt seinen Sinn und die höhere Weihe genommen. Alles sei aufgebracht, Land und Leute ruiniert, ein großer Teil der Menschen tot gewesen. In der Tat klagten Fürsten wie Maximilian von Bayern über solche Erscheinungen und wußten Durchreisende wie die oft zitierte englische Gesandtschaft zum Regensburger Kurfürstentag 1636 derartiges zu berichten. Ebenso bilanzierten die Heerführer und wußten immer öfter nicht, wie sie ihre Soldaten verpflegen sollten. Der Krieg aber ging dennoch in weiten Teilen Deutschlands weiter; eine neue Generation von Feldherren bestimmte nun das Geschehen.

Franz von Mercys große Bewährungsstunde schlug mit dem offenen Eingreifen Frankreichs in den Krieg. Erst jetzt wurde aus dem unbekannten Obristen von 1633 ein Offizier im kaiserlichen Heer, dessen Namen Franzosen und Schweden immer häufiger mit Bewunderung erwähnten und den sie schließlich fürchten lernten.

Als Mercy am 29. August 1634 nach mehrmonatiger Verteidigung schließlich Rheinfelden übergeben mußte, fanden Bernhard von Sachsen-Weimars »Schweden« anerkennende Worte über den mutigen und geschickten Festungskommandanten. Sofort organisierte dieser nach dem gewährten freien Abzug bei Lindau erneut den Widerstand und konnte hier die nach Nördlingen ohnehin verunsicherten schwedischen Korps abwehren. Am 30. April 1635 beförderte der Kaiser Mercy zum Obrist-Wachtmeister.

Obgleich seinen Bemühungen zwischen 1635 und 1637 im Elsaß und in Burgund nur punktuelle Erfolge beschieden waren, wurde auch Maximilian von Bayern auf den begabten Unterführer aufmerksam. Ein persönliches Dankschreiben Mercys an den Kurfürsten vom 11. Juli 1638 blieb erhalten, im welchem der Lothringer auf ein bayrisches Angebot der Eingliederung als General-Feldzeugmeister in die Armee Maximilians bezog. Er glaubte, zunächst das Einverständnis Ferdinands III. einholen zu müssen. Offenbar mit kaiserlicher Bewilligung wechselte Mercy tatsächlich am 27. September 1638 zur bayrischen Fahne und wurde rasch der bedeutendste Feldherr Maximilians in der Periode nach 1632. Wahrscheinlich war er ein besserer Stratege als Tilly, der Feldherren besiegte, die kaum das Format eines Turenne, Condé oder gar Banérs erreichten. Mercys Statue steht nicht in der Münchener Feldherrenhalle, obwohl später sogar Condé verwundert bemerkte, dieser habe in seinen Feldzügen gegen ihn »nicht einen Schritt gethan«, der nicht höchstes Können bewiesen hätte. Mercy ahnte seine Pläne »so genau voraus«, als wäre er »Mitglied meines Kriegsrathes gewesen« (Reusch, ADB, XXI, 415).

Schon 1640 drängte der Lothringer durch kluge taktische Schritte Banér aus Franken ab und trieb den Sieger über Gallas zu Jahresbeginn 1641 von Regensburg fort nach Böhmen. Dort zerschlug Mercy am 27. März Banérs Nachhut bei Neunburg vor dem Walde. Er habe, so meinen seine Biographen, aus der Niederlage Tillys bei Breitenfeld gelernt und die beweglichen Kampfformationen der Schweden gegen Gustavs II. Adolf Schüler angewandt. Abgesehen davon, daß schon Wallenstein bei Lützen ähnlich wie der schwedische König formierte, war Mercy tatsächlich

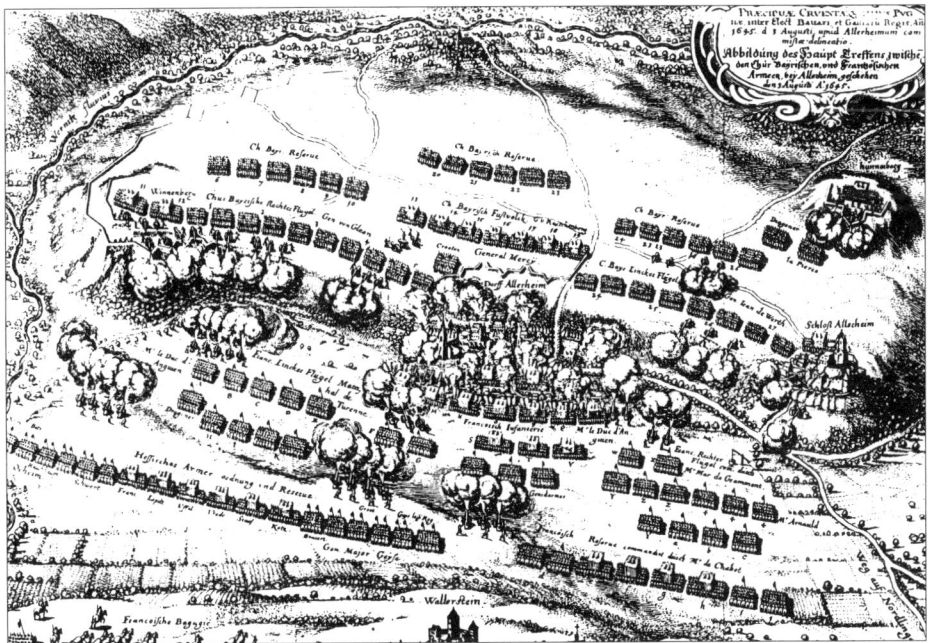

In der Schlacht bei Alerheim (bei Nördlingen) am 3. August 1645 besiegten die Franzosen unter Turenne die Kaiserlichen und Bayern unter Jan van Werth und Franz de Mercy, der in dieser Schlacht fiel

im Range eines Obrist-Wachtmeisters bei Breitenfeld dabei gewesen und wurde verwundet. Einige Jahre später – vor Colmar, bei Dôle und Gray – übte er jedenfalls mit kleineren eigenen Truppenkörpern bereits die niederländisch-schwedische Schlachtenführung, konnte aber noch keine größeren Triumphe feiern. Auch im Sommer 1641 blieben die Erfolge als Unterführer vor Wolfenbüttel eher mäßig, bevor sich Maximilian entschloß, Mercy 1642 mit der selbständigen Verteidigung Schwabens zu betrauen. Bald darauf fanden sich zwischen Bayern und dem Breisgau keine größeren feindlichen Verbände mehr. Kurfürst Maximilian ernannte seinen Heerführer am 31. Mai 1643 zum Generalfeldmarschall, eine richtige Entscheidung. Der Lothringer drängte die Franzosen unter Marschall Guébriant aus dem Quellgebiet der Donau bis an den Rhein zurück.

Am 24. November 1643 erkämpfte Mercy bei Tuttlingen seinen ersten großen Sieg. Die Gefangennahme von acht Generälen, neun Obristen, fast 250 weiteren Offizieren, 7.000 Soldaten und zehn erbeutete Kanonen ließ Bayerns Landesherrn damals für kurze Zeit ruhiger in die Zukunft sehen. Immerhin nahm sein Feldherr noch am 11. Mai 1644 Überlingen am Bodensee und am 27. Juli Freiburg trotz der Entsatzversuche Turennes. Wenige Tage später, am 5. August, siegte Mercy bei Freiburg in einem vielstündigen blutigen Kampf über die vereinigten Streitkräfte Turennes und Condés und konnte auch in den folgenden kleineren Gefechten nicht geschlagen werden.

Am 5. Mai 1645 trafen Turenne und Mercy bei Herbsthausen in der Nähe Mergentheims erneut aufeinander. Hier erwies sich der bayrische Oberbefehlshaber als genialer Schlachtenlenker und nutzte das hügelige Gelände so geschickt, daß Turenne fast die Hälfte seiner Truppen verlor, 59 Fahnen und Standarten einbüßte, »eine vernichtende Niederlage« für Frankreichs künftiges militärisches Genie (Neuhaus, NDB, XVII, 125).

Man wird streiten können, ob Turennes Rückzug an den Main als »vernichtend« qualifiziert werden kann, ein großer Sieg Mercys war es aber zweifellos. Unglücklicherweise marschierten neue starke Reserven heran, und Condé vereinigte sich wiederum mit dem Geschlagenen. Mercy erwies sich dennoch überlegen und stellte sich zur Schlacht in vorteilhafter Lage, so daß die Franzosen keinen Angriff wagten...

Am Morgen des 3. August 1645 führte Condé seine Truppen trotzdem bei Alerheim zur Attacke. Wieder wartete Mercy in einer nahezu uneinnehmbaren befestigten Stellung. Wahrscheinlich war es eine verirrte Kugel aus den eigenen Reihen, die den Feldherrn bei der Kirche von Alerheim traf, als dieser seine Truppen ordnete. Berechtigt werten alle Militärhistoriker die tödliche Verletzung Mercys als schweres Verhängnis für Bayern und die Wiener Habsburger. Als der letzte große, vielleicht der bedeutendste Feldherr des katholisch-kaiserlichen Lagers verstarb, hatte Jan von Werth zwar einen Teil der französischen Gegner überritten, griff aber – endlich wieder aufs Schlachtfeld zurückgekehrt – die standhaften Hessen nicht im Rücken an. Am Ende verstanden sich Condé und Turenne trotz großer Verluste als Sieger einer »fast schon verlorenen Schlacht«...

Melchior Reichsgraf Hatzfeld von Gleichen

* 20. Oktober 1593 in Crottorf im Westerwald
† 9. Januar 1658 auf Schloß Powitzko bei Trachenberg in Schlesien
Grabstätte: Kirche zu Praunitz
Eltern: Sebastian Freiherr von Hatzfeld und Lucie von Sickingen und Landstuhl

1605	Nach Abschluß des Seminars bei den Jesuiten in Fulda Empfang der Niederen Weihen
1623	Offizier unter Julius Heinrich von Sachsen-Lauenburg-Ratzeburg und Herzog Adolf von Schleswig-Holstein-Gottorp
6. August 1623	Kampf bei Stadtlohn
1625	Wechsel ins Heer Wallensteins als Obristleutnant unter Franz Albrecht von Sachsen-Lauenburg
1627	Teilnahme am Feldzug gegen die Dänen
1629	Marsch nach Mantua
17. September 1631	Kampf bei Breitenfeld
1632	Obrist und Kommandant eines eigenen Regimentes
1633	Beförderung zum Feldmarschalleutnant
1634	General-Feldzeugmeister
1635	Feldmarschall für Verdienste bei der Eroberung Kaiserslauterns
4. Oktober 1636	Kampf bei Wittstock gegen Banér als militärischer Ratgeber Johann Georgs von Sachsen
17. Oktober 1638	Sieg über Ruprecht von der Pfalz bei Vlotho
1639	Belehnung mit der Herrschaft Gleichen in Thüringen durch den Kurfürsten von Mainz
1641	Erwerb der Herrschaft Trachenberg in Schlesien aus dem Besitz des hingerichteten Wallenstein-Anhängers Hans Ulrich von Schaffgotsch
6. März 1645	Gefangennahme bei Jankau
30. August 1657	Kaiserlicher Heerführer gegen die Schweden in Polen und Eroberung Krakaus

Auffallende persönliche Bedürfnislosigkeit, pedantischer Ordnungssinn und gediegenes Können als Heerführer hoben ihn aus der Masse der Condottieri heraus. Aber er zählte dennoch kaum zu den bedeutenden Feldherren seiner Zeit.

Peter Graf zu Holzappel, genannt Melander

* 8. Februar 1589 in Hadamar
† 17. Mai 1648 Augsburg
Eltern: Wilhelm Eppelmann, Landreiter im Dienste Nassaus, und Anna Lange, Tochter des Schultheißen von Burgschwalbach

Eheschließung 1638
AGNES, Witwe nach Bernhard Bogislaus von Platen
Eltern: Johann Wilhelm von Efferen, Drost zu Revenstein, und Margarethe von der Baalen

1592	Tod des Vaters und Übersiedlung der Mutter mit den Kindern auf den Adelshof Bell bei Hadamar
1602	Student an der Universität Leiden
1608	Adelsdiplom für die Brüder Melander (Eppelmann)
1614	Hauptmann und Kompanieführer des Grafen Johann Ernst von Nassau-Siegen
Februar 1617	Unter Graf Johann Ernst von Nassau-Siegen im niederländischen Auftrag zur Unterstützung Venedigs gegen Erzherzog Ferdinand von Steiermark
Dezember 1621	Beförderung zum Obrist der Republik Venedig
August 1622	Obrist eines Regiments in Basel
1625	Neuerlicher Wechsel in venezianische Dienste
1628	Kampf mit Truppen Venedigs an der Seite Frankreichs im Veltlin
1629	Kampf gegen die kaiserlichen Truppen in der Lombardei
1631	Ausscheiden aus dem venezianischen Dienst
Frühjahr 1633	Generalleutnant und Kriegsrat des Landgrafen Wilhelm V. von Hessen-Kassel
8. April 1633	Eroberung von Paderborn
7. Juli 1633	Sieg bei Segelhorst über ein Liga-Heer
13. Juli 1633	Einnahme Hamelns
22. April 1634	Schwere Niederlage bei Herford
11. Mai 1634	Vereinigung mit Herzog Georg von Braunschweig-Lüneburg bei Soest
16. September 1634	Belehnung mit Pfist und Landser im Sundgau durch Axel Oxenstierna, Schwedens Reichskanzler
27. Juli 1635	Sieg bei Wildungen über Bönninghausen
2. Mai 1636	Brief an den Grafen Johann VIII. von Nassau-Siegen über seinen Entschluß, in kaiserliche Dienste zu treten
Mitte Januar 1640	Melander quittiert den hessischen Dienst
19. Februar 1640	Geburt seiner Tochter Elisabeth Charlotte

23. Dezember 1641	Erhebung zum Reichsgrafen
15. Februar 1642	Kaiserlicher Feldmarschall
17. Juli 1643	Belehnung mit der Herrschaft Esterau an der Lahn, die zur reichsunmittelbaren Grafschaft erhoben wird
4. Juli 1645	Testament Holzappels über ein Vermögen von 1,386.229 Reichstalern
6. Oktober 1645	Kaiserliches Patent über Ernennung zum Kriegsobersten des niederrheinisch-westfälischen Reichskreises
17. April 1647	Oberbefehlshaber der kaiserlichen Truppen
17. Mai 1648	Tödliche Verwundung bei Zusmarshausen und Abtransport nach Augsburg

Peter Melander zählte zweifellos zu den bedeutenden Heerführern der zweiten Kriegshälfte. Als Diplomat und Feldherr trat er nach 1640 für eine interkonfessionelle Vereinigung der deutschen Reichsstände und des Kaisers gegen Schweden und Frankreich ein. Obwohl er sich selbst gerne als einflußlosen »armen deutschen Krieger« sehen wollte (Höfer, 49), hinterließ er ein gewaltiges Vermögen.

Raimund Fürst Montecuccoli, Herzog von Melfi

* 21. Februar 1609 auf Schloß Montecuccoli bei Modena
† 16. Oktober 1680 in Linz
Grabstätte: Ehemalige Jesuitenkirche »Zu den Neun Chören der Engel«, Am Hof, Wien
Eltern: Galeotto IV., Graf Montecuccoli, und Anna Bighi

Eheschließung 1657
MARGARETHA VON DIETRICHSTEIN-NIKOLSBURG
* 1637
† 1676
Eltern: Maximilian Fürst Dietrichstein-Nikolsburg und Anna Maria von Liechtenstein

1625	Eintritt in habsburgische Kriegsdienste als Musketier
17. September 1631	Verwundung in der Schlacht bei Breitenfeld und Gefangennahme
16. November 1632	Neuerliche Verwundung bei Lützen
6. September 1634	Kampf bei Nördlingen
1635	Eroberung Kaiserslauterns und Beförderung zum Obristen und Kommandanten eines eigenen Kürassierregiments
4. Oktober 1636	Kampf bei Wittstock gegen die Schweden
14. April 1638	Kampf bei Chemnitz gegen die Schweden

1639	Gefangennahme in der Schlacht bei Melnik durch die Schweden
1642	Freilassung und Einsatz in Schlesien, später Entsendung nach Modena
1644	Ernennung zum Feldmarschalleutnant und Hofkriegsrat
1645	Wieder auch Kommandant eines eigenen Kürassierregiments
1647	General der Kavallerie
17. Mai 1648	Hervorragender Einsatz bei Zusmarshausen
25. Mai 1651	Reichsfürst ohne Stimme im Reichsfürstenrat des Reichstages
1653	Studienreise nach Schweden
1654	Studienreise nach Flandern
1657	Ernennung zum Feldmarschall
1658	Oberbefehlshaber der kaiserlichen Truppen in Polen
1659	Feldzug in Pommern und Mecklenburg
1661	Gouverneur der Festung Raab (Györ) an der Ostgrenze des habsburgischen Ungarns
1. August 1664	Sieg in der Schlacht bei St. Gotthard an der Raab über die Türken und Beförderung zum Generalleutnant durch Kaiser Leopold I.
1668	Ritter vom Goldenen Vlies
1672	Feldherr der kaiserlichen Truppen gegen Frankreich
1673	Erfolg über Turenne

Er galt den Zeitgenossen als hervorragender Feldherr und war ebenso ein überragender Militärtheoretiker, der wesentliche Erkenntnisse der Kriegsstrategien der Schweden und Spanier und die zeitgenössischen taktischen Auffassungen der Anlage bei Schlachten und Belagerungen darstellte. Als einer der profiliertesten Sprecher für ein stehendes Heer für die Habsburger kommt ihm wesentlicher Anteil an der Schaffung der österreichischen Armee zu. Erfolgreich wirkte er außerdem als Diplomat Wiens an nahezu allen europäischen Höfen in Sondermissionen.

Carl Gustav Wrangel, Graf zu Salmis und Sölvesberg*

* 13. Dezember 1613 auf Schloß Skokloster
† 25. Juni 1676 auf Schloß Spyker auf Rügen
Eltern: Herman Wrangel und Katharina Gryp

Eheschließung 1640
ANNA MARGARETA VON HAUGWITZ

1625	Eintritt ins Skytteanum in Stockholm
1626	Reise mit dem Vater nach Pommern und Polen

---

* Alle Daten nach dem Julianischen Kalender

1630	Hollandreise und Ausbildung in Navigation und Schiffbau, anschließend Weiterreise nach Frankreich
1631	Kammerjunker bei Gustav II. Adolf und Kornett im Leibregiment
6. November 1632	Kampf bei Lützen
1633	Ernennung zum Oberstleutnant im Infanterieregiment Bengt Bagges in Elbing
1634	Oberstleutnant beim Kavallerieregiment Joakim Moltkes in Pommern
19. Oktober 1635	Kampf unter Banér bei Lüdershausen
1636	Oberst im Leibregiment zu Pferde
1638	Ernennung zum Generalmajor und Chef des Dalregiments gegen den Widerstand Banérs
1641	Regionalbefehlshaber in Deutschland Stabschef bei Torstensson
13. Oktober 1644	Sieg als Flottenbefehlshaber über die Dänen bei Femern Oberbefehlshaber der schwedischen Flotte
28. April 1646	Feldmarschall und Generalgouverneur in Pommern; Reichsrat
Dezember 1646	Oberbefehlshaber der schwedischen Armeen in Deutschland
7. Mai 1648	Sieg über Melander bei Zusmarshausen und anschließende Verheerung Bayern
1651	Erhebung in den Grafenstand durch Königin Christina
26. Februar 1653	Ernennung zum Reichsvizeadmiral
1655	Verbindungsoffizier zu Kurfürst Friedrich Wilhelm von Brandenburg in der dreitägigen Schlacht von Warschau
23. Oktober 1657	Eroberung von Fredriksodde im Dänemarkfeldzug
11. Dezember 1657	Reichsadmiral
30. Januar 1658	Übergang über den Kleinen Belt
5. Februar 1658	Marsch über das Eis bei Nyborg nach Langenland und Seeland
6. September 1658	Besetzung Kronborgs
29. Oktober 1658	Kampf im Öresund auf dem Flaggschiff »Victoria«
Frühjahr 1660	Oberbefehlshaber der schwedischen Armee in Dänemark nach Karls X. Gustav Tod
1664	Reichsmarschall und Präsident des Kriegskollegiums
1665	Befehlshaber des schwedischen Korps gegen Bremen
1674	Oberbefehlshaber der schwedischen Armeen in Deutschland

Wrangel lernte von Torstensson Strategie und Taktik der Kriegsführung, gilt als einer der geschicktesten Heerführer der schwedischen Großmacht und war gleichzeitig auch erfolgreicher Admiral und Sieger in mehreren Seeschlachten. Als Gouverneur erwies er sich weniger befähigt. Er interessierte sich auch kaum für die Militärverwaltung und die Arbeit des Kriegskollegiums. Der Mehrheit der schwedischen Historiker gilt er als Schuldiger am Niedergang der schwedischen Kriegsmacht während der Zeit der Vormundschaftsregierung. Er lehnte notwendige Reformen ab und konzentrierte sich auf die Vermehrung seiner Ländereien. Er liebte Prunk und die Demonstration seines Reichtums, ließ Skokloster modernisieren und erbaute den Wrangelschen Palast bei der Riddarholmskirche, vorübergehend das königliche Schloß nach dem Brand von »Tre Kronor«. Er war einer der größten »Beutemacher« Schwedens im Dreißigjährigen Krieg. Einer seiner Nachfahren war der preußische Generalfeldmarschall Friedrich Graf von Wrangel, der Oberbefehlshaber der preußisch-österreichischen Truppen im deutsch-dänischen Krieg von 1864.

Hans Christoph von Königsmarck*

* 12. Dezember 1605 in Kötzlin im Brandenburgischen
† 20. Februar 1663 in Stockholm
Grabstätte: Riddarholmskirche in Stockholm
Eltern: Konrad von Königsmark, kaiserlicher Rittmeister, und Beatrix von Blumenthal

Eheschließung im Februar 1633
MARIA AGATHA VON LEHESTEN
* 9. April 1608
† 1671 auf Agatenburg bei Bremen
Eltern: Christopher von Lehesten und Anna Elisabeth von Seehlen

1616	Page bei Herzog Friedrich Ulrich von Braunschweig-Lüneburg
	Eintritt in kaiserliche Kriegsdienste
1630	Verabschiedung als Fähnrich bei Auflösung einiger Truppenteile der Armee Wallensteins
1631	Kapitän in schwedischen Diensten
1633	Beförderung zum Major
1634	Obristleutnant
1636	Oberst
25. März 1640	Generalmajor als Lohn für die Werbung größerer Truppenformationen in Westfalen
Januar 1645	Generalleutnant
1. Juni 1648	Ernennung zum Feldmarschalleutnant
16. Juli 1648	Erfolgreicher Angriff auf die Prager Kleinseite und Raub der berühmten »Silberbibel«
26. März 1651	Erhebung in den Grafenstand
10. April 1651	Reichsrat
14. April 1655	Feldmarschall der Krone Schwedens

Er war ein typischer Repräsentant des Condottieretums, wird nach 1648 einer der

---

* Alle Daten nach dem Julianischen Kalender

größten Gläubiger der Krone und finanziert noch in den sechziger Jahren die Vormundschaftsregierung mit Anleihen; als Gouverneur Bremen-Verdens im stetigen Machtkampf mit den dortigen Ständen auf dem Wege zur Durchsetzung absolutistischer Strukturen

Henri de la Tour d'Auvergne, Vicomte de Turenne

* 11. September 1611 in Sedan
† 27. Juli 1675 in Sasbach/Baden
Grabstätte: Invalidendom zu Paris
Eltern: Henri de la Tour, Herzog von Bouillon und Fürst von Sedan, und Elisabeth von Nassau-Oranien

Eheschließung im August 1651
CHARLOTTE DE CAUMONT
† 1666

1623	Tod des Vaters und Sendung zu Moritz und Friedrich Heinrich von Nassau-Oranien zur Erlernung des Kriegshandwerks
1626	Kapitän der Infanterie in niederländischen Diensten
1630	Reise an den französischen Hof und Übernahme eines Infanterieregiments
1632	Rückkehr in die Niederlande
21. Juni 1635	Brigadier unter dem Kardinal La Valette im Rheinfeldzug
Juli 1636	Verwundung bei Zabern (Saverne)
1638	Verstärkung Bernhards von Sachsen-Weimar
1639	Sieg bei Casale
17. September 1640	Eroberung Turins
16. Mai 1643	Marschall von Frankreich
3. Dezember 1643	Oberbefehlshaber der französischen Truppen
5. Mai 1645	Niederlage bei Mergentheim gegen Mercy
3. August 1645	Sieg bei Alerheim über Werth nach Mercys Tod
August 1646	Vereinigung mit den Schweden unter Wrangel bei Gießen
17. Mai 1648	Gemeinsamer Sieg mit Wrangel bei Zusmarshausen über die Kaiserlichen nach Melanders Tod
15. Dezember 1650	Niederlage bei Rethel gegen Marschall Plessis-Praslin und Mazarin
8. Februar 1652	Oberbefehlshaber der königlichen Truppen gegen Louis Condé
7. April 1652	Schlacht bei Bléneau gegen Louis Condé
21. Oktober 1652	Rückkehr Ludwigs XIV. und Annas von Österreich nach Paris als Konsequenz der Erfolge Turennes über die Fronde

14. Juni 1658	Sieg über die spanischen Truppen unter Condé bei Dünkirchen und Calais
7. April 1660	Ernennung zum Generalmarschall
22. Oktober 1668	Konversion zum Katholizismus
6. Juni 1673	Erzwingt Frieden von Vossem und Ausscheiden Brandenburgs aus der Koalition gegen Frankreich durch Besetzung der brandenburgisch-preußischen Rheinlande
1674	Verheerung der Pfalz
16. Juni 1674	Sieg bei Sinsheim
4. Oktober 1674	Niederlage bei Ensheim im Elsaß gegen die Kaiserlichen
29. Dezember 1674	Sieg bei Mühlhausen
5. Januar 1675	Sieg bei Türkheim und Sicherung des Elsasses für Frankreich
27. Juli 1675	Tödliche Verletzung bei Sasbach gegen Montecuccoli

Turenne war einer der bedeutendsten französischen Feldherren während der Epoche des Sonnenkönigs. Napoleon zählte ihn später zu den großen militärischen Könnern der Weltgeschichte.

Louis II. de Bourbon, Herzog d' Enghien, Prinz von Condé

* 8. September 1621 in Paris
† 11. Dezember 1686 in Fontainebleau
Grabstätte: Notre Dame in Paris
Eltern: Henri II. de Bourbon, Prinz de Condé, und Charlotte de Montmorency

Eheschließung am 9. Februar 1641 in Paris
CLAIRE CLÉMENCE DE MAILLÉ-BRÉZÉ
† 1628
Eltern: Urban de Maillé, Marquis de Brézé, und Nicole Du Plessis-Richelieu, Schwester des Kardinals Richelieu

19. Januar 1636	Offizielle Einführung am Hofe Ludwigs XIII.
2. August 1640	Kampf vor Arras gegen die Spanier
9. September 1642	Einzug in Perpignan an der Spitze der französischen Truppen
19. Mai 1643	Sieg über die Spanier bei Rocroi
29. Juli 1643	Geburt seines Sohnes Henri Jules
3. August 1645	Sieg bei Alerheim über Werth nach Mercys Tod
24. Dezember 1646	Tod des Vaters und Titel »Prinz von Condé«
18. Juni 1647	Niederlage bei Lerida gegen die Spanier in Katalonien
20. August 1648	Sieg über das spanische Heer unter Erzherzog Leopold Wilhelm von Österreich bei Lens
18. Januar 1650	Verhaftung auf Befehl Mazarins

10. Februar 1651	Freilassung aus der Festung Le Havre durch Erfolge der Frondeure in Paris
3. August 1651	Offener Bruch zwischen Condé und Anna von Österreich
7. September 1651	Condé sabotiert die Huldigung Ludwigs XIV.
23. November 1651	Allianz Condés mit Spanien
24. Januar 1652	Bündnis mit Gaston d'Orleans gegen Ludwig XIV.
7. April 1652	Sieg Condés über das königliche Heer bei Bléneau
11. April 1652	Einzug in das frondierende Paris
2. Juni 1652	Niederlage gegen Turenne vor Paris
27. März 1654	Verurteilung als Hochverräter zum Tode in Abwesenheit
14. Juni 1658	Niederlage gegen Turenne vor Dünkirchen
7. November 1659	Amnestie und Rehabilitierung durch den Pyrenäenfrieden
27. Januar 1660	Empfang durch Ludwig XIV. im Beisein Mazarins in Aix-en-Provence
1668	Eroberung der Franche-Comté für Frankreich
12. Juni 1672	Verwundung beim Rheinübergang nahe Arnheims
11. August 1674	Sieg bei Senef in den Spanischen Niederlanden über Wilhelm III. von Oranien

Condé war zweifellos einer der bedeutendsten Feldherren der Epoche, von Napoleon I. neben Turenne gestellt. Der »Große Condé« galt aber als äußerst standesbewußter Aristokrat, dessen »unvorstellbarer Hochmut« (Guth, 393) schon auf die Zeitgenossen fast krankhaft wirkte. Mehrfach scheiterte ein beabsichtigtes Treffen mit Königin Christina, weil Condé im Zeremoniell Priorität vor der schwedischen Königin beanspruchte. Auch empfand er es nie als ehrenrührig und nationalen Verrat, daß er – der Sieger von Rocroi – seine »private« Fehde mit der französischen Krone als Alliierter Philipps IV. austrug.

1648 – EIN NEUES »EUROPA« UND DER FRIEDEN

Nachdem die ältere Historiographie im 19. Jahrhundert langnachwirkende katastrophale Folgen des Dreißigjährigen Krieges für das deutsche Volk beklagte und insbesondere die verderblichen Auswirkungen des Westfälischen Friedens für die Nationwerdung auf deutschem Boden resümierte, setzte sich zwischen 1890 und 1910 eine vorsichtige Relativierung durch. Einige Kenner begannen, sich vom »Mythos« (Franz, 1) der allgemeinen Vernichtung des deutschen Wirtschafts- und Kulturlebens zu distanzieren. Die Auseinandersetzungen mit Frankreich im Ersten Weltkrieg, das Versailler Diktat und die Konflikte um Elsaß-Lothringen aktualisierten die strittige Problematik. So findet sich noch in der neuerlichen Auflage des Standardwerkes zum Frieden von Münster und Osnabrück 1972 das Fazit, es sei noch einmal betont, der »Frieden bedeutete für unser Volk ein nationales Unglück und für das Heilige Römische Reich, in dem es bis dahin seine staatliche Form gefunden hat, den Anfang der tödlichen Krankheit, der es schließlich erlag. Das ist in allen unseren Geschichtsbüchern so oft und überzeugend dargetan worden, daß es einer Wiederholung nicht bedarf. Das Jahr 1648 ist eines der großen Katastrophenjahre unserer Geschichte« (Dickmann, 494). Und noch 1978 hatte ein weiterer Kenner die aufsehenerregende Behauptung des britischen Historikers Steinberg von 1966 von einer »Fabel« allgemeiner »Verwüstung und dem Massenelend« (Franz, Vorwort) detailliert widerlegt. Derartige Diskussionen und Zweifel veranlaßten zahlreiche neue Untersuchungen in den deutschen Regionen und bekräftigten insgesamt das Bild unterschiedlicher Zerstörungen und Bevölkerungsverluste.

Läßt man sich nicht durch Zahlenmaterial aus den schlimmsten Kriegsjahren verwirren und vergleicht Angaben über die Bevölkerungsdichte und die Zahl der Bauernwirtschaften bei Kriegsbeginn in den jeweiligen Territorien mit den Daten einige Jahre nach den letzten Kriegswirren, kristallisiert sich ein deutlich differenziertes Bild heraus. Flüchtlinge kehrten in die befriedeten Regionen zurück und wagten einen Neubeginn auf ihren einstigen Ländereien.

Unlängst nun bilanzierten kurz hintereinander zwei Historiker, das Ende des Krieges sei »kein nationales Unglück« gewesen. Während einer der beiden, der Augsburger Johannes Burckhardt, seine Untersuchung zum Dreißigjährigen Krieg so resümierte (Burckhardt, 121), rückte der Jenaer Georg Schmidt diese These bereits programmatisch in die Einleitung seiner kurzen Darstellung des Dreißigjährigen

Krieges (Schmidt, 7), eine interessante Herausforderung und wohl auch ein Bruch mit einer fast zweihundertjährigen traditionellen Auffassung, sieht man von weiteren differenzierten Betrachtungen des Kriegselends seit den sechziger Jahren ab.

Vieles spricht dafür, daß die unmittelbaren Kriegsfolgen auf deutschem Boden wohl weniger umfassend waren, als gemeiniglich aufgrund der zeitgenössischen Klagen vermutet wurde. Weder die Grausamkeiten der Soldateska noch die blutigen Schlachten reduzierten die Bevölkerung in jenem, früher diskutierten Umfang. Gelogen sind die Bilanzen dennoch nicht, nicht einmal als Übertreibungen abzutun. Problematischer als das eigentliche Kriegsgeschehen waren die gestörten Lebensverhältnisse der Menschen mit Flucht, Obdachlosigkeit, Hungersnöten und fehlendem landwirtschaftlichen Zyklus. Wo nicht gesät wurde, konnte auch niemand ernten. In den überfüllten Städten wüteten Epidemien und rafften mehr Menschen dahin als der mörderische Krieg. Am Ende aber verstanden die Zeitgenossen alles wohl doch sehr berechtigt als Wirkungen der »Kriegsläufte« und verbanden das »Große Sterben« mit den schier nicht endenden Heerzügen, Plünderungen, Verheerungen. Der »Dreißigjährigen Krieg« überhaupt, dieser Konflikt der Einzelkonflikte, wurde zum Trauma unserer Geschichte bis in unser Jahrhundert.

Tatsächlich wurden nur bestimmte Regionen durch die Kriegsläufte und Folgen besonders verheerend betroffen. Es gibt Territorien, die nahezu verschont blieben. Selbst das vom schwedischen Einmarsch zwischen 1626 und 1629 schwer gezeichnete Preußen zwischen Thorn, Danzig und Königsberg hatte sich rasch wieder erholen können und erlebte um 1649 sogar eine ungewöhnlich reiche Ernte und einen gewinnträchtigen Getreidehandel. Hamburg, Lübeck, Bremen und Emden profitierten vom Kriegsgeschehen, wuchsen stetig. Auch Holstein – sieht man von einigen Städten und Regionen ab – überstand die Kriegsjahrzehnte trotz der Durchzüge der wallensteinischen und der schwedischen Korps ohne größere Verluste und Wüstungen. Städte wie Hannover, Celle und Wolfenbüttel beispielsweise blühten trotz gelegentlicher Belagerungen und Brandschatzungen ebenfalls auf. Ähnlich glücklich schätzten sich letztendlich auch die Menschen der österreichischen Erblande, insbesonder z. B. Innerösterreichs (Steiermark, Kärnten). Mit Verlusten zwischen 10 – 30 Prozent bilanzieren die Historiker dagegen heute den Kriegsverlauf in Böhmen, Mähren und Schlesien. Brandenburg, der Magdeburger Raum, Hessen, Franken, Bayern, Schwaben und das Elsaß büßten wohl zwischen 30 – 50 Prozent ihrer Bewohner und des Viehs ein. Dort blieben auffallend viele Wüstungen nach 1648 auf lange Zeit dominierend. Schwerste Folgen zeitigte der Krieg für die Bauern Pommerns – dort erinnert noch heute das Kinder-Wiegenlied »Schlaf Kindlein, schlaf... die Mutter ist in Pommerland, Pommerland ist abgebrannt...« an die damalige furchtbare Zeit –, aber auch für Mecklenburg, Thüringen, einige Regionen Hessens und den Südwesten Deutschlands. Hier litten die Pfälzer und Württemberger besonders. Teilweise wurde mehr als die Hälfte der Dörfer vernichtet und verstarben über 50 Prozent der dort Ansässigen. Auch Sachsens Bauern um Dresden, Chemnitz, Leipzig und die Menschen in den beiden Lausitzen wurden von der Kriegsfurie wieder und wieder überrollt und zahlten einen hohen Blutzoll, hingerafft durch Pest

und Hungersnöte. In den »vom Krieg am meisten betroffenen Regionen« brannte
»nahezu jedes zweite Wohnhaus« nieder (Zeeden, II, 322). »Diesen Verlust aufzuho-
len, bedurfte es dreier Generationen« (ebd., 323). Selbst hier aber wechselten Landstriche mit relativer Unberührtheit mit solchen, die schwerste Verheerungen belegen. Manchmal gelang es einer vorausschauenden Obrigkeit, die Untertanen ihres
Territoriums durch kluges Taktieren und Zahlungen selbst da zu schützen, wo die
Armeen mehrfach die Landstriche überfluteten.

Insgesamt sank aber die Bevölkerungszahl auf deutschem Boden doch spürbar.
Manche Historiker schätzen dort um 1600 etwa zwischen 15 bis 17 Millionen, einige rechnen sogar mit bis zu 21 Millionen Einwohner. Um 1650 – so meinen die
meisten Experten – lebten nur noch zwischen 10 bis 13 Millionen hier, ein Absin-
ken von zwischen 30 bis 40 Prozent. Ein doch gewaltiger Blutzoll, vergleichbar
höchstens mit den Folgen der Pestepidemie Mitte des 14. Jahrhunderts. In dieser
Relation verblassen auch ein wenig die Kriegsfolgen des Zweiten Weltkriegs.

Der Friedensschluß bewirkte folglich allgemeines Aufatmen und ließ die Menschen wieder hoffen. Es sei erstaunlich, so einer der modernen Experten, »daß sich,
obwohl durch den Krieg unglaublich viel aus den Fugen geraten war, die Grundfor-
men eines geordneten menschlichen Zusammenlebens verhältnismäßig rasch« wieder zusammenfügten (ebd., 326). So begann z. B. eigentlich erst so richtig nach
1648 das Barockzeitalter mit seinen wunderbaren Zeugen vor allem in Süddeutschland, Österreich und Böhmen, sicherlich begünstigt auch durch das Wirken der
katholischen Gegenreformation und weiter durch die Erfolge bei den Türkenkriegen. In der Barockliteratur jedoch wirkte lang das Trauma dieses Krieges nach, und
hier lassen sich übrigens Parallelen zur Zeit nach 1945 ausmachen. Da ist der »Vani-
tas«-Gedanke vor allem bei Andreas Gryphius zu nennen, und auch »Der abenteuerliche Simplizissimus« von Hans Jakob Christoffel von Grimmelshausen, wo der
Dreißigjährige Krieg literarisch verarbeitet wird.

Erst im Nachhinein wird eine Epochenscheide 1648 deutlich. Der Frieden von
Münster und Osnabrück war in der Tat ein Wendepunkt deutscher Geschichte. War
die Reichsentwicklung bis dahin »vornehmlich eine Geschichte des Reiches und seiner Kaiser, wurde die Geschichte Deutschlands jetzt viel stärker eine Geschichte der
großen Territorien« (ebd.). Das aber spürten die Zeitgenossen kaum, und ahnten
wohl nur wenige. Sie bejubelten zuerst und vor allem den allmählichen Übergang zu
stabileren Friedensverhältnissen. Die Menschen Pommerns und Mecklenburgs allerdings dürften nicht einmal solche Empfindungen ungetrübt verspürt haben. Für sie
war es kaum fühlbar, daß nun ein »ewiger Frieden« den Kriegszustand abgelöst
haben sollte. Schon wenige Jahre nach dem laut und fröhlich verkündeten Friedensschluß und genaugenommen nur vier, fünf Jahre nach der Abdankung des größten
Teils der feindlichen Heerscharen durch den Nürnberger »Hauptrezeß« vom 26.
Juni 1650 – dem Vertrag zwischen dem Kaiser und den Schweden über den Trup-
penrückzug aus weiten Teilen des Reiches – marschierten schon wieder schwedische
Armeen durch deutsche Landschaften und stampften europäische Heerscharen über
Schleswig-Holsteins Erde. So scheint das große Werk der Britin Wedgwood ebenso

wenig überlebt wie ihre Wertung des Friedens von Münster und Osnabrück. Dieser Frieden gelte »in der europäischen Geschichte (als) epochemachend«, man nehme »gewöhnlich an, daß er es wirklich war«. Doch sei diese Wertung eher erkünstelt (457). Sicher, das schrieb diese Kennerin Mitte der sechziger Jahre, als das Werk noch einmal mit ihren eigenhändigen Korrekturen aufgelegt wurde. Möglich, daß sie heute weniger scharf urteilen würde, erwiesen ist es aber nicht. Ein Gleichge-wicht in Europa wurde jedenfalls 1648 nicht vertraglich gesichert und war auch kaum wirklich erstrebt durch Sieger und Besiegte. So wurden neue Kriege unver-meidlich. Eine gewisse Bedeutung kommt dem Vertragswerk des Westfälischen Frie-dens für die künftige europäische Entwicklung dennoch zu, da alle gegen Frankreich gerichteten Allianzen der folgenden Jahrzehnte auf den Vereinbarungen von Mün-ster und Osnabrück beruhten und jeder Versuch einer neuen Universalherrschaft oder Dominanz zumindest in Europa abgewiesen wurde.

Über das Glück oder Unglück der Deutschen durch diesen Vertrag wird man wohl weiter streiten müssen. Direkt gegen Fritz Dickmanns Bezug auf das deutsche Trauma von der nationalen Katastrophe polemisierend beschönigt Johannes Burk-hardt den Erfolg des Westfälischen Frieden. Es sei »mit vergleichsweise geringen Stö-rungen gelungen, den Landfrieden für fast ein Jahrhundert zwischen den Reichsglie-dern aufrecht zu erhalten... Wenn man sich den Blick nicht von den Interferenzen mit den habsburgischen und den preußischen Großmachtinteressen verstellen läßt, kann man geradezu sagen: Von deutschem Boden, zumindest dem eigentlich reichi-schen, ging nach dem Westfälischen Frieden kein Krieg aus.« (Ebd., 123). Ja und nein! Bleibt man bei den »Interferenzen«, so muß zunächst einmal deutlich gesagt werden, daß Brandenburg – wahrlich noch keine Großmacht – schon wenige Jahre nach 1648 um sein Recht auf Pommern kämpfte und sich Brandenburg-Preußen und Österreich fortan unversöhnlich gegenüberstanden. Auch so gesehen darf man sich den Blick nicht »verstellen« lassen! Im übrigen kämpfte zu Beginn des 18. Jahr-hunderts Bayern an der Seite Frankreichs im Spanischen Erbfolgekrieg gegen Kaiser und Reich. Prinz Eugen von Savoyen, der kaiserliche Heerführer, mußte im Sommer 1706 sogar den bayrischen Kurfürsten vertreiben und Bayern vorübergehend beset-zen. Auch das ist doch eine Folge bestimmter partikularistischer Tendenzen, die eben der Westfälische Frieden festschrieb. Und diese Schlachten auf deutschem Boden waren alles andere als »vergleichsweise geringe Störungen«. Johannes Burk-hardt hat sich in diesem sehr lesenswerten Werk im übrigen seinerseits auch zur Rolle Preußens in der Geschichte geäußert. Das sei ein Beweis für die »kriegstrei-bende Dynamik auch und gerade verspäteter Staatsbildungen« (Ebd., S. 203). Das könnte wohl ebenso Wasser auf die Mühlen jener sein, die dem 1871 geformten deutschen Nationalstaat als »verspätete Staatsbildung« eine besondere Aggressivität bescheinigen und daraus letztendlich zwingend die Entwicklung zweier Weltkriege herleiten. Das aber dürfte wohl kaum positiv für das Westfälische Friedenswerk zu Buche stehen, und Burkhardt hat es zweifellos auch nicht so gemeint.

Man kann in der Tat eben einen solchen Zusammenhang genausowenig postulie-ren wie zwischen dem heutigen Föderalismus und dem Sieg des Partikularismus im

17. Jahrhundert. Die regionale Vielfalt Deutschlands ist sicher ein bleibender Gewinn, wurde aber durch gewichtige historische Nachteile der nächsten zweihundert Jahre aufgehoben. So sollte man eigentlich nur in der Regelung der Konfessionsproblematik einen Vorteil sehen.

Sicher haben die Deutschen in ihrer Geschichte nach 1648 neuerlich Bedeutsames geleistet, trotz jenes fruchtbaren Krieges und des für die spätere Geschichte des deutschen Volkes wenig glücklichen Friedens von Münster und Osnabrück. Das haben schon Generationen unserer Historiker ebenso bemerkt wie sie die Folgen des Westfälischen Friedens berechtigt als höchst belastend für die weitere nationale Entwicklung auf deutschem Boden werteten. Nun sind 350 Jahre seit diesem Friedensschluß vergangen, und man sollte sich eher bewußt machen, daß Deutschland seinen Platz im heutigen Europa der Völkergemeinschaft finden konnte und daß nach zwei Weltkriegen als qualitative Steigerung der menschlichen Leiden zwischen 1618 und 1648 endlich das Wirklichkeit werden konnte, was damals in Münster und Osnabrück höchstens Vision einiger bleiben mußte.

ZEITTAFEL DES DREISSIGJÄHRIGEN KRIEGES

Schwedische Ereignisse werden auch mit dem Datum des damals dort noch herrschenden Julianischen Kalenders angegeben (jeweils zehn Tage früher)

11.-15. Mai 1608	Gründung der protestantischen Union zu Ahausen
10. Juli 1609	Gründung der katholischen Liga zu München
17. Oktober 1610	Krönung Ludwigs XIII. in Reims
6. Januar 1612	Axel Oxenstierna wird schwedischer Reichskanzler
29. Juni 1617	Krönung Ferdinands II. zum König von Böhmen im Prager St. Veits-Dom
12./22. Oktober 1617	Krönung Gustavs II. Adolf in Uppsala zum König von Schweden
23. Mai 1618	Prager Fenstersturz
1. Juli 1618	Krönung Ferdinands II. zum König von Ungarn in der St. Martins-Kirche zu Preßburg
20. Juli 1618	Verhaftung Melchior Kardinal Klesls und Inhaftierung in Ambras/Tirol
9. November 1618	Gefecht bei Lomnitz (Südböhmen). Böhmische Truppen besiegen Kaiserliche unter von Buquoy
20. März 1619	Tod Kaiser Matthias' in Wien
30. April 1619	Rebellion Wallensteins gegen die mährischen Stände
29. Mai 1619	Eroberung von Laa an der Thaya durch böhmische Truppen unter Heinrich Matthias von Thurn
5. Juni 1619	»Sturmpetition« der niederösterreichischen protestantischen Stände bei Kaiser Ferdinand II. in der Wiener Hofburg
6. Juni 1619	Das böhmische Ständeheer unter Heinrich Matthias von Thurn vor Wien
10. Juni 1619	Schlacht bei Záblat bzw. Netolitz (Südböhmen). Niederlage der böhmischen Truppen unter Peter Ernst von Mansfeld gegen die Kaiserlichen unter Karl von Buquoy
19. August 1619	Absetzung Ferdinands II. als böhmischer König durch die böhmischen Stände
20. August 1619	Abschluß einer Angriffsallianz zwischen Fürst Bethlen Gábor von Siebenbürgen und den böhmischen Ständen
25. August 1619	Wahl Bethlen Gábors zum König von Ungarn durch den Landtag von Neusohl (Banská Bystrica bzw. Beszterczebánya)
26. August 1619	Wahl Kurfürst Friedrichs V. von der Pfalz durch die böhmischen Stände zum König von Böhmen (»Winterkönig«)
28. August 1619	Wahl Ferdinands II. in Frankfurt am Main zum röm. dt. Kaiser

9. September 1619	Krönung Ferdinands II. zum röm. dt. Kaiser in Frankfurt am Main
8. Oktober 1619	Münchener Vertrag. Maximilian I. von Bayern verspricht, Kaiser Ferdinand II. gegen die aufständischen Böhmen zu unterstützen. Dieser sagt dafür die Übertragung der Pfälzer Kurwürde an Bayern zu
14. Oktober 1619	Schlacht und Einnahme von Preßburg. Niederlage kaiserlicher Truppen unter Rudolf von Tiefenbach gegen Bethlen Gábor
24.-26. Oktober 1619	Karl von Buquoy verteidigt Wien gegen böhmische Streitkräfte unter Heinrich Matthias von Thurn
4. November 1619	Krönung Friedrichs V. von der Pfalz zum König von Böhmen in der Wenzelskapelle zu Prag
26. November 1619	Neuerliche Belagerung Wiens durch Thurn
6. Juni 1620	Ferdinand II. beauftragt Maximilian I. von Bayern mit der Exekution in Böhmen
3. Juli 1620	Ulmer Vertrag. Neutralitätsabkommen zwischen Liga und Union unter französischer Vermittlung
12. Juli 1620	Die Kaiserlichen unter Karl von Buquoy schlagen nahe Wiens böhmisch-pfälzische Truppen unter Heinrich Matthias von Thurn
23. September 1620	Maximilian vom Bayern erobert Cham (Oberpfalz)
8. November 1620	Schlacht am Weißen Berg bei Prag. Kaiserliche bzw. bayerische Truppen unter Tilly besiegen das böhmisch-pfälzische Heer unter Christian von Anhalt
9. November 1620	Flucht Friedrichs V. von der Pfalz aus Prag nach der Schlacht am Weißen Berg
Dezember 1620	Einnahme Karlsteins unter Karl von Buquoy
22. Januar 1621	Verhängung der Reichsacht über Kurfürst Friedrich V. von der Pfalz
7. Mai 1621	Einnahme von Preßburg unter Karl von Buquoy
14. Mai 1621	Auflösung der Union
21. Juni 1621	Hinrichtung 28 böhmischer aufständischer Adliger in Prag
16. Juli 1621	Tilly wehrt bei Waidhausen (Oberpfalz) einen Angriff Mansfelds ab
15./25. September 1621	Eroberung Rigas durch schwedische Truppen
5. Oktober 1621	Schlacht bei Tyrnau (Trnava, heute Slowakei). Niederlage kaiserlicher Truppen unter Rudolf von Tiefenbach gegen Bethlen Gábor
2. Dezember 1621	Christian von Halberstadt erobert Amöneburg bei Mainz
20. Dezember 1621	Schlacht bei Kirtorf (westl. von Alsfeld). Christian von Halberstadt unterliegt den Truppen der Liga
2. Januar 1622	Christian von Halberstadt erobert Lippstadt
6. Januar 1622	Im Frieden von Nikolsburg (Mikulov) verzichtet Fürst Bethlen Gábor auf die ungarische Krone und wird in den Stand eines Reichsfürsten erhoben (Herzog von Oppeln und Ratibor)
21. Januar 1622	Christian von Halberstadt erobert Soest
3. Februar 1622	Jülich unter niederländischer Besatzung ergibt sich nach mehrmonatiger Belagerung den Spaniern unter Spinola
27. April 1622	Schlacht bei Wiesloch. Zwischen den Ligatruppen unter Tilly und den siegreichen pfälzischen Truppen unter Mansfeld

6. Mai 1622	Schlacht bei Wimpfen. Zwischen den siegreichen Ligatruppen unter Tilly und Córdoba und den pfälzischen Truppen unter Markgraf Georg Friedrich von Baden-Durlach
20. Juni 1622	Schlacht bei Höchst. Zwischen den siegreichen Ligatruppen unter Tilly und den pfälzischen Truppen unter Christian von Halberstadt
29. August 1622	Schlacht bei Fleurus. Zwischen den pfälzisch-protestantischen Truppen unter Christian von Halberstadt sowie Peter Ernst von Mansfeld und den Spaniern unter Córdoba
19. September 1622	Tilly erobert Heidelberg
16. Oktober 1622	Friede von Montpellier mit den Hugenotten
2. November 1622	Tilly erobert Mannheim
23./25. Februar 1623	Ferdinand II. aberkennt die Kurwürde Friedrichs von der Pfalz und überträgt sie Maximilian I. von Bayern
6. Juli 1623	Schlacht bei Keiffenhausen. Zwischen den siegreichen pfälzisch-protestantischen Truppen unter Christian von Halberstadt und den Kaiserlichen unter Franz Albrecht von Sachsen-Lauenburg
6. August 1623	Schlacht bei Stadtlohn (südl. von Ahaus, westl. von Coesfeld). Zwischen den siegreichen Ligatruppen unter Tilly und den protestantischen Truppen unter Christian von Halberstadt
6. August 1623	Wahl Papst Urbans VIII.
10. Juni 1624	Vertrag von Compiégne zwischen Frankreich und den Niederlanden, gegen den Kaiser gerichtet
31. Juli 1624	Rambaldo Graf von Collalto zum kaiserlichen Hofkriegsratspräsidenten ernannt
13. August 1624	Richelieu wird Vorsitzender des Königlichen Rates
20. März 1625	Wahl König Christians IV. von Dänemark zum niedersächsischen Kreisoberst
15. Mai 1625	»Frankenburger Würfelspiel« und Blutgericht auf dem Haushammerfeld bei Vöcklamarkt/Oberösterreich
5. Juni 1625	Die Spanier erobern Breda
25. Juli 1625	Kaiser Ferdinand II. ernennt Wallenstein zum kaiserlichen Oberbefehlshaber
21. September 1625	Schlacht bei Verceia. Die Kaiserlichen unter Pappenheim besiegen Franzosen und Venezianer
7./17. Januar 1626	Die Schweden unter Gustav II. Adolf besiegen das polnische Heer bei Wallhof
25. April 1626	Schlacht an der Dessauer Elbbrücke. Zwischen den siegreichen kaiserlichen Truppen unter Wallenstein und den Protestanten unter Mansfeld
21. Mai 1626	Niederlage Adam von Herberstoffs gegen aufständische Bauern bei Peuerbach/Oberösterreich
6. Juni 1626	Christian von Halberstadt stirbt in Wolfenbüttel
8. Juni 1626	Tilly erobert das dänisch besetzte (Hann.) Münden

21. Juli 1626	Erfolgreiche Abwehr unter Adam von Herberstorff gegen die Bauern bei Linz
27. August 1626	Schlacht bei Lutter am Barenberge (südöstl. von Hildesheim, südwestl. von Salzgitter) zwischen den siegreichen Ligatruppen unter Tilly und den Protestanten bzw. Dänen unter Christian IV.
9./12. November 1626	Pappenheim besiegt die oberösterreichischen Bauern bei Eferding und Vöcklabruck
20. Dezember 1626	Frieden von Preßburg zwischen Kaiser Ferdinand II. und Bethlen Gábor
24. Dezember 1626	Gustav Horn und Jacob De La Gardie besiegen bei Wenden die Polen
25. Januar 1627	Rückkehr Kardinal Klesls nach Wien
Sommer 1627	Wolf Heinrich von Baudissin bewahrt bei Koschau an der Oder die dänische Kavallerie vor der Vernichtung durch Wallenstein
24. September 1627	Schlacht bei Heiligenhafen an der Ostsee (Holstein). Niederlage der Dänen unter Georg Friedrich von Baden-Durlach
18 Dezember 1627	Pappenheim erobert Wolfenbüttel
1. Februar 1628	Kaiser Ferdinand II. entbindet alle Untertanen Mecklenburgs vom Eid gegenüber den Herzogen Adolf Friedrich I. und Johann Albrecht
22. Februar 1628	Erbliche Übertragung der Kurwürde an Maximilian I. von Bayern
7. Juli 1628	Beginn der Belagerung Stralsunds unter Wallenstein, nach elf Wochen muß er vergebens abziehen
22. August 1628	Schlacht bei Wolgast. Sieg der kaiserlichen Truppen unter Albrecht von Wallenstein und Rudolf von Tiefenbach gegen die dänischen Truppen unter Christian IV.
18. Januar 1629	Der schwedische Reichstag stimmt für den Kriegseintritt gegen Kaiser Ferdinand II.
6. März 1629	Restitutionsedikt Kaiser Ferdinands II.
5. Juni 1629	Friede von Lübeck zwischen Kaiser Ferdinand II. und König Christian IV. von Dänemark
17./27. Juni 1629	Schlacht bei Stuhm. Sieg der kaiserlichen bzw. polnischen Truppen über die Schweden unter Gustav II. Adolf
28. Juni 1629	Frieden von Alais mit den Hugenotten
19. August 1629	Friedrich Heinrich von Nassau-Oranien erobert Wesel
16./26. September 1629	Waffenstillstand von Altmark. Polen tritt Livland an Schweden ab
3. Juni 1630	Beginn des Kurfürstentags von Regensburg
26. Juni/6. Juli 1630	Die Schweden unter Gustav II. Adolf landen bei Peenemünde auf der Insel Usedom
18. Juli 1630	Kaiserliche Truppen unter Aldringen und Collalto erobern Mantua
10./20. Juli 1630	Besetzung Stettins durch schwedische Truppen
13. August 1630	Kaiser Ferdinand II. beschließt die Entlassung Wallensteins als kaiserlichen Oberbefehlshaber
6. September 1630	Wallenstein empfängt in Memmingen die Entlassungsurkunde
13./23. Januar 1631	Vertrag zu Bärwalde (bei Küstrin). Frankreich sichert Schweden für den Kampf gegen den Kaiser Subsidien zu
26. Februar 1631	Eröffnung des Leipziger Konvents

6. April 1631	Vertrag von Cherasco (Piemont). Kaiser Ferdinand II. verzichtet auf Mantua und Monferrat und räumt Graubünden, das von den Franzosen besetzt wird
21. April 1631	Leipziger Bund der protestantischen Reichsstände gegen die Reichsgewalt
3./13. April 1631	Beginn der Belagerung von Frankfurt an der Oder unter Gustav II. Adolf. Die kaiserliche Besatzung unter Montecuccoli muß abziehen
20. Mai 1631	Eroberung Magdeburgs unter Tilly, das seit März 1631 belagert wurde. Die Stadt wird fast vollständig zerstört, rund 20.000 Tote unter der Zivilbevölkerung!
28. Juli 1631	Die Kaiserlichen unter Heinrich von Holk leisten bei Walmirstedt den Schweden erbitterten Widerstand
7. August 1631	Schlacht bei Werben (westlich von Havelberg). Zwischen den Kaiserlichen unter Tilly und den siegreichen Schweden unter Gustav II. Adolf
7. September 1631	Niederlage kaiserlicher Truppen unter Don Baltasar von Marradas gegen schwedische Truppen unter Hans Georg von Arnim nahe Breslau
14. September 1631	Tilly erobert die Feste Pleißenberg bei Leipzig
7./17. September 1631	Schlacht bei Breitenfeld (nördlich von Leipzig). Zwischen den Ligatruppen unter Tilly und den siegreichen Schweden und Sachsen unter Gustav II. Adolf. Tilly wurde verwundet
15. November 1631	Eroberung Prags durch sächsische Truppen unter Hans Georg von Arnim
7. Dezember 1631	Hans Georg von Arnim besiegt bei Nimburg die Kaiserlichen unter Tiefenbach
15. Dezember 1631	Wallenstein wiederum kaiserliche Oberbefehlshaber
7./17. Dezember 1631	Gustav II. Adolf geht mit seiner Armee bei Mainz über den Rhein. Eroberung von Mainz am 22. Dezember
14. Januar 1632	Pappenheim entsetzt Magdeburg von den Schweden unter Banér
9. März 1632	Sieg Tillys über die Schweden unter Gustav Horn bei Bamberg
9. April 1632	Besetzung der Festung Ehrenbreitstein bei Koblenz durch französische Truppen
5./15. April 1632	Schlacht bei Rain am Lech (östlich von Donauwörth). Zwischen den Kaiserlichen unter Tilly und den siegreichen Schweden unter Gustav Adolf. Tilly wurde schwer verwundet und starb daraufhin am 30. April
14. Mai 1632	Gefecht bei Landshut, Jan van Werth besiegt die Schweden
17. Mai 1632	Einzug der Schweden unter Torstensson in München
25. Mai 1632	Wallenstein besetzt Prag
27. Juli 1632	Erzherzog Leopold V. verteidigt erfolgreich die Festung Ehrenberg bei Reutte (Tirol) gegen die Schweden unter Bernhard von Sachsen-Weimar
17. August 1632	Pappenheim unterliegt den Niederländern bei Maastricht
20. August 1632	Besetzung Triers durch französische Truppen
23. August 1632	Die Niederländer erobern das von den Spaniern besetzte Maastricht
1. - 3. September 1632	Schlacht bei Altdorf bzw. Zirndorf (östlich von Nürnberg). Zwischen den Kaiserlichen unter Wallenstein und den Schweden unter Gustav II. Adolf. Erste Niederlage der Schweden
6./16. November 1632	Schlacht bei Lützen (südlich von Leipzig). Zwischen den Kaiserlichen unter Wallenstein und den Schweden unter Gustav Adolf, der in dieser Schlacht fiel.
29. November 1632	Tod Friedrichs V. von der Pfalz in Mainz

21. Dezember 1632	Die Schweden unter Wolf Heinrich Graf von Baudissin besetzen Köln-Deutz, ziehen aber wegen der großen Gegenwehr bereits am nächsten Tag ab
14. März 1633	Belagerung Hamelns durch schwedische Truppen unter Georg von Braunschweig-Lüneburg (Einnahme am 13. Juli)
8. April 1633	Die Hessen unter Melander erobern Paderborn
20. April 1633	Erstürmung Landsbergs unter grauenhaften Begleitumständen durch die Schweden
23. April 1633	Heilbronner Bund unter Federführung Oxenstiernas gegen die Reichs-gewalt
28. Juni 1633	Schlacht bei Hessisch-Oldendorf. Sieg der Schweden unter Georg von Braunschweig-Lüneburg über die Kaiserlichen
15. August 1633	Geheimes Angebot Kurfürst Ferdinands an Richelieu, Kurköln unter französischem Schutz zu stellen
12. September 1633	Die Schweden unter Knyphausen erobern Osnabrück
11. Oktober 1633	Schlacht bei Steinau an der Oder (Scinawa, nordöstl. von Legnica/Liegnitz). Zwischen den siegreichen Kaiserlichen unter Wallenstein und den Schweden unter Heinrich Matthias von Thurn, der gefangen genommen wurde
16. November 1633	Die Schweden unter Bernhard von Sachsen-Weimar erobern Regensburg
24. Januar 1634	1. Absetzungspatent Ferdinands II. für Albrecht von Wallenstein und Ernennung von Matthias Gallas zum neuen kaiserlichen Oberbefehls-haber
20. Februar 1634	2. Absetzungspaten Wallensteins (2. Pilsener Revers)

Die Belagerung von Landshut im Jahr 1634

25. Februar 1634	Ermordung Wallensteins in Eger
22. April 1634	Niederlage der Hessen unter Melander bei Herford
13. Mai 1634	Die Sachsen unter von Arnim besiegen die Kaiserlichen unter Colloredo bei Liegnitz (Schlesien)
3. Juni 1634	Eroberung Philippsburgs durch die Schweden
14. Juni 1634	Jan van Werth entsetzt das von Protestanten und Schweden belagerte Aichach (nordöstlich von Augsburg)
15. Juli 1634	Donauwörth wird von den Kaiserlichen eingenommen
22. Juli 1634	Schlacht und Belagerung von Landshut. Die Kaiserlichen unter Aldringen, der fiel, unterliegen den Schweden unter Bernhard von Sachsen-Weimar
26. Juli 1634	Regensburg wird von den Kaiserlichen eingenommen
29. August 1634	Franz von Mercy übergibt nach mehrmonatiger Belagerung Rheinfelden an die Schweden unter Bernhard von Sachsen-Weimar
5./6. September 1634	Schlacht bei Nördlingen. Zwischen den siegreichen Kaiserlichen unter dem späteren Kaiser Ferdinand III. sowie Matthias Gallas und den Protestanten unter Bernhard von Sachsen-Weimar
21. September 1634	Jan van Werth besiegt bei Calw Otto Ludwig Rheingraf Salm-Kyrburg-Mörchingen
24. Januar 1635	Rückeroberung Philippsburgs von den Schweden durch kaiserliche Truppen
28. Februar 1635	Waffenstillstand zwischen dem Kaiser und den Sachsen bei Laun
26. März 1635	Eroberung Triers von den Franzosen durch spanische Truppen. Gefangennahme des Kurfürsten von Trier, Philipp Christoph von Sötern
30. April 1635	Vertrag von Compiègne. Frankreich sichert die Unterstützung der deutschen Protestanten zu
19. Mai 1635	Kriegserklärung Frankreichs an Spanien
30. Mai 1635	Friede von Prag
4. Juli 1635	Piccolomini zwingt die Franzosen und Niederländer zur Aufgabe der Belagerung Löwens
4. September 1635	Jan van Werth befreit Heidelberg und in der Folge Speyer
18. September 1635	Kriegserklärung Frankreichs an Kaiser Ferdinand II.
24. September 1635	Die Kaiserlichen unter Gallas befreien das von den Schweden besetzte Schorndorf (östlich von Stuttgart), das dabei fast vollständig zerstört wurde
Oktober 1635	Schwere Niederlage der Sachsen unter Wolf Heinrich von Baudissin bei Dömitz in Mecklenburg
11. Juni 1636	Schlacht bei Haselünne
14. Juli 1636	Bernhard von Sachsen-Weimar besetzt Zabern (Saverne, Elsaß)
14. August 1636	Spanische und bayerische Truppe unter dem Kardinalinfanten Ferdinand und Jan van Werth besetzen die französische Festung Corbie
4. Oktober 1636	Schlacht bei Wittstock (nordwestlich von Brandenburg). Zwischen den Sachsen und Brandenburgern unter Kurfürst Johann Georg I. von Sachsen und den siegreichen Schweden unter Banér
22. Dezember 1636	Wahl und Krönung Ferdinands III. zum röm. dt. König in Regensburg

15. Februar 1637	Tod Kaiser Ferdinands II. in Wien und Regierungsantritt Kaiser Ferdinands III.
26. Juni 1637	Jan van Werth zwingt die Franzosen zum Abzug aus der Festung Ehrenbreitstein (Koblenz)
10. Oktober 1637	Breda ergibt sich nach sechsmonatiger Belagerung Prinz Friedrich Heinrich von Nassau-Oranien
22. Oktober 1637	Jan van Werth und Savelli besiegen bei Breisach die Schweden unter Bernhard von Sachsen-Weimar
3. März 1638	Schlacht bei Rheinfelden (südlicher Breisgau). Zwischen den siegreichen Protestanten unter Bernhard von Sachsen-Weimar und den Kaiserlichen unter Jan van Werth
12. April 1638	Übergabe Freiburgs/Breisgau an Bernhard von Sachsen-Weimar
17. Oktober 1638	Die Kaiserlichen unter Hatzfeldt besiegen bei Vlotho Ruprecht von der Pfalz
17. Dezember 1638	Kapitulation der kaiserlichen Besatzung von Breisach unter Mercy an Bernhard von Sachsen-Weimar
14. April 1639	Schlacht bei Chemnitz. Sieg der Schweden unter Banér über die Kaiserlichen unter Gallas
7. Juni 1639	Schlacht bei Diedenhofen (Thionville, Lothringen). Die Kaiserlichen unter Octavio Piccolomini besiegen die Franzosen unter Feuquière
21. Oktober 1639	Sieg der Niederländer über eine spanische Flotte vor Dünkirchen
17. September 1640	Turenne erobert Turin
1. Dezember 1640	Tod Kurfürst Georg Wilhelms von Brandenburg
27. März 1641	Franz von Mercy schlägt die schwedische Nachhut bei Neuenburg vor dem Walde
6. Juli 1641	Sieg der Spanier über die Franzosen bei Sedan
21. Dezember 1641	Präliminarvertrag von Hamburg setzt Münster und Osnabrück als Kongreßorte fest
17. Januar 1642	Schlacht bei Kempen (Tönisvorst zwischen Krefeld und Kempen). Die Franzosen besiegen ein kaiserliches Heer unter Graf Lamboy
12. Mai - 17. Juni 1642	Erfolglose Belagerung von Lerida (Katalonien) mit spanischer Besatzung durch die Franzosen unter Louis II. de Condé
7. Oktober 1642	Schlacht bei Lerida. Die Spanier unter Leganez besiegen die Franzosen unter Lamothe-Haudaucourt
23. Oktober/ 2. November 1642	Schlacht bei Breitenfeld. Zwischen den Kaiserlichen unter Erzherzog Leopold Wilhelm sowie Piccolomini und den siegreichen Schweden unter Torstensson
4. Dezember 1642	Tod Richelieus
14. Mai 1643	Tod Ludwigs XIII.
18. Mai 1643	Mazarin Erster Minister Frankreichs

In der Schlacht von Tuttlingen am 24. November 1643 besiegten die Kaiserlichen bzw. Bayern und Franz von Mercy die Franzosen

18./19. Mai 1643	Schlacht bei Rocroi (Ardennen). Die Franzosen unter Louis II. de Condé vernichten ein spanisches Heer
24. November 1643	Schlacht bei Tuttlingen. Zwischen den siegreichen Kaiserlichen unter Mercy und den Franzosen unter Rantzau
11. Mai 1644	Franz von Mercy erobert Überlingen
1. Juli 1644	Seeschlacht auf der »Kolberger Heide«, König Christian IV. von Dänemark wird verwundet
4..-5. August 1644	Schlacht bei Freiburg/Breisgau. Zwischen den Franzosen unter Turenne sowie Louis de Condé und den Bayern unter Mercy. In dieser »mörderischsten Schlacht des ganzen Krieges« (Andreas Kraus) – 70 Prozent der Franzosen fielen – verhinderten die Bayern den weiteren Vorstoß der Franzosen nach Süddeutschland
13. Oktober 1644	Seeschlacht bei Femern. Die Schweden unter Wrangel besiegen die Dänen
4. Dezember 1644	Eröffnung des Friedenskongresses in Münster

Januar 1645	Einfall der Schweden unter Torstensson in die Österreichischen Erblande bis vor Wien
6. März 1645	Schlacht bei Jankau (Jankov, südöstlich von Prag). Die Schweden unter Torstensson besiegen die Kaiserlichen unter Johann Graf von Götz und Jan van Werth
5. Mai 1645	Schlacht bei Mergentheim (Marienthal-Herbsthausen). Zwischen den Kaiserlichen unter Mercy und van Werth und den Franzosen unter Turenne. Vernichtende Niederlage der Franzosen, die ein Drittel an Gefangenen verloren
3. August 1645	Schlacht bei Alerheim (bei Nördlingen). Zwischen den Kaiserlichen und Bayern unter Mercy sowie Jan van Werth und den siegreichen Franzosen unter Turenne. Mercy fiel
23. August 1645	Verzichtfrieden zu Brömsebro. Dänemark muß Zugeständnisse gegenüber den Schweden machen
6. September 1645	Schweden und Sachsen unterzeichnen einen Waffenstillstandsvertrag in Kötzschenbroda bei Dresden
3. Oktober 1645	Schlacht bei Philippsburg (bei Karlsruhe). Sieg der Kaiserlichen unter Erzherzog Leopold Wilhelm über die Franzosen unter Turenne
16. Dezember 1645	Linzer Frieden zwischen Kaiser Ferdinand III. und Georg II. Rákoczi, Fürst von Siebenbürgen
19. Juni 1646	Bündnis des Kurfürsten von Trier, Philipp Christoph von Sötern, mit Frankreich und Übergabe Philippsburgs an die Franzosen zur dauernden Besetzung
11. Oktober 1646	Die Franzosen erobern Dünkirchen
14. März 1647	Waffenstillstand von Ulm zwischen Frankreich und Bayern
18. Juni 1647	Louis Condé unterliegt den Spaniern bei Lerida (Katalonien)
18. Juli 1647	Fall der Festung Eger unter kaiserlicher Besatzung
28. Februar 1648	Tod König Christians IV. von Dänemark
17. Mai 1648	Schlacht bei Zusmarshausen (westlich von Augsburg). In dieser letzten Schlacht des Dreißigjährigen Krieges auf deutschem Boden besiegen die Franzosen und Schweden unter Turenne und Wrangel die Kaiserlichen unter Montecuccoli
20. August 1648	Schlacht bei Lens (Nordwestfrankreich). Zwischen den Kaiserlichen unter Erzherzog Leopold Wilhelm und den siegreichen Franzosen. Letzte Schlacht des Dreißigjährigen Krieges
4. Oktober 1648	Gefecht bei Dachau. Sieg der Kaiserlichen unter van Werth über die Franzosen und Schweden
24. Oktober 1648	Unterzeichnung des Westfälischen Friedens in Münster

DIE MILITÄRISCHEN RÄNGE IM VERGLEICH

Nach Thomas M. Barker, The Military Intellectual and Battle. Raimondo Montecuccoli and the Thirty Years War. Albany 1975, p. XII. Die hier angeführten Bezeichnungen für die Zeit des Dreißigjährigen Krieges wurden damals nicht immer so exakt verwendet, es gab immer wieder zahlreiche Variationen bei den einzelnen Bezeichnungen. Als Vergleiche werden die Rangebezeichnungen der k. u. k. österreichisch-ungarischen Armee bis 1918 bzw. der preußisch-deutschen Armee bis 1945 sowie die der deutschen Bundeswehr bzw. des österreichischen Bundesheeres der Gegenwart herangezogen. Der General-Feldzeugmeister und der General der Kavallerie des Dreißigjährigen Krieges waren gleichrangig, sie entsprachen später den Generälen der Infanterie, Kavallerie und Artillerie bzw. den »Drei-Sterne-Generälen«. Der Rang Generaloberst wurde in der k. u. k. Armee erst zu Beginn des Ersten Weltkriegs eingeführt. Die Ränge der deutschen Bundeswehr bzw. des österreichischen Bundesheeres haben sich nach dem US-Vorbild orientiert. Durch die Einführung des Brigadegenerals bzw. Brigadiers gab es eine Verschiebung nach oben, so daß z. B. der preußisch-deutsche Generalleutnant dem jetzigen deutschen Generalmajor entspricht.

Dreißigjähriger Krieg / *Kaiserliche Armee* / *Deutschland allgemein*	*K. u. k. Armee* / *Preußische bzw. deutsche Armee*	*Deutsche Bundeswehr* / *Österreichisches Bundesheer*
Generalissimus		
Generalleutnant	Feldmarschall bzw. Generalfeldmarschall	General
Feldmarschall	Generaloberst	Generalleutnant bzw. Korpskommandant
General-Feldzeugmeister	Feldzeugmeister bzw. General der Artillerie	Generalleutnant bzw. Korpskommandant
General der Kavallerie	General der Kavallerie, Infanterie	Generalmajor bzw. Divisionär
Feldmarschalleutnant	Feldmarschalleutnant bzw. Generalleutnant	Brigadegeneral bzw. Brigadier
General-Wachtmeister	Generalmajor	
Oberst/Obrist	Oberst	Oberst
Oberstleutnant/Obristleutnant	Oberstleutnant	Oberstleutnant
Obrist-Wachtmeister	Major	Major

QUELLEN- UND LITERATURVERZEICHNIS

Grundsätzlich wurden die Allgemeine Deutsche Biographie (ADB), die Neue Deutsche Biographie (NDB), das Biographische Wörterbuch in drei Bänden (BWB), das Svensk biografiskt lexikon (SLB), Stockholm 1918-1997, das Biographiskt lexicon öfver namnkunnige svenska män, das Dansk biografisk leksikon (DBL), Köbenhavn 1979-1984, das Dictionnaire de biographie Française, Paris 1933-1994, das Dictionary of National Biography, London 1908-1909, das Biographische Lexikon des Kaiserthums Österreich (Wurzbach), Wien 1856-1890, das Biographische Lexikon zur Geschichte der böhmischen Länder, 3 Bde., München, Wien 1979-1995, die Deutsche Biographische Enzyklopädie (DBE), München 1995-1998 und der Katalog der fürstlich Stolberg-Stolberg'schen Leichenpredigt-Sammlung, 4 Bde, Leipzig 1927-1932, genutzt.

Acta Pacis Westphalicae. Serie I: Instruktionen. Münster 1962.

Ebd.: Serie II, Abt. A: Die kaiserlichen Korrespondenzen, Bd 5 (1646-1647), Münster 1993.

Ebd.: Abt. C: Die schwedischen Korrespondenzen, Münster 1975.

Adler Salvius, Johan: Egenhändigt bref från dåvarande Legaten vid fredunderhandlingen Johan Adler Salvius till Riksdrotset Grefve Per Brahe (Handlingar rörande Skandinaviens historia, 5). Stockholm 1818.

Ahnlund, Nils: Axel Oxenstierna intill Gustav Adolfs död. Stockholm 1940.

Ders.: Gustav Adolf den Store. Stockholm 1963.

Ders.: Gustav Adolf inför tyska kriget. Stockholm 1918.

Albrecht, Dieter: Richelieu, Gustav Adolf und das Reich. München 1959.

Ders.: Das konfessionelle Zeitalter II: Die Herzöge Wilhelm V. und Maximilian I., in: Handbuch der bayrischen Geschichte II, 1988, S. 393-457.

Ders.: Die auswärtige Politik Maximilians von Bayern 1618-1635. Göttingen 1962.

Ders.: Kaiser Ferdinand II. (1619-1637), in: Die Kaiser der Neuzeit. 1519-1918. München 1990.

Ders.: Maximilian I. von Bayern, in: NDB 16 (1990), S. 477-480.

Allmayer-Beck, Johann Christoph – Lessing, Erich: Die kaiserlichen Kriegsvölker. Von Maximilian I. bis Prinz Eugen. 1479-1718. München 1978.

Altmann, Hugo: Die Reichspolitik Maximilians I. von Bayern 1613-1618. München 1978.

Andersson, Ingvar: Schwedische Geschichte. München 1950.

AOB: Rikskanslern Axel Oxenstiernas skrifter och brefväxling, 27 Bde. Stockholm 1888-1969.

Arckenholz: Historische Merkwürdigkeiten, die Königin Christina von Schweden betreffend, zur Erläuterung der Geschichte ihrer Regierung, und insonderheit ihres Privatlebens ..., Bd 1. Leipzig 1751.

Arnoldsson, Sverker: Svensk-fransk krigs- och fredspolitik i Tyskland 1634-1636. Göteborg 1937.

Ashley, M. P.: Das Zeitalter des Barocks. Europa zwischen 1598 und 1715. München 1968.

Bär, Max: Die Politik Pommerns während des dreißigjährigen Krieges (Publikationen aus den Kgl. Preuß. Staatsarchiven, 64). Leipzig 1896.

Barker, Thomas B.: The Military Intellectual and Battle. Raimondo Montecuccoli and the Thirty Years War. Albany 1975.

Baur, J.: Philipp von Sötern, geistlicher Kurfürst von Trier, und seine Politik während des Dreißigjährigen Krieges. 2 Bde. Speyer 1897 und 1915.

Berner, Felix: Gustav Adolf. Der Löwe aus Mitternacht. Stuttgart 1982.

Beyreuther, Erich: Matthias Hoë von Hoënegg, in: NDB 9 (1972), S. 300-301.

Björlin, Gustav: Johan Banér. 3 Bde. Stockholm 1908-1910.

Blaha, Walter: Erzbischof Johann Philipp von Schönborn, in: Kaiser. König. Kardinal. Deutsche Fürsten. 1500-1800. Leipzig 1991, S. 180-187.

Blaschke, Karlheinz: Johann Georg I. Kurfürst von Sachsen, in: NDB 10 (1974), S. 525-526.

Böghild Andersen, C. D.: Christian IV., in: DBL 5 (1934), S. 113-121.

Boëthius, Bertil: Johan Banér till Mälhammar, Norrby och Werder, in: SBL 2 (1920), S. 669-688.

Böhme, Klaus-Richard: Die Bremisch-Verdischen Staatsfinanzen 1645-76. Die schwedische Krone als deutsche Landesherrin. Stockholm 1967.

Ders.: Hans Christoph Königsmarck, in: SBL 21 (1977), S. 778-781.

Böttcher, Diethelm: Die schwedische Propaganda im protestantischen Deutschland (1628-36). Phil Diss. (masch.) Jena 1951.

Brandi, Karl: Reformation und Gegenreformation. Frankfurt/Main 5. Aufl. 1979.

Ders.: Kaiser Karl V. Werden und Schicksal einer Persönlichkeit und eines Weltreiches. Frankfurt/Main 8. Aufl. 1986.

Braubach, Max: Der Westfälische Friede. Münster 1948.

Brauer, Johann Niclas: Abhandlungen zu Erläuterung des Westphälischen Friedens, Bd. 2. Offenbach/Main 1784.

Briefe und Akten zur Geschichte des dreißigjährigen Krieges. Neue Folge: Die Politik Maximilians I. von Bayern. Teil II, Bde. 1-4. München 1907-1948.

Bruce, George: Lexikon der Schlachten. Übersetzt und bearbeitet von Gerhard Hartmann. Graz 1984.

Buchholz, Werner: Der Eintritt Schwedens in den Dreißigjährigen Krieg in der schwedischen und deutschen Historiographie des 19. und 20. Jahrhunderts, in: Historische Zeitschrift 245 (1987), S. 291-314.

Burckhardt, Carl J.: Richelieu. München 2. Aufl. 1988.

Burkhardt, Johannes: Der Dreißigjährige Krieg (edition suhrkamp NF 542). Frankfurt/Main 1992.

Chemnitz, Bogislaw Philipp von: Königlichen Schwedischen in Teutschland geführten Krieges, 3 Bde. Stettin 1648-1653.

Chlumecky, Peter Ritter von: Briefe Albrechts von Waldstein, Herzog von Friedland. Regesten der Archive im Markgrafenthume Mähren, Bd. 1. Brünn 1856.

Christian IVs verden, red. Svend Ellehoj. Köbenhavn 1988.

Christina von Schweden: Memoiren, Aphorismen. München 1967.

Dies.: Självbiografi och aforismer, utg. av Marianne Rappe och Magnus von Platen. Stockholm 1957.

Czok, Karl: Geschichte Sachsens. Weimar 1989.

Decken, Johann Friedrich von der: Herzog Georg von Braunschweig-Lüneburg, 3 Bde. Hannover 1834.

Depner, M.: Das Fürstentum Siebenbürgen im Kampf gegen Habsburg. Untersuchungen über die Politik Siebenbürgens während des Dreißigjährigen Krieges. Stuttgart 1938.

Dieckmann, Fritz: Der Westfälische Friede. Münster 3. Aufl. 1972.

Diwald, Hellmut: Propyläen Geschichte Europas. 1400-1555. Bd I: Anspruch auf Mündigkeit. Frankfurt/Main 2. Aufl. 1992.

Ders.: Wallenstein. München 1969.

Dotterweich, Helmut: Der junge Maximilian. Biographie eines bayrischen Prinzen. München 1980.

Der Dreißigjährige Krieg. Beiträge zu seiner Geschichte (Schriften des Heeresgeschichtlichen Museums in Wien, 7), Wien 1976.

Droysen, Gustav: Bernhard von Weimar, 2 Bde. Leipzig 1885.

Ders.: Gustav Adolf. 3 Bde. Leipzig 1869 u. 1870.

Duch, Arno: Johann Freiherr von Aldringen, in: NDB 1 (1971), S. 188-190.

Ders.: Rambaldo Graf von Collalto, in: NDB 3 (1971), S. 320-322.

Dudik, Bernhard: Schweden in Böhmen und Mähren 1640-1650. Wien 1879.

Egges, Franz: Johann Rudolf Wettstein. Gesandter der Stadt Basel und der Schweizerischen Eidgenossenschaft, in: Karl Georg Kaster und Gerd Steinwascher (Hrsg.): » ... zu einem stets währenden Gedächtnis«. Die Friedenssäle in Münster und Osnabrück und ihre Gesandtenporträts (Osnabrücker Kulturdenkmäler, 8). Bramsche 1998, S. 298-299.

Egler, Anna: Die Spanier in der linksrheinischen Pfalz 1620-1632. Invasion, Verwaltung, Rekatholisierung. Mainz 1971.

Erdmannsdörfer, Bernhard: Deutsche Geschichte vom Westfälischen Frieden bis zum Regierungsantritt Friedrichs des Großen 1648-1740, 2 Bde. Berlin 1892-1893.

Erlanger, Philippe: Ludwig XIV. Das Leben eines Sonnenkönigs. Frankfurt/Main 3. Aufl. 1987.

Findeisen, Jörg-Peter: Christina von Schweden. Legende durch Jahrhunderte. Frankfurt/Main 1992.

Ders.: Gustav II. Adolf. Der Eroberer aus dem Norden. Graz 1996.

Ders.: Das Ringen um die Ostseeherrschaft. Schwedens Könige der Großmachtzeit. Berlin 1992.

Foerster, Joachim: Kurfürst Ferdinand von Köln. Die Politik seiner Stifter in den Jahren 1634-1650. Münster 1976.

Förster, Friedrich: Albrechts von Wallenstein, des Herzog von Friedland und Mecklenburg, ungedruckte, eigenhändige, vertrauliche Briefe und amtliche Schreiben aus den Jahren 1627 bis 1635. 3 Bde. Berlin 1828-1829.

Försvarsstabens krigshistoriska avdelning: Från Femern och Jankow till Westfaliska freden. Stockholm 1948.

Franz, Günther: Der Dreißigjährige Krieg und das deutsche Volk. Untersuchungen zur Bevölkerungs- und Agrargeschichte. Stuttgart 4. verm. Aufl. 1979.

Franzl, Johann: Ferdinand II. Kaiser im Zwiespalt der Zeit. Graz 2. überarb. Aufl. 1989.

Garstein, Oskar: Rome and the Counter-Reformation in Scandinavia. The Age of Gustavus Adolphus and Queen Christina of Sweden 1622-1656. Leiden u. a. 1992.

Gatz, Erwin (Hrsg.): Die Bischöfe des Heiligen Römischen Reiches. 1448 bis 1648. Berlin 1996.

Ders.: Die Bischöfe des Heiligen Römischen Reiches. 1648 bis 1803. Berlin 1990.

Gauß, Julia: Bürgermeister Wettstein und die europäischen Konfessions- und Machtkämpfe seiner Zeit (Schweizer Beiträge zur allgemeinen Geschichte, 4). 1946.

Dies. – Alfred Stoecklin: Bürgermeister Wettstein. Der Mann, das Werk, die Zeit. Basel 1953.

Geisthardt, Fritz: Peter Melander, Graf zu Holzappel. 1589-1648 (Nassauische Lebensbilder, 4). Wiesbaden 1950.

Gelmi, Josef: Die Päpste in Lebensbildern. Graz 2. Aufl. 1989.

Gfrörer, A. F.: Geschichte Gustav Adolphs, König von Schweden und seiner Zeit, 2 Bde. Stuttgart und Leipzig 1835 und 1837.

Gindely, Anton: Geschichte der Gegenreformation in Böhmen. Leipzig 1894.

Ders.: Geschichte des Dreißigjährigen Krieges, 3 Bde. Leipzig 1882-1884.

Ders.: Waldstein während seines ersten Generalats im Lichte der gleichzeitigen Quellen 1625-1630. Prag 1886.

Gloger, Bruno: Friedrich Wilhelm, Kurfürst von Brandenburg. Berlin 3. Aufl. 1989.

Goetze, Sigmund: Die Politik des schwedischen Reichskanzlers Axel Oxenstierna gegenüber Kaiser und Reich. Kiel 1971.

Gollwitzer, Heinz: Hans Georg Arnim von Boitzenburg, in: NDB 1 (1971), S. 372-373.

Gustav II Adolf, Konung Gustav II Adolf skrifter. Utg. av C. G. Styffe. Stockholm 1861.

Guth, Paul: Mazarin. Frankreichs Aufstieg zur Weltmacht. Frankfurt/Main 1973.

Hacker, Hans-Joachim: Pommern in der Zeit des Dreißigjährigen Krieges, in: Pommern. Geschichte. Kultur. Wissenschaft. Greifswald 1991, S. 98-104.

Hallwich, Hermann: Fünf Bücher Geschichte Wallensteins. Leipzig 1910.

Ders.: Briefe und Akten zur Geschichte Wallensteins 1630-1634. 4 Bde. Wien 1912.

Ders.: Heinrich Matthias Graf Thurn-Valsassina, in: ADB 39 (1895), S. 70-92.

Ders.: Matthias Graf Gallas, in: ADB 8 (1878), S. 320-331.

Ders.: Octavio Fürst Piccolomini, Herzog von Amalfi, in: ADB 26 (1888), S. 95-102.

Ders.: Wallensteins Ende. Ungedruckte Briefe und Akten. 2 Bde. Leipzig 1879.

Hamann, Brigitte (Hrsg.): Die Habsburger. Ein biographisches Lexikon. Wien 1988.

Hantsch, Hugo: Die Geschichte Österreichs, 2 Bde. Graz 1968-1969.

Ders.: Kaiser Ferdinand II., in: Gestalter der Geschicke Österreichs. Hrsg. von Hugo Hantsch. Innsbruck 1962, S. 157-170.

Harte, William (Walther): Das Leben Gustav Adolphs des Großen. Königs von Schweden. Bd. 2. Leipzig 1761.

Heckel, Martin: Deutschland im konfessionellen Zeitalter (Deutsche Geschichte, 2). Göttingen 1985.

Heiberg, Steffen: Christian 4. Monarken, mennesket og myten. København 1988.

Ders.: Christian IV, in: DBL 3 (1979), S. 303-308.

Heilingsetzer, Georg: Der oberösterreichische Bauernkrieg 1626. Wien 1976.

Heinemann: Christian I., Fürst von Anhalt, in: ADB 4 (1876), S. 145-150.

Hermann, Axel: Klesl, in: BWB 2 (1995), S. 1486.

Heydendorff, Walther Ernst: Die Fürsten und Freiherren zu Eggenberg und ihre Vorfahren. Graz 1965.

Historia kring trettioåriga kriget. Falun 1994.

Höfer, Ernst: Das Ende des Dreißigjährigen Krieges. Strategie und Kriegsbild. Köln 1997.

Hofmann, Hans Hubert: Albrecht Wenzel Eusebius von Wallenstein, in: BWB 3 (1995), S. 3025-3031.

Holborn, Hajo: Deutsche Geschichte in der Neuzeit, Bd 1: Das Zeitalter der Reformation und des Absolutismus (bis 1790). München 1960.

Hoppe, Willi: Johann Freiherr von Aldringen, in: BWB 1 (1995), S. 66-67

Ders.: Johann (Hans) Ulrich Reichsfreiherr von Eggenberg, in: BWB, I (1995), S. 598.

Ders.: Matthias Reichsgraf von Gallas, in: BWB 1 (1995), S. 850-851.

Ders.: Rambaldo Graf von Collalto, in: BWB 1 (1995), S. 481.

Hroch, Miroslaw: Handel und Politik im Ostseeraum während des Dreißigjährigen Krieges. Prag 1976.

Hubatsch, Walter: Das Zeitalter des Absolutismus 1600-1789. Braunschweig 1965.

Hurter, Friedrich von: Friedensbestrebungen Kaiser Ferdinands II. Wien 1860.

Ders.: Geschichte Kaiser Ferdinands II. und seiner Eltern. 11 Bde. Schaffhausen 1850-1864.

Ders.: Zur Geschichte Wallensteins. Schaffhausen 1855.

Ignasiak, Detlef: Ernst I. (III.), der Fromme, Herzog von Sachsen-Gotha, in: Herrscher und Mäzene. Thüringer Fürsten von Hermenefred bis Georg II., hrsg. v. Detlef Ignasiak. Rudolstadt 1994, S. 193-221.

Irmer, Georg: Die Verhandlungen Schwedens und seiner Verbündeten mit Wallenstein und dem Kaiser von 1631 bis 1634. 3 Bde. Leipzig 1888-1891.

Ders.: Hans Georg von Arnim. Leipzig 1894.

Israel, Friedrich: Adam Adami und seine Arcana pacis Westphalica (Historische Studien. 69). Berlin 1909.

Jacobson, G.: Nils Brahe d. Ä., in: SBL 5 (1925), S. 710-713.

Jan von Werth und seine Zeit (Ausstellungskatalog der Stadt Kaarst. 15.-30. September 1991). Kaarst 1991.

Jessen, Hans: Der Dreißigjährige Krieg in Augenzeugenberichten. Düsseldorf 1963.

Joestel, Volkmar: Kurfürst Friedrich V. von der Pfalz, in: Kaiser. König. Kardinal. Deutsche Fürsten. 1500-1800. Leipzig 1991., S. 152-158

Johansson, Peter: Lennart Torstensson, Greve av Ortala (Vänersborgs Söner Gilles Årsskrift 1997). Vänersborg 1997.

Ders.: Forstenasläkten – en västgötsk frälsesläkt i Vasatidens Sverige, in: Västgöta-Dal 1993, S. 37-57.

Junkelmann, Marcus: Gustav Adolf (1594-1632). Schwedens Aufstieg zur Großmacht. Regensburg 1993.

Kaemmel, Otto: Sächsische Geschichte (Nachdruck der Ausgabe 1905). Dresden 1990.

Kaster, Karl Georg – Steinwascher, Gerd (Hrsg.): »...zu einem stets währenden Gedächtnis«. Die Friedenssäle in Münster und Osnabrück und ihre Gesandtenporträts. (Osnabrücker Kulturdenkmäler, 8). Bramsche 1998.

Kiehm, Peter: Kurfürst Friedrich Wilhelm von Brandenburg, in: Kaiser König. Kardinal. Deutsche Fürsten. 1500-1800. Leipzig 1991, S. 170-179.

Klein, Thomas: Georg Wilhelm, Kurfürst von Brandenburg, in: NDB 6 (1971), S. 203-204.

Klopp, Onno: Der Dreißigjährige Krieg bis zum Tode Gustav Adolfs 1632. Zweite Ausgabe: Tilly im Dreißigjährigen Kriege. Padeborn 1891.

Koch, M.: Geschichte des Deutschen Reiches unter der Regierung Ferdinands III. Nach handschriftlichen Quellen. 2 Bde. Wien 1865-1866.

Kraus, Andreas: Geschichte Bayerns. Von den Anfängen bis zur Gegenwart. München 2. Aufl. 1987.

Ders.: Maximilian I. Bayerns großer Kurfürst. Graz-Regensburg 1990.

Kretzschmar, Johannes: Der Heilbronner Bund (1632-1635). 3 Bde. Lübeck 1922.

Ders.: Gustav Adolfs Pläne und Ziele in Deutschland und die Herzöge zu Braunschweig-Lüneburg. o. O. 1904.

Khevenhüller, Franz Christoph: Annales Ferdiandei, 12 Bde. Leipzig 1726.

Klueting, Harm: Das konfessionelle Zeitalter 1525-1648. Stuttgart 1989.

Kötzschke, Rudolf – Kretzschmar, Hellmut: Sächsische Geschichte. Werden und Wandlungen eines Deutschen Stammes und seiner Heimat im Rahmen der Deutschen Geschichte, 2 Bde. Dresden o. J.

Knoch, Annegret: Die Politik des Bischofs Franz Wilhelm von Wartenberg während der Westfälischen Friedensverhandlungen (1644-1648). Bonn 1966.

Krones, Ferdinand: Kardinal Melchior Klesl, in: Gestalter der Geschicke Österreichs. Hrsg. v. Hugo Hantsch. Innsbruck 1962, S. 143-184.

Krig: Generalstaben. Sveriges krig. 1611/1632. 6 Bde. Stockholm 1936-1939.

Krüger, Kersten: Dänische und schwedische Kriegsfinanzierung im Dreißigjährigen Krieg, in: Krieg und Politik 1618.1648. Europäische Probleme und Perspektiven, hrsg. v. Konrad Repgen (Schriften des Historischen Kollegs, Kolloquien, 8). München 1986, S. 275-298.

Langer, Herbert: Der Dreißigjährige Krieg (1618-1648) (Deutsche Geschichte, 3). Berlin 1989.

Ders.: Hortus Bellicus. Der Dreißigjährige Krieg. Eine Kulturgeschichte. Leipzig 3. überarb. Aufl. 1982.

Ders.: Kaiser Ferdinand II., in: Kaiser. König. Kardinal. Deutsche Fürsten. 1500-1800. Leipzig 1991, S. 160-169.

Ders.: Kurfürst Maximilian I. von Bayern, in: ebd., S. 142-151.

Ders.: Neue Forschungen zur Geschichte des Dreißigjährigen Krieges, in: Der Dreißigjährige Krieg. Perspektiven und Strukturen, hrsg. von Hans Ulrich Rudolf (Wege der Forschung, 451), Darmstadt 1977, S. 89-134.

Ders.: Stralsund 1600-1630. Eine Hansestadt in der Krise und im europäischen Konflikt. Weimar 1970.

Ders.: Reich und Fürstenmacht im Zeichen konfessionell-politischer Auseinandersetzungen und des erneuten Aufschwungs der Volksbewegungen (1555 bis 1648); Der Dreißigjährige Krieg (1618 bis 1648), in: Deutsche Geschichte in zwölf Bänden, Bd. 3. Berlin 1989.

Lahrkamp, Hellmut: Jan von Werth. Köln 1962.

Ders.: Dreißigjähriger Krieg. Westfälischer Frieden. Münster 1997.

Lorentzen, Th.: Die schwedische Armee im dreißigjährigen Kriege und ihre Abdankung. Leipzig 1894.

Lünig: Teutsches Reichsarchiv, 24 Bde. Leipzig 1713-1722.

Lundgren, Sune: Johan Adler Salvius. Problem kring freden, krigsokonomin och maktkampen. Lund 1945.

Lundqvist, Sven: Schwedische Kriegsfinanzierung 1630-1635, in: Der Dreißigjährige Krieg. Perspektiven, a. a. O., S. 298-303.

Ders.: Die schwedischen Kriegs- und Friedensziele 1632-1648, in: Krieg und Politik, a. a. O., S. 219-240.

Lutz, Heinrich: Propyläen Geschichte Deutschlands, Bd 4: Das Ringen um deutsche Einheit und kirchliche Erneuerung. Von Maximilian I. bis zum Westfälischen Frieden. Frankfurt/Main 1983.

Ders.: Propyläen Weltgeschichte, Bd. 7: Das Ringen der Konfessionen und die Neugestaltung der europäischen Staatenwelt 1556-1598. Berlin 1964.

Mann, Golo. Wallenstein. Sein Leben erzählt, 2 Bde. Berlin 1989.

Ders.: Propyläen Weltgeschichte. Bd. 7: Das Zeitalter des Dreißigjährigen Krieges. Berlin 1964.

Marañón, Gregorio: Olivares. Der Niedergang Spaniens als Weltmacht. München o. J.

Masson, Georgina: Christina von Schweden. Königin zwischen Stolz und Tragik. München 1983.

Mast, Peter: Die Hohenzollern in Lebensbildern. Graz 1988.

Mauritz, Max: Jan von Werth in seiner Zeit (Heimatkundliche Schriftenreihe, 15) . Büttgen 1991.

Mémoires Du Maréchal De Turenne, publiés pour la Societé de l'historire de la France par Paul Marichal. 2 Bde. Paris 1909 u. 1914.

Menzel, K.: Bernhard, Herzog zu Sachsen-Weimar, in: ADB 2 (1875), S. 439-450.

Moeller, Bernd: Deutschland im Zeitalter der Reformation (Deutsche Geschichte, 2). Göttingen 1985.

Mommsen, Wilhelm: Richelieu, Elsaß und Lothringen. Berlin 1922.

Monro, Robert: His Expedition with the Worthy Scots Regiment levied in August 1626 by St. Donald Mac-Key. London 1637.

Montecuccoli, R.: Ausgewählte Schriften des Raimund Fürsten Montecuccoli. Hrsg. v. K. u. K. Kriegs-Archiv, 4 Bde. Wien 1899-1900.

Montgomery, Ingun: Gustav Adolf och religionen, in: Gustav II Adolf-350 år efter Lützen. Stockholm 1982.

Müller, Hermann-Dieter: Der schwedische Staat in Mainz 1631-1636. Einnahme, Verwaltung, Absichten, Restitution (Beiträge zur Geschichte der Stadt Mainz, 24). Mainz 1979.

Neuhaus, Hellmut: Franz von Mercy, in: NDB 17 (1994), S. 125f.

Neumann, A.: Königin Christina von Schweden. Leipzig 1936.

NG. Den svenska historien, Bd 5 u. 6. Stockholm 2. Aufl. 1988.

Ogier, Charles: Från Sveriges Storhetstid. Franske legationssekretaren Charles Ogiers dagbok under ambassaden i Sverige 1634-1635. Stockholm 1978.

Ohdner, Clas Theodor: Die Politik Schwedens im Westphälischen Friedenscongreß und die Gründung der schwedischen Herrschaft in Deutschland. Gotha 1877.

Ders.: Sveriges deltagande i westfaliska fredskongressen och grundläggningen af det svenska väldet i Tyskland. Stockholm 1875.

Öhquist, J.: Das nordische Dreigestirn. Gustav Vasa, Gustav II. Adolf, Karl XII. Stuttgart 1941.

Oredsson, Sverker: Gustav Adolf. Sverige och Trettioåriga kriget (Bibliotheca Historica Lundensis, 70). Lund 1922 (Deutsch: Geschichtsschreibung und Kult. Gustav Adolf, Schweden und der Dreißigjährige Krieg

(Historische Forschungen, 52). Berlin 1994).

Ders.: Warum griff Schweden in den Dreißigjährigen Krieg ein?, in: Pommern. Geschichte. Kultur. Wissenschaft. Greifswald 1991, S. 105-112.

Osterbrauck, Willi: Johann Reichsfreiherr von Werth. 1591-1652. Chronik eines umstrittenen Volkshelden. Köln 1992.

Parker, Geoffrey: Der Dreißigjährige Krieg. Frankfurt 1987.

Ders.: Die militärische Revolution. Die Kriegskunst und der Aufstieg des Westens 1500-1800. Frankfurt/Main 1990.

Pastor, Ludwig Frhr. von: Geschichte der Päpste seit dem Ausgang des Mittelalters. Bd 13: Geschichte der Päpste im Zeitalter der katholischen Restauration und des Dreißigjährigen Krieges. Gregor XV. und Urban VIII. (1621-1644). Freiburg/Br. 8. Aufl. 1939; Bd 14: Geschichte der Päpste im Zeitalter des fürstlichen Absolutismus von der Wahl Innozenz' X. bis zum Tode Innozenz' XII. (1644-1700). 1. Abt.: Innozenz X., Alexander VII., Klemens IX. und X. (1644-1676). Freiburg/Br. 7. Aufl. 1929.

Paul, Johannes: Der Frieden von Münster und Osnabrück. Greifswald 1932.

Ders.: Gustav Adolf. 3 Bde. Leipzig 1930.

Pekar, Josef: Wallenstein. 2 Bde. Wien 1937.

Perspektiven: Der Dreißigjährige Krieg: Perspektiven und Strukturen, hrsg. v. Hans Ulrich Rudolf (Wege der Forschung, 451). Darmstadt 1977.

Peters, Jan: Die alten Schweden. Über Wikingerkönige, Bauernrebellen und Heldenkönige. Berlin 1981.

Polen. Ein geschichtliches Panorama. Warzawa 1983.

Polišenský, Josef – Kollmann, Josef: Wallenstein. Feldherr des Dreißigjährigen Krieges. Köln 1997.

Polisensky, Josef: The Thirty Years War. London 1971.

Press, Volker: Kriege und Krisen. Deutschland 1600-1715 (Neue Deutsche Geschichte, 5). München 1991.

Pütter, Johann Stephan: Geist des Westfälischen Friedens. Göttingen 1795.

Pufendorff, Samuel: Continuirte Einleitung zu der Historie der vornehmsten Reiche und Staaten von Europa, worinnen deß Königreichs Schweden Geschichte und dessen mit auswertigen Kronen geführte Kriege insonderheit beschrieben werden. Frankfurt/Main 1699.

Ders.: Sechs und zwanzig Bücher der schwedisch- und deutschen Kriegsgeschichte ..., Frankfurt/Main 1688.

Quellen zur Geschichte Wallensteins, hrsg. von Gottfried Lorenz (Ausgewählte Quellen zur deutschen Geschichte der Neuzeit, 20), Darmstadt 1987.

Quellen zur Vorgeschichte und zu den Anfängen des Dreißigjährigen Krieges, hrsg. von Gottfried Lorenz (Ausgewählte Quellen zur deutschen Geschichte der Neuzeit), Darmstadt 1991.

Rabe, Horst: Reich und Glaubensspaltung. Deutschland 1500-1600. München 1989.

Rall, Hans und Marga: Die Wittelsbacher in Lebensbildern. Graz-Regensburg 1986.

Ranke, Leopold von: Preußische Geschichte. Essen o. J. (1995)

Reifenscheid, Richard: Die Habsburger in Lebensbildern. Von Rudolf I. bis Karl I. Graz 4. Aufl. 1990.

Repgen, Konrad (Hrsg.). Forschungen und Quellen zur Geschichte des Dreißigjährigen Krieges. München 1981.

Ders. (Hrsg.): Krieg und Militär in der Frühen Neuzeit. Münster 1987.

Ders. (Hrsg.): Krieg und Politik 1618-1648. Europäische Probleme und Perspektiven (Schriften des Historischen Kollegs, Kolloquien, 8). München 1986.

Reusch: Mercy, in: ADB 21 (1885), S. 410-419.

Rill, Bernd: Tilly. Feldherr für Kaiser und Reich. München 1984.

Ritter, Moritz: Deutsche Geschichte im Zeitalter der Gegenreformation und des Dreißigjährigen Krieges, 3 Bde. Stuttgart 1889-1908 (Neudruck Darmstadt 1962-1974).

Röhrich, Lutz: Lexikon der sprichwörtlichen Redensarten. Bd. 4. Freiburg/Br. 3. Aufl. 1995.

Röse, Bernhard: Herzog Bernhard der Große von Sachsen-Weimar. 2 Bde. Weimar 1828 u. 1829.

Roberts, Michael: Gustavus Adolphus. A History of Sweden. 1611-1632. 2 Bde. London 1958.

Ders.: The Swedish Imperial Experience 1560-1718. Cambridge 1979.

Rössler, Hellmuth: Größe und Tragik des christlichen Europas. Europäische Gestalten und Kräfte der deutschen Geschichte vom Spätmittelalter bis zur Gegenwart. Frankfurt/Main 2. Aufl. 1956.

Ders.: Matthias Reichsfreiherr und Reichsgraf von Gallas, in: NDB 6 (1971), S. 46-47.

Rudolf, Hans Ulrich (Hrsg.): Der Dreißigjährige Krieg. Perspektiven und Strukturen – siehe: Perspektiven.

Sachsen, Albert Herzog zu: Die Wettiner in Lebensbildern. Graz 1995.

Schaufler, Hans-Helmut: Die Schlacht bei Freiburg im Breisgau 1644. Freiburg/Br. 1979.

Schillig, Heinz: Aufbruch und Krise. Deutschland 1517-1648. Berlin 1988.

Schmiedt, R. F.: Vorgeschichte, Verlauf und Wirkungen des Dreißigjährigen Krieges, in: Lehrbuch der deutschen Geschichte (Beiträge, 3), Berlin 1965.

Schmidt, Georg: Der Dreißigjährige Krieg. München 1995.

Schmidt, Michael Ignaz: Neuere Geschichte der Deutschen, Bd 4: Matthias und Ferdinand II. Wien 1789.

Schormann, Gerhard: Der Dreißigjährige Krieg. Göttingen 1985.

Schubert, Friedrich Hermann: Bernhard, Herzog von Sachsen-Weimar, in: NDB 2 (1971), S. 113-115.

Ders.: Bogislaw Philipp von Chemnitz, in: NDB 3 (1971), S. 198-200.

Ders.: Ludwig Camerarius 1573-1651. Kallmünz 1955.

Ders.: Christian I., Fürst von Anhalt-Bernburg, in: NDB 3 (1971), S. 221-225.

Schultze, Johannes: Die Mark Brandenburg. Berlin 2. Aufl. 1989.

Schwennicke, Detlev: Europäische Stammtafeln. Neue Folge. Bd I.1: Die fränkischen Könige und die Könige und Kaiser, Stammesherzoge, Kurfürsten, Markgrafen und Herzoge des Heiligen Römischen Reiches Deutscher Nation. Frankfurt/M. 1998.

Scocozza, Benito: Christian 4., Köbenhavn 1987.

Siebert, Karl: Dreihundert berühmte Deutsche (Reprint von 1912). Stuttgart 1982.

Spehr: Christian der Jüngere, Herzog von Braunschweig-Wolfenbüttel, in: ADB 4 (1876), S. 677-683.

Srbik, Heinrich Ritter von: Wallensteins Ende. Ursachen, Verlauf und Folgen der Katastrophe. Salzburg 2., vermehrte und verbesserte Aufl. 1952.

SRP: Svenska riksrådets protokoll, utg. av N. A. Kullberg. Stockholm 1878ff.

Stadtler, Barbara: Pappenheim und die Zeit des Dreissigjährigen Krieges. Winterthur 1991.

Steckzén, B.: Karl Gustav Wrangels fälttåg 1645-1647 och med fördraget i Ulm. Uppsala Stockholm 1920.

Steinberg, S. H.: Der Dreißigjährige Krieg und der Kampf um die Vorherrschaft in Europa 1600-1660. Göttingen 1967.

Stiewe, Felix: Ferdinand II., in: Abhandlungen, Vorträge und Reden. Leipzig 1900, S. 125-154.

Ders.: Ferdinand III., in: ADB 6 (1877), S. 664-671.

Ders.: Kurfürst Maximilian I. von Bayern, in: Abhandlungen, Vorträge und Reden. Leipzig 1900, S. 154-180, siehe auch ADB, 21 (1885) S. 1-21.

Stolpe, Sven: Königin Christina von Schweden. Frankfurt/Main 1962.

Ströle-Bühler, Heike: Das Restitutionsedikt von 1629 im Spannungsfeld zwischen Augsburger Religionsfrieden 1555 und dem Westfälischen Frieden 1648. Regensburg 1991.

Sturmberger, Hans: Adam Graf Heberstorff. Herrschaft und Freiheit im konfessionellen Zeitalter. München 1976.

Ders.: Adam Graf von Heberstorff, in: NDB 8 (1969), S. 580-581.

Ders.: Kaiser Ferdinand II. und das Problem des Absolutismus. München 1957.

Ders.: Aufstand in Böhmen. Der Beginn des Dreißigjährigen Krieges. München 1959.

Suvanto, Pekka: Die deutsche Politik Oxenstiernas und Wallensteins. Helsinki 1973

Ders.: Wallenstein und seine Anhänger am Kaiserhof 1631-1634. Helsinki 1963.

Szekfu, Gyula: Bethlen Gábor. Budapest 1929.

Tal: Tal och skrifter av Konung Gustav II. Adolf, utg. av Carl Hallendorff. Stockholm 1915.

Tanderup, Leo: Henrik Rigsgreve Holck, in: DBL 7 (1980), S. 442-445.

Thiele, Andreas: Erzählende genealogische Stammtafeln zur europäischen Geschichte. Band I, Teilband 1: Deutsche Kaiser-, Königs-, Herzogs- und Grafenhäuser I. Frankfurt/Main 2. Aufl. 1993; Band I, Teilband 2: Deutsche Kaiser-, Königs-, Herzogs- und Grafenhäuser II. Frankfurt/Main 1992; Band II, Teilband 1: Europäische Kaiser-, Königs- und Fürstenhäuser I Westeuropa. Frankfurt/Main 2. Aufl. 1996; Band II, Teilband 2: Europäische Kaiser-, Königs- und Fürstenhäuser II Nord-, Ost- und Südeuropa. Frankfurt/Main 1994.

Tingsten, Lars: Fältmarskalkarna Johan Banér och Lennart Torstensson såsom härförare. Stockholm 1932.

Torjai-Szabó, J.: Bethlen von Iktár, Gabriel (Gábor), Fürst von Siebenbürgen 1613-1629, in: Biographisches Lexikon zur Geschichte Südosteuropas, Bd 1, S. 200-201.

Ütterodt zu Scharfenberg, Ludwig Graf: Ernst Graf zu Mansfeld. 1580-1626. Gotha 1867.

Ders.: Peter Ernst Graf zu Mansfeld, in: ADB 20 (1884), S. 225.

Vajda, Stephan: Felix Austria. Eine Geschichte Österreichs. Wien 1980.

Vitense, Otto: Geschichte von Mecklenburg (Reprint der Ausgabe von 1920). Augsburg 1994.

Vogt, J. G.: Illustrierte Weltgeschichte für das Volk, Bd IV: Neuzeit. Leipzig 1894.

Wandruszka, Adam: Das Haus Habsburg. Geschichte einer europäischen Dynastie. Stuttgart 1956.

Ders.: Reichspatriotismus und Reichspolitik zur Zeit des Prager Friedens von 1635. Graz 1955.

Weber, Hermann: Frankreich, Kurtrier, der Rhein und das Reich 1623-1635 (Pariser Historische Studien, 9). Bonn 1969.

Ders.: Richelieu und das Reich, in: Der Dreißigjährige Krieg. Perspektiven, a. a. O., S. 304-324.

Ders.: Vom verdeckten zum offenen Krieg. Richelieus Kriegsgründe und Kriegsziele 1634/35, in: Krieg und Politik, a. a. O., S. 203-217.

Weibull, Curt: Kristina, in: SBL 21 (1977), S. 573-580.

Weibull, Lauritz. De diplomatiska förbindelser mellan Sverige och Frankrike 1629-1631. Lund 1899.

Wehrmann, Martin: Geschichte von Pommern (Reprint der Ausgaben von 1919 und 1921). Augsburg 1992.

Wedgwood, C. V.: Der Dreißigjährige Krieg. München 1967.

Westphal, Otto: Gustav Adolf und die Grundlagen der schwedischen Macht. Hamburg 1932.

Wild, Carl: Johann Philipp von Schönborn. Heidelberg 1896.

Witte, Hans: Mecklenburgische Geschichte. Bd. II: Von der Reformation bis zum Landesgrundgesetzlichen Erbvergleich. Wismar 1913.

Wittich, Karl: Johann Tserclaes Graf von Tilly, in: ADB 38 (1894), S. 314-350.

Ders.: Gottfried Heinrich Graf zu Pappenheim, in: ADB 25 (1887), S. 144-161.

Wittmann, Tabor: Bethlen Gábor. Budapest 1952.

Zeeden, Ernst Walter: Propyläen Geschichte Europa. 1556-1648, Bd II: Hegemonialkriege und Glaubenskämpfe. Frankfurt/Main 2. Aufl. 1992.

Ders.: Das Zeitalter der Glaubenskämpfe 1555-1648 (Gebhardt. Handbuch der deutschen Geschichte, 9). München 1973.

Zernack, Klaus: Nordosteuropa. Skizzen und Beiträge zu einer Geschichte der Ostseeländer. Lüneburg 1993.

Zöllner, Erich: Geschichte Österreichs, von den Anfängen bis zur Gegenwart. Wien 1962.

PERSONENREGISTER

ORTSREGISTER

Deutschland im Dreißigjährigen Krieg

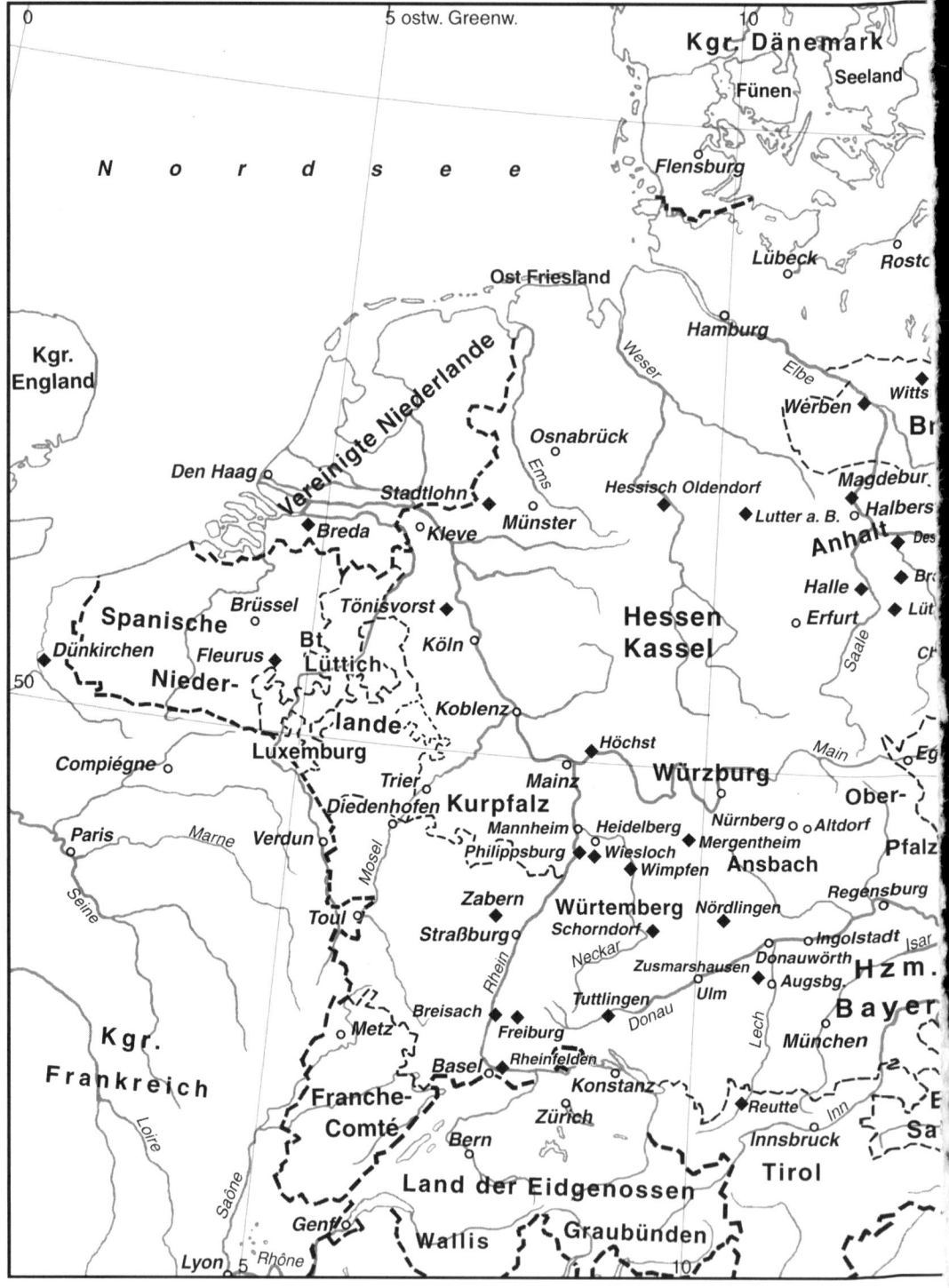

◆ Schlachtenorte